中国文库
哲学社会科学类

陶行知教育论著选

董宝良　主编
喻本伐　周洪宇　选编

人民教育出版社

图书在版编目(CIP)数据

陶行知教育论著选/董宝良主编.喻本伐、周洪宇选编. —北京：人民教育出版社,2011
（中国文库）
ISBN 978-7-107-23702-7

Ⅰ.①陶… Ⅱ.①董…②喻…③周… Ⅲ.①陶行知(1891～1946)-教育理论-文集 Ⅳ.①G40-092.6

中国版本图书馆CIP数据核字(2011)第121517号

责任编辑：冯卫斌
整体设计：翁 涌 李 梅
责任印制：王铁生

陶行知教育论著选
Taoxingzhi Jiaoyu Lunzhu Xuan

董宝良 主编 喻本伐 周洪宇 选编

人民教育出版社 出版
http://www.pep.com.cn
北京市海淀区中关村南大街17号院1号楼　邮编：100081
北京瑞古冠中印刷厂印刷　新华书店经销
2011年10月第1版　2011年10月第1次印刷
开本：880毫米×1230毫米　1/32　印张：23
字数：582千字　印数：1—4500
ISBN 978-7-107-23702-7
定价：51.00元

"中国文库"出版前言

"中国文库"主要收选20世纪以来我国出版的哲学社会科学研究、文学艺术创作、科学文化普及等方面的优秀著作。这些著作,对我国百余年来的政治、经济、文化和社会的发展产生过重大积极的影响,至今仍具有重要价值,是中国读者必读、必备的经典性、工具性名著。

大凡名著,均是每一时代震撼智慧的学论、启迪民智的典籍、打动心灵的作品,是时代和民族文化的瑰宝,均应功在当时、利在千秋、传之久远。"中国文库"收集百余年来的名著分类出版,便是以新世纪的历史视野和现实视角,对20世纪出版业绩的宏观回顾,对未来出版事业的积极开拓,为中国先进文化的建设,为实现中华民族伟大复兴做出贡献。

大凡名著,总是生命不老,且历久弥新、常温常新的好书。中国人有"万卷藏书宜子弟"的优良传统,更有当前建设学习型社会的时代要求,中华大地读书热潮空前高涨。"中国文库"选辑名著奉献广大读者,便是以新世纪出版人的社会责任心和历史使命感,帮助更多读者坐拥百城,与睿智的专家学者对话,以此获得丰富学养,实现人的全面发展。

为此,我们坚持以邓小平理论和"三个代表"重要思想为指导,深入贯彻落实科学发展观,坚持贯彻"百花齐放、百家争鸣"的方针,坚持按照"贴近实际、贴近生活、贴近群众"的要求,以登高望远、海纳百川的广阔视野,披沙拣金、露钞雪纂的刻苦精神,精益求精、探赜索隐的严谨态度,投入到这项规模宏大的出版工作中来。

"中国文库"所收书籍分列于6个类别,即:(1)哲学社会科学类

(哲学社会科学各门类学术著作);(2)史学类(通史及专史);(3)文学类(文学作品及文学理论著作);(4)艺术类(艺术作品及艺术理论著作);(5)科技文化类(科技史、科技人物传记、科普读物等);(6)综合·普及类(教育、大众文化、少儿读物和工具书等)。计划出版约1000种,分辑出版。自2004年以来,已先后出版四辑,每辑约100种,分精平装两类。2011年时值辛亥革命100周年,特将"中国文库"第五辑作为"纪念辛亥革命100周年"特辑推出,主要收选民国时期原创性人文社科类名著。

"中国文库"所收书籍,有少量品种因技术原因需要重新排版,版式有所调整,大多数品种则保留了原有版式。一套文库,千种书籍,庄谐雅俗有异,版式整齐划一未必合适。况且,版式设计也是书籍形态的审美对象之一,读者在摄取知识、欣赏作品的同时,还能看到各个出版机构不同时期版式设计的风格特色,也是留给读者们的一点乐趣。

"中国文库"由中国出版集团发起并组织实施。收选书目以中国出版集团所属出版机构出版的书籍为基础,并邀约其他数十家出版机构参与,共襄盛举。书目由"中国文库"编辑委员会审定,中国出版集团与各有关出版机构按照集约化的原则集中出版经营。编辑委员会特别邀请了我国出版界德高望重的老专家、领导同志担任顾问,以确保我们的事业继往开来,高质量地进行下去。

"中国文库",顾名思义,所收书籍应当是能够代表中国出版业水平的精品。我们希望将所有可以代表中国出版业水平的精品尽收其中,但这需要全国出版业同行们的鼎立支持和编辑委员会自身的努力。这是中国出版人的一项共同事业。我们相信,只要我们志存高远且持之以恒,这项事业就一定能持续地进行下去,并将不断地发扬光大。

"中国文库"编辑委员会

"中国文库·第五辑"
编辑委员会

顾 问
(以姓氏笔画为序)

于友先　邬书林　刘　杲　杜导正　李从军　李东生　杨牧之
宋木文　柳斌杰　徐惟诚　龚心瀚　蔡名照

主　任　聂震宁
副主任　刘伯根

委 员
(以姓氏笔画为序)

于殿利　王大可　王兴康　马五一　王明舟　王瑞书　孙月沐
刘晓明　肖启明　李　岩　李　峰　李声笑　吴尚之　罗争玉
徐　岩　吴　斌　吴江江　宋焕起　宋一夫　陈庆辉　林国夫
贺圣遂　贺耀敏　祝君波　陶　骅　郭义强　黄书元　常汝吉
龚　莉　靳立华　樊希安　潘凯雄

"中国文库·第五辑"编辑委员会办公室

主　任　刘伯根
副主任　张贤明

成　员（以姓氏笔画为序）
于殿利　刘晓东　李红强　李　昕　汪家明　林　阳
莫蕴慧　徐　俊　管士光　臧永清

编辑组
乔先彪　唐　俭　何　奎　杜　宇　董　易

印制组
王铁生　兰本立　陆南宸　何　奎　杜　宇

中 国 文 库

（第五辑）

【哲学社科类】

孙中山著作选编　陈铮选编 ……………………	中华书局
黄兴集　湖南省社会科学院编 …………………	中华书局
宋教仁集　陈旭麓主编 …………………………	中华书局
廖仲恺集　广东省社会科学院历史研究所编 …	中华书局
朱执信集　广东省哲学社会科学研究所历史研究室编 …	中华书局
中国政治思想史　陶希圣著 ……………	中国大百科全书出版社
民国政制史　钱端升等著 ………………	上海人民出版社
民国政党史　谢彬撰　章伯锋整理 ……………	中华书局
经学历史　皮锡瑞著　周予同注释 ……………	中华书局
清代学术概论　梁启超著　朱维铮校订 ………	中华书局
新唯识论　熊十力著 ……………………	上海书店出版社
逻辑　金岳霖著 …………………………	中国人民大学出版社
科学与玄学　罗家伦著 …………………	商务印书馆
中国古代经济史稿　李剑农著 …………	武汉大学出版社
中国近代经济史　汪敬虞主编 …………	人民出版社
中国交通史　白寿彝著 …………………	团结出版社
中国经济原论　王亚南著 ………………	中国大百科全书出版社
中国经济思想史　唐庆增著 ……………	商务印书馆
财政学　何廉、李锐著 …………………	商务印书馆
货币与银行　杨端六著 …………………	武汉大学出版社
刑法学　蔡枢衡著 ………………………	中国民主法制出版社
乡土中国　费孝通著 ……………………	人民出版社
文化人类学　林惠祥著 …………………	商务印书馆
优生概论　潘光旦著 ……………………	北京大学出版社
西洋文化史纲要　　　　　　　　　　　　　　　　　　雷海宗撰　王敦书整理导读 …………	上海古籍出版社
西学东渐记　容闳著　徐凤石、恽铁樵等译　钟叔河导读、标点 …………	生活·读书·新知三联书店
中国现代语法　王力著 …………………	商务印书馆
语言学史概要　岑麒祥编著　岑运强评注 ……	世界图书出版公司

1

蔡元培教育论著选　　高平叔编 ················ 人民教育出版社
陶行知教育论著选　　董宝良主编 ··············· 人民教育出版社
中国报学史　　戈公振著 ··············· 生活·读书·新知三联书店
陆费逵文选　　陆费逵著 ····························· 中华书局
张元济论出版　　张元济著　张人凤　宋丽荣选编 ······ 商务印书馆
韬奋文录新编　　邹韬奋著 ············· 生活·读书·新知三联书店

【史学类】

国故论衡　　章太炎撰　庞俊　郭诚永疏证 ··············· 中华书局
国史大纲　　钱穆著 ································· 商务印书馆
通史新义　　何炳松著 ······························· 商务印书馆
台湾通史　　连横著 ··················· 生活·读书·新知三联书店
武昌革命史　　曹亚伯著 ··················· 中国大百科全书出版社
辛亥革命与袁世凯　　黎澍著 ··············· 中国大百科全书出版社
北洋军阀史　　来新夏等著 ······················· 东方出版中心
中国国民党史稿　　邹鲁编著 ····················· 东方出版中心
中华民国外交史　　张忠绂编著 ····················· 华文出版社
西洋史　　陈衡哲著 ······················· 中国大百科全书出版社
欧化东渐史　　张星烺著 ··························· 商务印书馆
清末立宪史　　高放著 ····························· 华文出版社

【文学类】

秋瑾诗文选注　　郭延礼　郭蓁编选 ················· 人民文学出版社
邹容集　　张梅编注 ······························· 人民文学出版社
陈天华集　　刘晴波　彭国兴编　饶怀民补订 ······· 湖南人民出版社
于右任诗词选　　杨中州选注 ····················· 河南文艺出版社
南社诗选　　林东海　宋红选注 ··················· 人民文学出版社
鸳鸯蝴蝶派作品选　　范伯群编选 ················· 人民文学出版社
文学研究会小说选　　李葆琰编选 ················· 人民文学出版社
创造社作品选　　刘纳编选 ······················· 人民文学出版社
太阳社小说选　　李松睿　吴晓东编选 ············· 人民文学出版社
湖畔社诗选　　刘纳编选 ························· 人民文学出版社
浅草－沉钟社作品选　　张铁荣编选 ··············· 人民文学出版社
《语丝》作品选　　张梁编选 ····················· 人民文学出版社
未名社作品选　　黄开发编选 ····················· 人民文学出版社
新月派诗选　　蓝棣之编选 ······················· 人民文学出版社

象征派诗选	孙玉石编选 ……………	人民文学出版社
新感觉派小说选	严家炎编选 ……………	人民文学出版社
现代派诗选	蓝棣之编选 ……………	人民文学出版社
论语派作品选	庄钟庆编选 ……………	人民文学出版社
京派小说选	吴福辉编选 ……………	人民文学出版社
东北作家群小说选	王培元编选 …………	人民文学出版社
七月派作品选	吴子敏编选 ……………	人民文学出版社
西南联大文学作品选	李光荣编选 ………	人民文学出版社
九叶派诗选	蓝棣之编选 ……………	人民文学出版社
荷花淀派小说选	冯健男编选 …………	人民文学出版社
山药蛋派作品选	高捷编选 ……………	人民文学出版社
红楼梦辨	俞平伯著 ………………	商务印书馆
中国诗史	陆侃如、冯沅君著 ………	百花文艺出版社
中国文学发展史	刘大杰著 ……………	复旦大学出版社

【艺术类】

万木草堂论艺	康有为著 ………………	荣宝斋出版社
中国绘画史	潘天寿著 ………………	团结出版社
中国绘画理论	傅抱石著 ………………	江苏教育出版社
中国雕塑艺术史	王子云著 ……………	人民美术出版社
中国陶瓷史	吴仁敬 辛安潮著 ………	团结出版社
中国戏剧史	徐慕云著 ………………	东方出版中心
洪深戏剧论文集	洪深著 ………………	东方出版中心
焦菊隐戏剧论文集	焦菊隐著 ……………	华文出版社
中国古代乐论选辑	吴钊 伊鸿书 赵宽仁 古宗智	
	吉联杭编 …………………	人民音乐出版社
素月楼联语	张伯驹编著 ……………	华文出版社
中国书法理论体系	熊秉明著 ……………	人民美术出版社
夏衍电影论文集	夏衍著 ………………	东方出版中心
银幕形象创造	赵丹著 赵青整理 ………	东方出版中心

【科技文化类】

自然辩证法在中国	龚育之著 ……………	北京大学出版社
科学家谈21世纪	李四光等著 …………	中国大百科全书出版社
继承与叛逆——现代科学为何出现于西方		
	陈方正著 ………………	生活·读书·新知三联书店

中国医学史　　陈邦贤著…………………………………团结出版社
化学史通考　　丁绪贤著…………………中国大百科全书出版社
科学概论　　　王星拱著…………………………武汉大学出版社
竺可桢科普创作选集　　竺可桢著…………中国大百科全书出版社

【综合普及类】
书林清话　　叶德辉著……………………………华文出版社
文坛五十年　　曹聚仁著………………生活·读书·新知三联书店
张菊生先生七十生日纪念论文集
　　　　　胡适　蔡元培　王云五等编………………商务印书馆
佛教常识问答　　赵朴初著………………………华文出版社
词心笺评　　邵祖平著……………………………复旦大学出版社
西潮与新潮　　蒋梦麟著…………………………东方出版社

编 辑 说 明

为了保存历史文献，有利于全面了解和研究中国近代著名教育家陶行知的教育思想和实践，推动我国教育科学研究和教育事业的改革与发展，我们应人民教育出版社之约，编辑了这本《陶行知教育论著选》。

本书收录了陶行知在其各个时期著述的教育方面的主要著作，既反映了他在其各个时期的学术成就，也反映了他思想的发展过程。内容包括论文、演讲、提案、书信、序跋等。卷末附录若干首教育诗。限于篇幅，若干字数较多的著作（如《古庙敲钟录》、《平民千字课》等），未被编入。本次编选，收入《陶行知全集》未及辑录的陶行知佚文 12 篇。对于收入本书的论著，逐一反复校勘。我们力求使本书做到精、新、真。

本书篇目均以写作（或演讲）时间先后为序；如无写作（或演讲）时间者，依发表时间先后排列；既无写作（或演讲）时间又无发表时间者，以编者考定的时间排列。

编者力求保持原作的面貌。节选的论著，篇名后注明"节选"，并在正文有删节处注明"（略）"。编者对标题酌加或酌改者，均在题注中说明。

对于原著中明显的错字，将订正之字置于错字之后的〔　〕号内。脱字的增补，置于〈　〉号内。对于残缺或模糊难辨之字，用□号表示。凡原著中因直排而出现的"如左"字样，均改为"如下"。凡涉及繁体字、异体字和通假字等，均按国家有关规定处理。

原著无标点的，由编者添加标点；原著用旧式标点或不规范的，重新标点。

编者对原文一般不加注释，必要时简注。注释分为三种情况：一是题注，用＊号表示，置于标题页的下方；二是作者原注，用①②③……表示，置于本页的下方；三是编者注释，注在篇末出处记载之后。

本书由董宝良、喻本伐、周洪宇编辑。董宝良教授任主编。由于我们水平有限，本书不足之处在所难免，敬希读者、专家们不吝赐教。

编　者

1990 年 11 月

于华中师范大学教育科学研究所

陶行知的生平和教育思想

（代前言）

陶行知（1891—1946）是我国近代伟大的人民教育家，是由杰出的民主主义战士转变成为卓越的共产主义战士，是中国进步知识分子的典型。

陶行知生于安徽歙县西乡黄潭源村，原名文濬；因受王阳明"知行合一"学说影响，改名"知行"；后又受到唯物主义熏陶，相信"行是知之始"，再改名"行知"；其后主张辩证法，独创一个"�"字作笔名，表示认识不仅是由行到知，还要由知到行。可见，他对名字的更改，体现出他在思想认识上的变化和发展。

一

陶行知幼年，家境清寒，仅间断地受教于私塾。中学以后，均入教会学校：1906年至1908年就读于歙县崇一学堂；后考入广济医学堂，因不满该校歧视非信教学生，几天后愤然退学；1909年考入汇文书院，次年春因书院并入金陵大学，遂升进金陵大学文科，1914年毕业，获文科学士学位。

1914年夏末，他赴美留学。先入伊利诺斯大学学市政，获文科（政治学）硕士学位；1915年，入哥伦比亚大学师范学院学习和研究教育，杜威、孟禄、斯特雷耶等为其导师。1917年夏，获哥伦比亚大学都市学务总监资格文凭，满怀改造中国社会和教育之情，启程返国。

二

陶行知在1917年秋,应聘为南京高等师范学校专任教员,后任教务主任和教育科主任等职。在此期间,他大力提倡教育改革,五四运动爆发后,把"教授法"改为"教学法";1920年6月,与北大相约最早招收女生;同年夏,首次举办暑期学校。

1921年,南京高师与东南大学合并后,陶行知任教授兼任教育科和教育系主任,组织学生从事平民教育,为玄武湖渔民子弟创办昆明学校。1923年秋,创办安徽公学;1927年3月,创办晓庄试验乡村师范学校。在办晓庄师范期间,还派出学生在1928年创办湘湖师范学校和在1929年创办新安小学。1931年春,开设"自然学园",推行"科学下嫁";1932年创办儿童科学通讯学校。1932年10月,创办山海工学团,还办有报童、晨更、流浪儿等工学团。1935年10月,举办"空中学校",通过广播普及教育。1938年11月,在香港筹创中华业余学校;1939年7月,创办育才学校;1946年1月,创办社会大学。

陶行知创办上述学校,可以说多半是自筹经费,自己管理,为此呕心沥血,备尝艰辛。为了到南京北郊办乡村师范学校,宁肯放弃大学教授职位,脱去西装革履,由城市下到农村,与"牛大哥"同睡,自找苦吃。尽管学校越办越低,职衔越来越小,生活越来越差,但他始终不以为然。他所以矢志不渝地走办学试验道路,是因为他怀着一个崇高的理想,就是要为改造中国寻觅新的教育曙光!

陶行知不但重视办学,开展教育试验,他还重视开展教育运动,向人民大众进行教育。早在1921年,就提倡平民教育;1923年,与朱其慧、晏阳初等发起平民教育运动。他为推行平民教育,奔走于冀、察、苏、浙、皖、赣、豫、鄂等省。

陶行知随着对平民教育认识的加深,主张平民教育下乡,推行乡村教育,提出了生活教育思想,开展了生活教育运动。他的生活教育运动,按其发展历程,可分为六大运动:一、乡村教育运动(1927—1930);二、普及教育运动(1931—1935);三、国难教育运动(1935—1937);四、战时教育运动(1937—1939);五、全面教育运动(1940—1945);六、民主教育运动(1945—1946)。从生活教育运动的发展轨迹来观察,它是与时代并进的,与当时的民族民主革命运动紧密结合并为其服务的,这是生活教育运动所具有的重要特点。

三

陶行知的一生,是不断进步、勇于追求真理的一生。他的座右铭是"千教万教教人求真,千学万学学做真人"。他以"捧着一颗心来,不带半根草去"的献身精神,致力于人民教育、民族解放和社会改革事业。

陶行知总结我国废科举、兴学校以来的经验教训,认为改革旧教育、建设新教育,绝对不能"沿袭陈法"和"仪型他国"。他特别反对照抄照搬他人的教育思想和经验,其着重之点在于进行教育试验。他为了探寻教育新理,坚持办学实践,开展教育运动,参加民主革命斗争,终于创立了生活教育理论,丰富了我国教育思想的宝库。

陶行知的生活教育理论,是他教育思想的核心。按照他的构建,生活教育理论由三大教育原理所组成:一是"生活即教育",二是"社会即学校",三是"教学做合一"。生活教育论的根本特质是生活的、行动的、大众的、前进的、世界的和有历史联系的。在他看来,生活教育论是"在半殖民地半封建的国家建立争取自由平等之教育理论和方法。"(《陶行知全集》第3卷第338页)

陶行知的生活教育论,扩展了我国以学校教育为中心的传统教育观念,是一种广义的教育观,也就是通常所说的大教育观。这种教育观,就受教育者范围来看,要使人人受到教育,主张实行全民教育；就受教育者个体来看，要使人得到和谐不断的发展，主张实行全面教育、终生教育。关于全民教育，从我国当时社会实际情况出发，强调实行平民教育、乡村教育、女子教育、民族教育；关于全面教育，重视实行德智体美劳诸方面的教育；关于终生教育，不仅要使青少年受到初、中、高等各级学校教育，还强调进行幼稚教育、社会教育、成人教育和特殊教育。总之，只要有人们的生活，就要有教育，要以生活来教育，为生活向上的需要而教育。

四

陶行知既重视教育上革新，又重视政治上革命，把教育革新与政治革命紧密相结合。他在从事乡村教育时，就曾指出："既有国民政治上的革命，同时还须有教育上的革命。"他认为，只有"二者同时并进，同时革新，国民革命才有基础和成功的希望"。（《陶行知全集》第2卷，第17页）

"五四"时期，他积极支持学生反帝爱国运动。北伐时期，他发动晓庄师范学生积极支援北伐军。"四一二"反革命政变后，他坚决支持学生声援下关和记工厂工人反对英商剥削和反对日本军舰停泊南京的反帝大游行。国民党反动派对学生爱国反帝的行动气急败坏，在1930年春季下令查封晓庄师范，他本人也被以所谓"勾结叛逆，阴谋不轨"等罪名，遭到通缉，被迫逃亡日本。

"九一八"前后，他目睹国民党反动派卖国投降，对其所谓"攘外必先安内"等言行，给予了猛烈抨击。"一二九"以后，他与沈钧儒等发起救国运动，为著名的爱国运动领袖。1936年7月，与沈钧儒、章乃器、邹韬奋联名发表团结御侮宣言。1936年夏，他受全国各界救国会委托，为宣传抗日救国主张，开展人民外交，出访28个国家和地区。他到伦敦，先后三次拜谒马克思墓。国民党政府对他从事抗日救国活动极端仇视，他再次遭到通缉。直到"七七"事变后，他才在1938年8月返国，受聘为国民参政会的参政员。1944年10月，参加中国民主同盟，次年被选为中央常委兼教育委员会主任，主办《民主》星期刊。

抗战胜利后，陶行知投身到民主革命运动的前列。1946年4月，他为筹备育才学校迁校等事宜回到上海，在不到三个月时间，不顾国民党特务的威胁，连续演讲百余次，大声疾呼反内战要和平、反独裁要民主。当民主战士李公朴、闻一多先后遭到国民党特务暗杀后，他得知自己列入到暗杀黑名单上，不但毫无畏惧，并坚定地表示："我等着第三枪！"他终因刺激过深、劳累过度，在1946年7月25日突发脑溢血，在上海逝世。周恩来认为，他十年来"是一个无保留追随党的党外布尔什维克"。毛泽东称他是"伟大的人民教育家"。宋庆龄赞扬他是"万世师表"！

陶行知富有创造和开辟精神，勤于笔耕，留下了大量著作，它们是中华民族的宝贵精神财富。为了便于学习、研究和运用他的教育思想和办学经验，我们编辑了这本《陶行知教育论著选》。它对我国进行教育改革，发展社会主义教育事业，多出人才，出好人才，有重要借鉴作用。

编　者

1990年11月15日

目　　录

1913 年
为考试事敬告全国学子 …………………………………… 1
1914 年
共和精义（节选） ………………………………………… 5
1916 年
我的生活经历和今后打算
　　——致罗素的信 ……………………………………… 7
1918 年
试验主义之教育方法 ……………………………………… 11
师范生应有之观念 ………………………………………… 15
教育研究法 ………………………………………………… 20
生利主义之职业教育 ……………………………………… 24
1919 年
教学合一 …………………………………………………… 32
试验主义与新教育（节选） ……………………………… 35
普露士教育之基本改革 …………………………………… 39
试验教育的实施 …………………………………………… 43
第一流的教育家 …………………………………………… 46
新教育 ……………………………………………………… 48
学生自治问题之研究 ……………………………………… 57
规定女子旁听办法案 ……………………………………… 66

1921 年

地方教育行政为一种专门事业 …………………………… 67

活的教育 ……………………………………………………… 72

义务教育入手办法之商榷大纲 …………………………… 83

师范教育之新趋势 …………………………………………… 86

1922 年

我们对于新学制草案应持之态度 ………………………… 90

评学制草案标准 …………………………………………… 93

新学制与师范教育 ………………………………………… 95

女子教育在学制上占领地位之十五周纪念……………… 102

教育者的机会与责任 ……………………………………… 105

1923 年

教育与科学方法 …………………………………………… 112

为反对中学男女同学的进言 ……………………………… 117

学问之要素

　　——致程仲沂的信………………………………… 120

创造一个四通八达的社会

　　——致文渼的信…………………………………… 122

1924 年

预备钢头碰铁钉

　　——致吴立邦的信………………………………… 125

五族共和与教育者之责任 ………………………………… 128

论平民读书处之得失 ……………………………………… 132

关于《请求力谋收回教育权案》的修改意见…………… 136

师生共生活

　　——致姚文采的信………………………………… 138

平民教育概论 ……………………………………………… 140

南京安徽公学创学旨趣 …………………………………… 150

《小学课程概论》序………………………………………… 154
1925 年
《柏克赫司特女士与道尔顿制》序……………………… 156
中国教育政策之商榷……………………………………… 158
请组织国家教育政策委员会案…………………………… 161
学生的精神………………………………………………… 162
1926 年
师范教育下乡运动………………………………………… 165
整个的校长………………………………………………… 167
我之学校观………………………………………………… 169
创设乡村幼稚园宣言书…………………………………… 172
南京中等学校训育研究会………………………………… 175
我们的信条………………………………………………… 177
《燕子矶小学》序………………………………………… 179
中国师范教育建设论……………………………………… 180
中华教育改进社改造全国乡村教育宣言书……………… 187
山穷水尽
　　——致凌济东的信………………………………… 188
试验乡村师范学校答客问………………………………… 190
中国乡村教育之根本改造………………………………… 196
1927 年
为中国教育寻觅曙光
　　——致王琳的信…………………………………… 198
晓庄试验乡村师范学校创校概况………………………… 200
如何教农民出头…………………………………………… 202
中国乡村教育运动之一斑
　　——中国代表致送坎拿大世界教育会议报告之一… 205
教学做合一………………………………………………… 216

在劳力上劳心……………………………………… 219
以教人者教已……………………………………… 221

1928年

艺友制师范教育答客问
　　——关于南京六校招收艺友之解释……… 223
《中国教育改造》自序…………………………… 227
生活工具主义之教育……………………………… 229
如何使幼稚教育普及……………………………… 231
"伪知识"阶级…………………………………… 234
在第一次全国教育会议上的提案………………… 244
介绍一件大事
　　——致大学生的信………………………… 248
今后中华民族的使命……………………………… 251
答朱端琰之问……………………………………… 253

1929年

地方教育与乡村改造……………………………… 263
这一年……………………………………………… 266
行是知之始………………………………………… 270

1930年

晓庄三岁敬告同志书……………………………… 273
生活即教育………………………………………… 282
护校宣言…………………………………………… 290
教育改进…………………………………………… 294

1931年

中华民族之出路与中国教育之出路……………… 300
教学做合一下之教科书…………………………… 336
思想的母亲………………………………………… 350

1932年

关于科学教育
　　——致庄泽宣的信………………………………… 351
乡村工学团试验初步计划说明书…………………… 354
国难与教育…………………………………………… 357
目前中国教育的两条路线
　　——教劳心者劳力，教劳力者劳心…………… 359

1933年

手脑相长……………………………………………… 362
创造的教育…………………………………………… 368

1934年

生活教育……………………………………………… 377
普及什么教育………………………………………… 379
教育的新生…………………………………………… 381
普及教育运动小史…………………………………… 384
传统教育与生活教育有什么区别…………………… 386
小先生与民众教育…………………………………… 388

1935年

中国普及教育方案商讨……………………………… 393
攻破普及教育之难关………………………………… 406
文化细胞……………………………………………… 426
文化网………………………………………………… 428
怎样做小先生………………………………………… 430

1936年

生活教育之特质……………………………………… 444
我们的态度…………………………………………… 447
普及教育之歧路……………………………………… 449
中国大众教育问题…………………………………… 451

1939 年

生活教育目前的任务 …………………………………… 487

评加强教育党化 ………………………………………… 490

全面抗战与全面教育（节选）………………………… 492

告生活教育社同志书
　　——为生活教育运动十二周年纪念而作 ………… 495

育才学校教育纲要草案 ………………………………… 504

育才学校创办旨趣 ……………………………………… 512

讨论生活教育的提纲 …………………………………… 516

我的民众教育观 ………………………………………… 520

我们的校徽 ……………………………………………… 523

谈生活教育
　　——致一位朋友的信 …………………………… 525

1940 年

游击区教育 ……………………………………………… 529

我们不是企图取消学校教育
　　——致潘畏三的信 ……………………………… 532

1941 年

新武训 …………………………………………………… 534

育才二周岁前夜 ………………………………………… 536

1942 年

在生活教育社十五周年纪念会上的讲话 …………… 547

每天四问 ………………………………………………… 549

育才十字诀 ……………………………………………… 557

1943 年

创造宣言 ………………………………………………… 560

1944 年

育才三方针 ……………………………………………… 565

育才二十三常能……566
创造的儿童教育……569
敲碎儿童的地狱，创造儿童的乐园……576

1945 年
创造的社会教育论纲……581
实施民主教育的提纲……585
全民教育……592
民主教育……600
民主教育之普及……602

1946 年
社会大学运动……605
领导者再教育……608
小学教师与民主运动……611
教师自动进修
　　——与小学教师谈话之三……616
谈扫除文盲
　　——与小学教师谈话之四……618
教育生活漫忆……620
最后一封信（节选）
　　——致育才学校全体师生……625

附录
教育诗……627
陶行知主要著译系年……665
陶行知笔名录……704

为考试事敬告全国学子

　　口诵心维，日就月将。一学期之韶光，行且风驰电掣过去矣！今者暑假伊迩，吾人对于此将至未至之考期，其观念果何如乎？大概勤生多主乐观，惰生多主悲观。彼勤生兢兢业业，一日读一日之书，一时学一时之业。平日不虚度分阴，至考则不待楮墨，已有左券之操，更逆计前列之荣。师友之鉴赏，父母之宠幸，怡然意满，安得不乐乎？惰者则异是，平日惟宴安是娱，逸豫是耽。光阴宜宝贵也，而等于闲度；学业宜精思也，而苟于涉猎，至考则有落第之虞，更逆知点额之辱，师友之藐视，父母之责备，溯往自伤，而往者不可追，嗒然若失，又安得不悲乎？

　　然此二者，不足以尽将考时学子之态度也。夫畏辱思荣，荣益求荣，人之情也。彼惰者之自悲，吾无间焉。所惧者，彼既以惰而荒业，复不愿自居下风，谓美名可以幸邀，令誉可以幸取。因畏辱心而生侥幸心，复因侥幸心而生谲诈心者，比比然也。彼勤者之有荣，吾之悦也。所惧者，溺于虚名，不自满足，自量才智不如人，犹殚思竭虑，求有以达其冠军之目的。始于一念之贪，终于欺诈之行，此又学子考试时通常之态度也。

　　噫！两军对垒而阴谋用，五洲互市而狡计生，考试之时有试探焉！试探维何？夹带也，枪替也。稍敛形迹者，则剽窃焉，耳语焉。其为名虽繁，其为欺则一。而所以陷溺之者，则不出畏、贪之二念。试言其害：

　　（一）**欺亲师**　　事亲莫大于孝，事师莫大于敬。不孝不敬，莫大于欺。考以舞弊而前列，终非庐山真面目。师不及察，给以优分是师见欺矣。考卷寄家，亲不及辨，以为是真吾儿之英隽，是亲见欺矣。欺师不敬，欺亲不孝，不孝不敬，是为败德。败德之人，不得志害身家，得志害天下。自来滔天罪恶，盖有始于此者矣。

（二）**自欺** 彼舞弊者，果得售其术耶？吾以为能欺父母，能欺师傅，而不能欺同学。彼不肖之流，固相与朋比为奸，而自洁之士，必贱其行，必耻与伍。常见弄术者，考试未完，人言已藉藉而不堪入耳。彼固欲假此以邀前列，不知及因此而遭同学之鄙弃，召同学之藐视。将以求荣，适以受辱；将以欺人，适以欺己，其愚亦已甚矣。

（三）**违校章** 行欺禁令，载在章程。学校之章程，学校之法律也。违背学校章程而行欺，是藐视学校之法律也，是违背学校之法律也，是以学生而为犯人也。学生将以正人者也，己不自正而欲正人，可乎？学生将以治人者也，己不自治而欲治人，可乎？学生将以引人服从法律者也，己不服从而令人服从，可乎？学生之位置，最高贵之位置也；学生之前程，最远大之前程也。以尊荣之学生，而行同偷窃，甘以身试法，不独行为不轨，亦且太自轻其身分矣。

（四）**辱国体** 其任专门大学中，教员有外人，学生有外人。吾华生之一举一止，一言一行，莫不为彼邦人士所注意。倘不慎而所安、所由、所以，皆未能出于诚，则彼外人行将以一斑而概全豹，慢谓吾"中华之大病在于不诚"。则诸君有何面目对于此大好山川乎？吾之为此言，非欲诸君之媚外也。吾辈既忝为共和之国民，则不可不有共和之精神。共和之精神维何？自由而已！西谚曰："惟真诚为能令国民自由。"言行真诚，以保守扩张此铁血换来之自由，使外人对于中华民国皆存爱敬心，不起轻慢心，则吾人所当黾勉者矣！不此之务，而惟欺诈是尚，则不徒召外人之藐视，亦且失其共和国民之精神矣。

（五）**害子孙** 舞弊者岂仅一己行欺而已哉？其影响且及于

子孙矣。生人之一举一动，皆印于神经系内。浅者霎时即没，深者历世不移，遗传而成本能。故父母惯于行欺，其恶根性之于子女，与生俱传。及长，子女可以不学而能欺。且孩童最易受影响人者也，父母之言行举动，子女多于不知不觉中被其激触，效而尤之。今日之学子，即他年之父母也。为学子而行欺，是不啻引将来子女之行欺矣。可不惧哉？

曰欺亲师，曰自欺，曰违校章，曰辱国，曰害子孙，考试舞弊之五恶德也。文文山[1]曰："读圣贤书，所学何事？"学欺亲师耶？学自欺耶？学违校章耶？学辱国耶？学害子孙耶？毋亦不大背圣贤之道，而违其莘莘求学之初心也。闻之"道德为本，智勇为用"，欲载岳岳千仞之气概，必先具谡谡松风之德操；欲运落落雪鹤之精神，必先养皑皑冰雪之心志。德也者，所以使吾人身体揆于中道，智识不致偏倚者也。身体揆于正道，而后乃能行其学识，以造人我之幸福；学识不致偏倚，而后乃能指挥身体，以负天降之大任。道德不立，智勇乃乖。故有勇无德，楚项羽所以有垓下之围；有才无道，盆成括[2]所以有杀身之祸；智勇兼备而无德，拿破仑所以有拘囚之恨。世顾有无德而能善其终者乎？吾辈学子可以深长思矣！

且吾人今日，盖莫不以爱国爱人自任矣。对于吞赃纳贿，则重斥之；对于任用私人，则訾议之；对于运动位置，则鄙弃之。吾嘉其志，吾佩其言，然爱国者必遵守法律。今日不服从学校之法律，安望其他日服从国家之法律乎？爱人者，必推亲及疏。今日师傅之昵而欺之，父母之亲而欺之，己身之切而又欺之，安望其他日之能爱人乎？孔子曰："君子素其位而行。"（Perform your duty where you are.）今日之责不尽，安望其将来之尽责乎？况彼贪官污吏，其成也非一朝一夕之故。始于天性遗传之不良，继之以家庭教育之不良，继之以塾师教育之不良，终而入世，又复浮沉于不良之政府、社会中，习与性成，斯一举手而蠹国殃民。甚矣，始之不可不慎也！为学生而可求人枪替，为官亦可以金钱运动位置；为学生而为人枪替，为官亦可任用私人；为学生而夹带，而剽窃，而耳语，为官亦可吞赃纳贿。何则？履霜坚冰，其所由来也渐耳。故欲他日爱国爱人，必自今日不欺始。欺人欺己而自谓爱国爱人者，假爱也。亲且不爱，遑论乎疏？己且不自爱，遑论乎推己而爱人？

观彼行欺者流，鼠窃狗偷，畏首畏尾。未考之先，藏之惟恐不密；当考之时，袭之惟恐不速；既考之后，虑之惟恐不远。其用心殆可谓劳矣，而其结果乃如是之恶，则人亦何乐而为此？无如世道凌夷，俗尚欺诈，各校规则复未能严紧，加之教员多以得学生欢心，为保全位置计，见若不见，闻若不闻，弗敢穷究。驯致中人以下皆未免逐浪浮沉，习以为常，恬不为怪。不思其行为之鄙陋，反矜其运技之神速。噫！斯风不振，教育之前途何堪设想？敢以孔圣之言进告吾所敬爱之学子："过则勿惮改。"失之于前，改之于后，不失为颜回，不失为周处〔3〕。若其徘徊歧路，不改前愆，则正邪不两立，清浊不同流。吾所敬爱之学子中，不乏洁身自好之士，所望毋惮权势，毋循私情，择善而行，见义而为。大声疾呼而忠告之，耳提面命而规谏之，忠告规谏之不从，割席与绝之；割席之不悛，鸣鼓而攻之，必达肃清之目的而后已。诸君，诸君！今日不能止同学之欺行，安望他日除国家之秕政，革社会之恶俗乎？挽狂澜而息颓风，是所望于诸君之力行。

《金陵光》第4卷第4期（1913年5月）

注释

〔1〕文文山　即文天祥（1236—1238），其号文山。

〔2〕盆成括　战国时人物，以聪明机巧著称。《孟子·尽心下》记有：当他在齐国为官时，孟子就料定他必有杀身之祸。尽管他才智过人，然而他却缺乏伦理道德观念。后果然被孟子所言中。

〔3〕周处（240—299）　西晋义兴阳羡（今江苏宜兴南）人，字子隐。相传少时横行乡里，与蛟、虎并称为"三害"，后改过迁善，终成有用之人。

共和精义(节选)*

(上略)

共和与教育

吾于共和之险象,既已详言之矣。然戒险防险,思所以避之,则可;因畏险而灰心,则大不可也。避之之道唯何?曰:人民贫,非教育莫与富之;人民愚,非教育莫与智之;党见,非教育不除;精忠,非教育不出。教育良,则伪领袖不期消而消,真领袖不期出而出。而多数之横暴,亦消于无形。况自由平等,恃民胞而立,恃正名而明。同心同德,必养成于教育;真义微言,必昌大于教育。爱尔吴曰:"共和之要素有二:一曰教育,二曰生计。"然教育苟良,则人民生计必能渐臻满意。可见教育实建设共和最要之手续,舍教育则共和之险不可避,共和之国不可建,即建亦必终归于劣败。罗比尔曰:"吾英人第一责任,即教育为国家主人翁之众庶是已。"故今日当局者第一要务,即视众庶程度,实有不足。但其为可教,施以相当之教育,而养成其为国家主人翁之资格焉。

(略)

---

* 本篇系陶行知在金陵大学求学时撰写的毕业论文。全文共分十节:绪论、共和之三大信条、共和主义对于个人之观念、共和主义对于社会之观念、共和主义对于政治之观念、共和之险象、共和与教育、共和与交通、共和与人文之进化、共和与秩序。这里,仅节选其中两节。

共和与人文之进化

共和者，人文进化必然之产物也。使宇宙万物无进化，则共和可以无现；使进化论放诸邦国社会而不准，则共和犹可以无现，无如进化非人力所能御也。进化非人力所能御，即共和非人力所能避。

（一）民智日进，自觉心生。于是觉苦思甘，觉劳思逸，觉捆缚思解脱。人不能甘之，逸之，解脱之，则亦惟思所以自助自为而已。不自由无宁死，实感情必至之现象。人而至于不惜杀身以赴其目的，则何事不可成？况此种现象最易瘅染，一夫作难，和者万人。不徒理想，诚事实也。强有力者，亦未尝不欲施愚民政策，以塞人之自觉、自治之源。无如万国交通，必群策群力，群运群智，然后方可以制胜。若恃一二人之智力，则鲜不受天然之淘汰。故不教育其群者，必受外侮，而臻于亡。况世多慈善之家，苟有不教育人民之国，则又安能阻受教人民之发生自觉心也？自觉心不可逃避，即共和不可逃避。

（二）人民相处日久，互爱心生。他人痛痒，视同切肤。民胞主义，渐以昌明。宗教家、伦理家复从而提倡之，躬行之，以为民表。耶教"天父以下皆兄弟"，孔教"四海之内皆兄弟"之义，不独深印人心，凡奉其教义者，抑且不惜披发缨冠，以趋人之急难也。故民胞主义愈膨胀，则专制荼毒愈衰微，共和主义益不能不应时而遍布于全球矣。此共和为人文进化不可逃避之结果者二。知共和之不可避，则吾人亦无容施其抵抗共和之拙计，以生建设共和之阻力，而耗国家之元气也。

（下略）

《金陵光》第 6 卷第 5 期、第 6 期（1914 年 10 月、11 月）

我的生活经历和今后打算[*]
——致罗素的信

亲爱的罗素[1]院长：

2月11日大札敬悉，甚为高兴。信中嘱我向利文斯顿奖学金[2]捐赠人提交一份有关本人生活经历和今后打算的简要说明，我很乐意写此材料。

我现年22岁，出生在与外界几乎完全隔绝的徽州。幼年从父亲以及别的教师那里接受中国式的启蒙教育，直到14岁才进了一所内地会在华开办的学校[3]，就学于吉布斯先生（Mr. Gibbs）[4]门下，他是当时学校里唯一教授西学的教师[5]。两年后该校因吉布斯先生回英国而停办。我只好怀着学医的念头冒险去了杭州。然而，由于进的那所学校[6]对非基督徒学生有明显歧视，甚至反映在学习课程等问题上，三天之后我就退了学。失望地回到了徽州，专心于英语学习，直至次年。接着，我考入了南京金陵大学。令人高兴的是，金大对于基督徒学生和非基督徒学生均一视同仁。三年后第一次革命[7]爆发了，我回到徽州，任县议会的秘书。干了半年[8]，又返校继续完成学业。在校方的信任和同学们的协助下，我开始编辑大学学报的中文报[9]。在包文博士（Dr. Bowen）[10]和亨克博士（Dr. Henke）[11]的指导下，又深受詹克教授（Prof. Jenk）的《基督教的社会意义》[12]一书观点的影响，我于1913年成为一个基督徒。1914年6月，即入金大的第五年末，我

---

[*] 本篇原为英文书信。由周洪宇翻译。今题为编者所拟。

获得了第一个学位。此后,在父母和友人的资助下,我赴美就读于伊利诺斯大学,在那里学习了一年,除了学到许多宝贵的知识,还获得一个副产品——文科硕士学位。在伊大的后半年期间,我担任学生俱乐部干事。

三年前,我就选择哥伦比亚大学作为自己在美国的最终目标,但此计划因经费不足而被暂搁下来。我的毕生志愿是通过教育而非武力来创建一个民主国家。在目睹了我们突然诞生的共和国的种种严重弊端之后,我坚信没有真正的公共教育就不可能有真正的共和国。去年夏天,在日内瓦湖举行的基督教青年会[13]夏季会议上,我受到了极大的鼓舞。我毕生献身于教育行政的想法更为具体化了。遍览所有的大学,再次确认还是哥伦比亚大学师范学院对我最合适。但选择学校是一回事,有无足够财力入学是另一回事。由于我父亲1915年1月去世,整个家庭负担全都压在我的肩上,经济状况窘迫至极。幸亏在我决定进入哥大师范学院不久,我国政府便授予我部分奖学金,再加上其他资助,我才有足够的勇气起步。然而,纽约的生活费用比我预计的要贵得多。住了半年后,我便发觉囊中所有远不足以应付深造。因此,经孟禄博士(Dr. Monroe)[14]惠意介绍,我得以申请利文斯顿奖学金,您又慷慨地授予了我。在此,除了表示本人的衷心感谢外,我愿向您以及利文斯顿奖学金捐赠人保证:在斯特雷耶教授(Prof. Strayer)[15]的指导下,经过两年多的深造,我回国后将与其他教育工作者合作,为我国人民建立一套有效的公共教育体制,使之紧步美国人民的后尘,保持和发展一种真正的民主制度。它将是唯一正义与自由的现实的理想国。

如果您能提供一些住在本市附近的捐赠人的姓名,以便我登门拜访,本人将极感兴趣。

谨致以良好的祝愿!

尊敬您的

陶文濬[16]

1916年2月16日

于哥伦比亚大学哈特莱大楼[17]1010号

原件存美国哥伦比亚大学师范学院

注释

〔1〕罗素（J. E. Russell） 当时的哥伦比亚大学师范学院院长，不是那位曾著有《西方哲学史》等书的英国哲学家伯特兰·罗素（Bertrand Russell）。

〔2〕美国大学里多设有各类名目繁多的奖学金，以资助学生学习和研究。经费来源不一，或公或私，利文斯顿奖学金属于后一类情况。

〔3〕即崇一学堂，全名为"安徽省徽州府崇一私立中学堂"。由基督教内地会开办。

〔4〕吉布斯（Gibbs） 汉名唐进贤。早年来华传教，当时为内地会教堂牧师兼崇一学堂校长。曾慧眼识珠，免费收陶行知入崇一。后又介绍陶行知考入汇文书院。1919—1921年期间，任内地会中国理事会副主席。

〔5〕崇一学堂开设的课程有：德行、修身、经学、国文、英文、中西历史、算学、代数、格致、地理、音乐和体操等。唐进贤一人兼授英文等七门西学课程。

〔6〕"那所学校"即杭州广济医学堂。

〔7〕"第一次革命"指1911年的辛亥革命。

〔8〕1911年10月武昌起义爆发后，陶行知赶回故乡徽州参加了地方开明绅士余德民领导的屯溪阳湖余家庄起义，担任县议会秘书有半年之久，后返校继续学习。

〔9〕金陵大学学生办的学报《金陵光》，于1909年12月创刊，始为英文报，从第4卷第1期起增设中文报。

〔10〕包文（Bowen） 时任金陵大学校长。

〔11〕亨克（Henke） 时任金陵大学教师。

〔12〕詹克教授此书的原名为《耶稣生活与教导的政治与社会意义》，基

督教青年委员会国际委员会，纽约，1906年版。

〔13〕简称"青年会"。基督教新教社会活动机构之一。

〔14〕孟禄（Paul Monroe，1869—1947） 美国教育家，曾任哥伦比亚大学教授、师范学院院长。1921年来华进行教育调查，曾任中华教育改进社名誉董事、中华教育文化基金会董事。

〔15〕斯特雷耶（Strayer） 哥伦比亚大学教授，教育行政学专家，陶行知的论文指导教师。

〔16〕陶行知原名陶文濬。1912年，另取名"陶知行"，次年用作笔名。1917年留美回国后，正式改名"陶知行"。1934年7月16日发表《行知行》一文，又改名为"陶行知"。世人后多以"陶知行"或"陶行知"称之。

〔17〕当时哥伦比亚大学男生宿舍共三座：哈特莱大楼（Hartley Hall）、利文斯顿大楼（Livingston Hall）和佛纳大楼（Furnald Hall）。前两座为老建筑，后一座为新建筑。后来许多中国政界和文教界的知名人物当年都曾居住在这三座大楼里。陶行知、孙科、蒋梦麟等人住在前两座旧宿舍里，胡适、宋子文、张耘（后改名张奚若）等人则住在后一座新建筑里。

试验主义之教育方法

荀子曰："大天而思之，孰与物畜而制之！从天而颂之，孰与制天命而用之！望时而待之，孰与应时而使之！因物而多之，孰与骋能而化之！思物而物之，孰与理物而勿失之也！"此数语，可谓中试验精神之窍要矣。盖凡天下之物，莫不有赖于其所处之境况。境况不同，象征自异。故欲致知穷理，必先约束其境况，而号召其象征，然后效用乃能发现。若其待天垂象，俟物示征，则以有限之时间，逐必不可得之因果，是役于物，而制于天也，安得不为所困哉？即得矣，或出于偶然；有常矣，或所示者吝，吾又安能穷其极处，无不到哉？

昔王阳明格竹七日而病，及在夷中，乃恍然以为："天下之物，本无可格。其格物之功，只在身心上。"呜呼！此皆不能约束其境况，号召其象征，有以致之也。彼善致知者，役物而不为物所役，制天而不为天所制。设统系，立方法，举凡欲格之物，尽纳之于轨范之中。远者近之，微者大之，繁者简之，杂者纯之，合者析之，分者通之，多方以试之，屡试以验之。更较其异同，审其消长，观其动静，察其变化，然后因果可明，而理可穷也。故试验者，发明之利器也。试验虽不必皆有发明，然发明必资乎试验。人禽之分，在试验之有无；文野之别，在试验之深浅。试验之法，造端于物理、生物、生理，浸假而侵入人群之诸学，今则哲理亦且受其影响矣。盖自培根（Bacon）[1]用以格客观之物。笛卡儿（Descartes）[2]用以致主观之知。试验精神，遂举形而上学、形而下学而贯彻之。穷其结果，则思想日精，发明日盛。欧美之世界，几变其形。

吾国数千年来，相传不绝之方法，惟有"致知在格物"一语。然格物之法何在？晦翁[3]与阳明各持一说。晦翁以即物穷理释之，近矣。然而即物穷理，又当用何法乎？无法以即物穷理，则物仍不可格，知仍不可致。阳明固尝即物而穷理者也，然未得其法，格物不成，归而格心。使阳明更进一步，不责物之无可格，只责格之不得法，兢兢然以改良方法自任，则近世发明史中，吾国人何至迄今无所贡献？故欧美之所以进步敏捷者，以有试验方法故；中国之所以瞠乎人后者，以无试验方法故。征之世界进步，试验方法既如此，不可废也，则其应用于教育界者，又何若哉？

教育为群学之一种，介乎形而上学、形而下学之间。故其采用试验方法也，较迟于物理、生物诸学。然近二百年来，教育界之进步，何莫非由试验而来？是以泼斯泰来齐（Pestalozzi）[4]试验幼子，而官觉之用以明；赫耳巴尔忒（Herbart）[5]设研究科，而统觉之理以阐；福禄伯（Froebel）[6]创幼稚园，而游戏之效以著；杜威（J. Dewey）之集成教育哲学，也以试验；忒耳诺泰刻（Thorndike）[7]之集成教育心理也，亦以试验。他若全部发育也，先质后文也，自动也，兴味也，感应结也，习惯法也，无一不根源于试验。举凡今日教育界所视为金科玉律者，何莫非昔贤屡试不爽之所遗留哉？是故试验之消长，教育之盛衰系之。

柏林大学保尔生（Paulsen）[8]曰：德国中世纪以前，狉狉榛榛，等于化外之民，及拉丁文输自罗马，民情一变。既而文艺北渐，蕴成宗教变革[9]，而民德又一进，是德人再得力于拉丁民族也。当十七世纪，法国礼乐艺术最盛，德人见异思迁，其贵族咸以能说法语为荣。及十八世纪，大风烈铁骑帝（Fredrick the Great）[10]又定法文为学校必修科，并聘法人为高级教师。其学于法人也，可谓勤矣！此外，于英吉利及希腊之文化，皆无所不吸收。此德人师天下之期也。迨至十八世纪之初，哈里大学（Halle

University）与郭听斯堡大学（Göttinsburg University）相继而兴，皆以宣扬试验精神为务。其后赫耳巴尔忒与福禄伯诸贤，先后辈出，凡所建树，皆根本于试验。虽执政者屡加干预，而其教之流行，速于置邮传命，不数十年，而弟子几遍国中。至十八世纪末叶，复与国家主义会合，以国家主义定目的，试验主义定方法，相演相成，用著大效。此后言教育者多宗德人。故十九世纪以前，德人师天下；十九世纪以后，天下师德人。试验主义实与有力焉！

美国三十年前之教育，亦几无事不模仿旧大陆。自乾姆（James）[11]创设心理试验科，而学者趋向一变。至于今日，凡著名大学，莫不设教育科，其同时试验教育心理者以百计。其试验机关与从事实地试验教育之人，几无处无之；其试验精神之充塞，可谓盛矣。观其效果，虽未必人人皆有贡献，然英德识者，佥谓美国近今小学教法冠天下。其收效之速，有如此者，夫岂偶然哉？

吾国办学十余年，形式上虽不无可观，而教育进化之根本方法，则无人过问。故拘于古法，而徒仍旧贯者有之；慕于新奇，而专事仪型者有之。否则思而不学，凭空构想，一知半解，武断从事。即不然，则朝令夕罢，偶尔尝试。提学使[12]弗善也，一变而为教育司；教育司弗善也，再变而为教育科；教育科弗善也，三变而为教育厅。不满十年，而变更者三，岂其善于试验哉？毋亦尝试而已。孔子曰："温故而知新，可以为师矣。"仍旧贯，只是温故；仪型他国，则吾人以为新，他人以为旧矣。空想无新可见，武断绝自新之路，尝试则新未出而已中途废矣。何怪乎吾国教育之不振也！故欲教育之刷新，非实行试验方法不为功。盖能试验，则能自树立；能自树立，则能发古人所未发，明今人所未明。人将师我，岂惟进步已哉？若徒因人成事，逐世浮沉，则人进一尺，我进一寸；人退一寸，我退一尺，亦太可怜矣！

今之议者，每曰：教育救国。教育岂尽能救国乎？吾敢断言曰：非试验的教育方法，不足以达救国之目的也。虽然，试验岂易言哉？知其要而无其才，不足以言试验；有其才而无百折不回之气概，犹不足以言试验也！故试验者，当内省其才，外度其势；视阻力为当然，失败为难免；复贯以再接再厉之精神，然后功可成也。吾教育界有急起直追以试验自矢者乎？吾将拭目以待之。

《金陵光》第9卷第4期（1918年4月）

注释

〔1〕培根　指弗兰西斯·培根（Francis Bacon, 1561—1626）。"英国唯物主义和整个现代实验科学的真正始祖。"（马克思语）

〔2〕笛卡儿（Rene Descartes, 1596—1650）　法国哲学家、数学家和物理学家。

〔3〕晦翁　即朱熹（1130—1200），南宋哲学家、教育家。字元晦，另字仲晦，号晦庵。

〔4〕泼斯泰来齐　通译裴斯泰洛齐（Johann Heinrich Pestalozzi, 1746—1827）。瑞士教育家。

〔5〕赫耳巴尔忒　通译赫尔巴特（Johann Friedrich Herbart, 1776—1841）。德国哲学家、心理学家、教育家。

〔6〕福禄伯　通译福禄培尔（Friedrich Wilhelm August Froebel, 1782—1852）。德国学前教育家。

〔7〕忒耳诺泰刻　通译桑代克（Edward Lee Thorndike, 1874—1949）。美国心理学家。

〔8〕保尔生　通译保罗生（Fr. Paulsen）。德国哲学家。

〔9〕即16世纪欧洲新兴资产阶级在宗教改革的旗帜下，所发动的一次大规模反封建的社会政治运动。

〔10〕大风烈铁骑帝　即弗里德里希二世（Friedrich II, 1712—1786），又称腓特烈大帝，普鲁士国王。

〔11〕乾姆　通译詹姆斯（William James, 1842—1910）。美国哲学家、心理学家。

〔12〕提学使　清末学官名。

师范生应有之观念[*]

鄙人承贵两校之嘱,来与诸君畅谈,不胜快乐。鄙人最喜同学生谈话,因十余年来,无日不做学生;即现在当教员,亦未尝不是做学生,盖不学则不能教。既为学生,则与诸君均为同志,同志相谈,自必非常快乐。诸君为师范生,所研究者为教育,而鄙人所研究者,亦为教育,尤为同志中之同志,所以更为快乐。诸君平日在校,已受良好之教训,故无庸鄙人多谈。惟是同志相聚,亦不可不有所研究,尚希诸同志加以指正为荷。今日所讲之题,即《师范生应有之观念》。

(一)教育乃最有效力之事业

教育能改良个人之天性。人之性情〈有善有恶〉,教育能使恶人变善,善者益善。即个人性情中亦有善分子与恶分子,且善分子中亦含有恶。如爱乃性情中之善分子也,而爱极生妒,变善为恶矣。恶分子中亦含有善,如怒乃性情中之恶分子也,然文王一怒而善〔安〕天下,用恶为善矣。教育乃取恶性中之善分子,去善性中之恶分子,如开矿然:泥内含金,金内亦杂有泥,开矿者取泥内之金,去金内之泥,然后成为贵品。教育亦若是矣。

---

[*] 本篇系演讲记录稿。1918年5月,陶应邀赴故乡安徽向省立第一师范和省立第一女子师范师生演讲,由省一师学生徐克勋、谢荣冠、陈硕梁、吕瑛、郑上元、王式禹当场笔记,整理后铅印成文(未经陶本人审阅)。未见在当时报刊上公开发表,《陶行知全集》亦未收入。蒋元卿解放初期从收购的旧书中发现此文,并于1986年公之于世。本次收选,对标点和个别字句有所修正。

教育能养成共和之要素。共和国有二大要素：一须有正当领袖，一须有认识正当领袖之国民。盖领袖有正当者，亦有不正当者。正当领袖能引导国民行正当之事业，不正当领袖能诱致国民行不正当之事业。故又必须养成能认识正当领袖之国民，领袖正当则从之，领袖不正当则去之。由是正当领袖之势力日张，而不正当领袖之势力日蹙。所以教育能巩固共和之基础也。

教育能传播非遗传之文化。人之语言非生而知之者，必由渐习而后能。然亦只能说一国之语，如中国人只能说中国语，而不能言德美俄日等国之语，如欲能言德美俄日等国之语，必由专习而后能。推而言之，世界文化无虑千万，皆父母所未能遗传者，而教育能一一灌输之。鄙人谓教育能造文化，则能造人；能造人，则能造国。今人皆云教育能救国，但救国一语似觉国家已经破坏，从而补救，不如改为造国。造一件得一件，造十件得十件，以至千百万件，莫不皆然。贫者可以造福〔富〕，弱者可以造强。若云救国，则如补西扯东，医疮剜肉，暂虽得策，终非至计。若云教育造国，则精神中自有趣味生焉，盖教育为乐观的非悲观的也。

教育为最有可为之事。古今名人莫不由教育而出，如达尔文、杜威、威尔诺刻[1]等，皆由研究教育而出者也。但须有决心，有坚志，则成事何难。惟此尚是第二。我等第一要知：人是人，我是我。天既生我，则必与我们〔以〕一种为人所乐能为之能力。不然，既有他，何必有我！天既生孔子，万事皆孔子所能为，则又何必生我而为古人之一附属物？由此观之，则我等当自主，当自强，为我之所能为，不随人学步，庶不负天生我之意。教育既然如此，则我师范生当作何种之观念？以鄙人看来，男师范生与女师范生之观念当有不同。欧战发生后，德法发生一莫大之问题，因其平时男教师比女教师为多，一旦战争发生，国内乏男子担任教育事业，影响于儿童者甚大。中国亦如此，但美国、加拿大则不然，其小学教师皆以女子充当，其男子皆任兵役以卫国家，所以战争发生后教育依然不受影响。再，女子与儿童有天然亲爱之感情，非若男子之爱护儿童出于勉强也。但高等小学则有不同，因此须养成其进取勇敢之精神，激发其军国民之志气，故必利用男教师。此男女教师不同之点也。然其共同之点则在以教育为专门职业，地理、历史、哲学、医学、生理学等，虽皆为教育家所利用，而教儿童则非修专门之教育的科学不可。今世界上有四种教育家：一、政客教育家，藉教育以图政治上之活动。二、空想教育家，有空想而未能实行。三、经验教育家，以经验自居不肯研究理论。四、科学教育家，则实用科学以办教育者。中国现在教育家只有政客、空想、经验三种，但教育以科学教育为最要，故男女师范生当专心致志、抱定主义，以教育为专门职业，则何人不可几〔及〕，何事不可为耶？

（二）**教育乃一种快乐之事业**

《论语》曰："有朋自远方来，不亦乐乎？"非当日孔子言教育之快乐耶？孔子一生诲人不倦，至于发愤忘食，乐以忘忧，不知老之将至。现任教育者，无不视当教员为苦途，以其无名无利也；殊不知其在经济上固甚苦，而实有无限之乐含在其中。愚蒙者，我得而智慧之；幼小者，我得而长大之；目视后进骎骎日上，皆我所造就者，其乐为何如耶！故办教育者之快乐，当在手续上，而不在其结果之代价。换言之，即视教育为游戏的作业、作业的游戏也。至于劳碌动作以求结果之代价者，则宜摈弃于教育界外。

（三）**各种教育之职业皆须视为平等**

现在教员一般心理，每以大中学校之等级高，高小、国民学校之等级低，于是以教大中学校为荣，而以教高小、国民学校为贱；不知大学要紧，中学要紧，而高等小学、国民小学、幼稚园尤要紧。以鄙人主张，凡大学、中学、小学之教员，国家需有同等之酬劳，社会须有同等之待遇。然常人心理，多不明小学之紧要，师范生亦有不明此理者。由是，他人固不以平等看待，即自视亦觉小学教员不如中学、大学教员之价值，甚至去而不为，放弃其应做之职业。故欲救此弊，先须视各种教育之职业皆为平等。此师范生当注意者也。

（四）教育为给儿童需要之职业

教育者乃为教养学生而设，全以学生为中心，故开办学校、聘请教师无一非为学生也。若无学生，焉有学校？既无学校，焉有教师？然则教师与学生，焉可无同情耶？同情谓何？即以学生之乐为乐，以学生之忧而忧，学生之休戚即我之休戚，学生之苦恼即我之苦恼是也。鄙人曾参观一校，终日仅一见教师之笑，不可谓不威严矣。吾人若设身处地为其学生，必也视之如判官、为阎罗，如芒刺之在背矣！此教师不能与学生同情之故也。现中国教师之大弊即在于此。此又我师范生所当注意者也。

（五）教育为制造社会需要之事业

教育为改造社会而设，为教育社会人才而设，故学校非寺院岩穴也，教员非孤僧隐士也。夫既为社会而设，若与社会不相往来，何以知社会之需要？中国前此之弊，即在于此，亦我师范生所宜注意者也。

（六）教育为师范生终身之事业

现在为教师者，男则因赋闲无事遂暂为之，女则因尚未适人而暂为之。事既得，家既成，则远翔而不顾；视办教育如用雨伞，雨则取以遮盖，晴则置之高阁；视居学校如寓客栈，今日寓此明日便去，虽有蚊蚤之为害，不过今宿，又何必大事〔肆〕驱除。教育中亦有害虫，教师之责所宜驱除，岂可以暂为，遂视同秦越而不作整顿之计耶？昔英女皇伊莉莎白终身不嫁，人问之故，辄以英吉利即吾之夫一语以对；意相加富尔终身不娶，人问之故，辄以意大利即吾之妻一语以对。故鄙人亦有二语告于诸君：即男师范生应以教育为妻，女师范生应以教育为夫。有此定力，则赴汤蹈火，在所不辞，鞠躬尽瘁，死而后已。吾身不成，吾子绍之；吾子不成，吾孙绍之；子子孙孙，世世代代，相继无间。海可枯，而吾之志不可枯；石可烂，而吾之志不可烂。西藏，极西边、极穷苦之地也，有须吾办教育者，吾即往西藏而不辞；蒙古，极北边、极穷苦之地也，有须吾办教育者，吾即往蒙古而不辞。不要名，不要利，只要教育好；不怕难，不怕死，只怕教育不好。师范生乃负〈此〉志者，故与别种学生不同。读书要当作教书读，求学要当作教学求。蚕食桑叶，消化而吐出能为锦绣之丝，师范生求学，亦当融会贯通而吐出有益于人之事业也。

以上所说皆属泛论，尚有一问题与诸君商酌，庶上说皆可解决而变为切实。曾子曰："吾日三省吾身。"诸君亦当自省：为何不入他校而入师范学校？岂为师范学校豁免学膳费而来乎？抑为求学之故，无他校可入，不得不入师范学校乎？或迫于父母之命，不得已而入师范学校乎？将负大才能、抱大兴味而后入师范学校乎？假如因免学膳费、因无他校可入及因父母所迫而入，姑且无论。若因负大才能、抱大兴味，其将何以自待？吾见今日师范毕业者，有一部分人不办教育，或办教育而不尽心力者，皆由初未能自省也。然则以上所说均成空谈矣。鄙人此番之话，方为负大才能、抱大兴味而入师范学校者言之，望诸君皆注意焉。如有误谬之处，不妨指出纠正，实甚欣幸。

《行知研究》(1986年第2期)

注释

〔1〕威尔诺刻　通译桑代克（Edward Lee Thorndike, 1874—1949）。美国心理学家。

教育研究法*

今日系本会诞生之辰，亦即鄙人与诸君观摩之始。总干事云："指导员为本会学识之产婆。"鄙人内省颛蒙，短绠深汲，覆𫗧堪虞。兹姑勉竭棉〔绵〕薄，以占可否耳！

本会既定名教育研究会，则国家何以必有教育？教育何以必须研究？研究何必待集会？诸君顾名思义，不可不知也。鄙意共和国有要素二：一、正当之领袖也。盖先知先觉，楷则蒸黎，导斯民于轨范之中，进社会于缉熙之域，悉其责焉。然英才俊质，虽恃先天之禀赋，亦赖经验之陶冶。故必有完美之人才教育，始能产正当之国民领袖。非然者，不贻求子，庸有济乎？二、健全之公民也。盖社会日进，庶业蓁繁，国事良窳，断非少数之国民领袖所克左右。苟无多数健全之公民，利害洞彻，时势明了，取鉴先觉，各尽其职，则有倡无和，事卒不举。故人才教育以外，又当以普通教育为根本，以造成健全之公民。然则领袖也，公民也，实共和之长城也。而产此长城者何乎？舍教育吾奚属哉！

故方今教育家之天职，在考察吾国共和之长城造乎未造，所造者完乎不完，何者应改弦更张，何所应补苴修正。如欧美之职业教育，吾国曩未之行，此则急宜酌采者也。国人受教育者，百分应有九十，而今仅居其一，此则急宜完足者也。实业学校办法弗良，学生应用其所学者，十仅一二；改营他业者，十且八九，致演成农不

---

* 本篇系演讲记录。南京高师学生组织教育研究会，特聘陶行知为该会指导员，并邀请他在成立大会上发表演说。记录者为刘著良、吴昆。

农、工不工、商不商之险状，此则急宜改革者也。醉心西化，动辄效颦，而不知宜于彼者，未必皆宜于我；宜于中学者，未必宜于小学。如代数一科，中学校莫不肄习。以鄙人所见，未必皆受益，此则急宜修正者也。教育家之在今日，殆所谓仔肩重任者乎！

夫教育之关系既如彼，教育家之天职又如此，则吾人之不能昧于斯道也明矣。盖教育之举措，悉当根据于学理。学理幽深，研究始明。教育学术，吾人所宜研究，庶南辕无北辙之虞，奏刀有理解之效也。

虽然，独学寡闻，千虑一失，集会琢磨，厥利有三：一、可以交换知识也。盖集众人之才力经验，共研所学，则切磋观摩，互资考鉴，学理因辨难而大明，知识以互易而愈广矣。二、彼此可以鼓励也。学理深邃，则玄眇难明；事业恢宏，则困阻恒多。畏难者见而步却，虑失者当之心灰。苟集会攻研，则彼此激励，中阻无碍矣。三、可以互益兴趣也。盖治学以兴趣为主。兴趣愈多，则从事弥力；从事弥力，则成效愈著。然离群独立，索然寡欢，困难偶及，兴阻中途。苟集会研究，则彼此激励，兴味时增，无此弊矣。

然则研究之道，果何在乎？今仅就管见所及，约略言之，以资考证。一、疑难须发乎中，标题须择其要。发于中，则蕴蓄有素，心得恒多；择其要，则真实不虚，言皆切中。譬一人焉，始则多数问题，蕴蓄于中，继乃举其无关教育，涉及专门，繁杂难理鲜趣乏资料者，依次汰除，则所存者，莫非普通应用、平易切实、兴味饶足、研资丰厚者已。二、问题既拟，则必征求知识以解决之。征求知识之法，就主观言之，约有三端。一曰虚心：虚心则成见消除，不为物蔽，休休相容，惟真理之是求；二曰留心：留心则社会环象，随在考察，不仅恃载籍以资考证；三曰专心：专心则精敛神萃，致力一途，不扰于物，易底于成。若就客观言之，则亦有三。一曰明辨：盖资料杂陈于前，苟不明辨剖析，以别其用途，则取舍不当，必有留珠遗瓦之憾；二曰比校：比校则古今中外之异同，因果是非之轨迹，同时并观，了如指掌；三曰统列：统列则纪录之资料，进化之事实，群分类聚，条理井然矣。

且征求知识之方法，亦随知识之性质而异。知识有新有旧，有已有者，有本无者。征求已有之旧知识，有二法。一曰交谈问答：盖交谈学理，彼此之意见融通，问答辨难，事物之真理阐发，其助学识诚非浅鲜；二曰读书：读书多，则积理富，积理富，则随时应用，绰有余裕矣。但专事征求旧知识，则世界无进化，欲求世界进化，非探觅新知识不为功。探觅新知识之法亦有二。一曰观察：观察愈力，则物感愈众，天文等学之发明，俱赖于是；二曰试验：试验者，自设景况，产生结果，以为学理之左证也。一须统束各种情况，使之纯一不杂；二宜活动其一，使为主因。非然者主因之外，又杂他因，则结果难确矣。故教育家欲比较两教授法之优劣，则课堂之设备同，课本之教材同，时间教师同，其他教法同，以及学生之年龄、男女、程度、家境同，然后施各异之教法，而后可知其结果之究孰优孰劣也。然则欲教育之进步，须先有正当之试验家，施行精密之试验术也明矣。此外，复将一事之结果内容，条分缕析，开会逐一讨论，决不可模糊影响，混合而言。盖拓都为么匿[1]之结体，么匿明，则拓都易知矣。讨论时最忌者有数事，一曰闲谈：盖泛滥无节，难中肯綮，隔靴搔痒，徒作捕光掠影之谈，最足以眩惑是非也；二曰盲从：胸无定见，人云亦云，实不足以言讨论；三曰成见：盲从固陋，拘执亦非。盖有成见在胸，则自是其是，不能容纳真理；四曰武断：不先论事理之果何如，而遽下判断，非特抑他人之思想，亦且失研究之真诠。忘己忘人，俱为要道。忘己则大公无我，真理是徇；忘人则独抒己见，不畏诽谤。讨论既毕，则其结果非特牢记于心，又宜举行试办，然后将其良者竭力推广，导人效则。现卅二法身，掉广长圣舌，实分内事也。再，鄙人不才，忝居本会指导员之职，间尝思教员二字，殊属不妥。盖人师之责，不在教学生，而在教学生学。故本会之精神，亦当在学而不在教。尝观世界大教育家，如白斯达罗齐[2]、福禄伯等之伟功盛业，无不在试验，无不在发明。故鄙人深愿本会为试验之先河，为发明之鼻祖。吾尤愿诸君为白斯达罗齐，为福禄伯，为条魏，为曹朗达，大家努力共建此共和之长城。

《金陵光》第9卷第5期（1918年6月）

注释

〔1〕拓都，英文 total 的音译，意为全体或整体；么匿，英文 Unit 的音译，意为单位或个体。

〔2〕白斯达罗齐　通译裴斯泰洛齐。瑞士教育家。

生利主义之职业教育

自本社[1]标解决生计问题为进行之方针，一般学者，往往以文害辞，以辞害意，误会提倡者之本旨。推其原因，多由于不明生计二字之界说所致，惟其不明乎此，故或广之而训作生活，或狭之而训作衣食；驯至彼一是非，此一是非，议论纷纭，莫衷一是。不徒反对者得所藉口，即办学者亦无所适从。其隐为职业教育前途之障碍，良非浅鲜。孔子曰："名不正则言不顺；言不顺则事不成。"故欲职业教育之卓著成效，必自确定一正当之主义始。

夫职业教育之成效既有赖于正当之主义，则问何谓正当之主义，生活乎？衣食乎？抑生活衣食之外别有正当之主义乎？

生活主义包含万状，凡人生一切所需皆属之。其范围之广，实与教育等。有关于职业之生活，即有关于职业之教育；有关于消闲之生活，即有关于消闲之教育；有关于社交之生活，即有关于社交之教育；有关于天然界之生活，即有关于天然界之教育。人之生活四，职业其一；人之教育四，职业教育其一。故生活为全体，职业为部分；教育为全体，职业教育为部分。以教育全体之生活目的视为职业教育之特别目的，则职业教育之目的何以示别于教育全体之目的，又何以示别于他种教育之目的乎？故生活之不能为职业教育独专之主义者，以其泛也。

生活主义固不适于职业教育之采用矣。衣食主义则何如？大凡衣食之来源有四：职业、祖遗、乞丐、盗窃是也。职业教育若以衣食为主义，彼之习赖子、乞丐、盗窃者，不亦同具一主义乎？而彼养成赖子、乞丐、盗窃者，亦得自命为职业教育家乎？此衣食主义之不适于职业教育者一也。不宁惟是，职业教育苟以衣食为主义，则衣食充足者不必他求，可以不受职业教育矣。此衣食主义之不适于职业教育者二也。且以衣食主义为职业教育之正的，则一切计划将趋于温饱之一途。此犹施舍也。夫邑号朝歌，墨翟回车；里名胜母，曾子不入。学校以施舍为主旨，则束身自好者行将见而却步矣。此衣食主义之不适于职业教育者三也。凡主义之作用，所以指导进行之方法。若标一主义不能作方法之指针，则奚以贵？故衣食之可否为职业教育之主义，亦视其有无补助于职业方法之规定耳。夫学校必有师资，吾辈选择职业教员，能以衣食为其资格乎？学校必有设备，吾人布置职业教具，能以衣食为其标准乎？又试问职业学校收录学生，可否以衣食为去取？支配课程，可否以衣食为根据？衣食主义之于职业教育方法，实无丝毫之指导性质。有之，则吾不知也。衣食既不能为职业教育方法施行之指导，则其不宜为职业教育之主义，又明矣。此衣食主义之不适于职业教育者四也。不特此也，吾人作事之目的，有内外之分。衣食者，事外之目的也；乐业者，事内之目的也。足衣足食而不乐于业，则事外虽无冻馁之虞，事内不免劳碌之患。彼持衣食以为职业教育主义者，是忽乐业之道也。此衣食主义之不适于职业教育者五也。且职业教育苟以衣食主义相号召，则教师为衣食教，学生为衣食学，无声无臭之中隐然养成一副自私之精神。美国人士视职业教育与学赚钱（Learning to earn）为一途，有识者如杜威（Dewey）先生辈，咸以其近于自私，尝为词辟之。吾国当兹民生穷蹙之际，国人已以衣食为口头禅，兴学者又从而助长其焰，吾深惧国人自私之念，将一发难厌矣。此衣食主义之不适于职业教育者六也。是故衣食主义为众弊之渊薮，欲职业教育之有利无弊，非革除衣食主义不为功。

衣食主义既多弊窦，生活主义又太宽泛，二者皆不适用于职业教育，然则果应以何者为正当之主义乎？曰，职业作用之所在，即职业教育主义之所在。职业以生利为作用，故职业教育应以生利为主义。生利有二种：一曰生有利之物，如农产谷，工制器是；二曰生有利之事，如商通有无，医生治病是。前者以物利群，后者以事利群。生产虽有事物之不同，然其有利于群则一。故凡生利之人，皆谓之职业界中人；不能生利之人，皆不得谓之职业界中人。凡养成生利人物之教育，皆得谓之职业教育；凡不能养成生利人物之教育，皆不得谓之职业教育。生利主义既限于职业之作用，自是职业教育之特别目的，非复如生活主义之宽泛矣，此其一。以生利主义比较衣食主义尤无弊窦之可指，故以生利主义为准绳，则不能生利之赖子、乞丐、盗窃与养成之者，皆摈于职业教育之外矣，此其二。学校既以生利为主义，则足于衣食而不能生利者无所施其遁避，此其三。父母莫不欲其子女之能生利，职业教育苟以生利为主义，自能免于施舍之性质，自好者方将督促子女入学之不暇，又何暇反加阻力乎？此其四。职业既以生利为作用，吾人果采用生利主义以办职业教育，则生利之方法，即可为职业教育方法之指针，此其五。职业教育既以养成生利人物为主义，则其注重之点在生利时之各种手续，势必使人人于生利之时能安乐其业，故无劳碌之弊，此其六。生利主义侧重发舒内力以应群需，所呈现象正与衣食主义相反。生产一事一物时，必自审曰："吾能生产乎？吾所生产之事物于群有利乎？"教师学生于不知不觉中自具一种利群之精神，此其七。不特此也，能生利之人即能得生活上一部分之幸福，而一衣一食亦自能措置裕如。不能生利之人，则虽有安富尊荣亦难长守。故惟患不能生利，不患不得生活之幸福与温饱。然则生利主义既无生活主义之宽泛，复无衣食主义之丛弊，又几兼二者之益而有之，岂非职业教育之正当主义乎？

生利主义之职业师资 职业教育既以养成生利人物为其主要之目的，则其直接教授职业之师资，自必以能生利之人为限。盖己立而后能立人，己达而后能达人，天下未有无生利经验之人而能教育人生利者。昔樊迟请学稼，子曰："吾不如老农。"请学为圃，曰："吾不如老圃。"孔子岂故为拒绝哉？亦以业有专精，事有专习，孔子之不知农圃，亦犹老农老圃之不知六艺耳。由是以推，无治病之经验者，不可以教医；无贸易之经验者，不可以教商。百凡职业，莫不皆然。故职业教师之第一要事，即在生利之经验。无生利之经验，则以书生教书生，虽冒职业教师之名，非吾之所谓职业教师也。

然职业教师不徒负养成生利人物之责，且负有改良所产事物之责。欲求事物之改良，则非于经验之外别具生利之学识不可。无学识以为经验之指导，则势必故步自封，不求进取。吾国农业，数千年来所以少改良者，亦以徒有经验而无学识以操纵之耳。故职业教师之第二要事，是为生利之学识。

兼有生利之经验、学识，尚不足以尽职业教师之能事。盖教授生利之法，随业而异。有宜先理想而后实习者，有宜先实习而后理想者，有宜理想实习同时并进者。为职业教师者自宜熟悉学者之心理，教材之性质，使所教所学皆能浃洽生利之方法，而奏事半功倍之效。故职业教师之第三要事，为生利之教授法。

准如前说，则健全之职业教师，自必以经验、学术、教法三者皆具为标准。三者不可得兼，则宁舍教法、学术而取经验。盖无学术、教法而有经验，则教师尚不失为生利之人物，纵无进取良法，然学生自能仪型教师所为，以生产事物。既能生产事物，即不失职业教育之本旨。如无经验，则教授法无由精密，纵学术高尚，断不能教学生之生利。既不能生利，则失职业教育之本旨矣。是故经验学术教法三者皆为职业教师所必具之要事，然三者之中，经验尤为根本焉。

职业教师既以生利经验为根本之资格，则养成职业师资自当取材于职业界之杰出者。彼自职业中来，既富有经验，又安于其事，再加以学术教法，当可蔚为良材，概之收录普通学子，为事当较易，收效亦当较良且速也。

职业教师既以生利之经验、学术、教法三者为资格,则如何养成此种教师之方法,亦在吾人必须研究之列。大概养成职业师资之法有三:(一)收录普通学子教以经验学术与教法;(二)收录职业界之杰出人物教以学术与教法;(三)延聘专门学问家与职业中之有经验者同室试教,使其互相砥砺补益,蔚为职业教师。夫经验所需之多少,随职业而异;其需经验较少之职业,利用第一法。如普通师范学校之教师有二三年之经验者,即可作教授之基础,故收录普通学子而养成之,为事甚易。其次则商业学校教员,似亦可以利用此法。但农工等职业之教师,性质迥异,非富有经验,不足以教生利。舍难就易,似不如采用第二法,精选职业界之杰出者养成之。彼既从职业中来,自必有相当之经验,再教以实用之学术教法,为事自顺。然此法效力之大小,常视国中教育普及之程度为差。其在欧美教育普及之邦,职业中人;大半受过八年之公共教育,既有普通知能以植其基,则于学术教法自易领悟。中国则不然,教育未普及,农工多数不识文字;既不识文字,则欲授以学术教法,自有种种困难。然而职业界之杰出者,终不乏粗识文字之人。当事者苟能精选而罗致之,则有用之职业师资,或能济济而出也。此外则有延聘学问家与经验家同室试教一法。当今职业师资缺乏,为其备选者或有学术而无经验,或有经验而无学术,速成之计,莫如合学问家与经验家于一炉而共冶之;既可使之共同试教,又可使之互相补益,则今日之偏材,经数年磨练之后,或能蔚成相当之师资,岂非一举两得哉?然一班二师,所费实巨,况学术经验贵能合一,若分附二人之身,终难免于隔膜。故此计虽有优点,不过为过渡时代权宜之策耳。总之,职业教师最重生利之经验,则养成之法,自宜提其要领,因已有之经验而增长之,方能事半功倍也。

生利主义之职业设备 孔子曰:"工欲善其事,必先利其器。"无利器而能善其事者,吾未之前闻。职业教育又何独不然?

必先有种种设备，以应所攻各业之需求，然后师生乃能从事于生利；否则虽有良师贤弟子，奈巧妇不能为无米之炊何！故无农器不可以教农，无工器不可以教工。医家之教必赖刀圭。画家之教必赖丹青。易言之，有生利之设备，方可以教职业；无生利之设备，则不可以教职业。然职业学校之生利设备可分二种：一、自有之设备；二、利用职业界之设备。但无论设备之为己有，为利用，学生教师莫不可因以生利。故设备虽有己有利用之分，而同为学生教师生利之资则一。余尝游美之麻撒朱赛州（Massachusetts）[2]，视其乡村中学校附设之农业科，多利用学生家中之田园设备，使各生在家实习，命之曰家课（Home Projects）。教员则自御汽车，循环视察，当场施教。农隙则令学生来校习通用之学术。故校中自有之设备；除课堂点缀以外，实属寥寥无几；校外则凡学生足迹所至，皆其所利用之设备。论其成效则不特设备之经费可省，而各家之农业皆藉学生而间接改良。此盖利用他人生利设备以施职业教育之彰明较著者也。

生利主义之职业课程　职业学校之课程应以一事之始终为一课。例如种豆，则种豆始终一切应行之手续为一课。每课有学理，有实习，二者联络无间，然后完一课，即成一事。成一事再学一事，是谓升课。自易至难，从简入繁，所定诸课，皆以次学毕，是谓毕课。定课程者必使每课为一生利单位，俾学生毕一课，即生一利；毕百课则生百利，然后方无愧于职业之课程。职业课程既以生利为主，则不得不按事施教，欲按事施教，则不得不采用小班制。故欧美之职业实习班至多不满十五人，凡以便生利课程之教授也。不特每课为然，即各课之联络亦莫不以充分生利为枢机。客有学蚕桑者，学成执蚕桑业，终岁生利之期两三月而已，余则闲居坐食，不数年而家计渐困，卒改他业。此能生利而不能充分生利之过也。故职业课程之配置，须以充分生利为标准，事之可附者附教之，事之可兼者兼教之。正业之外，苟能兼附相当之业，则年无废月，月无废日，日无废时矣。此之谓充分之生利。根据此旨以联络各课，是为充分生利之课程。

生利主义之职业学生　有生利之师资设备课程，遂足以尽职业教育之能事乎？曰，未也。学生择事不慎，则在校之时，学不能专；出校之后，行非所学。其弊也：学农者不归农，学商者不归商。吾国实业教育之所以鲜成效，固由于师资设备课程之不宜于生利，然其学生择业之法之不当，亦其一因也。大凡选择职业科目之标准，不在适与不适，而在最适与非最适。所谓最适者有二：一曰才能；二曰兴味。吾人对于一业，才能兴味皆最高，则此业为最适；因其最适而选之，则才能足以成事，兴味足以乐业，将见学当其性，用当其学，群与我皆食无穷之益矣。故能选最适之业而学者，生大利不难，岂仅生利已哉！择业不当，则虽居学习生利之名，而究其将来之生利与否，仍未可必。故欲求学业者归业，必先有精选职业之方法。方法维何？曰，职业试习科是也。职业试习科包含农工商及其他业之要事于一课程，凡学生皆使躬亲历试之。试习时期可随遇伸缩，多至半载，少至数星期皆可。但试习之种种情形，必与真职业无异，始可试验学生之真才能真兴味。一参假面具则试验科之本旨失矣。试习之后，诸生于各业之大概既已备尝，再择其最有才能最有兴味之一科专习之。彼其选择既根本于才能兴味，则学而安焉，行而乐焉，其生利之器量，安有不大者哉？

结论　职业学校，有生利之师资、设备、课程，则教之事备；学生有最适之生利才能兴味，则学之事备。前者足以教生利，后者足以学生利。教与学咸得其宜，则国家造就一生利人物，即得一生利人物之用，将见国无游民，民无废才，群需可济，个性可舒，然后辅以相当分利之法，则富可均而民自足矣。故职业教育之主义在是，职业教育之责任在是，余之希望于教育家之采择试行者亦莫不在是。谨贡一得，聊献刍尧，幸垂教焉。

《教育与职业》第1卷第3期（1918年11月3日）

注释

〔1〕本社　系指中华职业教育社。我国近代著名的职业教育团体，1917年在上海成立，主要负责人为黄炎培等。陶当时为该社特别会员。

〔2〕麻撒朱赛州　通译马萨诸塞州（Massachusetts），美国东北部的州名。旧译又称麻省。

教　学　合　一

现在的人叫在学校里做先生的为教员，叫他所做的事体为教书，叫他所用的法子为教授法，好像先生是专门教学生些书本知识的人。他似乎除了教以外，便没有别的本领；除书之外，便没有别的事教。而在这种学校里的学生，除了受教之外，也没有别的功课。先生只管教，学生只管受教，好像是学的事体，都被教的事体打消掉了。论起名字来，居然是学校；讲起实在来，却又像教校。这都是因为重教太过，所以不知不觉的就将他和学分离了。然而教学两者，实在是不能分离的，实在是应当合一的。依我看来，教学要合一，有三个理由：

第一，先生的责任不在教，而在教学，而在教学生学。大凡世界上的先生可分三种：第一种只会教书，只会拿一本书要儿童来读他，记他，把那活泼的小孩子做个书架子、字纸篓。先生好像是书架子、字纸篓之制造家，学校好像是书架子字纸篓的制造厂。第二种的先生，不是教书，乃是教学生；他所注意的中心点，从书本上移在学生身上来了。不像从前拿学生来配书本，现在他拿书本来配学生了。他不但是要拿书本来配学生，凡是学生需要的，他都拿来给他们。这种办法，固然比第一种好得多，然而学生还是在被动的地位，因为先生不能一生一世跟着学生。热心的先生，固想将他所有的传给学生，然而世界上新理无穷，先生安能尽把天地间的奥妙为学生一齐发明？既然不能为学生一齐发明，那他所能给学生的，也是有限的，其余还是要学生自己去找出来的。况且事事要先生传授，既有先生，何必又要学生呢？所以专拿现成的材料来教学生，总归还是不妥当的。那么，先生究竟应该怎样子才好？我以为好的先生不是教书，不是教学生，乃是教学生学。教学生学有什么意思呢？就是把教和学联络起来：一方面要先生负指导的责任，一方面要学生负学习的责任。对于一个问题，不是要先生拿现成的解决方法来传授学生，乃是要把这个解决方法如何找来的手续程序，安排停当，指导他，使他以最短的时间，经过相类的经验，发生相类的理想，自己将这个方法找出来，并且能够利用这种经验理想来找别的方法，解决别的问题。得了这种经验理想，然后学生才能探知识的本源，求知识的归宿，对于世界一切真理，不难取之无尽，用之无穷了。这就是孟子所说的"自得"，也就是现今教育家所主张的"自动"。所以要想学生自得自动，必先有教学生学的先生。这是教学应该合一的第一个理由。

第二，教的法子必须根据于学的法子。从前的先生，只管照自己的意思去教学生；凡是学生的才能兴味，一概不顾，专门勉强拿学生来凑他的教法，配他的教材。一来先生收效很少，二来学生苦恼太多，这都是教学不合一的流弊。如果让教的法子自然根据学的法子，那时先生就费力少而成功多，学生一方面也就能够乐学了。所以怎样学就须怎样教：学得多，教得多；学得少，教得少；学得快，教得快；学得慢，教得慢。这是教学应该合一的第二个理由。

第三，先生不但要拿他教的法子和学生学的法子联络，并须和他自己的学问联络起来。做先生的，应该一面教一面学，并不是贩买些知识来，就可以终身卖不尽的。现在教育界的通病，就是各人拿从前所学的抄袭过来，传给学生。看他书房里书架上所摆设的，无非是从前读过的几本旧教科书；就是这几本书，也还未必去温习的，何况乎研究新的学问，求新的进步呢？先生既没有进步，学生也就难有进步了。这也是教学分离的流弊。那好的先生就不是这样，他必定是一方面指导学生，一方面研究学问。如同柏林大学包尔孙先生（Fr. Paulsen）说："德国大学的教员，就是科学家。科学家就是教员。"德国学术发达,大半靠着这教学相长的精神。因为时常研究学问,就能时常找到新理。这不但是教诲丰富,学生能多得些益处,而且时常有新的材料发表,也是做先生的一件畅快的事体。因为教育界无限枯寂的生活,都是因为当事的人封于故步,不能自新所致。孔子说:"学而不厌,诲人不倦。"真是过来人阅历之谈。因为必定要学而不厌,然后才能诲人不倦;否则年年照样画葫芦,我却觉得有十分的枯燥。所以要想得教育英才的快乐,首先要把教学合而为一。这是教学应该合一的第三个理由。

总之:一、先生的责任在教学生学;二、先生教的法子必须根据学的法子;三、先生须一面教一面学。这是教学合一的三种理由。第一种和第二种理由是说先生的教应该和学生的学联络;第三种理由是说先生的教应该和先生的学联络。有了这样的联络,然后先生学生都能自得自动,都有机会方法找那无价的新理了。

《时报·教育周刊·世界教育新思潮》第1号(1919年2月14日)

试验主义与新教育(节选)

《说文》:"新,取木也。"木有取去复萌之力,故新有层出不已之义。新教育与旧教育之分,其在兹乎?夫教育之真理无穷,能发明之则常新,不能发明之则常旧。有发明之力者虽旧必新,无发明之力者虽新必旧。故新教育之所以新,旧教育之所以旧,亦视其发明能力之如何耳。发明之道奈何?曰,凡天下之物,莫不有赖于其所处之境况。境况不同,征象有异。故欲致知穷理,必先约束其境况而号召其征象,然后效用乃见。此试验之精神,近世一切发明所由来也。彼善试验者,设统系,立方法,举凡欲格之物,尽纳之于轨范之中:远者近之,微者大之,繁者简之,杂者纯之,合者析之,分者通之,多方以试之,屡试以验之,更较其异同,审其消长,观其动静,察其变化,然后因果可明而理可穷也。例如试验甲乙二教授法之优劣,则必将试验时之一切情形归为一致。盖必先一其教师,一其教材,一其设备,一其时间,一其地方,而所教之学生,又须年龄等,男女等,家境等,程度等,然后施以各异之教法,乃可知结果之攸归;屡试而验,然后二法之优劣,乃可得而发明焉。

(略)

……故欲求常新之道,必先有去旧之方。试验者,去旧之方也。盖尝论之,教育之所以旧者五,革而新之,其惟试验。所谓五旧者何?

一曰依赖天工 彼依赖天工者,待天垂象,俟物示征,成败利钝，皆委于气数。究其利弊，则以有限之时间，逐不可必得之因果，是役于物而制于天也，安得不为所困哉？困即无自新之力矣。苟或有之，或出于偶然。即有常矣，或所示者吝，吾又安能穷其极而启其新耶？荀子曰："大天而思之，孰与物畜而制之！从天而颂之，孰与制天命而用之！因物而多之，孰与聘能而化之！思物而物之，孰与理物而勿失之也！"此数语，可谓中试验精神之窍要矣。盖善试验者，役物而不为物所役，制天而不为天所制。惟其以人力胜天工，故能探其奥蕴，常保其新焉。

二曰沿袭陈法 彼泥古之人，以仍旧贯为能事。行一事，措一词，必求先例。有例可援，虽害不问；无例可援，虽善不行。然今昔时势不同，问题亦异。问题既异，方法当殊。故适于昔者，未必适于今。徒执古人之成规以解决今之问题，则圆枘方凿，不能相容，何能求其进步也？故欲求教育刷新进步，必先有试验，以养成其自得之能力。能自得，始能发明；能发明，则陈法自去，教育自新矣。

三曰率任己意 教育为一种专门事业，必学焉而后成。然从事教育之人，偏欲凭一己一时之意，以定进行之趋向。故思而不学，凭空构想者有之；一知半解，武断从事者有之；甚至昧于解决，以不了了之者亦有之。空想则无新可见；武断则绝自新之路；不了了之，则直无新之希望矣。欲救斯弊，必使所思者皆有所凭，所断者皆有所据。困难之来，必设法求所以解决之，约束之，利用之。凡此皆试验之道也。

四曰仪型他国 今之号称新人物者，辄以仪型外国制度为能事，而一般人士，见有能仪型外人者，亦辄谓新人物。虽然，彼岂真能新哉？夫一物之发明，先多秘密。自秘密以迄于公布，须历几何时？自公布以迄于外传，又须历几何时？况吾所仪型者，或出于误会，以误传误，为害非浅。即得其真相而转辗传述，多需时日。恐吾人之所谓新者，他人已以为旧矣。不特此也，中外情形有同者，有不同者。同者借镜，他山之石，固可攻玉。不同者而效焉，则适于外者未必适于中。试一观今日国中之教育，应有而无，应无而有者，在在皆是。此非仪型外国之过欤？若能实行试验，则特别发明，足以自用。公共原理，足以教人。教育之进步，可操左券矣。

五曰偶尔尝试　当一主义发生之时，必有人焉慕其美名而失其真意。其弊也，愈近似而愈乱真。乃时人不察，误认试验为尝试。计划不确，方法无定，朝令暮改，偶而尝试。惟其尝试，故新犹未出，已中途而废矣。彼真试验者，则不然。必也有计划，有方法，视阻力为当然，失败为难免，具百折不回之气概，再接再厉之精神。其成败虽未可必，然世界实由此而进步，教育亦由此而进步。此岂持尝试之见者所可能哉！

既能塞陈旧之源，复能开常新之道，试验之用，岂不大哉！推类至尽，发古人所未发，明今人所未明，皆试验之责任也。吾国数千年来相传不绝之方法，惟有"致知在格物"一语，然格物之法何在，晦庵与阳明各持一说。晦翁以"即物穷理"释之，近矣。然而即物穷理，又当用何法乎？无法以即物穷理，则物仍不可格，知仍不可致。阳明固尝使用即物穷理者也。其言曰："初年与钱友同论做圣贤，要格天下之物……因指亭前竹子，令去格看。钱子早夜去穷格竹子的道理，竭其心思，至于三日，便致劳神成疾。当初说他这时精力不足，某因自去穷格，早夜不得其理，到七日亦以劳思致疾。……及在夷中三年，颇见得此意思，乃知天下之物，本无可格者；其格物之功，只在身心上做。"类此者皆坐格物不得其法之弊也。假使阳明更进一步，不责物之无可格，只责格之不得法，兢兢然以改良方法自任，则近世发明史中，吾国人何至迄今无所贡献？然亡羊补牢，未为晚也。全国学者，苟能尽刷其依赖天工、沿袭旧法、仪型外国、率任己意、偶尔尝试之旧习，一致以试验为主，则施之教育而教育新，施之万事而万事新，未始非新国新民之大计也。不然，若以应时为尽新之能事，则彼所谓旧教育者，当时亦尝为新教育也。而今之新教育，又安知其他日之不或旧耶？

《新教育》第1卷第1期（1919年2月）

普露士教育之基本改革

欧战之后，各国教育都有改革的趋势。但是，其中改革最大最速的莫过于德国，而德国联邦中尤以普露士[1]的教育改革，为最有研究的价值。

普露士为德国联邦的领袖，有土地二十万八千七百八十英方里，战前有人民四十兆十六万五千余人，土地、人民约占德国全国三分之二。所以他的政治和教育，足为全国的代表。

教育和政治最有密切的关系。若欲明白普露士教育上的改革，必须先明白现在普国掌政权的是什么人。德国自从拉撒尔[2]（Lassalle）、马克思（Marx）提倡社会主义以来，五六十年间，社会民主党（Social Democrats）就逐渐膨胀，到一九一二年众议院（Reichstag）选举，该党共得四百二十五万票，占全国总票数三分之一。以票数论，已为德国最大的政党。不过，碍于选举法的限制，选举的人虽多，而被选举的人实少，终不得操纵政权。但是大战争以后，君主推翻，限制全消，社会民主党就一跃而为全国政治的中枢。所以，现在掌普露士国政的，就是社会民主党人。社会民主党所主张的有四大端：一，共和的政治；二，安全的社会；三，建设的法律；四，职业的自由。他们所最反对的，第一是君主，第二是武力，第三是宗教的专制。普国新政府的教育部总长赫尼禧（Herr Hänisch），就根据这几种主义，宣布教育政策三十二条。现在就其主要的讨论一番：

（一）**关于教育宗旨上的改革** 从前普国的教育宗旨，是要养成畏神、自立、爱国的顺民。所谓 God-fearing, selfsupporting, patriotic subject 就是。新政府成立后，就把这个宗旨打消，一面提倡平民主义，一面脱离宗教的束缚。

（二）**关于教育行政上的改革**　普国的中央教育行政，素与宗教行政并在一处，都是归宗教教育部（Ministerium für Geistlichen und Unterrichtsangelegenheiten）管辖。到去年新政府成立，就设文化部（Kultur Ministerium），专司教育行政事宜。部中最重要职员六人，皆由社会党员充任，这是关于中央教育行政的改革。至于地方教育行政，也有一个很大的变动。普国地方教育，很受宗教的影响。中世纪的时候，教育的权柄都操在宗教师手里。后来他们的势力，虽然渐渐减少，然而除了大城之外，宗教师仍然有视察教育的权柄。此次新政府成立，就要把这个权柄收回。一切视察，归有经验的专家主持。这是关于地方教育行政的改革。

（三）**关于学校组织上的改革**　普国新政府对于学校组织上，也有两种主要的改革。第一种就是多设统一学校（Einheitschule）。从前，普国根据于阶级制度，小学有两种：一种为 Volkschule[3]，专收〔为〕平民的子弟而设。进了四年之后，就不能转学。八年毕业之后，就永远不能上进。又一种为 Vorschule[4]，专收贵族及富绅的子弟。由此毕业，可以自由上达。有了这种不平等的教育，所以社会的阶级更分高下了。这是要设统一学校的第一个缘故。此外又有那复杂的中学制度，有六年毕业的，有九年毕业的，有重古文的，有重实科的。中学的本体，既不一致，而与小学又不充分联络。所以，当时曾有设立统一学校的主张，使有才者都能向上。但是，这种办法，很触君主贵族的忌讳。不久就为柏林会议所取消。到新政府成立的时候，又把这个问题提起来，要厉行推广统一学校。凡根据阶级的学校，一律取消，这可算是共和教育的一个大胜战。关于学校组织上的第二种改革，就是男女同学问题。大战之前，普国小学学生中，男女同学的占总数三分之二，其余三分之一，都是男女分学的。因为普国风俗很不赞成男女同学，天主教徒更加反对。所以学生数多，可以分教的时候，男女都是分教的。小学如此，中学以上是更不必说了。但是，此次新政府成立后，就把限制男女同学的条件取消了。

（四）关于教员上的改革　　从前宗教不甚自由，教员往往有教授宗教的义务。新政府以为这种办法，有违宗教自由的精神，就规定教员非自愿不得强令教授宗教。国体未改之前，全国人民有二年军役之义务。教员得减至一年，新政府把这一年也完全免去。从前校长权大，一切校事，教员能够参与的地方很少。新政府特给他们参与校务的权柄，并许他们组织教员同盟（Teachers Union）。大学以上学校，则注重学问自由，使教员得以自由发表意见。又为优待教员起见，特添设班次，减少每班学生名额，使从战场上回来的教员可以安身。这都是普国新政府体恤教员的好意。

（五）关于课程上的改革　　关于课程上，普国新政府有三种主要的改革。第一，是关于德育的：普国从前和英国一样，把宗教一门，列入正课中，但是没有英国那样的统一。所以，天主教徒有天主教徒的主张，耶稣教徒有耶稣教徒的主张。甚至于教科书也是各色各样的：有天主教的教科书，也有耶稣教的教科书。耶稣教势力圈内的公立学校，不用天主教发行的教科书；天主教势力圈内的公立学校，不用耶稣教发行的教科书。大家分门别户，各是其是。新政府主张宗教和教育分立，所以就把宗教一科，不列入正课，以修身代之。如有宗教师要加授宗教，亦可给他相当的时间从事教授，却不得举行考验，以别于正课。第二，是关于体育的：从前厉行军国民主义的时候，体育一门，很注重兵操。现在政府主张一律废除兵操。第三，就是关于社会主义的：从前政府对于社会主义，没有一处不加以限制，所以不能自由研究发表。新政府既为社会党所组织，就主张在大学校内添设社会主义一科，以资研究。

（六）关于社会教育上的改革　　美国前驻德白大使，说德国有三宝，其一就是公共戏园。新政府对于社会教育上的第一件事，就是把戏园收归国有。一切皇家戏园都改为国立戏园,皇家乐会都改为国立乐会。将来积极进行社会教育,必更有可观了。

我们大家知道,普露士的教育是最重军国民主义的、阶级制度的。这回大战,把这种教育制度都打破了。最重军国民主义的、阶级制度的学校,一变为平民的共和的学校,岂不是世界的一个大大的幸福么?现在这军国阶级主义的祸根,既然为一阵狂风拔得干干净净,我很希望他在东亚的枝叶,不久也就要凋落了;我更希望当这军国、阶级两主义凋落的时候,那抄袭德国精神的国家,也能回心转意,培植那平民主义的教育,使他能够开花结果,为东亚放一异彩。

《新教育》第 1 卷第 2 期(1919 年 3 月)

注释

〔1〕普露士　通译普鲁士(Prussia),是德意志诸联邦中的中心邦。

〔2〕拉撒尔　通译拉萨尔(Lassalle,1825—1864)。德国工人运动中机会主义派别的领袖。

〔3〕Volkschule　德文,意为国民学校。

〔4〕Vorschule　德文,意为幼儿学校。

试验教育的实施

试验主义与新教育的关系，在第一期《新教育》[1]月刊上已经论过。现在所要继续研究的问题，就是怎样将这试验的教育实行出去。照我看来，建设试验的教育，约有四种主要办法。

（一）**应该注意试验的心理学** 心理学是一切教学方法的根据，要想在教学上求进步，必须在心理学上注重试验。现在中国各级师范学校所教的心理学，不是偏重书本的知识，就是偏重主观的研究。推其结果，不独没有发明，就是所教所学的，也是难于明了。所以现在第一件要事，就须提倡试验的心理学。大学校的教育科和高等师范学校，都应当设备相当的心理学仪器。至于初级师范学校，也应当拣那必不可少的设备起来，使教员学生都有试验的机会。心理学有了试验，然后那依据心理的教育也就不致蹈空了。

（二）**应该设立试验的学校** 我们现在所有的学校，大概都是按着一定的格式办的，目的有规定，方法有规定。变通的余地既然很少，新理安能发现？就以师范学校的附属学校而论，有为实地教授设的，也有为模范设的，但为试验教育原理设的，简直可以说没有。所以全国实行的课程、管理、教学、设备究竟是否适当，无人过问，也无从问起。为今之计，凡是师范学校及研究教育的机关，都应当注重实验的附属学校；地方上也应当按着特别情形，选择几个学校，做试验的中心点。不过试验的时候，第一要得人，第二要有缜密的计划。随便什么学校，如果合乎这两个条件，就须撤消一切障碍，使它得以自由试验。如不得其人，又无缜密的计划，那仍是轻于尝试，不是真正的试验了。

（三）应当注意应用统计法　　教育的原则，不是定于一人的私见，也不是定于一事的偶然。发明教育原理的，必须按着一个目的，将千万的事实征集起来，分类起来，表列起来，再把他们的真相关系一齐发现起来，然后乃能下他的判断。这种方法，就叫做统计法。试验教育是个很繁杂的事体，有了这种方法，才能以简御繁。所以统计法是辅助试验的一种利器，也是建设新教育的一种利器。研究教育的人，果能把这个法子学在脑里，带在身边，必定是受用无穷的。所以研究教育的机关，就须按着程度的高下，加入相当分量的统计法，列为正课，使那从事研究的人，能得一个操纵事实的利器。

　　（四）应该注重试验的教学法　　试验的教学法，有一个最要之点，这要点就是如何养成学生独立思想的能力。现在通用的方法，只是赫尔巴的五段教授[2]，总嫌他过于偏重形式。最好是把杜威的思想分析拿来运用。按照杜威先生的意思，第一，要使学生对于一个问题处在疑难的地位；第二，要使他审查所遇见的究竟是什么疑难；第三，要使他想办法解决，使他想出种种可以解决这疑难的方法；第四，要使他推测各种解决方法的效果；第五，要使他将那最有成效的方法试用出去；第六，要使他审查试用的效果，究竟能否解决这个疑难；第七，要使他印证，使他看这试用的法子，是否屡试屡验的。这几种方法，只是一套手续。有了这个方法，再加些应有的设备，必能养成学生一种试验的精神。

　　上面所举的四种方法当中，前三种是改造教育家应有的手续。他们的目的在使担任教育事业的人，得了一种精神方法，能够发明教育的原理。第四种是改造国民应有的手续。他的目的在使普通国民，得了一种精神方法，能够随时、随地、随事去做发明的工夫。总而言之，会试验的教育家和会试验的国民都是试验教育所要养成的。

　　《时报·教育周刊·世界教育新思潮》第8号（1919年4月14日）

注释

〔1〕《新教育》 旧中国教育月刊。1919年2月由新教育共进社创办，1921年改由中华教育改进社主办，1925年10月停办。首任主干（主编）为蒋梦麟。自4卷1期起，即由陶行知担任主干。陶行知对该刊的内容和形式作了大力改进，使该刊成为当时国内教育界的权威性杂志。

〔2〕赫尔巴 通译赫尔巴特，德国近代哲学家、心理学家、教育家。五段教授，通译五段教学法。

第一流的教育家*

我们常见的教育家有三种：一种是政客的教育家，他只会运动，把持，说官话；一种是书生的教育家，他只会读书，教书，做文章；一种是经验的教育家，他只会盲行，盲动，闷起头来，办……办……办。第一种不必说了，第二、第三两种也都不是最高尚的，依我看来，今日的教育家，必定要在下列两种要素当中得了一种，方才可以算为第一流的人物。

（一）**敢探未发明的新理** 我们在教育界做事的人，胆量太小，对于一切新理，小惊大怪。如同小孩子见生人，怕和他接近。又如同小孩子遇了黑房，怕走进去。究其结果，他的一举一动，不是乞灵古人，就是仿效外国。也如同一个小孩子吃饭、穿衣，都要母亲帮助，走几步路，也要人扶着，真是可怜。我们在教育界任事的人，如果想自立，想进步，就须胆量放大，将试验精神，向那未发明的新理贯射过去；不怕辛苦，不怕疲倦，不怕障碍，不怕失败，一心要把那教育的奥妙新理，一个个的发现出来。这是何等的魄力，教育界有这种魄力的人，不愧受我们崇拜！

（二）**敢入未开化的边疆** 从前的秀才以为，"不出门能知天下事"。久而久之，"不出门"就变做"不敢出门"了。我们现在的学子，还没有解脱这种风气。试将各学校的《同学录》拿来一看，

---

* 本篇在收入作者自编论文集《中国教育改造》时，曾将此文中的："在这些地方，究竟是谁的山河？究竟是谁的同胞？教育保国究竟是谁的责任？"删缩成："这些地方的教育，究竟是谁的责任？"

毕业生多半是在本地服务，那在外省服务的，已经不可多得，边疆更不必说了。一般有志办学的人，也专门在有学校的地方凑热闹，把那边疆和内地的教育，都置在度外。推其原故，只有一个病根，这病根就是怕。怕难，怕苦，怕孤，怕死，就好好的埋没了一生。我们还要进一步看，在这些地方，究竟是谁的山河？究竟是谁的同胞？教育保国究竟是谁的责任？要晓得，国家有一块未开化的土地，有一个未受教育的人民，都是由于我们没尽到责任。责任明白了，就放大胆量，单身匹马，大刀阔斧，做个边疆教育的先锋，把那边疆的门户，一扇一扇的都给他打开。这又是何等的魄力！有这种魄力的人，也不愧受我们崇拜。

敢探未发明的新理，即是创造精神；敢入未开化的边疆，即是开辟精神。创造时，目光要深；开辟时，目光要远。总起来说，创造、开辟都要有胆量。在教育界，有胆量创造的人，即是创造的教育家；有胆量开辟的人，即是开辟的教育家，都是第一流的人物。大丈夫不能舍身试验室，亦当埋骨边疆尘，岂宜随便过去！但是这种人才，究竟要到什么时候才能出现？究竟要由什么学校造就？究意要用什么方法养成？可算是我们现在最关心的问题。

《时报·教育周刊·世界教育新思潮》第9号（1919年4月21日）

新 教 育＊

今天得有机会，诸同志共聚一堂，研究教育，心中愉快得很。现在把关于新教育上各项要点，略些谈谈。

（一）**新教育的需要** 我们现在处于二十世纪新世界之中，应该造成一个新国家，这新国家就是富而强的共和国。怎样能够造成这新国家呢？固然要有好的领袖去引导平民，使他们富，使他们强，使他们和衷共济；但是虽有好的领袖，而一般平民不晓得那个领袖是好的，那个领袖是不好的，也是枉然。所以现在所需要的，是一种新的国民教育，拿来引导他们，造就他们，使他们晓得怎样才能做成一个共和的国民，适合于现在的世界。举例来说：有一个后母给她的儿子洗澡，所用的水，时而太冷咧，时而太热咧，这就是不能合着他儿子的需要。我们所研究的新教育，不应该犯这个毛病，一定要合于现在所需要的。

（二）**新教育的释义** 先说"新"字是什么意思？某处人家因为要请客，一切设备家伙，都去向别家借用，用过之后，就去还了。这是客来则新，客去便旧了，不得为根本的新。我们中国的教育，倘若忽而学日本，忽而学德国，忽而学法国、美国，那是终究是无所适从。所以新字的第一个意义要"自新"。今日新的事，到了明日未必新；明日新的事，到了后日又未必新。即如洗澡，一定要天天洗，才能天天干净。这就是日日新的道理。所以新字的第二

＊ 本篇系演讲记录。1919年7月22日，陶行知在浙江省立第一师范毕业生讲习会上发表演讲。记录者为李宗武、洪鋆。

个意义要"常新"。又,我们所讲的新,不单是属于形式的方面,还要有精神上的新。这样才算是内外一致,不偏不畸。所以新字的第三个意义要"全新"。

次说"教育"是什么东西?照杜威先生说,教育是继续经验的改造(Continuous reconstruction of experience)。我们个人受了周围的影响,常常有变化,或是变好,或是变坏。教育的作用,是使人天天改造,天天进步,天天往好的路上走;就是要用新的学理、新的方法,来改造学生的经验。

(三) **新教育的目的**　　这目的可分两项来说明:第一对于天然界,要使学生有利用他的能力。例如,我们要使光线入室不须空气的时候,就要用玻璃窗。照这样把所有一切光、电、水、空气等,都要被我们操纵指挥。现在中国和外国物质文明的高下,都从这利用天然界能力的强弱上分别出来的。然而其中也有危险的地方,如造出许多杀人的物,扰乱世界,是万万不可的。所以第二项目的,是对于群界要讲求共和主义,使人人都能自由守着自己的本分去做各种事业。一方面利用天然界,一方面谋共同幸福。可说一句,新教育的目的,要养成这种能力,再概括说起来,就是要养成"自主"、"自立"和"自动"的共和国民。自主的就是要做天然界之主,又要做群界之主。即如选举卖票一事,卖和不卖,到底由自己的主张。果能自主的人,富贵不淫,贫贱不移,威武不屈,人家有什么法子对付他呢?至于自立的人,在天然界群界之中,能够自衣自食,不求靠别人。但是单讲自立,不讲自动,还是没有进步,还是不配做共和国民的资格。要晓得专制国讲服从,共和国也讲服从,不过一是被动的,一是自动的。这就是他们的分别了。

(四) **新教育的方法**　　此番我从南京到上海,再从上海到嘉兴,一直到杭州来,有种种的方法,或是走,或是坐船,或是坐火车,或是坐飞艇。在这几种方法之中,那几种是较好,那一种是最好,而且那一种是最快,这便是方法的考究。要考究这个方法,下列的几条，应该注意的：

（甲）符合目的　杀鸡用鸡刀，杀牛用牛刀，这就是适合的道理；教育也要对着目的设法。现在学校里有兵操一门，是为了养成国民有保护国家的能力而设的。但是照这样"立正"、"开步"的练习，经过几年之后，能否达到应战之目的，却须要研究的。

（乙）依据经验　怎样做的事，应当怎样教。譬如游水的事，应当到池沼里去学习，不应当在课堂上教授。倘若只管课堂的教授，不去实习，即使学了好几年，恐怕一到池里，仍不免要沉下去的。各种知识有可以从书上求的，不妨从书上去得来；有不可以从书上求的，那应该从别处去得他了。

（丙）共同生活　在学校中不能共同做事，一到社会也是不能的。所以要国民有共和的精神，先要学生有共和的精神；要学生有共和的精神，先要使他有共同的生活，有互助的力量。

（丁）积极设施　教人勿赌博，勿饮酒，这都是消极的禁止。至于积极的办法，要使他们时常去做好的事情，没有机会去做那坏的事情。在学校之中，常常有正当的游戏运动，兴味很好，自然没有工夫去做别的坏事了。

（戊）注重启发　在学校里并非一面教人，一面受教，就算了事。要使学生的精神意志和能力，渐渐的发育成长。孔子说"不愤不启，不悱不发"，我更要进一步说，使他不得不愤，使他不得不悱。杜威先生也说，教学生的法子，先要使他发生疑问；查出他疑难的地方，使他想种种方法，去解决这个问题；从这些方法之中，选出顶有成效的法子，去试试看对不对。如其不对，就换法子；如其对了，再去研究一下。照这方法来解释同类的问题和一切的问题。所以现在的时候，那海尔巴脱[1]的五段教授法等，觉着不大适用了。

（己）鼓励自治　这便是教学生对于学问方面或道德方面，都要使他能够自治自修。

（庚）全部发育　身体和精神，要全体顾到，不可偏于一面。譬如在体育上，耳目口鼻手足，统要使他健全；在智育上，既要使他自知，又要使他能够利用天然界的事物；在德育上，公德和私德，都不可欠缺的。

（辛）唤起兴味　学生有了兴味，就肯用全副精神去做事体，所以"学"和"乐"是不可分离的。学校里面先生都有笑容，学生也有笑容。有些学校，先生板了脸孔，学生都畏惧他，那是难免有逃学的事了。所以设法引起学生的兴味，是很要紧的。

（壬）责成效率　凡做一事，要用最简便、最省力、最省钱、最省时的法子，去收最大的效果。做这件事，用这个方法，在一小时所收的效果是这样，用别个方法止须十分钟或五分钟，就有这样的效果，那后法就比前法为胜了。照此把时间、精力、金钱和效果的比较选择，可以得出一个最好的法子。

以上所讲，都是新教育上普通的说明。至于新教育对于学校课程等的设施和教员学生应当怎样的情形，休息几分钟再讲。

新学校　学校是小的社会，社会是大的学校。所以要使学校成为一个小共和国，须把社会上一切的事，拣选他主要的，一件一件的举行起来。不要使学生在校内是一个人，在校外又是一个人。要使他造成共和国民的根基，须在此练习。对于身体方面、道德方面、政治方面，凡国民所不可不晓得的，都要使他晓得，那学校便成为具体而微的社会了。我国学校的弊病，不但在与社会相隔绝，而且学校里面，全以教员做主，并不使学生参与。要晓得一社会里的事务，该使大家知道的，就该大家参与；该使少数领袖管理的，就该少数领袖参与。这样不靠一人，也不靠少数人，使每个学生、每个教员，晓得这个学校是我的学校，肯与学校同甘苦，那才是共和国社会里的真学校。

新学生　"学"字的意义，是要自己去学，不是坐而受教。先生说什么，学生也说什么，那便如学戏，又如同留声机器一般了。"生"字的意义,是生活或是生存。学生所学的是人生之道。人生之道,有高尚的,有卑下的;有片面的,有全部的;有永久的,有一时的;有精神的,有形式的。我们所求的学,要他天天加增的,是高尚的生活,完全的生活,精神上的生活,永久继续的生活。进一步说,不可学是学,生是生,要学就是生,生就是学。求学的事,是为预备后来的生存呢?还是现在的生存,就是全体生活的一部分呢?既然晓得教育是继续经验的改造,那么对于天然界和群界,自然受他的影响,天天变动,就是天天受教育,差不多从出世到老,与人生为始终的样子。你那一天生存不是学?你那一天学不是生存呢?孔子到了七十岁,方才从心所欲不逾矩,他是一步一步上进的。凡改变我们的,都是先生;就是我们自己都是学生。以前只有在学校里的是学生,一到家里就不是学生;现在都做社会的学生,是从根本上讲,来得着实,不至空虚。虽出校门,仍为学生,就是不出于教育的范围。所以每天的一举一动,都要引他到最高尚、最完备、最能永久、最有精神的地位,那方才是好学生。

新教员 新教员不重在教,重在引导学生怎么样去学。对于教育,第一,要有信仰心。认定教育是大有可为的事,而且不是一时的,是永久有益于世的。不但大学校高等学校如此,即使小学校也是大有可为的。夫勒培尔[2]研究小学教育,得称为大教育家。做小学教师的,人人有夫氏的地位,也有他的能力;止须承认,去干就能成功,又如伯斯塔罗齐[3]、蒙铁梭利[4]都从研究小学教育得名,即如杜威先生,也是研究小学教育的。这都是实在的事,并非虚为赞扬。我从前看见一个土地庙面前对联上,有一句叫"庙小乾坤大",很可以来比。况我们学校虽小,里头却是包罗万有。做小学教员的,万勿失此机会,正当做一番事业。而且这里头还有一种快乐——照我们自己想想,小学校里学生小,房子小,薪水少,功课多,辛苦得很,那有快乐?其实看小学生天天生长大来,从没有知识,变为有知识,如同一颗种子的由萌芽而生枝叶,而看他开花，看他成熟，这里有极大的快乐。照以上两层——做大事业得大快乐——是为一己的，而况乎要造新国家、新国民、新社会，更非此不行嘛！那不信仰这事的，可以不必在这儿做小学教员。一国之中，并非个个人要做这事的，有的做兵，有的做工，有的做官吏……各人依了他的信仰，去做他的事。一定要看教育是大事业，有大快乐，那无论做小学教员，做中学教员，或做大学教员，都是一样的。第二，要有责任心。不但是自己家中的小孩和课堂中的小孩，我应当负责任；无论这里那里的小孩，要是国中有一个人不受教育，他就不能算为共和国民。在美国一百个人之中，有九十几个受教育。中国一百个人之中，只有一个人受教育。而且二十四个学生中，只有一个女学生。我们要从这少数的人，成为多数的人，要用多少年的工夫？非得终身从事不行。况且我们除了二十岁以前，六十岁以后，正当有为之时，没有多少，即使我们自己一生不成，应当代代做去。切不可当教育事业是住旅馆的样子，住了一夜或几夜之后，不管怎么样，就听他去了。那教育事业，还有发达的希望吗？第三，做新教员的要有共和精神。就是不可摆出做官的态度，事事要和学生同甘苦，要和学生表同情，参与到学生里面去，指导他们。第四，要有开辟精神。时候到了现在，不可专在有教育的地方办教育。要有膨胀的力量，跑到外边去，到乡下地方，或是到蒙古、新疆这些边界的地方，要使中国无地无学生。一定要有单骑匹马勇往无前的气概，有如外国人传教的精神，无论什么都不怕，只怕道理不传出去。要晓得现在中国，门户边界的危险，使那个地方的人，晓得共和国的样子，用文化去灌输他，使他耳目熟习，改换他从来的方向，是很要紧的。第五，要有试验的精神。有些人肯求进步，有些人只晓得自划的，除了几本教科书外，没有别的书籍。——诸君已经毕业之后，还在这儿讨论教育，那是最好的。——他人叫我怎样办，我便怎样办，专听上头的命令。要晓得上头的命令，只不过举其大端，其中详细的情形，必定要我们去试验。用了种种方法，有了结果，再去批评他的好坏，照此屡试屡验，分析综合，方才可下断语。倘使专靠外国，或专靠心中所有，那么，或是以不了了之，或是但凭空想，或是依照古老的法子，或是照外国的法子，统是危险的。从前人说"温故而知新"，但是新的法子从外国传到中国，又传到杭州，我们以为新的时候，他们已经旧了。所以，望大家注意，不可不由自己试验，得出真理，方不至于落人之后哩！

新课程 这要从社会和个性两方面讲。从社会这面讲来，要问这课程是否合乎世界潮流，是否合乎共和精神。学了这课程之后，能否在中国的浙江，或是浙江的杭州，做一个有力的国民。更从个性的一面讲来，谁的事教谁，小孩子的事教小孩子，农人的事去教农人，方才能够适合。我且拿学代数来做个例，看这课程，是否为学生所需要。我有一次对学生发问道："有几多人应用过代数？"那一百人中，止有七八个人举手。又问："不曾用过代数的人举手！"就有九十几个。后再查考那七八个人所用的东西，止须一星期，至多不过一月，就可教了。照这样看来，我们应该有变通的办法。是否为了七八个人去牺牲那九十几个人？那七八个人，或为天文家，或习工业，或学医生，所用代数，不过百分之一罢了。我们不可以为了一个人，去牺牲九十九个人；也不可以为了九十九个人，去牺牲那一个人。总要从社会全体着想，有否其他有用的东西，未列在课程里？或是有用不着的东西，还列在课程里呢？照这样去取舍才行。

新教材 就教科书一端而论，编书的人，有的做过教员，有的竟没有做过教员。就拿他自己的眼光来做标准，不知道各地方的情形怎么样。用了这种书去教授，那里能适合呢？所以教科书止可作为参考，否则硬依了他，还是没有的好。又有一种讲义，当看作帐簿一般。社会上各种文化风俗，都写在这帐簿上。这帐簿有没有用处，或是正确不正确，须要仔细考查。譬如富翁，虽然将他所有的财产，写在帐簿上，拿来传给他的儿子，若是不去实地指点他，那几处房子或是田地，是我所有，和这帐簿对照一下，他的儿子仍然不晓得底细。也许有几处田地房产，已经卖出；也许有几处买进的，还没有登记上去，总要使他儿子完全明了，那帐簿方才有效。要拿教科书上的情形引导把学生看，或是已经变迁的情形，指点他明白。几年前的朝鲜和现在不同；俄国已经分做十几国，更不可以拿从前的来讲。总要明白实际的事情，因为帐簿是死的，人是活的，要拿帐簿来为我所用，不要将活泼泼的人，为死书所用。要晓得帐簿之外，还有许多文化在那里，要靠教科书是有害的。

新教育的考成　　我到店里去要一件东西，他拿了别的东西给我，我就不答应了，怎么我要这件，你偏与我那件呢？教育的事，也是这样。要按照目的去考成，方才不会枉费了精神和财力。譬如从农业、工业或商业学校里毕业出来的学生，有几多人在那里做他应当做的事。若是不问他的结果，一味的办去，正如做母亲的人把他的女儿出嫁，不将他长女出外的情形，来加以参考，以致于第二第三个女儿吃着同样的苦头，这是因为不考成的缘故。

再有几层，我在别处已经讲过，暂且不说。总之，大家觉得要教育普及，先要认定目的。做若干事，须得若干的代价，决不是天然能成功的。即就小孩子而论，美国一人需费四元四角五分，中国每人止有六分。试问没有代价的事，能办得好办不好？但这事人人负有责任。我们做教员的，不但教学生，又要想法子使得社会上的人对于教育认为必要。譬如有钱的人，可以教自己的孩子，同时他邻舍的小孩子，因为没得钱受教育，和这小孩子一块儿玩，就把他带坏了。所以单教自己的儿子，还是不中用的。把这种的情形使他们觉悟，人非木石，断没有一定不信的。虽然有些困难的地方，我们总可以用自己的力量去战胜他的。

《教育潮》第1卷第4期（1919年9月）

注释

〔1〕海尔巴脱　通译赫尔巴特。德国的教育家、心理学家、哲学家。

〔2〕夫勒培尔　通译福禄培尔。德国学前教育家。

〔3〕伯斯塔罗齐　通译裴斯泰洛齐。瑞士教育家。

〔4〕蒙铁梭利　通译蒙台梭利（Maria Montessori，1870—1952）。意大利女教育家。

学生自治问题之研究

近世所倡的自动主义[1]有三部分：一、智育，注重自学；二、体育，注重自强；三、德育，注重自治。所以，学生自治这个问题，是自动主义贯彻德育的结果，是我们数千年来保育主义、干涉主义、严格主义的反应，是现在教育界一个极重要的问题。这个问题，包含甚广。我们要问学生应否有自治的机会？如果应该自治，我们又要问学生自治究竟应有几多大的范围？学生应该自治的事体，究竟有那几种？规定学生自治的范围，又应有何种标准？施行学生自治，又应用何种方法？这几个问题，都是我们所要研究的。总起来说，就是学生自治问题。

学生自治是什么 凡是讨论一种问题，必先要明白问题的性质和它的意义。性质和意义不明了，就不免起人误会。这篇所讨论的学生自治，有三个要点：第一，学生指全校的同学，有团体的意思；第二，自治指自己管理自己，有自己立法、执法、司法的意思；第三，学生自治与别的自治稍有不同，因为学生还在求学时代，就有一种练习自治的意思。把这三点合起来，我们可以下一个定义："学生自治是学生结起团体来，大家学习自己管理自己的手续。"从学校这方面说，就是"为学生预备种种机会，使学生能够大家组织起来，养成他们自己管理自己的能力"。

依这个定义说来，学生自治，不是自由行动，乃是共同治理；不是打消规则，乃是大家立法守法；不是放任，不是和学校宣布独立，乃是练习自治的道理。

学生自治的需要 今日的学生，就是将来的公民；将来所需要的公民，即今日所应当养成的学生。专制国所需的公民，是要他们有被治的习惯；共和国所需的公民，是要他们有共同自治的能力。中国既号称共和国，当然要有能够共同自治的公民。想有能够共同自治的公民，必先有能够共同自治的学生。所以从我们国体上看起来，我们学校一定要养成学生共同自治的能力，否则不应算为共和国的学校。这是第一点。

当今平民主义的潮流，来势至为猛烈，受过它的影响的人，都想将一切的束缚尽行解脱。这固然有他的好处，不过也有他的危险。好处在那里？大家从此可以充分发挥个人的精神，促进人群的进化。危险在那里？束缚既然解脱，未必人人能够约束自己的欲望，操纵自己的举止，一旦精神能力向那坏处发泄，天下事就不可为了。一国当中，人民情愿被治，尚可以苟安；人民能够自治，就可以太平；那最危险的国家，就是人民既不愿被治，又不能自治。所以当这渴望自由的时候，最需要的是给他们种种机会得些自治的能力，使他们自由的欲望可以自己约束。所以时势所趋，非学校中提倡自治，不足以除自乱的病源。这是第二点。

我们既要能自治的公民，又要能自治的学生，就不得不问问究竟如何可以养成这般公民学生。从学习的原则看起来，事怎样做，就须怎样学。譬如游泳，要在水里游；学游泳，就须在水里学。若不下水，只管在岸上读游泳的书籍，做游泳的动作，纵然学了一世，到了下水的时候，还是要沉下去的。所以专制国要有服从的顺民，必须使做百姓的时常练习服从的道理；久而久之，习惯成自然，大家就不知不觉的只会服从了。共和国要有能自治的国民，也须使做国民的时常练习自治的道理；久而久之，习惯成自然，他们也就能够自治了。所以养成服从的人民，必须用专制的方法；养成共和的人民，必须用自治的方法。如果用专制的方法，可以养成自治的学生公民，那吗，学生自治问题，还可以缓一步说；无奈自治的学生公民，只可拿自治的方法将他们陶熔出来。所以从方法这方面着想，愈觉得学生自治的需要了。这是第三点。

学生自治如果办得妥当有这几种好处：

第一，学生自治可为修身伦理的实验　现今学行并重，不独讲究知识，而且要求所以实验知识的方法。所以学校教课当中，物理有实验，化学有实验，博物有实验，别门功课的、无实验的或有实习，如作文、图画、体操等等，都于学识之外，加以实地练习的机会。他的目的，无非要由实验实习以求理想与实际的联络，使所做的学问，可以深造。修身伦理一类的学问，最应注意的，在乎实行；但是现今学校中所通行的修身伦理，很少实行的机会；即或有之，亦不过练习仪式而已。所以嘴里讲道德，耳朵听道德，而所行所为却不能合乎道德的标准，无形无影当中，把道德与行为分而为二。若想除去这种弊端，非给学生种种机会，练习道德的行为不可。共和国民最需要的操练，就是自治。在自治上，他们可以养成几种主要习惯：一是对于公共幸福，可以养成主动的兴味；对于公共事业，可以养成担负的能力；对于公共是非，可以养成明了的判断。简单些说：自治可以养成我们对于公共事情上的愿力、智力、才力。照这样看来，学生自治，若办得妥当，可算是实验的修身，实验的伦理。全校就是修身伦理的实验室。照这样办，才算是真正的修身伦理。

第二，学生自治能适应学生之需要　我们办学的人所定的规则，所办的事体，不免有与学生隔膜的。有的时候，我们为学生做的事体越多，越是害学生。因为为人，随便怎样精细周到，总不如人之自为。我们与学生经验不同，环境不同，所以合乎我们意的，未必合乎学生的意。勉强定下来，那适应学生需要的，或者遗漏掉；那不适应学生需要的，反而包括进去。等到颁布之后，学生不能遵守，教职员又不得不执行，却是左右为难。甚至于学生陷于违法，规则失了效力，教职员失了信用。若是开放出去，划出一部分事体出来，让学生自己治理，大家既然都有切肤的关系，所定的办法，容或更能合乎实在情形了。这就是说，有的时候学生自己共同所立的法，比学校里所立的更加近情，更加易行，而这种法律的力量，也更加深入人心。大凡专制国家的人民，平日不晓得法律是什么，只到了犯法之后，才明白有所谓法律。那么，法律的力量，大都发现于犯法之后，这是很有限的。至于自己共同所立之法就不然，从始到终，心目中都有他在，平日一举一动，都为大家自立的法律所影响。所以自己所立之法的力量，大于他人所立的法；大家共同所立之法的力量，大于一人独断的法。

第三，学生自治能辅助风纪之进步　我们的行为，究竟应该对谁负责？对于少数职教员负责呢？还是要对于全校负责呢？按着旧的方法，学生有过失，都责成少数职员监察纠正，其弊病有两种：第一种是少数职员在的时候，就规规矩矩，不在的时候，就肆行无忌；第二种是大家学生以为既有职员负责，我们何必多事，纵然看见同学为非，也只好严守中立。这是大多数的学生所抱持的态度。所以一人司法，大家避法。我们要想大家守法，就须使各人的行为，对于大家负责。换句话说，就是共同自治。

第四，学生自治能促进学生经验之发展　我们培植儿童的时候，若拘束太过，则儿童形容枯槁；如果让他跑，让他跳，让他玩耍，他就能长得活泼有精神。身体如此，道德上的经验又何尝不然。我们德育上的发展，全靠着遇了困难问题的时候，有自由解决的机会。所以遇了一个问题，自己能够想法解决他，就长进了一层判断的经验。问题自决得越多，则经验越发丰富。若是别人代我解决问题，纵然暂时结束，经验却也被旁人拿去了。所以在保育主义之下，只能产生缺乏经验的学生；若想经验丰富，必须自负解决问题的责任。

学生自治如果办得不妥当就要发生这几种弊端：

第一，把学生自治当作争权的器具　大凡团体都有一种特别的势力，这种势力比个人的大得多。用得正当，就能为公众尽义务；

用不得当，就能驱公众争权利。学生自治，是一种团体的组织，所以用得不妥当的时候，也有这种危险。

第二，把学生自治误作治人看 这个危险随着第一个顺路下来的。有的时候，这也是个自然的趋势。因为有了团体，一不谨慎，就有驾驭别人的趋势。刘伯明[2]先生说："人当为人中人，不可仅为人上人。"这句话，是我们共和国民的指南针。

第三，学生自治与学校立在对峙地位 学生自治会与学校当有一种协助精神，不可立在对峙的地位，但是办得不妥当，这种对峙的情形，也是免不掉的。不过这是一种很不幸的现象，不是师生之间所宜有的。

第四，闹意气 学生有自治的机会，就不得不多发言论，多立主张，多办交涉，一不小心，大家即刻闹出意气；再由闹意气而彼此分门别户，树立党帜，于是政客的手段，就不得不传到学校里来了。

以上所举的，不过是几种重要的弊端；至于小的弊端，一时难以尽举。总之，学生自治如果办理不善，则凡共和国所发现的危险，都能在学校中发现出来。但是我们要注意，这许多弊端都是办理不妥当的过处，并非学生自治本体上的过处。如果厉行自治的时候，大家不愿争权，而愿服务；不愿凌人，而愿治己；不愿对抗，而愿协助；不愿负气，而愿说理；那吗，自治之弊可去，自治之益可享了。这种利害关头，凡做共和国民的都要练习。我们在学校的时候，有同学的切磋，有教师的辅助，纵因一时不慎，小有失败，究竟容易改良纠正。若在学校里不注意练习，将来到了社会当中，切磋无人，辅导无人，有了错处，只管向那错路上走，小而害己，大而害国。这都是因为做学生的时候，没有练习自治所致的。所以学生自治如果举行，可以收现在之益；纵小有失败，正所以免将来更大的失败。

规定学生自治范围的标准 学生自治的利弊，既如上所说，现在就要问学生自治有什么范围？规定学生自治的范围，应有若何标准？

一、学生自治应以学生应该负责的事体为限。学生愿意负责，又能够负责的事体，均可列入自治范围；那不应该由学生负责的事体，就不应列入自治范围。因自治与责任有联带关系，别人号令而要我负责，就叫做被治；别人负责而由我号令，就叫做治人，都失了自治的本意。所以学生自治，应以学生负责的事为限。

二、事体之愈要观察周到的，愈宜学生共同负责，愈宜学生共同自治。

三、事体参与的人愈宜普及的，愈宜学生共同负责，愈宜学生共同自治。

四、依据上列三种标准而订学生自治的范围时，还须参考学生的年龄程度经验。

学生自治与学校的关系　　学生自治会，是学校里面一种团体，自然与学校有密切的关系。这种关系，可以分为两类：一关于权限的，二关于学问的。

一、权限上的关系　　学生自治会正式成立之后，学校里面的事体，就可分为二部分：一部分仍旧是学校主持，一部分由学生主持。平常的时候，权限固可以分明；不过既在一个机关里面总有些事体划不清楚的，既然划不清楚，就不能不有一种接洽的机关，使两方面的意思，都可以互相发表沟通，而收圆满的效果。此外还有临时发生而有关全校的事体，学校与学生都宜与闻，更不得不有一种接洽的机关。人数少的学校，可由校长直接担任；人数多的学校，可由校长指定职教员数人担任。学生自治会职员有事时，即可与他们接洽，而学校有事时，也由这几位和学生接洽。有这种接洽的组织，然后学校与学生的声气可通，就没有隔膜的弊病了。

二、学问上的关系　　天下不学而能的事情很少，共同自治是共和国立国的根本，非是刻苦研究，断断不能深造。我们举行学生自治的时候，也要把它当作一个学问研究。既要当作一个学问研究，那就有两点要注意：一、同学的切磋；二、教员的指导。有人说，现在中国的职教员对于学生自治问题，素未研究，恐怕未必能指导。这句话诚然，但是还有些意思要注意：一、学校里所有功课，都有教员指导，独于立国根本的学生自治一门，却没有指导，似乎把它太看轻了。二、若校内没有相当的人，办学的就应当赶紧物色那富于共和思想自治精神的教员，来担任此事。三、师生本无一定的高下，教学也无十分的界限；人只知教师教授，学生学习；不晓得有的时候，教师倒从学生那里得好多的教训。所以万一找不到相当的人才，就请教职员和学生共同研究也好。总而言之，学生自治这个问题，不但要行，而且还要研究。研究的时候，学校不能不负指导参与的责任。

学生自治与学校既有这两种密切的关系，我们就须打破一切障碍，使师生的感情，可以化为一体，使大家用的力量，都有相成的效果。大家一举一动都接洽，有话好商量，有贡献彼此参考。在这共和的学校当中，无论何人都不应该取那武断的、强迫的、命令的、独行的态度。我们叫人做事的时候，不但要和他说"你做这件事，你应该这样做"，并且要使得他明白"为何做这件事，为何这样做"。彼此明白事之当然，和事之所以然，才能同心同德，透达那共同的目的。

施行学生自治应注意之要点　　现在各学校对于学生自治，多愿次第举行。我悉心观察，觉得有几件最要紧的事件，必先预为注意，方能发生美满的效果。

第一，学生自治是学校中一件大事，全体学生都要以大事看待他，认真去做；学校里也须以大事看待他，认真赞助，若以为他是寻常小事，不加注意，没有不失败的。

第二，学生自治如同地方自治。地方自治之权，出于中央；学生自治之权，出自学校。所以学生自治，虽然可以由学生发动，但是学校认可一层，似乎也是应有的手续。

第三，学生自治之有无效力，要看本校对于这个问题是否有相当了解兴味。如果大家都明白他的真意，都觉得他的需要，那吗，行出来必能得大家的赞助。所以未举行学生自治之前，必须利用演讲、辩论、谈话、作文等等养成充分的舆论。

第四，法是为人立的：含糊启争，故宜清楚；繁琐害事，故宜简单。

第五，推测一校学生自治的成败，一看他的领袖就知道。所以要提高学生自治的价值，就须使最好的领袖不得不出来服务。如果好的领袖洁身自好，或有好的领袖而大众不愿推举，都不是自治的好现象。

第六，学校与学生始终宜抱持一种协助贡献的精神。

第七，学校与学生对于学生自治问题，须采取一种试验态度，章程不必详尽，组织不必细密；一面试行，一面改良；虽然中途难免挫折，但到底必有胜利。

结论　　总之学生自治，是共和国学校里一件重要的事情。我们若想得美满的效果，须把他当件大事做，当个学问研究，当个美术去欣赏。当件大事做，方才可以成功；当个学问研究，方才可以进步。这两种还不够。因为自治是一种人生的美术，凡美术都有使人欣赏爱慕的能力；那不能使人欣赏的、爱慕的，便不是真美术，也就不是真的学生自治。所以学生自治，必须办到一个地位，使凡参与和旁观的人，都觉得他宝贵，都不得不欣赏他、爱慕他。办到这个地位，才算是高尚的人生美术，才算是真正的学生自治。

《新教育》第 2 卷第 2 期（1919 年 10 月）

注释

〔1〕自动主义　20 世纪初旧中国流行的一种教育思潮。其宗旨是，以学生自动为本体，加以教师之训导。提倡学生应自学、自强、自治，培养学生

独自处理各种问题的能力。

〔2〕刘伯明　江苏江宁人。留美哲学博士。时任南京高等师范学校行政委员会副主任，文史地部主任。曾代理过东南大学校长一职。

规定女子旁听办法案*

本校各科遇有余额时，校内职教员、学生、毕业生，经教务处之许可，向得旁听。查中国女子高等教育最不发达，中等学校毕业以后，女子几无上进之路。本校各科功课，有宜子女子旁听者，可否通融办理，容其旁听，遂其向学之志愿，未始非辅助女子教育进行之一法。谨具办法数条，务希公决：

一、本校各班有余额时，除本校职教员、学生、毕业生旁听外，得酌收女子旁听生；

二、本校各科功课，是否宜收女子旁听生，由各科分科教务会议提议，由校务会议议决施行；

三、女子旁听生必具中等学校毕业之程度；

四、设女子旁听生顾问，由校长于本校女子职教员中推定，司接洽指导事宜；

五、旁听细则由各科主任教员协同教务主任定之；

六、本简章自第二学期起实行。

陶知行提议

（一月十四日临时校务会议议决：组织委员会讨论。）

原件存中国第二历史档案馆

---

* 本案系陶行知于 1919 年 12 月 17 日提出，后经南京高师临时校务会议和组织委员会讨论通过。

地方教育行政为一种专门事业

市乡教育的界说 地方包含都市和乡村，故地方教育行政有都市和乡村教育行政两种。依克伯利先生所主张：上五千人的地方都可算为都市；不到五千人的，都算为乡村。凡都市皆令脱离县教育行政范围而直隶于省，凡乡村皆令统属于县，县复就地方之大小酌量分区办理乡之教育。因市乡人民密度不同，经济能力不同，环境性质不同，凡此种种影响于课程编制、教学方法、行政组织的又都不同。分治就两受其利，合治就两受其弊，详细情形，当另著文说明。现在只下这一定义：上五千人聚居在一处的叫做市，不足五千人聚居在一处的叫做乡。市教育以一市为行政单位，乡教育以全县为行政单位。我所讨论的就是说：这种市教育行政和这种县教育行政要当它为一种专门事业看待，要以专门的目光研究它，要以专门的学术办理它。

地方教育事业之重要与责任 上说之定义，很是概括的。再进一步，就须将都市和乡村教育的事业责任来讨论一遍。

请先说都市。中国有五十万人口以上的都市十三处，十万人口以上的都市四十七处。十万以下的都市，现在尚无确实消息；但据邮政局九年度一二三等邮局所在地估算，相差不致太远，约在一千六百八十处左右。现设的七千七百六十八处邮寄代办所当中，还不免有好多都市，但确数难定了。有这种情形，所以中数不易求得。我们姑且拿一个五万人口的都市来讨论，都市学龄儿童与人口之百分比，较乡村要低好多。依六三制行义务教育，每百人中应有学龄儿童十六人。故五万人口的都市，约有学童八千，教员二百余。协同二百余教员，培养八千学生，这是何等大的事业，何等大的责任。那百万左右的都市，如北京、上海、广州、汉口、西安等处教育事业的浩繁，责任的重大，更不必说了。

再说乡村教育。乡村教育以县为行政单位。中国二十二行省，四特别区域，共有一千八百四十三县，平均每县一千三百二十七方哩。最小的有千余人，最大的有二百二十七万人，平均每县有二十万人。将县内一二三等都市人口除开，平均每县乡民当有十七万之谱。乡村学龄儿童与人口之百分比，较都市多些。依六三制约计，乡村中每百人应有学龄儿童二十一人。十七万乡民之县，当有学龄儿童三万五千七百人，教员千余人。协同千余教员，培养三万五千七百学生，这事业又何等的大，责任又何等的重！

地方教育所含之专门性质　看上面所说，地方教育的重大，固已有具体的事实可作立论根据，但还不免概括。究竟地方教育非专门家不能解决有几个什么问题？

（一）计划问题

世界潮流，国家大势，以及地方人口增减，财力消长，职业变迁，影响于地方教育者最大。办学的人宜如何默察趋势，熟筹利弊，预拟一逐年进行的计划，使理想依据事实渐次实现，世界、国家、地方面面顾到。预拟这种计划，是否需要专门的学识？

（二）师资问题

学生学业的进退，多半看教员的良否为转移。五万市民之市，须教员二百；十七万乡民之县，须教员千人。这许多教员未来之先，办学的人宜如何酌量需要，分别设法培养选聘；既来之后，宜如何设法辅助指导，使有最良之精神，并如何筹备种种机会，使教员的学问能得相当的研究进步。办理上说种种，是否需要专门的学识？

（三）课程问题

课程为社会需要与个人能力调剂的工具。编制课程的人，必须明了动的社会的种种需要，将他们分析起来，设为目标，再依据儿童个人心理之时期，能力之高下，分别编成最能活用之课程，使社会需要不致偏废，儿童能力不致虚耗。这是一种最精细的手续，是否需要专门的学识？

（四）经费问题

地方财力有限，教育事业无穷。以有限的财力，办无限的事业，支配经济的人，必须分别缓急，酌量进行。这分别缓急四字，包含教育事业各方面的关系。必须将这些关系彻底了解后，才谈得到分别缓急。但是这种了解，是否需要专门的学识。

（五）设备问题

物资环境在教育上之影响，尽人皆知。要有良好的教育，必须有相当的物资环境。校舍、设备、图书、仪器和校外之种种环境，都与教育有密切的关系。空谈自动、自治、自学、自强，是没多用处。有相当之设备，才能发相当之精神。即以校舍论，宜如何构造，才能使他合乎卫生、美术、经济、教育的原理。简括问一句，宜如何选择，支配，联络环境的势力，使教育得收良好的结果，是否需要专门的学识？

（六）考成问题

我们受人民的付托，办理地方的教育，费了这多钱，用了这多人，开了这多学校，教了这多学生，究竟结果如何，应否平心问一问？怎样问法，怎样度量各种教育的历程、结果，和度量之后怎样据以切实改进，都是要从专门研究中产出来的。

（七）劝学问题

假使地方人民对于教育，尚无有相当的了解信仰，就不得不做一番感化的工夫。我们宜如何表示教育的真相，证明教育的能力，使人民自觉教育为人生日常所必需，并发共同负担独力兴创的宏愿，这种教育真相的表示，与教育能力的证明，是否需要专门的学识？

主持地方教育行政人员应有之学业 地方教育既有上述几种问题，非专门人才不能圆满解决，那吗办理地方教育人员所应具之资格，可以推想而知。品性方面，暂且不论。现在只举学业一门，拣其最要的讨论一回。

（一）普通学问方面，至少须学哲学、文学、近世文化史、科学精神与方法、社会问题、经济学、美术等课。这种学问，一来能使目光远大，二来能使同情普遍。因教育是一种永久事业，非目光远大不足以立百年之基；教育又是一种社会事业，非同情普遍，不足以收共济之效。

（二）工具学问方面，须于国文之外，至少学习外国语一门。一可使地方所办学务得与世界潮流接触，二可使自己所得学识与国外同志印证。再，统计法亦为一种重要的工具。得此就可明了别人研究的结果，也可使人明了自己所办事业的真相，并且还有许多问题要借助统计才有相当解决的。至于办事最重效率，所以科学管理一门功课，也是应当学的。

（三）专门学问方面，至少须学教育哲学、教育概论、教学法、教育心理学、中等学校之组织及行政、初等学校之组织及行政、地方教育行政问题、学务调查及报告法、学校建筑与卫生。这许多功课，是纯粹关于教育的。各门的宗旨合起来，是使办学的人能拿教育的方法去达教育的目的。

简单些说，我们理想中的地方办学人员，学业方面，至少须有大学毕业同等程度，加些关于教育行政之专门学识。

结论 现在中国之一千六百八十市和一千八百四十三县，以主持教育的人而论，已需三千五百人。若将协理人员共同计算起来，至少需万余人。中国若想推行义务教育，非将地方办学人员与教员同时分别培养不可。现在培养师资与普及教育的关系，大家已经了解。惟独对于地方办学人员之培养，大家还没有相当的注意。山西、江苏的义务教育计划书中，都没有这回事。最好的省份，不过为他们举行一二次讲习会补救补救。反对的还以为地方教育人人能办，何必讲习。岂晓得这种学习，已非短期讲习所能了事。故中国不想推行义务教育则已，若想推行义务教育，必从培养改良地方办学人员入手。

《教育汇刊》第 2 卷第 1 集（1921 年 3 月）

活 的 教 育[*]

教育可分为三部：

A. 死的教育；
B. 不死不活的教育；
C. 活的教育。

死的教育，我们就索性把它埋下去，没有指望了！不死不活的教育，我们希望它渐渐地趋于活。活的教育，我们希望它更活！

我今天且讲这活的教育。什么叫做活的教育？活的教育是什么？这个问题本来是很大的，我不容易下定义，我也不能定概观。不过我总觉得活的一字，比一切什么字都要好。活的教育，更是教育中最不可少的现象。比譬：鱼在岸上，你若把它陡然放下水去，它的尾和鳍，都能得其所在，行动不已。鸟关在笼里，你若把它放到树林里去，它一定会尽其所能，前进不已。活的教育，正像鱼到水里、鸟到树林里一样。再比譬：花草到了春天，受了春光、太阳光的同化和雨露的滋养，于是生长日速。活的教育，好像在春光之下，受了滋养料似的，也就能一天进步似一天。换言之，就是一天新似一天。

我现在把这活的教育，再分做三段讲：

---

[*] 本篇系演讲记录。演讲时间为1921年夏天，地点在金陵大学暑期学校，记录者为汪忠一、马延乾。记录稿发表前，未经本人审阅。发表后，陶行知曾给《时事新报·学灯》记者写信说："他们记得很详细，有好几处确能传达我的精神。但因各地言语不同，所以记得也不十分正确。"

一、我们教育儿童，第一步就要承认儿童是活的，要按照儿童的心理进行。比方：儿童性爱合群，有时他一个人住在那地方，觉得有点寂寞的样子，在那儿发闷！我们就要找个别的小孩子同他在一块儿玩玩。普通儿童之特性，大多都富于好奇心。当他还不知道说话和走路的时候，他时常手舞足蹈的，跃跃欲有所试的样儿，忙个不歇。这可就是他的好奇心了。假若我们要弄些什么东西给他玩，他一定玩那好看的，不玩坏的。他起初间或也还可以拉杂的玩一路，后来知道好，他就只专玩好的了。在这里拿一点，在那里拿一点，只要与他合意，他一定非要不可。有时我们要是给他一个表，他必定将它翻来覆去的仔细观看，他并且还要探知里面的秘密，就打破沙锅问到底。我们同小孩子玩的时候，假以木筷搭个架子，小孩子看着，必定以为很好玩。后来我们忽然把它推倒，那小孩子就更以为好玩了，欢喜了。假若我们再进一步，以这架子，不由我们推倒，让小孩子自己去推，那么，这时小孩子的欢喜，我敢断定更比从前要欢喜得多了。诸如此例，我不能细举。还有一件最紧要的，就是：我们如果承认教育是活的，我们教育儿童，就要根据儿童的需要的力量为转移。有的儿童天资很高，他的需要力就大些；有的儿童天资很钝，他的需要力就小些。我们教育儿童，就要按他们的需要的力量若何，不能拉得一样。比方吃饭，有的人饭量大些，他要吃五碗或六碗；有的饭量小些，他只能吃一两碗。我们对于他，就只能听其所需，不能定下死规。要是我们若规定了，比如吃两碗的定要逼他吃五碗才及格，那么，这一定就要使人生病了！学校里教育儿童，也像这样，不能下死规强迫一律，不但学校是要如此，就是社会上的工作亦莫不要像这样。我们人的需要力，有大有小，我们只求其能够满足他的需要就是了。所以教育儿童和承认儿童是活的，首先就要能揣摩儿童的心理。

二、儿童不但有需要，并且还有能力。他对于种种事体的需力有大小，他的能力亦有各种不同。男女遗传下来的生理不能一样，他们的能力亦不能一样。我并不是说女子比男子差些,我是说男女各有各的优点。就是男子与男子两相比较,亦有许多相异的能力,有因年龄不同的,有因环境不同的,有因天性不同的。由这许多的不同,所以其结果的能力,就大有差别。我们教育儿童,就要顺导其能力去做去。比如赛跑,这就是一件凭能力的事。我们认定几个人同时同地立在一块,听指挥者发号令,就一齐出发,让他们各凭充分的能力自由前进,不加限制,然后谁远谁近,自可显见。而他们的能力的大小,也就由此可以证明了。设使我们要是下个定规,规定三人赛跑,跑一百二十码或二百四十码,快慢都要一样,不许谁先谁后,那么,那个能力充足能跑二百四十码,他自然是很舒畅,不甚为难;而那只能跑得六十码或一百二十码的,他一定是很苦的了,甚至还要受伤呢!这是从运动方面着想的,至于教授方面,亦多类此。设有许多儿童,同在一堂,当教授的人,就要按照各个儿童的能力去教授。要是规定了今天讲一课,明天讲一课,每课虽是都一字一句的分析解释,在那天资聪颖的小孩子咧,他固然能够领受到他的脑袋里去,并且还有闲空;若在那秉性鲁笨的小孩子,那就等于对牛弹琴了,一些儿也不懂得。这种教育,正像规定三人赛跑一般,还能算得是活的教育吗?我们现在既是想讲活的教育,就要知道儿童的能力是不相同的,我们要设法去辅助他,使他能力发展。有如我们看见某处一个学校园,那里内的花卉长得非常整齐好看,我们心下羡慕他,我们也就可以仿照他,将我们自家的学校园也培植得像那一样。这是培植花园的方法。办教育也是如此。我们大家设若不相信,恐怕做不到,我们可再看。譬如有一块草地,那地上所生长的草都是参差不齐的,我们若任它自然去生长,那就越长越不齐了;假若我们要用机器把它逐次地推铲,那么,这一定要不了多少功夫,就会使他平坦了。我们办教育,也就像推草一样,也要用方法去使之平,这是对于草是这样——对于普通的儿童是这样;[1] 若对于树木,——对于天资特敏的小孩子——那就不行了。树木的生长力强些，他的性子也猛些，我们对于他，也要按其能力去支配他，使其生长适度。若任其自然生殖，则其枝干必日渐伸张，后来越长越高，甚至把屋棚都要捣破了！学校里起风潮，就像大树捣毁屋棚，是一样的，都是由于办教育的人，平日对于这教育的趋向没有注意，对于那天资高尚的儿童，没有按得其能力去教育，这就是我们没有承认儿童有活的能力。

活的小孩子与死的小孩子有不同的特点。小孩子他所吃下去的滋养料不同，他们所受的利益也就不能一致。活的小孩子，他秉性活泼些，他对于一切的事实上，也就进步得快些。死的小孩子，他的脑筋滞钝些。并不是说小孩子的确是死的，是言其能力不能有多大的发展，虽活也等于死的一般。我们办教育的人，总要把小孩子当作活的，莫要当作死的。地球看起来，好像是个不动的东西，其实他每天每时都在旋转不已。小孩子也同这样。表面上看起来，也好像是很平常的，没有什么进益，其实他的能力知识，莫有一天不在进行中求活。我们就要顺着他这种天然的特性，加以极相当的辅助和引导，使他一天进步似一天，万不能从中有所阻碍或滞停，不使前进，把他束缚了起来。束了若干时，然后又陡然把他解放掉，这一定要受危险的。这好像人家有个小孩子，他把他在今年做了一件衣服，等到五年后，他还拿给这小孩子穿，那小孩子体干长大了，衣服小了，以这小的衣服去给大的孩子穿，那衣是一定要破裂的。纵或可以勉强穿得上，而小孩子的身体，也就束缚得急急的了，血脉也就不能调和，就要生病了！由此可知，小孩子的衣服，是年年要换的；小孩子的知识学问，也是年年天天要换的。现在没有一个人，忽然妙想天开，他说："我有个小孩子，我不要他年年换衣，当他还只有五岁的时候，我就把他做件十六岁时候的衣服，周身都把他绉起来，年年穿，年年放，一直放到十六岁的时候，都还可以穿。"这个法子，勉强一看，觉得也还不大坏，并且又很经济的，但是仔细看来，那就觉得不像了，就是精神上也有点不好看。古时的衣服,不能适合于现在;现在的衣服,未必又能适合于将来!时势的变迁,是有进无已的,办教育的,就要按着时势而进行,依合着儿童的本能去支配。有许多教科书,在从前要算是很新很适用的,在现在却变成了腐败不堪了。我们讲活的教育,就要本着这世界潮流的趋向,朝着最新最活的方面做去。中国教育最大的毛病,就是不能普及。从前俄国的西伯利亚也是这样,但比较中国要好些。中国社会上失学的人,也不知有多少,就以普通人民计算,总有三分之一不识字的。我们现在要想将这些人重新给以教育,那除非要从国民一年级教起。但是他们都是壮年的居多,要是都放在国民一年级教,那又好像十六岁的孩子穿五岁时候的衣服了。这种教育,可算得是死的教育。活的教育就不能这样了。活的小孩子,他生长快,他的进步也快,他一时有一时的需要,一时有一时的能力。当教育家的,就要设法子去满足他的需要,就要搜罗相当的材料去培植他。这就是我们所讲的活的教育第二件。

三、我现在再讲活的教育要些什么材料。这材料也可以分做三段说:

(一)要用活的人去教活的人。我们要想草木长得茂盛,就要我们天天去培植他,灌溉他;我们要想交结个很活泼的朋友,就要我们自己也是活泼的。我的影响,要能感到他的身上;他的影响,也要在我身上,这才可以的。比如:我俩人起先是不相识的,后来遇到了好几回,在一块儿谈了一次,于是两下的脑筋里都受了很深的影响,两下的交情也就日渐浓厚了。当教员的对于学生也要这样,也要两下都是活的,总要两下都能发生密切的关系。教员的一切,要影响到学生身上去;学生的一切,要影响到教员身上去。一个会场有的人好谈话,有的人好笑,我们看了心下一定也会生了一种影响。比如:我一人在台上讲演,大家都坐在下面听,我的脑筋中已经印象了许多听讲的人;想大家的脑袋中,也会印象到了我讲演的人,这也就是一种活的表现。活的教员与活的学生,好像汽车一样,学生比譬是车,教员比譬是车上司机器的,机器不开,车自然不动。教员对学生,若不以活的教材去教他,他自然也就不能进步。现在的教员,不像从前了。他像把汽车上机子开了,车子在跑了。但是还有些教员,他的性子未免太急,他把车上的机器开猛了一点,车子行得太快,刚刚要想收机,忽然前面碰到了石头或其他的人,这时就要发生很大的危险了。活的教员,正同司汽车的一般,要把眼睛向前看准了。若闭着眼睛乱开机,那就要危险极了!学生向前进,教员也要向前进,都要一同并进。若徒以学生前进,而教员不动,或者学生要进而教员反加以阻碍,这可谓之死的人教活的人,不能谓之活的人教活的人!

（二）拿活的东西去教活的学生。我们就比如拿一件花草来教授儿童,将这花草把他解剖开,研究其中的奥妙,看他是如何构造的。小孩子对于这事,觉得是很有趣味的。我们能以这种种东西去教他,不但能引起他活泼的精神,并且还可以引起他的快乐。我们还可以拿活的环境去教他,比方沙漠本是干燥的,我们可以设法使他出水;大海有时候变成陆地;太平洋里航船到美洲,本不大便利,于是就有人开了巴拿马运河;火车行山路不便,就会把山打个洞。这就是拿活的环境去作教育上材料的。文化进步,是没有止境的;世界环境和物质的变化,也是没有一定的。活的教育,就是要与时俱进。我们讲活的教育,就要随时随地的拿些活的东西去教那活的学生,养成活的人材。

（三）要拿活的书籍,去教小孩子。书籍也有死的有活的。怎样是活的书籍?我觉得书籍所记载的,无非是人的思想和经验,那个人的思想、经验要是很高尚的,与人生很有关系的,那就可算是活的书籍。若是那著书的人思想、经验都没有什么价值,与人生没有关系,那就是死的书籍。我们教授小孩子,对于书籍的死活,就不能不慎重。所教授的书籍,要有统系的,前后都能连贯得起来,不是杂乱无章的,这才是活的教育。若只知道闭着眼睛教死书,也不顾那书适用不适用,这样我敢说就是死的教育。我们教授儿童的书籍,好像人家传财产样,普通有两个常法子:(甲)是传财的法子。比譬一家,他的家主不愿管事(或临死时)了,要把家事完全推及小家主,将所有存蓄的银钱,都要对小家主说个明白,叫他慎重。(乙)是传产的法子[2],就是有本帐簿子,说我所有的产业,都登在这帐上面。那天那家主把他的后人带到各田庄上去看,说是某田是租给某人的,某庄子是某人承租的,那块山场是由某人保承的,某处房屋是谁租着做什么事的,这样一件一件地指示给他看了,又与他那帐簿子再对照一下。那么,这个财产的根本,他那小家主已经明白了,这笔家私,就没有人能够会糊倒他占得去了。我们办教育的、传文化的人,也是这样,也要把书籍像传财产一样,要把所教授的东西,都能使他领会得到,能连贯得起来,使小孩子的脑筋有个统系,不致混乱,这种教育才配说是活的。从前有许多讲教育的,没有统系。所以使一般学生听了,只是囫囵吞枣,一点不能受益,这也就是死的教育,不是活的。活的教育要拿活的书籍去教。现在还有许多教员先生们,他对书籍还不十分注意,当他初当教员的时候,也还肯买一两本书看看,到了后来,他不但不买,连从前所有的几本书,都借给人去了。这样教员,教育界中也不知道有多少。他既不能多买书看,对于一切新知识,他自然是不知道的。他既不能有新的知识,那一定没有新的教材能供给学生,只是年年爬起来卖旧货!这种教育中的败类,真不知害了多少青年。我们现要希望教育成活的,当教员的就要多看书——多看些活的书——好去供给学生的需要,养成新而且活的学生——这就是我讲的 Education of life[3]。

现在要讲到活的教育的方法。我可提出两个最时髦的法子就是:

(1)设计教授法[4]。活的教育,最好而且最时髦、最紧要的,就是总要有个目的。这我在上面也曾说到了一点。我们教授儿童,先要设定一个计划,然后一步一步地向着所计划的路上去做。若是没有个计划,那就等于一只船放到了江中没有舵,进退左右,都没有把握,倘不幸遇了一阵大风,那一定逃不了危险的!办教育的人,要能会设计。预知学生将有风潮,就先要设一方法,使那风潮却从无形中消灭,不致使他发泄。知道学生程度不齐,就要设一种计策,使之能齐,总期各方面都无损,且能获益。这种设计,各学校的情形,各有各的不同,各地方亦有各地不同,这可听大家因时制宜,我不能断定。

(2) 依计划去找实现法。这个方法大致是根据上面来的。我们订了一个计划,不能就算了事的,必定还要依照这计划去实行去。我现在可拿个浅近的事作个比譬:就如农人种豆子,他先也要订个计划,以几亩田能要几多种子,要多少肥料,又要多少人工去做,要经多少时期才能完工;什么地方种绿豆适宜些,什么地方种黄豆适宜些,还有甚地不适于种豆子,适于种山芋。这样计划了一番,然后兴工动作,按这所计划的进行,这必定是有条有理,不致乱忙;而所收的结果,也一定是很丰厚了。由此类推,办教育亦莫不是这样。一个学校,也先要订个计划,然后去依计划实行。例如那级学生,今年应当注意什么功课,某级学生今年应当添什么功课和减什么功课,某教授教授法不好应当怎样。能这么一样一样的计划好了,然后又按照这个进行,那个学校没有办不好的道理。推之修桥修路和其他种种建设,都能依着这样进行,求到所希望的目的,那么,天下事绝没有不可能的。现在我看有许多地方,他一开个什么会,他预先没有计划。到了临时开会了,不是招待员左右乱跑,就是会场上布置得不周全,往往令来宾有兴而来,败兴而归,这都是由于预先没有一定的计划。俗语所谓:"平时不烧香,急时抱佛脚。"这事决不会办得好的。我们谈教育的,就是在这上面注意注意。无论是办大学也好,中学也好,国民小学也好,总要预先有个计划,然后依着计划去找实现。有时计划定得不好,应随时变更。

比如：我们讲化学，今天就要计划明天化学堂上要些什么东西试验。我们预先就要预备好着，省得临时仓皇失措。诸如此类，我也不必多举。我总觉得设计教授法是活的教育上最不可少的，依计划去找实现法，那更是一件要紧的事了。这就是我所讲的 Education by life[5]。

我现在又要讲我们为什么要讲活的教育。因为活的教育，能使我们有种种活的能力。我们人生有高尚的，有低微的；有暂时的，有永久的；有完全的，有片面。我们要使暂时的生活，能够叫他永久；片面的生活，要使他能完全；低微的，要使他高尚。怎样叫做完全？我们在国家是公民，在社会上有朋友亲戚，在家庭里有父母兄弟姊妹，在学校里有同学，有师长。我们一身，对于自己，对于各方面都要顾到。如果一方面不能顾到，这还是片面的。怎么叫做高尚的？我觉得人们的身体和精神是两样的，各有各的生活。身体上的生活固然要紧，精神上的生活也是要紧的。设使两者要去其一，那就是我们最不幸的一件。我们总要使得我们的身体、精神，都是很健全的、愉快的。这可就算是高尚的生活，反之就是低微的生活，都是有关系于教育上的。再，怎样谓之永久和暂时的生活？我们人的寿命有长短不一，有二三十岁就死的，有七八十岁才死的，有十几岁就死的，也有八九十多岁才死的。说者多谓生死有定，但这可不能为凭。我想人的生命的长短，大致是关系于人的操作和卫生上的。从来人的死，多是由病的。考病之由来，不外两种：（甲）是由人的操动过度致伤身体而殒命。（乙）是由人的卫生上没有讲求，以致生出了许多毛病，终至因而送命。决没有无病无灾而好好就会死的。纵有，也是很少很少的，但亦必定有其他原因。要说人的生死有定，何以人不好好的就死，而偏要生病才死呗？这种无稽之谈，我是不盲目崇拜的。我觉得人的生活，所以有暂时和永久的，都是根据于卫生和操作的关系。我们现在讲活的教育，就要明白这种关系，然后好去预防他，保护他，谋永久的生活。我在上海、南通参观各工厂，有许多六七岁的小孩子，都跟在他的母亲父亲身边下做工。我看他们那些小孩子，都是很瘦的，精神也很衰败的。这都是那些贫民没有钱给儿童受教育，国家亦没有钱能办这种义务教育。有些资本家倒是很有钱的，但他只知道营业获利，不肯拿钱来办这可怜的教育。所以那些小孩子就没有机会受教育，只得附随其阿父阿母作工以度日。五六岁的小孩子，尚有许多生理器官还没有长完全，现在竟居然要他工作，这种不适宜的使用，一定会使那小孩子身体不得强健，甚至还要早死的。譬如树上的果子，还没有成熟，你就把他摘下去吃，那是一定吃不得的。小孩子还没有成人，就要使用他，他的前途一定是很有限的，将来一定要发生危险的。像这样只顾眼前不顾后来，就可谓之暂时生活，不是永久的生活。现在讲活的教育，就不能不注意这一层。

活的教育，有属于抽象的，叫做精神上活的教育。比方一个人死了，他的机能死了，他的躯干倒了，他的精神是没有死，还存在空中，能使我们还受到他的影响。这也似乎是种渺茫之谈，我本不敢怎么样的贡献于大家，因为各个人的观念不同。但是，有时我觉得大家也可以公认这话有点的确。例如：孔子是死了，他的精神还没有死，其影响存在我们大家身上。我们大家的脑袋中都还印象了有个孔子。历来许多大英雄、大豪杰，他的身子虽已腐化了，但他的勇气、毅气、还是贯传着，在我们大家的脑海中。这也就是精神上还没有死。他的精神可以一代一代的向下传，可以传许多人，不只传一人。一个活泼学生的精神，可以传应到许多学生。比如：我的精神传应着在大家身上，也可以传应到社会上去。这种传应，并是很快的。我们讲活的教育，对于这精神上的传应，也要注意，也要求活的精神。精神也有死有活的，活的精神，就是能使人感受了他，可以得到许多的教训。社会一日不死，各方面的精神传应，也是不死的。我觉得社会上受了这种精神的教育，也不知道有多少。这精神上的教育，最易感动人的，能连络一切。我从前有许多朋友住在一块，后来别了好多年，没有见过面，形式上要算疏忽了，但是精神上还是没有分离。这就是一种活的精神的表现。我希望讲活的教育，也要把这活的精神当作活的教育里一件材料。这就是我讲的 Education for life[6]。

《时事新报·学灯》(1922年1月18—19日)

注释

〔1〕陶行知在给《学灯》记者的更正信中说："'我们办教育也就像推草一样'，因为前后遗了几句，就和我原来的意见正相反了。"

〔2〕陶在更正信中指出："'传财'与'传产'，当是'单传帐簿'与'对着帐簿点明产业交待后人'之误。"

〔3〕Education of life 意为生活教育。

〔4〕设计教授法，亦称设计教学法。美国教育家克伯屈等人创造的一种教学制度。

〔5〕Education by life 意为依据生活而教育。

〔6〕Education for life 意为为了生活而教育。

义务教育入手办法之商榷大纲*

释义　　义务教育有二义：一为义务设校，一为义务就学。

就普通人民性质观之，千人中有一人不论本地有无学校，其父母必遣就学；百人中有五十三人若地方有免费学校，乃可得就学之机会；百人中有十九人非经强迫，其父母不令入学；千人中有九人虽经强迫，也难就学。

史略　　一五二四年，马丁路德（Martin Luther）始倡强迫父母遣子女就学之议。一六一九年，外马耳（Weimar）实行强迫教育。一六四二年，戈撒（Gotha）继之。一六四二年，美洲马撒朱赛（Massachusetts）选士强迫父母教育子女。一七一七年，普鲁士（Pruissia）宣布强迫教育法令。一七九二年，法国定义务教育期限为三年。一八五二年，马撒朱赛州颁布强迫教育法令。一八七〇年，英国始予地方教育议会强迫就学之权。一八七九年，日本实行义务教育。

促进义务教育之主动力

一、宗教觉悟　　德、美义务教育之初期。

二、国家主义　　德国十八世纪末迄今及日本、法国之义务教育。

---

* 本篇系新近发现的史料，由中国第二历史档案馆整理发表，未曾收入《陶行知全集》。原文为油印件，不全，亦无写作时间。但据档案记载，此件为陶行知担任江苏省义务教育期成会研究股委员会委员期间所撰；该会成立于1921年7月，陶8月受聘，所以编者推定，此文是在1921年8月以后不久所撰。

三、共和主义　美国与英国。共和主义之义务教育在使全国人民无论贵贱贫富，男女皆得平等机会学成自立之国民。

义务教育之入手办法　世界各国之历史不同，政俗不同，故其义务教育之施行方法，也不能尽同。若徒事仪型而不知变通，则措施必难适于本国情形。然义务教育创行以来三百余载，其间之成效利钝，必有足为吾人取鉴者。兹依据中国需要，约举数端，以资商榷。

一、组织地方教育机关以为义务设学之基础

甲、各国之经验　英国一八七〇年之地方教育议会。美国一八七二年责成都市官吏执行教育法令。日本一八八〇年改正教育令："各町村当从府县知事之指令，置独立或联合足以教育其学龄儿童一个或数个之学校。"日本一八八几〔九〕市〔年〕町村制。

乙、市乡教育分治　市乡之情形问题不同，合治则两损，分治则两益。市学区以一市为单位，乡学区以全县为单位，但可分为数乡学分区。市、乡学区之学务皆受县教育行政机关之监督。

五千人以上为市学区，五千人以下为乡学区。义务教育先从市学区入手。

丙、组织地方学务会议及学务局。

二、任用专员主持全区学务

甲、改学务委员为都市或乡村学务局长。

乙、学务局长为俸职，现在之学务委员为名誉职，但视地方情形，得酌给公费；此制不能收实效。

丙、学务局长之资格宜加高。

三、中央教育机关宜负监督、指导、奖励、惩罚及立标准之责

甲、美国自一六四二年开始义务教育迄今二百八十载，尚有密西西比（Mississippi）一州未行义务教育，以缺中央督促故。德国普鲁士义务教育之雷厉风行，以有中央集权故。

中央负监督之责，地方负执行之责，为义务教育行政之要事。

四、义务教育经费问题

甲、义务教育之代价　美国每人担负教育经费四元四角五分金洋。日本每人担任四角一分金洋。中国每人担任六分金洋。

乙、基本金　法律保护

丙、国、省、县补助费，救济财力不足之地方。德国邦补助费，在都市教育经费占百分之十六，在乡教育经费占百分之三十几〔九〕。

丁、地方教育税　依据上年学生征收，以期学款逐年可以增加；颁有法律保护，使不与国家税及其他地方税混合。德国地方教育税占都市教育百分之六十九，占乡村教育费百分之十二。美国全年初等教育费三百三十六兆，内有百三十四兆为地方税。

戊、公债　设置学校不动产，可卖公债票。美国以公债充都市教育经费年几六十兆。中央颁立公债规程。

己、教育经费支配法　依据该区或该校教员数及学生全年出席总数支配经费，以促学业之进步。

五、筹备师资

甲、各国经验　一七九四年法国为储义务教育师资，首创师范学校于巴黎。一八三九年美国马撒朱赛州设师范学校以为义务教育之准备。一八七一年日本太政官令速兴师表学校。一八八〇年改正教育令，各府县当设师范学校以养成教员。

乙、中国之需要　中国兴学以来，也颇注意师范教育，据民国六年报告：全国有师范学校百四十八所，学生二万三千一百三十六人。但欲普及教育，当有教员二百万，现全国教育〔员〕数只有十八万近五千，离标准尚远。

六、提倡改良私办教育事业，以为义务教育之先声

甲、各国经验　各国施行义务教育之先，多（未完）

原件存中国第二历史档案馆

师范教育之新趋势 *

教育是立国的根本。不过因为国体的不同，教育的趋势也就不一。共和国立国的要素，在国民有共同的目的，共同的了解，谋共同的利益。但是人们幼时的动机，常偏于自私自利一方面。吾们当怎样利用他，养成互助、团结、同情等好习惯和共同了解的机会，那就全靠教育。有人说："吾国无国民。"这话未免太过。但细想，实际上有国民的资格的确是不多，所以教育在中华民国里更加重要。师范学校负培养改造国民的大责任，国家前途的盛衰，都在他手掌之中。既有这种责任，那得不观察教育的新趋势，谋进步的教育！

要造成适当的国民，须有适当的教员。譬如裁缝制衣，一定要估量身材的长短肥瘦，还要知道人们的心理，然后配以适当的颜色。所以不但和身体有关，和精神亦很有关系。相传明朝有个御史，请裁缝做衣，裁缝问："你是第一年的御史，是第二年的御史，还是第三年的御史？"他为什么要这样问？因为第一年趾高气扬，衣服必定要前长后短，方始合度；第二年稍知事故人情，要前后等长；第三年更进步了，格外虚心静气，背也曲了，所以要后长前短。办师范教育，也当作如是观。换言之，就是要合社会的应用。不过从"用"上面，就有两个问题发生：甲、够用不够用，是讲他的数量；乙、合用不合用，是讲他的性质。

甲、够用不够用的问题 就是议论师范学校究竟要造就多少

---

* 本篇系演讲记录。记录者为江源岷、张锡昌。演讲时间、地点不详。

人才方才够用。这可分两层讲：

（1）假定我国人口是四百兆，有八十兆是学龄儿童，就当有二百万教员（每人教四十个学生）。现在只有十八万五千，不过占十三分之一。缺少的数目很大，就应该怎样去增加呢？

（2）人口依几何级数增加，教员也当增加。还有因病而死的，因他种关系而改业的。如女子出嫁，教员便做不来。这样的变换，教员的数目也就要减少。据日本人调查，十七个教员中须有一人补他的缺，要达"够"的目的，真是不容易呵！但这不是师范学校单独的责任，社会、国家和教育机关都应负责的。

乙、合不合的问题 师范教育的趋势，在能改进不合用的变成合用的；改进合用的，变成更合用的。这种向着合用走的几个趋势，就是新趋势。现在分条来说明：

（1）乡村教育和城市教育 乡村教育不发达，可说已达极点。我国人民，乡村占百分之八十五，城市占百分之十五。就是有六千万人居城，三万万四千万人居乡。然而乡村的学校只有百分之十。这种城乡不平均的现象，各国都不能免；但是我国的乡村，未免太吃亏了。恐怕也非城市人的福哩！至于教材方面，乡村和城市也大不同。例如电灯、东洋车等，在城市是常见的，但在乡村的学校里要教起这许多材料来，就很困难了。还有放假一层，乡村和城市也不同。什么蚕假、稻假咧，那里能够把部定章程来束缚他！现在的师范学校都设在城市，连教授方面，也是重城轻乡。此后亟当想法，怎样才可以使乡村的儿童受同等的知识，享同等的待遇，这就是师范教育的一个新趋势。

（2）研究小学教材 现在的师范学校，大都是中学校的变形，不过稍加些教育学、教授法罢了。毕业以后，就拿这些教材去教学生，恐怕还是门外汉呢！所以师范生在观察要用怎样的小学教材，就怎样去学。一方面要学"学"，一方面要学"教"。这又是一个新趋势。

（3）培养特长的人才　现在的人以为师范生要件件都能。这却不对。高等科和国民科不同，普通科和特殊科又不同。师范教育，当发展各人的特长，以适合社会上的需要。例如江苏省立第三师范学校的分科研究制，是很好的师范教育。

（4）扩充师范学校　现在师范学校，平均每校二百人左右。教育部规定至多不得过四百人。但是在欧美诸国，大都每校在千人以上。可见"大师范学校"，是吾国很需要的。

（5）添加新功课　社会上有新的需要，就当添加新的功课去适合他，指导他。现在社会问题很纷乱，社会学应当增加了。又因为科学的发达，各种学问注重分析，所以虚泛的、理论的心理学不够用，儿童心理学和心理测验一定要增加了。仅讲些教育史、教育哲学也不够了，教授法、管理法……一类的实际学问，也须重新研究了。总之，社会的新需要没一定，增加的新功课也当随之而异。

（6）师范和附属小学宜格外密接　附属小学不但是实习的地方，简直是试验教育原理的机关。教育原理不是一成不变的，天天去研究，就天天有进步，天天有革变。所以附属小学是"教育学的实验室"，和别的实验室一样的。

（7）师范学校有继续培养的责任　内地有许多师范学校，对于毕业生毫不关心。这是最不好的现象。当知毕业是局部的、暂时的。学生固不可从此不学，教员也不当从此不教。所以，学校对于毕业生有继续培养的责任。例如调查、讲演会、巡回指导等事情，更当注意。

（8）培养校长和学务委员等专门人才　一学校的好坏，和校长最有关系。一地方的好坏，和学务委员最有关系。但是现在却不注意到这两层。例如南京有人口四十万，当有学龄儿童七万，教员二千人。对于学务委员，一些人没有相当的重视。物质上的酬报，每年多至四百元！吾们固不当做金钱的奴隶，但事务和代价，当然要求个相值。广州大于南京二倍余，而教育局长的薪水，每月在四百元以上,所以教育也有进步了。像广州这样优待,固然不必效法,但是今后教育界应有一种觉悟:对于一般学务委员,当有相当的重视,而师范学校里,也不得不培养特长的、专门的人才。这种趋势,在欧美早已现诸事实上了,我们中国的教育岂可忽视了么?

以上几种趋势,决不是一二年内所能办到的,但是现在不可不向那一方面进行。

《时事新报·学灯》(1921年10月22日)

我们对于新学制草案应持之态度

第七届全国省教育会联合会[1]拟订学制草案，征求全国意见，以为将来修正实施之准备，立意甚好。壬子学制[2]经十年之试验，弱点发见甚多。近一二年来，教育思潮猛进，该学制几有不可终日之势。故此次所提草案，确是适应时势之需求而来的。我们对于这应时而兴的制度，究竟要存何种态度？我以为建设教育，譬如造房屋；学制，譬如房屋之图案。想有适用的房屋，必先有适用的图样。这图样如何能画得适用？我以为画这图的人，第一必须精于工程。第二假使所造的是图书馆，他必定要请教图书馆专家；科学馆，必定要请教科学专家；纱厂，必定要请教明白纱厂管理的人；舞台，必定要请教明白管理舞台的人。有这两种人参议，才能斟酌损益，画出最适用之图样。制定学制，也可以应用这理。不过学制包括的范围更广，所应询问的方面更多了。此次全国省教育会联合会，征集各省教育界的意见，就是为了要顾到各方面的情形。所以我觉得凡对于学制有疑问、有反对、有主张的，都应提出充分讨论、研究、实验，使将来修正之后，各方面之教育，都有充分发展之机会。换句话说，虚心讨论、研究、实验，以构成面面顾到之学制，是我们对于学制草案应有之第一个态度。

建筑最忌抄袭：拿别人的图案来造房屋，断难满意。或与经费不符，或与风景不合，或竟不适用。以后虽悔，损失已多。我国兴学以来，最初仿效泰西[3]。继而学日本，民国四年取法德国，近年特生美国热，都非健全的趋向。学来学去，总是三不象。这次学制草案，颇有独到之处。但是不适国情之抄袭，是否完全没有？要请大家注意。诸先进国，办学久的，几百年；短的，亦数十年。他们的经验，可以给我们参考的，却是不少；而不能采取得益的，亦复很多。今当改革之时，我们对于国外学制的经验，应该明辨择善，决不可舍己从人，轻于吸收。这是我们对于研究新学制草案应有的第二个态度。

为造新房绘图易，为改旧房绘图难。因为改旧房时，须利用旧房，以适合改造之需要。然旧房有可利用的；有断不可利用的；有将来要拆而改造时，不得不暂行存留的。这都是绘图的人，应加考虑的事。我们的旧学制，多半应当改革；但因国中特别情形，或亦有宜斟酌保存之处。大凡改制之时，非旧制遭过分之厌恶，即新制得过分之欢迎。这两种趋势，都能使旧制中之优点，处于不利之地位。所以我们欢迎新学制出现的时候，也得回过头来看看掉了东西没有？这是我们对于新学制草案应有的第三个态度。

图案是重要的，但只是建筑房屋的初步。学制是重要的，亦只是建设教育的初步。徒有学制，不能使人乐学；也如徒有图案，不能使人安居。如何使纸面上的图案，变成可以安居之房屋；与如何使纸面上之学制，变成最优良最有效率之教育，是一相仿的事业。不知要费几许金钱、脑力、时间去经营，才能成就我们所想成就的。我们切不可存学制一定即了事的观念。我们更要承认，学制以后之事业问题是无穷尽的。无穷尽的事业，要我们继续不已的去办理他。无穷尽的问题，要我们继续不已的去解决他。所以学制虽是个重要问题，但只是前程万里的第一步。他原来是如此，就应如此看待他。这是我们对于新学制草案应有的第四个态度。

总之，当这学制将改未改之时，我们应当用科学的方法态度，考察社会个人之需要能力，和各种生活事业必不可少之基础准备，修正出一个适用之学制。至于外国的经验，如有适用的，采取他；如有不适用的，就回避他。本国以前的经验，如有适用的，就保存他；如不适用，就除掉他。去与取，只问适不适，不问新和旧。能如此，才能制成独创的学制——适合国情，适合个性，适合事业学问需求的学制。

《新教育》第 4 卷第 2 期（1922 年 1 月）

注释

〔1〕全国省教育会联合会　即全国教育会联合会，系由各省省教育会和特别行政区教育会联合组成。

〔2〕壬子学制　1912 年（壬子年）9 月，南京临时政府教育部公布了《学校系统方案》，通称"壬子学制"。后来，又陆续颁布了各种学校法令，而有些学校法令同壬子学制略有差异，教育部遂于次年（癸丑年），综合上述两方面内容，公布了壬子癸丑学制，人们也简称其为"壬子学制"。

〔3〕泰西　犹言极西，旧时用以称西方国家，一般指欧美各国。

评学制草案标准

我们当改造一种制度之时，常受一种或数种原理信念的支配指导。这次学制草案所采用之六种标准，也就是这种原理和信念的表现。论到所表现的是否合宜，我们必须先看学制的功用，才能加以判断。学制的功用何在？

学制是一种普遍的教育的组织。他的功用是要按着各种生活事业之需要划分各种学问的途径，规定各种学问的分量，使社会与个人都能依据他们的能力，在各种学问上适应他们的需要。照这样看来，学制所应当包含的有三种要素：

（一）**社会之需要与能力**　各种社会对于学问上之需要，有同的，有不同的。他们设学的能力，有大有小。

（二）**个人之需要与能力**　各种学生对于学问上之需要有同的，有不同的。他们求学的能力，有大有小。

（三）**生活事业本体之需要**　各种生活事业在学问上所需之基础有同的，有不同的。他们所需的准备的最低限度有大有小；这种基础与准备之伸缩可能，也有大小之不同。

我们且依据这三种要素来观察这次学制草案之标准。第一条标准——根据共和国体，发挥平民教育精神——和第二条标准——适应社会进化的需要——都属于社会共同的需要方面。第五条标准——多留地方伸缩余地，并且顾到各地不同的需要。若第五条与第四条——注意国民经济能力——第六条——使教育易于普及——合起来看，我们可以说各地设学的能力的大小也顾到了。第三条——发展青年个性使得选择自由——对于个人的需要已有相当的重视。就这条与第四条合起来看,似乎学生求学能力大小之不同,亦已隐隐的含在里面。再看说明(四)与(五),可以晓得学制草案对于学生求学的能力,是很注意的。

故此次所拟的标准对于社会之需要能力和个人之需要能力两种要素已经顾得周到,但对于生活事业本体上之需要,却无显明之表示。虽有几处——如中等教育段——很能体贴这种意思,但因为未曾明白表示,所以顾此失彼,不能彻底的应用出去。

生活与事业本体之需要是规定学制很重要之标准,我们分段落定分量时应当受他的制裁和指导。例如社会需要医生也有力开办医学,某生需要学医也有力学医,但是社会应办几年之医科大学,某生应学几年之基本学问才可学医,应学几年之医道方可行医,——这都是要由医道本体的要求定的。医学之分量基础宜如此定,准备别种生活事业之分量与基础亦宜如此定。故先依各种生活事业之需要,规定各种学问之分量,再就社会个人的能力所及,酌量变通,以应社会与个人的需要,或是建设学制可以参考之一法。

《新教育》第4卷第2期(1922年1月)

新学制与师范教育

新学制草案里所规定之师范教育有六种：一是三年普通科三年师范科的六年师范教育，二是招收初级中学毕业生学习之三年师范教育，三是四年的高等师范，四是大学的师范科，五是相当年期的师范讲习所，六是高级中学职业科里附设的职业教员养成科。高等师范和师范讲习所大概依照旧制。第一和第二两种是依据"三三制"的办法定的，中学校得兼办师范科是适应本年中学校设立师范组的趋势定的，大学师范科是适应近年大学设立教育科的趋势定的，职业教员养成科是适应近年职业教育的需要定的。这几点都可受我们的欢迎。但就全部看起来，新学制草案中之师范教育段很有几个缺点可以商榷。我先提出几条普通原则和师范教育的现状来讨论，然后再看师范教育段的缺点究竟是那几种，并应该如何去修正。

（一）教育界要什么人才，就该培养什么人才。教育界所需要的人才可分四种：一是教育行政人员，二是各种指导员，三是各种学校校长和职员，四是各种教员。吾国自办师范教育以来，无论高等师范、初等师范，只顾到第四项，只是以造就教员为目的，对于教育行政人员、指导员、校长和职员的训练都没有相当的注意。虽然师范学校里面有管理法、教育法令一类的功课，但是很不完备。那开通的省区，有时也为办学人员开短期的讲习会，但无系统的研究，无相当的材料，无继续的机会，故不能使他们得充分的修养。大家都以为这种种职务可以不学而能，人人会干，无须特别的训练，更无须科学的研究。结果只好把他们交付给土绅士和小政客去办理。中国学务不发达的原因固多，但是教育行政办学指导人员之不得相当培养也是个很重要的原因。所以我主张，凡教育界需要的人才都应当受相当的培养。我们教育界需要什么人才，即须造就什么人才。我们应当有广义的师范教育——虽所培养的人以教员为大多数，但目的方法并不以培养教员为限。

再进一步，就培养师资而论，现在师范教育的功效也是迁就的、片面的。

试看国内的高等师范，他们对于培养中学校和师范学校的教员，毫无分别。难道师范学校里所要的各科教员，可以和中学校一样的吗？这是高等师范最迁就的一点。

初级师范大多数设在都市里面，毕业生所受的教育既不能应济乡村的特别需要，而他们饱尝都市幸福的滋味，熏染都市生活的习气，非到必不得已时，决不愿到乡下去服务，于是乡村学校的师资最感缺乏了。补救这种缺乏的方法就是所谓之师范讲习所。但是这种师范讲习所，我们既不以正式学校看待他，所以因陋就简，办理不能适当。总之，就中国现在所办的师范教育而论，城里的人叨便宜，乡下的人吃大亏。我们要乡村教员，就应培养乡村教员以应济乡村的特别需要。

再进一步，就培养都市教员而论，现在的初级师范教育也有应该斟酌的地方。初级师范毕业生的心理是很愿意做高等小学的教员，他们在国民小学里做教员，似乎是不得已的。初级师范对于初等小学和高等小学教员的养成很少分别。目的不分明，所以办法也很笼统，高等小学和初等小学都不免有所迁就。近来师范学校内也有采分组制的，这是为高等小学应济需要的一种办法。山西于民国八年设立大规模的国民师范学校，专以培养国民小学教员为目的。由这两种趋势看来，高等小学教员与初等小学教员的养成似乎应该有些分别。

总之，教育界要什么人才，就该培养什么人才。教员之外，教育界还要什么人才,就该培养什么人才。教员的种类有因学校等级分的,有因市乡情形分的,也有因学科性质分的。我们要什么教员,就须培养什么教员。

(二)教育界各种人才要什么,就该教他什么;要多少时候教得了,就该教他多少时候。如果因为种种情形一时教不了,就该把那必不可少的先教他,以后再找机会继续的教他。到了困难渐渐的解除之后,就该渐渐的看那必不可少的学识技能之外还缺什么就教他什么,还缺多少就教他多少;时期的长短都依这种情形酌量伸缩。这条很明显,可无须举例。最难的是进一步的分析的工夫。究竟一位县教育局长、市教育局长、中学校长、初级师范国文指导员、高级中学理化指导员、小学校长、前四年的小学教员、幼稚园教员应当学的是什么?要多少时候学了?如果一时不能学了,究有什么可以缓学?可以缓学的,究须多少时间才能补足?我以为这种分析的手续没有办到之先,若想定各种人员养成的时期,总是勉强的。我们最需要这种分析的手续,但不能立刻办到,我姑且提出来做为继续共同研究的起点。

(三)谁在那里教就教谁。若想把教育办有成效,必须依据实际情形。我们试把眼睛打开一看,实际上究竟有那几种人在那里从事教育?大学堂的毕业生、专门学校的毕业生、高等师范的毕业生、中学校的毕业生、初级师范的毕业生、实业学校的毕业生,甚至从高等小学出来的科举出身的先生,都是实际上在那里操教育权。除开高等和初级师范的学生外,其余的几乎是完全没有受过特别训练的。他们既在那里实施教育,自有受训练的必要。论到教师所能受的训练,学校出身与科举出身的教师,当然不能一致。

科举出身的教师现在还是很多,恐怕十年之内他们的数目不能大减。南京现有私塾五百六十余所,广州私塾千余所,塾师多由科举出身,在他们势力下的学生各以万计。我以为既有这许多科举出身之人实际上在那里操纵儿童的教育,我们决不能不设法使他们得些相当的训练。因为谁在那里教，就该教谁；塾师在那里教，就该教塾师。一天有塾师，即一天要训练塾师如何改良。

论到未受训练的学校出身的教师，我姑且把那些从专门和实业学校里出来的除开，专论从大学、中学、高等小学出来的教师。

大学校出来的毕业生或学生（包括国立、教会立、私立），除入政界、商界、实业界服务或留学外，多到中等学校里去充当教员。这些人当在大学肄业的时候，有好多已经发现充当教员的动机了。如果学校里乘他们未毕业之前，给他们些关于教育上的训练，必定是很有效力的。

中学校的毕业生，除升学的和闲在家里的外，大多数是在那里做教员。我信中学毕业生充当教员的当不下三分之一。这两年来，我曾提议在中学里设师范科。现在已有几处在那里试办。有人说：中学里没有相当的环境、设备和附属小学，若设师范科，恐怕将来出来的毕业生一定没有师范学校里出来的好。这或者是不错的。但就事实论，我们不能拿师范学校的毕业生来和中学师范科的毕业生比；我们所应该比较的，是未受训练的中学毕业生和中学师范科的毕业生。总之，中学毕业生是不是在那里教人？是。受过训练没有？没有。要不要训练？要。好，设师范科。

高等小学出来的学生，有好多在那里做国民小学教员。开通的地方少些，越到内地去越多。我不但主张在中学里设师范科，我并曾主张高等小学末年亦得设师范课程。也有人反对说：现在师范毕业生程度已嫌太低，我们何能教十三岁左右的高等小学毕业生去做教员？我也请大家只须在事实上着想。第一，实际上高等小学的毕业生要去做教员的并不止十三岁。第二，我们要看实际上有没有高等小学毕业生在那里做教员？如果没有，或是太少，当然无须。如果有的，当然要训练。相当的训练是有益无损的，是断断乎有胜于无的。我再举一例，假使一个人家有两个孩子，大的在高等小学里做学生，小的在家里没有人教，左近也没有国民学校可进。在这种情形之下，我们应当怎样？还是任小孩子失学呢，还是叫大的孩子每天放学回家时教他？当然叫大的孩子教他。大的孩子能不能教？能。如果高等小学里曾经教他怎样教人的法子，这大的孩子是不是更会教些？当然更加会教。这大的孩子受过训练后，有没有初级师范毕业生教得好？当然没有。那么怎样不请初级师范毕业生来教？请不起，这样经济得多。我并不是主张个个地方都是教高等小学程度的学生去做教员，也不是主张一个地方是永远应该如此的。大概教员的程度应当取渐进主义。本地各种情形进步到什么地位，师范教育的程度亦宜提高到什么地位。时候未到而不肯降低和时候到了而不知提高，是一样的错误。

　　总之，实际上在那里从事教育的人的种类，是师范教育一个很重要的指南针。这些人一来要求办师范教育的人给他们补充学识的机会，二来暗示办师范教育的人说："像我们这一类的人后来陆续出来做教员的还不在少数，你们应该预先去培养他们。"

　　照上面所提的普通原则看起来，新学制草案之师范教育段，有下列应当注意之点：

　　一、师范教育段，是不敷学制的需要的。师范教育段只有高等师范学校（与大学师范科同）和师范学校（毕业期限与高级中学等）两等；学制上所规定之学校有小学、初级中学、高级中学等级，故师范教育段不敷学制上各学校对于人才之需要。

　　二、高等师范规定四年，师范学校规定六年毕业，觉得太呆板，并没有逐渐提高的机会。如果把教育界各种人才所需要的学识技能分析之后再来规定年限，我觉得那时规定的年限，决不像这样一致。

　　三、最低的师范教育要十二年毕业。依中国现在的情形看来，十省有九省够不上这个标准。就是最开通的省分，当也有好多区域是够不上这个标准的。若专靠师范讲习所来救济，那吗既不以正式学校看待他，结果必不能圆满。所以我觉得现在的师范教育有低下一格的必要。

四、高等师范入学之资格、毕业之程度既与大学同，似宜以单科大学称呼他。因为这种机关不止培养师资，简直就可称他为教育科大学。那设在综合的大学里面的，就叫他为大学教育科。

五、师范讲习所的目的应该订得清楚。既是辅助义务教育的临时办法，他的宗旨就宜以训练未受学校教育人员充当教员为限。那受过学校教育的人要做教员，就叫他们依据程度去进相当之师范学校。

六、职业教师之培养专在高级中学职业科里面规定，也觉得呆板。

七、学问是进化不已的，从事教育的人应当有继续研究的机会，故师范补习教育亦应占一位置。

依据上面所说的，我对于学制草案中之师范教育段要提出意见如下：

一、初级师范以培养小学前四年之教员为目的，招收六年的小学毕业同等学力的来校学习，修业年限一年以上。初级中学能设师范科者听。

二、中级师范以培养六年的小学的后二年与高等小学（如高等小学不完全取消）教师为目的，但同时得培养小学办学人员，招收六年的小学毕业同等学力的来校学习；修业年限四年以上，前期为普通科，后期为师范科。

三、中级师范学校得办完全科或专招初级中学毕业同等学力的学子，教以相当时期之师范教育，高级中学得设中级师范科。

四、兼办初级中级师范的学校，称为初、中两级师范学校。

五、高级师范以培养地方教育行政人员、初级中学同等程度之办学人员、指导员、教员为目的；招收高级中学毕业同等学力的来校学习，修业年限三年以下。

六、教育科大学以培养教育学者、教育行政人员、学校行政人员及高级中学同等程度之指导员、教师为目的。修业年限四年以上。(现在高等师范学校最宜改良的是内容和方法，增加年限而不改良内容和方法是无益的。如能改良内容和方法，就不增加年限也无妨。先去改良内容和方法，有余力时，再图增加年限，似是解决这问题的顺序。)

七、大学得设教育科及高级师范。

八、教育研究院修业年限一年以上，招收大学毕业生研究。

九、幼稚师范学校可独立设置，或附设在其他师范学校内。

十、师范讲习所以训练非学校毕业人员充当教师，并继续补充他们的学识技能为目的，期限不定。

十一、各种师范学校得设师范补习学校，以继续补充学校出身之教师之学识技能为目的，期限不定。

十二、为推行职业教育计，大学实科及高级中学之职业科内得附设职业教员养成科。但教育科大学、高级师范和中级师范内能培养职业师资者听。

总之，学制是要依据社会个人的需要能力和生活事业本体的需要定的。师范教育一面是为学制上各种教育准备人才，故要顾到学制上的需要；一面是一种事业，自然又要顾到他自己本体上的需要。上面对于各种师范教育所拟的年限虽是很可活动的，但还是假定的办法。我很希望研究师范教育的同志，早些把教育界各种职务所需之学识、技能，详细分析，再会合起来，看他们究竟要几多时候可以学得会，学得好。如果社会的财力人力和个人的境遇一时不能使我们透达圆满的目的，我们也可依据所分析的结果，拣那可缓的，留到后来陆续补充，以后再随社会个人能力的增进，逐渐的去谋提高和改良。

《新教育》第 4 卷第 3 期（1922 年 3 月）

女子教育在学制上占领地位
之十五周纪念[*]

中国自有新的女子教育,已将近八十年;英国教士在中国创设女学,实在一八四四年[1];天主教士在中国开设女学实在一八四八年;本国私人开设女学,实在一八九七年;这都是女子教育很可纪念之事。经这六十余年的酝酿,到了光绪三十三年正月二十四日,合阳历民国前五年,西历一九〇七年三月八日,始颁布《女子师范学堂章程》三十六条,《女子小学堂章程》二十六条。这是第一次女子教育在学制上占领地位,更是中国女子教育可以纪念的一天。这次女子学制的特点如下:

(一)女子教育与男子教育是分开的。

(二)女子初等小学和师范学堂都比男子的少一年。

(三)女子中学尚未占领地位,女子教育到师范学堂为止。

这时各种女学校,已经有了三九一所,共有学生一一,九三六人,约占全体学生数百分之二。换句话说,当时一百个学生当中,有九十八个男学生,两个女学生;男学生数四十九倍于女学生数。

这是十五年前的情形。十五年以来的进步也可以约举如下:

(一)女子教育到现在已与男子教育立在平等的地位。小学、中学、大学里,女子都可以得到教育。

(二)女子与男子并且可以同学。小学、大学里的男女同学,几

---

[*] 周,即周年之谓,当时通行的用法。《陶行知全集》编者曾将"周"后加"年"字,今恢复原题。

已视为常事。教育界对于中学男女同学问题，意见虽不一致，但有好几个地方，已经在那里实行，可见得社会至少已许他们试办了。

（三）现在中国女学生的确数，我们是不能晓得清楚。就民国第四次教育统计看起来，在民国五年的时候，全国有女学生一八〇九四九人，占学生总数百分之四。分省的统计，比较近些。江苏最近调查有学生五一〇，五〇六人；女学生六七，二六六人，占总数百分之十三。山西近年推行义务教育最力，据民国九年八月调查表所列，全省国民学校学生总数为六四五，一四八人；女学生数为八〇，五八三，已占学生总数百分之十二·五了。

照上面所说的看来，中国女子教育的进步，不能算不快。这是很可以纪念的。但是女子教育急待解决的问题正还不少。现在择其紧要的，提出几个来和大家商榷。

（一）最好的省分如江苏、山西二省，女学生只占总数百分之十二或十三；那最不发达的地方，如甘肃（民国五年统计），每一百学生中得不到一个女学生；甚至如新疆省（民国五年统计），连一个女学生还没有看见报告。如何使各省都有女学生，使个个女子都能得到教育的机会，是不是我们今后的责任？

（二）别的地方我不清楚，民国十年南京的教育情形我曾经调查过。私塾学生一二，五五六人中有一，六五一女生，约占总数百分之十三；幼稚园七七人中有三九女生，约占总数百分之五一；初等小学生七，四一三人中有二，三九八女生，约占总数百分之三二；高等小学生三，七九六人中有七一〇女生，约占总数百分之一九；中学生四，二六八人中有六五二女生，约占总数百分之一五；高等专门大学学生一，一二一人中有九十七女生，约占总数百分之九，愈到高头，女生愈少。如何使各级教育女子所得教育之机会都能平均，是不是我们今后之责任？

（三）现今社会变迁很快。女子教育与社会生活，很有许多隔阂的地方。如何改良女子教育的内容方法，使能适应进化社会之需要，是不是我们今后之责任？

（四）北京实际教育调查社[2]讨论教员兼课问题，多主张力革兼职制度。有人就说：如果北大、北高不许教员兼课，北京女子高等师范就难请到第一流的教员；因为女高薪额比男学校低，所以不易维持。这不但北京女子高师是如此，别的女学校也有同样的困难。如何使服务女校的人和服务男校的人得同等的待遇，以促进女子教育的改良，是不是我们今后之责任？

（五）受过高等教育的女子，现在已不在少数。至少似宜有几个人担负研究女子教育责任。这几年来在中国女子教育上有研究的人，我只遇到一位。这一位就是美国露懿士女士。他的《中国女子教育论》和《四川女子教育报告》都是很有价值的。

这也是我们本国女子此后应当勉力担负的一种责任。

（六）各国对于普及教育运动最力的，无过于女子的会社。中国受过教育和现受教育的女子，总不下五十万人。此刻又当各处提倡普及教育的时候，如果每一受过教育女子发愿每年劝一幼女入学，引一老妇改良，并群策群力，组织团体，做全部的提倡事业，那女子教育必有不可限量的进步。女子教育，本是全国人民所应担负的责任，但受过教育的女子，更是当仁不能让的。

《新教育》第4卷第3期（1922年3月）

注释

〔1〕指英国传教士奥尔德西（Miss Aldersey）受英国"东方女子教育协进社"派遣，于1844年在中国沿海城市宁波创办的一所教会女子学校，招收中国女子入学。

〔2〕实际教育调查社　旧中国的教育团体。1921年在北京成立。发起人为范源濂、严修、袁希涛、张伯苓等。该社对旧中国制订壬戌学制有决定作用。1921年底，与新教育共进社、新教育杂志社等联合组成中华教育改进社。

教育者的机会与责任*

今天我讲题是教育者之机会与责任,但是今天到会的,除教育者外,又有受教育的学生,提倡教育的办学者。我这题目,和上面种种人有什么关系呢?我想,学生对于教育发生的影响,自己首当其冲,自然要去看看教育者是否已经利用他的机会,尽了他的责任。办学者是督察教育者的人,更有急需了解教育者的机会与责任的必要。所以我这演讲,实在是以上三种人都应当注意的。

先从机会方面讲。教育者应当知道教育是无名无利且没有尊荣的事。教育者所得的机会,纯系服务的机会,贡献的机会,而无丝毫名利尊荣之可言。他的机会,可分四种:

(一)有可教之人;

(二)可教者而未能完全教;

(三)可教者而未能平均教;

(四)已受教而未能教好。

以上四种,都是予教育者以实施教育的机会。且先就第一种讲。

第一种是因为社会上有许多可教之人,所以教育者才能实行他的教育,倘若无人可教,则教育者就失其机会而无用武之地了。孔子曰:"生而知之者上也。"美国某哲学家,对于他这句话很有怀疑,他反驳孔子说:"生而知之者下也。"可是他的话确乎也有根据,譬如最下等的动物——细胞,彼从母体脱离后,凡彼母亲会做

---

* 本篇系在安庆暑期演讲会上的演讲记录。记录者为程褆昌。

的事,彼都会做。再推到小牛,彼虽然不似细胞那样快,但是不用隔多时,举凡彼母亲的事,彼也会做了。小猴子却又不同,彼有几个月要在彼母亲的怀里,因为彼又是较高于小牛的动物。人又不然了,人在小孩子的时期,最早要候二三年后,始能行动,后来又慢慢由幼稚园——至于大学,去学他的技能,以做他父亲会做的事。总之,幼稚时间长,所以可教;教育者的机会,也是因为有可教的小孩子啊!

  第二种是说可教的人没有完全受教。如中国有四万万之众,照现在统计表计算,只有五百四十万个学生,换言之,只有一百分之一·五是学生;一百人之中,能受教育的只有一个半人。这一百分之九十八·五的不能受教育者,都打着我们教育者的门,并且告诉我们说:"现在是你们的机会到了,有一个人不入学校,就是你们还没有实行你们的机会。"

  第三种是就受教的人说的。中国现在受教有三桩不平均的地方:(一)女子教育;(二)乡村教育;(三)老人教育。

  第一桩,女子教育在中国最不注重。中国全国,有一千三百余县没有女子高等小学,又有五百余县没有一个女学生。若照百分法计算起来,男学生占学生中百分之九十五,女子却只占百分之五;以家庭论,一百个家庭,只有五个是男女同受教育——好家庭了。所以为家庭幸福计,男女都应受同等的教育。女子教育的重要有三:

  甲、女子同为人类,自应有知识技能,去谋独立生活。譬如四万万根柱子擎着大厦,设若有二万万根是腐朽——不能用的木材,则此大厦必将倾倒,这是很明显的例子。——所以女子必须受教育,去共同担负社会的责任。

  乙、女子富于感化性,能将坏的男子变好,并且可以溶化男子的性情与人格。诸位不信,请看看你们的亲友,定可得着个很显著的证明——所以欲使男子不致堕落,非从女子教育着手不可。

丙、女子受教育，必定十分顾及他子女的教育，不似男子的敷衍疏忽。——所以普及女子教育，不但可以收家庭教育的好果，并且可以巩固子孙的教育啦！

第二桩，不平均是城乡学校的相差，城里学校林立，乡下一个学校都没有。以赋税论，乡下人出钱，比城里人多些；他们的代价，至少也应当和城里平均，才是公允的办法。故乡村教育，应为教育者所注意。

第三桩，是小孩子可以受教育，而老年人则无受教育之机会。一班教育者，也只顾及小孩子的教育，对于老年人很少加以注意，这也是件不平均的事。中国现在内外交芬，社会多故，如若候着那班小孩子去改造，非待二三十年后不能奏效。所以欲免除目前的危险，必须兼顾着老幼的教育。

许多女子，乡村人，老年人，都打着我们教育者的门，如求雨一般的哀求我们放他们进来。这也是我们的机会到了！

第四种机会，是因为小孩子虽然受教，但是没有教好。如已教好，我们教育者又无机会了。没有教好者，可以分四层讲：

甲、人为物质环境中的人，好教育必定可以给学生以能力，使他为物质环境中的主宰，去号召环境。如玻璃窗就是我们对于物质环境发展的使命之一。我们要想拒绝风，欢迎日光，所以就造一个玻璃窗子去施行我们拒风迎光的使命，教讨厌的风出去，可爱的日光进来。又如我们喜欢日光和风，但是想拒绝蚊蝇，所以又造了一种纱窗去行我们的使命。这种使命，并非空谈，因为我们有能力确可使这些自然的环境，听我们调度。故学校应给学生使命环境的能力，去作环境的主宰。以上不过是表明人对付环境的两个例子。

水也是自然环境之一，但是不能对付彼，常常为彼所戕杀。如去年门罗博士到苏州参观教育，同行有四位女学士。过桥的时候，女学士的车子忽然翻落桥底；当时船家和兵士都束手无策，等到想法捞起，已经死了一个。我们从这件事，得着一个教训，就是"学生、船夫、兵士都不会下水"，以致人为自然环境的"水"所杀。

人在青年时发育最快。身体的发育，犹如商人获利一样。可是商人获利是最危险的事，偶一不慎，当悖出如其所入。我们青年生长时，亦有危险，学校讲求体育，应问此种体育是否增加学生的体健，使他们不致有种种不测之事发生？

这种学生的父兄，也带了他瘦且弱的子弟，打我们教育者的门，厉声问我们教的是什么教育？

乙、人不但是物质环境中之一人，也是人中之一人。人有团体，有个人，在这团体和个人中，便发生相对的关系。此种关系，应互相联络，以发展人性之美感。在此阶级制度破产时，我们绝不承认社会上还有什么"人上人"、"人下人"，但是"人中人"我们是逃不掉的。我们既然都是人中之一人，那么，人与人自然会有相互的关系了。这种关系，能否高尚优美，尚属疑问。且就现在的选举说吧，被选人手里执着些洋钱，选举人手里执着一张票，他们所发生的关系，是洋钱的关系、选举的关系罢了！这种关系，能合乎高尚的条件吗？

再看留学生的选举如何？记得从前中央学会选举时，自称为博士、硕士的留学生，不也是一样的舞弊吗？其他如大学毕业生、中学毕业生以及未毕业的中学生，他们又是怎样？他们为什么拿着清高的人格，去结交金钱？去结交政客？作金钱的奴隶？作政客的走狗？这样的学生，对得起国家社会吗？对得起父母吗？对得起自己的人格吗？

国家、社会、父母，都带着他的子孙，打我们教育者的门，骂我们为何太不认真，以致教出这种子弟！

丙、好教育应当给学生一种技能，使他可以贡献社会。换言之，好教育是养成学生技能的教育，使学生可以独立生活。譬如社会上的农夫、裁缝、商人、工人、教员……他们都有贡献社会的技能，他们各人贡献他们所做的事，可以使社会得着许多便利。倘若有一个人没有能力，则此人必分大家的利，而造成社会的恐慌了！所以教育的成绩，就是"技能"；教育就是"技能教育"。——且拿现在的师范生做个譬喻：现在师范毕业学生只有十分之八可以服务，十分之一可以升学，其余的十分之一，却做了高等游民了。再看中学毕业生，也只有三分之一可以服务，三分之一可以升学，其余三分之一，也就做了游民了！但是他们虽然不能服务，倒不惯受着清闲的日子，反做出许多不正当的事业，实在危险啊！

　　这种游民式学生的父兄，也打着我们教育者的门，问我们何以教出这种不会做正当事的子弟？并且教我们重新改过课程，使毕业的学生皆可独立。

　　丁、人不能没有休息，但休息是人最险之时。人无论怎样忙，都没有损害，倘若休息，则魔鬼立至。我们可以看出社会上许多恶事，都是在休息时候做的。所以学校里有音乐，便是给学生以正当的娱乐，使学生不致在休息时间做出恶事。可是学生回到家里，既无教员同学和他盘桓，又没有经济设置音乐去助他的娱乐，难免不发生其他的事来。所以学校应当使学生在休息时有正当的愉快。

　　这又是我们教育者的机会了！

　　总之，以上皆是我们教育者的机会。平常人对于机会怎样对待呢？大约可以看出四种情形来：

　　(A) 候机会　　有一班教育者天天骂机会不来，好像穷妇人想发财一样，但是机会不是观望的，所以等着机会是极愚拙的事，可以料定永远不会收着成效的。

　　(B) 失机会　　又有一班教育者，他明明看见机会来了，等到用手去捉彼，彼又跑掉了。如此一次，二次，三次……仍旧不能得着机会。因为机会生在转得极快的圆盘子上，倘如没有极敏捷的手去捉彼，总会失败的。

　　(C) 看不见机会　　机会是极微细的东西，有时且要用显微镜和望远镜去找彼。一班近视眼的教育者，若不利用那两种镜子，是很难看见机会的。

（D）**空想机会**　　还有些教育者，机会没有来，到处自炫，就像得着机会一样。犹如两个近视眼比看匾，在匾没挂起来的时候，都去用手摸了匾。后来共请一位公证人去批评，他们各人述了自己的心得，公证人忍不住笑了，因为这匾还没有挂上，他们都是"未见空言"咧！

这类"未见空言"的教育者，他们一味的空想，结果总没有机会去枉顾他一次。

现在再谈谈好的教育者。我以为好教育者，应当具有灵敏的手去抓机会，并且要带千里镜去找机会，机会找着了，就用手去抓住彼——不断地抓住彼，还要尽力地发展彼。

再说一说教育者的责任。简单一句话，教育者的责任就是"不辜负机会，利用机会，能用千里镜去找机会，会拿灵敏的手去抓机会"。

办学者和学生都应当看看教育者是否利用他的机会；如果没有利用他的机会，便是他没有尽责。尽责的教育者，可以使学生发生"快乐"与"不快乐"两种感想；但是不尽责的教育者，也可以得着这两种情形，这是什么缘故？

因为教育者尽责，可以使学生在物质环境中做好人，教他学习一种技能去主宰环境。这种教育者，学生对于他有合意的，有不合意的。合意者不生问题，不合意的学生只请他认定教育者是否教我们做一个好人。如是，那我们就应当忍耐着成全这教育者的机会。设若教育者不负责，——辜负了机会——不使学生求学，我们这时候，应当知道学生有好有坏，教育者也有尽责与不尽责，不尽责的教育者常为坏学生所欢迎，同时也被好学生唾弃。做好学生，好教育者，更应当对于坏教育者、坏学生，加以严厉的驱逐，使这学校成为好的学校。

这桩事，无论是教育者、学生、办学者，皆当注意。我们不能辜负这机会与责任,自然要奋斗。攻击坏教育者、坏学生,是我们不可不奋斗的事——尤其是安徽不可不奋斗的事!

《民国日报·觉悟》(1922年7月7日)

教育与科学方法*

今天所要讲的不是教育研究法，是"教育与科学方法"。就是科学方法在教育上的应用。人生到处都遇见困难，到处都充满了问题。有的是天然界给我们出题目，有的是社会上给我们出题目，有的是空气、光线、花草给我们出题目。既然题目有这么多，我们应付这些问题的方法也分好几种。有的人见古人怎样解决，我们也怎样解决，这种解决是不对的，是没进步的。因为古时现象不是与今日现象一样。所以以古进今的办法往往是错的。有的人依外国的方法来解决问题：日本怎样办教育，我们也怎样办教育；德国怎样办，我们也怎样办；美国怎样办，我们也怎样办，这种解决也是不对。因为从人家发明之后，未必公开，或不愿公开。从不愿公开到公开，已经若干时间，再从公开到中国，我们刚以为新，不知人家早已为旧了。还有的人是闭门空想，自以为得意的了不得，其实仅自空想也是没用的，因四面八方的问题，不给他磨练也是不行。此外还有一种人也不依古，也不依外，是以不了了之。像以上种种方法，都不能解决我们的问题。能解决我们的问题的，惟有科学的方法。

什么是科学方法呢？科学方法是有步骤的，是有线索的。第一步要觉得有困难。如牛顿看见苹果落地，别人不知看了几千百次，都没觉得有困难，惟有牛顿觉着有困难，所以他发现地球的吸力。教育方面也是如此。有的人上课看不出有什么问题，学风之坏也不

---

* 本篇系在北京大学教育研究会上的演讲记录。记录者为黄继文。

注意，所以就不会有问题。第二步得要晓得困难的所在。就是要找出困难之点来，如一个人坐在那里发脾汗，是觉着有困难了。用什么方法来解决这个困难，这就跳到第三步。从此想出种种方法来解决。有的画符放在辫子里，有的请巫婆，有的到庙里烧香祷告，有的请医生，有的吃金鸡纳霜。有了这些法子然后再去选择，这就到了第四步。自以为老太婆的法子好，就去试一试；不能解决之后，再用其他法子，最后惟有吃金鸡纳霜渐渐的好了。但此刻还不能骤下"金鸡纳霜能治脾汗"的断语，因为焉知不是吃饭时吃了别的东西吃好的呢？所以必须实验一番，这就到第五步了。如在同一情形之下，无论中外、男女、老幼吃了都是灵的，那么，金鸡纳霜能治脾汗就不会错的。

经过这五步工夫，然后才可解决一个问题。这五步方法是科学的方法。无论是化学，是物理，是生物学，都用这个方法以解决困难。但科学方法也有几个要素：

（一）**客观的**　　凡事应用客观的考查。有诸内必形诸外。在教育上的观察，就是看你的学说于学生的反应怎样？教员与学生的关系怎样？要考查一校的行政，应看他的建筑、设备怎样？如以秤秤桌子，我虽不知此桌的重量，但我晓得所放的秤码是多少。

（二）**数目的观念**　　凡有性质的东西都有些数量。如光（light）有性质，一般人都如此说，物理学家也说可以量的。又如灵魂是有质量的，将来也须用数量去量——如果不能，则灵魂是没有的。数量中又有两个观念：（a）量的观念。有数量就可去量，如布、米、油等。（b）要量的正确。量不正确也是无用。就是反对量的，他也在那里量，但他们用的法子很粗浅，专用一己的主观。如中国教员看卷子，有时喜怒哀乐都影响到他们定的分数。高下在心，毫不正确，这是中国人的毛病。我想不但学理化的人对于数目要正确，就是学教育的人也要正确。"差不多"三字是我国人的大毛病。与人约定时间总是迟到（但上火车总是早到）。所以孟禄调查教育时说:"中国人对于数目不正确。如要改良中国的教育,非从数目入手不可。"

以上说的是科学步骤与观念,要用这步骤观念,应用到教育上去。

现在教育问题很多。从前人对于教育问题都是囫囵吞枣,犯了一种浮泛的毛病。各个人都会办教育,各个人都可作教育总长,都是教育专家。究竟教育问题是不是如此简单?还是无人不会呢?我们要知道教育在先进国里是一种专门科学,非专门人才不能去办。中国就不是如此。不过这几年还算进的快就是了。五年前南高师教育和心理都是一人担任。自我到了之后,才将教育与心理分开。一年之后,授教育学者是一人,教育行政者又是一人。这是近五六年来教育的趋势。如各人担任一个活的问题,或一人一个,或数人一个,延长研究下去,这问题总有解决的时候。若真多少年下去还不能解决,那恐非人力所能解决的了。

现时要研究的问题有教育行政、儿童、工具、课程种种。又如把科学应用到教育行政上去,课堂上教授是不是好的办法?教员、学生都太劳苦是不是有益的事情?

现在教育有两种:(一)如一个新学生坐在洋车上,叫车夫拉着拚命的跑几十里,结果自然是学生逸,车夫苦。但让学生自己再回来恐怕还是不能。(二)如一去不坐车,不识路就问警察,自然是辛苦一点,但走到回来时,包管还能回来的。兹将教育重要部分略说一说。

(一) **组织** 此时课堂组织最好的有达尔顿实验室[1]的方法 (Dalton laboratory plan)。室中有种种杂志、图画,还有导师,任学生自由翻阅,与导师共同讨论,还要每礼拜聚会一次。这种法子倒底好不好?可去试验试验。把各个学生试验了,测量了,假设其情形相同,是不是可得同一的结果?然后就知究为班级制好呢?还是达尔顿的方法好?又如研究习惯究为遗传的力量大呢?还是社会环境的力量大？把一对双生的儿童授以同样教育，看他们的差别究竟是那个大。同时以同胞生的儿童授以不同的教育，再看他们的差异怎样？

（二）**教材**　　以上法子也可应用教材上去。如我们所教的字是不是学生需要的，究竟何者为最需要？何者为次要？何者为不需要？我们应来解决。现在有些需要的未有放到教科书里，有些不需要的反倒放入了。我们可以拿几百万字的书来测验，看那一个字发现次数最多？其最多者为需要，其次多数发现者乃是次要。将发现多的给学生，而次多的暂不授予。还有一点要注意的，就是学生有一年、二年离校的，我们就得将最需要的教他。可是其中有个困难，或者最需要的字比较着难读难写些，但我们可以想法给他避免。有人说中国字难认，所以不识字的人很多，外国人也说将来怕不能与各国的文化竞争。其实不然，试看长沙青年会[2]所编的《千字课》教授男女学生就知道了。他那里边有男生一千二百人，女生六百人，四个月将一千字授毕，每日仅费一点半钟。学生多半是商家学徒，而学生年龄以十二、三、四、五、六岁的居多。我觉着这一种办法，给我们一个好大的希望，今天拿来不过举个例罢了。

（三）**工具**　　无斧不能砍木，无剪不能裁衣，无刀不能作厨子，无工具不能作教育的事业。教育工具可以从外国运的，可以从中国找的。从外国运来的第一是统计法。有了统计法我们可以比较，可以把偶然的找出个根本原理来，如同望远镜可帮助我们眼睛看的清楚，在材料中可找出一定的线索。所以统计是不可看轻的。第二就是测验。近来教育改进社要作二十四种测验，因为此种工具是不能从外国运的（就是运来也不适用）。测验是看学生先天的聪明智慧怎样？使学校有个好的标准，由此可晓得某级学生有什么成绩，如治病的听肺器一样，可以看出病来。欲知病之所在，非测量不可。测验也是如此，得要细细的看结果怎样。如办学的成绩都可测验的。但没有统计，也测不出来；没有测验，也统计不出来；二者是互相为用。如甲校一个学生花四十九元，乙校学生仅花四元半，我们就可测量他谁是谁不是。如测验得花四元半的能达到平常的标准，那花四十九元就太费了。反转过来，如花四十九元的刚好，那花四元半的未免太省了。这就是统计与测量互相为用的地方。总之，每人都存用科学方法去办教育的决心，每人都去研究或解决一个小的问题，我敢说不出三十年，中国教育准有好的成效。

《民国日报》（1923年1月15日）

注释

〔1〕达尔顿实验室　通译道尔顿实验室。美国知名女教育家柏克赫司特所创设。

〔2〕青年会　基督教青年会（Young Men's Christian Association）的简称。1844年创立于英国伦敦，1885年由美国传入中国，建立中华基督教青年会。20年代前后，在国内推行平民教育。

为反对中学男女同学的进言

近年因教育机会均等潮流来势甚猛，男女同学问题就应时发生。小学男女同学早已得到社会的许可。现在理论家、实行家和一般人民都是一致赞成的。就是反对男女同学最烈的江苏省议员，对于高初小学男女同学也表示退让（参看《江苏省议会汇刊》第四十九号，第二张），所以小学男女同学在中国已到不成问题的地步了。大学初办男女同学的时候，很有许多人反对。国立的北京大学、南京高师相约试行男女同学的时候，一般保守的人直指为洪水猛兽，预言一两年之内必定要闹出大乱子来。但是我们留心观察，三年以来，并未发生什么危险。其实大学男女同学，在中国早已试行。岭南大学[1]、大同学院[2]当国立大学未行男女同学之先，早已办过了，结果都很圆满。继北京大学、南京高师而起的试验，也很顺利。最可喜的是看见当初反对大学男女同学的父母，现在也渐渐的送他们的女孩儿到这些学校里去上学了。不过绝对反对大学男女同学的人还是有的。教育学者的意见虽是一致的主张大学男女同学，舆论上还没有十分一致。但是反对的势力，是已经很薄弱了。初级学校和高级学校的男女同学虽已经到了这个程度，中学男女同学的阻碍还是不易胜过的。中学男女同学还是我们社会吞不下去的一根鱼刺。教育学者的意见也很不一致，一般的人更不必说了。我们看江苏第一中学试行高三（高级中学三年级）男女同学所受的攻击就晓得了。第一中学对省议会的说明和教育部的批文，都是穿着大学预科同等程度的衣服来与反对派相见。对于中学男女同学并没有直截了当的承认。我并不是主张中学男女同学的人。我对于中学男女同学的疑问上所得到的答复,还不能叫我十分满意。但是在这个时候要反对中学男女同学,我有些不忍。

人饿了要吃饭,没有饭吃的时候,树皮草根都是好的,什么糟糠当然是欢迎的了。看见人家逼于饥荒而我只管储蓄米粮,不加救济,心肠似乎太硬了。精神上对于学问的饥荒是一样的难忍。现在小学女毕业生一天多一天,一部分是一定要升学的。若不许男女同桌吃饭,就须另外为女子开一桌饭。既不为女子另外开饭,又不许男女同桌吃饭,是不是要看他们饿死呢?我以为与其反对中学男女同学,不如积极的去提倡多设女子中学,方为真正负责之人。

就我所观察,做父母的对于这件事有三种态度:一是赞成男女同学;二是不赞成男女同学;三是不赞成男女同校,但因为没有相当的女子中学,不得已送女儿到男女同学的学校去求学。我们如果设立女子中学,可以应济第二第三两种需要,我觉得这的确是一个推广女子教育机会的办法。我相信中学男女同学是教育界不得已的办法,决不能单靠他来解决女子中等教育问题。但是女子中学没有充分成立之先,我对于这种不得已的办法是表同情的。

一般人对于男女同学不免有过分的害怕。他们不晓得学校是个团体的生活。一个团体有一个团体的道德观念和权威。个人行动时时刻刻不知不觉的要受他的制裁,一出范围,同群的精神刑罚立至。在学校里不但有教职员,并且有同学相互间的制裁。除非是低能儿,谁愿尝试呢?从前南京高等师范学校试行男女同学的时候,有一位实业家的子弟大加反对。我告诉他说:"试一看府上所办的纱厂,男女工人的道德程度比我们的学生如何?工头的道德程度比我们的教职员又如何?男女同学之纵有危险,总比男女同工要轻得多。如果男女同学有阻止之必要,请先停止你们纱厂里的男女同工。"我这段话语,没有发表过。现在提出来,为的是要请大家对于中学男女同学不要过于害怕。我深信学校里教职员和同学相互的制裁,可以把诸君所顾虑的一万个危险无形中消灭去九千九百九十九个了；况且学校不是别的地方，男女在求学和合作上能发生之高尚关系何止几十几百，诸君所怕的，未必发见；万一发见，纵使不男女同学也是会发见的。诸君如果对于我所说的还有怀疑，就请赶快的提倡多设女子中学；空空的反对，是难达到目的的。

《新教育》第 6 卷第 1 期（1923 年 1 月）

注释

〔1〕岭南大学　美国基督教教会在旧中国办的大学。校址在广州。前身最早是 1888 年成立的格致书院，1904 年改名为岭南大学。解放后由人民政府接管。1952 年并入他校。

〔2〕大同学院　旧中国的大学。1912 年在上海创办，初名大同学校，后改名为大同大学。1915 年首倡男女同学，开国内高等学校男女同学之先声。

学问之要素

——致程仲沂[1]的信

仲沂先生：

……

先生所说做学问有三要素：一体健，二天才，三财力。很有见地。

知行以为体健是人生的一个最要目的，也是学问的一个最要目的。学生是学习人生之道的人。学以厚生则可，学以伤生是断断乎不可的。天才是做学问的根据。有几分天才，做几分学问。大概天才有十分八九之势力，教育的势力只占十分之一二。教育万能之说是教育界自欺欺人的话。但是天才有时很不容易看出来。时机未到，天才隐在里面，专靠主观、武断，以致差之毫厘、失之千里的，是常有的事。

第三点恕我不大表同意。我不承认财力是学问的要素。我以为，只要有志学问或是有志于子女的学问，经济的难关是可以打破的。后代的学问是有社会关系的。自己倘若十分困难，就号召社会的力量成全子女入学也是应该的。这是就求学必不可少的经费说的。我还有一点意见，就是：穷苦和学问是好友，富贵和学问是仇敌。那天天轻裘肥马炫耀于同学之前的，究竟的学问如何？

十二年九月二十日

《知行书信》（1929年亚东图书馆版）

注释

〔1〕程仲沂　即程宗泗。安徽休宁人。曾在南京政法学堂、北京铁道学院、朝阳大学任教，任过上海神州女校教务长，时任安徽隆阜第四女子师范校长。

创造一个四通八达的社会

——致文渼[1]的信

渼妹：

前在安庆接到家书，承嘱于修改后奉还，此事拟于到武昌后办理，一二日之内即可寄出。家中所需物品可以带京，请函冬弟购办。

知行一句钟内可以抵汉，拟于二十三日回安庆，二十四日赴芜湖。回京日期，当在十二月初。

知行近日买了一件棉袄，一双布棉套裤，一顶西瓜皮帽，穿在身上，戴在头顶，觉得完全是个中国人了，并且觉得很与一般人民相近得多。

我本来是一个中国的平民。无奈十几年的学校生活，渐渐的把我向外国的贵族的方向转移。学校生活对于我的修养固有不可磨灭的益处，但是这种外国的贵族的风尚，却是很大的缺点。好在我的中国性、平民性是很丰富的，我的同事都说我是一个"最中国的"留学生。经过一番觉悟，我就像黄河决了堤，向那中国的平民的路上奔流回来了。

平民教育的宗旨是要叫种种人受平民化。一方面我们要打通层层叠叠的横阶级。如贫富、贵贱、老爷小的、太太丫头等等，素来是不通声气的，我们要把他们沟通。又一方面我们要把深沟坚垒的纵阶级打通。纵阶级的最昭著的是三教九流七十行，江南江北、浙东浙西、男男女女等等都有恶魔把他们分得太严。这种此疆彼界也非打通不可。民国九年，南京高师办第一次暑期学校的时候，胡适之、王伯秋[2]、任鸿隽[3]、陈衡哲[4]、梅光迪[5]诸先生和我几个人，在地方公会园里月亮地上彼此谈论志愿，我说我要用四通八达的教育，来创造一个四通八达的社会。我这几年的事业，如开办暑期学校、提倡教职员学生之互助、提倡男女同学、服务中华教育改进社，都是实行这个目的。但是大规模的实行无过于平民教育。我深信平民教育一来，这个四通八达的社会不久要降临了。

我这一个多月来随便什么地方都去传平民教育。四天前，我到南昌监狱里去对四百个犯人演讲，我说人间也有天堂地狱。若存好的念头，心中愉快，那时就在天堂；若存坏的念头，心里难过，那时就在地狱。我说到这里，忽然得到一个意思。这个意思就是天堂地狱也得要把他们打通。后来我想了一句上联送自己："出入天堂地狱。"下联没有想出来，请你给我对起来罢！

这次在轮船上觉得很安逸。记得前年我们到牯岭去，轮船上一夜数惊。我们生在此时，有一定的使命。这使命就是运用我们全副精神，来挽回国家厄运，并创造一个可以安居乐业的社会交与后代。这是我们对于千万年来祖宗先烈的责任，也是我们对于亿万年后子子孙孙的责任。

这时我在汉口南洋宝酒楼。这是个徽州馆。我在这里吃牛肉面，吃的饱得很，只费了一角五分钱。

再过半点钟，我就要渡江到武昌去了。我现在康健快乐。敬祝你和全家康健快乐！

知　行
十二年十一月十二夜写起
十三日早晨写了

《知行书信》（1929年亚东图书馆版）

注释

〔1〕文渼　即陶文渼（1895—1929），陶行知胞妹。

〔2〕王伯秋　时在江苏省公立法政专门学校。与陶行知等共同发起成立中华平民教育促进会，并主持南京分会平民教育推行工作。

〔3〕任鸿隽　即任叔永。四川巴县人。早年留学美国康乃尔大学。1915年在美国发起成立我国现代最早的科学学术团体——中国科学社，并任社长。曾任四川大学校长。

〔4〕陈衡哲　任鸿隽夫人。江苏武进人。1914年考取清华学堂留美班，后赴美留学。为中国现代文学史上的第一位女作家。

〔5〕梅光迪　安徽人。早年留学美国威斯康辛大学和哈佛大学。回国后，与胡先骕、吴宓等主办《学衡》杂志，发表一系列文章，反对新文化运动和文学革命，受到鲁迅和许多新文化与新文学运动拥护者的批判。

预备钢头碰铁钉

——致吴立邦的信

立邦小朋友：

　　接读你的好信，如同吃甘蔗一样，越吃越有味。

　　世上有十八岁的老翁，八十岁的青年。要想一世到老都有青年的精神，就须时常与青年人往来，所以我很愿意和青年人通信，尤其欢喜和小孩子通信。平时得了小孩子一封信，如得奇宝；看过了即刻就写回信；回了信就把他好好的收藏起来。每逢疲倦的时候，又把他打开一读，精神就立刻加增十倍。小朋友的信啊，你是我精神的泉源！

　　国家是大家的。爱国是个个人的本分。顾亭林[1]先生说得好："天下兴亡，匹夫有责。"我觉得凡是脚站中国土地，嘴吃中国五谷，身穿中国衣服的，无论男女老少，都应当爱中国。不过各人所处地位不同，爱国的方法也不能尽同。小孩们用心读书，用力体操，学做好人，就是爱国。今天多做一分学问，多养一分元气，将来就能为国家多做一分事业，多尽一分责任。你说等到年纪长大点也要服务社会，这是很好的志尚。社会的范围很不一定，大而言之就是天下；小一点就是国家；再小就是一省，一县，一村；再小就是我们自己的家庭。大凡服务社会，要"远处着眼，近处着手"。学生在学习服务社会的时候，就可以从自己的家里学起，做起。一面学，一面做；一面做，一面学。我们在家里服务的事也很多，把不识字的家庭化为识字的家庭，就是这许多事当中的一种。府上既住在学校左近，这就是你自己家里试办平民教育的机会。家庭里的平民教育适用连环教学法,你可请教令亲鸣岐[2]先生。家里办好了,再推广到左右邻居,这事就是治国平天下的入手办法。

你信上说到贵处的老太婆们如何顽固,如何不易开通,这也是自然的现象。我们在社会上做事就要预备碰钉子。我在这几个月当中,也碰了四五个钉子。碰钉子的时候有两个法子解决:第一是硬起头皮来碰,假使钉是铁做的,我们的头皮就要硬到钢一样,叫铁钉一碰到钢做头皮上就弯了起来;第二是要把我们的热心架起火来,把钉子烧化掉。我们只怕心不热,不怕钉子厉害,你看如何?

你说,隆阜平民学校有个六十九岁的老太太也报名了。这是我们平民教育的大老了。陈鹤琴先生的老太太现在六十五岁,也读《千字课》。安徽教育厅里,夫役读《千字课》的也有二位六十五岁的老翁,我亲自教了他们两课。晏阳初先生说他最老的学生是六十七岁。所以隆阜那位老太太是我们平民教育最老的学生。请你把她的姓名告诉我。我要叫天下人都晓得这件事,好叫那些年富力强的人都发奋起来。再请你代我向这位老太太表示敬意。从前中国有七十岁的老状元,现在有七十岁的老学生,老识字国民,岂不是一件最可庆贺的事吗?如果你能时常的去帮助这位老太太学习,那就更加好了。你说徽州没有好的男学校,所以暂在隆阜读书。歙县第三中学办得不错,教员皆是有学问有经验的,明年可以试试看。

承你的好意,叫我回徽州来帮助大家提倡平民教育。这句话触动了我无限的感慨。我已经离开家乡十三年,恰好和你的年岁相等。每次读渊明公的《归去来辞》,就想回来走一趟,但是总没有工夫。因为来往要一个月,我是个很忙的人,怎样可以做的到呢?今年夏天,南京来了四个飞机,我就想借用一架飞回徽州,半天可以来往。管飞机的人说徽州平地少,不易下来,只好将来再谈。现在休宁金猷澍慰侬先生制造一种浅水艇,如果办得成功,从杭州到屯溪只要十八个钟头。我现在一面学游水,一面等金慰侬先生的计划成功。我想我不久总要回来看看我的亲戚朋友,特别要看的是小

朋友。不过小朋友们看见我怕要像下面两句诗所说的景况:
　　"儿童相见不相识,
　　笑问客从何处来。"
　　现在已经夜深了,后来再谈。敬祝康健。

知　行
十三、一、五,在联和船上写的

《知行书信》(1929年亚东图书馆版)

注释

〔1〕顾亭林　即顾炎武(公元1613—1682),江苏昆山县人。清初著名思想家、教育家。世称亭林先生。

〔2〕鸣歧　即金鸣歧,时任安徽第四女子师范英语教师兼教导主任。

五族共和与教育者之责任[*]

我国号称为五族共和国[1],但五族共和是不是真正有了这一回事?我们悬了这五族共和的理想,曾否想过法子实现他?五族共和的招牌挂起来了,我们曾否去干五族共和的事?五色的国旗[2]明明是代表五族共和的精神,但五族的人是否已经觉得这是他们公共的代表?五族的人,人人都晓得有个中华民国吗?人人都爱护中华民国吗?人人都以中华民国为他们共有、共治、共享的国家吗?人人都承认他是中华民国的国民吗?我们想到这些问题,可以醒了。

我现在要描写五色国旗下的各种民族的活动只有四个字。这四个字就是"各干各的"。五族共和是名,各干各的是实。我们应当觉悟这两件事是有冲突的。我们要有五族共和,就不能各干各的;要各干各的,就不能五族共和。如何从各干各的做到一个和衷共济的地位,是我们国民最应当关心的一个问题。

我们关心五族共和,不是空谈所能收效的。民国初年的时候,国内的人对于这个问题曾经有过一度的讨论,但不进求具体办法,所以结果毫无。五族共和也不是武力所能建设的。徐树铮[3]出兵外蒙的失败,稍习边事的人都能明白。那次汉兵和蒙民所伤的感情,真不晓得要多少时候才能恢复呢。我们要觉得武力不但不能团

---

[*] 本篇正文原发表时题为《五族共和与教育者之任》。而同日头版所刊登的目录中,在"任"字之前有一"责"字,而《申报·教育与人生》的总目中,亦为"责任"。显然,正文原题付排时脱漏一"责"字,现予以补正。

结五族的精神，并能发生民族间最大的障碍。拿武力来统一南北或统一五族都是不可能的。倘使可能，他的时期必定是很短的。还有殖边一派也是所谓关心边事的。我们试为边民一想，他们喜欢不喜欢殖边这件事？我敢替他们说，殖边这种名词也是他们所痛恨的。别人正在那里要做他们的解放者，而我们做同胞的人，还说你们那里草绿牛羊肥，让我们来做主人吧。

武力派和殖民派有一个根本的错误，这错误就是他们忘记了中华民国是一个五族共同的国家。他们不把五族通盘打算，只是在那里为一个民族打算。他们都是站在一个民族的地位上着想。凡是只为自己而不为别人打算的，一定走不通；推到极点，不到五族共争不止。

我们要想建设一个真正的五族共和，最要紧的方法有两种：一是建筑四通八达的道路，二是实行四通八达的教育。道路可以沟通物质上的需求和供给，教育可以沟通精神上的贡献和缺乏。这两件事互相为因，互相为果，实在是要同时并进，才能充分达到五族共和的目的。我们一方面希望交通界的同志对于此事加以特殊注意；一方面急于要问问自己对于五族共和的建设，应负何等责任，并宜用何种方法来担负这种责任。

我们五族同在一个国旗之下做国民，必定要有必不可少的精神，才能图存。我觉得这种精神，有共同不可少的，有相互不可少的。

说到共同不可少的精神，大家对于中华民国都要有彻底的了解，坚决的爱护；大家都要明白自己是中华民国的国民，有应享的权利，应尽的责任；大家都要觉得五族有共同利害，有存则共存、亡则共亡的关系。这种精神，现在十分薄弱，固无可讳言。我只要举一个例来证明，中华民国四个字译成蒙古文为：

ᠠ这个字汉音为以勒根,就是"民"字的意思。但几百年来蒙人以民看待汉人,所以"汉人"与"民"在蒙文里是分不开的。汉人即民,民即汉人。中华民国这个名词,译了蒙文,就有"中华汉人国"的误会。这种国名,本应译音,不应译意。现因翻译的人不小心,弄出这种不祥的误会,真是可叹。即此一件事,可以晓得五族对于中华民国不能了解之程度。有好多地方实出我们意料之外。我们应当研究如何可以叫五族的人对于中华民国发生一个共同观念。换句话说,就是如何使五族的人同受中华民国化,同受五族共和化。我的意思不是叫一民族去同化别的民族,乃是要满汉蒙回藏同受一个理想精神的支配。满蒙回藏人之应受中华民国化,也是如同江苏人、浙江人、广东人……应受中华民国化。拿教育的精神方法来创造一个五族一心的中华民国,是我们五族教育界同志的责任。

我们五族不但对于中华民国要有共同的精神,并且彼此相待要有一种正当的精神。我们五族好比是一家五个兄弟,彼此应当相知、相爱、相敬。现在的情形是彼此隔膜,彼此仇视,彼此轻慢。这种景况断不能长久,有心人断不忍长久让他如此。拿教育的精神和方法来把五族的同胞都培养到一个相知、相爱、相敬的地位,都培养到一个亲兄弟的地位,也是我们五族教育界同志的责任。

总而言之,五族共和不是一跳就到的,中华民国也不是一呼就来的。如同一个婴儿出世一样,仅仅取了一个名字是不够的。要想婴儿成家立业,必定要用尽心血去教他、养他才行。我们教育界的同志对于五族共和的建设,是不能不参与的。这件事听来很迂阔,看来很难做,但国体如此,利害如此,我们是断断乎不能推诿的。

《申报·教育与人生》第22期(1924年3月17日)

注释

〔1〕五族共和国　五族系指我国汉、满、蒙、回、藏五大民族，她们是我国众多民族中的几个主要民族，故常作为我国各民族大家庭的代称。

〔2〕五色的国旗　指1912年中华民国成立后至1927年这一时期使用的国旗。该旗以红、黄、蓝、白、黑五色横列，表示五族共和。

〔3〕徐树铮（1880—1925）　北洋皖系军阀、政客。曾任段祺瑞内阁陆军次长、国务院秘书长等职。1919年，出任西北筹边使兼西北边防军总司令。

论平民读书处之得失

平民读书处自试办以来，我们好几位同志一方面亲自试行，一方面静观效果；一方面用思想去引导实行，一方面用实行来纠正思想。现在平民读书处成立了好几千：衙门里，会社里，学校里，商店里，工厂里，家庭里，轮船里，寺庙里，监狱里，善堂里，济良所里都有了他们的脚迹。平民读书处在各种环境和情形之下，都经过了相当的试验：有的成功，有的失败；有的由失败变为成功，有的由成功转为失败。我们平心静气的观察他们的现象，推究他们的因果，觉得成功有成功的要素，失败也有失败的缘由。或得或失，都不是偶然的。我现在要把我们所见到的，一条一条的列举起来，作为推行平民读书处的同志的参考，还望大家把试办的心得来指教我们。

一　平民读书处之成功要素

平民读书处有六种成功要素。统观所有的平民读书处，完全有了下列六种要素的，就完全成功；那缺少一部分要素的，就不免有一部分失败。

（一）**主人要肯负督促之责**　这是最重要、最重要的成功要素。凡平民读书处设立的地方，必定要那个地方主人肯负督促的责任。家庭里要家长负责督促，店铺里要店主负责督促，推而至于一切机关里都要他们的主持人员负责督促，才可开办。如果做主人的敷衍了事，或明里承认负责，暗中阻止；或一时热心，终归懈怠，都是不能成功的。主人的督促并非难事，不必费什么时间。他只须于开办的时候，告诉大家说："从今天起，大家都要抽空读书，会读的人教人，不会读的人跟人学。"过一个星期可以问一句："你读了几课了？"到了一个月可以问一句："你读完一本了吗？"到了两个月、三个月、四个月，都可以仿照这样问问大家，他们就自然而然的用功了。这种督促的法子并不费事。我想凡做主人的都应当为全国读书运动负这点责任。现在修正的《平民读书处组织大纲》的里面，要家长、店主和机关主持人员担任处长，就是要重视这种督促的专责。

（二）**至少必须有一个会认字的人做助教** 平民读书处是以内里的人教内里的人。无论家里，店里，机关里，总得要有一位识字的人才能一个教两个，两个教四个的干起来。只要一个这样的人就行了。那肚里清通的固然顶好，就是半通甚至于不通的人，也是可以的。有了这一个人，加上了相当的指导，就有办法；倘若像这样一个人也没有，那就要从造就他入手了。

（三）**助教要有专责感** 若一个读书处里面，有几个识字的人，几个不识字的人，那么某人教某人都要指定，或让他们自己认定。因为责任不专，不易督促。如此指定，教的人和学的人都明白责任之所在。

（四）**指导要有定期** 平民读书处的指导员一人，管一个读书处至十个读书处不等，看本人的精神、能力、热心、时间而定。指导员的功用就是指导助教，鼓励学生。他一方面引他们朝着正路走，一方面叫他们不致懈怠。最好指导员每星期到读书处去一次，每次指导助教六课，并使学生挑读一段以验成绩。对于程度高些的助教，可以酌减指导次数。倘使指导员能用实用方法，如写信之类引起学生兴味更好。如学生中发见懒惰，或助教中发见懈怠情事，就须加劝勉。劝勉不听，再与处长协商办法。

（五）**全体要一律读书** 除特别情形外，无论家庭里，店铺里或机关里的人，均须一律读书。若是这个人读那个人不读，或是要别人读而亲人反不读，精神一定提不起来，并且彼此推诿的事情不久就要发现。所以不办平民读书处就算了，要想办平民读书处，就得要男女，老少，大小，主仆，一律读书。

（六）**读书要与饭碗发生关系** 无论什么社会里的人，大概约有三分之一光景，除非有别人督促强迫，很不愿意读书。但是空言督促还是没有多大效力的。要想有效力就要使不读书的人觉得饭碗不稳。安徽教育厅有二十一位公役，内中有六个人起初不愿意读书。厅长只说了"不愿读书的人不得在厅里做事"一句话，大家都读了。协和医院里定了一个办法，凡是考不及格的都不得加薪，也是把读书和饭碗发生了一个密切的关系。如果个个家长、店主以及机关的主持人员肯把这层办到，那真是可以事半功倍了。

二　平民读书处的四忌

我们开办平民读书处，不但要注意成功的要素，并且要回避忌讳。有好多平民读书处的失败，都是因为犯了这些忌讳的缘故。所以我特为需要提出来作为一种警告，以免大家重蹈覆辙。

（一）**忌生** 平民读书处要在熟人的地方尽先推行。因为熟的地方对于我们本人既无怀疑，那么对于我们介绍的平民教育也就可以放心，若没有特别困难，必定是欢迎的；并且开办之后可以按着定期过去指导，很少不便的地方。至于生的地方，他们对于我们本人既不相知，自然不晓得我们葫芦里要卖什么药。客气的敷衍我们几句话，不客气的就要给我们钉子碰了。纵然开得起来，只怕时常去指导，他们又要觉得我们讨厌了。所以平民读书处要在熟的地方推行，不可在生的地方推行。我们自己的家庭、商店和自己主管的机关，都是我们用武之地。渐渐的我们可以把读书处的办法，介绍给朋友亲戚。我们可以拿我们自己的地方做一个中心，渐渐的对凡与我们有往来，有关系的人去介绍或推行。凡与我们有关系的裁缝司务、剃头司务、送煤炭的、卖柴的、挑水的、布店、米店、纸店、杂货店，等等，凡是认得我们的地方，都是我们推行平民读书处的地方。不过生的地方，假使有自动的要求，我们当然是可以替他开办的。

（二）**忌招外面学生**　　平民读书处和平民学校根本不同的地方就是以内里的人教内里的人。因为他们一个根本原则就是为着那些不能进学校的人设立的。那外面的人既能到别人家的平民读书处去读书，就应当到平民学校去读书了。招外面的人到自己家里或店里来读书有种种不方便的地方。有好多人起初的时候热心过度，要收纳外面的学生，到了后来，很觉得不讨好，或者就变成平民学校了。殊不知外面来学的人既多，我们开始的时候，就要照平民学校办理，不可照读书处的办法办理。

（三）**忌引生人参观**　　平民读书处不宜引生人参观。参观平民学校是可以行的，参观平民读书处是要讨人厌的。我们有几处成绩优良的平民读书处，就是因为参观、照相破坏掉了。

（四）**忌带政治、宗教色彩**　　我们办平民教育就要纯粹的去办平民教育，断不可带一丝一毫政治、宗教的作用。我们办平民读书处对于这点更要格外留意，一不谨慎就要失败。

我们对于平民读书处如果注意上面所举的成功要素，并且免除上面所举的忌讳，我敢说办一个就有一个成功，办十个就有十个成功。不过所谓成功要素和忌讳，都是从现在的社会情形里面发生出来的。如果社会情形变更，那么上面所列举的种种当中，也有不能不变更的地方。比如社会对于平民教育倘已到了充分了解的时候，或政府对于平民教育倘已下了强迫令，那么我们也无须用如许力气使他成功，并不必避除如许忌讳才免失败。不过一定要等到那个时候到了，我们方能放手做去。现在还是要多方留神，才有把握。

《申报·教育与人生》第 24 期（1924 年 4 月 21 日）

关于《请求力谋收回教育权案》的修改意见[*]

中国教育应由中国人自办。美人好领袖，亦如此主张。去年美人 Russell 来华，亦主张此意。今日所以不能做到者，一因国力薄弱，二因善意帮助与侵略者皆有，不能一概抹煞。至留学生护卫所留学国家，此言不确。美某议员发言："赔款退还，美国可获种种利益。"当时即有人立起辩论，此款为不应取而退还，非为得利而退还。君发此言，必予查办。休谟先生宣言：教会不欲取赔款中分文。其大国精神如何？又大学校与中学以下学校情形不同，大学校不足以迷惑学生。知行亦出身教会学校，[1]然自问对国家无愧。至于初等教育，知行曾向教会教育调查团发表意见，不希望教会办国民教育，至多可办试验学校。宣传宗教，不予注册。[2]尚有一困难，若回教学校是否亦一律看待？今修改条文如下：

一、请求政府制定严密之学校注册条例，使全国学校有所遵循，而国家亦可负监督之责。凡外人藉学校实行侵略经调查确实者，应由政府勒令停办。

二、注册分甲乙两种。凡学校及与学校相类之机关，须一律经过乙种注册，即报告政府。凡学校按照政府所定课程最低限度办理并无防碍中国国体情事，经视察无讹者得行甲种注册。

三、凡未经甲种注册之学校，不得享受已注册学校之一切

---

[*] 本篇系陶行知在中华教育改进社第三届年会上的发言记录。摘自《中华教育界·国内新闻》。今题为编者所拟。

权利。

四、凡未注册之学校学生不得享受已注册学校学生之一切权利。

《中华教育界》第 14 卷第 1 期（1924 年 7 月）

注释

〔1〕陶行知就读过的教会学校有：歙县崇一学堂、杭州广济医学堂、南京汇文书院文科和南京金陵大学文科。

〔2〕该文发表时附录的《原提案办法》是：

办法一：请求国会及教育部制定严密之学校注册条例，凡外人藉学校实行侵略或宣传宗教者，一律不予注册。

办法二：凡未注册之学校学生，不得享受已注册学校所享之一切权利，如购地与津贴等。

办法三：凡未注册之学校学生，不得享受已注册学校学生所享之一切权利。如文官考试、公费求学、转学及充教师、官吏等。

办法四：中小学教科书应将教育权之丧失列为国耻之一，直至教育权完全收回之后为止。

办法五：凡不依学校注册条例注册之学校，应限期封闭，禁止招收新生。

师生共生活

——致姚文采[1]的信

文采吾弟：

　　安徽公学[2]用最少的钱办到这样好的成绩，可算是近年来中等教育很有精彩的一个试验，可喜之至。但最危险的时期将要到了！秋期招收新生三班，新生数与旧生数相等，训育上要起最困难的问题。一不谨慎，校风要受根本的动摇。

　　按诸天演的原则，世间万事之进化都是逐渐成功的。暴长多暴亡，其机很微，不可不预防之。仲明[3]弟拟于招考时，亲行口试，观察其言辞举止，以作去取根据之一种，我很赞成。这是一部分的预防，如果鉴别力强可以达到一部分的目的。梁漱溟先生说，办学校是和青年做朋友。做朋友之前，当然要加一番选择。所以，我很赞成仲明的建议。

　　但最重要的是：教职员和学生共甘苦，共生活，共造校风，共守校规。我认为，这是改进中学教育和一切学校教育的大关键。所以从学生进校之日起，全校教职员要偕同旧生以身作则，拿全副精神来同化新生。如果只招一班学生，这事体就要简便多了。现在是要拿一百多人来同化一百多人，确是一件最困难的事。我们对于这件事要小心翼翼，如临大敌，才有成功的希望。我希望，诸弟现在就要准备开学时一切琐碎的手续，使得时候到了，可以把精神集中在训育方面。凡住校的教职员，一定要和学生共甘苦，共生活，共造校风，共守校规，断不能有一个例外。如有例外，一定失败。我希望你住校一个月，以示表率。在这起初一个月当中，千万要聚精会神对付这个问题。安徽公学的前途都要看这一个月的努力而定。我或者可以帮助你们打头一个礼拜的战。开学期定了之后，请即告诉我。敬祝康乐！

　　　　　　　　　　　　　　　　　知　行
　　　　　　　　　　　　　　　　　十三年八月十四日

《知行书信》（1929年亚东图书馆版）

注释

〔1〕姚文采　安徽歙县人。在歙县崇一学堂和南京金陵大学读书时，与陶行知同学。时任南京安徽公学副校长。

〔2〕安徽公学　创办于1923年夏。该校主要招收安徽籍子弟就读。校址在南京。陶行知任校长，姚文采任副校长（陶去职后，姚继任校长）。1927年后，改名为安徽中学。建国后，易名为南京市第六中学。

〔3〕仲明　即张仲明。时任安徽公学教师。

平民教育概论

一　平民教育之效能

中国现在所推行的平民教育，是一个平民读书运动。我们要用最短的时间，最少的银钱，去教一般人民读好书，做好人。我们深信读书的能力是各种教育的基础。会读书的人对于人类和国家应尽之责任，应享之权利，可以多明白些。他们读了书，对于自己生计最有关系的职业，也可以从书籍报纸上多得些改进的知识和最新的方法，一般无知识的人对于子女的教育漠不关心，若是自己会读书就明白读书的重要，再也不肯让自己的儿女失学，所以今日之平民教育就是将来普及教育的先声。至于顺带学些写信、记帐的法子，于个人很有莫大的便利，自然是不消说了。

二　平民教育问题的范围

中国没有正确统计，暂且以传说之四万万人估计，觉得平民教育这个问题之大，实可令人惊讶。照中华教育改进社估计，十二岁以上之粗识字义的人数，只有八千万人。再除开十二岁以下的小孩子约计一万万二千万人，属于义务教育范围，其余之二万万人都是我们的平民教育应当为他们负责的。这二万万人有一人不会读书看报，就是我们有一份责任未尽。

三　中国平民教育之经过

这个问题二十多年前已经有人注意了。前清的简字运动就想解决这个问题，没有多大成效。注音字母也有一部分人拿来做速成教育的工具，他的命运尚在试验中。"五四"以后，学生由爱国运动进而从事社会服务，教导人民，自动开设的平民学校遍地都是。虽办法不无流弊，却能引起我们对于平民教育改善的兴味。最后，晏阳初先生用一千字编成课本，在长沙、烟台、嘉兴等处从事试验平民教育，更为省钱省时。在这事之前，有毕来思先生编的《由浅入深》和唐景安先生用六百字编的课本，都能引起一部分人的注意。这都是局部的试验。去年六月，熊秉三夫人参观嘉兴平民学校之后，就偕同晏阳初先生和我们筹备中华平民教育促进会的组织，同时推举朱经农先生和我依据国情及平民需要编辑课本，并推请王伯秋先生在南京主持平民教育之试验。八月，乘中华教育改进社年会在清华学校开会之期，邀集各省区教育厅、教育会代表到会讨论进行方针及计划。中华平民教育促进会总会即于此时成立。十月开始推行，离现在为时不过九个月，已推行到二十省区，读本会《平民千字课》的人民已有五十万人。由此可见，全国对于平民教育有极热烈的欢迎和极浓厚的兴趣。

四　平民教育现行系统

中华平民教育促进会总会是个全国的总机关，有董事部总其成。董事有两种：一为省区董事，每省区二人；二为执行董事，一共九人，推举在京之会员担任。董事部聘请总干事担任进行事宜。

总会之下，有省、县、市、乡平民教育促进会分会，管理一省、一县、一市、一乡的平民教育事宜。一市中之各街和一乡中之各村，都要设平民教育委员会以担负此街、此村之平民教育。现在省区设分会的已有二十省区。省区之下未有确数。一条街的平民教育正在北京之羊市大街和南京之府东大街试办；一个村乡的平民教育正在休宁之隆阜和西村等处试办。

五　教育组织

教育组织最要符合社会情形和人民生活的习惯。因此我们对于平民教育主张，采用三种形式以适应各种人民的需要：

（一）**平民学校**　这个采用班次制度。大班一二百人以上用幻灯教；小班三四十人以上用挂图、挂课教。这和通常的班级教学差不多，无须解释。

（二）**平民读书处**　但是社会里有许多人因职务或别种关系不能按照钟点来校上课，我们就不得不为他们想个变通的办法。这办法就是平民读书处，以一家、一店、一机关为单位。请家里、店里、机关里识字的人教不识字的人。教的人是内里的，学的人也是里头的。这是内里识字的人同化内里不识字的人的办法。如果主人负责督促，助教每星期受一次训练，并加以定期的指导，平民读书处可以解决一部分的问题。山东第一师范现在以一个学校的同志办一千多人的平民教育，就是采用这个办法。

（三）**平民问字处**　这是南京平民教育促进会总务董事王伯秋先生发明的。社会上有些人不但不能按时上学，并且家里无人教导，因此平民学校和平民读书处都不能解决。这些人大半属于流动性质，如做小本生意的人或车夫之流。平民问字处就设在有人教字的店铺里、家庭里或机关里。凡承认担任教字的店铺、家庭、机关，随便什么人要问《千字课》里的字，都可以向他们问。比如摆摊的人摆在那个平民问字处门口，就可乘空向他们请教；车夫停在那个平民问字处门口，也可乘无人坐车的时候学几个字。这个法子现在南京试验。

六　教材教具

平民教育重要的工具是课本——《千字课》。这部书的一千多字是根据陈鹤琴先生调查的《字汇》[1]选择的。编书的大目标有四：（一）是自主的精神；（二）是互助的精神；（三）是涵养的精神；（四）是改进的精神。全书九十六课，用九十六天，每天一个钟点就可以教完。我们的方针是要求其易懂而有趣味，使他们读了第一课就想读第二课，用他们自然的兴味，来维持他们的恒心和努力。现在仍旧照这个方针在这里修改，总希望愈改愈适用。

辅助教具之最重要的有二：一是幻灯，现由青年会在那里力求改良，总要他格外价廉合用；二是挂图，比幻灯便宜些，宜于小班用。

七　考　成

平民学校和平民读书处的学生普通四个月毕业。毕业之时，用测验方法考一下。及格的发给识字国民文凭（Certificate for Literate Citizenship）；考不及格可以下次再考，考到及格为止。教师的奖励看及格学生数目而定。凡教了三十人，经考试及格的可得平民良师的证书（Certificate of Peopte's Teacher）。其他对于平民教育出力及捐资的人员，都有相当的奖励，或由本会发给，或请政府发给。各地同志并不为奖励始肯出力，本会之发给奖励只是对于他们有价值的工作，加以相当之承认。

八 经费问题

平民教育的经费现在已经节省到最低限度。我们的《千字课》承商务书馆之帮忙,几乎是照本钱出卖。一角洋钱可以买一部,共四本。如果采用读书处的办法,只须两角钱就可教一个人。平民学校贵些,每人也不过四五角钱。加用幻灯,每人至多一元钱也就够了。

我们希望省、县的平民教育,都列入正式预算。国家也应将筹定的款,辅助各地勇猛进行。这虽是我们应有的计划,但我们并不等候政府筹定的款才去进行。我们要教育普及,尤其要担负普及。我们现在要试行一种"一元捐"的办法,使社会大多数人民,都为平民教育挑一个小小的担子,并使他们个个人都和平民教育发生一点密切的关系。我们深信为公益捐钱,也是一种很有价值的教育。我们要社会学给与,不要他们学受取或看别人给与。我们相信这种"一元捐"推行之后,再加点附加税,就可以够用了。

九 强迫是一种必要手续

社会上有三种人:(一)是自动要读书的;(二)是经劝导后才愿读书的;(三)非强迫不愿读的。我们就经验上观察,十人中怕有三人或四人非强迫不行;此外还有二人或三人,有了强迫的办法就可赶快去读。所以强迫是必要的。强迫有两种:一是社会自动的强迫。例如改进社等机关对听差的宣言:"从今天起,不愿读书的不能在本社服务。""自民国十四年一月一日起,无识字国民文凭的人不能在本社服务。"协和医院对工役的宣言:"在一定时期内,没有读了《千字课》不得加薪。"一类的办法,都是自动的强迫。至于政府的强迫令,也是重要的。芜湖房道尹、察哈尔张都统、河南王教育厅长都曾考虑过强迫平民教育的办法,陆续总有地方可以实现。他们所考虑的办法中有四条很值得实行的:(一)是县知事以下以推行平民教育为考成之一。(二)是预行布告人民某年某月某日以后,十二岁以上之人民出入城门应经警察持《千字课》抽验,会读者放行,不会读者罚铜元一枚。(三)"愚民捐"(Ignorance Tax)在某年某月某日以后,凡机关里、店铺里、家庭里或任何组织里,如有不会读《千字课》之十二岁以上之人,每月纳"愚民捐"洋一角,到会读为止。"愚民捐"由主人及本人各任半数。(四)凡主人有阻碍属下读书行为,一经发觉,得酌量罚款。

十　下乡运动

中国以农立国,十有八九住在乡下。平民教育是到民间去的运动,就是到乡下去的运动。现在有一个方法很有效力。学校里到夏天和冬天都要放假,大多数的学生都要回到自己的村、乡里去。我们劝他们带《千字课》回家宣传平民教育。入手办法有三种:(一)是把村、乡里识字的人找来给他们一种短期的训练,教他们如何教自己家里的人。(二)把村里不识字中之聪明的招来,每天教他们四课,同时叫他们每人回家教一课。只须一个月他们就可读会四本书并教毕一本。他们一面学,一面教,一个月之后都可以做乡村里的教师了。(三)大一点的乡村里总有私塾,可以劝导私塾先生采用《千字课》,并用空闲时间为乡人开班教《千字课》本。

乡村平民教育当推香山慈幼院[2]对于西山附近乡村的规划为最有系统。他以备小学为一中心点,令附近每家来一人上学,学好后回家教别人。读书之外,还教些实用的职业。我们很希望这个计划能成事实。

十一　女子不识字问题

不识字的最大多数就是女子。平民学校因年龄较大又未经学校训练，不便男女同学，更使这个问题难于解决。我们现在采用的办法是：(一)为女子专办女子平民学校；(二)家庭中多办平民读书处，使自己的人教自己的人；(三)劝女学生寒暑假回乡教乡村里的妇女；(四)极力提倡女子学校教育造就女子领袖，使女子平民教育可以尽量推广。

十二　继续的平民教育

四个月的《千字课》教育，虽然有些实用，但和完备的教育比较起来，真是微乎其微。况且受过这种教育之后，如何去维持，使他们不致忘却并能运用，真是一个最重要的问题。所以我们一面推行，一面就计划继续的办法。(一)我们要和国内最大的日报合作，编辑一个《平民周刊》，一面随报附送，一面单行发卖，使平民毕业学生，可以得到看报的乐趣，又可以得些世事的消息和做人的道理。现请定朱经农先生为总编辑，由《申报》印行，定于六月二十八号出版，每周行销六万份。(二)我们请了专家四十几位分任编辑《平民丛书》数十种，供给平民阅览。对于上列二事，改进社很出力帮忙。为了充分推广起见，我们要在火车上、轮船上甚至于三家村、五家店，都要设法分销，使平民便于购买。又请图书馆专家，规划设立平民阅览室，以便平民可以到适中地点看书看报。中华职业教育社也在编辑《平民职业小丛书》，也是很有益的。(三)有些学生对于四个月之后，很想继续受职业的训练，求生计上之改善。这是更加要紧的。我们为分工起见，希望中华职业教育社特别加以注意。(四)平民学生当中已经发现有特别聪明的学生，这些学生应当再受国家或社会充分的培植。我们对于他们特别加以注意，并要扶助他的升学。

十三　训练相当人才

这是一个大规模的运动，义务繁，责任重，必须训练多数相当的人才分工合作才能按期收效。第一要训练的就是推行干事。各地对于平民教育既有如许热心，总会最大的责任是派遣有干才的人员，帮助各地组织、指导他们进行，并给各地办理平民教育的人一种相当的训练。总会对于省区，省区对于各县各市，各县对于各乡，各市对于各街，都应负训练指导之责，才能收一致之效。第二要训练的就是教师。平民学校教师采用讨论会办法，寓训练于讨论之中。平民读书处助教就须用师范班办法加以有规律之训练。第三，省视学、县视学是地方提倡平民教育最可收效之人。宜有短期之讲习会，详细讨论推行平民教育之办法以利进行，这种讲习会不久就要召集。

十四　官民一致合作之效力

自平民教育开办以来，固然免不了一部分人的怀疑和少数人的阻碍。但因平民教育运动宗旨纯正，国人相信从事者始终以人民幸福为前提，绝无政治、宗教或任何主义之色彩，所以到处受欢迎。各地推行平民教育的时候，军、政、警、绅、工、商、学、宗教各界无不通力合作，这种一团和气的现象真是少见。学界对于此事之热心是一件预料得到的事。多数的教员、学生本着他们诲人不倦的精神，担任教学，研究推广等事，实在可以佩服。商界对于此事也有热心提倡者。都市里提倡平民教育一大半要靠商界。汉口各商团联合会周会长[3]尤其热心，他手创的几个平民学校都很有成绩。

听说他还有二十五个学校正在筹备中。汉口商界是可以为全国模范的。工厂主人提倡此事最力的有武昌李紫云先生。我们很希望全国的工厂继起提倡工人的平民教育。南京有五十几位说书人，在说书的时候，把读书的好处，夹在说书当中劝导听者。他们还逢三、六、九的日子，到四城演讲读书的重要。他们还编道情（Folk Lore or Popular Songs）唱给人民听，劝他们读书。这些说书人最明白平民心理，真是最好的平民教师。我们很希望全国的说书人都起来为平民服务。各地政府对于平民教育表同情的很有很多。江苏首先捐助巨款开办南京平民教育的试验，湖北也极力提倡。江西、察哈尔等处都很出力，近来奉天令军队数万人受平民教育，尤为平民教育前途最可庆贺的一件事。民政长官中最先提倡平民教育的为江苏韩紫石省长。安徽前省长吕调元令省公署卫队、公役受《千字课》教育，可惜中途为马联甲长皖时所停止。湖北省长公署也办了一班，已经毕业，现正在筹备继续。安徽教育厅长江彤侯令全厅公役一律读书，为强迫平民教育之第一幕，中间虽经谢学霖厅长任上之停顿，但新任教育厅长卢绍刘已经恢复，进行顺利。赣、鄂二教育厅也相继举办，为全省树之风气，甚为可喜。芜湖房道尹、察哈尔张道尹都很提倡。县公署里办平民教育的也有许多处。警察为推行平民教育最要人员之一。在都市中，警察与商界有同等的力量。南京警官亲自教平民学生，警士帮助劝学非常热心。武昌警察总署及分区共办平民读书处二十九处，不识字之警察、公役一律读书，不愿读书的开除。这是何等的有效力！九江的警察也很提倡。监狱里的犯人除做工外没有别事做。我们正可借此机会教他们读好书，做好人。现在新监里教《千字课》有安庆、南昌、南京、武昌、汉口各处。还有利用识字犯人教不识字的犯人的，真是可喜。

十五　南北对于平民教育一致提倡之好现象

对于平民教育不但各界合作，而且南北也是合作的。广东、云南、湖南、东三省、四川以及其他各省区都协力进行。这真是所谓人同此心，心同此理。中国政治虽不统一，但教育是统一的。我们深信统一的教育可以促成统一的国家。

十六　结　　语

我们的希望是：处处读书，人人明理。如照现在国人对于此事的合作和热度观察，十年之内当有相当的成效。但我们不能以普及四个月一千字的教育为满足。我们应当随国民经济能力之改进，将他们所应受之教育继长增高到能养成健全的人格时，才能安心。这是我们共同的希望，也是我们今后共同努力的方向。

《中华教育界》第14卷第4期（1924年10月）

注释

〔1〕《字汇》　指著名幼儿教育家陈鹤琴所著《语体文应用字汇》一书的初稿。后经修改，该书由上海商务印书馆于1928年正式出版。

〔2〕香山慈幼院　熊希龄及其夫人朱其慧在北京香山创办的幼儿慈善机构。

〔3〕周会长　即周景棠（1876—1942），字以灿。民族资本家。1923年起，两度连任汉口总商会会长。

南京安徽公学创学旨趣[*]

南京在前清为两江之都会,和安徽有密切的历史关系;就地理说,又和安徽十分接近。中国兴学以来,南京即为全国教育中心之一。安徽的学者和学子来此传道受业的,素来很多。前清即有上江公学之设,民国成立后,因故停办,殊为憾事。"五四"以后,安徽学潮屡起,学生不能安心肆业,纷纷投到南京求学的,源源不绝。但南京学校格于种种限制,有志有才的学生不免向隅。安徽旅宁同乡会和旅宁同学会看此景况,深表同情,就联合起来共谋上江公学之恢复,于十二年秋季开学,改名为南京安徽公学。所以,安徽公学的设立,是迫于一种不能自已的同情心。因为安徽旅宁前一辈的人,对于后一辈的少年,发生了一种学问上的同情心,才有安徽公学的产生。

有了这种同情的基础,所以我们最注重师生接近,最注重以人教人。教职员和学生愿意共生活,共甘苦。要学生做的事,教职员躬亲共做;要学生学的知识,教职员躬亲共学;要学生守的规矩,教职员躬亲共守。我们深信这种共学、共事、共修养的方法,是真正的教育。师生有了共甘苦的生活,就能渐渐的发生相亲相爱的关系。教师对学生,学生对教师,教师对教师,学生对学生,精神都要融洽,都要知无不言,言无不尽。一校之中,人与人的隔阂完全打通,才算是真正的精神交通,才算是真正的人格教育。

---

[*] 本篇在收入作者自选教育论文集《中国教育改造》时,易题为《南京安徽公学办学旨趣》,并对文字略有修改。

在共同生活中，教师必须力求长进。好的学生在学问和修养上，每每欢喜和教师赛跑。后生可畏，正是此意。我们极愿意学生能有一天跑在我们前头，这是我们对于后辈应有之希望。学术的进化在此。但我们确不能懈怠，不能放松，一定要鞭策自己努力跑在学生前头去引导他们，这是我们应有的责任。师道之可敬在此。所以我们要一面教，一面学。我们要虚心尽量接受选择与本职本科及修养有关系之学术经验来帮助我们研究。要教学生向前进，向上进，非自己努力向前进、向上进不可。

安徽公学是个贫穷的学校。办贫穷的学校如同管贫穷的家事一样。用一文钱，必问："这一文钱该用吗?"费一分光阴，必问："这一分光阴该费吗?"光阴与钱都有限，该用才用，不该用必不用；用必尽其效。爱惜光阴，就是不为无益害有益。将无益的时间腾出，则从事有益的时间有余裕了。然后学生可以从容问学，怡然修养，既不匆忙劳碌，那身心自然渐渐的有润泽了。节省经费，不是因陋就简，乃是移无用为有用。我们既不甘于简陋，来源又不易开，要想收相当的效果，自非革除浪费不为功。用最少的经费，办理相当的教育，是我们很想彻底努力的一个小试验。

现今办学的人，每存新旧宽严之见。我们只问是非好坏，不问新旧宽严。是的、好的，虽旧必存；非的、坏的，虽新必除。应宽则宽，应严则严。随时、随地、随人而施教育，初无丝毫之成见。我们承认欲望的力量，我们不应放纵他们，也不应闭塞他们。我们不应让他们陷溺，也不应让他们枯槁。欲望有遂达的必要，也有整理的必要。如何可以使学生的欲望在群己相益的途径上行走，是我们最关心的一个问题。总之，必使学生得学之乐而耐学之苦，才是正轨。若一任学生趋乐避苦，这是哄骗小孩的糖果子，决不是造就人才的教育。

最后，我们要谈谈我们心中所共悬而藉以引导我们进行的目标。

一、我们都是学生，教师的一部分生活也是学生——就要负学问的责任。做学问最忌的是玄想，武断，尽信书；以差不多自足，以一家言自封。我们要极力的锻炼学生，使他们得到观察，知疑，假设，试验，印证，推想，分析，会通，正确种种能力和态度，[1]去探求真理的泉源。简单些说，我们研究学问，要有科学的精神。

二、我们是物质环境当中的人。我们对于四周的环境，最忌是苟安，同流合污，听天由命，不了了之。有进取性的人，要求改造。[2]但是驱了乌合之众，叫嚣乱斫算得改造吗？改造应当秉着美术的精神，去运用科学发明的结果，来支配环境，使环境现出和谐的气象。我们要有欣赏性的改造，不要有恐怖性鬼脸式的改造。换句话说，我们改造环境，要有美术的精神。

三、我们不但是物质环境当中的人，并且是人中人。做人中人的道理很多，最要紧的是"富贵不能淫，贫贱不能移，威武不能屈"。这种精神，必须有独立的意志，独立的思想，独立的生计和耐劳的筋骨，耐饿的体肤，耐困乏的身，去做他摇不动的基础。近今国人气节，销磨殆尽，最堪痛心。倘不赶早在本身、后辈身上培植一种不可屈挠的精神，将何以为国呢？至于今日少数具有刚性的领袖，又因缺少度量，自取失败，并以此丧失国家的元气，至为可惜。那么推己及人的恕道，和大公无我的容量，也是做人中人的最重要的精神。把这几种精神合起来，我找不到一个更好的名词，就称他为大丈夫的精神罢。我们处世应变，要有大丈夫的精神。

科学的精神，美术的精神，大丈夫的精神，都不是凭空所能得来的。我们要在"必有事焉"上下手。我们要以事为我们活动的中心。研究学问要以事为中心，改造环境要以事为中心，处世应变也要以事为中心。我们要用科学的精神在事上去求学问，用美术的精神在事上去谋改造，用大丈夫的精神在事上去炼应变。我们愿意一同努力朝着这三个目标行走。活一天，走一天；活到老，走到老。

《申报·教育与人生》第60期（1924年12月8日）

注释

〔1〕此句中的"推想,分析,会通",作者在收入《中国教育改造》一书时,改为"推想,会通,分析"。

〔2〕"有进取性的人,要求改造"作者在《中国教育改造》一书中改此句为"有进取性的人,对于环境总想加以改造"。

《小学课程概论》序[*]

今日教育界责任之最重要且最紧迫者，莫若利用教育学理解决学校课程问题。盖课程为学校教育之中心，假使课程得有圆满解决，则其他问题即可迎刃而解。此本社[1]之所以亟亟请托专家编著《课程丛书》也。

此书为本社《课程丛书》之第一种。目的在使小学教师、地方教育行政人员、师范学生及一般留心义务教育者，一方，了解小学教育之目的；一方，明瞭达此目的之课程。质言之，本书之目的在解决小学校所欲养成的是何许人？养成此种人须用何种课程？此种课程须有若何之内容？其编制之原则与方法为何？

编著者为程湘帆教授。程君以十余年之中小学校教学经验，到美国从专家巴必班赛尔等研究小学课程。归国之后，在东南大学、金陵大学教授五次。现在受本社之请托，将其十余年来之经验与学理著为《小学课程概论》。

窃以小学为教育之根本。今日教育之效果所以不能满足吾人之希望者，实以根本错误之故。根本错误之尤甚者，为小学校之课程。查我国小学课程大半系因循的、抄袭的，从未有科学的编制法。近来，虽有课程标准研究之会发起，但以无相当的参考书籍为苦。程君之《小学课程概论》，适诞生于需要最紧迫之际，吾知其裨益将来小学教育之革新也甚大。岂仅本社之幸也乎？故谨祝之而

---

[*] 本篇系陶行知 1924 年为程湘帆编著的《小学课程概论》一书所写的序言。今题为编者所拟。

为之序。

陶知行序于北京中华教育改进社

《陶行知佚文集》(1989年四川教育出版社版)

注释

〔1〕本社指中华教育改进社。陶行知时任该社主任干事。

《柏克赫司特女士与道尔顿制》序[*]

"道尔顿制"创始人，柏克赫司特女士，订于本年七月来华，与吾国各地教育界同志，讨论道尔顿制之原则和实施的方法。这是一个最好的机会，我们应当有充分的准备才能得到充分的益处。大凡讨论须有根据方不致蹈空。最好根据是实行的经验。本着实行的经验提出困难问题互相商榷，最能得益。我深望我们将来向柏克赫司特女士提出来讨论的有许多是从经验上发生的具体问题。其次就是关于道尔顿制的报告论文书籍。我们要想有透彻的讨论，专靠着经验还是不够。我们必定要把大家研究的结晶体报告，论文，书籍，一一看个明白，才能有中肯的质疑问难。否则讨论的时候必定免不掉无谓议论和个人的偏见。本社有鉴于此，所以把关于道尔顿制的报告，论文，书籍，编了一个目录，介绍给教育界同志。我们深望大家预先把这些报告，论文，书籍浏览一遍，俾将来开会讨论可以得到充分的效果。照目录看来，共有书籍十二本，论文报告将近一百篇。内中有好多空泛及重复的议论，因为时间匆促，不能加一番选择的工夫以节省阅者之精神，这是我们应向阅者诸君道歉的。

近几年来，国内对于新制度和新方法的试验不一而足，但真正成功的，很不多见。大凡任何试验，各有其必具之条件。条件具备则可成功，否则必归失败。必具之条件是什么？一、试验者对于所

---

[*] 本篇系陶行知为中华教育改进社所编纂的专集写作的序言。今题为编者所拟。

试验之制度方法必须有透彻的了解。二、试验者对于试验程序必须有制裁的能力。三、试验者对于该项试验必须有百折不回的精神。四、人事、环境、设备、经费等项，必须符合该项试验最低限度的需求。"道尔顿制"是一种制度和方法的试验。它的成功失败当然也有其必具之条件。凡想试验"道尔顿制"的同志，于未试验之前，必须自己详加审查，是否已经符合那些必具之条件。如果符合，不妨一试；如不符合，还是且慢进行为妙。我承认"道尔顿制"是实现"自得教育"最好的制度、方法，但率尔尝试，怕是要做"道尔顿制"的罪人的。

十四年五月

《柏克赫司特女士与道尔顿制》(1925年6月)

中国教育政策之商榷[*]

国家运用教育以达立国之目的时，在天然与社会环境中，必遇种种助力与障碍。因助力与障碍而发生进行上之种种问题。解决此种种问题，必须预拟种种合乎实际情形之公式，俾能运用助力排除障碍以谋目的之贯彻。此种种公式谓之教育政策。中国教育政策因教育当局而变。教育当局或以无政策进，无政策退；或有政策而偏于主观，将全国之教育供一人之武断，流弊何堪设想！是宜集思广益，审查国情，确定全国公认之教育政策，以达国家建设之目的。今兹所提，实为个人之意见，志在引起教育同志之讨论批评，俾现代教育政策可以符合公意，早观厥成。此本讲所以出于商榷之意也。

政策一 正式学校教育为国家之公器，应超然于宗教、党纲之上。

政策二 培养国家观念、爱国实力及大国民之气概。

政策三 运用科学，征服自然，其道在选择有科学天才之儿童，加以特别训练。对于有科学天才之专家，予以研究机会，并以极尊荣之名誉，鼓励有关国计民生之发明。

政策四 训练人民，为本身及国家作最有效力及随机应变之组织。

政策五 灌输经济学识，俾人民明了经济学之基本原理，以

---

* 本篇原发表前，曾于同年 8 月在中华教育改进社第三届年会学术会议上作过专题演讲。

应付现代之劳资问题。

政策六　对于已在职业界服务之人民,教以改良旧职业之学识技能。

政策七　厉行身教,以谋学风之整顿。

政策八　发展国民性及各省区人民之优点,以尽其特别贡献。

政策九　下级行政机关,应有自动进行之自由,并负切实办理之责任。高级行政机关,应建立最低限度之标准,并负督促指导、补助提倡、联络纠正之责。

政策十　用人以贤者在位、能者在职为标准。

政策十一　办理学务,必须有计划预算以为进行之指导。

政策十二　应兴应革事宜,必须根据客观的调查及分析的研究。

政策十三　增进并运用各种力量,以适应及改良各种需要。

政策十四　确定并保护渐进敷用之教育税,以应进化国家之需要。

政策十五　保护教育机会均等。

政策十六　各省区、蒙、藏应逐渐设立大学,至少一所。吸收硕学通才,以为产生文化、整理文化及主张正谊之中心。先着手设立文化院,以植大学之基。

政策十七　培植蒙贤治蒙,藏贤治藏,并培植五族共和之公民资格,以谋国内民族之合作。

政策十八　提倡以乡村学校为改造乡村生活之中心,乡村教员为改造乡村生活之灵魂。其具体办法,应设试验乡村师范学校以实验之。

政策十九　本国大学毕业后,始准留学。留学时至少必须有一年游历各国,以减少未来领袖思想上不必须之冲突。

政策二十　用批评态度,介绍外国文化,整理本国文化。

政策二十一　扶助交通,以利教育之推行。

政策二十二　　鼓励专家研究试验符合本国国情适应生活需要之各种学校教育,以作学校化学校之根据。

《新教育》第 11 卷第 2 期 (1925 年 9 月)

请组织国家教育政策委员会案*

理由及办法：

教育宗旨所以端教育之趋向，如何使教育宗旨继续实现，以图美满之效果，则赖有适当之政策。教育政策是时代之产物，故规定教育政策必须依据现代本国国情、本国国力、本国需求及与本国接触之世界潮流，方为无误。中国教育政策随教育当局而变。教育当局或以无政策来，无政策去，坐令国家教育飘泊无定。或有政策而偏以主观，将国家教育供个人之武断，其危险更大。故政策不可无，而规定政策尤应集思广益，并以客观之方法研究之。拟请董事会聘请人员组织国家教育政策研究委员会，担任下列事务：

（一）征集关于规定国家教育政策之意见，并引起关于此事之讨论。

（二）研究并编拟国家教育政策之草案，以备提交第五届年会。

（三）推举代表与全国省教育会联合会合作，并设法向该联合会提议，以谋一致进行。

（四）两团体议决后，即于适当时期向政府建议，并促进其实现。

——《新教育》第 11 卷第 2 期（1925 年 9 月）

---

* 本案是在中华教育改进社第四届年会（1925 年 8 月）上的提案。摘自该届年会《分组会议议案汇录》。

学生的精神[*]

　　知行此次因全国教育联合会事来湘，今天得与诸君见面，这是很愉快的。知行是世界的学生，诸君是学校的学生，今天是以学生资格，对诸君谈话。有些议论，也许诸君是不愿听的。但是"忠言逆耳利于行"，诸君或者能够原谅。

　　我现在要讲的题目，就是《学生的精神》。在我未说这题目之先，有点意思对诸君说一说：现在中国许多学生及一般教员，有一个很大的通病，就是容易"自满"。不论研究何种学科，只有相当的了解，即洋洋自得、心满意足。尤其是在过教员生活的，觉得自己处在教师地位，不必再去用功研究了。中国"四书"上有两句话说："学而不厌，诲人不倦。"这真真千古不灭的格言，并且是两句不能分开的话。因为要"学而不厌"，才能够做到"诲人不倦"。例如我们来教一班小学生，倘若自己全不加以研究，只照着别人编的书本，自己抄的老笔记，依样画葫的教去，当学生的，固然不能受多大的益，当教师的，也觉得不胜其烦，没有多大的趣味。如是的粉笔生涯，不能不厌烦了。倘若当教师的，自己天天去研究，有所得的，即随时输之于学生，如此则学生受益较多，即当教师者，也觉得有无穷的乐趣。所以学生求学，固然要"学而不厌"，就是当了教员，还是要继续的"学而不厌"。这可说是我现在要讲的"学生精神"的先决问题。

---

　　* 本篇系演讲记录。1925年11月，陶行知赴湖南长沙参加全国教育联合会期间，应当地学生界的邀请作此演讲。记录者为谢文熙。

现在开始来讲"学生的精神"了。学生精神，大约分之为三点：

（一）**学生求学须具有科学的精神** 我们不论研究什么学科，总要看一个明白，想一个透彻，多发些疑问，切不可武断盲从。例如别人要我们信仰国家主义，我们必须明了国家主义的内容是否合于现代社会，才定信仰不信仰的方针。其他，社会主义亦然，无政府主义亦然……尤其我们研究科学之时，碰到一个问题来了，"知之则知之，不知则不知"。因为我们自己知道自己不知的地方，那还有能够知道的一日；倘若不知的而认以为知，那么，不知道的，终究没有知道的日子了；还可说是自己斩断自己求学的机能，所以我们学生求学，第一步就要有科学的精神。

（二）**要改造社会必具有委婉的精神** 我们在任何环境里面做事，不可过于急进。譬如园丁栽花木，倘只执一镰斧，乱砍荆棘，我相信花木，亦必随之而受伤。务须从旁着想，怎样才能使荆棘去掉，那么，非用委婉的功夫不可。改造社会，也是一样，尤其是我们学生，因为是领导民众的中坚分子，倘用乱刀斩麻的手段，必引起一般民众起畏惧之心，怎样还讲得社会改造？所以我们要社会改造，也需要用委婉的精神，走到民众前头，慢慢地领他们向前走，并且还要告示他们向前走的方法。如此才有社会改造的希望。不然，任你如何轰轰烈烈倡社会改造，社会还是不能改造的。

（三）**应付环境必具有坚强人格和百折不回的精神** 我们处在任何环境里面，必抱有坚强人格，不可自由摇动，尤其到了利害生死关头之时，必富有"富贵不能淫，贫贱不能移，威武不能屈"的气概。这才算得一个真正的大丈夫，真正的国民。现在中国一班学生——其实不仅是学生——在普通情形的时候，各人的性格，好像没有多大的区别。但到危急存亡利害相冲的关头，就看得清清楚楚，各人露出自己的本来面目。中国民众的不能团结，这就是一个很大的原因。所以我们处在任何的环境里面，坚强不摇的人格及不屈不挠的精神,决不能少的,尤其在我们学生时代。我现在要举一段历史例子给诸君听,就是明朝的方孝孺[1]先生,当燕王棣[2]篡位之时,使他草《即位诏》,他大书"燕王篡位"四字,因此被夷十族。当燕王篡位之时,势力胜过现在的任何军阀,但不能压迫方先生一笔锥。可见方先生的人格及不怕死的精神,真令人钦佩而尊敬,亦可证明读书人不可忘掉气节。

学生的精神,大概分为上列三点。我觉得在今日的学生中,亟宜注意的。因时间仓卒,说得不周到处,请诸君原谅!

《民国日报》(1925年12月1日)

注释

〔1〕方孝孺(1357—1402) 明著名学者。浙江宁海人,字希直,又字希古。惠帝时任侍讲学士。

〔2〕燕王棣 即朱棣(1360—1424),明成祖。朱元璋的第四子,初封燕王,镇守北平(今北京)。朱元璋死,起兵与已继帝位的侄儿明惠帝朱允炆争夺帝位,终获宝座。

师范教育下乡运动

上月十四、十五两日，江苏省立师范分校联合会在黄渡举行第二届常会，他们的附属小学也组织了一个联合会，于十五日举行成立典礼。这两件事是关心乡村教育的人应得注意的。

中国的师范学校多半设在城里，对于农村儿童的需要苦于不能适应。城居的师范生平日娇养惯了，自然是不愿到乡间去的。就是乡下招来的师范生，经过几年的城市化，也不愿回乡服务了。所以师范学校虽多，乡村学校的教员依然缺乏。做教员的大有城里没人请才到乡下去之势。这种教员安能久于其职，又安能胜乡村领袖之重任呢？江苏义务教育期成会袁观澜、顾述之二先生觉得乡村教师需要之急，而培养之法更不能不改善，所以发起每个师范学校在乡间设立分校，以为造就乡村师资之所；每分校并设附属小学一所，以资乡村师范学生之实习。现在一师、二师、三师、四师、五师都设有分校和分校的附属小学。这个师范分校联合会和分校附小联合会就是这些师范学校的分校和分校附小组织成功的。他们的宗旨在联络研究共谋各该校教育上之改进及乡村教育之发展。我国师范学校以合作及研究精神图谋乡村教育之发展的，实以此为起点。

这次分校联合会共总商议了四十一个案件，内中有好几个案件都是很关重要的。这次会议最出色的一件事就是各种乡村教育问题之分门研究，如公民科、史地科、国语科、数学科、教育科、农业科、理科、音乐科、图画手工科、体育科、童子军、各门的课程大纲及农场作业分配、推广农村教育、学业成绩考查法、训育、健康教育、师范生实习等问题都有委员会负责研究。这种分门的研究总比囫囵的空谈要切实些。

我以为乡村师范学校负有训练乡村教师、改造乡村生活的使命。师范学校在乡村里设分校,在乡村的环境里训练乡村师资,已经是朝着正当的方向进行了。我们的第二步办法就是要充分运用乡村环境来做这种训练的工夫。我们要想每一个乡村师范毕业生将来能负改造一个乡村之责任,就须当他未毕业之前教他运用各种学识去作改造乡村之实习。这个实习的场所,就是眼面前的乡村,师范所在地的乡村。舍去眼面前的事业不干而高谈将来的事业,舍去实际生活不改而单在书本课程上做工夫,怕是没有多大成效的。我们不要以为把师范学校搬下乡去就算变成了乡村师范学校。不能训练学生改造眼面前的乡村生活,决不是真正的乡村师范学校。

江苏师范分校尚属试办性质,他的效果,尚难预测。但他们对于乡村教育那点通力合作分门研究及实地试验的精神,却是很宝贵而为全国师范学校所应取法的。

《新教育评论》第1卷第6期(1926年1月8日)

整个的校长

去年我对南开中学学生演讲《学做一个人》，曾经提出五种"非整个的人"，内中有一种就是分心的人。分心的人是个命分式的人，不是个整个的人。整个的人的中心，只放在一桩主要的事上。他的心分散在几处，就是几分之一的人。这类人包括兼差的官吏，跨党的党人，多妻的丈夫。俗语说"心挂两头"就是这类人。这类人是命分式的人，不是整个的人。

做一个学校校长，谈何容易！说得小些，他关系千百人的学业前途；说得大些，他关系国家与学术之兴衰。这种事业之责任不值得一个整个的人去担负吗？现在不然。能力大的人，要干几个校长。能力不够或时间不敷分配的，就要找几个人，合起伙来，共干一个校长。我要很诚恳的进一个忠告：一个人干几个校长，或几个人干一个校长，都不是整个的校长，都是命分式的校长。试问，世界上有几个第一流的学校是命分式的校长创造出来的？国家把个整个的学校交给你，要你用整个的心去做个整个的校长。为个人计，这样可以发展专业的精神，增进职务的效率。为学校计，与其做大人名流的附属机关，不如做一个学者的专心事业。具体的说：去年教育部所开的总长兼校长和校长兼校长的例不但不应沿袭，并且应当根本铲除。我希望现在以总长兼校长的诸公都自动的辞去总长或校长，以校长兼校长的诸公都自动的以担任一校校长为限。至于某大学设立会办一层，似有几人合做校长之情形；此种新例，亦不可开。总之，为国家教育计，为个人精力计，一个人只可担任一个学校校长。整个的学校应当有整个的校长,不应当有命分式的校长。

《新教育评论》第 1 卷第 10 期（1926 年 2 月 5 日）

我之学校观

学校的势力不小。他能教坏的变好，也能教好的变坏。他能叫人做龙，也能叫人做蛇。他能叫人多活几岁，也能叫人早死几年。

学校以生活为中心。一天之内，从早到晚莫非生活，即莫非教育之所在。一人之身，从心到手莫非生活，即莫非教育之所在。一校之内，从厨房到厕所莫非生活，即莫非教育之所在。学校有死的，有活的。那以学生全人全校全天的生活为中心的，才算是活学校。死学校只专在书本上做工夫。间于二者之间的，可算是不死不活的学校。

学校是师生共同生活的处所。他们必须是共甘苦。甘苦共尝才能得到精神的沟通，感情的融洽。国家大事，世界大势，亦必须师生共同关心。学校里，师生应当相依为命，不能生隔阂，更不能分阶级。人格要互相感化，习惯要互相锻炼。人只晓得先生感化学生、锻炼学生，而不知学生彼此感化锻炼和感化锻炼先生力量之大。先生与青年相处，不知不觉的，精神要年轻几岁，这是先生受学生的感化。学生质疑问难，先生学业片刻不能懈怠，是先生受学生的锻炼。这是不可避免的，也是好现象。总之：师生共同生活到什么程度，学校生气也发扬到什么地步，这是丝毫不可以假借的。李白诗说："黄河之水天上来，奔流到海不复回。"这好比是学生的精神。办学如治水，我们必须以导河的办法把学生的精神宣导出去，使他们能在有益人生的事上去活动。倘不能因势利导，反而强事压制，那么决堤泛滥之祸不能幸免了。

康健是生活的出发点，亦就是学校教育的出发点。学问、道德应当有一个活泼稳固的基础,这基础就是康健。俗话说:"百病从口入。"同志们务必注意,办学校是要从厨房、饭厅办起的。

生活之发荣滋长,必须有吸收滋养料的容量。学校教职员必须虚心,学而不厌。我以为,不但教师要学而不厌,就是职员也要学而不厌。因为既以生活为学校的中心,那么各种事务都要含有教育的意义。从校长起一直到厨司校工,各有各的职务,即各有各的学问要增进。增进之法有二:一是各有应读之书必须读,二是各有应联之专家同志必须联。一个学校要想有美满的生活,必须和知识的泉源通根水管,使得新知识可以源源而来。

学校生活只是社会生活一部分。学校不是道士观、和尚庙,必须与社会生活息息相通。要有化社会的能力,先要情愿社会化。

学校生活是社会生活的起点。远处着眼,近处着手,改造社会环境要从改造学校环境做起。全校师生应当以美术的精神,共同改造学校环境。凡应当改造的,一丝一毫都不肯轻松放过,才能表现真精神。师生不能共同改造学校环境而侈谈社会改造,未免自欺欺人。

高尚的生活精神不用钱买,不靠钱振作,也不能以没有钱推诿。用钱可以买来的东西,没有钱自然买不来。用钱买不来的东西,没有钱也是可以得到的。高尚的精神如同山间明月、江上清风一样,是取之无尽、用之无穷的。没有钱是一事,没有精神又是一事。有钱而无精神和无钱而有精神的学校,我都见识过。精神是不靠钱买的,精神是在我们身上;我们肯放几分精神,就有几分精神。不关有没有钱,只问我肯不肯把精神放出来。

我们要学校生活〈生〉长得敏捷圆满,就得要把他放在光天化日之下。太阳光底下可以滋长,黑暗里面免不掉微生物。所以我主张学校要给人看。做父母的,管学务的,以及纳教育税的人,都要看学校,要学校改良。做校长的,做教育的,都要欢迎人参观批评,以补自己之不足。学校放在太阳光里必能生长,必能继续不断的生长。

  我对于学校悬格并不要高,只希望大家把学校办到一个地步:情愿送亲子弟入校求学就算好了。前清往往有办学的人不令子弟入学,时论以为不恕。现每主持省县教育者,亦颇有以子弟无好学校进为虑,甚至送入外人设立学校肄业,真正令人不解。我要有一句话奉劝办学同志,这句话就是"待学生如亲子弟"。

十五、九、二十

《微音》第27、28期合刊(1926年11月5日)

创设乡村幼稚园宣言书

从福禄伯发明幼稚园以来，世人渐渐的觉得幼儿教育之重要；从蒙梯梭利毕生研究幼儿教育以来，世人渐渐的觉得幼稚园之效力；从小学校注意比较家庭送来与幼稚园升来的学生性质，世人乃渐渐的觉得幼儿教育实为人生之基础，不可不乘早给他建立得稳。儿童学者告诉我们，凡人生所需之重要习惯、倾向、态度，多半可以在六岁以前培养成功。换句话说，六岁以前是人格陶冶最重要的时期。这个时期培养得好，以后只须顺着他继长增高的培养上去，自然成为社会优良的分子；倘使培养得不好，那么，习惯成了不易改，倾向定了不易移，态度决了不易变。这些儿童升到学校里来，教师需费尽九牛二虎之力去纠正他们已成的坏习惯、坏倾向、坏态度，真可算为事倍功半。至于不负责的教师，那里顾得到这些。他们只一味的放任，偶然亲自看见了，也不过给儿童一个消极的处分。于是坏习惯、坏倾向、坏态度蓬蓬勃勃的长，不到自害害人不止。这是必然的趋势。

有志儿童幸福的人和有志改良社会的人，看此情形就大呼特呼的提倡广设幼稚园。但提倡的力竭声嘶，而响应的寥若晨星。都市之中尚有几个点缀门面，乡村当中简直找不到他们的踪迹。这也难怪，照现在的情形看来，幼稚园倘不经根本的改革，不但是乡村里推不进去，就是都市里面也容不了多少。

依我看来，现在国内的幼稚园害了三种大病：一是外国病。试一参观今日所谓之幼稚园，耳目所接，那样不是外国货？他们弹的是外国钢琴，唱的是外国歌，讲的是外国故事，玩的是外国玩具，甚至于吃的是外国点心。中国的幼稚园几乎成了外国货的贩卖场，先生做了外国货的贩子，可怜的儿童居然做了外国货的主顾。二是化钱病。国内幼稚园化钱太多，有时超过小学好几倍。这固然难怪，外国货那有便宜的。既然样样仰给于外国，自然费钱很多；费钱既多，自然不易推广。三是富贵病。幼稚园既是多化钱，就得多弄钱，学费于是不得不高。学费高，只有富贵子弟可以享受他的幸福。所以，幼稚园只是富贵人家的专用品，平民是没有份的。

我们现在所要创办的乡村幼稚园，就要改革这三种弊病。我们下了决心，要把外国的幼稚园化成中国的幼稚园；把费钱的幼稚园化成省钱的幼稚园；把富贵的幼稚园化成平民的幼稚园。

一、建设中国的幼稚园　我们在这里要力谋幼儿教育之适合国情，不采取狭义的国家主义。我们要充分运用眼面前的音乐、诗歌、故事、玩具及自然界陶冶儿童，外国材料之具有普遍性、永久性的亦当选粹使用，但必以家园所出的为中心。

二、建设省钱的幼稚园　打破外国偶像是省钱的第一个办法。我们第二个办法就是训练本乡师资教导本乡儿童。一村之中必有一二天资聪敏、同情富厚之妇女。我们就希望他们经过相当训练之后，出来担任乡村幼稚园的教师。他们既可得一新职业之出路，又可使幼稚园之薪金不致超过寻常小学额数。岂不是一举两得？这些妇女中最可有贡献而应最先训练的，无过于乡村校长教员之夫人、姊妹及年长的女学生。他们受过训练之后，只要有人加以提倡，幼稚园就可一举而成。第三个办法就是运用本村小学手工科及本村工匠仿制玩具，如此办来一个钱可以抵数钱之用。三个办法同时并进，可以实现省钱的幼稚园。

三、建设平民的幼稚园　幼稚园化钱既省，取费自廉，平民的儿童当能享受机会均等。教师取之乡间，与村儿生活气味相投，自易亲近。这两件事都可以叫幼稚园向平民方面行走。但一个制度是否真能平民化，要看他是否应济平民的需要。就我们所观察，乡村幼稚园确是农民普遍的永久的需求。试一看乡村生活，当农忙之时，主妇更是要忙得天昏地黑。他要多烧茶水，多弄饭菜，多洗衣服，有时还要他在田园里工作，哪里还有空去管小孩子！那做哥哥，做姊妹的也是送饭，挑水，看牛，打草鞋，忙个不了，谁也没有工夫陪小弟弟、小妹妹玩。所以农忙之时，村中幼儿不是跟前跟后，就是没人照应，真好像是个大累，倘使乡村幼稚园办的得当，他们就可以送来照料。一方面父母又可以免去拖累，一方面儿童又能快快乐乐的玩耍，岂不是"得其所哉"！小学儿童，年龄较大，可以做事，农忙时颇能助父母一臂之力，要他上学，不啻减少农民谋生能力，所以有如登天之难。幼稚园则不然。他所招收的儿童，正是农民要解脱的担负，要他们进来，正是给农民一种便利。倘使办理得当，乡村幼稚园，可以先小学而普及。幼稚园既是应济平民的需要，自有彻底平民化之可能。我们只须扫除当路的障碍，使他早日实现就是了。

建设一个中国的、省钱的、平民的乡村幼稚园不是一说就可以成功的。我们必须用科学方法去试验，必须用科学方法去建设。我们对于幼稚园之种种理论设施都要问他一个究竟，问他一个彻底。我们要幼稚园里样样活动都要站得住。我们要这种种活动都用科学的方法，来建设一个省钱的、平民的、适合国情的乡村幼稚园。将来全国同志起而提倡，使个个乡村都有这样一个幼稚园，使个个幼儿都能享受幼稚园的幸福，那更是我们所朝夕祷祝的了。

《新教育评论》第 2 卷第 22 期（1926 年 10 月 29 日）

南京中等学校训育研究会

南京中等学校近来组织了一个训育研究会,于本月九日开成立会,并于二十一日开第一次常会。这个研究会是由国立、省立、私立中等学校担任训育的职员组织而成的,可算是一个地方训育人员第一次对于训育问题之大协作。历来办学的人谈到学生品行问题就联想到宽严的观念。其实从前学校一味盲目的压制,近年学校一味盲目的放任,都是不应该走的错路。训育问题不是笼统的宽严问题。究竟什么事应当严?什么事应当宽?应当严的如何严法?应当宽的如何宽法?什么叫做严?什么叫做宽?我怕专在笼统的宽严问题上做工夫总寻不出什么条理来,所以希望担任训育的人,第一要打破宽严的观念,要在宽严以外去谋解决。真正的训育是品格修养之指导。我们要在"事"上去指导学生修养他们的品格。事应当怎样做,学生就应当怎样修养,先生就应当怎样指导。各种事有各种做法,指导修养之法也跟了它不同。同是一事,处不同之地,当不同之时,遇不同之人,那做的方法及指导修养的方法也就不能尽同了。怎样可以拿一个笼统的宽严观念来制裁他们呢?

训育上的第二个不幸的事体就是担任训育人员的消极作用。他们惯用种种方法去找学生错处。学生是犯过的,他们是记过的。他们和学生是两个阶级,在两个世界里活着,他们对于学生的问题困难漠不关心。我们希望今后办训育的人要打破侦探的技术,丢开判官的面具。他们应该与学生共生活,共甘苦,做他们的朋友,帮助学生在积极活动上行走。他们也不应当忘记同学互相感化的影响,最好还要运用同学去感化同学——运用朋友去感化朋友。

训育上还有个最不幸的事体,这事就是教育与训育分家,把教育看作知识范围以内的事,训育看作品行范围以内的事;以为学习知识与修养品行是受不同的原理支配的,甚至于一校之中管教务与训育者不相接洽,或背道而驰。殊不知学习知识与修养品行是受同一学习心理定律之支配的,我们如果强为分家,必至自相矛盾,必至教知识的不管品行,管品行的不学无术。所以我们希望担任训育的人,要打破知识品行分家的二元论,而在知识品行合一上研究些办法出来。

训育难办,中等学校的训育更难办,当今中国之中等学校训育尤其难办。然而难处即是有兴味处。他所以难是因为他问题繁多而复杂;他所以有兴味是因为他给我们研究的机会极丰富而不可限量。品行养成之要素是在一举一动前所下的判断。我们问题中之最大问题是如何引导学生于一举一动前能下最明白的判断。这样一来,即刻牵涉到善恶、是非、曲直、公私、义利之分。这样一来,即刻牵涉到个人所处的地位、时会及发生关系的人。这样一来,问题可就多了,可就难了,可就真有兴味了。知道这里的难处,欣赏这里的兴味,才可以干训育的事。任训育者不是查房间,管请假,记过,发奖品就算了事。他的最大责任是引导学生参与现代人生切要的生活,于一举一动前能下最明白的判断。全体教职员都有这个责任,即全体教职员都负有一部分训育上之任务,不过任训育者总其成罢了。

南京训育研究会的成立,就是一件很有价值的事。从此各人可以把实际的具体问题提出交换意见,共谋改进。最好是活动些,大家可以伸缩自如;不可勉强规定一致的办法,以致造成机械的、呆板的训育系统。这种会的贡献就在唤起各人之主动思想,倘使每人提出经验上发生的问题,叫参与讨论的人都不得不慎重考虑,去谋适当的解决,便是很有价值了。像这样的训育研究会才值得推广哩。

《新教育评论》第2卷第23期(1926年11月5日)

我们的信条*

《我们的信条》虽是我用笔写的，但不是我创的。我参观诸位先生在学校里实际的工作，心里不由人起了好多印象，积起来共有十八项，我就依着次序编成这套信条。所以这是诸位先生自己原来的信条，早已接受实行，今日只是大家共同温习一遍，并下定决心，终身奉行，始终如一。

我们从事乡村教育的同志，要把我们整个的心献给我们三万万四千万的农民。我们要向着农民"烧心香"。我们心里要充满那农民的甘苦。我们要常常念着农民的痛苦，常常念着他们所想得的幸福，我们必须有一个"农民甘苦化的心"才配为农民服务，才配担负改造乡村生活的新使命。倘使个个乡村教师的心都经过了"农民甘苦化"，我深信他们必定能够叫中国个个乡村变做天堂，变做乐园，变做中华民国的健全的自治单位。这是我们绝大的机会，也就是我们绝大的责任。

一、我们深信教育是国家万年根本大计。

二、我们深信生活是教育的中心。

三、我们深信健康是生活的出发点，也就是教育的出发点。

四、我们深信教育应当培植生活力，使学生向上长。

五、我们深信教育应当把环境的阻力化为助力。

---

* 本篇系演讲词。1926年11月21日，中华教育改进社特约乡村试验学校，在南京明陵小学召开第一次研究会暨乡村教育研究会成立大会，陶行知在会上发表了这篇演说。

六、我们深信教法学法做法合一。

七、我们深信师生共生活，共甘苦，为最好的教育。

八、我们深信教师应当以身作则。

九、我们深信教师必须学而不厌，才能诲人不倦。

十、我们深信教师应当运用困难，以发展思想及奋斗精神。

十一、我们深信教师应当做人民的朋友。

十二、我们深信乡村学校应当做改造乡村生活的中心。

十三、我们深信乡村教师应当做改造乡村生活的灵魂。

十四、我们深信乡村教师必须有农夫的身手、科学的头脑、改造社会的精神。

十五、我们深信乡村教师应当用科学的方法去征服自然，美术的观念去改造社会。

十六、我们深信乡村教师要用最少的经费办理最好的教育。

十七、我们深信最高尚的精神是人生无价之宝，非金钱所能买得来，就不必靠金钱而后振作，尤不可因钱少而推诿。

十八、我们深信如果全国教师对于儿童教育都有"鞠躬尽瘁，死而后已"的决心，必能为我们民族创造一个伟大的新生命。

《新教育评论》第3卷第2期（1926年12月10日）

《燕子矶小学》序[*]

我自从参观燕子矶小学以后，觉得这里充满了生活力。可以担当乡村教育改造之响导，于是就做了一篇《一个用钱少的活学校》，希望引起全国同志的觉悟去共谋全国乡村教育之根本改造。继而建议于本社董事部与江宁县教育局约定以他充作本社特约第一试验乡村学校，以为本社实行改造乡村教育政策之出发点。从此我们的关系日益亲密。我亲眼看他继续的努力征服自然，改造社会。我亲眼看他整理燕子矶公园，建筑通俗图书馆，组织新农村。我亲眼看他同化别的学校。我亲眼看他联合志同道合的学校从事课程的研究。我亲眼看他和尧化门小学与江宁县立师范学校共谋乡村师资之改进。看着这种种设施就觉得他的精神只是一个"长"字。因为他是"活"的所以能长。凡是不长的东西就快要死了。因为他继续的长，所以他能继续的活。我希望全国的小学都有燕子矶小学的精神，个个长生不老，个个不断的向前进，向上长。

中华民国十五年十一月二十四日陶知行

《燕子矶小学》（1928 年 10 月）

---

[*] 本编系陶行知为丁超编著的《燕子矶小学》一书所作的序。今题为编者所拟。

中国师范教育建设论

教什么？怎样教？教谁？谁教？这是师范学校的几个基本问题。要想把师范学校办得好，必须把这些问题先弄明白。

师范学校首先要问的是：教什么？这是教材问题。施教的人不能无中生有，他必得要运用环境所已有的事物去引起学生之活动。所以遇了"教什么"这个问题，我们暂时可以下一句答语：有什么，学什么；学什么，教什么；教什么，就拿什么来训练教师。但是世界上有的东西，无计其数；所有的未必是所需要的。因此，我们姑且又要加上一句答语：要什么，学什么；学什么，教什么；教什么，就拿什么来训练教师。

所有和所要都知道了，我们立刻发生教法问题。我们要接着问一问：怎样教？教的法子要根据学的法子，学的法子要根据做的法子。教法、学法、做法是应当合一的。我们对于这个问题所建议的答语是：事怎样做就怎样学；怎样学就怎样教；怎样教就怎样训练教师。

教什么和怎样教决不是凌空可以规定的。他们都包含"人"的问题。这问题就是：教谁？人不同，则教的东西，教的方法，教的分量，教的次序都跟着不同了。我们要晓得受教的人在生长历程中之能力需要，然后才晓得要教他什么和怎样教他；晓得了要教他什么和怎样教他，然后才能晓得如何去训练那教他的先生。

预备要做先生的是哪种人？他对于教师职业的兴味、才能如何？他充当某种教师是否可以胜任愉快？现在实际在那儿当教师的是谁？师范学校所期望于他所训练的人有多少能做适当的教师？这也是师范学校要考虑的问题。我们的建议是：谁在那儿教，谁欢喜教，谁能教得好就应当训练谁。

就上面所说的，总起来看，我们知道师范学校，是要运用环境所有所需的事物，归纳于他所要传布的那种学校里面，依据做学教合一原则，实地训练有特殊兴味才干的人，使他们可以按着学生能力需要，指导学生享受环境之所有并应济环境之所需。这个定义包含三大部分：一是师范学校本身的工作，二是中心学校的工作，三是环境里的幼年人生活。这三大部分应当发生有机体的关系，使得他们的血脉可以流通，精神可以一贯。他们中间不当有丝毫的隔膜。一看这个定义，我们立刻晓得师范学校的出发点就是他所要传布的中心学校，中心学校的出发点就是环境里的幼年人生活，由此我们也就可以明白建设师范教育之历程。

环境里的幼年人生活既是中心学校的中心，我们首先就要把他弄个明白。我们要晓得幼年人在生长历程中有什么能力，有什么需要。我们虽不能完全知道，但是学者已经研究出来的，我们必须充分明了。幼年人不是孤立的，他是环境当中的一个人。环境对于幼年人的生活有两种大的力量。一是助力。自然界的光线、空气、食物饮料在常态之下，都是扶助人类生长的东西。社会里的语言文字、真知灼见以及别人的互相提携，也都有扶助我们生长的作用。二是阻力。例如狂风、暴雨、水患、旱灾、虫害种种，都是自然界与人为难的东西。社会方面的贪官、污吏、劣绅、土棍、盗贼以及一切不良的制度风俗，也是我们生长的挡路物。可是阻力倘不太大，可以化为助力。逆境令人奋斗，生长历程中发生了困难才能触动思想，引起进步。人的脑袋就是这样长大的，文明也是这样进化的。我们应用自然界和社会界的助力、阻力去培植幼年人的生活力，使他可以做个健全分子去征服自然，改造社会。因此，我们又要问自然界与社会界对于幼年人的生长有什么助力，有什么阻力？他们对于幼年人生长的贡献是什么？他们有什么缺憾要人力补天工之不足？一个环境对于幼年人生长之助力、阻力、贡献、缺憾，要具体的分析开来，才能指导教育的实施。倘使囫囵吞枣，似乎没有多大用处。分析出来的具体事实必定是整千整万，学校自然不能完全采纳进去。所以进一步的工作就是估量每件事实的价值。价值估量之后再作选择的工夫，把价值最低的除开，需要可缓的除开，学校不必教不能教的除开，留下来的容纳到学校里去，编成教材，制为课程，佐以相当设备，配以相当程序，使教师指导学生脚踏实地的去做去学。这样一来，中心学校就可以办成了。这种学校是有根的；他的根安在环境里，吸收环境的肥料、阳光，化作自己的生命；所以他能长大，抽条，发叶，开花，结果。这种学校是与自然生活、社会生活联为一气的。他能适应环境的生活，也能改造环境的生活。他是本地的土壤里产生出来的，他自能在相类的环境里传播。我们可以祝他说："恭喜你多福，多寿，多儿子，儿子又生孙，孙又生儿子，子子孙孙生到无穷期。个个都像你，个个胜过你。"中心学校有了办法，再办师范学校。师范学校的使命，是要运用中心学校之精神及方法去培养师资。他与中心学校的关系也是有机体的，也是要一贯的。中心学校是他的中心而不是他的附属品。中心学校也不应以附属品看待自己。正名定义，附属学校这个名字要不得。实习学校的名字好得多，但是这个名字包含了"思想与实习分家"的意味，也不是最好的。师范学校的各门功课都有专业的中心目的，大部分都应当与中心学校联串起来。例如教育学、心理学等等功课若是附加的性质，决不能发生很大的效力。这种功课应当与实地教学熔为一炉，大部分应当采取理科实验指南的体裁以谋教学做三者之合一。我们进行时对于师范生本身之能力与需要当然要同时顾到。因为师范生将来出去办学的环境与中心学校的环境必定不能一模一样；要想师范生对于新环境有所贡献，必得要同时给他们一种因地制宜的本领。

师范毕业生得了中心学校的有效办法和因地制宜的本领，就能到别的环境里去办一个学校。这个学校的精神与中心学校是一贯的,但不是刻印板的,不是照样画葫芦的。他要适应他的特殊环境,也要改造他的特殊环境。

这个学校对于学生所要培植的也是生活力。他的目的是要造就有生活力的学生,使得个个人的生活力更加润泽丰富强健,更能抵御病痛,胜过困难,解决问题,担当责任,学校必须给学生一种生活力,使他们可以单独或共同去征服自然,改造社会。

我们这里所建议的步骤是一气呵成的:自然社会里的生活产生活的中心学校,活的中心学校产生活的师范学校,活的师范学校产生活的教师,活的教师产生有生活力的国民。

这个建设历程,从头到尾,都是息息相通的,倘使发现不衔接,不联络,不适应的地方,到处可以互相参考纠正,随改随进。所以中心学校随着自然社会生活继续不断的改进,师范学校随着中心学校继续不断的改进,地方学校随着师范学校继续不断的改进,自然社会生活又随着地方学校继续不断的改进。

上述师范教育的建设历程,倘用下图(第184页)表示,更能一目了然:

说明:

自然社会里的幼年生活是中心学校之中心。

中心学校是师范学校之中心。

一,二,三,四,五,是师范毕业生办的学校。

生活力代表师范毕业生所办学校培养之学生。

训练初级师范教员之高等师范或师范大学,可于师范学校外加一圈,并类推。

师范学校既以中心学校为中心,那么,有哪一种的中心学校就有哪一种的师范学校:有幼稚园为中心学校,就可以办幼稚师范;有小学为中心学校,就可以办初级师范;有中学或师范为中心学校,就可以办高等师范或师范大学;有各种职业机关或学校做中心

中国师范教育建设图[1]

学校,就可以办各种职业师范。

师范学校既以中心学校为中心,就得跟着中心学校跑。凡有好的中心学校的地方都可以办个师范;凡是没有好的中心学校的地方,都可以取消师范的招牌。否则就应当根本改造中心学校和各方面的关系,使它名实相符。师范学校人数也可不拘,看中心学校的容量而定。他能容几个人就是几个人,不必勉强。一个师范可以有几个中心学校;一个中心学校也可以做几个师范学校的公共中心。例如一个乡村师范可以有几个单级学校,几个复式学校,几个单式学校做他的中心学校。又例如一个好的中心小学里可以容纳初级中学、高级中学,甚至于大学程度的师范生在这里学习。初级中学程度的人在这里学习之后可以去当初小的教师，高级中学程度的人在这里学习之后可以去当高小的教师，大学程度的学生在这里学习之后可以去办初级师范或县立师范。

中心学校的成立有两种方式都可以行。一是另起炉灶来创设；二是找那虚心研究、热心任事、成绩昭著并富有普遍性之学校特约改造，立为中心学校。这两种方式可以按照情形酌量采择施行。

有了中心学校，就可以在中心学校左近建筑或租借房屋开办师范班或师范学校。收录师范生可有两种办法。一是本校招收新生始终其事，予以完全训练。这种办法规模较大，需用人才、设备、经费也较多。二是招收他校将毕业而有志充当教师之学生或有相当程度之在职之教职员，加以相当时期之训练。照这种办法，师范部只须准备宿舍、图书、讨论室、指导人才及所需之其他设备，就可开办。这是比较轻而易举的。毕业后发给修业证书，俟办成有生活力之学校，始发给正式毕业证书。原肄业学校如因本校没有师范训练，亦得依照规定手续保送相当学生来此学习。毕业证书可由两校合发。这种种办法，各级师范都可适用。

上面所说的是建设中国师范教育的根本原理与实施概要。中国师范教育因前清办理失策，以致师范学校与附属学校隔阂，附属学校与实际生活隔阂。我们所以有这种隔阂，是因为我们的师范教育或是从主观的头脑里空想出来的，或是间接从外国运输进来的，不是从自己的亲切经验里长上来的。这种师范教育倘不根本改造，直接可以造成不死不活的教师，间接可以造成不死不活的国民。有生活力的国民，是要靠着有生活力的教师培养的；有生活力的教师，又是要靠着有生活力的师范学校训练的。中国今日教育最急切的问题，是旧师范教育之如何改造，新师范教育之如何建设。国家所托命之师范教育，是决不容我们轻松放过的。我们很希望全国同志会精聚神来对付这个问题。

《新教育评论》第 3 卷第 1 期（1926 年 12 月 3 日）

注释

〔1〕本篇最初在《新教育评论》上发表时,编者曾将此图略去。现据方与严编《陶行知教育论文选辑》所收之图补入。

中华教育改进社改造全国乡村教育宣言书

本社的乡村教育政策，是要乡村学校做改造乡村生活的中心，乡村教师做改造乡村生活的灵魂。我们主张由乡村实际生活产生乡村中心学校，由乡村中心学校产生乡村师范。乡村师范之主旨在造就有农夫身手、科学头脑、改造社会精神的教师。这种教师必能用最少的金钱，办最好的学校，培植最有生活力的农民。我们深信他们能够依据教学做合一的原则，领导学生去学习那征服自然改造社会的本领。但要想这种教育普遍实现，必须有试验，研究，调查，推广，指导之人才，组织，计划，经费，及百折不回的精神，方能成功。本社的事业范围很宽，但今后主要使命之一，即在厉行乡村教育政策，为我们三万万四千万农民服务。我们已经下了决心要筹募一百万元基金，征集一百万位同志，提倡一百万所学校，改造一百万个乡村。这是一件伟大的建设事业，个个国民对他都负有绝大的责任。我们以至诚之意欢迎大家加入这个运动，赞助他发展，指导他进行，一心一德的为中国乡村开创一个新生命。

《新教育评论》第3卷第1期（1926年12月3日）

山 穷 水 尽

——致凌济东[1]的信

济东吾兄:

接读十二月四日手书,有如蜜糖里夹了黄连,令人吃了又甜又苦,真是别有滋味,感谢之至。

来书说到本社[2]经济情形,已是山穷水尽,这是事实,谁也不能否认。本社已是山穷水尽,本社同人应当怎样呢?我们应当在山穷水尽的时候,找出一条生路来!本社之所以山穷水尽,是因为中国教育已到山穷水尽了。我们倘不能为中国教育找出生路,决不能为本社找出生路。所以我们要拚命的为中国教育找生路,即所以为本社找生路。前在京中所谈的几件事,倘能用全副精神干去,必是长生之道。不但是本社长生之道,也就是中国教育长生之道,也就是中华民国长生之道。

我和叔愚[3]兄所担任的乡村教育运动,现正在杀机四伏中努力进行。我们已经看见光明,前途有无穷的希望,我们已经下了决心:要提倡一百万所学校,去改造一百万个乡村,使个个乡村都得着充分的新生命,合起来造成中华民国的伟大的新生命。吾兄所担任的一件,有同样的重要,吾兄的使命是要培养康健的儿童,造成康健的民族。依据杨先生的推算,吾兄还有五十年的寿源,去干这件伟大的事业。我主张自筹款,自罗人才,积极进行;与人互助则可,决不可因人成事。如果在这五十年当中,吾兄能把国民的康健立一个稳固的基础,叫个个国民都有血色,有生气,有精神,都能抵抗疾病,扫除障碍,战胜困难,也算不虚生一世了。人生为一大事来，做一大事去。我们就在改进社旗帜之下各人干他一件，也是人生极快乐的事情。倘使我比您多活几岁，到您升天的时候，我就在您的坟墓上立一石碑，上面写着"康健之神"四个大字，叫一切病魔化做一只大乌龟，背着这块石碑直到万万年。倘使我比您早死几年，我可以托付桃红、小桃、三桃、仙桃[4]代我为您办这件事。

山穷水尽！好一个山穷水尽！这是天帝给我们另找生路的惟一机会。我们应当欢欢喜喜的接受这个机会，共同为本社找条生路，为中国教育找条生路，为中华民国找条生路。

知　行
十五年十二月十四日

《行知书信》（1929年亚东图书馆版）

注释

〔1〕凌济东　名冰，号济东。早年赴美留学，获哥拉克大学教育心理科博士。回国后，任南开大学教授，并为中华教育改进社重要成员。

〔2〕本社　即中华教育改进社。

〔3〕叔愚　即赵叔愚，曾与陶行知共同创办南京晓庄试验乡村师范学校（即晓庄师范），并任该校第一院院长，积极推行乡村教育运动。

〔4〕桃红、小桃、三桃、仙桃　即陶行知的长子陶宏、次子陶晓光、三子陶刚和四子陶诚。

试验乡村师范学校答客问

乡村师范学校是什么？

乡村师范学校是依据乡村实际生活，造就乡村学校教师、校长、辅导员的地方。

为什么要加上试验两个字？

中国乡村教育走错了路，现在已经到了山穷水尽，不得不另找生路。试验就是用科学的方法去采新的生路。我们在前面已经看着一线光明，不能说是十分有把握，但深愿"试他一试"。

这个学校是谁办的？

这个学校是中华教育改进社结合少数乡村教育同志办的。

中华教育改进社为什么要发这种宏愿？

中华教育改进社三年以来对于乡村教育素所注意，近来更觉得这件事是立国的根本大计。估计起来，中国有一百万个乡村，就须有一百万所学校，最少就须有一百万位教师。个个乡村里都应当有学校，更应当有好学校。要有好的学校，先要有好的教师。好的教师有生成的，有学成的。生成的好教师如同凤毛麟角，不可多得，恐怕一百万位乡村教师当中，九十九万九千九百位是要用特殊的训练把他们培养成功的。这是一件伟大的事业，要全国同志运用心力财力才能办到。本社不忍放弃国家一分子的责任，所以很情愿在万难中设立这个小小的试验乡村师范，为的是要造就好的乡村教师去办理好的乡村学校。

乡村教师要怎样才算好？

好的乡村教师，第一有农夫的身手，第二有科学的头脑，第三有改造社会的精神。他足迹所到的地方，一年能使学校气象生动，二年能使社会信仰教育，三年能使科学农业著效，四年能使村自治告成，五年能使活的教育普及，十年能使荒山成林，废人生利。这种教师就是改造乡村生活的灵魂。

乡村学校要怎样才算好？

有了这样好教师，就算是好的乡村学校；好的乡村学校，就是改造乡村生活的中心。

现在中国有没有这种学校？

现在中国有少数乡村学校确是朝着这条路走。他们的精神确系要令人起敬。如同燕子矶小学、尧化门小学、开原小学都是著有成绩的乡村学校。最近改造的江宁县立师范学校、明陵小学、笆斗山小学，成绩也有可观。别的地方一定也有这种学校，因为不晓得清楚，不能列举。这几个学校假使再给他们五年或十年的时间，当能使这些乡村得到一种新生命，开创一个新纪元。

这些学校为什么办得这样好？

因为他们的教职员有办理乡村方面的天才，并且有虚心研究学问的精神。

这些学校与试验乡村师范要发生什么关系？

因为地点接近燕子矶小学和尧化门小学，已经特约为试验乡村师范学校的中心小学，其他学校就辅助分工研究关于乡村小学的种种问题。

何谓中心小学？

中心小学以乡村实际生活为中心，同时又为试验乡村师范的中心。平常师范学校的小学叫做附属小学，我们要打破附属品的观念，所以称他为中心小学。中心小学是师范学校的主脑，不是师范学校的附属品。中心小学是师范学校的母亲，不是师范学校的儿子。中心小学是太阳，师范学校是行星。师范学校的使命是要传布中心学校的精神、方法和因地制宜的本领。

试验乡村师范学校依据中心小学办理,已经听得明白,但究竟采用什么方法使他实现呢?

我们的一条鞭的方法就是教学做合一。

什么是教学做合一?

教学做合一是:教的法子根据学的法子,学的法子根据做的法子。事怎样做就怎样学,怎样学就怎祥教。比如种田这件事要在田里做,就要在田里学,也就要在田里教。教学做有一个共同的中心,这个中心就是"事",就是实际生活;教学做都要在"必有事焉"上用功。

试验乡村师范的课程与平常学校有什么不同的地方?

试验乡村师范的全部课程就是全部生活,我们没有课外的生活也没有生活外的课。约略分起来,共有五门:一、中心小学生活教学做。二、中心小学行政教学做。三、师范学校第一院院务教学做。四、征服天然环境教学做。五、改造社会环境教学做。

什么是第一院?

我们的师范学校将来要分两院,第一院是招收他校末一年半的学生及相等程度之在职人员,加以一年半的训练;第二院是完全师范制,一切训练,都由本校始终其事。因为第一种办法较为轻而易举,所以先办第一院。

什么是院务教学做?

我们第一院里面种种事务都是要学生分任去做的,什么文牍、会计、庶务、烧饭、种菜,都是要学生轮流学习的。全校只用一个校工担任挑水一类的事,其余一切操作,都列为正课,由学生躬亲从事。

师范生要学习烧饭种菜,这是什么道理?

乡村里当教师,不会烹饪,就要吃苦。我们晓得师范生初到乡村去充当教师,有的时候,不免饿得肚皮叫,就是因为他们不会炊事。从前科举时代文人因过考需要,大多数都会烹饪。现在讲究洋八股，反把这些实用的本领挥之门外，简直比科举还坏。所以我们这里的口号是："不会种菜，不算学生"，"不会烧饭，不得毕业"。

教师处于什么地位？

本校各科教师都称为指导员，不称为教员。他们指导学生教学做，他们与学生共教、共学、共做、共生活。不但如此，高级程度学生对于低级程度学生也要负指导之责。

什么资格的学生可以进来呢？

初级中等学校，高级中等学校，专门大学校末了一年半的学生和在职教职员有同等程度的都可以投考。但是他们必须有农事或土木工经验，方才有考取的把握。这是顶重要的资格，这两个条件完全没有的人不必来考。凡是小名士、书呆子、文凭迷的都最好不来。如果有人想办乡村小学，为预储师资起见，保送合格学生来学，学成就去办学，这是我们最欢迎的。

考些什么功课？

我们所要考的有五样东西：一、农事或土木工操作；二、智慧测验；三、常识测验；四、作国文一篇；五、三分钟演说。

收录多少学生呢？

我们现在暂定为二十名。倘使我们在这两个月当中经费可以多筹些，如果合格学生很多，我们也可以多收几名。倘使合格学生很少，我们就少取几名；只要有一个合格学生，我们都是要开办的。我们教一个学生和教一千个学生一样的起劲，因为如果这个学生是个人才，他对于乡村教育必有相当的贡献。一个人是千万人的出发点。倘使我们这次招生只能得到一个真学生，我们也就心满意足了。

毕业年限怎样？

我们的修业年限暂订为一年半，但不是一定不移的，可以按照实在情形酌量伸缩。不过修业后必须服务半年，经本校派员考查，确有精神表现，才发给各种毕业证书。

费用要多少呢？

本校学费一概不收，收膳费每月暂以五元为最高额，由师生共同经管。杂费依最节省限度另订。学生种田，照佃户租田公允办法，每年赚钱多少，看自己运用心力的勤惰巧拙，统归本人所用，帐目完全公开。

试验乡村师范学校设在何处？

这个学校设在南京神策门外迈皋桥，离燕子矶、尧化门都很近。我们准备了田园二百亩，供师生耕种；荒山数座，供师生造林；最少数经费，供师生自造茅草屋居住。

茅草屋怎样布置？

每个茅草屋住十一个人：十位学生，一位指导员。里面有阅书室、会客室、饭厅和盥洗室、厕所。屋外后面附一个小厨房；厨房之后，有一个小菜园。

茅草屋没有造成住在何处？

住在帐篷里。谁的茅草屋没有造好，谁就要住在帐篷里。十一个人都要受茅草屋指导员的指导，按照图样建造一个优美的、卫生的、坚固的、合用的、省钱的茅草屋。个个人都要参加，都要动手。教师不但是教书，学生不但是读书，他们是到这里来共同创造一个学校。从院长起以及到学生，谁不造成茅草屋，谁就永久住在帐篷里。

宿舍之外还有什么？

本校一切建筑都是茅草屋。除宿舍外，我们要有图书馆、科学馆、教室、娱乐室、操室、温室、陈列所、医院、动物园、指导员家属住宅，都要逐渐使他们成立，但总依据茅草屋的形式建筑。

简括些说起来，试验乡村师范的精神究竟何在？

本校的精神可以拿本校校旗之意义来代表。旗之中心有一个小圆圈，里面有个"活"字，代表所要培养之生活力。圈外有个等边三角，代表学教做三者合一。三角上面有一个"心"放在当中，表示关心农民甘苦之意。左边有一支笔,右边有一把锄头。三角之外有一大圆圈放射光芒,好比是太阳光。四面有一百个金色星布满全旗,代表一百万个学校,改造一百万个乡村,使个个乡村都得到光,合起来造成中华民国的伟大的光。

《乡教丛讯》第 1 卷第 2 期(1927 年 1 月 16 日)

中国乡村教育之根本改造

中国乡村教育走错了路！他教人离开乡下向城里跑，他教人吃饭不种稻，穿衣不种棉，做房子不造林；他教人羡慕奢华，看不起务农；他教人分利不生利；他教农夫子弟变成书呆子；他教富的变穷，穷的变得格外穷；他教强的变弱，弱的变得格外弱。前面是万丈悬崖，同志们务须把马勒住，另找生路！

生路是甚么？就是建设适合乡村实际生活的活教育。我们要从乡村实际生活产生活的中心学校；从活的中心学校产生活的乡村师范；从活的乡村师范产生活的教师；从活的教师产生活的学生，活的国民。活的乡村教育要有活的乡村教师；活的乡村教师要有农夫的身手、科学的头脑、改造社会的精神。活的乡村教育要有活的方法，活的方法就是教学做合一：教的法子根据学的法子，学的法子根据做的法子；事怎样做，就怎样学；怎样学，就怎样做。活的乡村教育要用活的环境，不用死的书本。他要运用环境里的活势力，去发展学生的活本领——征服自然改造社会的活本领。他其实要叫学生在征服自然改造社会上去运用环境的活势力，以培植他自己的活本领。活的乡村教育，要教人生利。他要叫荒山成林，叫瘠地长五谷。他要教农民自立、自治、自卫。他要叫乡村变为西天乐园，村民都变为快乐的活神仙。以后看学校的标准，不是校舍如何，设备如何，乃是学生生活力丰富不丰富。村中荒地都开垦了吗？荒山都造了林吗？村道已四通八达了吗？村中人人都能自食其力吗？村政已经成了村民自有、自治、自享的活动吗？这种活的教育，不是教育界或任何团体单独办得成功的。我们要有一个大规模联合，才能希望成功。那应当联合中之最应当联合的,就是教育与农业携手。中国乡村教育之所以没有实效,是因为教育与农业都是各干各的,不学闻问。教育没有农业,便成为空洞的教育,分利的教育,消耗的教育。农业没有教育,就失了促进的媒介。倘有好的乡村学校,深知选种、调肥、预防虫害之种种科学农业,做个中心机关,农业推广就有了根据地、大本营。一切进行,必有一日千里之势。所以第一要教育与农业携手。那最应当携手的虽是教育与农业,但要求其充分有效,教育更须与别的伟大势力携手。教育与银行充分联络,就可推翻重利;教育与科学机关充分联络,就可破除迷信;教育与卫生机关充分联络,就可预防疾病;教育与道路工程机关充分联络,就可改良路政。总之乡村学校,是今日中国改造乡村生活之唯一可能的中心!他对于改造乡村生活的力量大小,要看他对于别方面势力联络的范围多少而定。乡村教育关系三万万六千万人民之幸福!办得好,能叫农民上天堂;办得不好,能叫农民下地狱。我们教育界同志,应当有一个总反省,总忏悔,总自新。我们的新使命,是要征集一百万个同志,创设一百万所学校,改造一百万个乡村。我们以至诚之意,欢迎全国同胞一齐出来,加入这个运动!赞助他发展,督促他进行,一心一德的来为中国一百万个乡村创造一个新生命。叫中国一个个的乡村都有充分的新生命,合起来造成中华民国的伟大的新生命。

《乡教丛讯》第1卷第1期(1927年1月1日)

为中国教育寻觅曙光

——致王琳[1]的信

王琳先生：

前星期接到你一月二十八日的信，可算是这次过年最好的礼物，我读这封信比小孩子吃年糕还快乐。不久曹先生[2]从真如来信为你介绍，他的信和你的一样的感动人，真是令人喜而不寐，我本想写一封长信给你，因此就耽误了好多天。谅想你现在必定急待回信，所以只好缩短笔阵，先给你一个简短的回答。你对于《农业全书》、《养鸡全书》、《养羊全书》的批评，真是一针见血。纸上谈教育或农业，原来与纸上谈兵一样，何能发生效力？你说"洋八股"依旧是一个"国粹"老八股，离开整个生活，以干禄为目的，也是千真万真的。我们现在要打倒的就是这八股教育、干禄教育。我们决定再不制造书呆子和官僚绅士们。你愿意舍身从事适合于农村生活的教育，我们是十二分的欢迎，我们可以共同为中国教育寻觅曙光，为中国教育探获生路。章程详《乡教丛讯》[3]，已于接信时寄奉，谅已收到了。

敬祝康乐！

陶知行上
十六、二、廿一

《乡教丛讯》第 1 卷第 5 期（1927 年 3 月 1 日）

注释

〔1〕王琳　浙江浦江人。陶行知创办的晓庄师范第一期学生。

〔2〕曹先生　即曹聚仁(1900—1972)。浙江浦江人。现代著名作家。

〔3〕《乡教丛讯》　半月刊。中华教育改进社乡村教育同志会会刊。后与晓庄师范合办，陶行知是其主要筹创人。该刊宗旨为推进乡村教育事业，交流乡村教育经验。

晓庄试验乡村师范学校
创校概况 *

我们中国现在正是国民革命的势力高涨之秋。惟既有国民政治上的革命，同时还须有教育上的革命。政治与教育原是不能分离的，二者能同时并进，同时革新，国民革命才有基础和成功的希望。

本校是于本年三月开学，当时宁地战事风云正急，三路交通，俱已断绝，而各同学冒危险，自上海、镇江、安徽、浙江、江西相继前来，本校遂得于枪林弹雨中如期开学。自开校迄今，屡经战事及其他变故，故现在设备及其他一切，俱觉不很完备。

本校的办法，是主张在劳力上劳心。本校全部生活，是"教""学""做"。教的法子根据学的法子，学的法子根据做的法子。我们的实际生活，就是我们全部的课程；我们的课程，就是我们的实际生活。我们每天早晨五时有一个十分钟至十五分钟的寅会，筹划每天应进行的工作，是取一日之计在于寅的意义。寅会毕，即武术。本校无体操课，即以武术代。上午大部分时间阅书。所阅之书，一为学校规定者；一为随各个人自己性之所好者。下午工作有农事及简单仪器制造、到民间去等。晚上有平民夜校及做笔记、日

---

* 本篇系演讲记录。1927年8月14日，南京市教育局局长和南京各校校长到晓庄师范参观。陶行知主持了欢迎会并发表了讲话。记录者为葛尚德。本篇摘自《南京市教育局长及各校长参观本校记》一文。今题为编者所拟。

记等。这是本校全部大概的生活。

　　现在有一点我们应当注意的，就是以前的教育，都是像拉东洋车一样。自各国回来的留学生，都把他们在外国学来的教育制度拉到中国来，不问适合国情与否，只以为这是文明国里的时髦物品，都装在东洋车里拉过来，再硬灌在天真烂漫的儿童的心坎里，这样儿童们都给他弄得不死不活了，中国亦就给他做得奄奄一息了！我从前也是把外国教育制度拉到中国来的东洋车夫之一，不过我现在觉到这是害国害民的事，是万万做不得的。我们现在要在中国实际生活上面找问题，在此问题上，一面实行工作，一面极力谋改进和解决。本校全体指导员及同学，都是抱有这样一个目标，所以毅然决然的跑到这个荒僻的乡下来。我们认定必须这样，将来中国的新教育才能产生呢！

　　以上是报告本校大概的情况。敝校创办伊始，有许多不对的地方，现在请各位来宾先生们详细的批评和指导。

《乡教丛讯》第 1 卷第 17 期（1927 年 9 月 1 日）

如何教农民出头[*]

上次，我和杨先生[1]讨论到怎样把国家建设在农业上，如何教农业文明渡到工业文明，如何使农民得执工商业之牛耳等等问题。现在把我个人近来关于这些问题的心得，约略说一下。

如何教农民出头？这个问题的解决，我们可举种棉花来比。农民辛辛苦苦，把棉花收获下来之后，他对于棉花就不能自主了。棉花要出头到纱厂里去，纱厂里要他的出头费。纱厂以逸待劳，价格随意而定。农民为经济所迫，不得不低价出售。再进而至于由纺纱厂到织布厂，由织布厂到市场，没有一个关口不是有人要收很重的出头费。到布出卖的时候，农民买进来穿是很贵的棉布衣。棉花出售时是何等的便宜，穿布时却是大大的昂贵起来了。我们现在要想个法子，把纺纱厂、织布厂以及市场打成一贯，使农民能执工商业之牛耳，则棉花可以出头，种棉花的人也跟着棉花出头了。依我想来，这是可以做得到的。比方：以江苏省来说，江苏一省有二千五百万的农民，以五个农民为一家来计算，统共有五百万个农家。如果每家出一元，可以得到五百万元之数。以这五百万元，可以兴办农民纺纱厂，农民自己做股东，把农民自己所产的棉花，送到农民自办的工厂里去。再每家出一元来办织布厂以及商店。如此，二千五百万的农民，不但可以省去出头费，也还可以赚得赢利不少。

从农业国进到工业文明的过程中，必然有多数人要受淘汰而失

---

[*] 本篇系演讲记录。记录者为戴邦（戴伯韬）。编者推定，这是在晓庄学校寅会上的演讲。

业。因为机器发达，人工省去，这种现象，是确然不可免的。我们现在既然要把农业、工业打成一片，在农业上因机器而遭失业的人，就可以调进纺纱厂、织布厂、商店去做工度日。这个农民失业的危险，如果是农民执工业的牛耳，就可以避去一大部分。

孙中山先生的实业大计划，也包括上述的事业。他主张利用国家资本与外资来发展国内实业。如果他的计划实行，要想教农民执工业上之牛耳，就得教农民实行把民权操在手中，运用国家权力来出头。国家资本，倘使分别缓急，必定要用来先筑十万里的铁路，因为这是农民出头必由之路。如果工厂里的货物运不出去，则生产过剩，价格低落，实业必归失败，所以筑路是发展实业的第一步。假如国家资本只能先顾筑路，创办纱厂一时不能并举，那么我们运用农民自己的资本与劳力，慢慢儿来开办起来，也是必要的政策。因为政府与农民共同努力，出头当然可以快些。

但如何可以从农民的荷包里掏出一元钱来做股东，以及如何可以使农民执有民权？这两件事须靠我们从事乡村教育诸同志的努力。农民对于这种大规模举动的不明了，与不知民权为何物，固然要靠舆论来鼓吹与启迪，但最要紧的还着重在培植小农民的乡村教师。假如每村有农户百家，五百万家就有五万个农村。假使这五万个乡村教师都受有特殊训练，那么五万个教师联合起来，不啻就是五万个村庄联合起来，也就是农民资本聚集的媒介。这样积少成多，就可以开办纺纱厂、织布厂等等。如此棉花可以出头无阻，农民也就可以出头无阻了。至于如何训练农民执民权，如何教他们运用选举权、罢官权、创制权、复决权，也要靠乡村教师为之教导。这是我一月来对于这些问题考虑的一斑。上月我曾种山芋一次，知道山芋必定要底下可以安根，上面可以出头，才可以活。我们要想中国活起来，就得要在农业上安根，在工商业上出头。这个问题很大，希望诸位注意这问题，细细加以研究。

《乡教丛讯》第 1 卷第 16 期（1927 年 8 月 15 日）

注释

〔1〕杨先生　即晓庄师范乡村教育指导员杨效春。

中国乡村教育运动之一斑

——中国代表致送坎拿大世界教育会议报告之一*

一、中国乡村教育为什么值得注意

中国是著名的农业国,据最普通的估计,中国农民占全国人口总数的百分之八十五,就是说,全国有三万万四千万的人民住在乡村里,所以乡村教育是远东一种伟大之现象。凡关心世界问题的人们,决不致忽略这种的大问题——无论办得好不好,中国的乡村教育关系全世界五分之一的人民。

二、中国现在的乡村学校

中国现在的乡村学校,老实说起来,确实不能适应乡村的需要。他们给儿童唯一的东西是书本知识,他们从来不知道注意到农人的真正的需要。这样教育,使农村社会减少生产量,使农人富的变穷,穷的变得格外穷。这使人最不满意,所以改造农村教育的呼声,到处都可以听得到了,一个新纪元正在放射曙光咧!

---

* 本篇系英文论著,是陶行知为世界教育联合会第三次年会而准备的,年会地点在加拿大(坎拿大)。陶行知本人未能出席,系由中国教育代表团代为提交大会。将英文译成中文者为张宗麟。

三、新运动志在建设与创造

最近几年来,中华教育改进社拟订了改造中国乡村教育的计划,要使乡村教育适应中国乡村生活的需要。办这样教育的人们,都抱着研究的态度、科学的精神,以实际乡村生活做他们探险的指南针。他们下了决心不再墨守旧法或抄袭舶来货,去重演削足适履的把戏。

现在中国正在产生新生活,占全国最大多数的农民自当得着相当训练去参加这种新生活。从前的旧传统和外国制度已经不适用,非抛弃不可,那新的方法更不期然而然的要产生了。所以中国现时的乡村教育运动,是适应新农民生活需要而来的。这种新运动,可以肯定的说,是志在建设与创造的。

四、实现新运动的三个时期

这种新运动要想整个地实现出来,须分三个时期:第一时期——也可以说是最重要时期——是试验期。在这时期里,我们要设立各种试验学校,去试验关于乡村教育种种方法和材料。第二时期是训练期。根据试验所得的结果,训练许多合于乡村生活的教师和其他有效的人才。第三时期是布种期。依据受过训练人才的多寡从事推广,使乡村教育可以布满全国。

五、中心小学是什么?

这个新运动的出发点是开办中心小学。我们所以叫它为中心小学的意义有三:第一,以乡村生活为学校生活的中心;第二,以学校为改造社会的中心;第三,在这所学校本身已经办得有成绩了,可作训练师资的中心。现在中华教育改进社有三个中心小学：第一中心小学在燕子矶，是特约的。这所学校有六级，是一所单式编制的完全小学。第二中心小学在尧化门，也是特约的。它是用复式编制的。第三中心小学是自办的，叫做晓庄小学，是单级小学，全校只有一位教师。

以上三个中心小学，虽然因为各地需要的不同，而办法也有许多差异，但是他们确有几个共同之点：

第一，他们对于教育与人生有共同的信仰。他们以乡村生活为学校生活的中心，同时以学校为改造乡村的中心，并为小的村庄与大的世界沟通的中心。

第二，他们对于方法有共同的原则。他们的信条是："在劳力上劳心"，"手到心到"，以实际的工作为教学的中心。

第三，他们深信工具是教育的要素。人生教育须在人生工具上求实现。真的教育是教人发明工具，制造工具，运用工具。明了这点，就可以知道，书籍不过是人生工具的一种，不是人生唯一的工具。

第四，全校的费用是很经济的。他们的经费与邻近小学比起来是差不多的。他们要试验出最经济的标准，使各处的小学都很容易做到。因为在中国的教育经费现状之下，费用少的好小学比费用多的好小学，效力要大得多。

第五，学校既是乡村的中心，教师便是学校和乡村的灵魂。教师的人格影响于学生和乡村人民很大。他们有三个共同的资格：

（一）他们有农人的身手，他们都能够做农人的工作。第一，他们因此可以了解农民的困苦艰难和一切问题，并且容易做他们的朋友，帮助他们；第二，他们有了农人的身手，便可以利用闲暇时间做园艺等工作，像他们这样低额薪俸，种园一事，不无小补；第三，他们有了农人身手，在乡间便有用武之地，因此便多办学之乐而少办学之苦。

（二）他们有科学的头脑。他们是虚心的，好观察和尝试。他们对于科学农业和科学上其他的新发明，都感到浓厚的兴趣，并且他们很切心希望把这些科学常识介绍给农人。这是乡村教师最应当有的态度。如此，才能控制一般农民社会的守旧性。

（三）他们有改造社会的精神。他们把自己的小学变成发电机，拿电力送到农家去，使家家发出光明来。虽然全校只有一个教师，也不觉得孤单寂寞。因为每个学生都是活的电线，把学校和社会连接起来了。我们深信学校的唯一功效，就是能使全数村民都能安居乐业，爱乡救国。

六、中心小学的活动

要想把中心小学整个的表现出来，最简单的方法是叙述他们一天的活动。乡村儿童真是像早起的小鸟，寻常在六点钟的时候都到学校里来了。他们第一件活动是整理学校。教师和学生同做，抹桌、扫地、擦窗……每个人担任一处地方，大家一齐做起来，不消半小时，把全校都收拾得清洁可爱了。在轻视儿童做实际生活的人们看起来，以为我们的中心小学教学生做下贱的工作。但是，同时也有人说："这种学校因为教育经费不裕，不得不自己操作，倒获得了生活上必需的技能。"

第二是晨会。晨会里的活动有升旗、唱歌、校长或教师谈话，散后学生方才到课堂里去。"清洁检查"是极重要的，教师和年长的学生共同执行。检查学生的脸部、眼睛、牙齿、手指等等。倘若在家里洗得不干净的，就罚他在学校洗干净。

这些活动完毕以后，就开始别种活动。无论读法、算术、写法，都和乡村生活或其他教材联络的。这些学校要乘各种机会，运用文字到实际生活需要上去。例如：有一个不识字的乡人，要求学校替他写一封信，教师就请年长的学生来写。经过教师的修正，便选那最好的交给乡人。这样的写作都给相当的分数。

放午学半小时之前,教师或年长的学生,用故事式体裁对学生报告国家大事,或乡民须合作的事情。这种报告必须学生回去说给家里人听,再将家里人听了以后的反应报告到学校里来。

我们可以用灭蚊子的方法来做自然科的例子。教师事前指导学生搜集各种蚊子各期变化的标本,装在玻璃瓶里,逐步加以说明。因此儿童知道蚊子的变化和人生的关系。同时教师又指导学生知道吃蚊子的虾蟆等等动物,认它们为友军,从事扑灭蚊子的运动。

园艺是重要活动之一,有两种工作:学校设计与家庭设计。在这里我们必须叙述实行这种工作的困难。第一,农民反对教师率领儿童做学校园艺工作。他们说:"我们送孩子来是读书的,不是做工的。"许多乡村教师所以失败,就是这个缘故,我们是预先料到的。事先,我们邀请了许多学生的父母,对他们说:"我们想教儿童根据地上的出产,教他们读,教他们写,教他们算,使他们所能种的都会读,会写,会算,所以要种园。地上的出产他们可以带回家去,或是卖给人家。"经过这样解释,父母都赞成学校的举动了,学校的计划也就前进无碍。第二个困难是发生于单级小学里的。单级小学里学生的年龄、能力都参差得很多,在田里当然发生困难了。但是我们用了分工法做去,各个儿童都依着自己的能力忙于自己的工作,困难竟减少了。

手工科包含修理校具、校舍和制造教具、校具。教师带着学生做木工和泥水工,是学校很重要的手工。简单的科学器具,也是自己做的。

卫生科是巡回医生来指导的。学校教师跟着医生做检查砂眼、布种牛痘等简单医术,成效都很好。这几所学校里每人都有单独的手巾、牙刷、茶杯。我们希望不久再添聘巡回看护士。

团体的设计,可以用欢迎会来做例子。学生知道有学问的客人来了,一群学生和一位教师便开一个谈话会,筹备怎样欢迎客人。

他们推举一个学生作主席，一个学生作记录，编拟开会节目，指定各人的工作。他们又推定二个学生写请柬，二个学生送信邀请客人。以上的工作在半小时以内都做完了。过了一刻，客人来了，依着拟定的秩序单，致欢迎词、奏乐、来宾演说、致答词、全体唱歌……一件一件的实行下去。临了，学生还给全体摄了一张影。

校舍是公开的，给全体村民公用。信用合作社、农产物展览会、村民武术会、村民结婚的礼堂和赛会的会场都可以借用学校的房舍。到了夜里还开办村民夜校，夜校也是教师来主持的。

中心小学的教师实在太忙了，到了夜里当然要想休息，所以另外想出方法来办理夜校。一个乡村里，必定有几个很能干、很肯为公众服务的人，教师就请他们来帮忙。这个计划倘若实行以后，就可增加很多的优良教师。在燕子矶试验这个方法，成效很好。现在我们要编一种农民千字课，专为乡民用的，每天化一小时的工夫，四个月以后，大都能读平民报、写普通的信。这样做去，乡村学校不但能给儿童教育，也可以教成人呢！

七、乡村中心幼稚园

在中国乡村里，幼稚园格外来得需要。农忙的时候，农妇异常忙碌，她要帮助种田，要做饭煮茶，还有其他的家事。在这时候，年长的儿童都可以帮助做事。六岁以下的孩子，真是她的累赘物了。倘若有一个地方替她看孩子，她们真是要感激不尽。有的时候，在小学里的子女被叫回去陪弟妹；有时候做母亲的，拿了一条小凳子，抱着一个小孩子到小学里来，请教师替他看小孩子。她唯一的要求，只要求教师看顾这个孩子，不要让他走动。这是何等可怜呀！我们因此也可以知道，乡村幼稚园是何等重要呀！

乡村幼稚园除了为幼稚儿童造幸福以外，还可以节省农忙时农妇的精力，又可以直接帮助小学生减少缺课——因为有许多小学生的缺课是在家里看管弟弟妹妹,所以乡村幼稚园的功效比城市幼稚园还要大。但是寻常幼稚园的办法,实在不能够移到乡下来。中国寻常城市幼稚园犯了三个大病——贵族的、外国的和浪费的病。倘若我们要办乡村幼稚园,非根本的把幼稚园变成平民的、中国的和省钱的不可。我们已经开始研究了,也已经有些把握了。去世不久的陆慎如[1]女士,曾经发愿为办乡村幼稚园努力。我们此后还是要本着她的牺牲精神,照着预定的计划做下去。

八、试验乡村师范学校

试验乡村师范设在晓庄,和第三中心小学邻近,距第一中心小学五里(一哩半)路,第二中心小学十里。我们所以创办这所学校的目的,是要养成有乡村领袖能力的教师,目的有三:

(一)养成农人的身手;

(二)养成科学的头脑;

(三)养成改造社会的精神。

这个学校的校训是"教学做合一"。教的法子根据学的法子,学的法子根据做的法子。例如农事是要在田里做的,就须在田里学,也就须在田里教。这是合一的方法,与寻常所用的分割方法不同。按寻常的方法,师范生先受了三年半的普通训练,到了最后半年开始实习,毕业以后方才是真的做教师。我们的学生,开始就教儿童,学生们就在真切的、负责的和有指导的环境之下做先生,所以他们不但要自己学习,并且要同时学习教人,他们是以教人者教己。我们深信某件事能够教人家了解,自己方才可以算得真切的了解。我们依据这个方法,很严格的指导每个师范生到各个中心小学里去负一星期的完全责任。

全部的课程包括了全部的生活:一切课程都是生活,一切生活都是课程。我们不知道什么是课内活动和课外活动的。全部活动——教学做——可以分为五个部分：

（一）中心小学活动教学做　这部分教学做占全数时值之半。寻常师范有附属小学实习的一科，这种办法，和师范学校缺少有机体的关系。小学乃是师范的中心，先须有很好的中心小学，才能有很好的师范学校。中心小学好比是母亲，也是发电机。

中心小学活动教学做可以分做六组：国语算术组、公民组、卫生组、自然组、园艺组、游戏娱乐组。每组各设研究指导员。师范生每人可以选择一组或两组做研究指导员的助手。每个指导员研究所得，必须将经过情形和学生讨论，指导他，观察他，帮助他。小学教学做指导员由校长聘请，对于该工作负完全支配之责任。

（二）分任院务教学做　全校的文书、会计、杂务、卫生等工作，都是指导员指导学生做的。全校只有一个粗工，担任挑水，其余的工作都是学生和指导员分担的，甚至烧饭、炒菜也是自己做的。烧饭的工作，在乡村教师是很重要的，因为学生们倘若送到一所没有校工的新学校里去，那么就非自己动手做饭不可了。

（三）征服自然环境教学做　这项包括科学的农业、造林、基本手工、卫生和其他教学做。

（四）改造社会环境教学做　这项包括村自治、民众教育、合作组织、乡村调查和农民娱乐等教学做。这项教学做，从学校三里路四周着手做起。每一个小村有二位去担负责任。现在已经有了十二个小村在计划中了。我们无论什么事都是以做为教学的中心的。所以这件事就算是社会工作。乡村调查，我们不在教室里学的，乃是要到十二个小村里去实行调查的。又如合作社，也是要依照各种原则，实行去组织的，不是空讲的。其他的教学做都是如此的。

二人担任一个小村庄的方法，我们希望他们和这个村庄里的人民做极要好的朋友，做一条学校与村庄通电的电线。有了这根活电线，一切的改造工作，都可以极便利的进行了。

（五）学生自动的教学做　这部分活动都是学生自动计划和决

定的。大部分是关于个人的事情。

此外，晓庄师范学校里还有几个特点：学生只用书，不读书。他们在图书室里看书，不在课室里上书。他们看到书的难处才去问指导员。他们为生活而用书，不为书籍而读书。这是特点之一。

指导员和学生都是农人的样子，有时赤着脚，穿了草鞋干。学生从入学考试的一天起，就必须做农事。我们深信，我们倘要想感化农人，必须自己先受农人感化。这是特点之二。

指导员和学生只有很少的区别，他们的界限实在是分不清楚的。每个人都是教做，也都是学做。"会做的教人，不会做的跟人学"是我们的座右铭。

学生毕业时是没有文凭的，要到毕业以后，服务了半年，有了好的成绩，方才给他证书。学生与学校的关系，虽是离校以后，在社会上服务了，还是要很密切的。我们要设巡回指导员来维持学校与学生的永远关系。

九、试验幼稚师范院

在试验师范学校里，我们还要设幼稚师范院。该院以中心幼稚园活动为教学做的中心，招收乡村的女子学习。乡村小学教师的夫人、未婚妻或亲戚尤为欢迎。该院有最显著的几个特点：

（一）可以培养许多幼稚教师，适应乡村间需要幼稚园的渴望。

（二）可以为乡村间受教育的女子们开一条新的职业之门。

（三）倘若乡村教师的夫人或未婚妻能受此种教育，将来夫妻同在一乡从事教育，可以有下列五点好处：

（甲）乡村教师在乡间服务的幸福可以增进；

（乙）夫妻同做教师，家庭的收入可以增加；

（丙）因此，乡村教师的服务期可以延长；

（丁）乡村间有了女教育家，乡村妇女教育可以格外推广；

(戊)这位教师的家庭,就可以组织成一个模范乡村家庭。

有了以上的种种理由和需要,所以幼稚师范院的开办,虽然有许多困难,我们还要设法使它实现的。

十、乡村教育研究部

乡村教育研究部,由试验师范研究指导员和名誉研究员组织而成,研究关于乡村教育的各种问题,以谋乡村教育实际问题的解决。大学校的学生可以来做研究员的助理,我们希望该研究部在最近期内可以充分发展,好做中国乡村教育之指针。

十一、其他事业

以上所说的中心学校、试验乡村师范和乡村教育研究部是中国乡村教育运动的主要工作。此外还有几种附带的事业,也来说明一下。

(一)招待参观 改进社为便利远道来校参观者起见,曾在少数优良学校里设备床位,以便参观者作长时期的观察。这个方法,可以使乡村教育运动扩大得更快,更远。

(二)乡村教育同志会 该会有会员千人,曾议决乡村教师信条十八条,发行两星期刊物一种,即《乡教丛讯》,现在销数有二千份。

(三)乡村学校辅导员 改进社请了一位办乡村学校著有成绩的教师,做乡村学校辅导员。乡村学校要想谋学校之改进,可以先派校长或教师到中心小学来实地观察,再由辅导员去考察该校的实际状况;然后他们合拟改进的方法,由校长和教师进行,辅导员则随时前去帮忙。

(四)乡村治疗所 晓庄创办一个乡村治疗所,医生除了看乡人疾病以外,并训练师范生简单的医药卫生常识与检查中心小学儿童的疾病。

（五）乡民武术会　晓庄附近的十二个乡村里的农人倘欲受武术训练,都可由师范学校武术指导员教以相当之武术。

（六）合作社　尧化门小学宋调公先生已经办了一所小规模的合作社,成绩很好。不久在晓庄也要创办一所。我们希望把范围逐渐扩大,训练农民自己组织。

十二、结　　论

以上所说各节,不过是中国乡村教育运动在南京——中国新都——的简单报告。以我们的能力所及,在广州、武昌、成都、北京、奉天、昆明各地,不久都要举办。我们最后的希望是各省各县都有这样的乡村教育做改造事业的中心。因为我们最后的目标是培养一百万个乡村教师,使全国一百万村庄都得到新生命,合起来造成中华民国的新生命。

《教育季刊》第3卷第3期(1927年9月27日)

注释

〔1〕陆慎如　筹办晓庄师范燕子矶幼稚园的指导员,在该园开学前病逝。

教学做合一

"教学做合一"是本校的校训。我们学校的基础就是立在这五个字上,再也没有一件事比明了这五个字还重要了。说来倒很奇怪,我在本校从来没有演讲过这个题目,同志们也从没有一个人对这五个字发生过疑问。大家都好像觉得这是我们晓庄的家常便饭,用不着多嘴饶舌了。

可是我近来遇了两件事,使我觉得同志中实在还有不明了校训的意义的。一是看见一位指导员的教学做草案[1]里面把活动分成三方面,叫做教的方面、学的方面、做的方面。这是教学做分家,不是教学做合一。二是看见一位同学在《乡教丛讯》上发表一篇关于晓庄小学的文章。在这篇文章里,他说:"晓庄小学学生的课外作业就是农事教学做。"在教学做合一的学校的辞典里并没有"课外作业"。课外作业是生活与课程离婚的宣言,也就是教学做离婚之宣言。今年春天洪深[2]先生创办电影演员养成所,招生广告上有采用"教""学""做"办法字样,当时我一见这张广告,就觉得洪先生没有十分了解教学做合一。倘使他真正了解,他必定要写"教学做"办法,决不会写作"教""学""做"办法。他的误解和我上述的两个误解是相类的。

我接连受了这两次刺激,觉得非彻底的、原原本本的和大家讨论明白,怕要闹出绝大的误解。思想上发生误解,则实际上必定要引起矛盾,所以把这个题目来演讲一次是万不可少的。我自回国以后,看见国内学校里先生只管教、学生只管受教的情形,就认定有改革之必要。这种情形,以大学为最坏。导师叫做教授,大家以被称教授为荣。他的方法叫做教授法，他好像拿知识来赈济人的。我当时主张以教学法来代替教授法，在南京高等师范学校校务会议席上辩论二小时，不能通过，我也因此不接受教育专修科主任名义。八年，应《时报·教育新思潮》主干蒋梦麟先生之征，撰《教学合一》一文，主张教的方法要根据学的方法。此时苏州师范学校首先赞成采用教学法。继而"五四"事起，南京高等师范同事无暇坚持，我就把全部课程中之教授法一律改为教学法。这是实现教学合一的起源。后来新学制颁布，我进一步主张：事怎样做就怎样学，怎样学就怎样教；教的法子要根据学的法子，学的法子要根据做的法子。这是民国十一年的事，教学做合一的理论已经成立了，但是教学做合一之名尚未出现。

前年在南开大学演讲时，我仍用教学合一之题，张伯苓[3]先生拟改为学做合一，我于是豁然贯通，直称为教学做合一。去年撰《中国师范教育建设论》时，即将教学做合一之原理作有系统之叙述。我现在要把最近的思想组织起来作进一步之叙述。教学做是一件事，不是三件事。我们要在做上教，在做上学。在做上教的是先生，在做上学的是学生。从先生对学生的关系说，做便是教；从学生对先生的关系说，做便是学。先生拿做来教，乃是真教；学生拿做来学，方是实学。不在做上用工夫，教固不成教，学也不成为学。

从广义的教育观看，先生与学生并没有严格的分别。实际上，如果破除成见，六十岁的老翁可以跟六岁的儿童学好些事情。会的教人，不会的跟人学，是我们不知不觉中天天有的现象，因此教学做是合一的。因为一个活动对事说是做，对己说是学，对人说是教。比如种田这件事是要在田里做的，便须在田里学，在田里教。游泳也是如此。游水是在水里做的事，便须在水里学，在水里教。再进一步说，关于种稻的讲解，不是为讲解而讲解，乃是为种稻而讲解；关于种稻而看书，不是为看书而看书，乃是为种稻而看书。

想把种稻教得好,要讲什么话就讲什么话,要看什么书就看什么书。我们不能说种稻是做,看书是学,讲解是教。为种稻而讲解,讲解也是做;为种稻而看书,看书也是做。这是种稻的教学做合一。

一切生活的教学做都要如此,方为一贯。否则教自教,学自学,连做也不是真做了。所以做是学的中心,也就是教的中心。"做"既占如此重要的位置,宝山县立师范学校竟把"教学做合一"改为"做学教合一",这是格外有意思的。

十一月二日

《中国教育改造》(1928年4月上海亚东图书馆版)

注释

〔1〕教学做草案 相当于一般学校里的教案。在晓庄师范里即各科指导员的活动计划。不同于一般教案的地方在于:教学做草案须与学生讨论修改后共同实施。

〔2〕洪深(1894—1955) 中国现代知名戏剧家、电影编导。字浅哉,江苏常熟人。早年留学美国,专攻戏剧。30年代参加左翼戏剧运动,并参加进步剧团"南国社"。他还长期参加了学校教育工作,为中国现代话剧、电影培养了不少专门人才。

〔3〕张伯苓(1876—1951) 教育家。他先后创设了天津南开中学、南开大学、南开中学女生部、南开小学和重庆南开中学。时任南开大学校长、中华教育改进社董事。

在劳力上劳心

昨天我讲《教学做合一》的时候，曾经提及"做"是学之中心，可见做之重要。那么我们必须明白"做"是什么，才能明白教学做合一。盲行盲动是做吗？不是。胡思乱想是做吗？不是。只有手到心到才是真正的做。

世界上有四种人：一种是劳心的人，一种是劳力的人，一种是劳心兼劳力的人，一种是在劳力上劳心的人。二元论的哲学把劳力的和劳心的人分成两个阶级：劳心的专门在心上做工夫，劳力的专门在苦力上讨生活。劳力的人只管闷起头来干，劳心的人只管闭起眼睛来想。劳力的人，便成了无所用心，受人制裁；劳心的人便成了高等游民，愚弄无知，以致弄成"劳心者治人，劳力者治于人"的现象。不但如此，劳力而不劳心，则一切动作都是囿于故常，不能开创新的途径；劳心而不劳力，则一切思想难免玄之又玄，不能印证于经验。劳力与劳心分家，则一切进步发明都是不可能了。所以单单劳力，单单劳心，都不能算是真正之做。真正之做，须是在劳力上劳心。在劳力上劳心，是真的一元论。

在这里我们应当连带讨论那似是而非的伪一元论。一次我和一位朋友讨论本校主张在劳力上劳心，我的朋友说："你们是劳力与劳心并重吗？"我说："我们是主张在劳力上劳心，不是主张劳力与劳心并重。"劳心与劳力并重虽似一元论，实在是以一人之身而分为两段：一段是劳心生活，一段是劳力生活。这种人的心与力都是劳而没有意识的。这种人的劳心或劳力都不能算是真正之做。真正之做只是在劳力上劳心，用心以制力。这样做的人要用心思去指挥力量，使能轻重得宜，以明对象变化的道理。这种人能以人力胜天工。世界上一切发明都是从他那里来的。他能改造世界，叫世界变色。

我们中国所讲的科学原理，古时有"致知在格物"一语，朱子用"在即物而穷其理"来解释，似乎是没有毛病的了。但是王阳明跟着朱子的话进行，便走入歧途。他叫钱友同格竹，格了三天，病了。他老先生便自告奋勇，亲自出马去格竹——即竹而穷竹理——格了七天，格不出什么道理来，也就病了。他不怪他自己格得不对，反而说天下之物本无可格，所能格的，只有自己的身心。他于是从格物跳到格心，中国的科学兴趣的嫩芽便因此枯萎了。假使他老先生起初不是迷信朱子的呆板的即物穷理，而是运用心思指挥力量以求物之变化，那便不致于堕入迷途。

在劳力上劳心，是一切发明之母。事事在劳力上劳心，便可得事物之真理。人人在劳力上劳心，便可无废人，便可无阶级。征服天然势力，创造大同社会，是立在同一的哲学基础上的。这个哲学的基础，便是"在劳力上劳心"。我们必须把人间的劳心者、劳力者、劳心兼劳力者一齐化为在劳力上劳心的人，然后万物之真理都可——探获，人间之阶级都可——化除，而我们理想之极乐世界乃有实现之可能。这个担子是要教师挑的。惟独贯彻在劳力上劳心的教育，才能造就在劳力上劳心的人类；也惟独在劳力上劳心的人类，才能征服自然势力，创造大同社会。

最后，我想打一个预防针，以免误解。一次有一位朋友告诉我说："你们在劳心上劳力的主张，我极端的赞成。"我说："如果是在劳心上劳力，我便极端不赞成了。我们的主张是'在劳力上劳心'，不是'在劳心上劳力'。"

十一月三日

《中国教育改造》(1928年4月上海亚东图书馆版)

以教人者教己

"以教人者教己"是本校根本方法之一，我们也必须说得很明白，方知他效用之大。

昨天邵先生教纳税计算法，就是"以教人者教己"的例证。邵先生因为要教大家计算纳税，所以就去搜集种种材料，并把这些材料融会贯通起来，然后和盘托出，教大家计算。他因为要教大家，所以先教自己。他是用教大家的材料教自己。他年年纳税，但是总没有明白其中的内幕，今年为什么就弄得这样彻底明白呢？因为要教你们，所以他自己便不得不格外明白了。他从教纳税上学得的益处，怕比学生要多得多哩！

近来韩先生教武术，不是要一位同学发口令吗？这便是以教人者教己。这位同学发口令时，便是以同学教同学。因为要他发口令，所以他对于这套武术的步骤就格外明了，他在发口令上学，便是以教人者教己。

第三中心小学潘先生是素来没有学过园艺的，但是第三中心小学有园艺一门功课，他必得教。既然要教园艺，他对于园艺便要格外学得清楚些。他拿园艺教小学生的时候，便是拿园艺来教自己。

我们从昨天起，开始交际教学做。第一次轮到的，便是孙从贞[1]女士。今天有客来，便须由她招待，来宾到校必定要问许多问题，孙女士必须一一答复。但她是一位新学生，对于学校的经过历史、现在状况及未来计划，都是没有充分明了。因为要答复来宾的问题，她必须预先把这些事情弄得十分明白，才不致给来宾问倒。她答复来宾的问题时，从广义的教育看来，她便是在那儿教，来宾便是在那儿学。为了要答复来宾的问题,她自己就不得不先去弄得十分明白,这便是以教人者教己。

我们平常看报,多半是随随便便的。假使我们要教小学生回家报告国家大事,那么我们看报的时候,便不得不聚精会神了。我们这样看报,比起寻常的效率不知道要大得几多倍哩! 这便是借着小孩讲国家大事,来教自己明了国家大事。这便是以教人者教己。

又比如锄头舞的歌词是我做的,对于这套歌词,诸位总以为我做了之后便是十分明了了。其实不然。我拿这歌词教燕子矶小学生时,方把他弄得十分明白。以前或可以说只有七八分明白,没有十分明白。自己做的歌词还要等到教人之后才能十分明白,由此可见"以教人者教己"的效力之宏。

从这些例证上,我们可以归纳出一条最重要的学理。这学理就是:"为学而学,不如为教而学之亲切。为教而学,必须设身处地,努力使人明白;既要努力使人明白,自己便自然而然的格外明白了。"

十一月五日

《中国教育改造》(1928年4月上海亚东图书馆版)

注释

〔1〕孙从贞　晓庄师范第二期学生,1927年10月入校。

艺友制师范教育答客问

——关于南京六校[1]招收艺友之解释

艺友制是什么？

艺是艺术，也可作手艺解。友就是朋友。凡用朋友之道教人学做艺术或手艺，便是艺友制。

艺友制如何可以应用到师范教育上来？

师范教育的功用是培养教师。教师的生活是艺术生活。教师的职务也是一种手艺，应当亲自动手去干的。那些高谈阔论，妄自尊大，不屑与三百六十行为伍的，都不是真教师。学做教师有两种途径：一是从师，二是访友。跟朋友操练，比从师来得格外自然，格外有效力。所以要想做好教师，最好是和好教师做朋友。凡用朋友之道教人学做教师，便是艺友制师范教育。

艺友制是如何发现的？

发现艺友制之起因有二：一是由于感觉现行师范教育之缺憾，二是由于感觉各种行业施行艺徒制之实效。现行师范教育将学理与实习分为二事，简直是以大书呆子教小书呆子，所出的人才和普通中学不相上下。国内少数优良小学全凭天才做台柱，至于师范教育的贡献还是微乎其微。大多数受过师范训练的人，至今办不出一个可以令人佩服的学校，岂不是大可叹息的事吗？我们再看看木匠徒弟所做的桌椅，裁缝徒弟所做的衣服，漆匠徒弟所做的牌匾，不由人要觉得十分惭愧。艺友制便是这种叹息惭愧的土壤里面发生出来的一根嫩苗。现在中国职业界有一个不好的趋势，这趋势便是以仿效学校为荣。所以有汽车学校、理发学校、洗衣学校，这种学校,那种学校,不一而足。谁知道一染上了学校气,便是失败之母。我可以断定,黎锦晖、黎明晖办的中华歌舞团,比他们办的中华歌舞学校效力要大得多。三百六十行虽然不可跟学堂学,但是学堂实在应当跟着三百六十行学才好。我们这艺友制,便是要跟三百六十行学点乖,好去培植些真人才。

那么,艺友制是否要起而代替师范学校?

不是的。师范学校应当根本改造,不应当废除。现在各省归并师范的潮流,是欠深谋远虑的。不过,我们主张的艺友制,是要和师范学校相辅而行的,不是拿来替代师范学校的。

徒弟制既行之有效,何不爽爽快快的就称他为艺徒制的师范教育?

艺徒制虽是有效力,但也有缺点。徒是步行的意思,倘若师傅引着徒弟一同步行,当然是很好的;但是有许多师傅坐着汽车要徒弟跟着跑,那就不好了。平常工匠待艺徒如奴仆,秘诀心得又不肯轻传,以致事业不能进步,光阴多耗于没有教育价值之工作。所以艺徒的名词,最好不再沿用。换一个友字,则艺徒的好处一概吸收,坏处一概避免了。

艺友制究竟是使用什么方法?

艺友制的根本方法是教学做合一。事怎样做便怎样学,怎样学便怎样教。教的法子根据学的法子,学的法子根据做的法子。先行先知的在做上教,后行后知的在做上学。大家共教共学共做,才是真正的艺友制,惟独艺友制才是彻底的教学做合一。

什么地方能行艺友制?

凡学校有一艺之长的教师,便可招收艺友。从幼稚园以及到研究所,只要这个条件符合,都可试行艺友制。假使中国现有之二十万学校个个有把握,便个个可收艺友,个个可做训练教师之中心,每年训练一位,只要五年便可解决普及四年小学教育所要之师资问题,但是一百个学校当中至少有九十个是没有把握的。我们的责任,是要使没有把握的学校变为有把握的学校,使有把握的学校个个都变做训练教师的一个小小的中心。

艺友制的理论,看来似乎是站得住,但是有没有地方实行过,结果好不好?

我们考察乡村学校后,觉得燕子矶小学、尧化门小学、开原小学的办法很可为它校取法,便于前年与这几个学校约设铺位,使远道来校参观的人可以留校作较长时期之研究。这便是艺友制之发端。后来江问渔[2]先生要在板浦创办小学,便派了他的侄儿江君希彭到燕子矶小学过了三个月的生活,很得实益。这是第一个具体的例子。去年秋季燕子矶幼稚园成立,丁夫人和两位女毕业生随着张、徐二指导[3]学办乡村幼稚园,进步也很快。至此,我们对于这种办法发生了极大的希望。我们深信这种办法不但是最有效力之教师培植法,并且是解除乡村教师寂寞和推广普及教育师资之重要途径。这时我们还找不到一个更适当的名词,只好迁就称它为徒弟制;但是总觉得徒弟制这个名词不能完全表出我们的真意,所以迟迟的不愿发表。今年一月五日早晨忽然想出艺友制三字来代表这种办法,大家都欢喜得很。现在南京六校已经联合开始招收艺友,市教育局陈鹤琴课长并拟在市立实验小学及幼稚园中试行[4]。就已往结果观察,我们以为只要有人负责指导,艺友制是值得一试的。

十七,一,八

《中国教育改造》(1928年4月上海亚东图书馆版)

注释

〔1〕南京六校　指晓庄试验乡村师范学校、南京市立实验小学、南京鼓楼幼稚园、南京燕子矶小学、南京尧化门小学和燕子矶幼稚园。

〔2〕江问渔　即江恒源,字问渔。1926年3月至1927年4月任江苏省教育厅厅长。

〔3〕丁夫人 即燕子矶小学校长丁超（丁兆麟）的夫人。张、徐二指导，即当时晓庄师范幼稚教育指导员张宗麟、徐世璧。

〔4〕陈鹤琴时任南京市教育局学校教育课（科）课长，市立实验小学由他管辖。此处幼稚园，系指陈鹤琴所创办的南京鼓楼幼稚园。

《中国教育改造》自序[*]

这部书代表我在中国教育里摸黑路所见着的几线光明。从"教授"写到"教学",从"教学"写到"教学做",[1]人家怕要疑我前后思想矛盾。其实我的矛盾处,便是我的长进处。当选择旧稿时,我曾下了一个决心,凡是为外国教育制度拉东洋车的文字一概删除不留,所留的都是我所体验出来的。所以我所写的便是我所信的,也就是我所行的。

当吾母六十寿辰,我立志要将吾父母传给我最好的精神,在中国教育上充分表现出来,作为我献与她的寿礼。她所最欢喜的,是她的四个孙儿,她常呼他们为她的蟠桃。因此,我便想到最好的寿礼,无过于把她爱蟠桃的心推广出去,使全国的蟠桃都得到他们所应得的爱护。自从这天以后,我便深刻的注意到小朋友们所受的教育。我踏进蟠桃园去看了一看,知道这蟠桃园已由玉皇大帝交给专好"升赏"的猴王看管了。玉皇大帝所以叫他看管的意思,只是怕他"后来闲中生事,不若与他一件事管了,庶免别生事端"。谁知他不当一件事做,往往在园里"耍了一会,吃了几个桃子,变做二寸长的一个人儿,在大树梢头浓叶之下睡着了"。再抬头看看,只有小桃,中桃,后树上的大桃,"止有几个毛蒂青皮的,原来熟的都是猴王吃了"。这不是中国儿童教育的缩影吗!我们要想彻底改

---

* 《中国教育改造》是陶行知自著自编的第一部教育论文集,编入了1918—1928年所撰的教育论著32篇,约9万字。原题为《自序》,今题为编者所拟。

造蟠桃园，不但是要请出如来法掌去收服猴王，还要"瑶池王母自栽培"，才能使他"夭夭灼灼花盈树，颗颗株株果压枝"咧。纸上的教育改造能有多大效力？大家愿把整个的心捧出来献给小孩子才能实现真正的改造。这部书最多不过是画了几条路线罢了，倘使遇不着有心改造的人，便与废纸何异？

陶知行　一七年清明日

《中国教育改造》（1928年4月上海亚东图书馆版）

注释

〔1〕"教授"，指传统的"教授法"；"教学"，指陶行知所提出的用以取代教授法的教学法。后一句的"教学"，系指陶行知所提倡的"教学合一"的教学法；"教学做"系指陶行知当时所创立的"教学做合一"理论。

生活工具主义之教育

"教育以生活为中心",这句话已经成为今日学校里的口头禅。但是细考实际,教育自教育,生活自生活,依然渺不相关。这是因为什么缘故?我们先前以"老八股"不适用,所以废科举,兴学堂;但是新学办了三十年,依然换汤不换药,卖尽气力,不过把"老八股"变成"洋八股"罢了。"老八股"与民众生活无关,"洋八股"依然与民众生活无关。但是新学校何以变成"洋八股",何以与民众生活无关?这其中必有道理。

人的生活,必须有相当工具,才能表现出来。工具充分,才有充分的表现;工具优美,才有优美的表现;工具伟大,才有伟大的表现。"老八股"与"洋八股"虽有新旧之不同,但都是靠着片面的工具来表现的,这片面的工具就是文字与书本。文字与书本只是人生工具之一种,"老八股"与"洋八股"教育拿它当作人生的唯一工具看待,把整个的生活都从这个小孔里表现出去,岂不要把生活剥削得黄皮骨瘦吗?文字书本,倘能用的得当,还不失为人生工具之一;但是"老八股"与"洋八股"的学生们却不用它们来学"生",偏偏要用它们来学"死"。中国教育所以弄到山穷水尽,没得路走,是因为大家专靠文字书本做唯一无二的工具,并且把文字书本这个工具用错了。我们要想纠正中国教育,使它适应于中国国民全部生活之需要,第一就须承认文字书本只是人生工具的一种,此外还有许多工具要运用来透达人生之欲望;第二就须承认我们从前运用文字书本的方法是错的,以后要把它们用的更加得当些。

现在有一班人,开口就说:西方的物质文明比东方好,东方的精神文明比西方高。这句话初听似乎有理,我实在是百索不得其解。精神与物质接触,必定要靠着工具。工具愈巧,则精神愈能向着物质发挥。工具能达到什么地方,即精神能达到什么地方。动物以四肢百体为工具,所以它的精神活动,亦以四肢百体的力量所能达到的地方为限。人的特别本领,就是不专靠自己的身体为工具。人能发明非身体的工具,制造非身体的工具,应用非身体的工具。文明人与野蛮人的最大分别,就是文明人能把这些非身体的工具发明得格外多,制造得格外精巧,运用得格外普遍。有了望远镜,人的精神就能到火星里去游览;有了显微镜,人的精神就能认识那叫人生痨病的不是痨病鬼,乃是痨病虫。今年五月七日第一次飞渡大西洋的飞行家林白,从德国柏林通电话到美国和他的老母谈话,是精神交通破天荒的成功,也是物质文明破天荒的成功。精神文明与物质文明是合而为一的。这合而为一的媒介就是工具。

　　教育是什么?教育是教人发明工具,制造工具,运用工具。生活教育教人发明生活工具,制造生活工具,运用生活工具。空谈生活教育是没有用的。真正的生活教育,必以生活工具为出发点。没有工具,则精神不能发挥,生活无由表现。观察一个国家或一个学校的教育是否合乎实际生活,只须看它有无生活工具。倘使有了,再进一步看它是否充分运用所有的生活工具。教育有无创造力,也只须看它能否发明人生新工具或新人生工具。中国教育已到绝境,千万不要空谈教育,千万不要空谈生活;只有发明工具、制造工具、运用工具是真教育,是真生活。

《中国教育改造》(1928年4月上海亚东图书馆版)

如何使幼稚教育普及

教人要从小教起。幼儿比如幼苗，必须培养得宜，方能发荣滋长，否则幼年受了损伤，即不夭折，也难成材。所以小学教育是建国之根本，幼稚教育尤为根本之根本。小学教育应当普及，幼稚教育也应当普及。如何使幼稚教育普及是我们最关心的一个问题。依我看来，进行幼稚教育之普及，要有三个步骤。

（一）**改变我们的态度**　　一般人的态度，总以小孩子的教育不关重要，早学一两年或迟学一两年，没有多大关系。我们很漠视小孩子的需要、能力、兴味、情感。因此，便不知不觉的漠视了他们的教育，把他们付托给老妈子，付托给街上的伙伴。在这种心理之下，幼稚园是不会发达的。我们要想提倡幼稚园，必须根本化除这种漠视小孩子的态度。我们必须唤醒国人明白，幼年的生活是最重要的生活，幼年的教育是最重要的教育。

关心幼儿的父母，明白幼稚教育之重要，并且愿意送子女进幼稚园。但是他们有一种牢不可破的成见也是要不得的。这成见就是不愿他们的子女与贫苦人家的子女为伍。他们以为自己的子女是好的，贫苦人家的子女是不好的。他们以为贫苦人家的子女进了幼稚园便要把他们的子女带坏了。因此，幼稚园便成了富贵人家和伪知识阶级的专利品。我们应当知道民国只有"人中人"，没有"人上人"，也就没有"人下人"。"人中人"是要从"孩中孩"造就出来的。教育者的使命，是要运用好孩子化坏孩子，不应当把好孩子和坏孩子分开，更不应当以为富贵人家的孩子是好孩子，贫苦人家的孩子是坏孩子；尤其不可迁就富贵人家的意见，排斥贫苦人家的儿女。富贵人家及伪知识阶级的父母倘不愿把亲生子女做新中国被打倒之候补者，就应当把自己的子女和不幸的人家的子女放在一个幼稚园里去受陶冶。办理幼稚园的先生倘若不愿把幼稚园当作富贵太太们打麻将时用之临时托儿所，便应当把整个的幼稚园献给全社会的儿童。可是这样一来，幼稚园教师便须明白他们的使命：不是随随便便的放任，乃是要运用好孩子化坏孩子，运用坏孩子的好处化好孩子的坏处。

承认幼年生活教育之重要，是普及幼稚园之出发点；承认幼稚园为全社会幼儿的教育场所，是普及正当幼稚园的出发点。我们必须得到这两种态度，幼稚园才有普及的希望。

（二）改变幼稚园的办法　　幼稚园的办法是费钱的，不想法节省，必不容易普及。最需要幼稚园的地方，是乡村与女工区。女工区的幼稚园，还可由工厂担负经费，纵使用费太多，尚易筹措。乡间是民穷财尽，费钱较少之小学尚且不易普及，何况费钱加倍的幼稚园呢？所以在乡间推行幼稚园好比是牵只骆驼穿针眼。我们必须向着省钱的方针去谋根本改造，幼稚园才有下乡的希望，才有普及的希望。

（三）改变训练教师的制度　　普及教育的最大难关是教师的训练。我们要想普及幼稚教育至少需要教师一百五十万人。这是一个最难的问题，因为不但是经费浩大，并且训练不得其法，受了办理幼稚园的训练，不一定去办幼稚园，或者是去办出一个不合国情的幼稚园，那就糟了。幼稚师范是要办的，但幼稚师范必须根本改造，才能培养新幼稚园之师资。纵然如此，我们也不能专靠正式幼稚师范去培养全部的师资。我们现在探得一条新途径，很能使我们乐观。试验乡村师范学校的幼稚师范院在燕子矶设了一所乡村幼稚园，叫做第二中心幼稚园。开办之初便收了三位徒弟，跟着幼稚教师徐先生[1]学办幼稚园，张宗麟[2]先生任指导。前天他和我谈起，幼稚园的徒弟制似可推行到小学里去，并且可以解除乡村小学教员的一个大问题——生活寂寞。我说："这是的的确确的。徒弟制不但能解除生活寂寞，并且能促进普及教育之进行。"普及小学教育及幼稚教育，非行徒弟制不可。倘以优良幼稚园为中心，每所每年训练两三位徒弟，那么，多办一所幼稚园，即是多加一所训练师资的地方。这是再好没有的办法。我看三百六十行，行行有徒弟，行行都普及。木匠到处都有，他是怎样办到这个地步的？徒弟制。裁缝匠、泥水匠、石匠、铁匠和三万万四千万种田匠，那一行不是这样普及的呢？老实说，教学做合一主义便是沥清过的徒弟制。徒弟制的流弊是：劳力而不劳心，师傅不肯完全传授，对于徒弟之虐待。假使我们能采徒弟制之精华而除去他的流弊，必定是很有成效的。若把这种办法应用到幼稚园里来，我是深信他能帮助幼稚教育普及的。我和陈鹤琴先生近来有一次很畅快的谈话。他主张拿鼓楼幼稚园来试一试。鼓楼幼稚园是最富研究性的，现在发了宏愿，要招收徒弟来做推广幼稚师资之试验，是再好没有的了。

以上所说的普及幼稚教育的三个步骤，不过是我个人所见到的，一定有许多遗漏的地方。关心幼儿幸福的同志，倘以别的好方法见教，那就感激不尽了。

《中国教育改造》（1928年4月上海亚东图书馆版）

注释

〔1〕徐先生　即晓庄学校幼稚教育指导员徐世璧。

〔2〕张宗麟（1899—1976）　我国知名的幼儿教育家。南京高师毕业后，曾任陈鹤琴的助手。时任晓庄学校幼稚教育指导员。

"伪知识"阶级

自从俄国革命以来,"知识阶级"(Intelligentsia)这个名词忽然引起了世人之注意。在打倒知识阶级呼声之下,我们不得不问一问:什么是知识阶级?知识阶级是怎样造成的?应当不应当把他打倒?这些问题曾经盘旋于我们心中,继续不断的要求我们解答。近来的方向又转过来了,打倒知识阶级的呼声一变而为拥护知识阶级的呼声。我们又不得不问一问:什么是知识阶级?知识阶级是怎样造成的?应当不应当将他拥护?在这两种相反的呼声里面,我都曾平心静气的把这些问题研究了一番,我所得的答案是一致的。我现在要把我一年来对于这些问题考虑的结果写出来与有同样兴趣的朋友们交换意见。

我们要想把知识阶级研究得明白,首先便须分别"知识"与"智慧"。智慧是生成的,知识是学来的。孟子说:"由射于百步之外也;其至尔力也;其中非尔力也。"会射箭的人能百步穿杨。射到一百步的力量是生成的限度。到了一百步还能穿过杨树的一片叶子,那便是学来的技巧了。这就是智慧与知识的分别。又比如言语:说话的能力是生成的,属于智慧;说中国话、日本话、柏林话、拉萨话,便是学成的,属于知识。人的禀赋各不相同,生成的智慧至为不齐。有的是最聪明的,有的是最愚笨的。但从最愚笨的人到最聪明的人,种种差别都是渐渐的推上去的。假使我们把一千个人按着聪明的大小排列成行,我们就晓得最聪明的是少数,最愚笨的也是少数,而各人和靠近的人比起来都差不了几多。我们只觉得各个不同并找不出聪明人和愚笨人中间有什么鸿沟。我们可以用一个最浅近的比方把这个道理说出来。人的长矮也是生成的。我们可以把一千个人依着他们的长矮顺序排列：从长子看到矮子，只见各人渐渐的一个比一个矮；从矮子看到长子，只见各人也是渐渐的一个比一个长。在寻常状态之下，我们找不出一大群的长子，叫做长子阶级；也找不出一大群的矮子，叫做矮子阶级。我们在上海的大马路上或是在燕子矶关帝庙会里仔细一望，就可以明白这个道理。从人之长矮推论到人之智愚，我们更可明白生成之智慧只有渐渐的差别，没有对垒的阶级。智慧既无阶级，自然谈不到打倒拥护的问题。

其次我们要考察知识的本身。知识有真有伪。思想与行为结合而产生的知识是真知识。真知识的根是安在经验里的。从经验里发芽抽条开花结果的是真知灼见。真知灼见是跟着智慧走的。同处一个环境，同等的智慧可得同等的真知灼见。智慧是渐渐的相差，所以真知灼见也是渐渐相差。智慧既无阶级，真知识也就没有阶级。俗语说："三百六十行，行行出状元。"真知识只有直行的类别，没有横截的阶级。各行的人有绝顶聪明的人，也有绝不中用的人。但在他们中间的人，智力上的差别和运用智力取得之真知识的差别都是渐渐的，都是没有阶级可言。倘使要把三百六十行的上智联合起来，称为知识阶级，再把三百六十行的下愚联合起来，称为无知识阶级，那就是一件很勉强很不自然的事了。

照这样说来，世界上不是没有知识阶级了吗？不，伪知识能成阶级！什么是伪知识？不是从经验里发生出来的知识便是伪知识。比如知道冰是冷的，火是热的是知识。小孩儿用手摸着冰便觉得冷，从摸着冰而得到"冰是冷的"的知识是真知识。小孩儿单用耳听见妈妈说冰是冷的而得到"冰是冷的"的知识是伪知识。小孩儿用身靠近火便觉得热，从靠近火而得到"火是热的"的知识是真知识。小孩子单用耳听妈妈说火是热的而得到"火是热的"的知识是伪知识。有人在这里便起了疑问："如果样样知识都要从自己经验里得来，岂不是麻烦得很？人生经验有限，若以经验范围知识，那么所谓知识岂不是也很有限了吗？没有到过热带的人，就不能了解热带是热的吗？没有到过北冰洋的人，就不能了解北冰洋是冷的吗？"这些疑问是很重要的，我们必须把他们解答清楚，方能明了真知识与伪知识的分别。我只说真知识的根是要安在经验里，没有说样样知识都要从自己的经验上得来。假使我们抹煞别人经验里所发生的知识而不去运用，那真可算是世界第一个大呆子。我们的问题是要如何运用别人经验里所发生的知识使他成为我们的真知识，而不要成为我们的伪知识。比如接树：一种树枝可以接到别一种树枝上去使他格外发荣滋长，开更美丽之花，结更好吃之果。如果把别人从经验发生之知识接到我们从自己经验发生之知识之上去，那么，我们的知识必可格外扩充，生活必可格外丰富。我们要有自己的经验做根，以这经验所发生的知识做枝，然后别人的知识方才可以接得上去，别人的知识方才成为我们知识的一个有机体部分。这样一来，别人的知识在我们的经验里活着，我们的经验也就生长到别人知识里去开花结果。至此，别人的知识便成了我们的真知识。其实，他已经不是别人的知识而是自己的知识了。倘若对于某种知识，自己的经验上无根可找，那么无论如何勉强，也是接不活的。比如在厨房里烧过火的人，或是在火炉边烤过火的人，或是把手给火烫过的人，便可以懂得热带是热的；到冰房里去过的人，或是到冰窖里去过的人，或是做过雪罗汉的人，便可以懂得北冰洋是冷的。对于这些人，"热带是热的，北冰洋是冷的"，虽从书本上看来，或别人演讲时听来，也是真知识。倘自己对于冷热的经验丝毫没有，那么，这些知识虽是学而时习之，背得熟透了，也是于他无关的伪知识。

知识的一部分是藏在文字里，我们的问题又成为："什么文字是真知识？什么文字是伪知识？"经验比如准备金，文字比如钞票。钞票是准备金的代表，好一比文字是经验的代表。银行要做正经生意必须根据准备金去发行钞票。钞票是不可滥发的。学者不愿自欺欺人，必须根据经验去发表文字，文字是不可滥写的。滥发钞票，钞票便不值钱；滥写文字，文字也不值钱。欧战后，德国马克一落千丈，当时有句笑话，说是："请得一席客，汽车载马克。"这句话的意思是马克纸币价格跌的太低，寻常请一席酒要用汽车装马克去付帐。这是德国不根据准备金而滥发纸币之过。滥发钞票，则虽名为钞票，几是假钞票。吾国文人写出了汗牛充栋的文字，青年学子把他们在脑袋子里都装满了，拿出来，换不得一肚饱。这些文字和德国纸马克是一样的不值钱，因为他们是在经验以外滥发的文字，是不值钱的伪知识。

我国先秦诸子如老子、孔子、孟子、庄子、墨子、杨子、荀子等都能凭着自己的经验发表文字，故有独到的议论。他们好比是根据自己的准备金发可靠的钞票。孔子很谦虚，只说"述而不作，信而好古"，自居为根据古人的准备金为古人清理钞票，他只承认删诗书，定礼乐，为取缔滥发钞票的工作。孟子虽是孔家的忠实行员，但心眼稍窄，只许孔家一家银行存在，拚命的要打倒杨家、墨家的钞票。汉朝以后，学者多数靠着孔子的信用，继续不断的滥发钞票，甚至于又以所滥发的钞票做准备库，滥上加滥的发个不已，以至于汗牛充栋。韩文公[1]的脾气有些像孟子，他眼看佛家银行渐渐的兴旺，气愤不过，恨不得要拚命将他封闭，把佛家银行的行员杀得干干净净。他至今享了"文起八代之衰"的盛名。但据我看来，所谓"文起八代之衰"，只是把孔家银行历代经理所滥发的钞票换些新票而已，他又乘换印新票的时候顺带滥发了些新钞票。程、朱、陆、王纵有许多贡献及不同的地方，但是他们四个人大部分的工作还是根据孔、孟合办银行的招牌，和从前滥发的钞票去滥发钞票。他们此时正与佛家银行做点汇兑，所以又根据佛家银行的钞票，去滥发了些钞票。颜习斋[2]看不过眼，谨慎的守着孔家银行的准备库，一方面大声疾呼的要严格按着准备金额发行钞票，一方面要感化佛家银行行员使他无形解体。他是孔家银行里一位最忠实的行员,可是他所谨守的金库里面有许多金子已经上锈了。等到八股发达到极点,朱注的"四书"被拥护上天的时候,全国的人乃是以朱子所发的钞票当为准备金而大滥特滥的去发钞票了。至此中国的知识真正濒于破产了。吴稚晖[3]先生劝胡适之先生不要迷信整理国故,自有道理。但我觉得整理国故如同清理银行帐目一样,是有他的位置的。我们希望整理国故的先生们经过很缜密的工作之后,能够给我们一本报告,使我们知道国故银行究有几多准备金,究能发行多少钞票,那些钞票是滥发的。不过他们要谨慎些,千万不可一踏进银行门,也去滥发钞票。如果这样,那这笔帐更要糊涂了。总括一句:只有从经验里发生出来的文字才是真的文字知识,凡不是从经验里发生出来的文字都是伪的文字知识。伪的文字知识比没有准备金的钞票还要害人,还要不值钱。

伪的知识,伪的文字知识既是害人又不值钱,那么,他如何能够存在呢?产生伪知识的人,应当连饭都弄不到吃,他们又如何能成阶级呢?伪知识和伪钞票一样必须得到特殊势力之保障拥护才能存在。"伪知识"阶级是特殊势力造成的。这特殊势力在中国便是皇帝。

创业的皇帝大都是天才。天才忌天才是很自然的一件事。天下最厉害的无过于天才得了真知识。如果政治的天才从经验上得了关于政治的真知灼见,谁的江山也坐不稳。做皇帝的人,特别是创业之主,是十分明了此中关系的,并且是一百分的不愿意把江山给人夺去。他要把江山当作子孙万世之业,必得要收拾这些天才。收拾的法子是使天才离开真知识去取伪知识。天才如何就他的范围,进他的圈套呢?说来倒很简单。皇帝引诱天才进伪知识的圈套有几个法子。一,照他的意旨在伪知识上用功,便有吃好饭的希望。俗话说:"只有穷秀才,没有穷举人。"伪知识的工夫做得愈高愈深,便愈能解决吃饭问题。二,照他的意旨在伪知识上用功便有做大官的希望。世上之安富尊荣，尽他享受。中了状元还可以做驸马爷，娶皇帝的女儿为妻。穿破布烂棉花去赴朝考的人，个个都有衣锦回乡的可能。三，照他的意旨在伪知识上用功，便有荣宗耀祖的希望。这样一来，全家全族的人都在那儿拿着鞭子代皇帝使劲赶他进圈套了。倘使他没有旅费，亲族必定要为他凑个会，或是借钱给他去应试。倘使他不去，又必定要用"不长进"一类的话来羞辱他，使他觉得不去应试是可耻的。全家全族的力量都做皇帝的后盾，把天才的儿孙像赶驴子样一个个的赶进皇帝的圈套，天下的天才乃没有能幸免的了。

"伪知识"阶级不是少数人可以组织成功的。有了皇帝做大批的收买，全社会做这大批生意的买办，个人为名利权位所诱而不能抵抗出卖，"伪知识"阶级乃完全告成。依皇帝的目光看来，这便是"天下英雄，入我彀中"。雄才大略的帝王个个有此野心，不过唐太宗口快，无意中把他说破罢了。最可叹的是皇帝手段太辣。一方面是积极的推重伪知识，所谓"满朝朱紫贵，尽是读书人"一类的话，连小孩都背熟了。一方面是消极的贱视伪知识以外的人，所谓"万般皆下品，惟有读书高"，又是从娘胎里就受迷的。所以不但政治天才入了彀，七十二行，行行的天才都入了他的圈套了。天才是遗传的，有其父必有其子。老子进了圈套，儿子、孙子都不得不进圈套，只要"书香之家"四个大字，便可把全家世世代代的天才圈入"伪知识"阶级。等到八股取士的制度开始，"伪知识"阶级的形成乃更进一步。以前帝王所收买的知识还夹了几分真，等到八股发明以后，全国士人三更灯火五更鸡去钻取的知识乃是彻底不值钱的伪知识了。这种知识除了帝王别有用意之外，再也没有一人肯用钱买的了；就是帝王买去也是丝毫无用，也是一堆一堆的烧去不要的。帝王是醉翁之意不在酒，他那里是收买伪知识，他只是用名利、权位的手段引诱全国天才进入"伪知识"的圈套，成为废人，不能与他的儿孙争雄罢了。

这些废人只是为"惜字炉"继续不断的制造燃料,他们对于知识的全体是毫无贡献的。从大的方面看,他们是居于必败之地。但从他们个人方面看,却也有幸而成的与不幸而败的之分别。他们成则为达官贵人,败则为土豪、劣绅、讼棍、刀笔吏、教书先生。最可痛心的,就是这些废人应考不中,只有做土豪、劣绅、讼棍、刀笔吏、教书先生的几条出路。他们没有真本领赚饭吃,只得拿假知识去抢饭吃,骗饭吃。土豪、劣绅、讼棍、刀笔吏之害人,我们是容易知道的;教书先生之害人更广、更深、更切,我们是不知道的。教书先生直接为父兄教子弟,间接就是代帝王训练"伪知识"阶级。他们的知识,出卖给别人吧,嫌他太假,出卖给皇帝吧,又嫌他假得不彻底,不得已只好拿来哄骗小孩子。这样一来,非同小可,大书呆子教小书呆子,几几乎把全国中才以上的人都变成书呆子了,都勾引进"伪知识"阶级了。"伪知识"阶级的势力于是乎雄厚,于是乎牢不可破,于是乎继长增高,层出无穷。

皇帝与民争,用伪知识来消磨民间的天才,确是一个很妙的计策。等到民间的天才消磨已尽,忽然发生了国与国争,以伪知识的国与真知识的国抗衡,好一比是拿鸡蛋碰石头,那有不破碎的道理!鸦片之战,英、法联军之战,甲午之战,没有一次幸免,皇帝及大臣才明白伪知识靠不住,于是废八股,兴学堂。这未始不是一个转机。但是政权都操在"伪知识"阶级手中,他们那会培养真知识?他们走不得几步路,就把狐狸尾巴拖出来了。他们自作聪明的把外国的教育制度整个的抄了一个来。他们曾用眼睛、耳朵、笔从外国贩来了些与国情接不上的伪知识。他们把书院变成学堂,把山长改为堂长。"四书"用不着了,一律换为各种科学的教科书。标本、仪器很好看,姑且拣那最好看的买他一套,在玻璃柜里陈列着,可以给客人参观参观。射箭很不时髦,要讲尚武精神,自须学习兵操。好,他们很信他们的木头枪真能捍国卫民咧!这就算是变法!这就算是维新!这就算是自强!一般社会对于这些换汤不换药的学堂却是大惊小怪，称他们为洋学堂，又称学堂里的学生为洋学生。办学的苦于得不到学生，于是除供饭食发零用外，还是依旧的按着学堂等级给功名：小学堂毕业给秀才，中学堂毕业给贡生，高等学堂毕业给举人，大学堂学生给进士，外国留学回来的赴朝考及第给翰林点状元。社会就称他们为洋秀才、洋贡生、洋举人、洋进士、洋翰林、洋状元。后来废除功名，改称学士、硕士、博士等名目，社会莫名其妙了。得到这些头衔的人还是仍旧用旧功名翻译新功名，说是学士等于秀才，硕士等于举人，博士等于翰林，第一名的博士便是从前的状元。说的人自以为得意，听的人由羡慕而称道不止，其实这还不是穿洋装的老八股吗？穿洋装的老八股就是洋八股。老八股好比是根据本国钞票发行的钞票；洋八股好比是根据外国钞票去发行的钞票。他们都是没有准备金的假钞票。洋八股和老八股虽有新旧之不同，但同是不是从经验里发生的真知识，同是不值钱的伪知识。从中国现在的情形看来，科学与玄学之争，只可说是洋八股与老八股之争。书本的科学，陈列的实验，岂能当科学实验之名。他和老八股是同样无用的东西。请看三十年来的科学，发明在那里？制造在那里？科学客倒遇见不少，真正的科学家在那里？青年的学子！书本的科学是洋版的八股，在讲堂上高谈阔论的科学客，与蒙童馆里的冬烘先生是同胞兄弟，别给他们骗走了啊！

所以中国是有"伪知识"阶级。构成中国之"伪知识"阶级有两种成分：一是老八股派，二是洋八股派。这个阶级既靠伪知识骗饭吃，不靠真本领赚饭吃，便没有存在的理由。

这个阶级在中国现状之下已经是山穷水尽了。收买伪知识的帝王已经消灭，再也找不出第二个特殊势力能养这许多无聊的人。但因为惰性关系，青年们还是整千整万的向着这条死路出发，他们的亲友仍旧是拿着鞭儿在后面使劲的赶。可怜得很，这些青年个个弄得焦头烂额，等到觉悟回来，不能抢饭的便须讨饭。"伪知识"阶级的末路已经是很明显了，还用得着打倒吗？又值得拥护吗？

但是一班狡猾的"伪知识"者找着一个护身符,这护身符便是"读书"两个字。他们向我们反驳说:"书也不应当读了吗?"社会不明白他们葫芦里卖的是什么药,也就随声附和的说:"是啊!书何能不读呢!"于是"读书不忘救国;救国不忘读书",便成了保障"伪知识"阶级的盾牌。所以不把读书这两个字说破,"伪知识"阶级的微生物便能在里面苟延残喘。我们应当明白,书只是一种工具,和锯子、锄头是一样的性质,都是给人用的。我们与其说"读书",不如说"用书"。书里有真知识和伪知识,读他一辈子,不能辨别他的真伪;可是用他一下,书的本来面目便显了出来,真的便用得出去,伪的便用不出去,也如同真的锯子才能锯木头,真的锄头才能锄泥土,假的锯子、锄头一用到木头、泥土上去就知道他不行了。所以提到书便应说"用书",不应说"读书",那"伪知识"阶级便没得地方躲了。与"读书"联成一气的有"读书人"一个名词。这个名词,更要不得。假使书是应当读的,便应使人人有书读。决不能单使一部分的人有书读,叫做读书人;又一部分的人无书读,叫做不读书人。比如饭是应当吃的,便应使人人有饭吃。决不能使一部分的人有饭吃,叫做吃饭的人;又一部分的人无饭吃,叫做不吃饭的人。从另一方面看,只知道吃饭,不成为饭桶了吗?只知道读书,不成为有脚可以走路的活书架子了吗?我们为避免堕入"伪知识"阶级的诡计起见,主张用书不主张读书。农人要用书,工人要用书,商人要用书,兵士要用书,医生要用书,律师要用书,画家要用书,教师要用书,音乐家要用书,戏剧家要用书,三百六十行,行行都要用书。行行都成了用书的人,真知识才愈益普及,愈能发现了。书是三百六十行的公物,不是读书人所能据为私有的。等到三百六十行都是用书人,读书的专利营业便完全打破,读书人除非改行,便不能混饭吃了。这个日子已经来到,大家还不觉悟,只有死路一条。凡受过中国新旧教育的人,都免不了有些"伪知识"的成分和倾向。为今之计,我们应当痛下四个决心:

一、从今以后，我们应当放弃一切固有的伪知识；

二、从今以后，我们应当拒绝承受一切新来的伪知识；

三、从今以后，我们应当制止自己不要再把伪知识传与后辈；

四、从今以后，我们应当陪着后起的青年共同努力去探真知识的泉源。

最后，我要郑重的说：二十世纪以后的世界属于努力探获真知识的民族。凡是崇拜伪知识的民族都要渐就衰弱以至于灭亡。三百六十行中决没有教书匠、读书人的地位，东西两半球上面也没有中华书呆国的立足点。我们个人与民族的生存都要以真知识为基础。伪知识是流沙，千万不可在他上面流连忘返。早一点觉悟，便是早一点离开死路，也就是早一点走向生路。这种生死关头，十分显明，绝无徘徊迟疑之余地，起个取真去伪的念头是走向生路的第一步。明白伪知识的买主已经死了永不复生并且绝了种，是走向生路的第二步。以做"读书"人或"读书"先生为最可耻，是走向生路的第三步。凡事手到心到——在劳力上劳心——便是骑着千里驹在生路上飞跑了。

《中国教育改造》（1928年4月上海亚东图书馆版）

注释

〔1〕韩文公　指唐代文学家韩愈（768—824），字退之，为"唐宋八大家"之首，卒谥文，世称韩文公。

〔2〕颜习斋（1635—1704）　清初思想家、教育家，名元，号习斋，博野（今属河北）人。提倡恢复"周孔正学"，批判"程朱理学"。晚年主讲于肥乡潭南书院，注重实学，强调习行。

〔3〕吴稚晖　即吴敬恒（1866—1953），别字稚晖，江苏武进人。曾任国民党监察委员、中央大学校长等职。

在第一次全国教育
会议上的提案[*]

一、推广乡村幼稚园案

理由

（一）乡村幼稚园，是乡村社会普遍的、永久的需求。农忙时，农妇忙得天昏地黑，那里有空来管小孩子？如果有了乡村幼稚园，便能节省农妇好些精力。与其开幼稚园帮助城里的太太抛下孩子去打麻将，倒不如帮助采桑娘子照应儿女，使得她可以多养些蚕，多生点利。

（二）农忙时，幼儿无人照应，父母往往令稍长儿女辍学回家陪小弟弟、小妹妹玩。如果有了乡村幼稚园，便可以减少小学儿童之缺课。

（三）乡村小学教师办小学，夫人办幼稚园，便可造成夫妻学校，减少乡村教师之寂寞，树立乡村家庭之模范。

（四）乡村幼稚园倘能推广，便可为乡村受过教育的妇女，开一职业上之出路。

（五）乡村幼稚园是乡村妇女运动之惟一的中心，要想彻底去

---

[*] 1928年5月，中华民国大学院主持召开了第一次全国教育会议。陶行知作为教育专家出席，并呈交了提案11件。今由编者选取4件，并拟定总题。各案的序号为编者所加。

干乡村妇女运动，非从乡村幼稚园入手便不能成功。

办法

（一）教育研究所应研究创造平民的、省钱的、适合国情的幼稚园，使幼稚园在乡间易于设立。

（二）每省区应先试办一乡村幼稚师范。依据中心幼稚园办法，训练乡村幼稚园教师。

（三）乡村幼稚园不易单独设立。故最初办法，应多招现任乡村教师之夫人、未婚妻、近亲训练之，方能造就一人便得一人之用。

（四）乡村幼稚园不限定要房屋。倘使无校舍，便可在露天里办起来。天晴开，雨来散，有何不可？

二、设立教育研究所案

理由

中小学教育，为国家根本大计。必须运用科学方法，分析研究，实地试验，方能免入歧路。吾国办教育的人，多半是为外国教育制度拉东洋车，一国拉厌了，又换一国，到底是拉来干吗？我们应当觉悟，惟独用科学的方法，才能建设适合国情的教育。

办法

由大学院设立教育研究所，聘请专门人才，分工研究。所中一大部分的工作，是要研究试验中小学教育的。

三、减少校工以实现劳动教育案

理由

（一）劳动教育的目的，在谋手脑相长，以增进自立之能力，获得事物之真知及了解劳动者之甘苦。要想达到这个目的，非师生共同用手做事不可。

（二）现在一般学校里用的听差、斋夫、老妈子太多，把我们自己动手做事的机会剥削已尽，天天教我们受人服侍而不高兴服侍自己。他们教我们越学越懒，他们把我们化成双料少爷和双料小姐。

（三）斋夫、听差、老妈子多数都是年富力强可以生产的人，在学校里服侍少爷小姐惯了，渐渐的受了同化，成为游手好闲的懒人。我们应当解除他们这种无聊的职务，使他们可以从事生产的工作。

（四）减少用人，便是节省经费，便可移耗费的钱，作有用的事。

办法

（一）凡是服侍教员、学生而妨碍师生自己动手做事的听差、斋夫、老妈子，一律于最短期间内解除职务，另谋生计。

（二）各级教育行政长官，对于各级学校关于此项之预算，应注意其有无减少。

（三）视学员到各校视察时，应注意此项校工是否已经减除。

我们深信上拟办法，为实现劳动教育必经之路，倘不认真做去，则劳动教育均要等于空谈。

四、改革乡村教育案

理由

（一）中国农民约有三万万四千万，占人口百分之八十五。我们要想建设新中国，必须用教育的力量，来唤醒老农民，培养新农民，共同担负这个伟大的责任。

（二）现在中国的乡村教育，不合于乡村实际生活。中国的乡村教师，多是书呆子；中国的乡村学校，多是书呆子制造厂：把好好的农民子女,继续不断的变化为不事生产的废人。这种教育,倘不彻底改革,则旧的力量不能维持,新的力量不能产生,我们的民族,恐怕要日益贫弱,以至于灭亡。

办法

(一)大学校乡村教育系应:1.指定乡村数处,以为研究乡村教育问题之中心;2.开办或特约乡村师范一处,以为训练乡村师范教师之中心;3.指定县教育局一处,以为训练乡村教育行政人员之中心。

(二)乡村师范学校应设在乡间。并应:1.依据中心乡村小学办法,以训练乡村小学校教师;2.依据中心乡村幼稚园办法,以训练乡村幼稚园教师。

(三)乡村小学教师应按照下列目标训练之:1.农人的身手;2.科学的头脑;3.艺术的兴趣;4.改造社会的精神。

(四)乡村幼稚园教师,应按照下列目标训练之:1.看护的身手;2.科学的头脑;3.艺术的兴趣;4.儿童的伴侣;5.乡村妇女的朋友和导师。

(五)乡村小学应以乡村实际生活为中心;应有校园,使学生得有"在劳力上劳心"的机会。

(六)乡村幼稚园应为平民的、省钱的、适合国情及乡村生活的。

(七)乡村成人教育应注重农暇工艺、改良茶馆及民众学校三种办法,不可专靠学校形式之教育。

(八)改良私塾,应由附近中心小学负责邀集优良塾师,依据"教学做"办法,切实训练引导改良,专靠演讲讨论,是无补实际的。

《全国教育会议报告》(1928年8月上海商务印书馆版)

介绍一件大事

——致大学生的信

我最敬爱的同学：

人生为一大事来，做一大事去。我现在愿向诸位介绍一件大事。本来事业并无大小：大事小做，大事变成小事；小事大做，则小事变成大事。小人居高位，如在厅里挂画像，挂得愈高，愈见其小。我们试把一部《二十四史》从头数，便知道有多少人是把大事小做了。巴士德[1]当初研究那人眼不见的微生物，便好像是一件很小的事情。但是等到瘠病虫发现以后，因他得救的人足足可以装满一个南京城。这是小事大做的效果。

我所要介绍给诸位的也是一件小事，不过诸位要将他大做起来，也就可以变成一件大事。请看，三家村，五家店，当中办了一个小学校，在这个小学校里面当一个教员，初看起来是何等一件小事。有许多人简直当他为一件不得已而为之的职业。但是一个小学校，少则有一二十位学生，多则一二百。老百姓送他们进学校，便是不知不觉地把整个的家运交付给小学教员。小学教员教得好，则这一二十、一二百家的小孩子可以成家立业。否则，变成败家子，永远没有希望了。所以小而言之，一个小学生之好坏，关系全村之兴衰。国家设立小学，是要造就国民以谋全民幸福。因此，全民族的民运都操在小学教员手里。德国战胜法兰西，归功于小学教师，这是人所知道的。中国之所以受不平等条约的束缚和帝国主义之宰割，追到根源，也要算教书先生为罪魁。这也是我们所不能否认的。所以小学教师之好坏，简直可以影响到国家的存亡和世运之治乱。我记得一个土地庙前写着一副对联说："庙小乾坤大，天高日月长。"小学校便有如此气魄。

这都是说小学虽小，是应当小题大做的。但是为何想到诸位头上来？说穿也很简单。要想小学办得好，先要造就好教师，要想造就好教师，先要造就办师范学校，造就教师的教师。中国以农立国，住在乡村的人民占全人数百分之八十五，约计有三万四千万。乡下学龄儿童以四年教育计算，约有三千四百万。每位教师教四十小学生，全国便要一百万小学教师，其中乡村教师就要占八十万人。用九年工夫训练这些乡村教师，便要二万八千位乡村师范指导员；用三年工夫训练他们，便要八万五千位乡村师范指导员。晓庄学校已经决定，自本年秋季开始乡村师范指导员之训练。我们很希望抱着兴味的大学生看清国家未来的需要，早日下乡来和我们共同挑起这个担子。晓庄学校对于诸位没有多大贡献，但在下列四件事情上，情愿尽心竭力帮助大家进修：

（一）生活农民化　我们做乡村工作的人，必先农民化，才能化农民。我们与农民共生活同甘苦，才能了解他们的困难，帮助他们解决。这是《大学》"新民"的道理，我们可以引导大家实行的。

（二）学术儿童化　乡村师范的职务，是训练小学教师；故他的指导员和普通中学的教师不同，必须明白儿童生活才能胜任。诸位所学的高深学问，必须向儿童需要折腰。儿童是诸位的总指导，我们只是儿童的助手。

（三）团体行动纪律化　我们民族最大的病根，是数千年传下来的无政府脾气！那凿井而饮、耕田而食的农民，连团体里都充满了这种脾气。要想铲除这个病根，非有严明的纪律，则一般散沙之民族断难幸存，我们可以帮助大家，放弃个人的自由，以谋公共的幸福。

（四）建设工作下层化　种树栽花，要下面可以安根，上面可以出头，才有活的可能。人生如此，立国也如此。但有好些人只顾向上出头，忘了向下安根，所以枯死。我们应当明白，最下层的工作是最重要的工作。这种工作，又须彻底去干。一次，工人为我们凿井，没有挖到泉下就中止了，临行，要我写字送他，我就送他八个字："下层工作，务须彻底。"我们愿意同大家一齐下井，挖到活泉为止。

我们中国已经堕入老八股和洋八股的深渊里。抱着伪知识当宝贝的人，譬如在水里向着反光跑，愈跑愈近死路。惟有放弃虚光，才是走向生路。诸位如愿加入我们的团体，和我们共找生路，我们的诚恳请求是："出空脑袋里的伪知识。"我们又要报告我们并没有什么真知识奉送诸位。真知识是要自得的。但必须出空伪知识，才有获得真知识的可能。这是我们欢迎大家下乡时所要特别说明的。

陶知行
十七年八月十五日

《知行书信》（1929年亚东图书馆版）

注释

〔1〕巴士德　通译巴斯德（Louis Pasteur, 1822—1895）。法国微生物学家、化学家，近代微生物学的奠基人。

今后中华民族的使命*

我有一种脾气,要回想以往的事,是很痛苦的;想未来的事,是非常快乐的。所以,我很喜欢谈未来的事。

今年的国庆纪念和去年的国庆纪念不同之点,就在去年的国庆纪念的时候,北伐还没有完成;今年的国庆纪念的时候,北伐已经完成了。但是现在在形式上北伐虽则已经成功了,而我们真正的国民革命还没有成功呢。刚才我们在唱《国民革命歌》的时候,我们只唱了第二首〔段〕,没有唱第一首〔段〕歌,我以为第一首〔段〕歌现在还是应当要唱的。我们现在仍是要"努力国民革命",仍是要"齐奋斗"哩!

我们站在教育的立场上,我们应当把教育的力量来建设新中国,我们的使命是要唤醒民众使民众团结起来!

教育的力量与别种力量不同之点,就在教育的力量是能够达到个个民众的内心里头去的;他能够使民众自己从"心里"发出一种力量来自己团结的。别的力量不能达到内里而只是外面的,他像绳一样,只能把东西捆起来,绳子一断就散了。所以我们可以说,现在国民革命还没有成功,因为中华的民众还不能自己团结起来。现在我们只有努力教育,用教育的力量来建设新中华!这是我今天所要讲的第一点。

还有第二点要说的。譬如我们现在南京要到北平或天津去,是

---

* 本篇系演讲记录。1928年10月10日,晓庄学校举行了"双十节"纪念会,陶行知在会上发表了专题演讲。记录者为季雪云。

不能一直去的,一定要绕道而到北平或天津。这是什么道理?因为我们的济南,现在还是给日本人占据住。

现在我们要叫日本人回日本去,只有我们自己先团结起来,才能够叫他回去。

听说,日本有很多架飞机,他们只要十分之一的飞机飞到南京来,我们的中华民国就会根本动摇。这是我们应当注意的。我们要下一个决心,用教育的力量使民众团结起来,叫日本人回到日本去。

我们晓庄学校的理想,是要用教育的力量来叫日本人自己回到日本去,是要用教育的力量来建设新中华民国!所以现在日本方面很注意我们。最近我有一位朋友新从日本回来。他说,日本人已在注意晓庄学校的理想和办法,文字方面如《支那之理想学校》等,已有几篇发表。

假使我们晓庄学校不能叫日本人停止横蛮的行动,不能叫日本人回到日本去,那么晓庄学校便算失败的。

我们要叫日本人回到日本去,并不是帝国主义的思想。因为我们只是叫日本人回到日本去,不是要压迫日本民族,打倒日本人。只叫日本人回到日本去含有两层意义:一、叫日本的坏人回到日本去重受本国的教训,不敢再到中国来害中国人;二、叫日本的好人带了民主思想和大同理论回到日本去从事日本人的心理改造,使得他们把日本民国建设好了,可以做我们的同志,通力合作的去建设大同世界。

今天我所讲的归纳起来,可以分为两点:

(一)我们要用教育的力量建设新中华;

(二)我们要用教育的力量,叫日本人回到日本去改造日本。

《乡教丛讯》第1卷第22期(1928年11月30日)

答朱端琰之问[*]

端琰先生：

第二次手书，业已拜读，只因晓庄冬防吃紧，无暇执笔，以致迟迟未复，实在是十分抱歉。

一、什么是做？

先生垂问的几个问题都是很有意思的。我把这些问题仔细看了一下，觉得先生的疑问都是集中在一个"做"字下面。这是当然的，因为教学做合一的理论也是集中在"做"之一字。所以必先要把"做"字彻底的说明一番，然后其余的问题，便可迎刃而解了。

"做"字在晓庄有个特别定义。这定义便是在劳力上劳心。单纯的劳力，只是蛮干，不能算做；单纯的劳心，只是空想，也不能算做。真正的做，只是在劳力上劳心。我们做一件事，便要想如何可以把这件事做好，如何运用书本，如何运用别人的经验，如何改造用得着的一切工具，使这件事做得最好。我们还要想到这事和别事的关系，想到这事和别事的相互影响。我们要从具体想到抽象，从我相想到共相，从片段想到系统。这都是在劳力上劳心的功夫。不如此，便不是在劳力上劳心，便不是做。

做必须用器官。做什么事使用什么器官。耳目口鼻、四肢百体

---

* 本篇最早发表在《乡教丛讯》上，现已存目无文。1929年3月，在《教育汇刊》上发表时，标题为《答朱端琰并致一般怀疑教学做合一者》。其后，在收入自编教育论文集《教学做合一讨论集》时，易为今题，并对文字略作改动。本篇据1951年再版的《讨论集》。据编者考定，本文写作于1928年底。

都是要活用的。所以有的事要用耳做,有的事要用眼做,有的事用嘴做,有的事要用脚做,有的事要用手做,有的事用他们合起来做。

中国教育的一个普通的误解是以为:用嘴讲便是教,用耳听便是学,用手干便是做。这样不但是误解了做,也误解了学与教了。我们主张教学做是一件事的三方面:对事说是做,对自己之进步说是学,对别人的影响说是教。做要用手,即学要用手、教要用手;做要用耳,即学要用耳、教要用耳;做要用眼,即学要用眼、教要用眼。做要用什么器官,即学要用什么器官、教要用什么器官。做不但要用身上的器官,并且要用身外的工具。我们的主张是:做什么事,便用什么工具。望远镜、显微镜、锄头、斧头、笔杆、枪杆、书本子都是工具,也都是要活用的。

中国教育的第二个普通的误解,便是一提到教育,就联想到笔杆和书本,以为教育便是读书、写字;除了读书、写字之外,便不是教育。我们既以做为中心,那末,做要用锄头,即学要用锄头、教要用锄头;做要用斧头,即学要用斧头、教要用斧头;做要用书本,即学要用书本、教要用书本。吃面要用筷子,喝汤要用匙子,这是谁也知道的。倘使有人用筷子喝汤,用匙子吃面,大家必定要说他是个大呆子。我们现在的教育,何尝不是普遍的犯了这个错用工具的毛病!中国的教员、学生,实在太迷信书本了。他们以为书本可以耕田、织布、治国、平天下;他们以为要想耕田、织布、治国、平天下,只要读读书就会了。书本是个重要的工具,但书本以外的工具还多着呢!因为学校专重书本,所以讲书便成为教,读书便成为学,而那用锄头斧头的便算为做了。这是教学做分家。他们忘记了书本也是"做"事所用的工具,与锄头斧头是一类的东西。做一件事要想做得好,须用锄头便用锄头,须用斧头便用斧头,须用书本便用书本,须合用数样数十样工具,便合用数样数十样工具。我们不排斥书本,但决不许书本做狄克推多[1],更不许它与

"做"脱离关系，而成为所谓"教学"之神秘物。

有了上面补充的总说明，再去解答先生的疑问，似乎容易得多。我现在就顺着先生质问的次序逐一答复，然后再归纳起来，答复先生总结的三问题。

二、以实际生活为中心的教育是否能够顾到人生的全部？

教学做有一个公共的中心，这"中心"就是事，就是实际生活。实际生活说得明白些，便是日常生活。积日为年，积年为终身，实际生活便是人生的一切。分析开来，战胜实际的困难，解决实际的问题，生实际的利，格实际的物，爱实际的人，求实际的衣食住行，回溯实际的既往，改造实际的现在，探测实际的未来，这些事总结起来，虽不敢概括全部人生，但人生除了这些事还有什么？在做这些事上去学去教，虽不敢说有十分收成，但是教成的与学得的必是真本领。实行这种教育的社会，虽不敢必其进步一日千里，但是脚踏实地的帮助人类天演历程向上向前运行而无一步落空，那是可以断言的。

三、教学做合一是否能够传递全社会的经验？

"教育是传递社会的经验"，这句话不能概括一切教育。倘若教育是仅仅把社会的经验传递下去，那就缺少进步的动力。所以与其说"教育是社会经验之传递"，不如说"教育是社会经验之改造"。教育上之所谓经验，原有两种意思：一种是个人的，一种是人类全体的。但是经验无论属于个人或人类全体，决无超时间空间的可能。我们最多只可说有些社会经验是不限于一时代一地域的。经验又有直接间接的分别，这当然是不可否认的。我在《"伪知识"阶级》里面曾经说明"接知如接枝"的道理。我们必须有从自己经验里发生出来的知识做根，然后别人的相类的经验才能接得上去。倘使自己对于某事毫无经验，我们决不能了解或运用别人关于此事之经验。人类全体的经验虽和个人经验有些分别，但是我们必须有个人经验做基础，然后才能了解或运用人类全体的经验。

我们必须以个人的经验来吸收人类全体的经验。孔子说:"举一隅,不以三隅反,则不复也。"荀子说:"以一知万。"无论他是一隅三反,或是以一知万,那个"一"必定是安根在自己的经验里。自己经验里的"一"是一切知识的起点。有了这个"一",才能收"三反""知万"之效。《墨辩》[2]分知识为闻、说、亲三种。"说曰:'知:传受之,闻也;方不㾏,说也;身观焉,亲也。'"闻知是别人传授进来的,说知是自己推想出来的,亲知是自己经验出来的。依教学做合一的理论说来,亲知是一切知识的基础。没有亲知做基础,闻知和说知皆为不可能。看了下面的图,便可格外明白:

四、如何可以了解哥伦布探获新大陆的故事?

现在可以具体的答复哥伦布发现新大陆一事了。如果我们要正确的知道哥伦布发现新大陆的经过,恐怕系要请国民政府效法西班牙王拨下一只大帆船横渡大西洋才行。即使这样办,我们也不能得到完全与哥伦布相同的经验,因为现在的情形和我们的同伴决不能与他的一样。我们何尝要这样正确的知道他发现新大陆的经过?即使是探险家,也不须复演这种经验;他们有更好的海船和工具,决不致发呆气去模仿哥伦布。教学做合一的理论,并不曾主张普通人去模仿特殊人物之特殊事业,也不曾主张现代人去复演前代人物之过去事业。那末,我们所要知道的是哥伦布发现新大陆的大概情形和影响。可是使人知道这件事上,便有两种根本不同的办法:一种是迷信书本演讲及所有代表经验的储藏库,以为只要读哥伦布的书,听讲哥伦布的事便能十分明白,再也用不着任何直接经验了;一种是确信直接经验为了解一切事实的基础,所以要想大略了解哥伦布之发现新大陆，也必得要些个人的直接经验做基础，才能了解别人所写所讲的哥伦布故事，才能推想哥伦布当年航海的情形，想象发现新大陆以后之影响。他运用书籍演讲不亚于第一派，但他要进一步审查那用以了解书本上演讲中之哥伦布之个人直接经验是否充分；如不充分，他便认为他的第一责任是使学生在做上补充这种经验，然后再去看书听讲推论，否则，他认为是耳边风，或是走马看花，无论说得天花乱坠，或是写得满纸锦绣，都是不能接受进去的。

用以了解哥伦布发现新大陆所需的直接经验是什么？这可不能一一数出，只好提要列举数种：坐过海帆船，渡过海，在海里遇过大风暴雨，受过同事阴谋加害，看过野人，在大陆上住过……诸如此类都是了解哥伦布故事的直接经验。如果没有渡过海，不得已而求其次也要渡过湖，再其次也要渡过江，再其次也要渡过河，万不得已也要看过池塘。倘使没有坐过海帆船，不得已而求其次也要坐过鄱阳湖里的民船，再其次也要坐过秦淮河里的花船，再其次也要看过下雨时堂前积水上之竹头木屑。倘使这些经验毫无，我不知道他如何能懂哥伦布之探险。

五、要明白火星是否要到火星里去？

火星里的生活必须到火星里面去过才能知道清楚，至少也必须有人到火星去过，回来把火星里的生活告诉我，我又有足以了解这生活之基本经验，才能间接知道清楚。但是如今还没有人到过火星，那么，火星里的生活是决没有人知道清楚的。关于火星的事，现在知道最正确的，也不过是用望远镜所能看得到用数学所能推得出的。最大的天文学家，也只能承认他对于火星只知道一点皮毛。虽然只知道这点皮毛，但教学做合一的天文学者，必定要在天文台上用望远镜及高等数学在做上去求得关于火星的知识。万一得不到望远镜，他至少要用肉眼对着火星去考究。关于火星的书，他是要看的；关于火星的演讲，他是要听的。但他必定要得到最好的望远镜看他一看，才算甘心。不，他一有办法，必定要到火星里去与火星人共同生活才能满足他的求知欲。

六、分子运动等如何可以明白？

分子运动、原子运动、电子运动，都是科学家从研究物质上推想出来的理论，以解释种种物质的现象。我们要想真正了解这些理论，必须从研究物质的现象入手。在研究物质现象上教学做是了解这些理论最有效力的方法。倘使真要拿分子运动里的生活来说明教学做合一，我们便可举空气为例。分子运动速率增加便觉热，速率减少便觉冷。我们要想明白分子运动的速率，这气候的冷热却是一个眼面前最显明的例子。

七、如何可以得到飞机、无线电的知识？

飞机和无线电的知识，可分为两级。第一级是制造的知识。制造飞机与无线电的知识，都要从制造上得来，方为有效。他要在造上学，在造上教，才能一举而成。若单在书上学，在书上教，等到造的时候势必重新学过，则以前所学的等于耗费了。第二级是了解的知识。这级知识可从别人那里或书本上得来，但学的人必须有些基本的直接知识，才能接得上去。这些基本的直接知识，都是从"做"上得来。倘使没有从"做"上得来的基本的直接知识，那末，书上所写的飞机，嘴里所讲的无线电，都与学的人漠不相关。

八、做不完的就不要学不要教了吗？

有了上面的解释，我们可以说教一切学一切都要以"做"为基础。事实上当然做不完、学不完、教不完的。我们遇此困难，只有估量价值，拣那对于人生最有贡献的事，最合乎自己之才能需要的去做去学去教。那不能参加的只好不参加，不能做的只好不做。除此以外，还有什么办法呢？

九、科学家的发明、哲学家的理论、宗教家的教义都是从"做"上得来的吗？

牛顿看见一个苹果落下，便发了一问："为什么这苹果不向上飞去呢？"从苹果下坠推到一切，于是想出万有引力的理论以解释这些现象。牛顿看见苹果下坠,便是用眼做;他从苹果下坠,推到一切以至想出万有引力的理论,乃是用脑做了。

阳明先生虽倡知行合一,但是不知不觉中仍旧脱不了传统的知识论的影响,又误于良知之说,所以一再发表"知是行之始,行是知之成"的言论。我现在愈研究愈觉得这种见解不对。一年前我写了一篇文章证明:"行是知之始,知是行之成。"恰与阳明先生相反。古今中外所发现第一流的真知灼见,就我所知,无一不是从做中得来。哲学家之发明学说,宗教家之创立教义,何尝有一例外?我姑举一二人作为例证,以资说明。孔子少贱,故多能鄙事。他入太庙,每事问。晨门称他是知其不可而为之者。多能鄙"事",每"事"问,知其不可而"为"之,便是孔子发明他的哲学的根源。达尔文和瓦雷士[3]之天择学说,不是从天上凭空掉下来的,也不是从书本里抄下来的,也不是从脑筋里空想出来的,乃是在动植物中经年累月的一面干,一面想,干透了,想通了,然后才有这样惊人的发现。耶稣基督、释迦牟尼之创立教义,也不是凭空冥想出来的。试把佛教经典及基督教《新约》翻开一看,便知道他们所阐明的教义并不是整套的同时宣布出来。他们是在众生中随行随明、随明随传的。哲学起于怀疑,宗教起于信仰。怀疑与信仰都是应生活需要而来的。

十、小孩子也是教学做合一吗?

初生的小孩子便是教学做合一;做的意义比平常用法要广得多,这是对的。但是"学也是做"、"教也是做"、"教育就是做"的三句结论,殊有语病。我们可以说:"做是学的中心,也是教的中心。"我们也可以说:"教学做合一便是生活。"倘若我们赞成"生活即教育"的主张,那么,生活教育必是教学做合一的,生活教育内之教与学必是以做为中心。

十一、教学做合一不忽视了精神活动吗?

我们既以在劳力上劳心算为"做"的定义,当然不能承认身体与精神分家。自动的涵义便同时具有力与心之作用，即同时要求身体与精神之合作。

十二、贴标语、游行可算是革命的教学做吗？

教学做合一既是人生之说明，所以人人都在做，都在学，都在教。但是做错了，学与教都跟着错。怎样会做错呢？错用目的，错用器官，错用工具，错用方法，错用路线，错用力量，都会叫人做错，即会叫人学错教错。教学做合一的要求是：事怎样做便怎样学，怎样学便怎样教。革命这件事要怎样做才能成功？这是我们首先要考察的。比如分析起来，觉得要想革命成功，须有种种条件：（一）适应现代中国需要之主义；（二）忠勇廉洁爱民的领袖；（三）纪律严明器械精良之武力；（四）独立发明之学术；（五）开源节流之财政；（六）培养民众之觉悟与行动；（七）联合世界上以平等待我之民族；（八）贴标语；（九）游行……假使革命要满足这些条件才能成功，那末革命教学做，便是整个的在这些事上做，在这些事上学，在这些事上教。倘若把头几项撇开只以贴标语、游行为能事，做虽是做，却是做错了，至少也是没有效力的做了。

十三、晓庄因实行教学做合一不就忽略了看书吗？

晓庄看书的时间是有规定的，所看的书也是有指定的，但比别的学校是自由的多。我们对于书籍有一条方针：做什么事，用什么书。我们很反对为读书而读书。我们从去年就想依据生活历编辑一个最低限度的用书目录，现在还未编成，将来编成之后，就容易上轨道了。只要谨守"在劳力上劳心"的原则，自然会从具体归向理论，从片段走向系统。但是造诣深浅，有属于禀赋的，我们固难以为力；有属于勤惰的，生活部实负有考核勉励指导之责。

十四、教学做合一不太偏重技能而忽略知识吗？

技能与知识是分不开的。把大家教成铁匠木匠一样，实未足以尽教育之能事。一因为中国的一般铁匠木匠实在是有一部分教错了。因为他们劳力而不劳心，所以技能与知识都不能充分发达。二因为他们除了呆板的职业训练以外,其余关于人生需要的教育都被漠视了。假使中国的铁匠木匠都做的不错,学的不错,教的不错,在劳力上劳心,各方面生活需要都顾到,那末,铁匠木匠所应受的教育,便是人人应受的教育了。王木匠要有技能和知识,也如同达尔文要有技能与知识。达尔文没有辨别物种变异的技能,便不能发现天择的学说。王木匠若没有尤克雷地[4]的几何知识,便要做出七斜八歪的桌子来。可是达尔文与王木匠有个不同之点:王木匠把知识化成技能,达尔文则用技能产生知识。不过王木匠倘使能用知识所变成的技能进一步去产生新知识,那末,王木匠亦成为达尔文一流的人物了。倘使达尔文停止在观察生物的技能上而不能用它去发现天择学说,那末,终达尔文之身,也不过是王木匠的兄弟罢了。

十五、教学做合一究竟是什么?它的效用如何?

现在归纳起来总答如下:

(一)要想获得人类全体的经验,必须教学做合一方为最有效力;

(二)生活教育就是教学做合一;

(三)教学做合一不但不忽视精神上的自动,而且因为有了在劳力上劳心,脚踏实地的"做"为它的中心,精神便随"做"而愈加奋发。

《教学做合一讨论集》(1951年7月教育书店版)

注释

〔1〕狄克推多　英文 dictator 的音译,意为"独裁官"。古罗马共和国的非常任长官,任内权力不受任何限制,但任期不得超过半年。

〔2〕《墨辩》　指《墨子》中的《经》上、下和《经说》上、下四篇。晋鲁胜曾为之作注,早佚。现仅存《墨辩叙》。

〔3〕瓦雷士　通译华莱士(Alfred Russel Wallace,1823—1913)。英国博

物学家。曾旅行各地，进行生物区系的比较研究。1858年独立提出生物进化的自然选择学说，与达尔文的进化学说论文同时在伦敦林耐学会上宣读。学术界公认他与达尔文均是进化论的首倡者。

〔4〕尤克雷地　通译欧几里得（Euclid，约前330—前275）。古希腊数学家。他在总结前人研究成果的基础上，用演绎法叙述平面几何学，创立欧几里得几何学。其《几何原本》十三卷，是世界上最早公理化的数学著作。

地方教育与乡村改造

教育就是生活的改造。我们一提及教育便含了改造的意义。教育好比是火，火到的地方，必使这地方感受他的热，热到极点，便要起火。"一星之火，可以燎原"，教育有这样的力量。教育又好比是冰，冰到的地方，必使这地方感受他的冷，冷到极点，便要结冰。教育有力量可以使人"冷到心头冰到魂"。或是变热，或是变冷，都是变化。变化到极点，不是起火便是结冰。所以教育是教人化人。化人者也为人所化。教育总是互相感化的。互相感化，便是互相改造。

社会是个人结合所成的。改造了个人便改造了社会，改造了社会便也改造了个人。寻常人以为办学是一事，改造社会又是一事，他们说："办学已经够忙了，还有余力去改造社会吗？"他们不知道学校办的得法便是改造社会。没有功夫改造社会便是没有功夫办学。办学和改造社会是一件事，不是两件事。改造社会而不从办学入手，便不能改造人的内心；不能改造人的内心，便不是彻骨的改造社会。反过来说，办学而不包含社会改造的使命，便是没有目的，没有意义，没有生气。所以教育就是社会改造，教师就是社会改造的领导者。在教师的手里操着幼年人的命运，便操着民族和人类的命运。

寻常人又以为改造社会是要多数人干，决不是少数教师所能胜任的。尤其在穷乡僻壤中的小学有时只有一位教师，更觉得单身匹马不能有所作为。他们说："教师岂能独脚戏？"说这话的人忘记了他的四周都可以找着同志。孔子说："十室之邑，必有忠信。"又说："德不孤，必有邻。"这是孔子的经验谈。乡村虽小，必定可以找得着几位黄泥腿的领袖和我们合作。只须找着一两位，进行起来，便能事半功倍。不但如此，同志便在眼前，一个个学生都可以成为活龙活虎的小同志。只要教师们放下孤高的架子，改造乡村的忠实同志正多着哩。

寻常人又以为改造社会是劝人家干或替人家干。这两种方式都是表面的工作。劝人戒烟、戒赌，或是劝人爱人、爱国，都是自己用嘴说说，便要人家负实行的责任，当然是没有多大效验的。有些人见他没有多大效验，便改变方针，替人家干。这样一来，受替代的人便难免发生惭愧，如不惭愧，便要发生依赖。自己居于高尚的地位，而令人惭愧；或自己处于赈济的地位，而令人依赖，都不是好法子。替人家干还含有一个不稳固的因子，就是到了终局，难免人存政举，人亡政息。那么，社会改造究竟要采取什么方式？依我看来只有团结同志，共同去干，方能发生宏大久远的效力。真团体是要从扫除公敌，图谋公益，发挥公意上创造出来的。

寻常人最后还有一个误解，就是误认读书为教育。只要提到教育，便联想到读书认字。他们以为一切教育都从读书认字出发。他们只管劝人家识字读书，不顾到别的生活需要。识字读书是人生教育的一部份，谁也不能否认。但是样样教育都硬要从教书入手，走不得几步便走不通了。乡村里面十岁以上大多数的儿童教育，大多数的成人教育，都要从经济及娱乐两方面下工夫，读书认字只好附带在这里面去干。倘使一定要从读书认字出发，怕是多数人不能接受，那么，对于改造社会的影响，便是很有限了。

上面所说的几点，都证明地方教育及乡村改造的成败，是靠着人才为转移。所以培养乡村师资是地方教育之先决问题，也就是改造乡村的先决问题。不在培养人才上做工夫，一切都是空谈。现今各县对于乡村教育及乡村改造已有浓厚的兴趣，但是对于一县的乡村师范，每年只肯化数千元。固然也有多化的，但是寥若晨星。我们要想达到运用教育改造乡村的目的，必须出代价去培养教师，去培养教师的教师。江苏加征亩捐是个最好的机会，我以为在这义务教育萌芽时期，这笔钱应当多用于培养教师，少用在开办新校。教师得人，则学校活，学校活，则社会活。倘使有活的教师，各办一所活的小学，作为改造各个乡村的中心，再以师范学校总其成，继续不断的领导各校各村前进，不出十年，必著成效。依我的愚见看来，这是地方教育根本之谋，也是改造乡村根本之谋。

《地方教育》第 1 期（1929 年 2 月）

这 一 年[*]

晓庄学校头一年摸黑路的经过,已经在一周纪念刊[1]上发表过。现在我要从同志们在第二年所探获的结果里,拣那含有普遍性的,报告出来,以供大家参考,并求指教。

(一)二亲原则　　我们自从跳进实际生活中去工作,便觉得真正的教育,必须使学者和人民万物亲近。与人民亲近是"做人"的第一步。与万物亲近是"格物"的大门口。专在书本上学"做人""格物"的道理,究嫌隔膜。所以我们要把汗牛充栋的书本移在两旁,做我们生活的助手,不可使他们立在中央,把我们和人民、万物的关系离间掉。

(二)教学做合一　　我们时常听见这样的批评:"教学做合一,好是很好,怕初级中学以下的学生不容易行。"我们现在可以答复:"教学做合一不但初级中学能行,小学也能行,就是幼稚园也无不可行。"本来,教学做合一只是生活法。既是生活法,那么,凡是活人都是能行的。只须看看晓庄幼稚园小朋友所种的菜,这种问题是不必辩论了。教学做合一的制度最须要考核。在这一年之终,我们已经找到了具体办法去考核成绩,以后进行自可比从前更有把握。

(三)集团的中心　　我们开始便主张以乡村小学做改造乡村社会的中心。倘使单凭一个光棍的小学去改造社会,力量当然薄

---

[*] 本篇系为晓庄学校成立二周年而作。曾在1929年3月15日召开的纪念会上演说。后在《地方教育》发表时,易题为《第二年的晓庄》。

弱，收效也是很慢。不过倘使小学教师转个念头，把好村民以及小学生都当为合力作战的同志，力量也就不孤了。如果进一步，把一县或一区的中心小学团结联络起来，而以一乡村师范总其成，那么，力量既然集中，收效自可加速。这种集团的中心，本校正在试验着。

（四）**乡村幼稚园**　　幼稚园为乡村最需要的一种教育，已由理论而得到实际的证明。这一年中，晓庄幼稚园、尧化门幼稚园、万寿庵幼稚园、和平门幼稚园继燕子矶幼稚园而起，不久便可以普及到中心小学所在之村庄。这是乡村儿童教育的基础，乡村妇女教育的大关键，应当切实推广的。

（五）**生活教育的五目标**　　生活教育的目标，分析开来，在乡村小学里，应当包含五种：一、康健的体魄；二、农人的身手；三、科学的头脑；四、艺术的兴趣；五、改造社会的精神。我主张以国术来培养康健的体魄，以园艺来培养农人的身手，以生物学来培养科学的头脑，以戏剧来培养艺术的兴趣，以团体自治来培养改造社会的精神。园艺、生物、团体自治已稍有成效可睹，国术与戏剧，尚待试行。

（六）**大家一同干**　　民众活动有三种方式：一是观民众干，二是替民众干，三是和民众一同干。晓庄取第三种方式，和民众一同干。我们觉得观民众干是自己处于旁观地位；替民众干是令民众处于旁观地位，更有人存政举、人亡政息之弊。惟独加入民众当中做一份子和他们一同起劲的干，才是最有效的民众活动。

（七）**经济中心的乡村妇女教育**　　乡村妇女教育若从文字入手，往往失败。晓庄开办乡村妇女教育失败过三次，引起不少人的灰心。但是抱着屡败屡战的精神，我们便决定改变方法，以生利训练为中心，而以文字和别种训练为副。现在试验期短，尚不能有具体成效，但似乎是一条比较可以走得通的路。[2]

（八）**民众的武力**　　从前晓庄五里以内有烟馆二十六所。新年赌博遍地皆是，匪警也是常有的。但是自从联村自卫团[3]组织以来，民众的武力造成，公安局及驻军联盟缔结，四十里周围之烟赌匪患便一扫而空。试以赌博为例，茶馆一有赌博，小学生便潜去参观。学校一年教不好的孩子，赌场一天可以把他教坏。那么，造成民众武力以扫除那毁坏教育工作之恶势力，怕也是我们应当注意的一件事罢。

（九）戏剧力量的伟大　　南国社[4]同志第一次到晓庄来的那一天是最可纪念的。那天晚上我们看见革命的艺术初次下乡与革命的教育携手。不久，我们便成立了晓庄剧社，把农民生活捧上舞台。阴历正月从元旦起演了五天。连赌博烟馆的民众都被我们吸收来了，这是多么痛快的事啊！而且受着公演的压迫，演员对于音乐、文学、国语、应对以及种种人生艺术，都可藉以一日千里的前进。我们深信戏剧有唤醒农民的力量。从心头滴下来的眼泪是能感动人的。

（十）想到而没有做到的　　我们还有几件想到而没有做到的事情，写出来请乡村教育同志注意。一是县长训练的重要。县长为亲民之官，在历史上享有特别重要地位。现在以县为自治单位，这个位置是要格外显得重要了。有了好的县长，乡村教育同志一年可以干出十年的成绩；没有好的县长，十年做不出一年的事业。培养两千位好县长，中国乡村教育，不，中国的建设，可算是干成一大半了。二是农暇副业的重要。中国农人全年约有五个月空闲没得事做，假使能乘这个机会训练他们些副业，那么，他们的生计立刻可以好些。三是如何训练农民享受工业文明的利益而不致被他淘汰。中国虽是以农立国，但趋势是向着工业文明前进的。如何叫机器为农人做工而不致把农民吞掉，是乡村教育一个顶大的问题。

最后，我还要说去年所说过的一句话。要想完成乡村教育的使命，属于什么计划方法都是次要的，那超过一切的条件是同志们肯不肯把整个的心献给乡村人民和儿童。真教育是心心相印的活动。

唯独从心里发出来的，才能打到心的深处。

《乡教丛讯》第 3 卷第 3 期（1929 年 3 月 15 日）

注释

〔1〕 指纪念晓庄师范成立一周年时《乡教丛讯》所出的纪念刊。

〔2〕 指于是年 3 月 10 日成立的晓庄学校妇女工学处。该团体由陶行知胞妹陶文渼担任指导员，组织晓庄附近的农妇利用农暇边工边学。

〔3〕 联村自卫团　晓庄学校周围各村联合组织的民间自卫武装，目的在于根绝匪患。是陶行知倡议筹建的，其骨干力量是晓庄学校师生。正式成立于 1928 年 5 月。陶行知任团长。

〔4〕 南国社　时称南国剧社。是戏剧家田汉所组织的进步话剧团体。1929 年 1 月曾专门到晓庄学校演出。

行是知之始

阳明先生说："知是行之始,行是知之成。"我以为不对:行是知之始,知是行之成。我们先从小孩子说起。他起初必定是烫了手才知道火是热的,冰了手才知道雪是冷的,吃过糖才知道糖是甜的,碰过石头才知道石头是硬的。太阳地里晒过几回,厨房里烧饭时去过几回,夏天的生活尝过几回,才知道抽象的热;雪菩萨做过几次,霜风吹过几次,冰淇淋吃过几杯,才知道抽象的冷;白糖、红糖、芝麻糖、甘蔗、甘草吃过几回,才知道抽象的甜;碰着铁,碰着铜,碰着木头,经过好几回,才知道抽象的硬。才烫了手又冰了脸,那么,冷与热更能知道明白了;尝过甘草接着吃了黄连,那么,甜与苦更能知道明白了;碰着石头之后就去拍棉花球,那么,硬与软更能知道明白了。凡此种种,我们都看得清楚"行是知之始,知是行之成"。佛兰克林[1]放了风筝,才知道电气可以由一根线从天空引到地下。瓦特[2]烧水,看见蒸汽推动壶盖,便知道蒸汽也能推动机器。加利里[3]翁在毕撒[4]斜塔上将轻重不同的球落下,便知道不同轻重之球是同时落地的。在这些科学发明上,我们又可以看得出"行是知之始,知是行之成"。[①]

《墨辩》提出三种知识:一是亲知,二是闻知,三是说知。亲知是亲身得来的,就是从"行"中得来的。闻知是从旁人那儿得来的,或由师友口传,或由书本传达,都可以归为这一类。说知是推想出来的知识。现在一般学校里所注重的知识,只是闻知,几乎以

作者原注:①上一段曾在《乡教丛讯》第二卷第一期发表。

闻知概括一切知识,亲知是几乎完全被挥于门外。说知也被忽略,最多也不过是些从闻知里推想出来的罢了。我们拿"行是知之始"来说明知识之来源,并不是否认闻知和说知,乃是承认亲知为一切知识之根本。闻知与说知必须安根于亲知里面方能发生效力。

试取演讲"三八主义"[5]来做个例子。我们对一群毫无机器工厂劳动经验的青年演讲八小时工作的道理,无异耳边风。没有亲知做基础,闻知实在接不上去。假使内中有一位青年曾在上海纱厂做过几整天工作或一整天工作,他对于这八小时工作的运动的意义,便有亲切的了解。有人说:"为了要明白八小时工作就是这样费力的去求经验,未免小题大做,太不经济。"我以为天下最经济的事,无过于这种亲知之取得。近代的政治经济问题便是集中在这种生活上。从过这种生活上得来的亲知,无异于取得近代政治经济问题的钥匙。

亲知为了解闻知之必要条件,已如上述。现再举一例,证明说知也是安根在亲知里面的。

白鼻福尔摩斯一书里面有一个奇怪的案子:一位放高利贷的老头子被人打死后,他的房里白墙上有一个血手印,大得奇怪,从手腕到中指尖有二尺八寸长。白鼻福尔摩斯一看这个奇怪手印,便断定凶手是没有手掌的,并且与手套铺是有关系的。他依据这个推想,果然找出住在一个手套铺楼上的科尔斯人就是这案的凶手,所用的凶器便是挂在门口做招牌的大铁手。他的推想力不能算小,但是假使他没有铁手招牌的亲知,又如何推想得出来呢?

这可见闻知、说知都是安根在亲知里面,便可见"行是知之始,知是行之成"。

《乡教丛讯》第 3 卷第 12 期(1929 年 7 月 30 日)

注释

〔1〕佛兰克林 通译富兰克林(Beniamin Franklin, 1706—1790),美国

政治家、科学家。他通过放风筝进行科学实验,终于发明了避雷针。

〔2〕瓦特　即詹姆斯·瓦特（James Watt,1736—1819）,英国发明家,蒸汽机的改进者。瓦特蒸汽机为工业革命作出了巨大贡献。

〔3〕加利里　通译伽利略（Galileo Galilei,1564—1642）,意大利物理学家、天文学家。曾发明望远镜等。

〔4〕毕撒　通译比萨（Pisa）。意大利西部古城,世界闻名的比萨斜塔座落于此。

〔5〕三八主义　通称"三八制"。1886年5月1日,美国芝加哥等地工人举行大罢工,要求每天工作八小时、教育八小时和休息八小时。

晓庄三岁敬告同志书

今日是何日？
当念三年前。
愿从今日起，
更结万年缘。

三年前的今日，老山下的小庄[1]出了一桩奇事。他们是来扫墓吗？香烛在哪儿？强盗来分赃吗？如何这样客气？他们是开学哟。开学？学堂在哪儿？连燕子都不肯飞来的地方，忽然这样热闹！奇怪得很！

不错，我们是来开学。说得更〈确〉切些，我们是来开工。还不如说，我们是在这儿来开始生活。"从野人生活出发，向极乐世界探寻"，是我们今天所立的宏愿。学堂是有的，不过和别的学堂不同。他头上顶着青天，脚下踏着大地，东南西北是他的围墙，大千世界是他的课室，万物变化是他的教科书，太阳月亮照耀他工作，一切人，老的、壮的、少的、幼的、男的、女的都是他的先生，也都是他的学生。晓庄生来就是这样的一副气骨。

到了今天，已经是三周年了，说到可以看见的成绩，真是微乎其微。他所有的茅草屋，稍微有点财力的人，只要两个月就可以造得成功，一阵野火，半天便可以把他们烧得干干净净。至于每个同志之所有，除了一颗血红的心和一些破布烂棉花的行李之外，还有什么可说？然而晓庄毕竟有那野火烧不尽的东西。这些东西的价值，也许只等于穷人家在天寒地冻时之破布烂棉花，也许就是因为这些破布烂棉花的力量，那血红的心才能继续不断的跳动，那怀抱着这血红的心的生命便能生生不已。我现在所高兴说的就是这些东西。

晓庄是从爱里产生出来的。没有爱便没有晓庄。因为他爱人类，所以他爱人类中最多数而最不幸之中华民族；因为他爱中华民族，所以他爱中华民族中最多数而最不幸之农人。他爱农人只是从农人出发，从最多数最不幸的出发，他的目光，没有一刻不注意到中华民族和人类的全体。在吉祥学园[2]里写了两句话："捧着一颗心来；不带半根草去。"晓庄是从这样的爱心里出来的。晓庄可毁，爱不可灭。晓庄一天有这爱，则晓庄一天不可毁。倘使这爱没有了，则虽称为晓庄，其实不是晓庄。爱之所在即晓庄之所在。一个乡村小学里的教师有了这爱，便是一个晓庄；一百万个乡村小学里的教师有了这爱，便是一百万个晓庄。虽是名字不叫晓庄，实在是真正的晓庄了。

晓庄三年来的历史，就是这颗爱心之历史——这颗爱心要求实现之历史。有了爱便不得不去找路线，寻方法，造工具，使这爱可以流露出去完成他的使命。流露的时候，遇着阻力便不得不奋斗——与土豪劣绅奋斗，与外力压迫奋斗，与传统教育奋斗，与农人封建思想奋斗，与自己带来之伪智识奋斗。这奋斗之历史，也就是这颗爱心之历史。晓庄没有爱便不能奋斗，不能破坏，不能建设，不能创造。个人没有爱，便没有意义，即使在晓庄，也不见得有贡献。所以晓庄和各个同志的总贡献——破坏与创造——如果有的话，都是从爱里流露出来的。晓庄生于爱，亦惟有凭着爱的力量才能生生不已咧。

我们最初拿到晓庄来试验的要算是教学做合一的理论了。当初的方式很简单。他的系统也就是在晓庄一面试验一面建设起来的。这个理论包括三方面：一是事怎样做便怎样学，怎样学便怎样教；二是对事说是做，对己说是学，对人说是教；三是教育不是教人，不是教人学，乃是教人学做事。无论那方面，"做"成了学的中心，即成了教的中心。要想教得好,学得好,就须做得好。要想做得好,就须"在劳力上劳心",以收手脑相长之效。这样一来,我们便与两种传统思想短兵相接了。一是孟子的"劳心者治人,劳力者治于人"的二元论。这种二元论在中国的力量是很大的。他在教育上的影响是:教劳心者不劳力;不教劳力者劳心。结果把中华民族划成两个阶级,并使科学的种子长不出来。二是先知后行的谬论。阳明虽倡知行合一之说,无意中也流露出"知是行之始"之意见。东原更进一步的主张:"重行必先重知。"这种主张在中国教育上的影响极深。"知是行之始"一变而为"读书是行之始",再变而为"听讲是行之始"。"重行必先重知"也有同样的流弊。请看今日学校里的现象,那一处不是这种谬论所形成。不入虎穴,焉得虎子。知识是要自己像开矿样去取来的。取便是行。中国学子被先知后行的学说所麻醉,习惯成了自然,平日不肯行,不敢行,终于不能行,也就一无所知。如果有所知,也不过是知人之所知,不是我之所谓知。教学做合一既以做为中心,便自然而然地把阳明、东原的见解颠倒过来,成为:"行是知之始","重知必先重行"。我很诚恳的敬告全国的同志:"有行的勇气,才有知的收获。"先知后行学说的土壤里,长不出科学的树,开不出科学的花,结不出科学的果。

教学做合一的理论最初是应用在培养师资上面的。我们主张培养小学教师要在小学里做,小学里学,小学里教。这小学是培养小学教师的中心,也就是师范学校的中心,不是他的附属品,故不称他为附属小学而称他为中心小学。培养幼稚园教师的幼稚园和培养中学教师的中学,都是中心学校而不是附属学校。现在实行的学园制即是艺友制,每学园有导师、艺友及中心学校,更进一步求教学做合一的主张之贯彻。现今师范教育之传统观念是先理论而后实习,把一件事分作两截,好一比早上烧饭晚上请客。除非让客人吃冷饭,便须把饭重新烧过。教学做合一的中心学校就是要把理论与实习合为一炉而冶之。

教学做合一不是别的，是生活法，是实现生活教育之方法。当初，生活教育戴着一顶"教育即生活"的帽子。自从教学做合一的理论试行以后，渐渐的觉得"教育即生活"的理论行不通了。一年前我们便提出一个"生活即教育"的理论来替代。从此生活教育的内容方法便脉脉贯通了。

"生活即教育"怎样讲？是生活即是教育，是好生活即是好教育，是坏生活即是坏教育；有目的的生活即是有目的的教育，无目的的生活即是无目的的教育；有计划的生活即是有计划的教育，无计划的生活即是无计划的教育；合理的生活即是合理的教育，不合理的生活即是不合理的教育；日常的生活即是日常的教育；进步的生活即是进步的教育。依照生活教育的五大目标说来：康健的生活即是康健的教育，劳动的生活即是劳动的教育，科学的生活即是科学的教育，艺术的生活即是艺术的教育，改造社会的生活即是改造社会的教育。反过来说，嘴里念的是劳动教育的书，耳朵听的是劳动教育的演讲，而平日所过的是双料少爷的生活。在传统教育的看法不妨算他是受劳动教育，但在生活教育的看法则断断乎不能算他是受劳动教育。生活教育是运用生活的力量来改造生活，他要运用有目的有计划的生活来改造无目的无计划的生活。

生活教育既以生活做中心，立刻就与几种传统思想冲突。第一种传统思想与生活教育冲突的是文化教育。他以文化为中心。德国战前之教育即是以文化为中心。中国主张此说的也不少。依生活教育的见解，一切文化只是生活的工具。文化既是生活的工具，那能喧宾夺主而做教育的中心？第二种传统思想与生活教育冲突的是教、训分家。在现代中国学校里教、训分家是普遍的现象。教育好像是教人读书，训育好像是训练人做人或是做事；教育好像是培养智识，训育好像是训练品行；教育又好像是指所谓之课内活动，训育则好像是指所谓课外活动。所以普通学校里，有一位教务主任专管教育，又有一位训育主任专管训育。某行政机关拟以智仁勇为训育方针，那么，教育方针又是什么呢？生活教育的要求是：整个的生活要有整个的教育。每个活动都要有目标，有计划，有方法，有工具，有指导，有考核。智识与品行分不开，思想与行为分不开，课内与课外分不开，做人做事与读书分不开，即教育、训育分不开。生活教育之下只有纵的分任，决无横的割裂。某人指导团体自治，某人指导康健是可以的。这是纵的分任。若是团体自治的智识是功课以内归教务主任管，团体自治的行为是功课以外归训育主任管，这就是生活的横的割裂，决说不过去。第三种传统思想与生活教育冲突的是教育等于读书。生活教育指示我们说：过什么生活用什么工具。书只是生活工具之一种，是要拿来活用的，不是拿来死读的。书既是用的，那么，过什么生活便用什么书。第四种传统思想与生活教育冲突的是学校自学校、社会自社会。从前学校门前挂着闲人莫入的虎头牌以自绝于社会，不必说了，就是现在高谈学校社会化，或是社会学校化的地方也往往漠不相关。生活即教育的理论一来，他立刻要求拆墙，拆去学校与社会中间之围墙使我们可以达到亲民亲物的境界。不但如此，他要求把整个的社会或整个的乡村当作学校。与"生活即教育"蝉联而来的就是"社会即学校"。第五种传统思想与生活教育冲突的就是漠视切身的政治经济问题。我们既承认"社会即学校"，那么，社会的中心问题便成了学校的中心问题。这中心问题就是政治经济问题。我们最初定教育目标时对于政治经济即特别重视。赵院长[3]后来又作有力的宣言说："生活教育是教人做工求知管政治。"江问渔先生近著《富教合一》和《政教合一》两篇文字使生活教育之内容更为明显。我也作《富教合一后论》、《政教合一后论》、《政富合一论》以尽量发挥三者之关系，终于构成政富教合一理论之系统。晓庄所办之自卫团、妇女工学处，现在向省政府建议设置之试验乡[4]以及十九年度计划中之生产事业，都是想把政治、经济、教育打成一片，做个政富教合一的小试验。政富教合一的根本观念是要将政富教三件事合而为一。

如何使他们合起来？要叫他们在"遂民之欲达民之情"上合起来。现在这三件事的中间有很大的鸿沟。他的根本原因不外三种：一是富人拿政治与教育作工具以遂富人之欲而达富人之情；二是政客拿富力与教育作工具以遂政客之欲而达政客之情；三是不肯拿教育给富人和政客做工具的教师们存了超然的态度，不知教人民运用富力和政治力以遂民之欲达民之情。我们要知道等到富力成为民的富力，政治力成为民的政治力，然后生活才算是民的生活，教育才算是民的教育。在教育的立场上说，我们所负的使命：（一）是教民造富；（二）是教民均富；（三）是教民用富；（四）是教民知富；（五）是教民拿民权以遂民生而保民族。我们要教人知道，不做工的不配吃饭，更不配坐汽车。我们要教人知道"朱门酒肉臭，路有冻死骨"是最大的罪孽。我们要教人知道富力如同肥料，堆得太多了要把花草的生命烧死。我们要教人民造富的社会，不造富的个人。从农业文明进到工业文明，我们要教农民做机器的主人，不做机器的奴隶。这种主张，不消说，不但和"先富后教"、教育不管政治一类的传统思想冲突，凡是凭着特殊势力以压迫人民，致使民之欲不得遂、民之情不得达的，都是我们的公敌。

最后，晓庄是同志的结合，我不要忘记了叙述。晓庄的茅草屋一把野火可以烧得掉。晓庄的同志饿不散，冻不散，枪炮惊不散。我们是为着一个共同的使命来的。这使命便是教导乡下阿斗做中华民国的主人。要想负得起这个使命，便不能没有特殊的修养。这是我们自己勉励的几条方针：

（一）自立与互助

"滴自己的汗。吃自己的饭。自己的事自己干。靠人靠天靠祖上，不算是好汉。"这首《自立歌》，晓庄的人是没有不会唱的了。我们所求的自立，便是这首歌所指示的。但是自立不是孤高，不是自扫门前雪。我们不但是一个人，并且是一个人中人。人与人的关系是建筑在互助的友谊上。凡是同志，都是朋友，便当互助。倘不互助，就不是朋友，便不是同志。我们唱一首互助歌罢："小小的村庄，小小的学堂，小小的学生，个个是好汉。好汉！好汉！帮人家的忙。"

（二）平等与责任

在晓庄，凡是同志一律平等。共同立法的时候，师生工友都只有一权。违法时处分也不因人而异。我们以为，在同一的团体里要人共同守法，必须共同立法。但同志的法律地位虽平等而责任则因职务而不同。职务按行政系统分配，各有各的职务，即各有各的责任。责任在指挥，当行指挥之权；责任在受指挥，应负受指挥之义务。

（三）自由与纪律

晓庄团体行动有一致遵守的纪律，五十岁以上及对本校学术有特殊贡献的人，得由本校赠与晓庄自由章，不受共同纪律之限制。但这些纪律的目的，无非也是增进团体生活的幸福，防止个人自由之冲突。晓庄毕竟不但是个"平等之乡"，而且是个"自由之园"。晓庄以同志的志愿为志愿，以同志的计划为计划，以同志的贡献为贡献。晓庄虽然希望每个同志对于共同的志愿、计划是要有些贡献，但是乡村教育的范围广漠无边，除非是身在乡下心在城里的人，总可以找出一两样符合自己的才能兴味。大部分的生活都是供大家自由的选择。学园的成立是由于园长选同志，同志选园长，格外合乎自由的意义。试验自由是各学园的础石。晓庄所要求于个人的只是每个人都要有计划，要按着自己的计划进行。至于什么计划，如何实现，都是个人的自由。在理想的社会里，凡是人的问题都可以自由的想，自由的谈，自由的试验。晓庄虽然没有达到这种境界，但愿意努力创造这样的一个社会。这里含蓄着进步的泉源，这里孕藏着人生的乐趣。乡下人的面包已经给人家夺去一半了，剩下这点不自由的自由是多么的尊贵哟！

（四）大同与大不同

这又是一对似乎矛盾而实相成的名词。我们试到一个花园里面去看一看：万紫千红，各有他的美丽；那构成花园的伟观的成分，正是各种花草的大不同处。将这些大不同的花草分别栽种，使他们各得其所，及时发荣滋长，现出一种和谐的气象，令人一进门便感觉到生命的节奏，这便是大同之效。晓庄不是别的，只是一个"人园"，和花园有相类的意义。我们愿意在这里面的人，都能各得其所，现出各人本来之美，以构成晓庄之美。如果要找一个人中模范，教一切人都学成和他一样，无异于教桃花、榴花拜荷花做模范。我们当教师的，实在需要园丁的智慧。晓庄不但是不要把个个学生造成一模一样，并且也不愿他们出去照样画葫芦。晓庄同志无论到什么地方去，如果只能办成晓庄一样的学校，便算本领没有学到家，便算失败。没有两个环境是相同的，怎能同样的办？晓庄同志要创造和晓庄大不同的学校，才算是和晓庄同，才算是第一流的贡献，才算是有些成功。

同志们！记牢了我们的使命是教导乡下阿斗做中华民国的主人。乡下阿斗没有出头之先，我们休想出头。乡下阿斗没有享福之先，我们休想享福。我们若是赶在农人前面去出头享福，只此一念便是变相的土豪劣绅。与农人同甘苦，共休戚，才能得到光明，探出生路。我们大家唱首《劳山歌》为中华民国的主人努力吧！

老山劳，

小庄晓；

咱锄头，

起来了。

老山劳，

小庄晓；

新时代，

推动了。

《乡村教师》第 7 期（1930 年 3 月 15 日）

注释

〔1〕老山、小庄　均为南京左近地名，晓庄师范校址在此地。该校创办时，陶行知将老山改名为劳山（音谐），取"劳力上劳心"之意趣；又将小庄改名为晓庄（音谐），取"日出而作"前途光明之意趣。

〔2〕吉祥学园　原名晓庄师范吉祥庵中心小学，曾短期更名为吉祥学院。因校址位于吉祥庵，故名。该校创办于1928年3月。

〔3〕即赵叔愚。他曾任晓庄师范第一院院长。

〔4〕指陶行知呈请江苏省民政厅，请将晓庄学校所在的北固乡划作试验乡事。江苏省民政厅曾批文准予试验，后因晓庄学校遭封闭，未克进行。

生活即教育

今天我要讲的是"生活即教育"。中国从前有一个很流行的口号，我们常用得很多而且很熟的，就是"教育即生活"（Education of life）。教育即生活这句话，是从杜威（John Dewey）先生那里来的，我们在过去是常常用他，但是从来没有问过这里边有什么用意。现在，我把他翻了半个筋斗，改为"生活即教育"。在这里，我们就要问："什么是生活？"有生命的东西，在一个环境里生生不已的就是生活。譬如一粒种子一样，他能在不见不闻的地方而发芽开花。从动的方面看起来，好像晓庄剧社[1]在舞台演戏一样。《生活即教育》这个演讲，从前我已经讲了两套，现在重提我们的老套。

第一套就是：

是生活就是教育，不是生活的就不是教育；

是好生活就是好教育，是坏生活就是坏教育；

是认真的生活就是认真的教育，是马虎的生活就是马虎的教育；

是合理的生活就是合理的教育，是不合理的生活就是不合理的教育；

不是生活，就不是教育；

---

* 本篇系演讲记录。1930年1月，晓庄学校主办乡村教师讨论会，陶发表了专题演讲。记录者为戴自俺、孙铭勋。本文在收入《教学做合一之系统研究》（唐文粹编著）一书时，曾作了某些删改。

所谓之生活未必是生活，就未必是教育。

第二套是第二次讲的时候包括进去的，是按着我们此地的五个目标加进去的，就是：

是康健的生活，就是康健的教育，是不康健的生活，就是不康健的教育；

是劳动的生活，就是劳动的教育，是不劳动的生活，就是不劳动的教育；

是科学的生活，就是科学的教育，是不科学的生活，就是不科学的教育；

是艺术的生活，就是艺术的教育，是不艺术的生活，就是不艺术的教育；

是改造社会的生活，就是改造社会的教育，是不改造社会的生活，就是不改造社会的教育。

近来，我们有一个主张，是每一个机关，每一个人在十九年里都要有一个计划。这样，在十九年里我们所过的生活，就是有计划的生活，也就是有计划的教育。于是，又加了这么一套：

是有计划的生活，就是有计划的教育；是没有计划的生活，就是没有计划的教育。

我今天要说的就是：我们此地的教育，是生活教育，是供给人生需要的教育，不是作假的教育。人生需要什么，我们就教什么。人生需要面包，我们就得受面包教育；人生需要恋爱，我们就得过恋爱生活，也就是恋爱的教育。照此类推，照加上去：是那样的生活，就是那样的教育。

与"教育即生活"有联带关系的就是"学校即社会"。"学校即社会"也就是跟着"教育即生活"而来的，现在我也把他翻了半个筋头，变成"社会即学校"。整个的社会活动，就是我们的教育范围，不消谈什么联络，而他的血脉是自然流通的。不要说"学校社会化"。譬如现在说要某人革命化，就是某人本来不革命，假使某人本来是革命的,还要他"化"什么呢?讲"学校社会化",也是犯同样的毛病。"社会即学校",我们的学校就是社会,还要什么"化"呢?现在我还有一个比方:学校即社会,就好像把一只活泼泼的小鸟从天空里捉来关在笼里一样,他要以一个小的学校去把社会上所有的一切东西都吸收进来,所以容易弄假。社会即学校则不然,他是要把笼中的小鸟放到天空中去,使他能任意翱翔,是要把学校的一切伸张到大自然里去。要先能做到"社会即学校",然后才能讲"学校即社会";要先能做到"生活即教育",然后才能讲到"教育即生活"。要这样的学校才是学校,这样的教育才是教育。

杜威先生在美国为什么要主张教育即生活呢?我最近见着他的著作,他从俄国回来,他的主张又变了,已经不是教育即生活了。美国是一个资本主义的国家,他们是零零碎碎的实验,有好多教育家想达到的目的不能达到,想实现的不能实现,然而在俄国已经有人达到了,实现了。假使杜威先生是在晓庄,我想他也必主张"生活即教育"的。

杜威先生是没有到过晓庄的,克伯屈[2]先生是到过晓庄来的,克伯屈先生离了俄国而来中国,他说:"在离莫斯科不远的地方,有一个人名夏弗斯基[3]的,他在那里办了一所学校,主张有许多与晓庄相同的地方。"我见了杜威先生的书,他说现在俄国的教育,很受这个地方的影响,很注重这个地方。他们也主张生活即教育,社会即学校。克伯屈先生问我们在文字上通过消息没有?我说没有。我又问他:"夏弗斯基这个人是不是共产党?"他说不是。我又问他:"他不是共产党,又怎么能在共产党政府之下办教育呢?"他说:"因为他是要实现一种教育的理想,要想用教育的力量来解决民生问题,所以俄政府许可他试验,他在俄政府之下也能生存。"我又对他说:"这一点倒又和我相合,我在国民党政府之下办教育,而我也不是一个国民党党员。"这是克伯屈先生参观晓庄后与我所谈的话。

现在，我们这里的主张已经终于到了实现的时期了，问题是在怎样实现。这一点，可以分作三个时期：

第一个时期，是生活是生活，教育是教育，两者是分离而没有关系的。

第二个时期，是教育即生活，两者沟通了，而学校社会化的议论也产生了。

第三个时期，是生活即教育，就是社会即学校了。这一期也可以说得是开倒车，而且一直开到最古时代去。因为太古的时代，社会就是学校，是无所谓社会自社会学校自学校的。这一期也就是教育进步到最高度的时期。

其次，要讲生活即教育与社会即学校，有几方面是要开仗的，而且是不痛快、是很烦恼，而与我们有极大的冲突的。

第一，在这个时期，是各种思潮在中国谋实现的时期。中国几千年来的传统教育所支配的许多传统思想都要在此时期谋取得他的地位。第二，是外来的各种文化。如德国以前是以文化为中心的。这种文化，胡适之先生曾说是一种 Jantademin〔Gentleman〕的文化，是充满着绅士气的，第二是英国的。

现在先说中国遗留下来的旧文化与我们的生活即教育是有冲突的。中国从前的旧文化，是上了脚镣手铐的。分析起来，就是天理与人欲，以天理压迫人欲，做的事无论怎样，总要以天理为第一要件。

他是以天理为一件事，人欲为一件事。人欲是不对的，是没有地位的。在生活即教育的原则之下，人欲是有地位的，我们不主张以天理来压迫人欲的。这里，我们还得与戴东原[4]先生的哲学打一打通。他说，理不是欲外之理，不是高高的挂在天空的；欲并不是很坏的东西，而是要有条有理的。我们这里主张生活即教育，就是要用教育的力量，来达民之情，顺民之意，把天理与人欲打成一片，并且要和戴东原先生的哲学联合起来。

与此有联带关系的就是"礼教"。现在有许多人唱"礼教吃人"的论调。的确，礼教吃的人，骨可以堆成一个泰山，血可以合成一个鄱阳湖。我们晓得礼是什么？以前有人说，礼是养生的，那是与生活即教育相通的。这种礼，我们不惟不打倒，并且表示欢迎。假若是害生之礼，那就是要把人加上脚镣手铐，那是与我们有冲突的，我们非打倒不可。因为生活即教育是要解放人类的。

再次，中国从前有一个很不好的观念，就是看不起小孩子。把小孩子看成小大人，以为大人能做的事，小孩也能做，所以五六岁的小孩，就要他读《大学》、《中庸》。换句话说，就是小孩子没有地位。我们主张生活即教育，要是儿童的生活才是儿童的教育，要从成人的残酷里把儿童解放出来。

还有一点要补充进去的，就是书本教育。从前的书本教育，就是以书本为教育，学生只是读书，教师只是教书。在生活即教育的原则之下，书是有地位的，过什么生活就用什么书，书不过是一种工具罢了。书是不可以死读的，但是不能不用。从前有许多像这样的东西，是非推翻不可的，否则不能实现"生活即教育"。

现在外面传进来的思潮，也有许多与我们是冲突的。以文化做一个例吧。以文化做中心的教育，他的结果是造成洋八股。文化是人类创造出来的，固然是非常的宝贵，但他也不过是一种工具而已，不能拿做我们教育的中心。人为什么要用文化？是要满足我们人生的欲望，满足我们生活的需要。电灯是文化，我们用了他，可以把一切看得更明白。无线电是文化，我们用了他，可以更便利。千里镜是文化，我们用了他，可以钻进土星、木星里去。……所以文化是生活的工具，他是有他的地位的。我们不惟不反对，并且表示欢迎。欢迎他来做什么呢？就是满足我们生活的需要。有些人把他弄错了，认他做一种送人的礼物，这是不对的。文化要以参加做基础，有了这参加的最低限度的基础，才能了解，才能加上去。生活即教育与以文化为中心的教育的不同，就是如此。

还有训育与生活即教育的理论怎么样？生活即教育与训育把训与教分家的关系怎样？生活即教育与社会即学校如何实现？小学里如何把他实现出来？假使诸位以为是行得通的，最好是每一个人拟一个方案来交我，那一部分可以实现，我们就拿那个地方当一个社会实现出来。

现在我举一个例说：去年因为天干，和平学园[5]因为急于要水吃，就开了一个井。井是学校开的，但是献给全村公用，不久就发现了两个大问题：

（一）每天出水二百担，不敷全村之用。于是大家都起早取水，后到的取不到水。明天又比别人早，甚至于一夜到天亮，都有取夜水的。到天亮时，井里的水已将干了。群聚在井边候水，一勺一勺的取，费尽了气力，才打出一桶水。

（二）大家围着取水，争先恐后，有时甚至用武力解决。

这种现象，假使是学校即社会，就可以用学校的权力来解决，由学校出个命令，叫大家照着执行。社会即学校的办法就不然，他觉得这是与全校人的生活有关系的，要全村的人来设法解决，于是就开了一个村民大会，一共到了六七十个人，共同来做一个吃水问题的教学做。到会的人，有老太婆，也有十二三岁的小孩子，公推了一位十几岁的小学生做主席。我和许多师范生，就组织了一个诸葛亮团，插在群众当中，保护这位阿斗皇帝。老太婆说的话顶多，但同时有许多人说话，大家听不清楚，而阿斗皇帝又对付不下来。这回，诸葛亮用得着了，他就起来指导。结果，共同议决了几件事：

（一）水井每天休息十小时，自下午七时至上午五时不许取水。违者罚洋一元，充修井之用。

（二）每天取水，先到先取，后到后取。违者罚小洋六角，充修井之用。

（三）公推刘君世厚为监察员，负执行处分之责。

（四）公推雷老先生为开井委员长，筹款加开一井，茶馆、豆腐店应多出款，富户劝其多出，于最短期内，由村民团结的力量，将井开成。

这几个议案是由阿斗会议所通过的。这就是社会即学校的办法。由此，我有几个感触：

（一）民众运动，要以对于民众有切身的问题为中心。否则，不能召集。

（二）社会运动，非以社会即学校则不能彻底实行。而社会即学校，是有实现的可能的。

（三）不要以为老太婆、小孩不可训练，只要有法子，只要能从他们切迫的问题着手。

（四）公众的力量比学校发生的大。假使由学校发命令解决，则社会上了解的人少，而且感情将由此分离。

（五）阿斗离了诸葛亮是不行的。和平门吃水问题，倘无相当指导，可以再过四五千年也不会解决。

（六）做民众运动是要陪着民众干，不要替民众干。训政工作要想训练中华国民，非此不可。

这就是以小学所在地做一个学校的例。其余的例很多，不必多举。社会即学校要如何的实现，请大家一样一样的做个方案，二次开会的时候再谈。

这是证明"生活即教育"与"社会即学校"是相联的，是一个学理。

关于"生活即教育"，我现在再来补充一套：我们是现代的人，要过现代的生活，就是要受现代的教育。不要过从前的生活。也不要过未来的生活。若是过从前的生活，就是落伍；若要过未来的生活，就要与人群隔离。以前有一部书叫做《明日之学校》[6]，大家以为很时髦的，讲得很熟的。我希望乡村教师，要办今日之学校，不要办明日之学校。办今日之学校，使小学生过今日之生活，受今日之教育。

《乡村教师》第 9 期（1930 年 3 月 29 日）

注释

〔1〕晓庄剧社　晓庄学校师生共组的戏剧团体，成立于 1929 年初，陶行知任团长并参加过演出。晓庄剧社不仅在学校周围演出，还在江浙一带作巡回演出，影响较大。

〔2〕克伯屈（Willian Heard Kilpatrick，1871—1965）　美国教育家，设计教学法的创始人。陶行知留学美国时的指导教师之一。

〔3〕夏弗斯基　苏联教育家。早在 1905 年，他就将杜威的学说介绍到俄国，并推行他的主张。十月革命后，曾任苏维埃政权教育人民委员，并在学校教育中继续试验杜威的主张，创办了第一所工学团，又创立了国民教育的实验站，它是一个教育科学研究机构暨幼儿园、小学、课外活动和成人教育的综合体。

〔4〕戴东原　即戴震（1723—1777），字东原。安徽休宁人。清代思想家、学者。

〔5〕和平学园　原名为和平门中心小学，属晓庄学校。1929 年下半年改名为和平学园，由陶行知兼任园长。

〔6〕《明日之学校》　亦译作《将来之学校》。美国教育家杜威的专著，初版于 1915 年，20 年代初在中国翻译出版。

护 校 宣 言[*]

　　晓庄学校，被当局勒令停办了。被当局越过教育部而直接勒令停办了。被当局以秘密开会莫须有之罪名而勒令停办了。乡村教育之发祥地停办在乡村教育没有普及之前，是何等的痛心啊！中华民国的忠仆能以自己的生命换取中华民国之生命，又是何等的光荣啊！革命的教育摧残于所谓革命政府之手，是何等的令人难解，而又是何等的令人失望啊！但是晓庄的忧患的命运是自己造成的，无悔于心，更无怨于人。假使他所办的是假的教育，死的教育，残废的教育，奴隶的教育，我们可以担保他永远不会停办。就是中华民族亡了，他还是可以存在。无奈他要办真的教育，活的教育，健全的教育，主人的教育，那末随时随地都免不了要遭忌。三年三个月以来，我们孤军直入与张宗昌、褚玉璞[1]奋斗，与土豪劣绅贪官污吏奋斗，与乡下人之封建思想奋斗，与教育界之传统理论奋斗，与投机分子奋斗，与自己带来之伪知识奋斗，好多次都有全军覆没的危险。现在大难当头，朋友们很为我们忧虑，但在我们看来，这只是我们奋斗史剧中之一幕，而还不是最后的。这次当局断然以迅雷不及掩耳的手段停办晓庄学校，远因近因虽多，归总起来只是因为我们不肯拿人民的公器，做少数人的工具，不肯做文刽子手，去

---

[*] 1930年4月8日，国民党南京国民政府勒令晓庄学校停办，理由是："该校违背三民主义，散发反动传单，勾引反动军阀，企图破坏京沪交通。"陶行知闻讯后，于次日写出《护校宣言》，并印成传单数千份散发、张贴。4月12日，政府派出军警武装封闭了晓庄学校，并下令通缉校长陶行知。此宣言曾在国民党新闻检查控制不到的华北、东北各报刊载。

摧残现代青年之革命性。我们认清了教师之职务是教人学做主人。怎样才算是教人学做主人呢？过主人的生活，就是主人的教育。倘若嘴里读的是做主人的书，耳朵听的是做主人的话，而所过的是奴隶的生活，在传统的目光看来，或可算是主人的教育，但依生活教育的观点看来，则断断乎要称他为奴隶的教育，或是假的主人教育。因为我们要教人学做主人，所以对于侵犯这主人地位的势力，都要问个明白和他一决胜负。同是中华民国的主人，而在铁路上的反映，说得好听些，是有超等主人，头等主人，二等主人，三等主人，四等主人的分别；说得不好听些，中华民国的铁路仍旧是满清的遗制，坐花车的主人，坐头等车的奴隶，坐二等车的是奴隶的奴隶，还有奴隶的奴隶的奴隶，只好如同牲口一样，拥挤在三四等车里。这种人为的等级在革命政府之下，应当不应当存在？我们在三月三十一日曾经这样问过。[2]和记洋行[3]是英帝国主义在首都施行经济侵略的机关，最近以高压手段打伤失业工人，并且两人因此失踪。这种惨无人道的情形，在革命政府之下，应当不应当纠正？中山先生遗嘱，是要我们废除不平等条约；但当局是一面喊着革命外交的口号，一面交换礼炮，允许日本舰队登岸，让侮辱中华民国的敌人去敬礼中山先生的陵墓。并且还让他们驶入长江上游，如入无主人之国。中山先生有灵，该是如何痛心啊？这种侮辱主权的行为，在革命政府之下，应该不应该忍受？我们在四月五日曾经这样问过，可是我们立刻被人反问了。你们晓庄的人，为什么不安心在乡下办教育，而要跑几十里路来干这种运动。他们好像是说我们是有所为而来的，是有色彩的。那些不跑路，不说话，才是真正中华民国的主人咧。这个反问，便结果了晓庄。七日纪念周[4]，闻当局很严厉的说，国家的事有政府管，学生好管闲事，便是捣乱后方，便是反革命。教员不能制止，也是反革命。这样学校，非封不可。封闭几个学校不算什么事。晓庄便是这个态度下之第一个牺牲者。不过晓庄这个学校能不能封掉，却是一个疑问。（一）晓庄是同志的结合，不是少数几个人的私有品，拘捕几个人，不能叫他根本动摇。（二）晓庄的门可封，他的嘴不可封，他的笔不可封，他的爱人类和中华民族的心不可封。（三）晓庄以社会为学校，小而言之，他是和平门外四十里周围的乡村。大而言之，便是整个的世界。他本来没有门，封条贴在那里，倘使社会可封，则晓庄可封。（四）封闭晓庄的可能时期，怕是已经过了。在褚玉璞时代，晓庄是可以消灭的，过此以后，种子已遍撒全社会，在人所不到的地方，已经有了晓庄的生命。我们想不到人间有什么势力，可以把他们连根拔掉。（五）我们要用和平奋斗的精神来创造自由平等的世界，捣乱后方，反动暴动种种恶名加到我们身上来，是不伦不类的。我们尊重人类的理性，我们承认凡是人类都是可教的，就是以武力来压迫我们，我们还是一样的教他们去济弱扶倾，我们奋斗的工具是爱力不是武力。爱力如同镭之第三种射线[5]，不是一般辐射线，不是刀剑所能阻碍住的。照这样说来，那么就没有方法可以克服晓庄吗？有，有，有，晓庄所干的是顺着时代革命的革命教育，真自由可以消灭我们不自由之呼声，真平等可以化除我们不平等之要求，更大的爱可以包含我们的爱，站在时代革命更前线的是我们的导师。晓庄的同志，晓庄的朋友，大家一致起来爱护晓庄，爱护人权，爱护百折不回的和平奋斗，爱护教人做主人的革命教育，爱护向前向上进之时代革命，爱护自由平等的中华民国之创造，爱护人人有工做，人人有饭吃，人人有水仙花看的理想社会之实现。

《京报》（1930 年 5 月 17 日）

注释

〔1〕张宗昌、褚玉璞　北洋奉系军阀。张宗昌原为直系军阀，后投靠张作霖。1927 年晓庄师范创办时，他们盘踞南京，妄图阻挡北伐军收复南京。晓庄师生为驱除他们作出了贡献。

〔2〕指晓庄小学学生不买火车票旅游栖霞山并沿途散发《小朋友坐火车不打票宣言》这件事。陶行知是支持这次行动的，事后，当时的铁道部长孙科致函陶行知，要他对学生加以管束。陶行知当即复函，请他拟订《小学生免费旅行条例》。

〔3〕和记洋行　厂名。英商在南京下关开设的蛋厂。由于该厂虐待中国工人，1930年4月5日，晓庄学校师生曾进城参加反帝示威游行。

〔4〕七日纪念周　纪念周，仪式名。国民党当局规定：各机关、团体、学校每周举行一次仪式，背诵孙中山遗嘱，以示不忘，这种形式称为纪念周。七日纪念周，指1930年4月7日国民党政府所举行的纪念周。

〔5〕指镭与铍粉的混合制剂，可作为中子放射源。这种放射源可穿透铁石，广泛用于探矿等事业。

教育改进[*]

  吾人不但须教育,而且须好教育。改进之意即在使坏者变好,好者变为更好。社会是动的,教育亦要动。吾人须使之继续不断的改,继续不断的进。

  教育改进包含两方面:有关于教育方针之改进,亦有关于教育方法之改进。教育方针随思潮为转移:有因个人兴致而偶然变更者,亦有因社会大势所趋而不得不变更者。教育方法受方针之指挥约束,必须与方针联为一气。方针未定得准,方法不与方针一致,均与吾人以改进之机会。比如航海,必须先定准方向。方向不定准,无论方法如何敏捷,如何洽意,只是行错路,究不能达目的地。但空悬一方针,船身能否抵制风浪,水手是否干练勇敢,食料与燃料敷用几时,均未打算清楚,则虽有方针,亦难达到目的地。故方针不准,应当改进;方法不与方针一致,亦应改进。航海如此,办学亦应如此。

  论到中国教育方针,自办新学以来已经改变五六次。最初要吸收科学而又不忍置所谓国粹者于不顾,所以有"中学为体,西学为用"之主张,此种主张即是当时一种教育方针。光绪二十七年明定教育宗旨为忠君、尊孔、尚公、尚实、尚武。此种教育宗旨即表明其时之教育方针。民国元年,国体变更,教育方针因改为重在道德而以实利教育、军国民教育辅之,更以美感教育完成其道德。民国

---

  * 本篇系陶行知给上海商务印书馆在 1930 年 7 月出版的《教育大辞书》撰写的辞条。他为该辞书的特约编辑之一。

四年，申明教育宗旨，又改进为"注重道德，实利，尚武，并运之以实用"。民国八年，教育部组织教育调查会。该会建议"以养成健全人格，发展共和精神为教育宗旨"。所谓健全人格，须包含："一、私德为立身之本，公德为服务社会国家之本。二、人生所必需之知识技能。三、强健活泼之体格。四、优美和乐之感情。"共和精神包含："一、发挥平民主义，俾人人知民治为立国之根本。二、养成公民自治习惯，俾人人能负国家社会之责任。"民国十一年，第八届全国教育会联合会建议学制系统标准，即是关于教育方针之修正。嗣经教育部公布标准七条："一、适应社会进化之需要。二、发挥平民教育精神。三、谋个性之发展。四、注意国民经济力。五、注意生活教育。六、使教育易于普及。七、多留地方伸缩余地。"此二十余年中，吾国教育方针，每隔四五年即修改一次，颇不稳定，论者辄讥为无方针之教育。其实中国方在过渡时代，又当各种思潮同时交流而至，方针不易固定。即以现在而论，吾人尚在歧路上考虑。吾意不出数年，中国教育方针必须再经一次变更。此次变更后，或可较为稳定。中国教育方针已经走过几层歧路，以吾观之，尚有两层最为重要之歧路：第一层，国家主义与国际主义。第二层，物质文明、精神文明与吸收物质文明而保存精神自由，并免去机械的人生观。改革固须改革，究竟如何改革方能进步，实属根本问题。

至于教育方法之改进，所包括之方面更多。学制、组织、行政、教师之训练、教材之选择与编辑、教学法之研究、校舍教具之设备、经费之筹措等种种问题，悉包括在内。如须一一详述其近年改进之途径，非本文篇幅所许。就教育方法论，却有极显著之进步。如由主观的逐渐移至客观的，由盲从的移至批评的，由少数人参与的移至多数人参与的，由一时兴会所致的移至慎重考虑的，由普通人议论出来的移至专门家屡试屡验的，不由人要喜形于色。但此种趋势只属起点而已。盖今日中国之教育方法亦有两个缺点：一是方法不与方针一致，造就一人不能得一人之用；二是从外国贩来整套之理想与制度不能适合国情，不能消化，不能在人民生活上发现健全之效力。此均为吾人应绞脑筋、运身手、谋改进之急务。

以上论教育方针与方法均须改进，兹进论如何改进之道。

一、办教育者必须承认，所办教育尚未尽善尽美，确有改进之可能。彼应持虚心的态度，彼应破一切成见、武断、知足。脑中积有痞块，决无改进希望。彼又应承认，有问题必有解决，有困难必可胜过，只须自己努力，无一不可以改进。若听天由命、不了了之之人，决不能望其改进。彼或是被人改进，但如无人乐意为之改进，则彼之存在只属幸运而已。

二、改进教育者必须明白自己之问题，又必须明白他人解决同类问题之方法。于是调查、参观实为改进教育之入手办法。国内调查、参观之发生效力者，可以择要述之。民国三年黄炎培之本国教育考察，民国十年孟禄等六人之实际教育调查，民国十二年中华教育改进社之全国教育统计调查，均为多区域、多问题之调查，影响亦甚普遍。又地方教育之调查，如民国七年南京高等师范学校之南京教育调查，民国十二年中华教育改进社之北京学校调查，只是地方教育调查之初步工作。一级教育之调查，如民国十二年中华教育改进社之小学教育调查，十四年俞子夷之调查儿童对于各科好恶，于小学教育均有相当贡献。一门教育之调查，如民国八年九年中华职业教育社调查甲乙种实业学校[1]之得失，十一年至十三年中华教育改进社之调查十省科学教育及十四年之中国图书馆调查，十三年江苏义务教育期成会及改进社之乡村小学考察，十五年江苏教育厅之乡村小学视察，均于教育改进影响甚大。国外教育考察，最早者为光绪二十八年吴汝纶之日本教育考察。其《东游丛录》呈上管学大臣后，对于《钦定学堂章程》自有相当影响。嗣后派遣提学使赴日考察教育，使我国教育之日本化更进一步。美国教育考察，始于民国三年。是时黄炎培为江苏教育司长，派郭秉文[2]、陈容[3]、俞子夷[4]三人考察欧美教育，归国后乃有南京高等师范之产生。四年，黄炎培游美，其所带之感想，可于彼所著《东西两大陆教育不同之根本谈》中见其大略。六年，考察菲律宾教育，南北各三人，直接即产生中国之职业教育。其后袁希涛[5]组织欧美教育考察团。回国后，极力介绍欧美教育方法与理想。新学制之成立，直接间接受此种调查参观之影响不少。调查、参观确已表现"改"之能力，但究竟属改进属改退，则一时颇不易定。

三、教育界共同之问题应同心协力共谋解决与改进。故教育会议乃必不可少之事。吾人要求精神之一致、经验之沟通，非有会议不可。前清之中央教育会，民国元年之临时教育会议，民国四年以来之全国省教育联合会以及中华职业教育社、中华教育改进社、中华平民教育促进会等之年会，以及去年大学院之全国教育会议，均与形成全国教育思潮、方针及进行方案有密切之关系。现在国内省有省教育会，县有县教育会，市乡之组织完备者有市教育会及乡区教育会。学校与学校合组之各会议，影响较大者有中等教育协会，附属小学联合会。彼等于各自范围内，所经营之事业各有善良之效验。一门教育之会议，如民国十三年五月之乡村小学组织及课程讨论会，颇能引起乡村教育之兴味。一校之中，各科教员倘有讨论之组织，亦于改进各该科教学有所裨益。不但国内教育同志应有讨论之机会，国际教育同志亦应有交换意见之机会。十二年世界教育会议[6]在旧金山举行，我国派代表出席，即思运用教育方法，以培养国际之谅解，增进国际之同情，并提倡国际之公道。吾人相信如依此慎重作去，此种会议于改进全世界之教育当有裨益。

四、调查参观仅为取别人之所知以益己之所不知，会议仅为会合各人之所知以成公众之所共知，吾人决不能藉此种方法以发现新理。不能发现新知，决不是在源头上谋改进。改进教育之原动力及发现新理之泉源，乃属试验学校之功能。我国现在足以当试验学校之名者甚少。以前东南大学附属小学及附属中学曾作道尔顿制及设计教学法之试验工作。最近北京艺文中学亦正在试验道尔顿制，鼓楼幼稚园之设乃欲试验幼稚教育者。中华教育改进社以试验学校为一切教育改进之大本，特于十四年十二月定一进行方针："本社今后对于教育之努力，应向适合本国国情及生活需要之方向进行。其入手方法，为选择宗旨相同并著有成绩之中学、小学、幼稚园，与之特约试验。合研究者之学术与实行者之经验为一体，务使用费少而收效宏；并将试验结果，随时介绍全国，俾多数学校，可以共向此途进展。"依此方针进行，该社已与燕子矶小学、尧化门小学、鼓楼幼稚园、南京安徽公学、北京艺文中学特约进行试验。该社于特约学校外尚须特设一试验乡村幼稚园及一试验乡村师范，不久可以实现。改进教育最有效力之方法，无过于以学校化学校。

五、调查必须有工具，方能明白问题之所在；试验亦必须有工具，方能考核方法为实效。此种工具名曰测验[7]。比如医病，教育心理测验仿佛是听肺机、寒暑表、爱克斯光线，较之通常之听闻为可靠。民国十一年至十二年，中华教育改进社聘麦柯[8]博士来华，偕同北京师大、东南大学教育科及其他大学教授二十余人编造测验二十余种，可算是第一次之尝试。此种测验，当然未能谓为已十分完备，十分可靠。但吾人亦不能因此谓为无用。吾人应精益求精，使之渐达尽善尽美之境地。而教育事业之改进，亦可以由此而获得相当之助力。

六、教育之学术，非可独立存在。彼立于哲学、心理学、生物学、生理学、社会学、经济学各种学术之基础之上。故谋此种种学术之进步，即所以谋教育学术之改进。教育之事业，亦非可独立存在者。彼与一国政制、风俗、职业以及天然环境，均有息息相关之道。故谋政制、风俗、农、工、商、交通、水利等等之进步，亦即所以谋教育之改进。吾人不能专在教育上谋改进，即以为可以完全达到吾人之目的。吾人当改进教育之时，务须注意教育以外尚有许多别种事情须同时改进也。

《教育大辞书》(1930年7月上海商务印书馆版)

注释

〔1〕甲乙种实业学校　根据壬子癸丑学制规定,实业学校分为甲乙两种:甲种实业学校与中学平行,修业年限为预科一年,本科三年;乙种实业学校与高等小学平行,修业年限为三年。1922年后,统称为职业学校。

〔2〕郭秉文(1876—1969)　江苏江浦人,生于上海,字鸿声。1908年(光绪三十四年)留美,获哥伦比亚大学哲学博士学位。回国后,1914年出任南京高等师范学校教务主任,后任校长。1921年为东南大学首任校长。曾代表我国出席世界教育会议,被选为世界教育联合会副会长,连任四届。1947年后,定居美国。

〔3〕陈容　江苏松江人,字主素。曾任南京高等师范学校学监。五四时期,曾代理该校校务(校长)。

〔4〕俞子夷(1885—1970)　江苏吴县人。1904年后,曾在上海新民学堂、爱国女学、芜湖安徽公学、上海广明学堂等校任教。1909年赴日考察单级(复式)教授法。1912年到江苏第一师范任教,在其附小试验引自日本的教学法。1913年赴欧美考察教书。1914—1918年,在江苏第一师范附小试行欧美教学法。1926年后,先后到湘湖师范、浙江大学等校执教。1954年任浙江省教育厅厅长。著有《教学法》等书多种。

〔5〕袁希涛(1866—1930)　江苏宝山县人,字观澜。曾任北洋政府教育部次长、江苏省教育会会长、中华教育改进社董事等职。为推进普及教育,创设了江苏义务教育期成会。

〔6〕世界教育会议　亦称"万国教育会议"。由美国教育联合会发起,五十余国教育界代表参加,于1923年6月28日至7月6日在美国旧金山召开。会上成立世界教育联合会(亦称世界新教育会),中国代表郭秉文被举为副会长。

〔7〕指教育、心理测验。当时主要是通过各种量表进行智力测验(当时叫做智慧测验)。

〔8〕麦柯　通译麦柯尔(W. A. McCall),美国教育心理学家。

中华民族之出路与中国教育之出路

"中国教育出路"这个问题，给了我一个多月的不安。我起初以为化费两三天功夫便可以交卷，那知道拿起笔来，竟一个字也不能写。好一比是进了兴安岭的森林找不着路线。我二十年来的研究经验，好像都不能给我一点光明。想不通，如何写得出？可是，这块鱼骨头我是已经下了决心要从喉咙口吐出来的。我要就一个字不写；如果写的话，必是我思想里产生出来的和谐的系统。这个和谐的系统，我要建造在活的事实上。因此我一方面镇压自己的成见，一方面排除别人的断语。我所要追求的是充分的事实，等到事实汇齐之后，我便让它们引导我去下断语。如果我有错误，只是因为事实有错误。这个我随时愿意领教，并重新考虑订正。事实是我惟一的指针，我只愿听它的启示。在最近的两个星期来，我是想通了。我手边的事实是如此的告诉我。我现在愿意把我所探出的几条路线，献给我所敬爱的为中华民族与世界人类谋出路之朋友们。还请大家指教。

五年前的春天，我在南京。有一天下午，出南门办事，回到城门口，已是五时光景，挤不进去，待要转身，又退不出。我是挤在人山人海之中，寸步难移。仔细观察，知道是下乡的城里人要从这里进城，进城的乡下人也要从这里出城，两不相让，实在也无从让起，就在这里挤住了。从城门洞的这边钻进城门洞的那边，费了一小时，挤得我满头大汗！

这不是一幅中国教育出路的缩影吗？是的，有点。他之要求大口出路与多口出路，简直是和南门走路的人的心理一样。但是也有一点儿不同，南京南门之拥挤只是几小时的痛苦，等到乡下人出了城，城里人进了城，各人回家与妻子儿女吃晚饭，便好像没有这回事了。如果您想一想，那从南门进出的人们不是几千人，而是继长增高、源源不绝的来到这个惟一的小洞里要求通过，您便可以得到中国教育出路的一个比较正确的影子。您别想他们当天晚上能够舒舒服服的在家里和家人团圆。

也许有几位飞腿，可以赶上前回家去过舒服生活，或是跑到城楼上去呼吸新鲜空气，看底下蚂蚁式的人群自相践踹，但这必定是极少数。大多数的人，必是拥挤在那儿求活不能，求死不得。他们是陷在人的流沙中而不能自拔。

所以一提到出路，必是指大众的出路，而不是指少数人的出路。印度久已亡国，而土王们依然是安富尊荣。朝鲜青年殉国的不下四五万，而李王[1]眷属在日本还是樱花会、菊花宴，乐而忘愁。少数人的出路不必我们费神。我们所要找的是民族与人类整个的出路。

现代的中华民族是从农业文明走向工业文明。我们先拿一个农家的生活来做我们讨论的出发点吧。

在我们家乡的自耕农，六口之家，耕种三十亩田，一年可收谷七十五石（中国每亩产谷多至六石，少则一石，普通则在二石半左右）。一夫一妻和四个孩子，大的不过十二岁，一年自用谷二十四石，余下四十一石以时价每石五元，可卖二百零五元。他要用三十元付下田本，四十元付钱粮，六十元付短工工食，三十五元买油盐杂货，四十元买柴火。这个人家田租不必缴纳，但是已经无钱换新衣，茅房不能修理，害病不能看医生了。如果这个人家要想有衣服穿，他必得少生一个孩子，把那三石谷的钱省下来去买布做衣服。否则冬天一到，难免受冻。

五口之家耕三十亩田还没有教育费。如果要孩子们个个受教育，还要少生一个孩子，拿他省下三石谷的钱送两个孩子上学。这样也能培养他们到高级小学毕业为止。中学没有他们的份。大学更谈不上。

照这个情形看来，三十亩地的自耕农要从六口变为五口才有衣服御寒，要从五口变为四口——一夫一妻两个孩子——才能享受初等教育。换句话说，每人五亩地才够吃饭，每人六亩地才免不冻，每人七亩半地才能上学求智识。

假使这个人家本来是六口，耕种三十亩地，只够吃不够穿，凭空又糊里糊涂生下一个孩子，那么不但不够穿，连吃也不够了。不够吃，如果无法送出去，或是借钱买米，只好无饭大家饿。弄到后来，必有因饿而病，因病而死的。

没有死人之前，这个人家兄弟姐妹争吃是天天必有的现象，有时父母也不得不参战。而且大家脸上都难免黄皮骨瘦，像饿牢里走出来的一般。这个人家虽想找食物来维持七个人的生命，但是食物老子一定要他减少到六个人或五个人的地位。

照上面说来，这享有三十亩地的自耕农的命运是跟着他的孩子跑。如果他只生两个孩子，他是小康，孩子们也能受初等教育；如果生了三个孩子，大家一起都变文盲，不知道科学是什么，连小学也不能进；如果生了四个孩子，大家只好穿旧衣，冬天难免受冻，下雨屋漏正好洗雨浴，害病不能看医生；如果再生一个，一起五个孩子，大家一起进饿牢。到了进了饿牢，他还说是听天由命。什么听天由命？他只是受他的生殖器官的指挥罢了。如果是天命，天命只在自己的手里！

我们现在再进一步去看这个自耕农之将来，看他如何变成半自耕农，看他如何变成佃农，变成佣工，看他如何自然而然的完全破产。

那四口之家的两个孩子渐渐长大，米也要渐渐的多吃些，但是做事的能力也渐渐的加大,等到差不多成人的时候,短工所能做的事,他们可以代替了。假使是一男一女,那么女的出嫁,男的讨媳妇,还不致扰乱人口的平衡。生两个孩子,死两个老人也可以抵得过。孙儿女长大,依旧可以受教育。假使第一代所生是两个男子,情形就大不相同了。两个媳妇进门,便从四口之家一跃而为六口之家。倘使公公婆婆能见孙子面,便再跃而为八口、十口之家。倘使祖孙不及见面,那么六口或八口是一忽儿就到的。三十亩地,兄弟两家对分,每家十五亩,是无论如何也不够过活了。于是必须租地主之地才能图存。这样,一个自耕农家便变成了两个半自耕农家。

半自耕农的担负比自耕农自然是重一些,他的一部分田地要缴田租。在中国,这田租是很重的。如果他是个山东人,他要缴地价百分之十八;如果他是广东人或安徽人,他要缴地价百分之十二三;如果他是江苏人,他要缴地价百分之八。中国的田租合赋税与地租而言,除去赋税,地租是半自耕农加上的担子。自耕农四口之家可以给小孩子上学,半自耕农则四口之家的小孩们没有上学的希望。自耕农五六口之家可以糊口,半自耕农则五六口之家必定有冻饿之患。既冻又饿,便不得不挖却心头肉,去医眼前疮。祖遗的十五亩,始则以九折三分高利抵押,终于无力赎出,不得不变卖与人。这半自耕农不久便再变而为佃农了。

佃农更苦,讨得起妻子,生不起儿子。儿子生不起,还是依旧一个个的生。借债扶养,还不起便失去耕种工具,随时可以变成长工、短工、散工,统称为佣工。这佣工的儿子便是光棍一个,连老婆也讨不起了。

想那四口之家,终身信着是多福、多寿、多男子,那知道一男一女倒能维持小康的家道;两个儿子反要弄得家散人亡,甚而至于绝种。可是四口之家以一家说,生两个男孩固有这个弊病,以全国说,则因为也有生两个女孩而不生男孩的家庭。如果这边嫁个女儿出去,招个女婿进来,那边讨个媳妇进来,赘个儿子出去,通盘计算，可以互相抵消，正好维持人口粮食之平衡与小康生活的幸福。

但是，现在中国农家人口平均不是四人而是五人以上。中国华洋义赈会于十一年在直、鲁、苏、浙调查七〇九七户所得结果为每户平均五·二四人。金陵大学农业经济系于十三、十四两年在皖、豫、苏、晋调查四二一六户所得结果为每户平均五·二六人。陈长衡君对于宣统二年户口统计所厘订出结果为每户平均五·二人之数。在这情形之下，那由自耕农变为半自耕农，半自耕农变为佃农，佃农变为佣工的趋势是着着进行，一步也不肯退让。今日之佣工即昨日之佃农，昨日之佃农即前日半自耕农，前日之半自耕农即大前日之自耕农。反过来，向将来一看，如果现在的各种情形继续下去，大家仍旧抱着多福多寿多男子的迷信，闭起眼睛来生孩子，那么今日之自耕农便是明日之半自耕农，后日之佃农，外后日之佣工。

这是自然的趋势。不必外来的力量，中国的农村便是这样的崩溃。倘若加以水旱、螟蝗、疾病、刀兵、盗匪、土豪劣绅、帝国资本主义之压迫，那这种崩溃便如江河日下，格外进行得快。可是这些势力有相反之效果，好一比是火把两头烧。它们会毁灭农民的资本而促农地分裂之进行，但是也会扫除农村过多的人口而维持后来者粮食之均衡。这种天行的淘汰是太残暴了。它所淘汰的，多是刻苦耕种不能移动的农民；它所选择的，多是高利盘剥、操纵市价，善于避祸的土豪劣绅。大乱之后，这些土豪劣绅乃能舒舒服服的回到乡下，收罗无主之地据为己有而坐享其成。农民！农民！您仔细想想，还能闭起眼睛，做多生主义的信徒吗？这是单从人口土地的关系上讨论，实际的情形不是这样的简单。农民不是直截了当把三十亩地分给他的儿子们。中国农人是拜了两种矛盾的神：一是送子观音；一是土地菩萨。他一方面生许多儿子，一方面又要保存他的田地。虽然送子观音一来，土地菩萨的领土便要破碎，可是农人要替二神调解。农人是在这矛盾里面挣扎着。不到万不得已，他必不肯分家将他的三十亩地分出去。他是怎样对付他的剩余的孩子呢？

他最愿意的是给剩余的儿子在家做副业。比如一部分儿子种田，一部分儿子摇丝，是他老人家理想的经济制度。如果这个做不到，他愿意他们在近边学点手艺，如木匠、瓦匠、竹匠、皮匠、裁缝或是市镇商店里学做生意。如果这个做不到，他愿意他们到上海、汉口、天津工厂里去做工人或到东北去开垦。若是广东、福建的农人，他便打算托亲戚朋友带到南洋去做买卖。同时，他将信将疑的试一试改良稻种、麦种，如果真的每亩出产多一二斗，那么他很欢喜，因为他觉得他不必把过剩的儿子送到外面去了。如果这些都证明他是奢望，万不得已，他肯叫他们到都市里去拉黄包车，或是流着眼泪让他们去当兵，或是让他们暂且出家，等候还俗。这些路都走不通了，他才肯得罪土地菩萨，把祖遗的三十亩地分掉。

我们现在要审查这位老农心里所打算的那些出路，看有几条走得通，看看那个地方让他放一放他自己三十亩地上所不能容的孩子。

一、副业是农人经济之第二来源。养猪、养鸡总是不无小补。蚕丝是中国农人最大的副业。自从马褂打倒、西装盛行之后，蚕丝业受了很大的打击。日本农家百分之四十养蚕，生产过剩，累得中国丝也卖不出去。现今上海丝厂一百余家，继日本丝厂而暂停，更使摇丝成了一种不安稳之副业。这里不但不能再放剩余的孩子，连已经加入这个行业的人有些都要改行了。不过，副业就是好的年成也只能帮补一点儿衣着，或是帮补一点儿小菜，决不能做多子主义的后盾。如果拿它来做生儿子的靠背山，那便要靠一场空。

二、手艺人也是像农人一样的会生，把手艺教给自己的孩子已不能糊口，还能教别人来夺自己的饭碗吗？况且手工艺在机器工业的时代里是日见缩小，决不能收纳你过剩的孩子。小商人的情形也是相仿佛。

三、从前和尚庙收小和尚多多益善，现在他们必得先看庙产后收徒弟。就是必不得已时,也不容易行了。

四、中国移民,北方以山东人、河北人,南方以广东人、福建人为最多。山东与河北人向山海关外移,广东、福建人向南洋移,都是自然的趋势。陈达君在他的 Chinese Migrations(《中国移民》)一书里估计,在全世界有华侨八,一七九,五八二人。但现在各处华侨都受压迫。加拿大、纽西兰、澳洲不许华工入境。一九〇四年美国国会通过,凡华人除学界官吏及商人外,皆不许入境。连日本政府现亦禁止华工入境,去年回国的有二千之多。南洋现在也是多方限制。从去年五月起,不但愿去的不能去,而且回来的倒有四万四千之多。这条路怕是要愈弄愈狭了。

五、开荒是比较有希望的出路。美国贝克君估计,中国可耕未耕之地有四千五百五十兆华亩。这是太大了。金陵大学熟悉中国农村情形的卜凯[2]君,便说他估得太高。唐启宇君估计全国可以改良利用之地为二千二百五十兆华亩。照我们的观察看来,其中可耕之地还远不及此,但无论怎样,只是估计,不是确数。努力开垦使地尽其利是我们必走之路。东北开垦情形,据张振之君报告,移到东北的人民十六年是八二一,三七七人;十七年是六九九,五七五人;十八年是六九七,四八九人。因为开垦要资本,交通又不便,这个每年平均七十多万人将来也不见得有多大的增加。张伯苓君说,东三省可耕之地为五四〇万英亩,其中已耕一半,还余下一半光景,等于一七五兆华亩。依我的中国人口创造线的标准,每人十亩。东三省现已有二千四百万人,尚可容纳一千一百万人。这里有一个特殊问题已经引人注意,日本已经来了二十万有组织的队伍。他们以后的政策是多叫日本人移到朝鲜,多叫朝鲜人移到东三省。他们在本年五月二十六日,有五百四十位代表在奉天开会作进一步的运动。中国人与日本人如不赶快觉悟,想个办法,必有大不幸之事发现。但同时看看西北情形,更是惊心惨目。据地质学家说,大戈壁沙漠南下,西北有变成沙漠的趋势。甘肃一带之灾荒怕不是一时之现象。西北给沙漠吞掉的地怕要和东北抵消。中国可以养人的地，天要收回一部分。总之，开荒是救穷救死的一个方法，不是多生的后盾。

六、军队是中国剩余人口之收容所。什么地方收不了的人都可以投到这里来。四川有一县养兵至三师之多。照十九年九月的统计看来，全国共有二百五十九万九千二百人，非正式的军队还不在内。人民投军固然暂时衣食有靠，实不啻饮鸩止渴。一旦为野心家所用，兄弟、父子对垒而击。这好比是火药原可制为益人的肥料，等到装入枪管，却立刻变作惨杀同胞的工具。与其为战场上制造死尸，何如少生几个？

七、拉黄包车是农人不得已而为之的勾当，和当兵一样可以做农村人口过剩而新兴工业来不及吸收之标记。中国黄包车总数在十六万之谱。上海一处，十年之间增加五千辆，每年只增加五百辆。每辆车夫二人，只能加容一千人左右。黄包车违背人道，工业发达、交通改良之后必在消灭之列。日本为黄包车之发祥地。现在大都市中已不常见。可见它必归淘汰。

八、工业是农人剩余人口最自然而最有效之出路。中国机器工人照百登说是一百万，《工人旬报》发表为一百四十六万。在这一百四十六万中，纺织业只列十六万人。但据十七年工商部调查，纺织业在上海一处已有二十二万二千六百七十人。铁匠之二十万怕是机器匠之误，但决无如此之多。若是铁匠便不应列入，大概说起来，中国机器工人在一百五十万之谱。矿工据妥耳加舍夫十八年估计为二百二十八万九千人。这比北京政府农矿部一九一九年报告之二千五百七十八万二千是差得太多。怕是农矿部报告有矿工家属在内。每户以五人计算至少也有矿工五百万，这种数目只好当作一种参考，不可把它看得太呆。我们可以说，中国至少有矿工二百二十八万。只要时局平静，工业振兴，工人的数目总是继长增高。工人历年增加率，我还没有得着。现有两种不完全的材料可以给我们一点影子。一是纺纱业工人之增加率,自一九一二年至一九二〇年之九年间,为每年平均增加八千人,即自二二八,四九七人增至三〇一,五四四人。如果别的机器工厂工人也照这个速率增加,那么全国机器工厂工人每年可增加四万人左右。矿工情形不同,不好依此比例推算。中国工业所以发达迟缓的缘故很多,其中有一个特别重要的便是外国之经济侵略。从前关税不能自主,不能保护本国之新兴工业。现在关税名目上虽说是自主,其实离真正的自主还远的很。就是这点有限制的自主,帝国主义者也有法规避。第一,他们能在中国领土内设银行以吸收中国的资本,以操纵金融而利于外国资本主义在中国之发展。在一九二五年的调查报告里,我们知道在华外国银行及中外合办的银行之资产有六,八七八兆元。同年,本国银行资产只有九八七兆元。只有前者七分之一。第二,他们能在中国开办工厂,使关税保护失其效用。英美烟草公司之压倒南洋兄弟烟草公司是一个彰明显著的例子。现在日本在上海、青岛、东三省之纱锭总数已经达一四八万以上,占华厂锭数三分之一。他们已经计划增设之锭数,还有二十万锭。工业是中华民族之正当出路,无论多大困难,必须由此出去。可是,我们一部份力量即要化在扫除别国所没有的压力,则进步自然较别国迟缓。因此它对于吸收农村剩余人口之容量,在外国资本主义高压力未消之前,必不见得像别国那么宏大。

九、科学农业也是帮助农人的好朋友。选种、防害虫、通沟渠、改良肥料、用机器耕种收获确可以减少耗费而增进收成。但是选种、防虫害须有科学教育,而科学教育之普及,又须在人民可以免于冻饿之后。肥料要拿本钱去换。通沟渠小规模可以干,大规模则有待于富力。机器耕种尤须等到工业文明成熟,农村人口多半被工厂吸收过去之后。所以科学农业在现状之下,只能有些微的影响,而这些微之影响,必限于农科大学所在地及其附近。最著成效的要算选种,收成可多一二成。靠近农科大学的农村可以得这点很好的帮助，但是要靠它来解决农村剩余人口，便是奢望。

综观上述事实，那收容农村剩余人口最大的出路而又能培养这剩余人口使能发生更大之力量的，一是东三省之移民；二是新工业之振兴。但这两种出路之收容量，每年平均怕只在一百万人左右（移民七十余万，机器工厂四万，其他无从估计，假定为十余万）。人口生产率，乔启明君根据四省十一乡村二万余人调查结果，寻得平均生产率为千分之四二·二。倘以通俗之四万万人计算，每年便要生一千六百八十万；倘以陈长衡君所估计之四万六千零五十一万计算，每年便要生二千万人。要把生出来的人数来通过这些出路，真是好比缠索穿针眼（《圣经》骆驼穿针眼是译错了）。可是中国人生得多，死得也多。乔启明君在同一调查中，寻得死亡率为千分之二七·九，推之于全国，照陈长衡君之人口总数计算，每年要死去一千一百五十万。生死相抵，每年要增加八百多万人。据中国各种事实看来，陈长衡君人口总数估计未免太高。这个可另作文讨论。乔君所寻出的死亡率，也是不能作为全国之标准，因灾荒淘汰与互相残杀已经是大批的进行，除了豫省之外，不在他们所调查的乡村里发现。我们只须一看国民政府赈灾委员会主席"全国灾区蔓延二十一省，共有灾民七千余万"的报告，便知道死亡率必大大的增高。这七千余万之灾民，有五千万以上是在冀、鲁、豫、晋、陕、甘、察、绥八省区域之内。可见那真正的死亡率必大大的超过千分之二七·九。陈长衡君根据苏、浙、皖、晋、陕、桂六省户口统计所得之自然增加率为千分之十一，怕是最高的限度了。用这增加率推算，每年增加人口四百四十万（依通俗之四万万计）至五百一十万（依陈长衡君四万六千零五十一万计）。拿这个人口增加数和一百万的出路比较，简直是如同兔子和乌龟赛跑，除非是兔子在半路偷睡，乌龟那能赶得上它？乌龟赶不上兔子，出路赶不上人口，结果不外乎三种：

一、**是借债度日** 我们现在不够吃，不够穿，甚至于吃的米、穿的棉、所用的肥料，也有一部分是从外国来的。我们先看一看衣、食和肥料三门，最近每年入口比出口要超过多少。

粮食入超表 （海关报告）

年份 \ 出入口 \ 类别		米（石）	麦（石）	粉（石）
一九二八	入口	12,657,904	903,088	6,185,402
	出口	29,769	1,801,402	123,421
	入超	12,628,135		6,062,213
	出超		893,314	
一九二九	入口	10,824,065	5,663,613	12,083,552
	出口	28,452	802,185	62,669
	入超	10,795,613	4,261,672	12,020,983

据上表看，三种粮食合计入超一千八百万石，成人和儿童平均每人每年吃两石，便有九百万人靠外国粮食过活。民国十八年入超二千八百万石，便有一千四百万人靠外国粮食过活。三十倍南京城的人口是吃外国粮食，没有外国粮食便要饿死。

衣棉入口表 （海关报告）

年份 \ 出入口 \ 类别		棉花（海关两）	棉织品（海关两）	总计（海关两）
一九二八	入口	68,548,778	166,581,215	
	出口	35,914,857	14,706,261	
	入超	32,623,921	141,874,954	174,508,875
一九二九	入口	92,078,105	167,460,496	
	出口	31,722,772	15,639,957	
	入超	60,355,333	151,820,539	212,175,872

看上表我们知道,棉花和棉织品之入超,在民国十七年为一七五兆两,十八年为二一二兆两。据社会调查所调查结果,北平手艺工人每家的衣服费,占全年用费百分之四(一九二六年)。北平黄包车夫每家之衣服费,占全年用费百分之六·八。北平建造工人每家占百分之一〇·三。上海纱厂工人每家占百分之九·四,塘沽制盐工人每家占百分之九·五,北平西部农人每家占百分之四·五,北平东部乡村每家占百分之七·七。五口之农家,种三十亩地,每年穿衣费占用百分之五,约十八元五角,每人约占四元。二一二兆两银约合二八〇兆元。民国十八年全国有七千万人靠外国棉花或棉织品御寒。即以建造工人之最高穿衣占百分之一〇·三计算,也有三千五百万人,即南京人口之七十倍,若没有外国棉花及棉织品进口便要冻死。

中国肥料之进口是逐年增加了。民国十八年入超已到一一,三七一,六四一两,约合一千六百万元。每亩下肥料一元,即有一千六百万亩田靠外国肥料生产。每亩产谷二石半,即有四千万石谷非外国肥料不能生长。成人、儿童平均每人用谷四石,即有一千万人的粮食靠外国肥料维持。

肥料入口表 (海关报告)

一九二八	入口	11,471,355	(海关两)
	出口	650,883	〃
	入超	10,820,472	〃
一九二九	入口	12,125,430	〃
	出口	753,789	〃
	入超	11,371,641	〃

我们的肥料,系从英、德、美三国来的。倘使他们再打起仗来,要用肥料做火药,那我们便有一千万人要料理丧事,或是分大家的馒头吃,叫大家都要饿得不可耐。

中国国债表　　　　（二十年一月卅一日）

Ⅰ.国内公债总数	828,112,887 元	
Ⅱ.外债		
甲	有抵押借款	152,910,000 镑
乙	铁道借款	40,974,426 镑
丙	电政借款	8,506,348 镑
	总　数	202,690,774 镑

所以，现在中国有二千四百万人靠外国粮食和外国肥料养活，至少有三千五百万人靠外国棉花和棉织品御寒。中国还不是工业国，没有制造品足以和外国交换这大量之生存品。那么，这些生存品是如何得来的？无疑的是借债间接取来的。

这些借款当然不是直接借来买米、买布的。但是间接的都和人口问题有密切关系。那编遣公债和赈灾公债更是显然拿来对付过剩人口，这些借款所发生的事业，积极的如铁道、电政，消极的如养兵，都是帮助农村剩余人口多活几个，其方式乃是因外来的力量以取得生活之必需品。这二千四百万人之食，三千五百万至七千万人之衣，便是这样得来的。本国人所买的公债，用在这种供给上是吃去已往的储蓄，证明现代人不够养活自己。外国人所买的公债用在这种供给上是靠外国人的力量过活，证明本国人不够养活自己。

二、**自杀**　国家借债虽多，而人浮于事，不能充分分润外来的粮食、衣着，为冻饿所驱，无路可走，意志薄弱的乃走入自杀一途。上海每年自杀达二千人。社会局分析自杀原因，不大清楚。但据我所观察的分析，直接、间接因经济压迫而寻死的必在半数以上。北平全家自杀的，时有所闻，冬天尤甚。穷乡僻壤自杀的人，因不为报章所登载，实不易统计，但以上海北平的情形推算，全国自杀的人必以万计。与自杀情形相近的，就是那些忍冻忍饿以至于生病，再因病而死的人们，这在那每年一千一百五十万死者之中，必占一很大的数目。

上海盗案绑案表

时　　期	盗案件数	绑案件数
十九年五月	三二件	二　件
十九年七月	三八件	一一件
十九年十月	五九件	七　件
十九年十一月	五一件	五　件

三、相杀 没有饭吃而不愿自杀的人，必夺人之食以救己之命。夺而遇着抵抗，必至相杀。或杀人，或为人所杀，或两败俱伤。小而言之，则为盗为匪；大而言之，则酿成国内或国际战争。

据熟悉上海情形者说，上海一处，靠盗窃绑票吃饭的人在五万以上。近年，轮船劫案时有所闻。这都是人多于食的必然的现象。这几年来，青年学子死于非命的以万计，是最可痛心的一件事。宋子文君报告民国十八年七月一日至十九年六月三十日之国库支出为四九五，〇七四，〇〇〇元，其中百分之四九·六为军费，计二四五，四四五，〇〇〇元，百分之三七·五为还债费，计一八五，九四二，〇〇〇元。中国的国债大部分是连年战争所赐下的负担，可以说是过去未还之战费。故十九年六月止，一年中所支过去与当年的军事费不啻为百分之八七·一，计四三一，三八六，〇〇〇元。军火输入十七年为一一，五二五，九八六两，十八年为三，九〇二，七四二两。同时，对方之所费也不见得太少。人民因战争之损失或大于战费。但是，战争是什么？就我们看起来，只是武装抢饭吃，或是武装禁人抢饭吃。西北军之"就食江南"之口号，是战争的最确切的解释。欧洲大战的最适当的解释，也是人口过剩。否则，虽有穷兵黩武之野心家，人人安居乐业，饱食暖衣，谁愿意去当兵。既招不着兵，这些野心家最多只好个人去决斗，于人民幸福无碍，不过茶余酒后，多了一些谈笑资料罢了。为什么打仗？因为有兵。为什么有兵？因为田不够耕，工不够做，饭不够吃，衣不够穿。为什么田不够耕，工不够做，饭不够吃，衣不够穿？因为儿女生的太多。儿女生的太多便养不活。活难死亦不易，于是借债过活，借债养兵，借债运火药，借来大批的屠杀那生得太多、无法教养的儿女。

照此看来，我们所说的那位老农，用心虽然很苦，到了后来，毕竟是无法保持他的三十亩地，只好拿来分给儿子们。结果是土地菩萨所管的地愈分愈小，而送子观音所送来的儿子，或是个个弄得脸黄骨瘦，或是贩烟窝赌、男盗女娼，弄得家破人亡，这那里是他初料所及的啊？

这位老农如果是一个人，或是少数人，那么也用不着我们操心太过。可是他是一个具有代表性的中国人。他的命运，是中国人的命运；他的错误，是中国人的错误；他有出路，也就是中国人有出路。如果他弄得家破人亡，那么他的集合体的中国人，也就要弄得种弱国灭了。这位老农的出路在那儿？中国人的出路又在那儿？这等于说，如果大家人人都是像这位老农的模样，中国人还有什么出路？

好，这位老农有三十亩地，他的命运便受制于这些地面和他所生的儿女之数目。

三十亩老农家境变化表

家中人数	每人亩数	状　　态
3 人	10.0 亩	可受中等教育
4 人	7.5 亩	可受初等教育
5 人	6.0 亩	无力受教育
6 人	5.0 亩	衣 不 暖
7 人	4.3 亩	食 不 饱

如果要请这位老农来代表中国，我们先要问，中国有多少已耕之地？刘大钧君根据民国六七年农商部统计报告，找出中国已耕地为一，八二六兆亩。如用每人十亩、七亩半、六亩、五亩、四亩三

分来除，可得在各种状态上之人口约数。现列图表如下：

中国耕地人口状态表

已耕地面	每人亩数	总人口	生 活 状 态
1826兆亩÷	10.0亩＝	183兆	此数以下可以创造文化，称为创造线
	7.5亩＝	243兆	此数以下可以普及初等教育，以上便有文盲称为教育线
	6.0亩＝	308兆	此线以上无力换新衣，称为无衣线
	5.0亩＝	365兆	此线以上食亦有缺，称为无食线
	4.3亩＝	425兆	此线一到必有乱事，七人中死一人，称为大乱线

看了这张表，我们对于中华民族最根本之出路，是看得明白了。中华民族最根本之出路是什么？

中国人口数与生活状态图

少生小孩子

中华民族之最根本之出路，即中国教育之最根本之出路。故中国现代教育者之最大责任是：

教人少生小孩子

教中华民族从大乱线退到二百四十兆的教育线上来，使得个个饱食暖衣又能受最基本的教育；更好是退到一百八十兆的创造线上来，使有天才的分子不致为穷忙所埋没，得有余暇研究高深学问，以发现更有效之生产技术，而创造更富裕的社会。

我们再用别的国家每人平均耕地面积来比一下看看：

法国本国耕地人口表

耕地总面积	2,250,506,000 公亩	1926 年调查
本国人数	40,743,000 人	1926 年调查
每人平均耕地公亩数	55 公亩	
每人平均耕地华亩数	8.9 华亩	

英领印度耕地人口表

耕地总面积	12,309,609,500 公亩	1927 年调查
人数	318,942,480 人	
每人平均耕地公亩数	38.5 公亩	
每人平均耕地华亩数	6.26 华亩	

日本内地耕地人口表

耕地总面积	670,365,300 公亩	1927 年调查
人口总数	64,500,000 人	1930 年调查
每人平均耕地公亩数	10.4 公亩	
每人平均耕地华亩数	1.69 华亩	

美国本国耕地人口表

耕地总面积	13,932,053,000	1927 年调查
人口总数	110,000,000	1930 年估计
每人平均耕地公亩数	126.6 公亩	
每人平均耕地华亩数	20 华亩	（1 华亩＝6.144 公亩）

照这几张表看来,我们教育线上每人平均亩数比法国少一亩,比印度多一亩光景。中国现在实际情形比印度还坏,所以此刻每人平均亩数一定比印度少。我们要过美国的生活,每人需有耕地二〇华亩。如果和日本一样的努力,一样的吃苦,海岸线一样的长,工业一样的发达,那么便是每人一亩七分地也可以勉强敷衍过去。但是,日本虽有绝端能力,却也是已经到了困难关头。中国人决不能在二亩左右生存的。日本的情形实在给了我们一些希望,它告诉我们,如果工业发达,每人农地可以减少到什么限度。但是,如何可以创造工业?中国几十年来工业为什么不能发达?我们的回答是:一、因外国之经济侵略;二、因人口太多,把储蓄的财富都吃光了;三、科学教育重讲不重做。

我们如何能退到教育线及创造线?

一夫一妻,在提高生产技术未著成效之前,只能生两个孩子。死了一个还可以再生一个,死了一个而不能再生,也有一个孩子传代,于是渐渐地可以退到二百四十兆或一百八十兆。教育在这人口总退却之进行中,有如下之任务:

(一)大声疾呼,唤起全民族,发一人口总退却之紧急命令,教男子满二十五,女子满二十岁始行结婚。结婚后服务五年,可生第一子。俟第一子入小学,可生第二子。以二子为限。子为男子女子之通称。一胎生二子或三子者,以一胎为限。

(二)中央研究院在开创时期内之第一重要工作是,设避妊研究所。要发明一个铜子的避妊法,使全民族够得上实行。

(三)避妊之普遍的宣传,应成为民众教育最大之职责。医院及注册的医生,对于国民避妊之询问,应免费指导。

(四)宣传结婚前配偶之科学的选择,以为改良人种之准备。

(五)女子常以多生为苦,必赞成这种合理之主张,那最大之阻碍,便是男子之兽性。故一方面由教育劝导,一方面用法律限制,生孩多于二人,宜处男子以危害民国之罪。

（六）宣传科学上男女有同等之遗传力，故有女即有后。

（七）大声疾呼，唤起全民族组织一永久人口升降委员会，随时调查耕种土地面积之消长，生产技术之进退，生活程度之高下，容纳人口出路之多少，以改定人口升降之比例，公布全国，共同遵守。

有人怀疑，人口减少国势怕要越加懦弱。我说：中国之弱，弱于人多；如果减少，便要发生很大的力量。譬如一个人家，财力只够教养两个孩子，如令生了四个，衣食不足，又不知礼义，自必酿成"吃饭打破锅，睡觉撕破窝"的现象。兄弟阋墙，外人乃能施行挑拨，以收渔翁之利，结果必是两败俱伤。如果只有两个孩子，那么教养得宜，自能发生相当力量。倘使学得本领，能够驾御机器。像美国工人，一个人便有三十个人的力量，两个人不是有六十个人的力量了吗？孩子太多，不能教育，互相争夺，相抵相消，力量几等于零。以一家推到全国，四万万人是毫无力量，二万万人倒有六十万万人之力量咧！

外国人每每以种族自杀，来封住少生主义者之口。殊不知种族自杀，有消极与积极两种。消极自杀是不愿生育，但生的太多乃是积极的自杀。多生主义者的信徒，把中国人弄得田不够种，工不够做，饭不够吃，衣不够穿，求死不得，求生不能，这叫做种族之积极的自杀。我们提出少生主义乃是中庸之道，对于消极、积极的自杀政策，都是反对的。现今世界强国中，人口增进最慢的无过于法国。近一百年来，只增加了三分之一。它在大战中，居然也能抵抗增加二倍半之德国。现今各国失业的人，辄以百万计，而法国便无这种烦恼。

教人把人口从大乱线退到教育线和创造线上来，是教人不要多生，不是教人多杀。少生主义之信徒即是贵生主义之信徒。我们反对屠杀。我们反对死刑。暴虐者不得藉口人多而惨加屠杀。我们必得在这那说明我们的本意，使大家对于我们的主张没有丝毫的误解。

　　假使我们顺利的把人口退到教育线与创造线，如果我们不变更人生观，还是无济于事。我们在教育线上若无求知欲，便依然不会运用科学结果以增进人生的幸福。我们在创造线上若无发明欲，便依然不会探入未知之境界，以开发科学之泉源。智识不是从玄想中跳出来的，必得在大自然里去追求。财富不是从天上落下来的，也必得在大自然里去探获。我们从前因为过庶，所以贫穷；因为贫穷，所以愚蠢；因为愚蠢，所以过庶。结果便是愈庶愈穷，愈穷愈愚，愈愚愈庶。少生小孩子，可以打破过庶之害。接着来的问题，便是用智识去造财富，用财富去求智识，使人民愈富愈智，愈智愈富。新近依日本人估计，中国每人均摊财富只有一〇一元日金。这大概是指我们可以运用财富而言，那些埋在地下没有开发的宝藏，当然还是无法运用，所以不算在内。同时，日本每人均摊财富为一七三一元，比中国人大十七倍多。美国每人均摊财富为六六〇七元，比中国人大六十五倍多。俄国虽穷，还在中国之上，每人均摊七五六元，差不多比中国人大七倍。所以中华民族的第二条出路是：

　　创造富的社会

　　中国教育的第二条出路是：

　　教人创造富的社会，不创造富的个人

　　资本主义国家的教育，只是做了创造富翁的工具，以致贫富阶级因教育而愈隔愈远。我们只要创造富的社会。社会既富，则在社会里的个人自然而然的富了。在创造富的社会之过程中，教育之任务如下：

　　（一）教人创造富的社会，便是教人创造合理的工业文明，便是引导人民在合理的工业上出头。

　　（二）教人创造合理的工业文明，便是教人创造合理的机器文明，合理的机器文明，便是要人做机器的主人，不做机器的奴隶。

(三）科学是工业文明的母亲，我们要创造合理的工业文明，必须注重有驾御自然的力量的科学。

甲、任何教师必须擅长一门自然科学，没有自然科学训练的，不配做现代的教师。

乙、科学要从小教起。

丙、不做无学，不学无术。科学实验要在做上学，在做上教。读科学书籍，听科学讲演，而不亲手去做实验，便是洋八股而非真科学。

（四）农业对于富力之增加，有两种方式：一是使全国无荒废之地；二是把科学应用到农业上来，使地尽其利。最后，等到工业吸收了一大部分之农人，即可使农业变成工业化的农业。

（五）教后起青年运用双手与大脑去做新文明的创造者，不教他们袖起手来去做旧文明的安享者。

（六）教人同时打破"贫而乐"、"不劳而获"、"劳而不获"的人生观。这三种人生观，都是造富的心理上的最大障碍。

（七）教人重订人生价值标准。农业社会与向工业文明前进之农业社会是不同的。纯粹的农业社会的一切是静止的。向工业文明前进的农业社会的一切是变动的。我们要有动的道德，动的思想，动的法律，动的教育，动的人生观。有人说智识要新，道德要旧。这简直是应该扫除的一种迷信。旧道德只能配合旧智识。新智识必得要求新道德。

教育能够这样的办，便能产生法拉第与爱迪生，把发明与制造化在一炉而冶之。据和林（M. C. Horine）君说，美国科学农业已经进步到这一个地位：四百万农人种六十万万英亩地，每年收获一千万万唦（唦，Bushel，等于华三斗六升），平均每英亩十七唦。美国没有机器之前，耕种收获十五唦麦子，要费两小时半的人工，现在有了机器，只要七分钟工夫。这就是说，美国现代农人比从前的能力大了十七倍，一个人能做十七人之工作。

再拿电磁石的起重机来说吧。没有这起重机之前,四百万磅的钢铁要二十八个人费两天两晚的工夫才能起完,现在两个人费十一小时,这等于说十四分之一的人,只须费四分之一的时间,便把这工作做了。人得了电磁石的法子,力量便增加了五十四倍。同时运铁的船只须等候四分之一的时间,能做双倍来往的买卖了。

自从徽梯尼(Elix Whitney)发明轧棉机(Cotton-gin),一个人轧五磅棉花的时间,便一跃能轧一千磅,效力比前大二百倍。自从哈葛里夫(James Hargreaves)、阿客来特(Richard Arkwright)发明纺织机,一个人能使一百二十五个纺锤,每分钟打一万个旋转。自从卡弟来特(E. Cartwright)、可洛模甫吞(W. Crompton)、诺尔斯(L. J. Knowles)、打雷拍(I. Graper)、诺司洛甫(J. H. Northrop)发明改良织布机,一人之力能做数百人之事。里滴(Thomas T. Read)估计,各国人工作效率,以中国人为单位,美国人的工作效率三〇倍于中国人。

创造富的社会,头脑里要装着科学,手里要掌握着马力,这样,大自然会变成我们的宝藏。我们如果能把空中的氮气造成肥料,石田变成土壤,人人就吃不了,用不了。到那时,这造富的工作才算有点成绩哩。

最后,这创造的力量与人口之自然增加率的关系也得讨论。生得多,死得多,创造力自然要减少,生命、金钱都在这上面耗费了。生要吃着,死要棺材。弄得人财两空。与其生而即死,何如不生?许士廉君算出来,中国人和印度人生一个孩子,比欧洲北部的人要费八倍半的精神和财力。精神和财力都和死的孩子一起埋在泥里去了,还有多少余力来教养活的孩子,还有多少余力来创造文化呢?所以,要想有创造富的社会的精神,也得少生几个小孩子。

教人少生小孩子,是少数人干得起来的吗?少数人可以发起,但是要他发生力量必得全民族起来互助。全民族家家都实行节育,那么可以把人口退到教育线与创造线上来。教人创造富的社会也要靠这种互助，但是，如果工人们只是机器之奴隶，而不是机器的主人，那么劳资纠纷，永无宁期，还能造出富的社会吗？故必须有大平等的地位，才有互助之可言。这两件事的效力，一部分要靠政治的力量。政治立在民众的基础上，才能发生伟大的力量。大家觉得政治是自己的事，必是拼命的拥护，这力量必是不可思议的伟大。否则，寡人政治以治者资格压制被治之民众，民众非积极的对抗，则消极的不合作，必不能发挥出力量来。所以要想把少生小孩子与创造富的社会两件事做出来，必须整个民族在政治经济上有平等互助的精神。所以

教人建设平等互助的世界，是我们第三条出路

不但我们民族的出路是平等的互助，即世界人类的出路，也在平等的互助。特别是这人口问题，必须由世界各国同心合力的来解决，才能有彻底的办法。现在各国的趋势是拼命的生孩子，生到不能容了，再打一次大战，死他一千万、伤他二千万。我们先看看全世界的人口和他的增加的状态吧！

我们要知道全世界的地面和任何一国一样，也是有限的。哈佛大学伊司特（E. M. East）君说，全世界可耕之地只有一三，〇〇〇兆英亩，已耕五〇〇〇兆英亩，还余八〇〇〇兆英亩（等于三二三，六七六，八〇〇，〇〇〇公亩，或三，二三六，七六八，〇〇〇公顷）。美国农林部贝克尔（C. E. Baker）君说，世界总地面五二，〇〇〇，〇〇〇英方哩，大部分不能耕种，已耕者三，七〇〇，〇〇〇英方哩，未耕而可耕者尚有四，二〇〇，〇〇〇英方哩，以每英方哩等于二·一六方粁，一方粁等于百公顷计，得九，〇七二，〇〇〇方粁，即九〇七，二〇〇，〇〇〇公顷。依司特君对于未耕可耕之地所估面积，大于贝克尔君所估三倍半。究竟谁估的数目切近事实，这可以间接的判断一下。对于未耕可耕之地面，我没有根据可以使我断定。但是对于已耕之地，昭和五年的日本帝

国《统计年鉴》里面列了三十四国之耕地面积与其出产量,这是很可靠的资料。我仔细看了一下,大国只缺少中国。此外列有出产而未列耕地者有兰领东印度、斐利滨、暹逻[3]、墨西哥、巴西,小国没有列入的还很多。这三十四国有七六五兆公顷已耕之地。我加上中国之一一二兆公顷,共有八七七兆公顷。贝克尔君所估三百七十万英方哩,只有七九九兆公顷,故贝克尔君之估计,实在是少了一些。但是,在日本内阁统计里面拥有大量耕地之国,除中国外都已列入,决不能像依司特君所估计的那么多,五〇〇〇兆英亩即二〇〇〇兆公顷。两相比较,还是贝克尔君的估计近于事实。我现在估定已耕地为一〇〇〇兆公顷,未耕地暂用贝克尔君之数为九〇七兆公顷,合计一九〇七兆公顷。

现在全世界人口是一八〇八兆人,占耕地一〇〇〇兆公顷,每人占耕地〇·五五五公顷,即五五·五公亩,合每人九·〇四华亩,合每人一·三六英亩。以现代各国人民平均之生活状态与工作效能计算,全世界还能增加一六三四兆人。若照依司特君所定每人二英亩半之标准,不但不能再增加,而且还要把现在的人口减少到差不多一半。

世界究竟能容多少人?那已耕可耕之一九〇七兆公顷之地面究竟够几多人过活?这是要看全世界人的生活程度与生产效能而定的。照美国人的生产程度与生产效能,每人平均一·二五公顷地,全世界可容一五二五兆人。现在这一八〇八兆人还要减去二八三兆才能容得下咧。若照日本人的生活程度与生产效能,每人平均〇·一〇四公顷,全世界便能容纳一八三三六兆人,再加九倍来,也或能勉强挤下去。倘使是中国人,能过日本人的苦日子,但是没有日本人的生产效能,若像日本样要普及教育,那么,每人必得有〇·四六公顷地。如此,则全世界也只能容四五八〇兆人,除却现在数目,还能加上二七七二兆人。

我们再要进一步审查,世界几时有人满之患。先请看一看下列之表：

世界未来人口增进推算表

国别	现在已耕地（公顷）	现在人口	每人耕地面积（公顷）	世界人口依各国生活标准之增加可能数	千人中每年人口增加率	在未耕可耕地内照此率增加世界几时人满
美国	139,320,530	111,000,000	1.25	726兆	14.5	年加26兆 28年人满
加拿大	22,831,555	8,788,483	2.60	349兆	20.0	年加36兆 10年人满
澳洲	9,175,083	5,435,734	1.69	531兆	20.1	年加36兆 15年人满
巴西	60,000,000	30,635,605	2.00	454兆	28.9	年加52兆 9年人满
日本	6,702,653	64,500,000	0.104	8723兆	13.1	年加23兆 379年人满
德国	20,555,516	62,592,575	0.328	2765兆	10.0	年加18兆 154年人满
法国	22,556,116	40,743,897	0.554	1637兆	7.7	年加14兆 117年人满

（巴西耕地面积为估计）

上表只在可耕之地上研究，那已耕之地暂且搁他起来不谈。如果照新开地加拿大、澳洲、巴西之生活标准、状态、移入人口率、生死差增率推之于全世界，那么不消十年，这余下的九〇七兆公顷地，便可宣告人满。倘若把旧国如德国、法国的情形推到全世界来算，那么要不了一百六十年，也就要人满了。如果全世界都有日本人的生产效能，而又能过日本人的苦生活，那么三百八十年也就把这余下的可耕地完全挤满了。可是实际决不如此，全世界人口决不能像新开地那样飞跑，也决不能过日本人那样刻苦的生活。况且现在日本人除了农工业收入之外，每年还有从海里捞来的二〇九兆日金和海外日侨寄来的三〇兆日金。如果全世界都过了日本人的生活,这种收入便须大减而特减,那时各国人民都能制造,工业出品的收入也要打个大的折扣,连日本人也不能在那〇·一〇四公顷上生活了。不过,同时食物、肥料产生法或者可以进步,能够打消我所说的缺点。不过世界上人决不能过日本人的刻苦生活,这是可以预言。所以,实际上在新开的地方,是略照巴西、加拿大、澳洲的标准速率进行;旧开的地方是照德国、法国的标准速率进行。可是人口总是向着新开地跑,结果人满之日期是趋近于新开国所定之时限。到了加拿大、澳洲的人口密度变成现在美国的样子,那时全世界一定是挤得没有空地了。

前世纪,美国在一百年中人口增加十倍的时候,全世界人口恰在这一百年内增加一倍。所以加拿大、澳洲人口增加十倍时,全世界的人口或要从一八〇八兆加倍而为三六一六兆了。美国前期发展还是农业国,现在之新开地大都是农工业并进,实在怕是要不了一百年了。到那时,大家都要挤得不可耐,如果照美国的生活的标准与生产效能,现在全世界便应该立刻宣布人满。照比例限制生育,以期到第二代时可以减少二八三兆人。

近百年来世界人口增加倍数表*

国　别	最近报告之人数 (日本内阁五年统计)	报告年份	近百年来之增加倍数 (根据陈长衡君计算)
日本内地	64,500,000	1930	3
英国本国	47,123,000	1921	3
法国本国	40,743,897	1926	$\frac{1}{3}$
德　国	62,592,575	1925	$2\frac{1}{2}$
美国本国	105,710,620	1920	10
俄　国	147,013,600	1926	4
英领印度	318,942,480	1921	$\frac{1}{5}$(四十年来)↓

* 表目为编者所加。

世界上人口早已满了，再要增加便是降低文化，剥夺别人生存的机会。全世界的人们都要彻底觉悟，大家在一块儿商量一个少生小孩子的办法。

可是，这世界是掌握在愚人手里！法国妇人愿意少生而法国政客偏要鼓励多生。生五个小孩的母亲赏铜牌，生八个的赏银牌，生十个的赏金牌。这是一九二〇年法国大总统的命令！大家庭的舟车来往还可以打特别折扣，真是有趣极了。意大利的男人不愿结婚，而意国政客非要他讨老婆不可。男子独身税，二十五岁至三十岁，须纳三十五利（一利合华币七角七分四厘）；三十六岁至五十岁五十利；五十一岁至六十五岁二十五利，此外，还要纳所得税之独身附加税。六十岁以上的老头子，墨索里尼老板还要吃他的喜酒咧。这些政客为什么欢喜老百姓讨老婆呢？他们要老百姓生儿子当兵、打仗、夺面包吃。老百姓的太太们！你们今日怀里的小宝宝，便是将来战场上的候补死尸哟。少生几个吧！

你们不相信我的话吗？请看一看列强之杀人费吧！

列强十八年度之军事费 （各国币）

国别	总 岁 出	海陆空军费	百分比
日本	1,736 兆圆	495 兆圆（海陆）	28.51%
英国	823 兆镑	112 兆镑	13.70%
美国	3,795 兆金元	773 兆金元（海陆）	20.26%
法国	45,366 兆法郎	9,997 兆法郎	22.05%
意国	19,446 兆利	4,648 兆利	23.91%

《每日年鉴》与《日本帝国统计年鉴》。

这五个强国，每年预备杀人的费用，要占总费用自百分之一三·七至百分之二八·五，合计起来是七三八二兆华币。拿养人教人的钱来预备杀人，是多么的愚蠢啊！

这些糊涂的政客，总以为自己可以把别人杀死，殊不知：

列强十八年之军事费（化为华币）

（华币以百万为单位）

国别	总 岁 出	军 费	军费之百分比
日本	3,472兆	990兆	28.51%
英国	16,460兆	2,240兆	13.7%
美国	15,180兆	2,322兆	20.26%
法国	5,671兆	1,249兆	22.05%
意国	2,461兆	581兆	23.91%

你杀我，

我杀你，

只是借别人的刀儿杀自己。

你看欧战的结果：

德国战死　一百八十八万五千　　法国战死　一百三十六万

英国战死　七十四万三千　　　　别国战死　六百万

这不是等于德国人借法国人的枪铳自己，英国人借德国人的炮轰自己吗？可是，劝人多生孩子的罪魁的政客，如德废皇等，一个也没有死，死的都是老百姓从前怀里的小宝宝。

欧洲大战，以前的大战，以后的大战，都是因为人生得太多，不够吃，无可奈何，走入武装劫粮之一途。

民族间的战争有两种结果：一是完全把人灭掉，一是双方各灭掉一部分。即使你能把人灭掉，你自己的民族愈生愈多，愈多愈争，也是一样的要弄得自相残杀。所以多生的结果必是多杀。谁也逃不出这个定律。既知道后来要弄得子孙自相残杀，何必不早些商量出一个两全的办法？少生可共荣，多生必俱亡。我愿全世界的老百姓一齐起来，共同提倡少生，别给政客们把你哄骗了。多生则相仇，少生自相友。或友或仇只在各民族念头之一转。

世界人口密度表 *

国别(注一)	面积(方粁)	人　口	每一方粁人口密度	调查年份
日本帝国	674,676	83,456,929	124	1925
内地	381,872	59,736,822	156	1925
俄　国	21,352,572	147,013,600	7	1926
德　国	468,705	62,592,575	134	1925
英帝国	31,800,000	438,300,000	14	1921
本国	313,972	47,123,000	150	1921
印度	4,675,792	318,942,480	68	1921
加拿大	9,187,290	8,788,483	1	1921
澳　洲	7,704,135	5,435,734	1	1921
法　国	10,900,000	89,600,000	8	1920—21
本国	500,986	40,743,897	74	1929
意　国	2,300,000	40,000,000	18	1921
本国	310,137	38,710,576	125	1921
比　国	2,415,564	14,618,561	6	1920
本国	30,444	7,465,782	245	1920
荷　国	2,074,449	56,398,672	27	1920
本国	32,603	6,865,314	211	1920
葡　国	2,172,290	14,870,000	7	1915—22
本国	92,713	6,032,991	65	1920
美　国	9,556,813	117,705,921	12	1917—20
本国	7,702,045	105,710,620	14	1920
巴　西	8,524,778	30,635,605	4	1920
阿根廷	2,978,590	10,087,000	3	1926
中华民国	11,108,467	436,094,953	39	1923
二十二省	5,284,038	425,000,000	80	估计(注二)
世界总数	131,300,000	1,808,200,000	14	1920左右

　　(注一)　除日本、德国外领土少于 2,000,000 方粁者未列。

　　(注二)　中国本部现在人口系著者以生活状态之最窘限度估计，蒙古地方虽大，沙漠居多，西藏亦属高原，人民合计八百万。

　　＊　表目为编者所加。

少生主义,是民族自救主义,是各民族相救主义。如果各民族都认定少生主义为自救救人的原则,国际间许多难解的事便迎刃而解了。譬如,现在世界上最坏的一件事,便是人口土地分配得太不均匀。少数国家因为要想多子多孙,所以把整个的大陆都封锁起来。如果大家承认这样多生,便是自造末日,少生仍是自救相救之道,那么,就用不着封锁了。请看现在世界土地人口之分配;世界土地之不均,在下面两张表上大家便可以格外的看得清楚。

人口拥挤地带举例

国　　别	面积(方粁)	人　　口	密度	调查年份
日　本　内　地	381,872	59,736,822	156	1925
德　　　　国	468,705	62,592,575	134	1925
印　　度(英领)	4,675,792	318,300,000	68	1921
中　国　本　部	5,284,038	425,000,000	80	估计
合　　　　计	10,810,407	865,629,397		
世　界　总　数	131,300,000	1,808,200,000	14	1920左右
拥挤国占世界之面积人口百分数	8.29%	47.9%		

人口疏稀地带举例

国　　别	面积(方粁)	人　　口	密度	调查年份
英　领　加　拿　大	9,187,290	8,788,483	1	1921
英　领　澳　洲	7,704,135	5,435,734	1	1921
巴　　　　西	8,524,778	30,635,605	4	1920
阿　根　廷	2,978,590	10,087,000	3	1926
合　　　　计	28,394,793	54,946,822		
世　界　总　数	131,300,000	1,808,200,000		
疏稀地带占世界面积与人口之百分数	21.6%	3.04%		

在这两张表上，我们看出日本、德国、印度、中国本部以世界百分之四七·九之人口，住世界百分之八·二九的地面；加拿大、澳洲、巴西、阿根廷以世界百分之三·〇四的人，住世界百分之二一·六的地面。加拿大之地面有二十三个日本大，人口比日本小七倍半。这是多么不平的支配呀！他还不许人进去。这个道理何从说起？没有别的缘故，民族竞争的念头在那儿作祟。

说到日本，他的国难也只有少生主义可以解脱。他是个最努力的国家，如何也弄得焦头烂额？我的回答是：孩子生得太多，而且是毫不觉悟。现在已经到了治乱关头，少生孩子是日本自救的惟一出路。日本在文明国生产率算是最大了。最近每年几乎要增加一百万人，结果是每人耕地面积变成极小。

日本每人平均只占一·六九亩耕地，在各国中算是顶小的了。从明治四十三年至昭和三年，这十九年间自作农从百分之三三·四降至三一·四；小作农自百分之二七·四降至二六·六；自作农兼小作农自百分之三九·二加至四二·〇。现在所谓细民，在东京府内市下有十二万人之多。这分明是儿子生得太多，自作农变成兼作农，兼作农变成小作农，小作农变成细民。去年八月帝国农会发表十九道府县一五〇〇町村农家负债调查，每村平均借债一六三八二二元日金，每户平均借债八六八元日金。每农家家计费百分之四四靠债贷。全国估计农村负债为四八万万元日金。去年冬天，丝厂完全倒闭，二百多万农户中甚至有挖去桑树，预备改行的。不但农民如此，全国的富力是日见减少。去年十月之富力指数，只等于三年一月之百分之七五·二。加以世界之不景气与八大财阀造成之悬殊之贫富不均，致使失业者达到一百五十万（政府报告是三八六·三九四人，但经济学家皆认为实在数目在百五十万左右）。智识分子之失业者在百分之四十以上，大学专门部毕业生，据东京市社会局调查，竟有百分之八二·八之不就职率。失业公债三千四百万元便是用来维持这些剩余的人口，却只能维持一小部份。在一般日本人的心中，总以为殖民是他们的出路。是的，移民在现在只是一条小出路。可是这些小出路有的是封锁得很紧。一九二九年，全世界移入人民七六二，五七二人，日本人只占二五，〇〇〇人。全世界日侨总数只有七十六万。日本人生儿子的速率比移民的速率要大四十倍。一年所加的人口，四十年才能移得出去。移不出去，只好在家里吃从前的积蓄。积蓄吃光了，再怎样？有人说，到东三省去！中国的弟兄们和日本的一样没处走，也走向东三省去。十年之后，东三省便要挤得不可耐了。再到那里去？好兄弟！我们两家最大的出路是少生小孩子，在这上的互助便是自助了。如果大家还是拚命的生孩子，结果必至于相杀，相杀便等于自杀。日本是一个很可钦佩的民族，在极端困难中显出了极大的建设的本领。它的小学教育早已普及，电灯每家三盏，出版以人口比较，居世界第三位。大地震毁灭东京四分之三，它在最短期间内已完全恢复，恢复得比从前好。这些都显出日本人的建设本领。但是它的建设本领抵不住它的生孩子的力量。稻垣君推定，一九五八年，日本人口可到八千万；二〇四三年，可到九千五百万。那里能到这个数目！没有到八千万，早已难以支持了。它的唯一的生路是少生小孩子。它如果少生小孩子，定能造出比现在还要好的日本来。

我特别拿日本来举例，因为在这比较上，格外可以看出各国互助即自助，竞生即竞死。少生主义是世界各国唯一的出路。我们必须运用全世界的力量，来规定某个时代之生产率，使各民族一律遵守，有超过这法定生产率的，以扰乱世界和平处分。

全世界的农人应一致实行少生主义，因为孩子生得多，足以叫你们破产。如果大家都生得太多，必定要因争吃而打仗，那么你们的孩子们便成了炮子的活靶子。

全世界的工人们也应该一致实行少生主义，因人多起竞争，资本家便乘机降低工资，并可以叫各民族的工人不和，你们看，美国工人反对日工，日本工人反对华工，俄国工人去年反对德工，暗中都是因为这人口太多在那儿作怪。

全世界的青年也应该一致实行少生主义,因为你们一部分之烦恼,是从经济压迫而来,经济压迫是因为人浮于事,嘴多于面包。

民族主义的信徒也应该一致实行少生主义,因为人口过多则人民不能受科学教育,迫于生计,无暇创造。少一些,便能运用机器,发生几十倍大的力量。

社会改革家也应该一致实行少生主义,因为多生是战争的祸根,少生实为创造理想世界之不二法门。

全世界对于少生主义该互助使其实现,已毫无疑义。现在还有一件要紧的事要说,这就是经济制度改造上的互助。现在全世界的经济状态简直是无政府的直窜横冲。

亨利·福特在庆祝他的第二千万部汽车出厂的时候,在寻常看来,固值得自娱,但从整个经济制度来看,他便是汽车出产过剩的罪魁。美国每五人有一部汽车,汽车便变成分心务外的媒介。美国的农家几乎每家有一部,他们把肥料的钱克扣下来买汽车,以为不如此便比别人低一个头。当日本农事推广员下乡劝人多多养蚕的时候,他必定是以为他是做了一件爱国的事。殊不知丝厂倒闭,蚕户破产,他至少有点责任。什么缘故呢?生产过剩!汽车过剩,福特笑而买者悔。丝过剩,没人要而养蚕者亏本。您看世界的物价那一国不是下落,原因之一便是出产超过于购买力。

美英日卸卖物价指数

年次	月	美	英	日
1929	6	132.0	135.2	174.5
1930	6	111.6	116.2	139.8
1931	4	94.2	96.4	124.1

1913年1月=100

生产过剩则物价降落,这是自然之理。但此外还有一个特殊原因,便是世界金货集中于少数国家之手。您看:

各国存金额　　（1930年7月末）

国家	金额
日　本	746,000,000美金
美　国	4,100,000,000美金
意　国	274,000,000美金
法　国	1,775,000,000美金
德　国	624,000,000美金
英　国	746,000,000美金
俄　国	233,000,000美金
印　度	128,000,000美金
世界四十四国总领	10,716,000,000美金

世界金货总额十分之四为美法两国所吸收。法国接受德国赔款，简直是沉醉在金子里。各国以金为本位，故缺少金便买不起东西而物价降了。各国都买不起东西，那么，黄金之国的东西也难卖出去，大家都恐慌了。惟独我国之物价涨。我国以银为本位，金贵则银贱，故物价涨。是各国以物价降而受害，我国以物价涨而受害。这便是所谓之世界不景气。

这还没有完。资本家货物卸价太低，卖便折本，不卖又不能流转，便倡合理化运动，缩小范围，演成空前之失业大惨剧。合理化本来是个好名词，因为它没有把个"人"字放在心里，合理化便变成最不合理化。请看生产过剩、物价低落、金货集中及所谓合理化运动之失业者数：

世界主要国失业者数（1931年2月）

国别	英	德	法	意	北美合众国
全部失业	2,073,578	4,971,843	59,915	765,325	74.1% 平均雇佣数 (1926年—100)
一时失业	623,844			27,110	
总　数	2,697,422人	4,971,843人	59,915人	792,435人	

在这表上德国之失业者数达五百万人；美国实数未报，本年二

月之雇佣数只等一九二六年之百分之七四·一。可是照人口比例算起来，德国的失业数之大，实是可惊。但是美国以世界最富之国，而竟有如许无工可做之人，亦足以促他们反省此种状态之不合理吧！

这种无政府的生产是不该久于存在了。无政府的小孩子的过剩生产与物品之过剩生产，必须归纳在一个和谐的系统里面。这和谐的系统，是要建立在全世界的平等的互助上。

我在上面所叙述的中国教育的三条出路是：

一、教人少生小孩子；

二、教人创造富的社会；

三、教人建立平等互助的世界。

这便是我所说的大口出路，多口出路，我们的责任不是像南京南门的过客，老在城门口呆挤。我们要用科学教育的斧头，把城门开得大些，多开几个洞，如果必需，或是把城墙连根拆掉。这三条出路是一套连环的出路。少生几个孩子，便可以多做一些创造工作，多做一些创造工作，便可以多得一点平等的地位与人互助，而这种平等的互助，又可以叫你放心大胆去少生几个孩子。但是，即使世人尚未觉悟，没有看出互助即自助的道理，中华民族也得毅然采取少生主义，创造富的社会，并将这平等互助的原则身体力行出来，决不可因别人不觉悟而失望。我们向前走去，他们自然会跟来的。

（吾友竺茵[4]将他半生躬耕经验寄我作重要参考，我是很感激的。）

《中华教育界》第 19 卷第 3 期（1931 年 7 月）

注释

〔1〕指朝鲜李氏王朝的末代君主。1910 年，李王与日本签订了《日韩合

作条约》，朝鲜实际上被日鲸吞，而其眷属却在日本过着醉生梦死的生活。

〔2〕卜凯　英籍学者，长期在中国任教，时任南京金陵大学农业经济系主任。

〔3〕兰领东印度　即荷兰所属殖民地的东印度（East India），同"西印度"相对称的地名。西印度指南北美洲大陆间的群岛（因哥伦布发现美洲大陆时误认为印度）；东印度指亚洲南部的印度和马来群岛等地。斐利滨，通译菲律宾（Philippines），国名。暹逻，国名，泰国的旧称。

〔4〕竺茵　即方与严。方与严又名方竹因，陶行知当时正遭国民党政府通辑，不便直说友人之名，故用谐音假名替代。

教学做合一下之教科书

教学做合一是生活教育之方法之理论。这理论同时叙述生活教育之现象与过程。所以要想讨论这个理论对于教科书之要求,先须说明什么是生活教育,什么是教学做合一。

什么是生活教育 生活教育是以生活为中心之教育。它不是要求教育与生活联络。一提到联络,便含有彼此相外的意思。倘使我们主张教育与生活联络,便不啻承认教育与生活是两个个体,好像一个是张三,一个是李四,平日不相识,现在要互递名片结为朋友。联络的本意原想使教育与生活发生更密切的关系,不知道一把它们看作两个个体,便使它们格外疏远了。生活与教育是一个东西,不是两个东西。在生活教育的观点看来,它们是一个现象的两个名称,好比一个人的小名与学名。先生用学名喊他,妈妈用小名喊他,毕竟他是他,不是她。生活即教育,是生活便是教育,不是生活便不是教育。分开来说,过什么生活便是受什么教育:过康健的生活便是受康健的教育;过科学的生活便是受科学的教育;过劳动的生活便是受劳动的教育;过艺术的生活便是受艺术的教育;过社会革命的生活便是受社会革命的教育。从此类推,我们可以说:好生活是好教育;坏生活是坏教育;高尚的生活是高尚的教育;下流的生活是下流的教育;合理的生活是合理的教育;不合理的生活是不合理的教育;有目的的生活是有目的的教育;无目的的生活是无目的的教育。反过来说,平日过的是少爷小姐的生活,便念尽了汗牛充栋的劳动书,也不算是劳动教育;平日过的是奴隶牛马的生活,便把《民权初步》念得透熟，熟得倒过来背，也算不了民权教育。没有生活做中心的教育是死教育。没有生活做中心的学校是死学校。没有生活做中心的书本是死书本。在死教育、死学校、死书本里鬼混的人是死人——先生是先死，学生是学死！先死与学死所造成的国是死国，所造成的世界是死世界。

什么是教学做合一　教学做合一是生活现象之说明即是教育现象之说明。在生活里，对事说是做，对己之长进说是学，对人之影响说是教。教学做只是一种生活之三方面，而不是三个各不相谋的过程。同时，教学做合一是生活法，也就是教育法。它的涵义是：教的方法根据学的方法；学的方法根据做的方法。事怎样做便怎样学，怎样学便怎样教。教与学都以做为中心。在做上教的是先生，在做上学的是学生。在这个定义下，先生与学生失去了通常的严格的区别，在做上相教相学倒成了人生普遍的现象。做既成了教学之中心，便有特殊说明之必要。我们怕人用"做"当招牌而安于盲行盲动，所以下了一个定义："做"是在劳力上劳心。因此，"做"含有下列三种特征：

（一）行动；

（二）思想；

（三）新价值之产生。

一面行，一面想，必然产生新价值。鲁滨孙在失望之岛上缺少一个放水的小缸。一天烧饭，他看见一块泥土被火烧得像石头样的硬。他想，一块碎土既有如此变化，那么用这土造成一个东西，或者也能如此变化。他要试试看。他动手用土造成三个小缸的样子，架起火来把它们烧得通红，渐渐的冷下去，便成了三只坚固而不漏水的小缸。这里有行动，有思想，有新价值之产生——泥土变成水缸。这是做。这是教学做合一之做。

做是发明，是创造，是实验，是建设，是生产，是破坏，是奋斗，是探寻出路。

是活人必定做。活一天,做一天;活到老,做到老。如果我们承认小孩子也是活人,便须让他们做。小孩子的做是小发明,小创造,小实验,小建设,小生产,小破坏,小奋斗,探寻小出路。小孩子的做是小做,不是假做。"假做"不是生活教育所能允许的。

我也不是主张狭义的"做",抹煞一切文艺。迎春姊妹和宝玉在荇叶渚上了船,跟着贾母撑向花溆去玩,宝玉说:"这些破荷叶可恨!怎么还不叫人来拔去?……"黛玉说:"我最不喜欢李义山[1]的诗,只喜欢他这一句:'留得残荷听雨声。'偏你们又不留着残荷了。"宝玉说:"果然好句!以后咱们别叫拔去了。"这里也有行动,有思想,有新价值之产生——破荷叶变成天然的乐器!领悟得这一点,才不致于误会教学做合一之根本意义。既是这样,那么我们可以说:不做无学;不做无教;不能引导人做之教育,是假教育;不能引导人做之学校,是假学校;不能引导人做之书本,是假书本。在假教育、假学校、假书本里自骗骗人的人,是假人——先生是假先生,学生是假学生。假先生和假学生所造成的国是假国,所造成的世界是假世界。

生活教育与教学做合一对于书之根本态度 生活教育指示我们说:过什么生活用什么书。教学做合一指示我们说:做什么事用什么书。这两句话只是一句话的两样说法。我们对于书的根本态度是:书是一种工具,一种生活的工具,一种"做"的工具。工具是给人用的;书也是给人用的。我们对一本书的见面问,是:您有什么用处(当然是广义的用处)?为读书而读书,为讲书而讲书,为听书而听书,为看书而看书,再不应该夺取我们宝贵的光阴。用书必有目的。遇到一本书,我们必须问:您能帮助我把这件事做得好些吗?您能帮助我过一过更丰富的生活吗?我们用书,有时要读,有时要讲,有时要听,有时要看;但是读、讲、听、看都有一贯的目的,这目的便是它们对于"用"的贡献。在《诗的学校》里有一

首诗描写我们对于书的总态度：①

用书如用刀；
不快便须磨。
呆磨不切菜，
何以见婆婆？

中国教科书之总批评　　我们试把光绪年间出版的教科书和现在出版的教科书比较一下，可以看出一件惊人的事实，这事实便是三十年来，中国的教科书在枝节上虽有好些进步，但是在根本上是一点儿变化也没有。三十年前中国的教科书是以文字做中心，到现在中国的教科书还是以文字做中心。进步的地方：从前是一个一个字的认，现在是一句一句的认；从前是用文言文，现在是小学用白话文，中学参用白话文与文言文；从前所写的文字是依着忠君、尊孔、尚公、尚武、尚实的宗旨，现在所写的文字是依着三民主义的宗旨。但是教科书的根本意义毫未改变。现在和从前一样，教科书是认字的书，读文的书罢了。从农业文明渡到工业文明最重要的知识技能，无过于自然科学。没有真正可以驾驭自然势力的科学，则农业文明必然破产，工业文明建不起来，那是多么危险的事啊！但是把通行的小学常识与初中自然教科书拿来审查一番，您立刻发现它们只是科学的识字书，只是科学的论文书。这些书使您觉得读到胡子白也不能叫您得着丝毫驾驭自然的力量。这些教科书不教您在利用自然上认识自然。它们不教您试验，不教您创造，它们只能把您造成一个自然科学的书呆子。国民党以党义治国。党义[2]，从国民党的观点看来，又是何等重大的一门功课呀！固然，党军既到南京之后，没有一家书店不赶着编辑党义教科书，党政府看了这些教科书也以为教育从此可以党化，小孩子个个都可以成为"三民主义"的信徒了。但是把这些书仔细看一看，不由您又要惊讶了，您

作者原注：①见小朋友书店出版之《师范生》第二期。

立刻发现它们只是党义识字书,只是党义论文书。它们教您识民权的字,不教您拿民权;教您读民生的书,不教您干民生的事。在这些书里,您又可以看出编辑人引您开倒车,开到义和团时代以前。他们不教小朋友在家里、校里、村里、市里去干一点小建设、小生产以立建国之基础,却教小孩子去治国平天下,这不是像从前蒙童馆里的冬烘先生拿《大学》、《中庸》把小朋友当小鸭子硬填吗?照这样干法,我可以断定,小孩子决不会成为三民主义有力量的信徒。至多,他们可以成为三民主义的书呆子。

中国的教科书虽然以文字做中心,但是所用的文字不是第一流的文字。山德孙先生在昂多学校里就不用教科书。他批评英国的教科书为最坏的书。中国初中以下的教科书不比英国的好。我读了中国出版的教科书之后,我的感想和山德孙先生差不多。我不能恭维中国初中以下的教科书是小孩子值得读的书。在我的《中国自然科学教科书之解剖》①一篇论文中,我将毫不避讳的罗列各家教科书之病菌,放在显微镜下,请大家自己去看。我现在只想举一个普通的例子来做个证明。诸位读了下面三节教科书,作何感想?

甲家书馆:大狗叫,小狗跳。叫一叫,跳两跳。
乙家书馆:小小猫,快快跑。小小猫,快快跑。
丙家书馆:小小猫,小小猫。快快跑,快快跑。

若不是因为每个小学生必得有一本教科书,每本教科书必得有书馆编好由教育部审定,谁愿意买这种有字有音而没有意义的东西呀?请诸位再看刘姥姥赴贾母宴会在席上低着头引得大家哄堂大笑的几句话:

老刘,老刘,
食量大如牛,
吃个老母猪,

作者原注:①不久在《师范生》发表。

不抬头。

这样现成的好文学，在以文字为中心的教科书中竟找不着一个地位，而"大狗叫，小狗跳"的无意义的文字，居然几百万部的推销出去。所以中国教科书虽以文字为中心，却没有把最好的文字收进去。这是编书人之过，不是文字中心之过。

中国的教科书，不但用不好的文字做中心，并且用零碎的文字做中心，每课教几个字，传授一点零碎的知识。学生读了一课，便以为完了，再也没有进一步追求之引导。我们读《水浒》、《红楼梦》、《鲁滨孙飘流记》一类小说的时候，读了第一节便想读第二节，甚至于从早晨读到夜晚，从夜晚读到天亮，要把它一口气读完了才觉得痛快。中国的教科书是以零碎文字做中心，没有这种力量。有人说，中国文人是蛀书虫。可是教科书连培养蛀书虫的力量也没有。蛀书虫为什么蛀书？因为书中有好吃的东西，使它吃了又要吃。吃教科书如同吃蜡，吃了一回，再不想吃第二回，连蛀书虫也养不成！可是，这也是编书人不会运用文字之过，不是文字中心之过。

文字中心之过在以文字当教育，以为文字之外别无教育。以文字做中心之教科书，实便于先生讲解，学生静听。于是讲书、听书、读书便等于正式教育而占领了几乎全部之时间。它使人坐而言，不使人起而行。教育好比是菜蔬，文字好比是纤维，生活好比是各种维他命（Vitamin）。以文字为中心而忽略生活的教科书，好比是有纤维而无维他命之菜蔬，吃了不能滋养体力。中国的教科书，是没有维他命的书。它是上海上等白米，吃了叫人害脚气病，寸步难行。它是中国小孩子的手铐，害得他们双手无能。它是死的、假的、静止的。它没有生命的力量。它是创造、建设、生产的最大的障碍物。它叫中国站在那儿望着农业文明破产而跳不到工业文明的对岸去。请看中国火车，行了几十年，而第一个火车头今年才造起来。这是中国科学八股无能之铁证！而这位制造中国第一个火车头之工程师，十分之九没有吃过上海白米式的科学教科书。或者也吃过，后来又吃了些糠秕，才把脚气病医好，造了这部特别难产的火车头。以文字做中心的教科书，在二十世纪里是产生不出力量，最多，如果用好的文字好好的编，也不过能够产生一些小小书呆子，小小蛀书虫。

假使再来一个秦始皇，把一切的教科书烧掉，世界上会失去什么？

大书呆子没有书教，小书呆子没有书读，书呆头儿出个条子："本校找不到教科书，暂时停课。"

于是，有的出去飘洋游历，也许会成达尔文；有的在火车上去卖报，做化学实验，也许会成爱迪生；有的带着小朋友们上山游玩，也许会成柯斯忒；有的回去放牛、砍柴、捞鱼、种田、缫丝，多赚几口饭儿吃。少几个吃饭不做事的书呆子，多几个生产者、建设者、创造者、发明者，大概是这位秦始皇第二的贡献吧。

生活教育与教学做合一之总要求 我们要活的书，不要死的书；要真的书，不要假的书；要动的书，不要死的书；要用的书，不要读的书。总起来说，我们要以生活为中心的教学做指导，不要以文字为中心的教科书。我要声明在先，我并不拘泥于文字之改变。倘使真的拿生活为中心使文字退到工具的地位，从死的、假的、静的、读的，一变而为活的、真的、动的、用的，那么就称它为教科书，我也不反对；倘使名字改为生活用书或教学做指导，还是以文字为中心，便利先生讲解，学生静听，而不引人去做，我也不能赞成。但是，如果能够做到名实相符，那就格外的好了。

生活用书或教学做指导，是怎样编法呢？最先须将一个现代社会的生活或该有的力量，一样一样的列举，归类组成一个整个的生活系统，即组成一个用书系统。例如：

　　　　　要培养的生活力　　　　　　要用的书
　　　（一）防备霍乱　　　　　　（一）防备霍乱指导

（二）防备伤寒	（二）防备伤寒指导
（三）防备天花	（三）防备天花指导
（四）防备感冒	（四）防备感冒指导
（五）防备肺痨	（五）防备肺痨指导
（六）防备梅毒	（六）防备梅毒指导
（七）打篮球	（七）打篮球指导
（八）踢球	（八）踢球指导
（九）选择食物	（九）选择食物指导
（一〇）选择衣料	（一〇）选择衣料指导
（一一）种菜	（一一）种菜指导
（一二）种麦	（一二）种麦指导
（一三）种树	（一三）种树指导
（一四）养蚕	（一四）养蚕指导
（一五）养鸡	（一五）养鸡指导
（一六）养鱼	（一六）养鱼指导
（一七）养鸟	（一七）养鸟指导
（一八）纺纱	（一八）纺纱指导
（一九）织布	（一九）织布指导
（二〇）扫地	（二〇）扫地指导
（二一）调换新鲜空气	（二一）调换新鲜空气指导
（二二）用风车水	（二二）用风车水指导
（二三）制造抽气唧筒	（二三）制造抽气唧筒指导
（二四）制造气压表	（二四）制造气压表指导
（二五）用空气压力钻钢	（二五）用空气压力钻钢指导
（二六）用氮气做肥料	（二六）用氮气做肥料指导
（二七）用太阳光烧饭	（二七）用太阳光烧饭指导
（二八）用太阳光杀菌	（二八）用太阳光杀菌指导
（二九）用太阳光照相	（二九）用太阳光照相指导

(三〇)用水推磨　　　　　(三〇)用水推磨指导
(三一)用水发电　　　　　(三一)用水发电指导
(三二)用水化铁　　　　　(三二)用水化铁指导
(三三)用磁石发电　　　　(三三)用磁石发电指导
(三四)造罗盘　　　　　　(三四)造罗盘指导
(三五)用电磁举铜铁　　　(三五)用电磁举铜铁指导
(三六)用煤黑油取颜料　　(三六)用煤黑油取颜料指导
(三七)造汽车　　　　　　(三七)造汽车指导
(三八)造蒸汽机　　　　　(三八)造蒸汽机指导
(三九)用电发光　　　　　(三九)用电发光指导
(四〇)用电推车　　　　　(四〇)用电推车指导
(四一)用电谈话　　　　　(四一)用电谈话指导
(四二)用电相见　　　　　(四二)用电相见指导
(四三)用泥造瓷器　　　　(四三)用泥造瓷器指导
(四四)造屋　　　　　　　(四四)造屋指导
(四五)造桥　　　　　　　(四五)造桥指导
(四六)造船　　　　　　　(四六)造船指导
(四七)造纸　　　　　　　(四七)造纸指导
(四八)造飞机　　　　　　(四八)造飞机指导
(四九)用显微镜看细菌　　(四九)用显微镜看细菌指导
(五〇)用望远镜看天象　　(五〇)用望远镜看天象指导
(五一)编剧　　　　　　　(五一)编剧指导
(五二)演戏　　　　　　　(五二)演戏指导
(五三)布景　　　　　　　(五三)布景指导
(五四)唱歌　　　　　　　(五四)唱歌指导
(五五)画水彩画　　　　　(五五)画水彩画指导
(五六)画油画　　　　　　(五六)画油画指导
(五七)写诗文　　　　　　(五七)写诗文指导

（五八）雕刻	（五八）雕刻指导
（五九）弹琴	（五九）弹琴指导
（六〇）说话	（六〇）说话指导
（六一）恋爱	（六一）恋爱指导
（六二）治家	（六二）治家指导
（六三）生育	（六三）生育指导
（六四）限制教育	（六四）限制教育指导
（六五）团体自治	（六五）团体自治指导
（六六）掌民权	（六六）掌民权指导
（六七）师生创校	（六七）师生创校指导
（六八）创造富的社会	（六八）创造富的社会指导
（六九）人类互助	（六九）人类互助指导
（七〇）创造五生世界	（七〇）创造五生世界指导[①]

以上七十种生活力和教学做指导，不过是我个人随手所举的例子。把它们归起类来，（一）至（一〇）属于康健生活；（一一）至（二〇）属于劳动生活；（二一）至（五〇）属于科学生活；（五一）至（六〇）属于艺术生活；（六一）至（七〇）属于社会改造生活。我想这些例子不过是全部生活力之少数，内中之概括的还应该细分。如养鱼，便可分为养金鱼、养青鱼、制造相生水族池等等。统统算起来，重要的总在三千种以上。我们姑且可以普通的说，我们有三千种生活力要培养，即有三千种教学做指导要编辑。这些生活力，有些是很小的小孩子便应当有，有些是很成熟的人才可以得；有些是学了就可以变换，有些是要继续不断的干；有些是一人能做，有些非多人合作不办；有些是现代人共同所需，有些是各有所好，听人选择。专家依性质、学力把它们一一编起来，并编一些建

作者原注：①五生世界即少生、好生、贵生、厚生、共生之世界，我有专篇叙述建立五生世界之理论，不久在《师范生》上发表。

在具体经验上面融合贯通的理论，便造成整个的用书的系统，帮助着实现那丰富的现代生活。我们还要随着学术进步，继续修改扩充，使用书继长增高的进步，帮助着生活继长增高的向前向上进。

照这样看来，教学做合一的理论不是不要书；它要用的书的数目之大，比现在的教科书要多得多。它只是不要纯粹以文字做中心的教科书，因为这些书是木头刀，切不下菜来。过什么生活用什么书，做什么事用什么书。不用书，即用书而用得不够，用得不当，都非教学做合一的理论所允许的。

教学做指导编得对不对，好不好，可以下列三种标准判断它。

（一）看它有没有引导人动作的力量，看它有没有引导人干了一个动作又要干一个动作的力量。中国人的手中了旧文化的毒是已经瘫了，看它能否给他打一针，使一双废手变成一双开天辟地的手。我们要看它能否把双料少爷的长指甲剪掉，能否把双料小姐的手镯戒指脱掉，能否把活活泼泼的小孩们的传统的几十斤重的手铐卸掉，使八万万只无能的手都变成万能的手。

（二）看它有没有引导人思想的力量，看它有没有引导人想了又想的力量。中国文人的头脑做了几千年的字纸篓；中国农人女人的头脑做了几千年的真空管。我们现在要请大家的头脑出来做双手的司令官。我们要头脑出来监工。我们不但是要做，并且要做得好。如何可以做得好，做得比昨天好，这是头脑的天职。我们遇了一本书，便要问它是否给人的头脑全权，指导一切要做的事。

（三）看它有没有引导人产生新价值的力量，看它有没有引导人产生新益求新的新价值的力量。我在《乡村教师》[3]上曾经写过十几首诗，描写一位乡村教师的生活，内中有一首是：

    人生两个宝；
    双手与大脑。
    宁做鲁滨孙，
    单刀辟荒岛。

中国教育之通病是教用脑的人不用手,不教用手的人用脑,所以一无所能。中国教育革命的对策是使手脑联盟,结果是手与脑的力量都可以大到不可思议。手脑联盟,则污秽的垃圾可以用来点灯烧饭,窒人的氮气可以用做养人的肥田粉,煤黑油里可以取出几千种的颜料,一粒种子可以长成几百粒谷,无饭大家饿的穷国可以变成有饭大家吃的富社会。只要头脑子命令双手拿起锄头、锯子、玻璃管、电动机去生产、建设、试验、创造,自然是别有天地了。

生活用书的体裁内容也不可一律,大致说起来,我有下列的建议:

(一)做的目标。

(二)做的材料。

(三)做的方法。

(四)做的工具。

(五)做的理论。

(六)从做这事引导人想到做那事。

(七)如做的事与时令有关便要有做的时令。

(八)如做的事与经济有关便要有做的预算。

(九)如做的事须有途径之指示便要有做的图。

(十)如做的事须多人合作便要有做的人的组织。

(十一)如做的事须多方参考便要有做的参考书籍。

(十二)如做的事与别的事有多方的关系便要有做的种种关系上的说明。

(十三)在做上学的人可引导他记载做的过程,做的结果,做上发生的问题与心得。

(十四)在做上教的人可引导他指示进行考核成绩。

这十四条不是像从前五段教授样要人家刻印板的遵守的[4]。如果您能把它们一齐打破,天衣无缝的写成一本可用的书也未为不可,或者竟是更为可贵。《鲁滨孙飘流记》是一部小说,也是一部探险与开创的教学做指导。歌德失恋,写《少年维特之烦恼》,创造一个维特去替死,那么歌德的恋爱史与《少年维特之烦恼》,当作一部恋爱指导用也很合宜。同样,《水浒》是一部打抱不平之指导。自然科学教学做指导,能写到法布尔[5]的几部顶好著作那样好,减少一些闲话,增加一点小孩子自己做的机会也就很好了。最要紧的是著书人独出心裁,若求一律,反而呆板了。

初进学校的学生,要他自用教学做指导,当然是不可能。但是他虽然认不得字,话语听得懂,先生不能教他吗?年长的同学不能助他吗?初年〈级〉的学生,多数的生活力不能从文字上去取得,若受文字的限制,生活便枯燥无味。故初年级的教学做指导,除说话(即国语)一门外,都可编为先生用书,先生在做上教时所用的书。那么,这个困难便没有了。即就说话一门说,也不必太拘于生字之多少。只要是小孩子爱说的话,便多几个字也不要紧。若是头一课只限于四五个字,编不成好听的话,那么,比十几个字还难认。认字与写字也不必同时兼顾。若认的字一定要写,那么,又只好限于几个字,而流于枯燥了。

我想要使这个用书的计划实现,必须有下列六种条件:

(一)各门专家中须有几位去接近小孩子,或竟毅然去当几年中小学教员,一面实验,一面编辑几部教学做指导。

(二)现在接近小孩子的中小学教师,须有许多位,各人开始研究一门科学,待研究有得,可以编辑几部教学做指导。

(三)现在教科书的编辑者有志编辑生活用书,如缺少某种准备、专科学术或儿童经验,亦宜设法补足,然后动手编辑。

(四)现在商务印书馆、中华书局、世界书局每年大部分收入是从小朋友那里来的,应该多下点本钱,搜罗各国儿童、成人用书(不是教科书)和工具,聘请上列三种人才,为小朋友多编几部可用的好书。

(五)教育行政当局,从中央一直到校长,该给教员们以试验或选择书本之自由。现在行政方面之趋势是太一律、太呆板，若不改弦更张，实无创造之可能。

（六）全民族对于中国现代的无能的教育，该有觉悟；对于教学做合一之理论，该使之普遍实现。若再因循苟且，则可以救国之教育，将变成亡国之催命符。到了那时，虽悔也来不及了。如果大家从此下一个决心，在头脑指挥之下，把双手从长袖里伸出来，左手拿着科学，右手开着机器生产、建设、创造，必定能开辟出一个新天地来。荣枯、安危、存亡之故，只在念头之一转和双手之一动，用不着到远处去求啊！

《中华教育界》第19卷第4期（1931年8月）

注释

〔1〕李义山　即李商隐（约813—约858），字义山。唐朝诗人。

〔2〕党义　此处为课程名称。国民党政府为推行"党化教育"，将学校原有的公民科目改为党义。

〔3〕《乡村教师》　周刊。由陶行知创立的晓庄学校创办。其主旨为指导乡村教师，沟通和交流乡村教师的经验。

〔4〕指赫尔巴特及其弟子所创立的五段教学法。

〔5〕法布尔（J. H. Fabre, 1823—1915）　法国昆虫学家。

思想的母亲

行动是思想的母亲,科学是从把戏中玩出来的。

杜威先生分析反省的思想之过程,列举了如下的步骤:(一)困难之感觉;(二)审定困难之所在;(三)设法解决;(四)在许多方法中选一最有效的试试看;(五)屡试屡验之后再下断语。这反省的思想之过程,便是科学思想之过程。

我拿杜威先生的道理体验了十几年,觉得他所叙述的过程好比是一个单极的电路,通不出电流。他没有提及那思想的母亲。这位母亲便是行动。路走不通才觉有困难。走不通而不觉得困难,这是庸人。连脚都没有动而心里却虚造出万千困难,这是妄人。走不通而发现困难,便想出种种法子来解决困难,不到解决不止,这是科学家。所以我要提出的修正,是在困难之前加一行动之步骤,于是整个科学的生活之过程便成了:行动生困难;困难生疑问;疑问生假设;假设生试验;试验生断语;断语又生了行动,如此演进于无穷。懒得动手去做,那里会有正确的思想产生,又何能算是科学生活?

《申报·自由谈》(1931年11月11日)

关于科学教育[*]

——致庄泽宣[1]的信

泽宣吾兄：

久不晤教，至为想念。

晓庄是一个试验学校。晓庄本部虽已被封两年，但是他的试验工作，仍是不断的进行着。几年以来，我们觉得要救中华民族，必须民族具备科学的本领，成为科学的民族，才能适应现代生活，而生存于现代世界。科学要从小教起。我们要造成一个科学的民族，必要在民族的嫩芽——儿童——上去加工夫培植。有了科学的儿童，自然会产生科学的中国和科学的中华民族。这一年来，我们预先编成《儿童科学丛书》百种，在今年暑假以前可以出齐。恰好政府已下令准备将晓庄交还我们。我们在这次国难当中察出，愈觉科学教育之重要。所以我们今后教育方针，准备瞄准向着这条路线上前进，为中华民族去找新生命。所以我们对于接收晓庄，感觉有无限兴奋与希望。

我们接收晓庄计划，分成三个步骤：

第一步，先恢复晓庄周围四十里的六所小学和六所幼稚园。即以此作四十里周围最经济的普及教育的实验。第二步，在本年暑期中（七月十五日至八月十五日）开办一大规模的暑期学校，专门研究儿童自然科学。定额一千人，招收大学毕业生、各师范科学教

---

* 此信原发表时无题。今题系编者所拟。

师、市县督学、各小学教师分别研究。招收大学毕业生和师范科学教师、市县督学，是预备他们回去，到了明年，各处都有这样几个专门研究儿童自然科学的暑期学校出现，使一年之后，儿童自然科学的主张即可推行到全国，科学的儿童早日造成，科学的中国和科学的中华民族早日实现。

暑期学校的生活课程，分为下列十门：

一、儿童的生物；

二、儿童的物理；

三、儿童的化学；

四、儿童的天文；

五、儿童的地球；

六、儿童的几何；

七、儿童的农艺；

八、儿童的工艺；

九、儿童的生理卫生；

十、儿童的科学指导。

现时晓庄小学已经开学了。一面顾到儿童教育，一面即担任筹备暑期学校。一切进行，如小学、幼稚园之经常费，暑期学校自然科学之实验工具、材料，在在需有相当经费，才能推行顺利。明知国难当头，经费来源不易。惟因国难当头，愈益觉得立国根本之教育，更有从速举办的必要。我兄谋国心长，救种虑远，定能赞同是举。对于经费一层，务希酌量帮助。遇有青年教师富有研究儿童自然科学兴趣，而且有志救国大计者，务请劝导保送来学，襄力此盛举。章程随即寄奉。

第三步，恢复师范。就原定之初中、高中、大学各部，逐渐恢复，充实内容，并拟添设研究所，加以高深的研究，使他能成为乡村教育及儿童自然科学之泉源。详细办法，容后奉闻。一切均请随时指导，俾生活教育得以发生效力。是所至盼。敬祝康健!

弟知行启
二一、三、廿二

《教育研究》（中大）第35期（1932年）

注释

〔1〕庄泽宣　早年留学美国哥伦比亚大学，时任广州中山大学教授及该校教育研究室主任。

乡村工学团试验初步计划说明书*

乡村工学团是一个小工场，一个小学校，一个小社会。在这里面包含着生产的意义，长进的意义，平等互助、自卫卫人的意义。它是将工场、学校、社会打成一片，产生了一个改造乡村的、富有生活力的新细胞。

乡村工学团由儿童组成的，称为乡村儿童工学团；由青年组成的，称为乡村青年工学团。青年的定义，不根据年龄，而根据求学的态度。老年人而有青年求学精神者，得入乡村青年工学团。

中华民族已经到了生死关头，我们要想起死回生整个的民族，须以最敏捷的手段，实施下列六大训练：

（一）普遍的军事训练；

（二）普遍的生产训练；

（三）普遍的科学训练；

（四）普遍的识字训练；

（五）普遍的民权训练；

（六）普遍的生育训练。

乡村工学团要将上列六大训练，具体而微的在自己乡村里尽量推进，把自己的乡村，造成中华民国的健全分子，并与全国一百万

---

* 本篇拟稿于1932年夏，是创办山海工学团的纲领性文件，当时曾油印散发。1943年4月，在重庆民族书局出版的《陶行知教育论文选辑》中，收了这篇计划说明书，只是其中文字与本件稍有出入，如将"六大训练"改为"六大培养"等。

乡村联合起来，推进这六大训练，以造成一个伟大的、令人敬爱的中华民国。乡村工学团所采取之方法，与传统的方法根本不同。现撮要列举如下：

（一）传统的方法是学校与社会隔离；乡村工学团主张以社会为学校。

（二）传统的方法是生活与教育分家；乡村工学团主张生活即教育。

（三）传统的方法把师生的界限分得太严；乡村工学团主张会的教人，不会的跟人学。我们跟农人学种田，农人跟我们学科学，这是相师相学的意思。我们还可以教大徒弟去教小徒弟，七十二行都有资格做先生，都有资格做太上先生。先生既多，学问自广。

（四）传统的方法是先生教而不做，学生学而不做；乡村工学团主张先生在做上教，学生在做上学，教与学都以做为中心。这便是教学做合一的要义。

（五）传统的方法是教劳心者不劳力，不教劳力者劳心；乡村工学团主张在劳力上劳心，才算真正的做，否则便是瞎做瞎学瞎教了。

（六）传统的方法教人先费几年，把知识装满了再去行；乡村工学团主张"行是知之始"，我们要在行动上去追求真知识，有行的勇敢，才有知的收获。

（七）传统的方法是教少数人升官发财；乡村工学团主张与大众共甘苦、共休戚，以取得整个中华民族之出路。

乡村工学团之主体，是本村之真农人。所谓真农人，是靠自己动手种地吃饭的人。我们所以要有这一个条件，是防备这件重要事业落在坏人的手里，作为个人利益的工具。村外同志只处于推动、赞助、辅导的地位。这种村外的推动、赞助、辅导，只适合本村需要的时期为限。推动的宗旨在求本村之自动，赞助之宗旨在求本村之自助，辅导之宗旨在求本村之自导。乡村改造运动者最忌代替农人做；因为代替农人做得太多太久，农人仍旧不会自己做。农人不会自己做，终是无补于大局。我们要想农人自动、自助、自导的来改造他们的村庄，必须在发动时有此认识。从村外同志的发动，到本村完成主体健全之组织，其移转之步骤如下：

第一步骤　创办时，发起人组织乡村改造社，掌管筹款、用人、指导事宜，同时认识本村真正农人。

第二步骤　由真正农人产生董事会，接收改造社助款，聘任总指导，再由总指导聘任指导员。

第三步骤　本村工学团经济独立，改造社得以此款创办他村的工学团。

乡村工学团以充分运用本村固有之力量为原则。凡新时代生活所必须而为本村所无的，才运用外来力量。例如房屋，则以租借公共建筑物为原则，非到不得已时必不建造新屋；实验农场则特约开通农友自办，不必买地。运动场之类，则租用荒地开辟。自卫武器亦从集合本村原有武器，徐图扩充。甚至于小孩们坐的桌凳，亦可由家中搬来使用，以待自造新的家具；虽一时外观不甚整齐，但是唯有肯下如此决心，才能打破装饰品的教育。这样，开办费必可减到极少，使得腾出余款从事生产一类的重要活动。

乡村工学团可从事指导员之培养，其培养方法则采艺友制。所谓艺友制，即在一种艺术上做朋友的意思。我们可以欢迎有志青年下乡，在办工学团上学办工学团。

《山海工学团》（1934年11月上海儿童书局版）

国难与教育*

我们知道,教育的目的在于解决问题。所以不能解决问题的,不是真教育,不能解决国难问题的,尤其不是真教育。我们一定有了真教育,才能对付国难。教育是什么?教育就是力的表现,力的变化。实则整个宇宙,也就是一个力的表现,力的变化的过程。我们现在要解除国难,先要有力量,因为我们力量不充分,所以才不能对付国难。因此,我们要对付国难,就须以教育为手段,使我们的力量起了变化,把不能对付国难的力量,变成能够对付国难的力量,这才能达到目的。

力量发生了变化,其大小之比较,可分别如下:就是少数人的力,比不上多数人的力;空谈的力,比不上行动的力;散漫的力,比不上组织的力;被动的力,比不上自动的力;头脑的力,比不上手脑并用的力。

我国的传统教育和现行的教育,只能造成少数人的力,空谈的力,散漫的力,被动的力,头脑的力。我们从此要改造教育,使教育普及于大众;使受教育者都能实践力行,从行动上去求得真知识;并使大众组织起来,自动去做他们的事;而仅用脑的知识分子,要使他们变成兼用手的工人,仅用手的工人,农人等都变成兼

---

* 本篇系陶行知1932年8月30日在上海沪江大学的演讲记录。摘自持大所撰《陶行知与中国新教育》一文,该文收入《晓庄批判》一书。作者在文中说明:陶行知的全篇演讲如详细记录下来,至少有五六千字,我"只举出他的纲领,并没有记录他的解释"。

用脑的知识分子。这才能把少数人的力变成多数人的力；空谈的力变成行动的力；散漫的力变成组织的力；被动的力变成自动的力；仅用脑和仅用手的力变成脑手并用的力。于是我们就可以造成极伟大的民族力量，来解除一切国难。

《晓庄批判》（1933年3月上海儿童书局版）

目前中国教育的两条路线*

——教劳心者劳力,教劳力者劳心

中国有四千余年的历史,二千余年的文化,照理讲来应该站在时代的最前线。为什么现在不但不能和欧美各国并驾齐驱,而且还处处跟人不上?这个原因固很复杂,但是过去教育政策的失败,可以算是主因。

从前的教育是传统政策,单教劳心者,不教劳力者。《孟子》上有说:"劳心者治人,劳力者治于人。"从这里就可看得很透澈了。

一般的智识阶级,他们是劳心而不劳力,读书而不做工,所以形成了"书呆子"。教书的人是"教死书","死教书","教书死";读书的人是"读死书","死读书","读书死",充其量只是做一个活书橱,贩卖智识而已,除此之外,他们的一双手总是不肯拿来使用。我们常常可以看见一般老先生们的手,老是叉在袖内,现在的新学辈却因洋衣袖太狭叉不进去,所以换个方式叉在裤袋里。这可以十足地表现出来中国的智识阶级是不肯用他们的贵手来与农工合作的。现在有一段故事把它引来说说,更可以明白些:二千年前孔老夫子有一次跑到乡间,有个农家儿子要请教老夫子学农圃的事。老夫子答应得他好,你要学农圃的事,可以跟老农去学好了,我是教人读书的,不晓得农圃的事。由此可见一斑了。

农工阶级呢?他们是劳力而不劳心,做工而不读书,所以形成

---

* 本篇系陶行知在暨南大学教育学系的演讲记录。记录者为严格。

了"田呆子"。他们只知道"做死工","死做工","做工死",除此之外,什么事情都可以不管,就是天翻地覆了,他们也只以为半天下雨,不知来由。他们受尽了剥削,还不知道什么道理,只是听天由命,叹几声命运的舛塞而已。从前山东在张宗昌为督军时,连年饥馑,而张宗昌又极搜刮之能事,人民困厄,莫可言宣。但是当时的人民,反不知道这个原因究在那里,只是晓得叩天求神来消除灾苦。试问那里可以得到安慰?言之可悲而又可怜!

中国因为有了"书呆子"和"田呆子",所以形成了一个"呆子"国家。读书的人除劳心以外,不去劳力;除读书以外,不去做工,以致不能生产。他们寄生在社会上,只是衣架饭囊,为社会国家蟊蠹。中国目前的坏,坏在那里?可以说完全是坏在这一班人身上。作工的人除劳力以外,不去劳心;除做工以外,不去读书,以致不能自保其利益,而受他人的横搜直刮。要他们做国家的主人翁,那更是在做梦。

中国现在危机四伏,存亡一缕,做成这个的原因,就是这山穷水尽的传统教育。我们要挽回国家的危亡,必须打破传统的教育而寻生路。我觉得目前中国的教育只有两条路线可以走得通:

(1) 教劳心者劳力——教读书的人做工;
(2) 教劳力者劳心——教做工的人读书。

站在现在的时代前,劳心不劳力的固然不行,劳力不劳心的也是不行。中国比不上外国,原因即在乎此。现在英美法意日俄的教育都注意到教劳心的人劳力,教劳力的人劳心,尤以俄国为显现。中国的教育自然也应该走这两条路线——教读书的人做工,教做工的人读书。

中国读书的人不去生利,是一个极不好的现象。现在的教育者要把他们的头脑灌输成科学化,使他们为自己创造,为社会创造,为国家创造,为民族创造。更要把他们的一双手解放开来,使他们为自己生利,为社会生利,为国家生利,为民族生利,这才是对的。南通中学现在应了这个要求，招了六十个学生，先行试试脑手同训练。他们一星期上课，一星期做工，每日工作六小时，所做的工作为金工、土工、木工、竹工，甚至磨豆腐、包面包都来。实行了半年之后，考查他们的学业，程度和其他学生相等，不过教学差些。这六十个学生，既然能够做工，并且能赶得上他们的学业，这是他们已经把两手解放了。我希望他们学校当局推广之，都实行这种工读的设计，同时更希望全国学校都采用，尤其是对于高等教育更为必要。

中国做工的人，不去求知，这也是一个极大的缺憾。无论那一个国家的工人，比中国的工人程度总要胜过一筹，这是事实，无须我们置辩的。因此我国的工人也就只配作被支配的阶级，做被剥削的民众，若要拿"主人翁"的一等金交椅给他们坐，他们是无所措其手足。所以教做工的人读书，是最重要的，而且是刻不容缓的。

现在已经把用脑的人要用手、用手的人要用脑的理由说过了，希望我们负有教育责任的人，都要注意注意。现在还有一首诗拿来劝劝大家手脑并用。

人生两个宝，
双手与大脑。
用手不用脑，
快要被打倒；
用脑不用手，
饭也吃不饱；
手脑都会用，
才算是开天辟地的大好佬。

《教育周刊》第137期（1932年11月28日）

手 脑 相 长[*]

近来我在报纸上发表了卖艺的广告。[1]过后不久就接得中社[2]一封信：请我于民国二十二年元旦正午的时候来演讲。我很高兴，不过社会上有许多人或尚对我怀疑。有一位朋友做了一首小诗，替我卖艺取一个名字，叫做"水门汀文艺"。这位朋友告诉我的意思是很深的。譬如有人在新世界门口水门汀上写了一大篇文字，说因为没有路费回家，求人解囊相助。我觉得这个名字很好，非常欢迎。这是对于我卖艺的解释。其次，刚才李先生问我：卖艺的生意好不好？我不敢说不好，因我说不好，人家不相信。有人要问我：为什么你要卖艺？今天我也要报告一下。在我的卖艺广告里有一句说："乡下先生难度日。"要晓得乡下先生有许许多多人难度日，不只我一个乡下先生难度日。中国现在有许多人不得日子过。我的卖艺广告是等于一个报告，使人家都知道乡下先生都难度日，就如那陶知行也在卖艺了。我有一首诗描写乡下先生的苦况，现在可来背一下：

> 生长三家村，去来五里店。知己遍天下，终身不相见。雪花飞满天，身上犹无棉。一天吃两顿，有油没有盐；有油没有盐，饿肚看水仙。试问甜后苦，何如苦后甜。进城来索薪，轮流候茶园；薪水领不着，大家凑茶钱。爸爸长叹气，妈妈也埋怨。已经三十岁，还没有家眷。

现在乡下先生只有三条路好走：（一）要饿死；（二）要革命；

---

[*] 本篇系演讲记录。记录者为张书庚。演讲时间为1933年元旦。

（三）要去投河。在这种情形之下有十几万人没有把他们的出路问题解决。不过他们本身的问题不能在他们本身上解决。农民生活的问题没有解决，乡村教师的生活问题就不会解决。

我本来无产阶级出身，后来出洋回来渐渐变成了中产阶级中人。现在却由中产阶级渐渐地流落到无产阶级了。所以我对于中产阶级与无产阶级的情形都知道一点。我有一种信仰和决心：要从中产阶级不爬上去，而要爬下来。其实爬下来就是爬上去。要爬上去就要落下来。我为什么要走这一条路？可把我的一段历史来简单说一说：我在中产阶级登峰造极的时候，就是当中华文化教育基金委员会[3]的干事，每月有四百元薪水，一百元公费。当时我家里的几个小孩子一起变成了少爷，没有小姐，因为我没有女孩子。他们添饭有人，铺床折被也有人。我小时候尚做些事，而他们现在一些事不做，将来大的时候不得了。慢慢享福惯了，害我自己是小事，害这些小孩子是不得了的。因老妈子和佣人把我们小孩子的手都变坏了，成了无用的手；把我的小孩子的脚也变坏了，成了无用的脚。小时候不能动手用脚，大的时候当然一切事要别人做；小的时候做惯少爷，大的时候当然做老爷。我以为世界上最有贡献的人只有一种，就是头脑能指挥手指行动的人。中国都是用头脑的人不用手，用手的人不用头脑。年成虽好，农民生计仍很苦，这因为他们的头脑不会去想。一般人读书都是读死书，死读书，读书死。日本人打进来了，我们只会喊口号。可是我们干了几十年，到现在所用的电灯，所坐的汽车，都是外国人做的。我们自己不会造出来，这是什么缘故？这因为书呆子不去干科学的事业，因他不用手去试验，不用手去创造。一定要四万万人用手推动机器，才能把中华民国创造起来。头脑帮手生长，手帮头脑生长。

中国有两种病：一种是"软手软脚病"，一种是"笨头笨脑病"。害"软手软脚病"的人，便是读书人，他的头脑一定靠不住，是呆头呆脑的。而一般工人农民都是害的"笨头笨脑病"，所以都是粗手粗脚。一个人要有贡献于社会,一定要手与脑缔结大同盟。然后,可以创造,可以发明,可以建设国家,可以把东三省拿回来!要东三省拿回来,没有这么容易,必须要用手去拿回来!

老妈子和佣人天天替代我的小孩子的手,使他们的手都变成无用的手,故我决心把五百元一月的干事职位不要了,去当一百元一月的校长。我们学校里没有一个听差,没有一个斋夫,各事都是学生自己干。我写了两首歌,一首是勉励学生的,一首是戒人不要做双料少爷。

第一首:"滴自己的汗,吃自己的饭;自己的事自己干。靠人靠天靠祖上,不算是好汉!"

第二首:"自从家父做老爷,人人呼我阔少爷。谁知我还是自倒洗脸水,远不如进个学堂儿。上课看情书,下课拜小姐;不高兴闹个风潮儿,直要教员怕我如同儿子怕爹爹!请看今日卖国贼,那一个不是当年的双料少爷!"

上面两首歌,一首是建设论,一首是破坏论。我们学校里没有听差,结果很好。男学生挑水烧饭,女学生倒马桶。饭是很好吃,为什么马桶不好倒?当那女学生初来投考我们的学校,我先要问她一声,愿意不愿意倒马桶?愿意倒马桶的来学。虽然倒马桶不能救国,但是它的进一步的意思很深。能倒马桶,小姐的架子打破了!她的一双手拿出来了,将来会玩出比外国更好的电灯出来,会玩出比外国更好的汽车出来,会玩出比外国更好的飞机出来。

至于各种人的手,如穿马褂子的人的一双手都缩拢在袖管里面;穿西装的人的双手都插在裤袋里;老先生的一双手指甲留得长长,成一种曲线美,双手镶在袖管里;女学生的一双手都用手套子套了起来。因一双可以创造的手,套起来了,故把中华民国一起都套进去了,不能出头!

现在再讲脚。脚也要动动。从前女子绕小脚,用布包包。现在学外国新法绕小脚,应用几何学原理,高跟皮鞋就是一种几何三角形的道理。穿了这种皮鞋,脚不易走动了,弄得不好,就要跌交。这样的女国民,能与日本去奋斗吗?多一个人穿高跟皮鞋,就是少一个人去奋斗。要解放脚,非打倒高跟皮鞋不可。要解放手,非打倒手套不可。新近我写了一首歌,知道的人已很多了。现在再来背一下:

人身两个宝,双手与大脑。用脑不用手,快要被打倒,用手不用脑,饭都吃不饱。手脑都会用,方是开天辟地的大好佬。

这大好佬,人人都会做!只要两只手拿出来用就行。中华民国不是几千个人几万个人所能做得好的。一定要四万万人都来推动机器,才可创造成功!这非用手不可。

脑与手没有力量,因血脉不相联通。我下了两帖药,叫它们的血脉联通起来。第一帖药名叫"脑化手",使人人都有脑筋变化过的手。还有一帖要给无产阶级的农人和工人吃的,药的名字叫"手化脑",就是一面用手,一面要有思想。倘若就把用脑不用手的人的呆头呆脑拿来装过去却是不配的。几百年来,瞎子教育的成绩证明,我们的一双手可以变化我们的脑筋。手做了工,脑筋就变化了。一经变化之后,手与脑筋互相长进。怎样变化的法子,我可举一个例子来说明。我在上海办过一个小小的试验。就大场[4]地方租了一间房子,里面的凳子都是从乡下人那边借来用一下。我们要自己学来做,请了一个木匠师傅来。不当他小工,当他一位太上先生,由我这大书呆子带了一班小书呆子跟他学。我对他说:"我们工钱不少你的,工钱照你的工作分配,所有四十只凳子一齐由你做好,我们一钱不给你。你能教会了一个书呆子做凳子,就有一个凳子的工钱。你教会了两个书呆子做凳子,就有两个凳子的工钱。"现在凳子都已做起来了,这样各人的手一用过后,自己买了一样科学仪器,自己就能仿造了。对这件事我已写了一首小诗:

他是木匠,我是先生,先生学木匠,木匠学先生。学学学，我变了木匠，他变了木匠先生。

脑筋与手联合起来，才可产生力量，把"弱"与"愚"都可去掉。手与脑联起来，即有力量了，力量要在那一方面表现出来？我以为力量要从两方面表现出来：

（一）要叫力量武装起来。全国的国民，武装了才有力量。这种力量才能广大。不说别的，就拿广西来说罢。据广西的民政厅长雷殷与新近从广西考察还沪的杜重远[5]先生等讲，都很清楚，他们广西那边，只有八个字："寓兵于团，寓将于学。"过去的一年，已练成三十六万民团。预计五年可练二百万民团。不是个人来当民团，是个个人背了枪来干。各地的县长就是武装的团长。全省正式军队只有两师（即五万人）。他们把省下来的钱培养人民武力。老实说，日本人未来上海之前，他们早已在训练民团，整个的省份武装起来了。现在已经有成效，民众团体化、纪律化。武装起来，才能做中华民国的主人翁，才能消灭内战，才能打破外来的帝国主义侵略。几时日本兵要到北平？我们不知道。不过谁敢说日本兵不来？所以我们应该有这种准备！

（二）力量不只在武力上表现，还要在生产上表现。要有计划的组织的生产。一般年纪大的人，再要学起来很难，可是我们不要忘记我们的小孩子。有几个小孩子的，总得让他们多受一些科学的训练与生产的训练，从小的时候教起来。我们自己做一些粗工，不要老妈子和佣人去做，小孩子见了，也会跟着大人做了。我有几首儿童歌，是包含使儿童有创造的意思，现在背出来：

我是小盘古，不怕吃苦；我要开辟新天地，看我手中双斧！（《小盘古》）

我是小牛顿，让人说我笨；我要用我的脑筋，向大自然追问。（《小牛顿》）

我是小孙文，我有革命精神；我要打倒帝国主义，像个球儿打滚。（《小孙文》）

我是小工人，我的双手万能；我要造富的社会，不是造富的个人。（《小工人》）

今天所讲的可归纳为三点：（一）脑与手联合起来才能产生力量；（二）力量要在自卫政策上表现出来；（三）科学生产上头才把这力量表现出来。西洋人的耳朵只听得进的一个字，就是"力"字。你有力，他们听你；你没有力，他们不听你。

现在，我还有四句话要说，就是：

"不愿做工的，不配吃饭；不愿抵抗的，不算好汉。"

今天是我卖讲的头一回，也可说今天是我的处女讲。

《新社会半月刊》第4卷第2号（1933年1月16日）

注释

〔1〕指陶行知为筹款兴学，曾在《申报》等报刊上登载《卖艺广告》，宣布卖讲卖字事。

〔2〕中社　解放前在上海威海卫路静安别墅旁的一个社交场所，称为中社。1934年，中国普及教育助成会设在中社二楼。

〔3〕中华文化教育基金委员会　管理美国所退回的"庚子赔款"并用于中国教育事业的机构。1924年成立于北京。董事会由美籍和华籍人员共同组成，名为中华教育文化基金董事会。

〔4〕大场　地名。位于当时上海市与宝山县交界处。山海工学团就创办在大场的孟家木桥。

〔5〕杜重远（1899—1943）　辽宁开原人，一说吉林怀德人。进步文化人士。后被军阀盛世才秘密杀害。

创造的教育[*]

诸位同学：

我今天的讲题是《创造的教育》。

什么是创造的教育？先说明创造两个字的意义。我举两个例子来说吧。鲁滨孙漂流到荒岛上去，口渴了，白天他走到海边用手去捧水喝，到黑夜里就没有办法了。他偶而在灶的旁边，看见经火烧过的泥土，硬得如石子一样。他想到软的土经火烧了，就成坚固且硬的东西，于是他把土做成三个瓶子，放入火中去烧，烧碎了一个，其余的两个可以满满的盛着水。于是他口渴的问题完全解决了。我们把这件事分析起来，可以发现三点：他把手捧水喝，到黑夜发生了困难，是他的行动；发现泥土经过火烧变成坚固且硬的东西，也是他的行动；把泥土塑成了瓶，希望同烧过的土一样的坚固，是他的思想。结果，他瓶子盛水的计划成功了，是新价值的产生。由行动而发生思想，由思想产生新价值，这就是创造的过程。这个例子是"物质的创造"。再如《红楼梦》上刘姥姥游大观园，贾母请客，后来唤了二只船来，贾母同媳妇人等在前船先行，宝玉同姊妹们在后船后行。河内佘满着破残荷叶，宝玉的船划不快，追不上前船。宝玉心里非常忿怒，马上要铲光破荷叶。薛宝钗说："现在仆人们很忙碌，等他们空了，再叫他们铲除吧！"林黛玉说："我平生最不喜欢李义山的诗，只有一句还可以。"宝玉问她究竟是那一句呢？黛玉说，"留得残荷听雨声"一句。宝玉一想，觉得破

---

* 本篇系陶行知在上海大夏大学的演讲记录。记录者为华炜生。

荷叶很有用处,就不再要铲荷叶了。这个例子中,船行到荷叶中去,是行动;破荷叶妨碍行船,是行动;林黛玉提出李义山的诗句,是思想;宝玉心中厌恶的破荷叶,一变而为可爱的天然乐器,是产生了新的价值。这种新观念的成立,是心理的创造。

我现在再讲行动,关于教育上的行动。中国现在的教育是关门来干的,只有思想,没有行动的。教员们教死书,死教书,教书死;学生们读死书,死读书,读书死。所以那种教育是死的教育,不是行动的教育。我们知道王阳明先生是提倡"知行合一"说的,他说"知是行之始,行是知之成"。他的意思是先要脑袋里装满了学问,方才可以行动。所以大家都认为学校是求知的地方,社会是行动的地方,好像学校与社会是漠不相关的,以致造成一班只知而不行的书呆子。所以阳明先生的二句话,很可以代表中国数千年的传统教育的思想。现在我要把他的话翻半个筋斗。如果翻一个筋斗,岂非仍是还原吗?所以叫他翻半个筋斗,就是说:"行是知之始,知是行之成。"例如爱迪生发明电灯,不是从前的人告诉他的,是玩把戏而偶然发现的。小孩子不敢碰洋灯泡,是他弄火烫痛的经验。至于妈妈告诉他火是烫人的,不过使小孩子格外清楚一些。所以要有知识,是要从行动中去求来,不行动而求到的知识,是靠不住的。有人告诉你这是白的,那是黑的,你不行动,就不能知道那个是真那个是假。有行动的勇敢,才有真知识的收获。书本子的东西,不过告诉你别人得来的知识。有许多人著书,东抄西袭,这种抄袭成章的知识,不是自己知识的贡献。你能行动,行动才生困难,想法解决了困难,才是真知识的获得。我现在介绍杜威先生思想的反省(Reflection of Thinking)中的五个步骤:(一)感觉困难;(二)审查困难所在;(三)设法去解决;(四)择一去尝试;(五)屡试屡验,得到结论。我的意思,要在"感觉困难"上边添一步"行动"。因为惟其行动,到行不通的时候,方才觉得困难,困难而求解决,于是有新价值的产生。所以我说行动是老子,思想是儿子，创造是孙子。你要有孙子，非先有老子、儿子不可，这是一贯下来的。但是我们知道，单独的行动，也是不能创造的。如中国农夫耕种的方法，几千年来，间有小小的改良外，其余的都是墨守陈规，毫无创造。还有许多书呆子，书尽管读得多，也不能创造。所以要创造，非你在用脑的时候同时用手去实验，用手的时候同时用脑去想不可。手和脑在一块儿干，是创造教育的开始；手脑双全，是创造教育的目的。孟子说："劳心者治人，劳力者治于人。"这是孟子当时的教育思想。时至今日，这种传统的思想已经起了一个极大的地震，渐渐的在那里崩溃了。我最近读了世界许多有名科学家的传记，觉得有发明的人，都是以头脑指挥他的行动，以行动的经验来充实他的头脑。中国的所谓学者，他们擅长的是高谈阔论，作空文章。而做劳工的人，又不读书，不肯用脑，所以一辈子在这种传统习尚下过生活，大科学家、大发明家那里会产生？现在我们知道了，劳工教育啦，平民教育啦，都是时见时闻的。但是情势一变，"反动"、"嫌疑"等等名目都加上来，你就陷于四面碰壁的绝境。有许多教育界很有声望的、无阻无碍的人，他们又不愿去干，以致这种教育至今还尚在萌芽时代。

　　行动的教育，要从小的时候就干起。要解放小孩的自由，让他做有意思的活动，开展他们的天才。至于我们一辈，从小是受传统教育的熏陶，到现在觉悟起来，成为一个半路出家的和尚。和尚是半路出家，他往往会想起他的家来。例如不吃鸦片的人，一见鸦片就生厌恶，但吃过鸦片的人，虽然戒了瘾，至少对它有相当的感情。我们小的时候，有天赋的行动本能，不过一切工作都被仆人们代做去了，被慈善的妈妈代做去了。稍长一些，我们到小学校去读书，有阎罗王般的教师坐在上面，不许我们动一动。中学和大学的课程是呆呆的订死在那里，你要动亦不得动。到现在始费尽九牛二虎之力，挣扎着改变久受束缚的人生，还不能回复自然的行动本能。但是我们不要灰心,时机也并不算晚,佛兰克林四十几岁才发明了避电针呢!不过行动的教育,应当从小就要干起,因为小孩子还没有斫丧他行动的本能,小小的孩子,就是将来小小的科学家。假使我们给小孩子自由行动,我相信千百孩子之中,一定有一个小孩是天才,是一个创造者、发明者。爱迪生小时候,是个很喜欢行动的小孩子。当时美国的教育,也同中国一样,小学教员是禁止小孩子活动的。爱迪生违反了教师的训条,就蒙到"坏蛋"的声名,不到三个月,爱迪生被"坏蛋"的空气逼走了。爱迪生的母亲不服气,她以为她的儿子并不是"坏蛋","蛋"并没有"坏",她就教他先在地窖里研究化学,后来研究物理,结果成了一个闻名的科学家。所以爱迪生的成功,幸而有他的妈妈,否则老早就把他的天才牺牲了。牛顿生下来的时候,小到像小老鼠一只,体重只有三磅。看护妇去请医生的时候,很不高兴的说:"这样小老鼠一般大的东西,等到医生来,早已一命归天了。"岂料小老鼠一般的东西,就是以后闻名的科学家,还活到八十多岁呢。据说牛顿小的时候,并不聪明。可见小孩子的时代,很难看得出那一个是天才的儿童。

四月四号是世界儿童节[1],中华慈幼协会[2]请我编了四支儿童歌:

(一)小盘古

我是小盘古,
我不怕吃苦。
我要开辟新天地,
看我手中双斧。

(二)小孙文

我是小孙文,
我有革命精神。
我要打倒帝国主义,

像个球儿打滚。

（三）小牛顿

我是小牛顿，

让人说我笨。

我要用我的头脑，

向大自然追问。

（四）小工人

我是小工人，

我有双手万能。

我要造富的社会，

不造富的个人。

我们要打倒传统的教育，同时要提倡创造的教育。他的办法是怎样呢？我们知道，传统的教育，他们一个教室容纳四五十人。试问教师的力量有多么大？能够完全去推动全级学生？所以就发生了教育方法上的错误。我们现在的办法是教师教大徒弟，大徒弟再去教小徒弟。先生在上了几堂课以后，鉴别了几个较有天才、聪明的大徒弟。以后教师就专门去教大徒弟，所以他的精神容易去推动他们，学问也容易灌输到他们头脑中去。大徒弟再把他所得到的，分别的去教那些小徒弟。学生们很活动的去找寻知识，解释困难，贡献他所求得的知识，先生不过站在旁边的地位略加指点而已。我们认为这种教育，是行动的教育。有行动才能得到知识，有知识才能创造，有创造才有热烈的兴趣。所以我们主张，"行动"是中国教育的开始，"创造"是中国教育的完成。我曾经参观过一个学校，这个学校是小孩子办的。我问他们说："你们是大小孩子教小小孩子吗？"有一个小孩子回答说："是的，不过有许多时候小小孩子也教大小孩子呢。"我说："你的话是对的，是真理，比我的意见更进一层。"现在中国传统教育下的智识阶级，根本就看不起小孩子，看不起农人、工人。但是试问他们的力量有多么大？倭奴侵占我们的东三省，你有力量赶走他吗？不可能！我们要启发小孩子，启发农人、工人，运用大多数人的力量，才能够去创造，才能救国雪耻。我来举一个例子，证明农人的力量并不弱。从前我办一个学校，[3]在校的旁边凿了一口井，专门供给学校用水的。有一年大旱，乡村中旁的井水都汲干了，所以乡民都集到校旁井内来汲。后来这口井也涸竭了，于是我们校里，因为水的恐慌开了一个会。当时有人主张，把井收回自用。我不以为然。我说："我们的学校，是以社会作学校的，不应该把社会圈出于学校之外。假如这样，我们将来推广农事和民众教育就不容易办了。用水既是大众的事，还不如请大众共同来解决。"于是请各村庄每家派一个代表，男的、女的、小孩子在十三岁以上的都可以，没有多少时候，礼堂上已挤满了代表。我们教员们，自觉居于孔明的地位，三个臭皮匠合做一个诸葛亮的地位，所以黄龙宝座的主席，推了一个十三岁的小孩子。我们略略讲了几条会场规则之后，就正式开会。那一天的会非常有精彩，有力量。当时发言最多且最好者，要推老太婆！好，我们来听听一个老太婆的宏论。她说："人是要睡觉的，井也是要睡觉呢！井不让它睡觉，一辈子就没有水吃。"所以当时一致议决井要睡觉，自下午七时起至翌晨五时止，不得唤醒井，违者罚大洋壹元，作修井之用。当这个老太婆发言未完，另有一个老太婆，也想立起来发言，就有第三个老太婆牵牵她的衣襟，制止她的发言，说："不是方才先生说过的吗？"你想他们非但能够自治，而且还能管理他人，所以当时会场发言的人非常多，秩序还是一丝不乱的。他们讨论了好久，还制成几条议案：第二条就是汲水的程序，先到者先汲，后到者后汲，违者罚大洋五角，作修井之用；第三条就是再开凿一井，把太平天国时留下淤塞的废井加以开凿，经费富者多捐，贫者少捐，茶店、豆腐店也多捐一些；其四，推举奉天刘君世厚为监察委员，掌理罚款，调解纠纷。结果，一个大钱都没有罚到，因为这是出于农人自动的议决，所以大家能遵守。你看农人的力量是多么大,他们的话多么的公正和有效。这种问题来的时候,岂是少数人所能干得了吗?不过他们的旁边,还是需有孔明在那里指示,否则恐怕到如今,并还没有开凿成功。所以创造的教育应该启发农人、工人、学生……使他们得真的知识,才是真的创造。

其次我要讲的,现在中国的教育组织,是不能创造的。我们可以分两种来说。第一种是,学校是学校,社会是社会。他们认为学校是求知的地方,社会是行动的地方;他们说读书不忘救国,救国不忘读书。日本人的炮弹已经飞到他们面前,还是子曰子曰读他的书,这种教育是亡了中国还不够的。第二种,他们已经觉得学校是离不开社会的,所以他们主张"学校社会化"。他们想把社会的一切,都请到学校里来,所以学校里什么都有:公安局啦,卫生局啦,市政厅啦,什么都有。但是他们所做的与社会依旧是隔膜的。况且学校有多么大?能够包罗万象?他们的学校好像大的鸟笼,把鸟儿捉到笼里来养;又好像一只大缸,把鱼儿捉到缸里来养。结果鸟儿过不来鸟笼的生活,死了;鱼儿过不来鱼缸的生活,死了。所以这种似是而非的教育是不自然的、虚伪的和无力量的,也不是创造的教育。创造的教育是怎样呢?就是"以社会为学校"、"学校和社会打成一片",彼此之间很难识别的。社会含有学校的意味,学校含有社会的意味。我们要把学校的围墙拆去,那么才可与社会沟通。这种围墙不是真的围墙,是各人心中的心墙。各人把他的感情、态度从以前传统教育那边改变过来,解放起来。实则这种教育,只要有决心去干,是很容易办到的。例如大夏大学的附近有许多村庄,庄上的人,都是散漫的,无教育的。假使我们把学校与村庄沟通,大学生都负责去创造新村,村上的人,都接受到知识,形成活的、有力量有生命的村庄,再把全中国所有的村庄联合起来,构成一个有大生命的中国,民众的力量可以集中,国难也可共赴。这样做去,要普及教育,一年就可以成功。我们自近而后远,先小而后大，着手办去，把小孩子、农人、工人都培养起来，这才是创造教育的目的。中国现在的教育不是平等发展的，是畸形发展的，一方面有博士、硕士，一方面有一大群无知识的民众，迟滞的表示不出多大贡献。

现在我再要讲，创造的教育是以生活为教育，就是生活中才可求到教育。教育是从生活中得来的，虽然书也是求知之一种工具，但生活中随处是工具，都是教育。况且一个人有整个的生活，才可得整个的教育。举个例来说吧，有一个儿子，他是喜欢赌博的，他的母亲训斥他。不过他的母亲却悄悄地到邻舍去赌博了，他在窗内看见他的母亲赌博，于是也到别处去赌博了。这个孩子过的是赌博生活，受的是赌博教育，不期而然而成赌博的人生。某学校反对我"生活即教育"的主张，我去参观他们的学校，适逢吃饭的时候。他们的饭菜是有等级的。厨子巴结先生，先生的菜特别好，学生的菜，简直坏之不堪。他们请我在先生一桌吃饭，我愿意同学生一块儿吃。学生的饭菜坏到怎样呢？他们名为一碗肉，肉仅在碗面上有几小块，学生在未下箸的时候，目光炯炯地早已看准那最大的一块，一下箸，一碗饭还没有吃完，而菜已吃得精光了。这种饕餮的状态，无形中在饭堂里更造成了许多小军阀。这个学校，是不把吃饭问题归入教育范围之内的。有许多学校对于男女学生的恋爱，他们是讳莫如深，但恋爱问题，往往在学校里闹遍。现在生活的教育是怎样呢？我们知道恋爱、吃饭等问题都是非常重要的，所以，恋爱先生我怕你，请你进来；吃饭先生我怕你，请你进来，我们一块儿干吧！我们的教育非但要教，并且要学要做。教而不学，学而不做，叫做"忘三"。我们要能够做，做的最高境界就是创造。我们要能够学，学从生活中去学，只知学而不知做，就不是真的学。我们要能够教，教要教得其所，要有整个的教育，平等的行动的教育，不要像现在畸形的教育。有人说我的创造教育，不成其为学校，我做了一首诗："谁说非学校？就算非学校。依样画葫芦，简直太无聊。"

《教育建设》第 5 辑（1933 年 3 月）

注释

〔1〕每年四月四日系旧中国儿童节。1930 年 3 月，中华慈幼协会呈请国民政府，要求将四月四日定为儿童节。是年 5 月获准，1931 年 4 月 4 日即为首届儿童节。国际儿童节为每年 6 月 1 日，是国际妇女联合会于 1949 年 11 月在莫斯科举行的会议上确定的。新中国于是年 12 月规定以 6 月 1 日为儿童节。

〔2〕中华慈幼协会　专以幼童为对象的慈善团体。由朱其慧筹创。该会以完善幼儿保育为宗旨。

〔3〕指晓庄学校办的和平门中心小学（后改称学园）。

生活教育

生活教育这个名词是被误解了。它所以被误解的缘故，是因为有一种似是而非的理论混在里面，令人看不清楚。这理论告诉我们说：学校里的教育太枯燥了，必得把社会里的生活搬一些进来，才有意思。随着这个理论而来的几个口号是："学校社会化"，"教育生活化"，"学校即社会"，"教育即生活"。这好比一个笼子里面囚着几只小鸟，养鸟者顾念鸟儿寂寞，搬一两丫树枝进笼，以便鸟儿跳得好玩，或者再捉几只生物来，给鸟儿做陪伴。小鸟是比较的舒服了。然而鸟笼毕竟还是鸟笼，决不是鸟的世界。所可怪的是养鸟者偏偏爱说鸟笼是鸟世界，而对于真正的鸟世界的树林反而一概抹煞，不加承认。假使笼里的鸟，习惯成自然，也随声附和的说，这笼便是我的世界；又假使笼外的鸟，都鄙弃树林，而羡慕笼中生活，甚至以不得其门而入为憾，那么，这些鸟才算是和人一样的荒唐了。

我们现在要肃清这种误解。生活教育是生活所原有，生活所自营，生活所必需的教育（Life education means an education of life, by life and for life）。教育的根本意义是生活之变化。生活无时不变，即生活无时不含有教育的意义。因此，我们可以说："生活即教育。"到处是生活，即到处是教育；整个的社会是生活的场所，亦即教育之场所。因此，我们又可以说："社会即学校。"在这个理论指导之下，我们承认：过什么生活，便是受什么教育；过好的生活，便是受好的教育；过坏的生活，便是受坏的教育；过有目的的生活，便是受有目的的教育；过糊里糊涂的生活，便是受糊里糊涂的教育；过有组织的生活，便是受有组织的教育；过一盘散沙的生活，便是受一盘散沙的教育；过有计划的生活，便是受有计划的教育；过乱七八糟的生活，便是受乱七八糟的教育。换个说法，过的是少爷生活，虽天天读劳动的书籍，不算是受着劳动教育；过的是迷信生活，虽天天听科学的演讲，不算是受着科学教育；过的是随地吐痰的生活，虽天天写卫生的笔记，不算是受着卫生的教育；过的是开倒车的生活，虽天天谈革命的行动，不算是受着革命的教育。我们要想受什么教育，便须过什么生活。

生活教育与生俱来，与生同去。出世便是破蒙，进棺材才算毕业。在社会的伟大学校里，人人可以做我们的先生，人人可以做我们的同学，人人可以做我们的学生。随手抓来都是活书，都是学问，都是本领。

自有人类以来，社会即是学校，生活即是教育。士大夫之所以不承认他，是因为他们有特殊的学校给他们的子弟受特殊的教育。从大众的立场上看，社会是大众惟一的学校，生活是大众惟一的教育。大众必须正式承认他，并且运用他来增加自己的智识，增加自己的力量，增加自己的信仰。

生活教育是下层建筑。何以呢？我们有吃饭的生活，便有吃饭的教育；有穿衣的生活，便有穿衣的教育；有男女的生活，便有男女的教育。他与装饰品之传统教育根本不同。他不是摩登女郎之金钢钻戒指，而是冰天雪地下的穷人的窝窝头和破棉袄。

生活与生活磨擦才能起教育的作用。我们把自己放在社会的生活里，即社会的磁力线里转动，便能通出教育的电流，射出光，放出热，发出力。

《生活教育》第 1 卷第 1 期（1934 年 2 月 16 日）

普及什么教育

这些年来教育是给镇江醋浸透了。一提起教育两个字就觉得酸溜溜的，谁也不愿把他普及。的确，教育是成了少爷、小姐、政客、书呆子的专有品。他是少爷的手杖，小姐的钻戒，政客升官的梯子，书呆子的轮回麻醉的乌烟。如果把这种教育普及出去，中华民国简直要成为一个中华少爷国，中华小姐国，中华政客国，中华书呆国。更加确切些，简直要成为一个中华少爷小姐政客书呆共和国，真要不打而自倒了。所以我们开始必得声明，我们所要普及的，不是少爷教育，不是小姐教育，不是政客教育，不是书呆子教育。我们所要普及的是：自动工学团。什么叫做自动？自动是大众自己干，小孩自己干。自动教育是教大众自己干，教小孩自己干，不是替代大众、小孩干。

什么叫做工学团？工是工作，学是科学，团是团体。说得清楚些是，工以养生，学以明生，团以保生。说得更清楚些是，以大众的工作，养活大众的生命；以大众的科学，明了大众的生命；以大众的团体的力量，保护大众的生命。工学团是一个小工场，一个小学校，一个小社会。在这里面是包含着生产的意义，长进的意义，平等互助、自卫卫人的意义。它是将工场、学校、社会打成一片，产生一个富有生活力的新细胞。

工学团可大可小，从几个人的家庭、店铺，几十个人的学校、庙宇，几百个人的村庄、监狱，几千人的工厂，几万人的军队，都可造成一个富有意义的工学团。

团不是一个机关，不是一个工学的机关。假使它只是一个工学的机关,那便成了一个半工半读的改良学校而不是工学团。团是团体,是力的凝结,力的组织,力的集中,力的共同发挥。

《生活教育》第 1 卷第 1 期(1934 年 2 月 16 日)

教育的新生

宇宙是在动,世界是在动,人生是在动,教育怎能不动?并且是要动得不歇,一歇就灭!怎样动?向着那儿动?

我们要想寻得教育之动向,首先就要认识传统教育与生活教育之对立。一方面是生活教育向传统教育进攻,又一方面是传统教育向生活教育应战。在这空前战场上徘徊的、缓冲的、时左时右的是改良教育。教育的动向就在这战场的前线上去找。

传统教育者是为办教育而办教育,教育与生活分离。改良一下,我们就遇着"教育生活化"和"教育即生活"的口号。生活教育者承认"生活即教育"。好生活就是好教育,坏生活就是坏教育,前进的生活就是前进的教育,倒退的生活就是倒退的教育。生活里起了变化,才算是起了教育的变化。我们主张以生活改造生活,真正的教育作用是使生活与生活磨擦。

为教育而办教育,在组织方面便是为学校而办学校。学校与社会中间是造了一道高墙。改良者主张半开门,使"学校社会化"。他们把社会里的东西,拣选几样,缩小一下搬进学校里去,"学校即社会"就成了一句时髦的格言。这样,一只小鸟笼是扩大而成为兆丰花园里的大鸟笼。但它总归是一只鸟笼,不是鸟世界。生活教育者主张把墙拆去。我们承认"社会即学校"。这种学校是以青天为顶,大地为底,二十八宿为围墙,人人都是先生都是学生都是同学。不运用社会的力量,便是无能的教育;不了解社会的需求,便是盲目的教育。倘使我们认定社会就是一个伟大无比的学校,就会自然而然的去运用社会的力量,以应济社会的需求。

为学校而办学校,它的方法必是注重在教训。给教训的是先生，受教训的是学生。改良一下，便成为教学——教学生学。先生教而不做，学生学而不做，有何用处？于是"教学做合一"之理论乃应运而起。事该怎样做便该怎样学，该怎样学便该怎样教。教而不做，不能算是教；学而不做，不能算是学。教与学都以做为中心，在做上教的是先生，在做上学的是学生。

教训藏在书里，先生是教死书，死教书，教书死；学生是读死书，死读书，读书死。改良家觉得不对，提倡半工半读，做的工与读的书无关，又多了一个死：做死工，死做工，做工死。工学团乃被迫而兴。工是做工，学是科学，团是集团，它的目的是"工以养生"，"学以明生"，"团以保生"。团不是一个机关，是力之凝结，力之集中，力之组织，力之共同发挥。

教死书，读死书便不许发问，这时期是没有问题。改良派嫌它呆板，便有讨论问题之提议。课堂里因为有了高谈阔论，觉得有些生气。但是坐而言不能起而行，有何益处？问题到了生活教育者的手里是必须解决了才放手。问题是在生活里发现，问题是在生活里研究，问题是在生活里解决。

没有问题是心力都不劳。书呆子不但不劳力而且不劳心。进一步是：教人劳心。改良的生产教育者是在提倡教少爷小姐生产，他们挂的招牌是教劳心者劳力。费了许多工具，玩了一会儿，得到一张文凭，少爷小姐们到底不去生产物品而去生产小孩。结果是加倍的消耗。生活教育者所主张的"在劳力上劳心"，是要贯彻到底，不得中途而废。

心力都不劳，是必须接受现成知识方可。先在学校里把现成的知识装满了，才进到社会里去行动。王阳明先生所说的："知是行之始，行是知之成。"便是这种教育的写照。他说的"即知即行"和"知行合一"是代表进一步的思想。生活教育者根本推翻这个理论。我们所提出的是："行是知之始，知是行之成。"行动是老子，知识是儿子，创造是孙子。有行动之勇敢，才有真知的收获。

传授现成知识的结果是法古，黄金时代在已往。进一步是复兴的信念，可是要"复"则不能"兴"，要"兴"则不可"复"。比如地球运行是永远的前进，没有回头的可能。人只见春夏秋冬，周而复始，不知道它是跟着太阳以很大的速率向织女星飞跑，今年地球所走的路绝不是它去年所走的路。我们只能向前开辟创造，没有什么可复。时代的车轮是在我们手里，黄金时代是在前面，是在未来。努力创造啊！

现成的知识最初是传家宝，连对子女都要守秘密。后来，普通的知识是当作商品卖。有钱、有闲、有脸的乃能得到这知识。那有特殊利害的知识仍为有权者所独占。生活教育者就要打破这知识的私有，天下为公是要建筑在普及教育上。

知识既是传家宝，最初得到这些宝贝的必是世家，必是士大夫。所以士之子常为士，士之子问了一问为农的道理便被骂为小人。在这种情形之下，教育只是为少数人所享受。改良者不满意，要把教育献给平民，便从士大夫的观点干起多数人的教育。近年来所举办的平民教育、民众教育，很少能跳出这个圈套。生活教育者是要教大众依着大众自己的志愿去干，不给知识分子玩把戏。真正觉悟的知识分子也不应该再耍这套猴子戏，教大众联合起来自己干，才是真正的大众教育。

知识既是传家宝，那么最初传这法宝的必是长辈。大人教小人是天经地义。后来大孩子做了先生的助手，班长、导生都是大孩教小孩的例子。但是小先生一出来，这些都天翻地覆了。我们亲眼看见：小孩不但教小孩，而且教大孩，教青年，教老人，教一切知识落伍的前辈。教小孩联合大众起来自己干，才是真正的儿童教育。小先生能解决普及女子初步教育的困难。小先生能叫中华民族返老还童。小先生实行"即知即传人"是粉碎了知识私有，以树起"天下为公"万古不拔的基础。

《新生》第1卷第36期（1934年10月13日）

普及教育运动小史

　　这十几年来，我有时提倡平民教育，有时提倡乡村教育，有时提倡劳苦大众的教育，不知道的人以为我见异思迁，欢喜翻新花样；其实我心中只有一个中心问题，这问题便是如何使教育普及，如何使没有机会受教育的人可以得到他们所需要的教育。民国十九年春天，我曾一度草成一个二十年内完成的普及教育计划。[1]这计划曾由教育部提出，全国教育会议通过。与这计划同时提出的有一个成人补习教育初步计划。[2]成人补习教育初步计划之所以不能实行，是因为被一不懂事的官剪去一段重要的办法，成了一个残废的计划，所以失了效用。那二十年内完成的普及教育计划之所以失败，却是我自己的错误。我写那计划的时候，以为中国既是从农业文明渡到工业文明，便误认每年工业之进展，足以应济教育普及率逐渐增高之需要。我们的幼稚的工业在帝国主义高压未曾铲除以前，决不许我们有这奢望。那时我对于儿童大众的力量还没有正确的估定，对于学校式的传统教育还没有看破，这些都是构成那个普及教育计划根本失败的重要因子。现在我们所发起的普及教育是建筑在极困难的农业经济的基础上。它是一个农业国的普及教育方案。假使工业文明暂时没有多大的进展，教育仍有普及的可能。在儿童大众的力量的新估计之下，如果大家把传统学校彻底的看破，则普及中国教育不但是有可能性，并且是可以一举而成，万世不灭。

《普及教育》（1934年10月上海儿童书局版）

注释

〔1〕即《实施义务教育初步计划提要》。这个计划是陶行知主持拟订的,参加者还有马寅初和朱经农。

〔2〕即《实施成年补习教育初步计划提要》。该计划由孟宪承、陈剑修、钟灵秀、顾树森、俞庆棠、赵冕和江恒源拟订。

传统教育与生活教育
有什么区别*

前星期日来晚了,听说大家在此地讨论一个很有趣的问题,叫"吃人教育与生活教育有什么区别?"我不能参加讨论,没有发表意见。今天,又来晚了,现在我发表我的一点意见。

吃人教育与生活教育有什么区别?我的意思,不如说"传统教育与生活教育有什么区别?"所谓吃人教育,就是指传统教育而言的。现在,我们可以这样说:传统教育,是吃人的教育;生活教育,是打倒吃人的教育。

传统教育怎样是吃人的教育呢?他有两种吃法:

(一)**教学生自己吃自己** 他教学生读死书,死读书;他消灭学生的生活力,创造力;他不教学生动手,用脑。在课堂里,只许听教师讲,不许问。好一点的,在课堂里允许问了,但他不许他到大社会里、大自然界里去活动。从小学到大学,十六年的教育一受下来,便等于一个吸了鸦片烟的烟虫;肩不能挑,手不能提,面黄肌瘦,弱不禁风。再加以要经过那些月考、学期考、毕业考、会考、升学考等考试,到了一个大学毕业出来,足也瘫了,手也瘫了,脑子也用坏了,身体的健康也没有了,大学毕业,就进棺材。这叫做读书死。这就是教学生自己吃自己。

---

* 本篇系陶行知于1934年11月15日在山海工学团举行的讨论会上发言的记录。记录者为戴自俺、吴锦璋。该篇摘自《山海工学团总集合讨论会记录》一文。

(二) 教学生吃别人　　传统教育，他教人劳心而不劳力，他不教劳力者劳心。他更说："劳心者治人，劳力者治于人。"说得更明白一点，他就是教人升官发财。发谁的财呢？就是发农人、工人的财，因为只有农人、工人才是最大多数的生产者。他们吃农人、工人血汗，生产品使农人、工人自己不够吃，就叫做吃人的教育。

　　生活教育与传统教育则刚刚相反：

　　(一) 他不教学生自己吃自己　　他要教人做人，他要教人生活。健康是生活的出发点，他第一就注重健康。他反对杀人的各种考试，他只要创造的考成，也就是他不教人赶考赶人死。简单的说来，他是教人读活书，活读书，读书活。

　　(二) 他也不教学生吃别人　　他不教人升官发财，他只教中国的民众起来做主人，做自己的主人，做政府的主人，做机器的主人。他教人要在劳力上劳心。即使有人出来做官，他是要来服侍农人和工人，看看有无吃农人或工人的人，他要帮助农人、工人把他干掉。做官并不坏，但只要能够服侍农人、工人就是好的。他更要教人做到"工以养生，学以明生，团以保生"。说得更清楚些是：教大众以大众的工作养活大众的生命；以大众的科学明了大众的生命；以大众的团体的力量保护大众的生命。

　　　　　　　　　《生活教育》第 1 卷第 20 期（1934 年 12 月 1 日）

小先生与民众教育[*]

今天贵馆民众教育服务人员训练班举行开学典礼,行知能躬逢其盛,参与大典,心里觉到非常快活。刚才冯先生[1]及两位来宾,已说了许多我心里所要说的意思,现在行知再简单的说几句。

近来我对"民教"二个字有点感想。教育在从前甚至现在是被少数有钱人把它当做私有财产占住了,就如同占取金钱一样,非但把它占有,而且还要存在银行的铁柜里牢牢保护,不轻易传给别人。我以为"民众教育"的根本意义,就是教人把知识广散给大众,不是像占取金钱一样,把它封锁在少数人的脑袋里,把头弄得大大的。干民众教育,便是要把教育、知识变成空气一样,弥漫于宇宙,洗荡于乾坤,普及众生,人人有得呼吸。空气是不要钱买的,人人可以自由呼吸。教育也就不能以金钱做买卖,人人可以自由享受。把教育当作商品做买卖,只被少数有钱人霸占,使大多数人像坐牢一般受限在一个"愚者之群"的圈子里,这绝对不行,我们极力要否认。有了空气人才活,没有空气便活不成。空气是人人需要,人人不可少。教育也是人人需要,人人不可少。新鲜空气是有益于人的,教育也必不能仅是些泥灰污浊气,给人以害生。所以把教育、知识化做新鲜空气,普遍的广及于大众,人人可以按其需要,自由呼吸,因而增加大众以新的生命活力,我以为这便是民众教育最主要的意思。不过挂着民众教育的招牌,不见得就会把知识

---

* 本篇系陶行知在宝山县民众教育馆所主办的民众教育服务人员训练班开学典礼上的演讲记录。记录者为张新夫、朱学兴。

变成空气，必得要有办法才行。在我看来，这办法便只有运用小先生，小先生便能把知识变成空气。

小先生出世尚未到一年，而它的怀胎，却远在十数年以前。小先生最重要的几位接生婆，除我以外，你们的主任冯先生也是一个，今春"一·二八"宝山普及教育动员令，便是冯先生发的（《生活教育》第一期画报，很希望大家一看）。每村小先生发令旗一面，普及教育，把知识变做空气！

小先生为什么能把知识变成空气一样的容易普遍呢？因为小先生便是小学生，他早上学了两个字，晚上便可以把这两个字拿去教人，此刻学了一件知识或一种技能，彼时即可以把这一件知识或一种技能去教别人，他不像大先生一样要领薪水。所以我们可以不化经费把教育普及出去。

有人说，小先生要有相当程度才行。我敢保证说，六岁小孩便可以做小先生，这是有着铁打的事实。当然，小先生所遇到的困难非常多，我现在正要写《小先生的八十一难》。《西游记》上唐僧取经，要经过九九八十一道难关，幸而有三个徒弟费了很大的力量把它一个个的解除了。有的是猪八戒帮助解除的，有的是沙僧帮助解除的，而帮助唐僧解难关最多的要算孙悟空。现在小先生普及教育，正犹如唐僧向西天去取佛经一样，要经过八十一道难关。我们做个猪八戒也好，做个沙僧也好，做孙悟空更好，总动员去帮助小先生解除一难又一难，把教育变成新鲜空气普及出去，以增加大众的新兴力量。

用小先生普及教育，还有四点比大先生好的地方：

第一，中国最难普及的是女子教育。乡下十七八岁大姑娘，或是二十几岁的大嫂子，一位年青的男先生去教，乡下人是看不惯，不欢迎你去教的。即有较开通，肯受教了，不多时，谣言来了，女学生不敢上学了，甚至把学堂封掉了，男先生失败了。女先生去教固然是很好，可是女先生太少了，而且女先生大都是些少奶奶、小姐，肯下乡的真是难得。有勇气下乡的，怕蛇，怕鬼，怕小偷，又吓跑了。如果是男校长请女教员，那又有困难问题。夫妻学校最好，可是又太凤毛麟角，少之又少了。现在小先生来了，女子教育就如雪团见太阳，一见冰消，问题一笔解决。广东百侯中学有三百小先生，教二千多民众，其中女人就有一千五百人之多，由此可见小先生对普及女子教育问题解决之一斑。

第二，有人说，中华民族现在是衰老了。我推究其原因虽多，但有一个原因，便是被人教老了。六岁小孩子，大人就教他要"少年老成"，而这小孩子也就无形中涂上两个八字胡须，做个小老夫子了。我有一个大学毕业的学生，他到一个女子中学去当教员，可是年纪太轻了，很不为人敬重。后来教员不当，找了一件别的事做，便养起一嘴胡子来。本来是个美少年，一变而为美髯公，因此很受人敬重而做了许多年的事。所以中华民族衰老，便是社会教人变老，教小孩子做小老翁。用小先生教人便不同了，大人跟小孩学，无形中得到一种少年精神，个个变为老少年。本来，大人者，不失其赤子之心者也。这样一来，朝气必格外勃勃。前天在上海西区小学开小先生会，有一位小先生教一八十三岁老太婆。又有一位孩子，教其德国母亲认中国字。写的故事均非常生动有趣。南京有一个丁广生小先生，教他父亲。他父亲有一天用笔画一个乌龟，画一角菱角。小先生不懂，问他父亲什么缘故。他父亲告诉他说："我画着玩的，这意思是说：菱角怕乌龟，乌龟爱菱角。"后来丁广生便把这几个字写出来教他，父亲读得非常有趣。前天下午两点半钟，我未吃午饭，正想出去买两块烧饼充饥时，忽接西桥小先生来的信，我便坐在门外一个竹椅上拆开来看。有一位小先生教他六十二岁的祖母。他的祖母能读能认，不能写字，小先生便代祖母口里说的意思写信给我，精神非常好，我看得饭也忘记吃了。在这许多故事中，可以看出中华民族可以因小先生而转老还童，而得一种新兴的少年精神。

第三，刚才我已说过，过去甚至现在，教育是被少数有钱人把它当为私有财产占住。小先生一出来，"即知即传人"，立刻把这种观念撕得粉碎，要知识公有，不再私占。要把教育化为"春风风人，夏雨雨人"一样，人人有得到沾施的机会。"天下为公"的基础，第一步便要知识公有。这一点，小先生是可以帮助我们，一个钱也不要化的做到。

第四，一般乡村小学要和学生家庭联络。很多困难，教师感觉孤立，学校感觉单调。利用小先生那便好了。小先生是一根根流动的电线，这一根根电线四方八面伸展到社会底层，构成一幅生活教育网、文化网，把学校与家庭构成一体，彼此可以来往，可以交通。它把社会所发生的问题，所遇到的困难，带回学校，再把学校里的知识技能带回社会去。这样一来，如有一位教师，三十位小学生，而这三十位小学生便是三十位小同志，教师不再孤立，学校也不再和社会隔膜，而能真实地通出教育的电流，碰出教育的火花，发出教育的力量。训练班诸位同学，现在最要紧的一件事，便是"怎样把小先生的办法得到？""怎样把学校教育与社会教育打成一片？"将来到一处办民众教育馆，最要紧的，便是要和当地的小学校联络，私塾联络，店铺里的能看报的掌柜联络，要发动他们都负起教人责任，即知即传人，共同普及教育。还有一点，办民众夜校，开学后学生只见少而不见多。我们也得要教学生去做先生教人。譬如有四十位学生，我们教他们每人回去教二个人，这样便一共有一百廿位学生了。这样成人做先生，我们不叫他"小先生"，叫他做"连环先生"或"传递先生"。因为他是要继续不断地循环着，学后去教人。最后，我还有几句话要向诸位贡献。

我们现在办民众教育必得要承认：

农人最好的先生，不是我，也不是你，是农人自己队伍里最进步的农人！

工人最好的先生，不是我，也不是你，是工人自己队伍里最进步的工人！

小孩子最好的先生，不是我，也不是你，是小孩子自己队伍里最进步的小孩子！

我们现在最要紧的工作便是在：

帮助进步的农人格外进步，由他们"联合自动"，领导全体农人一同进步！

帮助进步的工人格外进步，由他们"联合自动"，领导全体工人一同进步！

帮助进步的小孩子格外进步，由他们"联合自动"，领导全体小孩子及时代落伍的成人一同进步！

《生活教育》第1卷第20期（1934年12月1日）

注释

〔1〕指宝山县教育局长冯国华。他当时兼任宝山县民众教育馆馆长。

中国普及教育方案商讨

一、原　　则

（一）普及教育之要义

甲、整个民族现代化　不仅是学龄儿童及失学成人之普遍入学。

乙、整个生活现代化　不仅是普遍识字或文盲之普遍消除。

丙、整个寿命现代化　不仅是四个月、一年、二年、四年之义务教育。教育最重要的成就在使众人养成一种继续不断的共同求进的决心。我们要对众人养成的态度是：活到老；做到老；学到老。

（二）普及什么教育　普及工以养生、学以明生、团以保生之生活教育。工是做工，学是科学，团是集团。这三种生活缺少一样，便是残废的教育。

（三）认定中国是个穷国，必得用穷的方法去普及穷人所需要的粗菜淡饭的教育，不用浪费的方法去普及穷人所不需要的少爷、小姐、书呆子的教育。

（四）社会即学校　社会与学校打成一片。社会教育与学校教育打成一片。

（五）即知即传人　会的教人，不会的跟人学。不愿教人的不配受教育。

（六）小孩的力量伟大　信仰小孩子能做小先生。信仰小孩最好的先生是前进的小孩。认定中国是到了生死关头，好比黄河将要决口，小孩搬一块小石头来也是欢迎的。每一个人的力量都要号召来救命。每一个粗识字义或有一技之长的小孩都要号召来做小先生。小先生经过十个月的试验有如下的优点：

甲、能解决女子初步教育问题；

乙、成人跟着小孩追求现代知识是变成老少年；

丙、知识不再当作商品买卖，知识为公是成了实现天下为公之坚固基础；

丁、小先生好比是电线，将社会与学校通起电流，又好比是血管，将学校与社会通起血脉，于是社会变成学校了；

戊、小先生普及教育运动，增加了大先生事业上不少的兴趣。

（七）大众的力量伟大　大众最好的先生是前导的大众，所谓传递先生便是大众自己队伍里跑出来的老师。

（八）来者不拒；不能来者送上门去。

（九）化无用为有用。

（十）损有余以补不足。

（十一）勉求缴纳教育税与享受教育权之接近。

（十二）城乡同进。

（十三）劝导与强迫并行。

（十四）劝人抓住饭碗求进；不逼人丢掉饭碗上学。

（十五）强迫兴学，强迫教人，强迫求知，三管齐下。

（十六）不能同者不强其同。

（十七）抓住现成的集团生活，如家庭、店铺、工厂、机关、寺庙、民团、军队及现有学校做下层之教育场所。

（十八）运用最新的交通工具输送文化，使文化落后之地带一齐赶上时代前线来。

二、办　　法

（一）全国小学生总动员做小先生

甲、全国公私立小学校中之小学生据教育部最近统计有一千一百余万人。每位小学生在校外找到两位不能上学之小孩或成人做他的学生，向小学校长登记后即可称为小先生。在校外学生之所在地，负起他的"即知即传人"之使命。假使有三分之二之小学生做了小先生，我们便可增加一千五百万校外学生。

乙、依据凡有私塾统计之市县推算，全国至少有一千万私塾学生。私塾改造后，假使有二分之一之私塾学生都成了小先生，每人教导两位，便可增加一千万校外学生。

丙、店铺里之有知识的学徒估计至少有一千五百万人。假使有一半做了小先生，每人在店铺中教导两个人，便可增加一千五百万位店铺学生。

丁、依据"即知即传人"之原则，小先生的学生立刻又可教导至少一人。甲乙丙三项小先生的学生总数可以达到四千万。假使这四千万之一半立刻做了小先生，每人至少教导一人，又是增加了二千万。

故全国小先生普及教育总动员令一下，便有六千万人可以向着现代化开步走。

（二）全国识字成人总动员做传递先生

甲、全国民众学校学生总数为九四四，二八九人。假使民众学校学生都成了传递先生，每人再教两位不能上学之人，便可增加二百万人受教育。

乙、家庭、店铺、工厂、工会、庙宇、教堂、会馆、公所、合作社、衙门、机关、民团、军队里的识字成人约计为八千万人。假使有半数每人教导二人，便有力量再去普及八千万人之教育。

丙、再依据"即知即传人"之原则，甲乙两项八千二百万识字成人之半数，每人再去教导一人，又可增加四千一百万人。

故全国识字成人总动员令一下，便有一万二千三百万人可以向着现代化开步走。

（三）全国智识分子总动员，辅导普及现代生活教育之推进甲、研究所研究员、专门大学教授、副教授七〇〇〇人，每人每年必须在假期中抽出至少十日出席全省普及教育辅导会议、全省教育行政人员讲习会及农村改造会议，并各就专长，依据普及现代生活教育之需要，准备最新材料向教育局长、督学及农村改造运动人员贡献。

乙、专门大学学生及中学教师共十万人，每人每年必须在假期中抽出至少十日出席县市普及教育辅导会议及小学教师讲习会，并各就专长，依据普及现代生活教育之需要，准备新材料向前进大众及教师贡献。

丙、中学学生及小学教师共一百万人，每人每年必须在假期中抽出至少十日出席乡区普及教育辅导会议、私塾改造会及小先生联合会，并各就特殊兴趣，依据普及现代生活教育之需要，准备材料向塾师及小先生贡献。

丁、全国不在学界服务之留学生，每人每年必须抽出五日为普及现代生活教育努力。

（四）全国学校总改造

甲、全国学校采用工学团制。工是做工；学是科学；团是集团。工以养生，学以明生，团以保生。没有工做，没有科学，没有集团的力量以制裁个人的行动，都不能算是一个现代的学校。采取工学团制便能使全国学校现代化。

乙、依据本地生产性质，学校负有扶助生产大众普及生产工学团之责任。

丙、小学校改造，除采取工学团制外，全国小学应至少有下列之改革：

（子）每所小学将小学生教导校外学生之工作，列入正课，作为社会服务；

（丑）小学教师在各门功课中，宜随时加入小先生应用材料，并以指导考核小先生为职务之一；

（寅）写字一课改为抄课本，发给校外学生读。小学教师对于大字小字之批改，多半是敷衍了事，改为抄写普及教育所用之课本，则写者与批改者都觉得更有意义，同时是解决了缺少课本一部分之困难。

丁、私塾改造：

（子）从前改造私塾，多半是招集塾师加以短期讲习会之训练，并加以偶然之视察。因为塾师旧习太深，很难改变，故单招塾师训练，不易见效。现在主张每塾师随带能力较大之私塾学生二人，共同参加私塾改造讲习会，依据最近试验结果推测，收效谅能较大。

（丑）私塾最缺少者是公用之图书教具。若想从事改造，必须在这些事上加以补助。

（寅）私塾改造讲习会或每星期一二小时，连续数年，或在假期中集中训练，或二法并用，可看各地情形决定。

（五）文化荒岛总开辟

甲、中学校总动员下乡。中国中等学校大多数是挤在城里凑热闹。依据我们估计，全国五五四所中学，一，三二〇所初级中学，至少有五分之四即大约一千四百所是应当移下乡去。把城里的地皮、房子高价卖掉，在乡下买荒地（但不许圈农民生产之地），造房子，还有余钱干一区的普及教育运动。每中学可在乡下划一百方里为普及教育区。在区内每村办民众学校、小学校各一所。各村民众学校、小学校由中学生分组负责进行。每组若干人依需要而定。民众学校以每日一小时为标准。小学校或全日，或半日，或二小时，或一小时，依据各地情形而定，不拘一法。民众学校及小学校之学生仍依"即知即传人"之原则分布出去，教导不能上学之人。

乙、全国有师范学校八四六所。十分之九，即七百五十所是应该迁移下乡。每所师范学校应划一千六百方里为普及教育区。这块区域是东西南北各四十里，师范学校在中央，离最远之工作地不过二十余里。依照师范生人数分成几十几百队，每队二人同到一个村庄里去创办一个民众学校和一个小学校。这叫做基本培养。另外还有集中指导，巡回指导，在培养师资一段中再详细说明。

丙、中学、师范的脚迹所很少达到的地方，如西康、青海、宁夏、新疆、蒙古、西藏以及各省内文化落后民族所在地，都应以人民和政府之力量创办中学、师范，并在每五百人聚居地创立小学、民众学校各一所，至少能容四十人，以工学团之组织，依"即知即传人"之原则继续推进。

（六）师资培养

甲、每一所小学都成为小先生养成所。用传统的名词来说，每一所小学便是一所小师范。全国二十五万所小学便是二十五万所小先生养成所，共可造就一千一百万小先生。

乙、每一所私塾必须改造，使它也成为一所小先生养成所。估计全国私塾有五十万所，平均每所培养二十人，共可造就一千万小先生。

丙、每一所民众学校都成为传递先生养成所。全国有五万三千八百七十三所民众学校，共可造就一百万传递先生。

丁、每村或每街或每街之一段，必须设一高级民众学校，招收家中、铺中已有知识之成人，每天或每星期加以一小时之培养，以广播新知识于大众。

戊、师范学校之改造：

（子）师范学校采取培养工师之办法，包括个别、巡回、集合三种指导。比方招收艺友（即通常之师范生）二百人，首先，举行一个月之集合指导，大略得了几个追取知识之钥匙以后，即立刻分散，每两人组成一队，共一百队，放在一百个村庄里去工作。每队工作区域为十六方里即四里见方。这两人既到工作区，即物色当地农人及小孩至少二人为他们的艺友，共同进行工学团之创造。这一百队的工作总面积是一千六百方里成了一个普及教育网，里面包含着一百个工学团，每个工学团五百人，共计是五万人之教育一举而普及。每队学生二人，对于日常工作各任半天，余半天自修必阅书籍，由指导员巡回指导。星期日不放假，举行严格之集合指导六小时（详细办法请参看《宝山观澜普及义务教育急成方案》）。

（丑）师范学校应加小先生指导法一门功课。

己、招集青年识字民众或农人开办短期农村改造讲习会，教以小先生指导法、工学团原理、合作社组织法、国语、应用算术、乡村卫生、农艺新法、自然、社会等等，使其学成回乡，从事发动乡村改造工作，即为普及现代生活教育之工作。现在国内乡下不安，城里先生不敢下乡，倒不如多多培养本乡青年、识字农人，自己负起普及教育之使命。

庚、每市、县须举行小学教师讲习会，每年至少十日；私塾改造讲习会，每年至少四十小时。

辛、每省须举行省普及教育辅导会议、教育行政人员讲习会，均每年一次。

壬、教育部召集全国普及教育辅导会议，每年一次。

癸、各专门大学、研究所分工培养普及现代生活教育所需之高等技术人才。

（七）材料工具之供给

甲、课本　课本用汉文和国语字母拼音文对照写。汉文和拼音文都以大众语为根据。但为适应各民族特殊需要及促进各民族普及教育起见，应编蒙藏苗瑶等民族特用课本，这课本应以各该民族之大众语为根据。运用小学生写大字的纸和时间抄写课本，以每生每年平均写十二册计算，一共可写三部；连私塾学生在内，二千一百万小学生便可写六千三百万部。小学生的学生也可以写，传递先生的学生也可以写，这样普遍的干起来，每年可得免费教科书一万万套也不为奇。

乙、报纸　报纸一律用大众语写，并且必须标点，违者邮局不许代寄。

丙、电影　设立中央科学电影制造局，以巨资研究制造科学影片、发电机、放映机，免费分送全国各县乡村、市镇放映。

丁、无线电收音机　设立中央无线电收音机制造局，以巨资研究制造无线电收音机，免费分送全国各县乡村、市镇教育场所使用，并在适当地点分区建立大播音台，从事广播现代知识。

(八) 现成设备之利用

甲、祠堂、庙宇、会馆、会所、散学后之学校以及其他空闲房屋，都运用来做教育场所。

乙、桌椅板凳亦以运用人民自己所有的为原则。

丙、天气温和晴朗的时候，应充分施行露天指导。

丁、充分利用日光指导，不必要时应避免运用灯光。教育普及之后，是有八千万家同时追求知识。八千万盏灯，每晚多点一小时，若用菜油，每年便要耗费八千万元。若用洋油，每年要耗费三万二千万元。可以省的时候，还是省了为是。

(九) 流动式的教育

甲、市集、茶馆、码头、车站、戏园、电影院里都有流动的民众。在这些地方，每次我们都遇得着一大群的人，今天的一群不见得就是昨天的一群。也有茶迷戏迷是天天上同一的茶馆，进同一的戏园，而且还有一定的时候。我们也要抓住这些地方施以有意义的教育。车站上的展览，码头上的壁报，电影院的新知识的插片，茶馆里说书的革新，戏园里小丑说白的讽刺，市集上的公共演讲表演，都是流动教育的可以行的例子。

乙、流通图书馆　流通图书馆应普遍设立在学校里，向大众公开。小先生和传递先生可以代他们的学生借书还书。这样，管理费可以减至最少，又可免除一般民众借书之害羞，而图书借还有人负责，亦不致失落。流通图书馆为大众自学之重要机关，必须努力普及。

丙、修学旅行　旅行为增长知识、扩大眼界的教育法。但现在之团体半价票仍使有志的工人、农人、小孩子望而生畏。有意义、有组织、有计划之修学旅行应该特别提倡,再行设法将国有车船价目减至最少,或竟酌免,以资鼓励。

(十)文化之特别快输送

甲、输送发电机、抽水机及其他农村所需用之机器,火车章程尚有许多不必需的麻烦,应该一扫而空。

乙、边境所需新书,每每要过一年半载才能收到,要人帮忙也非数月不可。我们应该发起购置普及教育飞机数架,专为输送文化及推进普及教育运动之用。

丙、无线电广播新知识。

丁、邮政局对于边疆视同外国,如西藏、新疆寄费之贵,几使现代中国文化不能通过,外国反易与它们接近,是急应革除此弊,使邮费一律,以谋内地与边疆文化之沟通。

(十一)有效之补助

甲、中央对文化落后之穷省、边疆,在人才、经费、材料上应予以实质之补助。

乙、各省对于文化落后之穷县,在人才、经费、材料上应予以实质之补助。

丙、各县对于文化落后之穷乡穷村,在人才、经费、材料上应予以实质之补助。

丁、省市县政府对于普及教育实验特别努力的机关,在人才、经费、材料上应予以实质之补助。

戊、政府应拨的款补助劳苦大众智力较高之子女上进,俾能学尽其才,免为贫穷所埋没。

(十二)人民自动之努力

甲、设立中国普及教育助成会(另订简章)。

乙、设立省市县乡、边疆、华侨等普及教育助成会(另订简章)。

(十三) 研究实验

设立中央普及教育研究所。其宗旨在发现最经济、最迅速、最能持久、最能令人进步之方法，以谋普及大众儿童向上生活所需要之教育（另订简章）。本研究所应与卫生、农业、工业、交通、艺术、经济研究机关联合互助，探讨新知，培养最高学术人才，以统制全国智慧而为国计民生谋解决。

(十四) 全国财力总动员以谋教育之普及

甲、确定教育税，务使足敷普及教育之用。在教育税未确定之前，各省财政当局不得藉口取消苛捐杂税以减少教育经费而陷国民教育于停顿。否则即科以摧残教育动摇国本之罪。在教育费不敷用前，并须节省军政费以充普及教育之用。

乙、征收遗产税以充普及教育之用。后人对于先人之遗产，除教养费外，应将遗产余利公诸社会所有。先人对于子孙也只可负担教养费，若将巨产给后人不劳而获，自必养成他们吃喝嫖赌，弄得家破人亡。纵使政府不征收遗产税，有钱者为爱惜子孙起见，亦当在保留教养费条件之下，悉数捐为普及教育之用。

丙、指拨公有荒地为普及教育之用。

丁、指拨美、法、比、意、英各国庚款之一半，为普及教育之用，其他一半为发展各研究所之用。

戊、行政专员或县长领导教育局长或督学到各市乡劝导各公所、会馆、祠堂、寺庙，以原有财产兴学。没有公产或公产不足之处，则劝导出资兴学，坐候到筹定确实办法才离开。十余年前浙江省有一县长，在半年之中兴办一百余校，即是用此办法。

己、劝导人民以婚丧做寿节省之款在普及教育上建立纪念。

庚、劝导人民捐图书文具，或百份，或千份，或万份，或十万份，或百万份，每份盖上捐者姓名以留纪念。

辛、扶助各种生产工学团之普遍的设立。每个生产工学团发展到一个时期，便能以自己的力量担负一部分的普及教育费（参看

《宝山观澜普及义务教育急成方案》中之棉花工学团）。

壬、减少中等以上学校假期，并从分量门类上减少向上生活所不需要之功课，缩短中等以上学校毕业年限（医科除外），以节省之经费充普及教育及增加研究所之用。

（十五）妨害进步罪

婆婆不许媳妇读书，老板不许伙计上学，司务不许徒弟看报，工厂经理不许工人求知识，士大夫不许儿子教小孩子，这是小先生碰到的五个大钉子，也是妨害中华民国进步的大障碍。我们必定要扫除这种障碍才能前进。要想扫除这种障碍，下列数条法律实属必要：

甲、凡是中华国民及其子女，每人每天至少须有一小时上学或自修之权利。

乙、凡以特殊地位侵犯别人上学或自修权利者，处以一年以下有期徒刑或一千元以下罚金。

丙、凡对自愿教人的人施以阻止者，处三个月以下有期徒刑或一百元罚金。

（十六）初步文字教育之预令强迫

文字教育应预令强迫。预令强迫之作用在提醒一般不识字的民众自动的去请人教。以往的民众教育好像是求人来学。预令既下，民众对于知识的消极的拒绝，可以转变而为积极的追求。

民国二十四年一月一日下令预告全国民众，限二十四年十二月三十一日前，读毕教育部指定几种《千字课》之一种。至四月一日、七月一日、十月一日，下第二、第三、第四次预告令。第一次预告令下后，即令小学生、茶馆说书人、电影院广告与警察到处逢人宣传，劝其早些求学，不要临时抱佛脚；并说明二十五年一月一日即有识字警察手指《千字课》，站在城门口、车站、码头及交通孔道，临时抽验来往行人，检查他们的头脑如同检查行李一样，不识字的要罚愚民捐铜元一枚。预令里还要说及，二十五年一月一日以后，家里、店里、工厂里、任何机关里，如有无故不识字的人，按人数每月每人罚银一元。由家长、店主、工厂经理、机关主持人缴纳。识字成人或学生对其负责而不识字之亲友不肯施教者，罚守知奴捐银一角并公布之。

（十七）考成

甲、初步文字教育之考成标准，为学龄以上之人民百分之九十会读千字课，百分之九十五会用汉字签自己的姓名，并会写中华民国。第二步之文字教育及普及其他教育之考成标准另订之。

乙、每所小学、私塾至少要有二分之一的小学生做小先生。超过四分之三的小学生做小先生者，传令嘉奖其校长、负责之教师及最出力之小先生。不及二分之一者，校长受警告。不及三分之一者，校长撤职，负责之教师同。

丙、民众学校之传递先生与学生总数比例之考成与小学同。

丁、省教育厅长、县长、教育局长、乡长、教育委员之考成，亦以各管公私立小学校、私塾、民众学校之学生总数与小先生总数加传递先生总数之比例为根据，其算法亦与小学同。

戊、各省、各特别市、各县、各市、各乡、各校之开始考成日期，由上级主管官厅预令发布。但此项预令至迟不得延过民国二十四年六月一日。考核各省成绩之日期，由教育部预令颁布。但此项预令须于民国二十四年四月一日前颁布。

己、寻常教师所教学生，以及小先生、传递先生所教学生，均须依部颁表格登记，由校长掌管，并作详明统计具报教育局，教育局转报教育厅，教育厅报告教育部，每学期一次。再由上级教育行政长官抽查，以凭考核。

（十八）中央普及教育二十四年度预算

甲、中央文化落后地带普及教育补助费二〇，〇〇〇，〇〇〇

乙、中央科学电影制造局经费　　　四，〇〇〇，〇〇〇

丙、中央无线电收音机研究制造局经费一，〇〇〇，〇〇〇

丁、中央普及教育研究所　　　五〇〇，〇〇〇
戊、中央普及教育辅导会议　　　一〇，〇〇〇
总计　　　　　　　　　　　二五，五一〇，〇〇〇

《生活教育》第 2 卷第 1 期（1935 年 3 月 1 日）

攻破普及教育之难关[*]

生活教育现代化

生活教育是早已普及了。自有人类以来，便是人人过生活，人人受教育。自然而然的，生活是普及在人间，即是教育普及在人间。但有些人是超时代，有些人是时代落伍。有些人到了现代还是过着几百年前的生活，便是受着几百年前的教育。教育时代落伍的人一起赶上时代的前线来，是普及教育运动的目标。做一个现代人必须取得现代的知识，学会现代的技能，感觉现代的问题，并以现代的方法发挥我们的力量。时代是继续不断的前进，我们必得参加在现代生活里面，与时代俱进，才能做一个长久的现代人。否则，再过几年又要成为时代落伍者了。因此，我们必须拿着现代文明的钥匙，才能继续不断的去开发现代文明的宝库，保证川流不息的现代化。这个钥匙便是活用的文字符号和求进步的科学方法。普及教育运动之最大使命，便是把这个钥匙从少数人的手里拿出来交给大众。

---

[*] 本篇系《普及现代生活教育之路》（《中华教育界》第22卷第7期）一文中的主要部分，陶行知删去的两节为"什么是生活教育"和"小孩子能做小先生吗"。"什么是生活教育"和"小孩子能做小先生吗"，后分别改题为《生活教育》和《小先生》二文发表。

老法子的普及教育

白君动生[1]从杭州来，给我看了一两条最有趣味的教育报告。这报告说：依照最近四年来浙江所用的方法来扫除文盲，全省要四百年才能完成；依照最近六年杭州所用的方法来扫除文盲，全市要一百五十年才能完成。这种自觉的教育报告，我还是第一次看见。现在从一省一市推论到全国，呆板的守着老法，要多少年才能普及呢？依据教育部最近统计，各省市民众及职业补习学校学生数，民国十八年为一百零三万六千一百六十人，十九年为一百一十万四千一百八十七人。在这一年之中是增加了六万八千零二十七人。中国全国之失学成人估计有二万万人。假使中国人口不再增加，民众学校学生万岁，长生不死，学生增加率能年年不减，也要三百年才能将文盲扫除干净。再拿小学的统计来看。民国元年小学生数为二，七九五，四七五人，民国十九年为一〇，九四八，九七九人。十九年之间小学生是增加了八，七九五，四七五人，每年平均增加率为四十三万人。用四年义务教育估计，假定人口不再增加，小学生长生不死，学生数照平常比例增加，还要七十年才能普及。但是人口趋势，若无统制，必是有加无减。小学生总数每年要夭折三十万，每年平均所增加之四十三万人之中每年也要夭折一万三千人，学校增加率如无新创办法也得逐年减少。故依我估计，用传统方法，学龄儿童的教育要过一百年才能普及，失学成人之教育要再过四百年才能普及。

教育是必须普及。但是老法子决办不到，只好想新的法子来解决。老法子有什么困难？能解决那老法子所不能解决的困难的方法便是新方法。

攻破先生关

据教育部统计，全国学龄儿童总数为四千九百十一万。又据十九年统计，全国有一千零九十四万小学生，共需五十六万八千教职员。平均每教师教导小学生二十人。四千九百十一万小孩子共需小学教师二百四十五万人。有些教育官主张普及教育要靠师范生，办师范学校要靠官办。好，我们只须看一看十九年度师范学校的毕业生数就知道这些教育官是在做梦。这一年的高中师范、乡村师范、短期师范的毕业生合起来算只有二万三千四百零二人。师范毕业生万岁，长生不死，要费一百年的培养，才够普及小学教育之用。即使每人担任小学生数增到四十人，也要五十年才能培养得了，还要求求老天爷保佑他们一个不死才行。还有那二万万的失学成人怎么办？假使每位教师教四十个人，就得培养五百万位民众教师。每人每天教两组，也要二百五十万。这二百五十万乃至五百万人又要多少年去培养？培养师范生每年每人要费公家一百零一元，至少三年就要三百零三元，私人的费用还不在内。二百四十五万的小学教师和二百五十万的民众教师的培养费，就得要十五万万元。他们就职之后，就要领薪水。少说些，每人每年一百元，就要五万万元。如果中国的普及教育一定要这样办，那便是癞蛤蟆想吃天鹅肉。我们要冲破这个难关，必先对教师的观念起一个根本的改变。师范生乃至整个知识阶级不是教师惟一的泉源。小孩子最好的先生是前进的小孩。大众最好的先生是前进的大众。知识分子的使命在帮助前进的孩子和前进的大众取得现代知识以同化他们的伙伴。知识分子最多只可做小孩与大众的顾问。超过顾问的范围，就要损害他们的自动精神。即使做个顾问，知识分子也得跳进小孩与大众的队伍里去，与他们共患难同休戚，才够得上顾问的资格。这样一来，我们的先生就很够用了。全国小学里是有现成的一千一百万小孩可以做小先生。私塾改良一下，也有一千万合格的小先生。识字大众是有八千万，都有担任传递先生[2]的资格。这一万万小先生与传递先生总动员，每人教两人便是三万万。这些先生不要薪水，又不必多化金钱培养，只须我们承认他们配做先生，那教师的难关，便可不冲而自破了。

攻破娘子关

全国成年女子中粗识字义者估计顶多只有一千万人，以女子总数算起来，一百位女子当中只有五位受过文字教育。学龄女孩二千四百五十五万多人当中，只有一百六十五万在学校里上学，占初等学生总数百分之十五点二四。所以中国的普及教育问题大半是女子教育问题。如果不能解决女子教育问题，无论什么方法，都是枉费心血。女子教育是普及教育运动中最大的难关。男先生能解决女子教育问题吗？

二三十岁的男先生教几位十七八岁的大姑娘能顺利的进行吗？过不得几天，意外的事情会教你干不下去。谣言闲话会从几十里外的婆家飞来。未婚夫会约几个顽皮的青年装鬼在路上吓得小姑娘们不敢来上学。男先生要解决女子教育问题是难于上青天。女先生来，那是天字第一号。可是女先生根本就少。全国初等学校女先生只有三万四千一百三十九人，女师范生也不过二万人，那是差得太远咧。女先生下乡有三怕：怕蛇，怕鬼，怕贼。要来，是三个两个一起来。破产的乡村，那里请得起？一个男校长请一个女教员，也要引人说闲话。最好、最经济的是夫妻学校。但是好的东西偏偏少。经过七八年的提倡，还是寥寥无几。女先生也是难以解决女子教育问题。要想攻破娘子关，还要把小将军请来。小先生脚迹所到的地方，男女教育机会立刻均等。广东百侯[3]小先生初教校外学生二千人，其中有一千五百人都是女子。在小先生面前，失学的女子是一点也不害羞，有什么不懂都大胆的问。小先生连新娘房里都能钻进去上一课。

攻破买卖关

知识是成了商品，非钱不卖，非钱买不来。当您劝一位留学生教教他的包车夫或老妈子的时候，他会回您："没有工夫。"但是如果一个大学给他三百元一月的薪水，请他去做少爷小姐的高等听差，他会连夜乘飞机写快信去应聘。他怎么又有工夫了？缘故是因为他的知识是用钱买来的，他的车夫、老妈没有钱给他，所以没有工夫；那个大学有三百元薪水给他，就会有工夫了。在这个关口上把门的有两个妖怪：一个是大肚的守财奴，一个是大头的守知奴。他们俩把关口守得密不通风，使得无钱的人一点知识也得不着。但是知识应当是社会所公有，把买卖的商品化的知识变作自由送人的礼物，是普及教育运动的一个大目标。能攻破买卖关，肃清守知奴、守财奴，以透达这个大目标的便是小先生。在小先生的手里，知识是变成空气，人人得而呼吸；知识是变成甘霖，处处得其润泽；知识是变成太阳光，照着广大的群众，向前进行。

攻破衰老关

中国人老了！这是我们时常听见的批评。不错，有两种重大原因使中国人容易衰老，其中的一种便是传统教育。传统教育是教人学老。六岁的小孩子跟着老头子学老规矩，就好像长了两撇胡子，变成一个小老翁。小先生一来可就不同了，六七十岁的老公公和老太婆加入在小孩的队伍里来追求现代知识，是必然沾染着赤子精神，变成了老少年。

攻破饭碗关

"吃饭不读书，像只老母猪！"这个口号有时是可以鼓励一些懒人发奋求学。但是，有些人是做得太过分了。他们居然诱惑甚而强迫人家丢掉饭碗去读书。结果是饭碗打破好几只，书还是读不成，造成许多悲剧。总之，传统民众教育是办得太呆板，使吃饭与读书往往不能两全。例如，晚上规定七点钟上课，夜饭没有吃完的不能来；饭虽吃完了而锅碗没有洗的不能来；小孩子哭着要奶吃不能来；婆婆正喊着要水烟袋儿抽烟不能来；丈夫辛苦挑菜上街才回家有许多事要侍候不能来；做生意的正有主顾光临不能来；守牛的，牛儿不适意，不能来。因此，一般民众学校，开始的时候都是济济一堂，不久，便七零八落的少了下去，到最后，只剩了几个人。小先生的时间好像是橡皮做的，可以伸缩。"大嫂子！我来给你上课了。""阿毛！我正抱小孩吃奶，请你等我一忽儿。""我到门口去玩玩，小孩奶吃完，喊我一声。"……"阿毛！奶吃好了，快点来。"小先生便是这样从容不迫的攻破这很难跳过的饭碗关。

攻破孤鸦关

一个乡下先生住在一个破庙里教死书，就好比是一只孤鸦。他无意也无暇与农人交接。他教他的书，对农人的一切是不能过问。他所办的学校是与社会隔离。学校不能运用社会的力量以谋进步，社会也没法吸收学校的力量以图改造，双方都失掉互济的效用。这种孤僻的学校，普及了也没有意思。现在假使一切都不改，只把小学生变做小先生，这没有意义的学校便变成一个很有意义的学校，这位孤零零的赘疣的寒酸先生便立刻变成一位村庄中所不可少的有作有为的先生了。比方这个学校原来有三十个学生都变成小先生，便好像是三十根电线接到各村去和他们通起电流来。在这些电线上所通的电流有来也有往。一个个小先生可以把各村的问题、困难带来和先生讨论，又可以把学校里从外面得来的知识与力量带去和农人与不能进学校之小孩讨论。有时大家来他一个总集合，在各村的问题上求他一个总解决。例如总动员救旱灾，除蝗虫，打倒土豪劣绅、贪官污吏、帝国主义。你仔细想想，这个学校是变了样子，它的围墙是拆掉了。那些村庄合起来是构成了整个的学校，它不但是大了几倍几十倍几百倍，而且精神是根本不同了。

攻破瓜分关

中国教育官欢喜把教育切得一块块的，每人给他一块去办，不，每人给他一块去吃。对，吃教，吃教育。最好的一个例子是所谓义务教育与民众教育的分家。不但是多费许多钱，而且是一样也办不好，连吃也不好吃。教育就像一碗八宝饭，分开来吃，每人只能尝着一两宝，你必须把它搅拌起来才好吃。我们的建议是把儿童的教育与成人的教育搅拌一下，使它们打成一片。你有时要用小孩教成人，有时要用成人教小孩，有时要用小孩教小孩，有时要用成人教成人，若呆板的分起来，是一样也不会普及。冲破这个关口的急先锋便是小先生。小先生一来，这瓜分关的守将必得插白旗投降。

攻破课本关

读书一定要一种课本，并且要从头一本头一课教起，这也是一种成见。新学究还一定要用教科书，没有教科书便坐在那儿等待教科书寄到，边远的地方一等便是几个月。先生是活的，书本到处有，只要活用他就有办法。《三字经》活用起来，也能做普及现代教育的工具。路路通长安，大路断了走小路。一张发票，一张签诗，也可以当作教科书读。上海把旧的杂志旧的书报包东西，揩屁股，真是作孽。这都是我们内地求之不得的教科书呀！来他一个新的惜字运动，我们可以得到几万万不费钱的教科书。如果大家一定要教科书，我还有一个法子介绍。教小学生抄教科书给不能进学校的学生读。利用习字的纸、习字的笔、习字的墨、习字的时间来抄。纸当然要改良一下，格子要适合抄书的需要。平常初级课本的字是写得比"多宝塔"还合用，学生照着临，也能进步。先生也用批字的时间审订，免去圈叉麻烦。先生只须看学生抄得对不对，好不好。不对不好须重抄，抄到对了好了为止。平常先生批字，真是无聊；用王羲之、颜鲁公的标准批吗？要批死人。不批吧？校长要怪，家长要怪。不得已，闷起头来瞎批。骗人吗？是的。不骗，就得翘辫子。如果改习字为抄课本，一切都有意义了。不要看轻这样一个小改革。不久以前，日本小学生总动员拾起香烟盒里的锡包，积起来，买得一只飞机。小学、私塾总动员改习字为抄课本，每年可得一万万部不费钱的教科书。

攻破纸笔关

读书必得写字，写字必用笔墨纸，也是一种成见。顶少似乎要有铅笔和纸，我当然赞成。但是在乡下万一买不着纸笔，也有别的办法。椅子揩得干净些，用筷子沾水也能练字；柳条为笔，泥地为纸，也可写文，只是不易考核罢了。

攻破灯油关

四万万人，八千万家，家家读书，这可算是文字教育普及了。但是究竟要怎样才无流弊，我们必须绞脑筋，打破砂锅问（纹）到底。这是每一位普及教育者的责任。我曾拜托几位熟悉家务的穷朋友代我做了一些估计。点菜油灯,每天多点一小时,每盏灯每年要点一块钱的油。八千万盏灯每年就要多费八千万元。用洋油呢?每盏灯要四元一年,每年要费掉三万二千万元!美孚洋行的买办要高兴了。煤油大王要晓得这个消息,也要笑得说不出话来。他可以打算再拔一根毛到中国南方来办一个协和医院。这票买卖是被太阳夺去了。太阳老牌也会到地球上来争夺市场的,奇怪!普及教育者主张在日光下施教育。还是《老少通》里的老调儿:"起得早,睡得早,省油省灯草。"早点起床,稻草窠里少睡一刻,午饭少抽一袋烟,就省下这每年的三万二千万元,好不好?

攻破调查关

传统的教育官还有一套偷懒的把戏。他说,做一件事必得预先调查清楚才能进行;要普及教育,先得调查学龄儿童和失学成人。谁能说他的话没道理?于是筹备调查,实行调查,调查后统计,统计后拟计划,计划拟定后呈报,等候批准,先试办几处。这样一来,官儿已经换了几任,新的学校还没有开门。调查是已经成为一种延宕的手段。这个纸做的盾牌必得戳破。中国满地是失学的人,随手捞来都是。如果要调查一个大概,几天就够了。再要多费精力也不能更加正确。传统教育官没有熟练而靠得住的人代他调查,他的调查多是敷衍的官样文章。普及教育不是不要调查,我们要一面干一面调查,不是先调查完全了再干。一面干,一面培养调查的人,再从事精密的调查,那调查的结果才靠得住。小先生才会干这种正确的调查咧。没有小先生,这种大调查,除非费大款,决不可能。先把网儿撒下去,把鱼儿捞了上岸再去数吧。

攻破短命关

士大夫赐给大众的孩子的教育寿命只有四年,赐给大众自己的教育寿命只有四个月[4]。最近大学教授们有所谓之学制改革案提出,其中的第一个特点便是把穷孩子的教育寿命从四年减短为一年。当然,穷孩子的教育寿命现在连一年都没有,给他一年,使他跑进教育的王国里来玩玩,如果不是空头支票,还可算是很大的恩德。但是大学教授们办学校有寒假、暑假、星期假、星期六下午假,许许多多的这样假那样假,何不减少一些,把中学、大学毕业年限缩短一两年,倒在国民教育的空头支票上开刀,实在令人莫解。高等教育经费二十年当中已经从三百九十万增加到三千三百六十万,而学生数只从四万加到四万四千。高等教育不可以节省一点钱来延长国民教育的寿命吗?总之,这种短命的教育在我们看来是不可思议,也不值得普及。我们所要求的是整个寿命的教育:活到老,干到老,学到老,团到老,教到老。有了小先生和传递先生,大众的教育寿命可以延到各人身体寿命一样长,终身是一个继续不断的现代人。

攻破学校关

一提到普及教育,大家就联想到开学校:圈校址,造洋楼,请教员,买家具,招学生,考学生,收学费,行开学礼。这样的一个东西是不易普及,即使普及也是害多益少。这种办法,一起手便是蚀本交易。并且要把所有的学龄儿童和失学成人都关在学校里去,只有叫农人卖老牛,给洋人发财。我们找了一个很简单的东西来替代学校,这个东西便是自动工学团。

什么叫做自动?自动是大众自己干,小孩自己干。自动教育是教大众自己干，小孩自己干，不是替代大众小孩干。

什么叫做工学团？工是工作，学是科学，团是团体。说得清楚些是：工以养生，学以明生，团以保生。说得更清楚些是：以大众的工作养活大众的生命，以大众的科学明了大众的生命，以大众的团体的力量保护大众的生命。工学团是一个小工场，一个小学校，一个小社会。在这里面是包含着生产的意义，长进的意义，平等互助、自卫卫人的意义。它是将工场、学校、社会打成一片，产生一个富有生活力的新细胞。

工学团可大可小，从几个人的家庭、店铺，几十个人的学校、庙宇，几百个人的村庄、监狱，几千人的工厂，几万人几十万人的军队、建设工程队（例如导淮、筑路的大队民伕），都可造成一个富有意义的工学团。

团不是一个机关，不是一个工学的机关。假使它只是一个工学的机关，那便成了一个半工半读的改良学校，而不是工学团。团是团体，是力的凝结，力的集中，力的共同发挥。

攻破文字关

有两种极端的人：一是看重文字，把文字误看做教育的全体；二是藐视文字教育，如一般生产教育论者以为大众不需要文字，以为他们所需要的只是生计之改良。这两种观念都是错误的。人与禽兽的大分别，就在人有语言文字，禽兽没有。文明人与野蛮人的大分别，就在野蛮人只有语言，而文明人是语言文字都能灵便的运用。文字符号之妙，是妙在这个符字。道士画符未必灵，士大夫画的符才真灵。他不种田，只须把符一画，好米就有得吃了。他又想，拿一身汗去换一担米还是不上算，再画一张符，叫种米的人挑米来给我吃。农人不会画符，劳而不获，种的米都给人家画符画去了。他眼看这个把戏很便当，也想画一画，自己老了，让儿子去学吧,束脩[8]加上吃饭,每年至少四十元,忍痛把儿子送入私塾学画符。私塾先生就靠着会画几张蹩脚符吃饭,轻轻的传给人,饭碗不要敲破吗?孔夫子是早已警告了他,"后生可畏"的遗嘱是常常背的,不会忘记。一时计上心来,只教学生念咒,不教学生画符。念了几年咒,一张符也不会画,农人知难而退,只得把儿子叫回去,依旧赶着老牛种田。但是取得面包的符号、保护面包的符号即等于面包,有谁能否认呢?但是文字虽然重要,不可离开生活去教。生活的符号要与生活打成一片去追求,否则便是书呆子的教育。文字在普及教育上的地位既是这样确定,那么还是教汉字呢?教音符呢?二者都教呢?在这过渡时期,我主张汉字与音符和拼音文三管齐下一起教。会教汉字的先生多至一万万,这是一个顶大的便利。如果根据大众语用活的方法教,汉字也不像一般人所说的那样难。但汉文最好是拼起音来同时学,这样,中国的拼音大众文会自然而然的脱壳而出。

攻破残废关

中国教育是教用脑的人不用手,不教用手的人用脑。用脑者因为不用手,脑也不能精细,变成一个呆脑。用手者因为不用脑,手也不能精细,变成一双粗手。因此,读书人是成了书呆子:读死书,死读书,读书死;劳苦大众是成了工呆子:做死工,死做工,做工死。这两种人之外,在教育圈里圈外,还有所谓之少爷小姐。他们是脑也不用,手也不用:享死福,死享福,享福死。这些人都是残废教育理论所造成的。我们换一条路走,是要使手脑联盟:叫用脑的人用手,教用手的人用脑,教一切人都把双手和脑拿出来用。"人生两个宝,双手与大脑。用脑不用手,快要被打倒。用手不用脑,饭也吃不饱。手脑都会用,才算是开天辟地的大好佬。"

攻破拉夫关

"听得督学今天到，先生拉我如拉夫。"这是传统教育最有趣的一幕。学生多就算成绩好，这是一件很可怀疑的事。我虽赞成强迫教育，但绝对反对拉夫教育。你若把牧童从牛背上拉来，把摘茶女从茶山上拉来，把采花姑从棉场里拉来，把养蚕妇从蚕室里拉来，把织布娘子从布机上拉来，把种菜的小二哥从菜园里拉来，所得能偿所失吗？减少经济力的强迫是不可施行。假使我是督学，到了采花时节，看见校长把能采花的孩子关在学校里，我一定要记他一大过。为什么不把帮助家人采花当作正课？为什么要叫学校妨害农务？我个人做事是风雨无阻，但办乡村学校，下雨时节是不劝学生来。如果不信，请听我唱吧：

小宝宝！小宝宝！
今天天气不好，
你们回家要早。
雨来变成水鸡，
事情有些不妙。
明天下雨不要来，
不下雨好来。
破袜破布鞋，
弄坏没钱买。
受了潮湿，
还要把病害。
倒不如留在家里教奶奶，
没有奶奶教乖乖。

下雨就教小孩在家里教人，岂不很好？一定要把小孩变成水鸡，拉来上学，我真不懂得这是什么教育！当然，我的主张遇着戴雨帽、穿雨衣、套雨鞋、没得事做的少爷小姐又当别论了。

攻破大菜关

假如你问一位老成的教育官说：为何不把教育普及出去？你有时会遇到这样一个回答：我们只求质量之改进，不求数量之加多。这原来就是那"贵精不贵多"的滥调。我曾经写过一首小诗，想把他们的迷梦唤醒："只为阔老烧大菜，那管穷人吃糟糠。说起理由他充足，声声重质不重量。"在这种冷酷的态度之下，大众的教育是被牺牲了。我们要求大众都能享受粗菜淡饭的教育权。质量与数量是分不开的。我们站在大众的立场上说话，是要在数量上谋质量之纯粹，不在数量外求质量之改进。我们在要求人人都能享受粗菜淡饭的教育的时候，立刻必得要求这粗菜淡饭里没有一粒的泥沙，而有丰富的糠精和维他命。

攻破实验关

"实验"这两个字于今是时髦极了。实验县、实验乡、实验区都应时出现。普及教育是一个时髦的东西。一到了所谓"科学的教育家"之手，也得来它一个实验。他们把普及教育分成两半：义务教育和民众教育。于是东来一个普及义务教育实验区，西来一个普及民众教育实验区。他们的意思是：教育不可轻易普及，你必得在一个小的地方先行实验，有了成效，才好推广。比如现在最时髦的营养学是研究"维他命"。这些教育家好像是对大众说："你们慢一点吃，连那粗菜淡饭都不可随便吃，必得让我把那里的'维他命'研究好了，你们才好吃午饭，不然，肚子是会吃坏的。"如果大众听从这位卫生家的话，慢慢的等他把"青菜豆腐"里的"维他命"研究好才有勇气吃午饭，那么，午饭上桌，大众是早已进了棺材了。实验，实验，我们如不戳破它，普及教育运动是必得被它耽误。"实验"即"迟延"，我们必得留心这个冒充的科学鬼。

攻破城乡关

一般热心普及教育的人们都不假思索的说，我们先从城里做起，渐渐的推广到乡下去。他们好像是说："乡下人！你们不要急。等我们城里人吃好了，渐渐的会送饭来给你们吃。"中国乡下人的教育便是这样耽误了几十年。我们不能再忍耐。戳穿这种空头支票，城里、乡下的普及教育运动要同时一齐干。

攻破划一关

中国教育官欢喜划一，因为划一很便当。但是事实上不许他这样办。不许他这样办而他偏要这样办，相持好久，渐渐觉悟过来，又悔当初白费心血。心血白费事小，民族的青春被他耽误了。当初连南方与北方的寒暑假都是划一的，岂不可笑。现在还有人在那里做梦：全国教育一定要用汉字去普及，甚而至于蒙古教育要用汉字去普及，西藏教育要用汉字去普及。这真是俟河之清，人寿几何。醒醒吧！运用各民族自有的大众语及文字符号去普及现代生活教育是最快的方法。因为教师现成的多，要省掉许多麻烦。这样一来，也能免除民族间的成见猜疑，更能鼓舞各民族自动普及教育的兴趣，进步自可敏捷。

攻破会考关

自从会考的号令下了之后，中国传统教育界是展开了许多幕的滑稽的悲剧。

学生是学会考，教员是教人会考，学校是变了会考筹备处。会考所要的，必需教。会考所不要的，不必教，必不教。于是唱歌不教了，图画不教了，体操不教了，家事不教了，农艺不教了，工艺不教了，科学试验不教了，所谓课内课外的活动都不教了。所要教的只是书，只是考的书，只是会考指南！教育等于读书，读书等于赶考。

拼命的赶啊！赶到毛厕里去开夜车。会考的书呆子会告诉你说："不闻臭中臭，难为人上人。"

赶了一考又一考。毕业考过了，接着就是会考。会考过了，接着就是升学考。一连三个考赶下来，是会把肉儿赶跑了，把血色赶跑了，有些是把性命赶跑了。最可痛恨的是把小先生赶跑，把大众的教育赶跑了。

四川卢作孚先生在北碚用八百青年天天干新知识广播，这是值得称赞的一件事。我说这八百青年有民生公司的工作，故可顺带干这教育工作，别处似乎难以普遍仿效。何不用小先生？卢先生告诉我，四川小学生要会考，想做小先生而不可能。如要提倡小先生，必得打倒会考。我们要停止这毁灭生活力之文字会考，发动一个培养生活力之创造的考成。创造的考成所要考的是生活的实质，不是纸上的空谈。荒山种了多少树？水井开了几口？公路造了几丈？种植改良了多少？副业增加了多少？病痛减少了多少？体力增加了多少？即知即传人的小先生、传递先生有多少？少爷、小姐、书呆子有多少是成了为大众服务的人？团结抵抗强暴的力量增加了多少？有多少人是得了追求现代智识的钥匙？

攻破偏枯关

有钱、有闲、有面子，才有书念。中国的教育雨不落在劳苦人的田园里。中国的教育雨专落在大都会的游泳池里给少爷小姐游水玩。中国的教育雨不肯落到乡下去灌溉农人所种的五谷。中国的教育雨不肯落到边远的地带去滋长时代落伍的人民的文化。即使偶然顺着风势落它一阵，也是小雨，不能止渴。要救这偏枯是在损余以补不足。中央要补助边疆及穷省，省要补助穷县，县要补助穷乡、穷村。遗产税与庚子赔款是这种补助最好的来源。补助也不限于金钱，人才与材料计划是要同时并进。

攻破多生关

中国人生得多死得多。根据乔启明君四省十一乡村二万余人之调查，平均人口生产为千分之四二·二，死亡率为千分之二七·九。依通俗之四万万总数计算，每年要生一千六百八十万，要死去一千一百五十万，两抵增加人口五百三十万。以全国论，灾荒淘汰、互相残杀是在大批的进行，实际的增加数怕是没有这许多。依照老法子，每年只增加几十万学生，而人口之增加倒超过十倍之数，那是一万年教育也不会普及。就是用我们提议的新法去普及教育，这过分的人口增加也得要统制。一、民族须有一永久人口升降委员会之组织，随时调查耕地面积之消长，生产技术之效能，生活程度之高下，容纳人口出路之多少，以改定人口升降之比例公布全国，共同遵守。二、研究一个铜板的避妊法，使全民族都够得上实行。三、教男子满二十五岁，女子满二十岁始可结婚，结婚后服务五年可生第一子，俟第一子入小学可生第二子，以二子为限（子为男子、女子之通称）。一胎生二子或三子者以一胎为限。人口稀少之地带，由人口升降委员会颁布特殊条例。

攻破守旧关

守旧的头脑是一切进步的大障碍。这旧的里面有许多是骗人的迷信，尤其害人。黑漆一团的头脑要用科学之光来轰动他，叫他起一种变化，向进步方向去思想。电影、无线电话是两种最重要的工具，我们要普遍的运用它们来改造我们的头脑。

攻破自由关

我有我的自由，谁能干涉？我高兴就读书，不高兴就不读。我高兴就教教人，不高兴就不教。这种过分的个人自由是必得统制。中华民国要个个国民学成一个现代人，任何人拒绝现代化便是危害民国，必须受法律的处分。有知识的人必须纳知识税，拿自己已得的知识去教人，不肯教人的人不配受教育。既受教育而不肯教人的以抗税论罪。

攻破不平关

纳税的人得不到教育，拿穷人的血汗钱培养富人的少爷小姐，这是多么不平的一件事啊！婆婆不许媳妇上学，老板不许伙计读书，司务不许徒弟看报，工厂经理不许工人求知识，这又是多么不平的现象啊！攻破这个难关要三路包围：一是用小先生把知识输送到不能进学校的穷孩子的队伍里去；二是立定妨害进步罪，使一切妨害别人求学的人都受法律的制裁；三是一致奋斗，要求教育经费之确定与教育权利享受之普及，以实现教育机会之平等。

攻破天命关

中国人是听天由命的，算命先生是整个中华民国之军师。蝗虫飞来，都说是神虫，捕灭的人要受天罚。大水来到，都说是天公发洪收人，不想法子治河。因此，大难临头，是没有自信心与它抵抗，连抵抗的念头都不敢起。普及教育者必须攻破天命，唤起人工胜天的自信力。我们所要普及的是创造的人生观。教育界里的人是一样的信天命。他们说：这样穷的国家，教育怎能普及？大众也是只怪自己没有福气读书，命里注定是目不识丁。只要存着这样一个念头，教育就永远不会普及。我们也只须把念头一转，抱着一个人定胜天的人生观，向前创造，现代教育就自然而然的普及出去了。

小先生普及教育之前途

小先生之怀胎是在十一年前。难产啊！到了二十三年一月二十八日才出世。奇怪得很，他一出世便是一个英勇的战士。在这十一个月当中，他已经攻进了二十三省市。现在全县已经开始普遍采用小先生的有湖北的江陵、浙江的鄞县。安徽教育厅长首先承认小先生为全省普及教育之要图。大上海一带包括特别市、俞塘、高桥、公共租界、法租界、山海工学团已有小先生万余人。上海特别市教育局在二十四年春天要总动员从事普及教育运动。宜兴之西桥最进步，没有一个小学生不做小先生。别的地方，如晓庄之佘儿岗、无锡之河垾口、淮安之新安，歙县之王充，山东之邹平、泰山，河北之南开、定县，山西之舜帝庙，广东之百侯，河南之百泉、洛阳、开封，都已有了昭著的成效。现在是分三路进行：一、由人民自动组织全国普及教育助成会及普及教育五人团，辅助各地推动普及教育。二、起草全国普及生活教育方案，向中央政府建议，以推进全国普及教育运动。三、起草妨害进步罪，向立法院建议列入刑法，以扫除普及教育之障碍。若这三件事能于三个月内完成，则中国普及教育可以在二年之内树立一坚强之基础，以助成中华民国与大同世界之创造。

《生活教育》第 2 卷第 1—3 期（1935 年 3 月 1 日至 4 月 1 日）

注释

〔1〕白动生 原名启祥，毕业于晓庄师范，任杭州翁家山小学校长，在校积极推行小先生制，取得很大成绩。

〔2〕传递先生 亦称"成人先生"或"大先生"，系对"即知即传"成人先生的称谓。

〔3〕百侯 系对广东省汕头大浦百侯中学的简称。该校当时大力推行小先生制，颇著成绩。

〔4〕指当时教育部颁订的义务教育方案中的规定：对儿童实行四年的普及教育，对大众实行四个月的民众教育。

文化细胞

一般人只要一提到教育便联想到学校，一提到普及教育便联想到普设学校。他们好像觉得学校是惟一的教育场所，如果要想普及教育便非普设学校不可。倘使没有钱普及四年的学校教育，他们便退一步主张普及一年的学校教育，甚至于退到四个月、两个月、一个月的学校教育。万一不能普及全天的教育，他们想半天、二小时、一小时也是好的，但必须在学校里办。仔细把它考虑一下，这种意见只是一种守旧的迷信。我们若不跳出学校的圈套，则普及现代教育在中国是不可能。我不说学校没有用，但学校之外，我们必须创造一种下层文化的组织，适合大多数人的生活，便利大多数人继续不断的长进，才是有了永久的基础。

我建议要创造一种文化细胞。每一家，每一店铺，每一工厂，每一机关，每一集团组成一个文化细胞。这种细胞里的分子有两种：一是识字的，一是不识字的。我们叫每一个细胞里的识字分子教导不识字分子，说得正确些，我们要叫识字分子取得现代知识精神，连文字一同教给不识字的分子。这样一来，每个文化细胞里的分子都能继续不断的长进。任何文化细胞里倘若识字分子过剩，可以分几个出去，帮助缺少识字分子的细胞。这种文化细胞在山海工学团范围以内叫做工学队，为工学团最下层之组织单位。俞塘[1]称它为生活教育团，安徽省会称它为普及教育团。有人建议称它为自学团或共学团。名字不同，无关重要，但他们有一点相同，便是感到专靠学校来普及教育在中国是很勉强，不易做到。即使做到了，也是一种短命教育，没有久远的长进。所以要在学校之外创出一种较为自然之组织来救济，不但要谋教育之普及，并要谋所普及之教育得以继长增高。他们用得着学校的地方，不妨先开一个学校。铺中、家中连一个识字的人也没有的地方，不妨叫每家每铺先派一人每天来校学半小时或一小时，再依即知即传之原则，把各个文化细胞成立起来。

普及教育动员令一下，有暇进学校的，尽可进学校；无暇进学校的，在自己家里、店里、工厂里及任何集团里创起文化细胞来共谋长进。文化细胞成立后，必须向负责学校或教育行政机关注册。凡在文化细胞里自谋长进的，可以不进学校；凡在学校里求学的，必须常川回到他的文化细胞里来尽义务教人。

学校是文化的旅馆，只能暂住而不可以久留。自学团、共学团、普及教育团、生活教育团或工学团下之工学队，才是文化之活细胞。

《生活教育》第 2 卷第 5 期（1935 年 5 月 1 日）

注释

〔1〕俞塘　地名，属上海县。具体指俞塘民众教育馆。

文 化 网

　　文化细胞虽是最下层的组织,但是光棍的细胞是没有多大用处,我们必须把一个个的"文化细胞"联合起来,结成一个文化网。

　　在都市里,每一铺户里的识字者与不识字者组织一个生活教育团,继续不断的共同教学做,便成了一个"文化细胞"。有了这个"文化细胞"的组织,这一铺户里的人便可以活到老做到老,教到老学到老。如果一条街上之"文化细胞"都联了起来,成了一街的文化组织,再进一步,一区的街文化组织都联了起来,成了一区的文化组织,以至全市的文化组织,那便是有了文化网的作用了。我们可以称它为街文化网、区文化网、市文化网。乡下的可以称为村文化网、乡文化网等等。

　　"文化网"的目的,无论在乡下或是在城里,都是要把单个的"文化细胞"联合一气,把它范围里面的人一齐捞到时代的岸上来,不使一个漏掉。

　　"文化网"对于"文化细胞"负有两种使命。一是培养新的"文化使者"去创造新的"文化细胞"。例如这一条街上或这一个村里,有一半的人家家里没有识字的人,我们就可以叫每一家派一个人来,一面学,一面回到家里去创造新的"文化细胞"。二是从外界吸收新血液,向着范围内的每一个"文化细胞"继续不断的灌注进去,使它们可以继续不断的生长。例如某街某村之"文化网",必得运用说书、滩簧[1]、留声机等等,把"文化细胞"的分子,每星期号召来开一次会,以磨擦出来新的精神。范围较大的区域,更可运用演戏、电影、无线电话来号召。我们要寓教育于娱乐,才能发挥这"文化网"的作用。如果到会的人觉得是单单来受测验或是受训练,不久将要变成一桩枯燥无味的事情,大家都要望而生畏了。

文化细胞是基本的组织;文化网是有提纲挈领的作用。从事普及教育者必须兼筹并顾,方能发生广大深刻的效力。

《生活教育》第 2 卷第 6 期(1935 年 5 月 16 日)

注释

〔1〕滩簧 地方曲艺的名称,也称滩黄。流行于苏州、上海、杭州、宁波等地。各地滩黄均由一二人至五六人表演,兼有说唱和简单表演。

怎样做小先生 *

一、为什么要做小先生

为什么要做小先生？做小先生有什么意义？这是每一个小学生或识字小孩都应该问的问题。我们为什么得了知识就应该传给别人？

我要问你：你怎么可以进学校？因为有你的父母为你出学费，并且给你饭吃。

你的父母都识字吗？他们都得了你所得到的知识吗？如果他们没有接受现代教育的机会，你也应该尽你的责任分点给他们吗？有些学生受了父母的栽培，连一封信也不写回去。等到放假回家，不是嫌父母无知便是嫌家里不卫生。他从不耐烦把他所得的知识去向父母说明。假使你有几个兄弟姊妹，你可知道为什么只有你一个人上学？钱不够。你的兄弟姊妹就不想长进吗？你既进了学校，若不引导他们共同长进，你觉得心安吗？

再进一步说：你的学堂是谁办的？假如说是政府办的，政府的钱又从那里来的呢？不消说得，关税哪，盐税哪，田税哪……出口货的关税是每一个生产者都出了钱。进口货的关税是每一个消费者都出了钱。盐是人人都要吃，即是人人都出了钱。田税是地主从地

---

* 本篇曾于 1935 年 5 月 14 日至 8 月 20 日在《晨报·普教周刊》分十三次连载。

租中划出一部分所纳，地租是出于每一个农人之劳动力。现在开办学校之钱是人人所出，而教育只有很少数的人享受。多数的人只是"出钱给人读死书，自己一个大字也不识"。劳苦大众既然出了钱，使你上学的学堂可以开办成功，你就应当负起责任，把你所学得的知识提取精华，教给劳苦大众和他们的小孩。这是每一个小先生所要明白的根本意义。死读书而不肯教人的学生，显然是一个忘恩负义的守知奴。

二、找　学　生

　　小先生的第一件工作就是找学生。"找学生"便是上第一课。这是你和你的学生初次见面，连说话都不可以随便。因为第一个行动是有力量决定以后的行动的方向。你对于每一句想说的话都应该预先想一想："这句话应该说吗？我为什么要这样说？"我知道你是很心急的，要赶快的找到学生。有时你想用种种方法把你所要找的人说服。但是心急的时候，很容易说错话。当你遇着一群失学的孩子的时候，你会把古时候苦孩子读书的故事讲给他们听。临了，你会引一两句成语劝他说："吃得苦中苦，方为人上人。"你可曾把这两句话的意思想过没有？我是听得太多了。不懂事的大先生老是用这种话来勉励小先生，不用头脑的小先生也是照样画葫芦的拿这种话哄骗别的孩子。我们吃苦的目的，就是要做"人上人"吗？我们用功的目的就是要求个人升官发财吗？为什么要读书？读了书就应该把自己的脚站在别人的头上吗？我有一位朋友，把这两句话改成："吃得苦中苦，不为人上人。"我觉得这位朋友所改的语气有些消极，又把他改成："吃得苦上苦，方为人中人。"公平的世界里只有人中人，不该有"人上人"和"人下人"。无论怎样改法，你都觉得不便拿他来做那劝学的招牌了。其实，你是用不着这种哄人的糖果。如果你所教的是有趣而又有用的书，倘使没有人阻止，谁都愿意学。你可以说:"这本书有趣得很,也有用。你若愿意读,我可以教你,试试看吧。""读了书,可以看报,写信,明白事理。"这种平常的话,是比花言巧语好得多。只要你的心是热的,总有一天能感动人。倘若你不择手段,拿虚荣来鼓励人求学,将见他学成之日,便是你的教育完全失败之日,那真是白费心血了。你若嫌我说的那几句话太平凡,而愿意想出更有力的话来代替,我当然高兴。但是,我希望你必须想一想:"这句话应该说吗?我为什么要这样说?没有更好的话可说吗?"

三、课本要不要

普及初步教育离不开文字。文字是什么?该怎样教?我们必须弄明白,才不致走入歧路。

文字是生活的符号。它必须与民众的生活打成一片,才能发生效力。我们要想鼓起民众读书的兴趣,必须拿他们生活所需要的文字来教。但这种生活需要有经常的,也有临时的;有共同的,也有个别的。经常共同需要的文字,可以编成课本。个别需要的文字,可以编成补充材料,以适应一地方、一职业或任何之特殊生活。临时需要的文字是要靠教者之灵敏,抓住当前的机会指导民众。

普及文字教育,最好是要采用一种最为适合民众经常共同需要之课本,以便每天求进,否则怕要间断。实际上,失学民众是欢迎课本。没有课本是不易维持继续求进的兴趣。这是当然的啰,你请客吃饭是必须用碗盛呀,课本便是用碗端来的饭,吃起来很便当,否则一粒粒的散在桌上,是多么的难吃呵。

课本虽是需要,但教人的人不可死靠课本,他必定要运用补充材料及临时材料,以适应特殊及当前生活之需要。

四、识字呢，读文呢

识字运动每每引起人的误解。字是应当识的，但不是为识字而识字，而且字也不是单靠一个个的分开去认识。例如《老少通千字课》内的第二课：

起得早，

睡得早，

省油省灯草。

一共有"起，得，早，睡，省，油，灯，草"八个字。如果只拿这八个字一个个的分开来教，谁也不高兴学。即使认得了，也是不大会用。所以单单教人识字，一定要令人望而生畏，引不起民众自动读书的兴趣。倘若换个法子，先教民众学生把课文读一遍，他耳朵听懂了整课的意义，觉得有趣，你再把一个个生字分开来教他，他就高兴学了。最后再把课文教他读几遍，是文也会读了，字也会认了，那是多么有趣啊。你再教他写，教他用，等到会用这些字，才算真的认识这些字。一课的生字很少，固然不容易教人运用，但是几课、几十课的生字就能千变万化的运用起来。有时一课教了之后，就拿课内有限的字来运用。例如，教他把本课里的字随便凑成一句话。如果他把"早起早睡"四个字联了起来，就是很会运用了。我们必须教他用字写文，才算是真正达到识字的目的。

五、活动材料

小先生起初教人识字读书，必须借重课本，才能引人继续不断的上进。这个道理我在前面已经说了一个大概。但是课本有固定的，有活动的，我们不能把它看呆了。除了固定的课本之外，小先生必须抓住眼前的机会，运用活动的材料教人。什么是活动的材料呢？比如，一个人拿了一张钞票付你妈妈的工钱。这时，你妈妈的心里所急于要知道的有几件事：这钞票当真是五元呢，还是一元；是本地通用的呢，还是本地不通用的；发钞票的银行是有信用的呢，还是将要倒闭的？好，这张钞票便是一张顶好的活动材料，一位灵敏的小先生，决不把这个机会放过。他必定要把钞票上的数目字、地名、银行名指给妈妈看。这样指点一回、两回、三回……妈妈不久就会认识了。这种活动的材料多着咧：发票、收条、门牌号数、来往的信都是顶自然的活动课本。又比如，你的婆婆要到一个陌生的地方去，你给她开一个详细的路线，那路线乃是最能令人注意的活动材料。有时不识字的人自己说了几句很有精彩的话，你把它写出来教他读，他是顶有兴趣了。一次，丁光生小先生教妹妹画画，他的不识字的父亲，也要了一张纸去画了一只菱角和一只乌龟。丁光生问爸爸为什么把这两样东西画在一块儿。他的爸爸说："菱角怕乌龟，乌龟欢喜吃菱角。"这两句话是多么有趣味啊。后来丁光生把这件事告诉我，我向他提议，把这两句话写出来，教他的父亲读，读会了再教他写，写在画上。这张画现在是在我的小小陈列所里，这是小先生抓住当前机会教人的一个好例子。

六、留声机与无线电

小先生还有几个机会要抓住。当你在乡下开留声机的时候，你总是看见一群一群的人跑到你的面前，把个留声机紧紧的包围住。是的，蜜蜂见了蜜园，那有不拥来的道理？中国的民众是欢喜听曲，不懂也高兴听，如果懂得里面的意思，那就更加高兴听了。你晓得现在的唱片都附有一张美丽的歌词。聪明的小先生必定是抓住这个机会，不肯放手。他要把这张歌词，写在黑板上，或用复写纸写几张，或用油印印起来，或叫各人分头预先传抄，教大家读，读会了再开唱片。这样一来，听众不但是增加了听曲的兴趣，而且多识一些字,并感觉识字之需要了。无线电播音也要同样的把报纸上发表的词曲拿来教人。比如,我们每逢星期三就要换一首歌接连广播一星期,歌词在星期二的《新夜报》[1]上发表,就是希望小先生预先把歌词教人。等到次日播音的时候,听者便能一面温习歌词,一面格外听得高兴,不久就可以把这首歌学会了。这样小先生和留声机或无线电是联合起来做了民众的一位音乐和国语教师了。

七、图画书之功用

民众欢喜看图画,你只要走到街头巷角的书摊旁边看看就知道了。那些连环图画把民众的心灵都吸收去了,连小学生都把这些书租去看,每一个小先生都应当想法子多找一些图画书去指导学生。你要想多得学生,并且教你的学生高兴看书,把书看上瘾,必须借重图画。

一天晚上,我到北孙宅去参观农人开会。我想,应该送点什么礼物去呢?匆匆忙忙的我就把《良友画报》、《大众画报》、《时代画报》、《现代画报》每样买了一本,带去送他们,希望第二天教师指导他们看。那里晓得几十位农友当晚就要看,一直看到十二点钟也不觉疲倦。可见得图画书吸引力量之伟大。

你必定要用图画来抓住你的学生。假使没有钱买图画书,可以向朋友借。若无处可借,还有一个经济的办法,可以自做图画书。你预备一本白报纸装订的簿子,把每天日报上的好图画剪下来,贴在簿上。有标题的连标题一起剪贴。无标题的可以补写上去。一个月干下来,你就知道这本图画簿是多么得力的一个助手。你若将图画簿照西洋信纸簿一样订,订的一端在上,活叶垂下,图画直贴,你可以将订的一端挂在壁上,把图画一张一张的翻给学生看,更觉便利。不久,你可以教你的学生也干起来。每人得到不同的报,便可造成各种的图画书,那是多么丰富的收获啊!老太太们想把旧报换钱,你请她先让你剪下图画再卖。只这一办法,我们每年就可以得到许许多多民众图画书。

八、知道什么教什么

小先生教的什么?你能教什么就教什么。你知道什么就教什么。有的人以为小先生只会教人识字,这是一个错误。有的小先生虽然也会拿别的重要东西教人,也是单单教人识字,更是可惜。你要明白除了教人认字之外,你还有别的本领。你虽然不会干孙悟空的七十二变,但是七变八变,你是干得来的。

中国人害冤枉病的多着咧。每年死于痨病、天花、霍乱、伤寒、疟疾的总有几百万。小先生能帮助人避免这些病痛。你一学会了预防的方法,就可以告诉别人照样去干。要想避免肺病,必须享有新鲜空气、充分阳光、适当休息、滋养食物,并且不与有肺病者之咳嗽喷嚏接近。已经得了肺病的人,除了上面几点应该注意之外,还要火化痰涕,并不向人咳嗽喷嚏。小学生知道了这些办法之后,不但自己要实行,并且要逢人说明。种了牛痘,三年之内便不致于出天花。打了霍乱伤寒混合防疫针,一年之内便不致于害霍乱伤寒。组织灭蚊队导去死水,肃清痰盂、水缸、阴沟及一切死水里的孑孓和蚊卵,并在池塘里养育专吃孑孓之鱼类,则疟蚊便不能发生。小学生知道了这些道理之后,一方面要自己实行,一方面要向人宣传,一方面应当群策群力的,还要联合大家共同进行。你如果这样做,便成了卫生小先生了。

学过科学的小朋友该晓得月亮自己不会发光,要太阳光照在月亮上才看得见月亮。"月蚀"是地球走到月亮与太阳中间,把太阳光挡住,因此月亮就好像被一个无形的东西吞了下去。等到地球渐渐移开,月亮才渐渐出现,又好像被那个东西吐了出来。无知识的人就说是天狗吃月亮。中国人迷信月亮是保佑他们的。月亮今天遇难,他们必须救月亮;将来他们遇难,月亮也会救他们。所以大家放爆竹,把天狗吓跑。等到月亮重新出来,他们欢喜的了不得,以为是他们放爆竹的功劳。依我的估计,每次"月蚀",全国至少是要化费二百万块钱。小朋友听了"月蚀"的演讲,还得做一个小实验。你用一支蜡烛当做太阳放在左边,叫一个人站在中间,把他的头当作地球,另叫一个人站在右边,把他的头当作月亮。这两个人的头要摆得一样高低,站在中间的头把烛光遮住,右边的人的头上照不着光,这便代表了"月蚀"的现象。只要中间的人移动,右边的人的头上就有了光。所有蚀前、初蚀、蚀后种种现象都可以一一表演。你这样做给别人看,讲给别人听,便成了一位科学小先生。如果全国的小先生会玩这套把戏,每次月蚀,中国可省去二百万元。

小先生能够干的事多着咧。上面所写的不过是举了几个例子。你能教什么就教什么。你知道什么就教什么。不知道的和不能教的,当然是不应该教。

九、教人的时间

小学生一面求学一面教人,时间够他分配吗?时间若不敷分配,身体不要受害吗?有些人是在怀疑小学生没有功夫做小先生。最可惜的是他们不想法解决问题。笼统的抱了一个时间不够的成见,便把小先生运动耽误了。

这也难怪。有些热心普及教育的人是太热心了,做得过火了。他们恨不得要把不识字的民众一口气教好。他们每天让小先生一连教两三个钟头。这样一来,小先生不但是耽误了自己的功课,而且把身体也弄得精疲力倦。别人看见这种现象,以为做小先生非如此不可,便不敢轻于提倡。甚至于以这种事实为凭,随嘴反对小先生。

其实，做小先生并不要化这么多的时间。我从起初一直到现在，只希望学生们每天费半小时教人。只要天天不间断，连十分钟、二十分钟也是好的。我诚恳的劝告小先生，每天教人不要超过半小时。若费时太多，恐怕难以持久。每天教人半小时，是于人有益无损，于自己也有益无损。这样才能活到老，学到老，教到老，不致半途而废。

十、不要摆架子

你找到了学生，就得把他留住。如果今天找着，明天失掉，那不是白费心血吗？是啊，你得想一想：有什么事情得罪了你的学生？

我知道有些小先生欢喜摆架子，摆成一个先生的架子。这种臭架子会把学生赶跑了。我记得有一个小先生找到了两个学生：一个是他的表姐，另一个是他的父亲。他在头一天上课的时候，就摆起架子来。他对他的父亲说："我叫您念一课的时候，您应该站起来。因为这是学堂里上课的规矩。"

他的父亲居然就站起来念。这是一幕有趣的滑稽把戏，幸而这位父亲脾气好，照着儿子先生的话行。若是遇着第二三个，这位小先生就要讨没趣。还有一位小先生，起初找到了四个学生。他一上课就摆起威风来。他要学生们向他鞠躬。他要学生们服从他的命令。他弄了一根棍子做教鞭，耀武扬威的在学生们头上巡礼，架子十足！结果呢？他的学生都跟了别的小先生跑了，把自己变成一只没人理睬的孤鸦。

其实，我们不能瞎怪这些小先生。他们是有来历。这些臭架子没有一样不是从大先生那里学来的。所以与其怪小先生，还不如怪大先生。

前进的大先生，是没有这些架子了。他们把学生当作朋友看待。在新兴的学校里，我们到处可以听见"小朋友"的称呼。运用朋友的关系，彼此自由交换学识，是比摆架子好得多，你要了解学生的问题，体谅学生的困难，处处都显出你愿意帮助学生求学而没有一丝一毫的不耐烦，这样才够得上做朋友，才够得上做小先生。

十一、虚心求学

小先生必须用功求学，才能教人。自己不长进，决不能做小先生。我所写的《小先生歌》里有一首是注重这个教学相长的关系。

　　我是小先生，

　　这样指导学生：

　　学会赶快去教人，

　　教了又来做学生。

我们要继续不断的学，才能继续不断的教。孔子说的"学而不厌；诲人不倦"是要连起来看，不可分作两句读。我们要"学而不厌"，才能"诲人不倦"。

其次，因为要教人，就不得不把所教的知识弄明白。一个负责任的小先生是"以教人者教己"。他所学的比一个普通的学生要正确得多。他不但是要明白这一课的意义，并且是要想法把他所明白的也叫别人明白。一个有准备的小先生对于所教的功课是有双层的了解，即对于学得的益处是有双倍的深刻。

最后，你还要跟你的学生学。你要知道你的学生需要什么，才教他什么。这个，你必得虚心请教你的学生，才能知道。你决不可凭着你的主观去教人。你还得明白你所找到的成人学生，白米比你多吃几担，必定有许多东西可以教你。你既虚心的请教他，他也会虚心的请教你。最好的教育是有来有往。老是靠你一方面讲话，你不变成了一个话匣子吗？你不但要忘记他是你的学生，并且要叫他忘记你是他的先生，这样，你才能做到一个进步的小先生。

十二、教你的学生也做小先生

小学生不但要自己做小先生，并且要教别的小孩做小先生，最要紧的是要教自己的学生做小先生。

我们的目的不是要得一个小先生的头衔，乃是要运用"即知即传"的原则，把知识公开给没有机会受教育的人。你既尽了义务教导别的人，如果他没有得着你的"即知即传"的精神，并且把这种精神实行出去，还是空的。他或者是为着升官发财来向你求学。这种自私自利的人是不配受教育。假使小先生所教的学生都是自私自利的人，而不肯再把知识传出去，那么，做小先生又有什么意义呢？古时候，苦读书的人多着咧。车胤把萤火虫装在纱囊里照着读书；孙康把书映在雪上读；朱买臣一面挑柴一面读书；李密把书挂在牛角上，有空便读。这些都是苦读书的例子。但是问他们为什么要这样苦读，就很少不是自私自利的。特别是朱买臣，他苦读书只是想做官，想做人上人。如此小先生所教的学生，都像朱买臣那样自私自利，不是白费心血吗？

因此，小先生上了几天的课之后就得说明白：我尽义务教你们，你们也要尽义务教别人，不肯尽义务教别人的人，是不配受教育。你不久就得开始教你的学生去找学生，还要教他如何克服他所碰着的钉子。总而言之，小先生的责任不单是教学生，而且是教学生做小先生和传递先生。

十三、小先生团

个人的力量小，团体的力量大。一个个的小先生要组织成"小先生团"，才能发挥充分的力量。小先生团是要拿团体的力量来制裁个人的行动，它是要把每一个人的力量集合起来，使这力量向着共同的目标发挥出去。每一个地方有了二个以上的小先生，就应该成立小先生团，每一个小先生都应该加入小先生团。如果没有现成的小先生团，小先生们就该动手组织一个，以负起你们共同的使命。

每团要立下一个公约，人人必须遵守。全团要公举团长一人，大家都要服从他的指挥。这位团长是一团共戴的领袖，他应该依据公约，分配职务，指挥进行。他若违反公约，大家可以推倒他。但当他执行公约时候，谁都应该服从，不可吊儿郎当，各干各的。团长之外，要有书记员专司记录，监察员专司个人行动之纠正。每团须隔几天开团务会议一次，商议进行计划，解决困难问题，批判本身错误。

这种团体是必要的。一来，我们最缺少的是集团生活。小先生为前进的小孩，必须过一过集团的生活，才能依据即知即传的原则，引导别人去过同样的生活。二来，小先生在社会上活动的时候，必定是会遇着许多问题，碰着许多钉子，有的要共同讨论才能了解，有的要共同行动才会解决。三来，普及教育的工作，根本就不是散漫的个人所能干得好，必须有千千万万的即知即传的集团，才能冲锋陷阵，攻破那愚昧顽固的阵线。因此小先生不要专靠个人的力量干，要联合大家的力量干。小先生必须组织小先生团。

俗语说："一个和尚挑水吃；两个和尚抬水吃；三个和尚没得水吃。"和尚多了一个，水儿反少一桶，这都是个人自由捣的鬼。若有组织，把个人自由镇压下去，人越多力量越大。小先生必得把个人自由献给团体。你必定把领袖欲连根拔掉。你必不可以借团体来出风头。你不可以假公济私，揩公家的油。你若发现人家有错误，当面劝告他，或彼此来它一个自我批判，不可背后说人坏话，抱着大目的前进。闹意气是不长进。这些是每人都得努力修养。否则，小先生团是可以今天成立，明天破裂。那不是一桩最可惜的事吗？我新近写了一首歌谣，愿献给小先生团做参考。

你说他不好。

他说你不好。

地上长茅草。

不打而自倒。

十四、一　变　二

小先生团结了起来，便可以攻进"愚蠢"的王国，解除"迷信"的武装，发出"真理"的光辉。

但是跑进一个人地生疏的村庄里去干普及教育工作，也不是一桩容易的事。你们虽然说得天花乱坠，若是人家不睬你们这些素不相识的小孩，你们也要觉得没趣吧？你们不可以仗着"团的力量"蛮干。小先生团必得有新武器才能百战百胜，你们若是跑到一个陌生的地方去工作，下面所提的几件东西可以带去试一试：

（一）手提留声机一架与几张民众爱听的唱片；

（二）小药库一个与几种民众急需的药品；

（三）图画书数十册；

（四）小皮球几个。

这些东西可以说是普及教育的"四大法宝"。拿着这四大法宝，小先生团如果认真的干，那么，每到一个地方，必是势如破竹。倘使小先生团里有人会唱歌，会讲故事，留声机就可以不带。如果把这四大法宝运用得好，只须两三天，你们在当地就可以得着许许多多朋友。进一步，再教他们自己组织起来，依着即知即传人的道理教导自己。你们还要运用访问、通信、总集合、巡回辅导、流通图书、互相参观等等方式与他们发生不断的关系。这样一来，小先生团就可以一变二、二变四、四变八的繁殖出去，对于普及教育，自有很大的贡献。

十五、钉住你的学生，也让你的学生钉住你

最后，做小先生要有恒心，虎头蛇尾是没有出息。"即知即传"是一个终身的工作。你不能把你的学生教了几天或几个月就把他丢掉。

比如，你在小学里求学的时候找到了两位学生：一位是你的妈妈，另一位是邻居的守牛小孩，天天把小学里学得的重要知识传给他们，他们就好像是和你一起进了小学。你虽然每天只能教他们半小时，但继续学了四年、六年，他们对于文字方面，最少是能看信了。等到你进了中学，你就可以用通信的方法，把你在中学里所学的知识，随时提取精华教给他们。寒假、暑假回家，你还可以当面教导他们。他们对于不懂的事情，也可以随时写信问你。这样，他们就好比是进了中学。当你进了大学，如果继续的和他们通信，那么，他们也就可以算是进了大学，只要你不会忘记他们，他们是和你一同长进。这种终身共同长进的关系，是人类的一种宝贵的关系。在这种宝贵的关系里，我们可以看出小先生应该努力的方针。给人一点儿知识之后就把他丢掉，是一种轻薄的行为。五分钟热心是可耻的。

你要钉住你的学生，也让你的学生钉住你。

《怎样做小先生》（1935年11月上海儿童书局版）

注释

〔1〕《新夜报》上海《晨报》的晚报，《普及教育》周刊登载在该报上。《普及教育》周刊，系陶行知以中国普及教育助成会筹备会名义所主办，每逢星期二出刊。由陶行知主办的"空中学校"（即广播学校）所编辑的《半小时普教消息》均刊登在《普及教育》周刊上；每期"普教消息"都刊有次日（星期三）要教唱的"每周一歌"。

生活教育之特质

您如果看过《狸猫换太子》那出戏，一定还记得它里面有一件最有趣的事情，就是出现了两个包龙图：一个是真的，还有一个是假的。我们仔细想想，是越想越觉得有趣味了。世界上无论什么事，都好像是有两个包龙图。就拿教育来说罢，您立刻可以看出两种不同的教育：一种叫做传统教育；另一种叫做生活教育。又拿生活教育来说吧，您又可以发现两种不同的说法：一种主张"教育即生活"；另一种是主张"生活即教育"。我现在想把生活教育的特质指出来，目的不但要使大家知道生活教育与传统教育之不同，并且要使大家知道把假的生活教育和真的生活教育分别出来。

（一）**生活的**　　生活教育第一个特点是生活的。传统的学校要收学费，要有闲空工夫去学，要有名人阔老介绍才能进去。有钱、有闲、有面子，才有书念，那么无钱、无闲、无面子的人又怎么办呢？听天由命吗？等待黄金时代从天空落下来吗？不！我们要从生活的斗争里钻出真理来。我们钻进去越深，越觉得生活的变化便是教育的变化。生活与生活一磨擦便立刻起教育的作用。磨擦者与被磨擦者都起了变化，便都受了教育。有人说：这是"生活"与"教育"的对立，便是"生活"与"教育"的磨擦。我以为教育只是生活反映出来的影子，不能有磨擦的作用。比如一块石头从山上滚下来，碰着一块石头，就立刻发出火花，倘若它只碰着一块石头的影子，那是不会发出火花的。说得正确些，是受过某种教育的生活与没有受过某种教育的生活，磨擦起来，便发出生活的火花，即教育的火花，发出生活的变化，即教育的变化。

（二）**行动的** 　　生活与生活磨擦，便包含了行动的主导地位。如果行动不在生活中取得主导的地位，那么，传统教育者就可以拿"读书的生活便是读书的教育"来做他们掩护的盾牌了。行动既是主导的生活，那么，只有"为行动而读书，在行动上读书"才可说得通。我们还得追本推源的问：书是从那里来的？书里的真知识是从那里来的？我们是毫不迟疑的回答说："行是知之始"，"即行即知"，书和书中的知识都是著书人从行动中得来的。我要声明著书人和注书人抄书人是有分别。人类和个人的知识的妈妈都是行动。行动产生理论，发展理论。行动所产生发展的理论，还是为的要指导行动引着整个生活冲入更高的境界。为了争取生活之满足与存在，这行动必需是有理论、有组织、有计划的战斗的行动。

（三）**大众的** 　　少爷小姐有的是钱，大可以为读书而读书，这叫做小众教育。大众只可以在生活里找教育，为生活而教育。当大众没有解放之前，生活斗争是大众唯一的教育。并且孤立的去干生活教育是不可能的，大众要联合起来才有生活可过；即要联合起来，才有教育可受。从真正的生活教育看来，大众都是先生，大众都是同学，大众都是学生。教学做合一、即知即传是大众的生活法，即是大众的教育法。总说一句，生活教育是大众的教育，大众自己办的教育，大众为生活解放而办的教育。

（四）**前进的** 　　有人说，生活既是教育，那么，自古以来，便有生活即有教育，又何必要我们去办教育呢？他这句话，分析是对的，断语是错的。我们承认自古以来便有生活即有教育。但同在一个社会里，有的人是过着前进的生活，有的人是过着落后的生活。我们要用前进的生活来引导落后的生活，要大家一起来过前进的生活，受前进的教育。前进的意识要通过生活才算是教人真正的向前去。

（五）**世界的** 　　课堂里既不许生活进去，又收不下广大的大众，又不许人动一动，又只许人向后退不许人向前进，那么，我们只好承认社会是我们的唯一的学校了。马路、弄堂、乡村、工厂、店铺、监牢、战场，凡是生活的场所，都是我们教育自己的场所，那么，我们所失掉的是鸟笼，而所得的倒是伟大无比的森林了。为着要过有意义的生活，我们的生活力是必然的冲开校门、冲开村门，冲开城门，冲开国门，冲开无论什么自私自利的人所造的铁门。所以，整个的中华民国和整个的世界，才是我们真正的学校咧。

（六）有历史联系的　　这里应该从两方面来说。第一，人类从几千年生活斗争中所得到，而留下来的宝贵的历史教训，我们必须用选择的态度来接受。但是我们要留心，千万不可为读历史而读历史。我们必须把历史的教训，和个人或集团的生活联系起来。历史教训必须通过现生活，从现生活中滤下来，才有指导生活的作用。这样经生活滤过的历史教训，可以使我们的生活倍上加倍的丰富起来。倘使一个人停留在自我或少数同伴的生活上，而拒绝广大人类的历史教训，那便是懒惰不长进，跌在狭义的经验论的泥沟里，甘心情愿的做一只小泥鳅。第二，中国已经到了生死关头，争取大众解放的生活教育，自有它应负的历史的使命。为着要争取大众解放，它必须争取中华民族的解放；为着要争取中华民族的解放，它必须教育大众联合起来解决国难。因此，推进大众文化以保卫中华民国领土主权之完整，而争取中华民族之自由平等，是成了每一个生活教育同志当前所不可推却的天职了。

《生活教育》第 3 卷第 2 期（1936 年 3 月 16 日）

我们的态度[*]

我们这个刊物，经过长时间的筹备，居然在这多难的五月出世了。

在这个年头，要办一种刊物，说几句自己心上所要说的话，本不甚容易，但是我们的态度是坦白的，我们的心地是纯洁的，我们既决定要说自己所要说的话，那我们也只有坦白地纯洁地不管一切地说话了。

（一）我们坚决地主张教育目标的大众化

我们所主张的大众教育包含有两种意义：其一，过去的教育是少数的独占的教育。这种少数独占的现象，不但是一种社会的病态，而且与需要大众为民族生存而斗争的现局相矛盾。教育的大众化，不仅站在大众的立场，是我们应有的权利，即从民族的立场观察，亦是我们应有的责任。所以我们主张将少数的独占的教育归还于大众。其次通常的教育每专指学校内的教育而言，并且以为教育的任务只在教人识字读书。但是，我们所理解的大众教育却并不是这样的。我们以为教育并不是被以砖墙或篱笆围着的学校所限定，而且教育的主要目的也并不在于教人识字读书——固然识字原是重要的手段，而是在教人在行动中解决他自身与他所属的社会的困难。所以我们主张的大众教育是要冲破学校的墙围而以整个社会为教育的场所，而且由文字知识的教育扩大为超文字的行动的教育。

---

* 本篇系《大众教育》的发刊词。

（二）我们坚决主张教育理论的现实化

这里所谓理论，决不是空想的，而是要从现实的综合的观察中发现事件的联系。过去的教育正犯了两种相反的错误：一种是离开现实的空想的理论，如所谓人格教育、文化教育是；另一种是根本缺乏综合理论的实验主义的教育观。他们都只是支支节节地做些头痛医头脚痛医脚的工作，看不见或看不清教育与现实的各方面的联系。这两种错误见解更递地在中国教育领域内散播了不少的毒素。现在我们对于这些错误是要不客气地给予清算的。

教育是一种行动，而行动需要理论的指导，没有理论的行动，那是盲动。并且行动之能否成功，要看理论之是否正确。因为不正确的或歪曲的理论是要导行动陷于错误的泥潭的。即以国难教育为例，假使不了解什么是国难，不了解教育的本质，或不了解国难与教育的联系，则在教育的实施上必然地要陷于错误的。我们看现在各地所实施的国难教育之不伦不类，即由于没有正确的理论指导之故。所以正确的教育理论是教育行动上所不可须臾或离的。

总之，我们今后的努力，一方面要竭力将教育建筑在大众的基础上面，而另一方面要竭力建树一种正确的合于现实需要的教育理论，以为教育行动的指导。然而我们的力量是有限的，希望同情于我们的教育工作者以及受教育的大众多多帮助我们。这个刊物原是属于大众的。朋友们！在这民族危机已经压到头顶上的今日，让我们在教育领域的工作中，来尽一部分民族解放运动的责任吧！

《大众教育》创刊号（1936年5月10日）

普及教育之歧路

近年来，政教合一之呼声，高唱入云。随着这呼声而来的有了四种不同的实验：一是邹平的乡学[1]；二是长江一带之保学；三是广西之民团干部学校；四是工学团。除了工学团尚属私人小规模试验外，其余三种都有政权在握，总可算是政教合一之实例。他们的全部结果固然难以预断，但从普及教育的效力看来，已经有些话是不得不说了。

就这几个月来的事实说，有些地方竟用保长兼校长。广西的民团干部学校，原以养成国民基础学校师资及能任乡镇村街长民团干部为宗旨，它的校长便是由各区指挥官兼任。最近连国民基础学校校长也要民团长兼任。这样一来，学校是变成衙门，教育是变成办公，创造是变成维持，循循善诱是变成整齐划一。花园里的园丁都可以卷起包袱回家，因为花园变成草地，只须轧草夫来把草儿轧得一样整齐就行了。这种教育普及之日，便是中华民族生机完全毁灭之时。

邹平之乡学，如果能够避免乡绅偶像，是比较可以走的一条路。因为在这里，学校是替代了衙门，教育是替代了办公，意义是非常丰富。可惜推崇乡绅太过，效力未能充分发挥。

普及教育必须有政治力来推动它，才能有长足之进步。但是政治力如果用得不当，可以毁灭教育。比如蒸汽机能推动火车，但是它也能把火车头炸掉。我们如果做得太过分，要用小官来做校长，虎头牌再挂起来，那么这部普及教育列车必定被它们炸得粉碎。

最后，我要声明：我承认保学，国民基础学校都是普及教育的好组织,值得提倡。我所认为不可行的是保长、民团长兼校长。保长、民团长对于劝学兴学都应负责,都可以有贡献,但决不可许其干涉校务,更不可责其兼任校长。

《普及教育三编》(1936年6月上海儿童书局版)

注释

〔1〕邹平,县名,属山东省。乡学,指地方所办的学校。邹平的乡学为梁漱溟所办,亦称乡农学校。

中国大众教育问题[*]

一、中国大众教育概论[1]

为什么要大众教育？

中国是遇着空前的国难。这严重的国难，小众已经解决不了，大众必得起来担负救国的责任而中国才可以救。我们的"友邦"要取得辽宁的铁、山西的煤、吉林的森林、华北的棉田、福建的根据地以及全国的富源，并不是安分守己的做一个富家翁享享福就算了事。他是要叫我们四万万五千万人做亡国奴——做他的奴隶。做奴隶当然是不会舒服的，除了为他种田做工之外，还得为他当兵，做他进攻别人的肉炮弹。只须大众觉悟起来，不愿做亡国奴，与其拿生命来做敌人的肉炮弹，不如拿生命来争取整个民族的自由平等，我们的国难就必然的解决了。但是中国的大众受了小众的压迫剥削，从来没有时间、金钱、机会去把自己和民族的问题彻底的想通。加上了几千年的麻醉作用，他们遇到灾难，会武断的说是命该如此。我们要一种正确的教育来引导大众去冲破命定的迷信，揭开麻醉的面具，找出灾难的线索，感觉本身力量的伟大，以粉碎敌人

---

[*] 本篇为《大众教育丛书》之一，由上海大众文化社1936年8月出版。书内12个部分，曾作为12篇文章先后在多种报刊上发表过，后编辑成为这一《中国大众教育问题》单行本，只在个别标题或字句上略有改动。单篇文章原发表期刊，标题、时间均于本篇之后，加以简注，可供参考。

之侵略阴谋，把一个垂危的祖国变成一个自由平等的乐土。

大众教育是什么？

大众教育是大众自己的教育，是大众自己办的教育，是为大众谋福利除痛苦的教育（The new mass education means an education of the mass, by the mass and for the mass）。这种教育和小众教育固然大不相同，即和小众代大众办的所谓民众教育、平民教育也是根本矛盾。大众教育是要教大众觉悟。只是教大众生产、生产、生产，长得肥一点，好叫小众多多宰割的教育不是大众教育。大众教育是对大众讲真话。专对大众说谎的教育是骗子教育，而不是大众教育。大众教育对着麻醉大众的歪曲理论，是要迎头驳斥。始而装痴装聋，继而变成哑巴，终之而拜倒在当前势力下，这是帮凶教育而不是大众教育。大众教育是要教大众行动，教大家根据集体意识而行动。只教大众坐而听，不教大众起而行，或是依照小众的意思起而行，都是木头人教育而不是大众教育。大众教育是要教大众以生活为课程，以非常时期的有计划有组织的生活，做他们的非常时期的有计划有组织的课程。这非常生活，便是当前的民族解放、大众解放的生活战斗。这是大众教育的中心功课。在这里我们要指出民族解放与大众解放是一个不可分解的运动。如果大众不起来，民族解放运动决不会成功。但是如果不拚命争取民族解放，中国大众自己也难得到解放。所以大众教育只有一门大功课，这门大功课便是争取中国民族大众之解放。若只教大众关起门来认字读书，那是逃避现实的逃走教育而不是真正的大众教育。

大众教育怎样办？

依据教育部的统计，每一个小学生每年要用八元九角钱的教育费，民众学生每年要用一元八角钱的教育费。现在中国有二万万失学成人，七千万失学儿童。这二万万七千万人当然是我们大众教育的对象。照上面的费用算起来就得要十万万元才能普及初步的大众教育。这个数目不但是大众自己办不到，就是教育部，去年费尽九牛二虎之力也只筹到三百多万元的义务教育经费，对于这十万万的大众教育经费也一定是筹不出来的。因此，大众教育在现阶段一定要突破金钱关才能大规模的干出来。下面的两条原则和一个新工具是一方面可以叫大众教育突破金钱关，一方面又叫大众教育进行得更有效力、更有意义。

（一）社会即学校 大众教育用不着花几百万几千万来建造武汉大学那皇宫一般的校舍。工厂、农村、店铺、家庭、戏台、茶馆、军营、学校、庙宇、监牢都成了大众大学的数不清的分校。客堂、灶披、晒台、厕所、亭子间里都可以办起读书会、救国会、时事讨论会。连坟墓也可以做我们的课堂。谁能说庙行的无名英雄墓和古北口的"支那"勇士墓不是我们最好的课堂啊？

（二）即知即传 得到真理的人便负有传授真理的义务。不肯教人的人不配受教育。前进的知识分子当然是负着推动大众教育的使命。但是经过很短的时间，前进的大众和前进的小孩都同样的可以做起先生来，我们可以说大家都是学生，都是同学，都是不收学费的先生，在传递先生和小先生的手里，知识私有是被粉碎了，真理为公是成了我们共同的信条。

（三）拼音新文字 拼音新文字是大众的文字。有了新文字，大众只须化一个月半个月的工夫，便能读书、看报、写文。初级新文字教育只须三分钱就能办成，大众教育可以不再等待慈善家的赈济。的确，文化赈济是和面包赈济一样悲惨，一样靠不住。水灾和旱灾的地方是十个人饿死九个，剩下一个人才等着一块面包，而这块不易得的面包是差不多变成酸溜溜的浆糊了。新文字！新文字！新文字是大众的文字。它要讲大众的真心话。它要写大众的心中事。认也不费事，写也不费事，学也不费事。笔头上刺刀，向前刺刺刺刺，刺穿平仄声，刺破方块字，要教人人都识字，创造大众的文化，提高大众的位置，完成现代第一件大事。

依据社会即学校，即知即传两条原则，拿了新文字及其他有效工具，引导大众组织起来争取中华民族大众之解放：这便是中国所需的大众教育。

二、大众的国难教育方法[2]

（一）国难教育之目标

甲、推进大众文化。乙、争取中华民族之自由平等。丙、保卫中华民国领土与主权之完整。

（二）国难教育之对象

甲、教育大众联合起来解除国难。乙、教育知识分子将民族危机之知识向大众广播。

（三）国难教育之教师

甲、前进的大众。乙、前进的小孩。丙、前进的学生。丁、前进的教师。戊、前进的技术人员。

（四）国难教育之非常课程

有计划的非常生活便是我们有计划的非常课程。

甲、政治、经济专家之演讲讨论。乙、防卫作战技术之操练。丙、医药救护之实习。丁、交通工具运用之实习。戊、国防科学之研究。己、大众教育之研究推广。

（五）国难教育之组织

甲、成立学生救国会及学生救国会联合会以实施学生之国难教育。乙、成立教师救国会及教师救国会联合会以实施教授教师之国难教育。丙、成立各界大众救国会及各界大众救国会联合会以实施大众之国难教育。

（六）国难教育之文字工具

甲、拼音新文字，易认易写易学，应立即采取作为大众普及教育之基本工具。乙、用汉字写作时也须将它写成大众易学之大众文。

（七）国难教育之方法

在行动上取得解决国难真知识，立刻把它传给大众，使它在解决国难上发生力量。甲、推动报纸、杂志、戏剧、电影、说书人、无线电播音积极作针对民族解放之宣传。乙、变通各校功课内容，使适合于解决国难之需要。丙、运用县、市、乡现有组织及集会，宣传民族危机及解决国难的路线。丁、推动家庭、店铺组织国难讨论会、读书会。戊、开办或参加识字学校，使此种学校对解决国难发生效力。己、长途旅行，唤起民众组织起来救国。庚、必要时游行示威。

（八）从事国难教育同志应有之几点认识

甲、中国已到生死关头，我们要认识只有民族解放的实际行动才是救国的教育。为读书而读书，为教书而教书，乃是亡国的教育。乙、中国已到生死关头，只有武力抵抗才是生路。丙、根据目前的阿比西尼亚[3]抵抗意大利及历史上被压迫民族独立解放运动的经验，中国不但可以抵抗，并且可以久战，获得最后胜利。丁、中国的国难不是少数人可以挽救，我们必须教育大众共同抵抗，中国才能起死回生。戊、我们应该知道孤立不足以图存，必须联合世界弱小民族及世界上以平等待我之民族共同奋斗，才能够翻身。己、我们应该知道东北问题、华北问题，都是整个中国的问题，而不是一个地方的问题。庚、我们应该知道集会、结社、言论之自由，为表示民意、认清路线、共同行动之必要条件，我们必须拚命争取才能发挥国难教育。辛、我们应该知道，国难当头，大家都应该加倍努力以求国难之解决，故主张国难不止，决不放假，当然我们是坚决反对提前放假。壬、我们应该知道教师的责任，不仅是指导学生，而且要与学生参加救国运动，同过救国生活，共受救国教育，故我们主张教师要与学生大众共休戚，决不可袖手旁观。

三、大众的国难教育方案之特质[4]

现在是教育与国难赛跑。我们必须叫教育追上国难，把它解决掉。但是教育这个东西能帮助解决国难也能加重国难，我们是不可以随便干的。要怎样才算是一个解决国难的教育方案？让我把它的特质指出来，你就可以知道它和别的教育方案是不同了。

（一）它是单一的。解决国难的教育方案只有一个目的。这个目的就是保卫中华民国领土主权之完整以争取中华民族之自由平等。一切教育设施都要以这个神圣的使命做中心。教育部新近宣布国难时期教育宗旨说：教育之生命，即民族之生命。还有人甚而至于说：我们先要救教育之生命，才能救民族之生命。前一说是把生命的源头弄颠倒了，后一说是把一个生命分成两个：一是教育的生命，二是民族的生命。我要郑重的说：教育没有独立的生命，它是以民族的生命为生命。唯有以民族的生命为生命的教育，才算是我们的教育。国难教育是要教人救民族之命，则教育之命自然而然的得救了。

（二）它是大众的。民族之命非"小众"所能救。国难教育的任务，在唤醒大众组织起来救国。教育大众是当前的国难教育之第一件大事。《大公报》二月七日的社评乃把它降到第二义，可算是颠倒是非了。北平学联会所通过之非常时期教育草案是很好的，但是《大公报》披露该案的时候，任意的把民众教育三条删掉，也是因为《大公报》是采取了一种要不得的流行的态度，不许大众救国。我们应该知道，不许大众救国的教育，乃是亡国的教育，而不是救国的教育。

（三）它是联系的。解决国难的教育方案，应该注重三种联系：一是内容的联系。一切科目活动都以解决国难为中心而取得联系。二是组织的联系。世界各团体都以救亡工作为中心而取得联系。三是历史的联系。把现在中国民族解放运动与历史的教训密切的联系起来。这样整个的中华民国是成了我们的伟大的大学校。中山大学教育研究所所拟之战时教育工作计划，很详细具体，但是单以学校为组织之中心是不够的。至于有些人想把国难教育像只小鸟儿关在课堂的小笼里，那更是自欺欺人了。

（四）它是对流的。比如烧水，冷水重而往下沉，热水轻而往上浮，这叫做对流。经过一些时候的对流，水就自然的沸起来了。解决国难教育的方案是必须容许上层下层的对流。领导的人总想由上而下。但是纯粹由上而下的教育，只能造成被动的群众。被动的群众是发挥不出力量来担负救亡的责任。我们必须愿意被群众领导才能领导群众。故群众对于教育必须有由下而上的自动的机会，才能把自己和领导者造成救亡的战士，而完成救亡的使命。我们应当打通领导者与被领导者中间的隔板，使他们可以对流而互相教育。若把教育分成两部分，一部分专门培养领导者，另一部分专门培养被领导者，结果必定是教领导的人脱离群众的要求，致使国难教育变成一个麻木不仁的东西。

（五）它是行动的。高谈阔论不能救国。只有实际的救国的行动才能把将亡的国救回来，但不能盲行盲动。我们所需要的是有理论的行动、有组织的行动、有计划的行动、有纪律的行动。所谓理论、组织、计划、纪律，又不是校长、训育主任为行政便利弄出来的那一套，乃是民族解放运动所决定的必要条件。我们要在行动上接受民族解放的理论、组织、计划、纪律。为教育而教育，不许行动的教育，乃是加重国难的教育，而不是解决国难的教育。

四、新大学——大众的大学[5]

新大学是什么？新大学是大众的学府。

《大学》里面说："大学之道在明明德，在新民，在止于至善。"

这是从前的"大学之道"。新的"大学之道"就不同了。依照新的眼光看来，它是变成了"大学之道在明大德，在新大众，在止于大众之幸福"。

什么是"大德"？"大德"是大众之德。大众之德有三：一是觉悟；二是联合；三是争取解放。"明"即明白，要教大众自己明白大众之德是这样。

"新大众"是教大众自新。大众本来是可以明白"大众之德"，但为天命之说和别的迷信所麻醉，把自己弄得糊里糊涂。新大学之任务是要教大众在真理的大海里洗个澡，天天洗，一世洗到老，使得自己的头脑常常是清清楚楚的，认识痛苦之来源和克服痛苦之路线。

"止"是瞄准的意思。新大学的一切课程设施都要对着大众的幸福瞄准。为大众争取幸福所必需的就拿来教人，所不需的就不拿来教人。

从前大学里所造就出来的人才有两种。一种是不肯为大众做事，我曾经为这种人写了一幅小照：

　　滴大众的汗，

　　吃大众的饭，

　　大众的事不肯干，

　　架子摆成老爷样，

　　不算是好汉。

第二种人是代替大众做事，但野心勃勃，想要一手包办，甚至不许大众自己动手来干，这样的人我们也是反对的：

　　大众滴了汗，

　　大众得吃饭，

　　大众的事大众干，

　　若想一个人包办，

　　不算是好汉。

新大学所要培养的不是这种人。它要培养和大众共同做事的人才。如果它也免不了要培养领导人才的话,它是要培养愿意接受大众领导而又能领导大众的人才。说得正确些,它是要培养大众做大事。

还有一种时髦大学,好像是我所说的新大学,而实在是和我所说的正相反。它们的作风,一动手就是圈它几千亩地皮,花它几百万块钱,盖它几座皇宫式的学院。我参观了珞珈山武汉大学之后有人问我作何感想,我说如果我有这笔款,我用款的步骤是有一些不同。第一步,这笔款用来开办大众大学,足够培养五百万大众帮助收复东北;第二步,东北收回之后,假如还有这样多的款子,我想用来发展一些适合国民经济的工业;第三步,工业稍有发展,又积下这么多的款子,我还不能建造皇宫的学府,是必须盖些大众住宅,使无家可归的人可以进来避避风、躲躲雨;第四步,等到一切穷苦无告的人都可以安居乐业了,那时大众一定要勉强我盖几座皇宫式的学府,我大概是可以马马虎虎的答应了。

那末,新大学就不要校舍吗?要是要的,没有也无妨。茅草棚虽小,足够办大学。

新大学是大众大学,新大学是茅草棚大学。

五、怎样做大众的教师[6]

现在中华民国已经到了生死关头,我们做大众教师的人应当怎样做才能帮助解决国难而不致加重国难?我常以这个问题问人,现在人也常以这个问题问我了。这里是我的答复:

第一,追求真理 大众是长进得很快,教师必须不断的长进,才能教大众。一个不长进的人是不配教人,不能教人,也不高兴教人。大众快赶上你了!你快要落伍了!"后生可畏"不是一句客气话,而是一位教师受了大众蓬蓬勃勃的长进的压迫之后,对于自己及一切教师所提出来的警告。只有不断的追求真理才能免掉这样的恐怖。也只有免掉这种恐怖才能教大众,否则便要因为怕大众而摧残大众了。我得声明,真理离开行动好一比是交际花手上的金钢钻戒指。我们所要追求的是行动的真理,真理的行动(Truth in Action)。这种真理不是坐在沙发上衔着雪茄烟所能喷得出来的。行动的真理必须在真理的行动中才能追求得到。你不钻进老虎洞,怎能捉得小老虎。

第二,讲真理　　让真理赤裸裸的出来和大众见面。不要给他穿上天使的衣服,也不要给他戴上魔鬼的假面具。你不可以为着饭碗、为着美人、为着生命,而把"真理"监禁起来或者把他枪毙掉。教师只能说真话。说假话便是骗子,怎么能做教师呢?

第三,驳假话　　说假话的人太多了。教师要有勇气站起来驳假话。真理是太阳,歪曲的理论是黑云。教师要吹一口气把这些黑云吹掉,那真理的太阳就自然而然的给人看见了。

第四,跟学生学　　你要教你的学生教你怎样去教他。如果你不肯向你的学生虚心请教,你便不知道他的环境,不知道他的能力,不知道他的需要;那么,你就有天大的本事也不能教导他。他要吃白米饭,你倒老是弄些面条给他吃,事情是会两不讨好。不但为着学生而且为着你自己,你也得跟你的学生学。你只须承认小孩有教你的能力,你不久就会发现小孩能教你的事情多着咧。只须你甘心情愿跟你的学生做学生,他们便能把你的"思想的青春"留住;他们能为你保险,使你永远不落伍。

第五,教你的学生做先生　　你跟学生学,是教学生做你的先生。如果停止在这里,结果怕要弄到师生合做守知奴,于大众毫无关系。你必得进一步教你的学生去教别人。你必须教你的学生把真理公开给大众。你得教你的学生拿着真理的火把指点大众前进。

第六,和学生、大众站在一条战线上　　教师不和学生站在一条战线上便不成为教师。这是怎样说呢?因为他要到西方去,你却教他往东走；反过来，他要到东方去，你却教他往西走。这种牛头不对马嘴的教育怎能行得通呢？有些教师不恤使用强迫手段要学生朝着教师指定的路线走，结果是造成师生对垒，变成势不两立。在势不两立的局面下还能叫学生接受他的指导吗？不但如此，先生学生虽是打成一片，如果他们联合行动的目标与大众所希望的不符，还只是小众的勾结，将为时代所不容。因此做教师的人必须和学生、大众站在一条战线上为真理作战，才算是前进的教育。现在中国第一件大事是保障中华民国领土主权之完整，与争取中华民族劳苦大众之自由平等。教师和学生、大众都要针对着这个大目标，才能站在一条战线上来。教师和学生、大众站在这一条战线上来奋斗，才算是实行着真正解决国难的教育。你若把你的生命放在学生的生命里，把你和你的学生的生命放在大众的生命里，这才算是尽了教师的天职。

我们如果能把上面这六点做到，便不愧为现代的教师了。这样的教师，我相信，对于民族解放、大众解放、人类解放是有贡献了。

六、怎样才可以做一个前进的青年大众[7]

什么是前进？

我是今年五月十日到平南。平南是邕江旁边的一个小村庄。村里有一个女学校，学生个个是赤脚大仙。我对于她们的认识是：

   一群野姑娘，
   好像没规矩；
   教她穿袜子，
   嘴许心不许。

   粉碎烂规矩，

> 创造新规矩；
> 无须人干涉，
> 万事自作主。

> 有弛也有张，
> 不是自由乡；
> 令人留恋处，
> 仿佛在晓庄。

这里的同学是天真烂漫，对于世界、国家的大事是要打破砂锅问（纹）到底。他们围着我，盯着我问东，问西，问个不歇。我说，找一个风凉的地方来畅谈一下更好。

那是现成的。门外就是六七株很大的榕树，像撑着大伞，排起队来，站在江边侍候着。好得很，还有几块古碑睡在地上让我们坐。这些树荫底下简直能坐好几百人。我们将近一百人在两棵树的中间坐了下来，已经是觉得够宽畅了。正是：

> 大树挡太阳，
> 清风来邑江；
> 坐在古碑上，
> 大事共商量。

这真是别有天地非人间。我们的有意义的讨论就这样的开幕了。

先是有人说了几句介绍词，接着就是我的简短的开场白，忽然间，一位同学像爆蚕豆样爆出一个问题来：

"怎样才可以做成一个前进的青年？"

"跟前进的人做朋友。"

"前进的朋友到那儿去找呢？他又没有招牌挂在脸上。"

"听他讲的是什么话，看他干的是什么事。"

"在我们近边的人，固然可以这样办。不幸近边的前进的人不可多得又怎样办？幸而有，我们还想多得几位前进的朋友又怎么办？"

"像蚂蚁寻蜜糖一样去找。"

"我们又不是蚂蚁，怎么去找？"

"跟着气味去找，那气味是在前进的文章里。看前进的杂志，要不断的看。"

"这提起我想到一点，就是前进的书也要看。"

"对！前进的书是比较更有系统，更能帮助你前进，可是前进的杂志可以帮助你找到它们的线索。我素来不欢喜看广告，但前进的杂志上新书出版的广告不可不看。"

"前进的朋友也能把前进的书介绍给我们。他们还能介绍我们知道一些没有广告的书。除了找朋友、看杂志、读新书之外还有什么别的办法呢？"

"钻进大众的生活里去。"

"大众拜菩萨，先生也叫我们陪他们烧香读经吗？"

"那可不是呀。那样钻进去，是跟着他们落伍，何能帮助我们前进？你要钻进大众的生活里去是免不了要穿上一套潜水衣。潜水衣能叫你钻进水里去感受水的压力，并在水里做工作而不致给水淹死。你要钻到大众的生活里去感受大众的痛苦，了解大众的问题，明白大众的力量。你不但要避掉他们的迷信和落后思想，并且要帮助他们克服这一切。"

"那件潜水衣是什么？"

"前进的意识钻进大众的生活里去，等你钻出来的时候，你的意识是更前进了。大众的意识也跟着你所接触而一起前进了。"

"有些人从前是前进的，过不得多少时候就会落伍到几千里外去。这是什么道理？最明显的是'五四'时代所谓前进分子，到如今多数是反动颓废得太厉害，我们眼面前也有些人是如此。有什么法子可以叫我们继续不断的前进？"

"你的意思是要有个保险公司，要保你一世到老的前进吗？"

"是的。怎样可以为前进保险？这个保险公司那里有？"

"办法就在'公司'两个字里面。公是公共；司是看管又有司理的意思，例如司机是开机器的人。前进的人联合起来过着前进的生活，大家彼此看管好了，不使一个人落伍，那末前进就得到保证了。个人的前进是最靠不住。他高兴就前进，灰心就落伍，谁也不能为他保险。唯有集体的前进行动才能帮助我们一世到老的前进。"

"这是很对的了。但是加入这个集体的分子是不是需要年龄的区别，是不是一定要整整齐齐的青年。我看有些小孩倒很前进的，似乎也能加入。"

"严格的限制是有害的。有些小孩是的确很前进。这些年来，不但是青年教我前进，小孩也教我前进。有时青年对老师说话要客气些。不便逼人过甚，而小孩倒天真烂漫，心里有什么说什么。我个人的经验是得着小孩的指教多于青年的指教。我并且亲眼看见前进的小孩督促几位落伍的青年简直如同赶驴子一样的认真。如果把小孩子开除，那是一个大损失。我们成年人应该跟青年学，青年人是无疑的应该跟小孩学。集体的行动里面倘若能够加入前进的小孩那是更能保险大家前进了。……我们怎样才可以做成一个前进的青年？我得加重的补说一句：最重要的方法是集体的前进行动，是前进的集体行动，它不但是为'前进'保证，并且它本身便是培养'前进'的主要方法。"

讨论到这里，我正想休息一会儿，忽然又来了一个大炮：

"什么是前进？"

"你们大家想想看。这是个根本问题，我们倘使不能明明白白的答复这个问题，前面的讨论就会落空。什么是前进？"

"反日是前进。"

"反封建是前进。"

"反个人主义是前进。"

"为大众谋幸福是前进。"

"教大众觉悟是前进。"

"教大众联合起来是前进。"

"和大众站在一条战线上争取解放是前进。"

"追求真理是前进;固执成见是落伍。"

"行动是前进;空谈是落伍。"

"斗争是前进;妥协是落伍。"

"创造是前进;改良是落伍。"

"把握现实是前进;幻想是落伍。"

"世界观的(?)是前进;狭隘的国家主义是落伍。"

"运用矛盾以发展的是前进;坐待高潮之来到的是落伍。"

"唱义勇军进行曲的是前进;唱妹妹我爱你是落伍。"

"你们所说的,我大致满意,有几条似应该归并,恐怕也还有遗漏,这个整理的工作,以后再干。今天我们至少对于'什么是前进'是有了一个比较清楚的系统的了解了。我却有两点意见贡献。比如,反帝这个口号在一年前是无论哪一个前进的人都认为无可怀疑。但最近这几个月来,情形是大变了。我们觉得危害中华民族生存的最大敌人是日本帝国主义。我们应当把我们的战线缩短。所以反抗日本帝国主义是成了当前最前进的口号。这口号是与把握现实一条更为符合了。其次,单单行动两个字不限定是前进。开倒车也是行动,反动也是行动。因此,我们是需要修改一下,有真理指导的行动才是前进。我高兴得很,自从经过这次讨论之后,我对于这个问题是更加明了了。我很感激诸位同学的指教。"

"你对于不前进的青年有何感想呢?"

"老了。病了。一个人老了是几乎没有药医。病了,如果他愿意医,还有办法。"

"一个十七八岁的青年会得老吗?"

"他会,他会变成一个十七八岁的老翁。她会,她会变成一个十七八岁的老太婆。"

"他们害什么病呢?"

"爱病!一个不前进的青年是会害爱病,病死在爱里,这些恋爱至上主义者是多么的可怜啊。"

"有什么药医呢?"

"只有一种药。用革命来指挥恋爱,用革命至上论来克服恋爱至上论。这样一来,他是变成了一个前进的青年了。他必须变成一个前进的青年才能医好这种青年病。"

"前进的青年就不会害病吗?"

"有些也害病。害的是幼稚病。他们把四周围的朋友都造成敌人。他们帮助敌人造成联合战线攻打他们自己,他们像蚕一样,造茧自缚。他们拚命的'前进',结果是一步也不得前进,甚而至于退到几千里外去。他们在敌人的面前张挂自己营盘的军用地图,他们把自己造成敌人。前进的青年只怕害这种病。"

"有药可医吗?"

"自我批判。追求真理。"

"哈哈,有了药方,我们不怕生病了。"

"药方不能担保你们不生病。你们要依着药方去配药来打预防针,才不会害病,就是病了,也不致把老命送掉。这种预防针是像种牛痘一样,隔一些时候就要打一次才能保险的。"

"晓得了。"……

太阳下山了,天快黑了。赤脚大仙累了。我也坐着一只小船儿回来了。

七、文化解放[8]

(一) 什么是文化?

文化是什么?初看起来是一个很容易答复的问题,但是仔细想一下，却有些困难。我们看到一本书，大家都可以承认它是属于文化方面的东西，但是遇着一把"石斧"的时候，我们的意见就要分歧了。有的人承认它是古代文化的遗产；有的人就不免要把它划送别的部门里面去。如果我们承认它是文化的遗产，那末一切生产工具都可以包括在文化的范围里面去了。石斧既是属于文化，那么，锄头，乃至机器都可以算为文化了。这样一来，文化范围可就广大了。除了大自然之外，凡是人类所创造的一切都是文化了。凡是可以用来生产、战斗、交通、享乐、治理、思想的工具以及这些工具所引起的变化都可以当作文化看待了。这是一个顶宽的看法，也是一种顶简单的看法。照这样看法，文化是与大自然相对起来。世界上的一切可以分成两大类：一类是没有加上人工的，叫做自然；另一类是人工所创造的，叫做文化。但是在这个广大的定义之下，研究讨论的工作是不易进行。因此我们要从这广大的事物里抽出一部分来，特别叫它为"文化"。这部分便是记录思想、传达思想、发展思想、改变思想的符号、工具和行动。照这样看法，在文化里面是包含了书籍、报纸、戏剧、电影、学校教育、社会教育、民众运动、高深学术研究等等。在本质方面看，文化工作是反映着人类经济政治的思想。这个定义是与一般人普通所想的接近。

（二）对谁解放？

大众是文化的创造者。最初连语言文字都是从劳动中产生出来的。从哼呀哼呀的呼声里发现了语言，这是不可否认的事实。在树皮上画游猎的路线是文字起源之一。石斧、石刀、种地、造房子不是什么圣人发明的，乃是许多劳苦大众一点一点的积起来的贡献。近代工人对于发明上千千万万的贡献都给科学家偷了去写在自己的帐上。文化是大众所创造的。文化是被小众所独占。现在应该将文化从小众的手里解放出来。创造文化的大众应该享受创造的结果。文化是无疑的要对大众解放，使整个文化成为大众的文化。现在的文化解放运动可以说是大众文化运动。

（三）认识上的解放

文化有什么功用，我们必得把它认识清楚，才能谈它的解放。有些人把文化当作装饰品看待，以为大众用不着这个东西。我承认现在所谓"文化"当中有一部分是好比金刚钻戒指。但是有一部分是思想斗争的武器，这武器必定要解放出来，给大众抓住，然后民族大众的解放才有很快的发展。其次，有些人以为大众文化是要等到大众政治实现以后才有可能。我承认大众文化的普及是要等到整个政治变成大众的政治。但是，大众的政治决不是凭空从天上掉下来的，它是要靠着大众继续不断的奋斗才能实现。这奋斗是要运用文化的武器以转变大众的思想才能保证胜利。另外，特别从事文化工作的人，太夸大文化的工作者或把文化看作一个孤立的东西。他们相信文化万能，或者是为文化而文化。这样会叫文化工作脱离了现实而变成一个没有作用的东西。殊不知文化所要记录、传达、发展、改变的思想乃是人类生活中心的思想，即是政治经济的思想。文化脱离了政治经济便成了不可思议。我们认识了文化是政治经济斗争的武器就没有这个毛病了。最后，还有一种人以为文化的工作是纯粹的头脑工作。他们把它看成一个静的东西，可以静坐而得，静坐而传。他们忽略了行动与思想的关系。他们没有认识文化运动的作用。我们如果认识文化是民族大众解放的斗争的武器，这个静止文化的错解也就消灭了。我们对于文化的功用至少要有这点认识然后才能把它从错误歪曲的观念里解放出来。也唯有把文化从错误歪曲的观念里解放出来，文化才能发生真正的作用。

（四）工具的解放

中国的思想符号主要的是汉字。读书人要花一两千块钱，学它十年二十年，才可以读点古书。平常的人花它百把块钱一两年只是一撇一直的像稻草一样吃到肚里去不能消化，俗语叫做不通，读书没有读通。这难写难认的汉字只好留给那少数有钱有闲的少爷小姐去学，无钱无闲的大众和苦孩子必得另找出路。这出路就是近年提倡的易写易认的新文字。大众只须一个月每天费一小时就会写新文字的信，看新文字的报，读新文字的书，那是多么便利啊！大众文字的解放是大众文化的解放的钥匙。

（五）方法的解放

传达文化之方法，依我看来，有三点最要解放。第一点，灌注的教授法最要不得。他把接受文化的人当作天津鸭儿填。民族大众解放运动最需要的不是灌注的演讲而是对于时事之讨论。这种相互之自由讨论，如果有前进书籍杂志作参考，最能启发人的思想。学生和大众应该普遍的从灌注的教授法里解放出来，跑到这种自由讨论的空场上呼吸些新鲜空气，晒一晒太阳光。第二点，是知识封锁也要不得。从前的观念是学问自己受用，学校变成守知奴的制造厂。我们应该把自己从这知识私有卑鄙习惯里解放出来，我们对于真理应该即知即传，不肯教人的人不配受教育。从前写文章的人，是写得越深越觉很得意。现在呢，连白话文都得解放成大众文，使得大众易于了解。这的确对于传播文化是有很大的作用。觉悟的知识分子都得把自己的作风解放出来使得大众易懂。第三点，要不得的是教而不做，学而不做。我们要在行动上来推进大众文化。我们要从静的方法解放出来，使大众加入真理的行动以追求行动的真理。

（六）组织上的解放

文化的组织是被小众捏得死死的。学校里的训育管理变成官僚化。学生只是被治而失去了自治。我们要把文化从模范监牢里解放出来，使它跑进大社会里去。社会即学校。文化的场所多着哩。茶馆、酒楼、戏院、破庙、茅棚、灶披、晒台，甚至于茅厕，在今日都成了大众的课堂。整个民族解放运动成了大众的课程。平常的课程如果是和民族解放运动配合起来，就不得不起质的变化。例如算学吧，那是看作一门纯粹的学科，然而把整个中国失掉的领土富源算一算，便立刻从平常的课程跳入非常的课程里面来了。在新的组织里，教师、学生和大众是站在一条民族自救的大路上，从前教师与学生间、学生与大众间的围墙都要打通，这样大众的文化才能充分传达发展。

（七）时间的解放

有些传统的学校，名为认真，实际是再坏无比。他们把无所谓的功课排得满满的，把时间挤得点水不漏，使得学生对于民族前途和别的大问题一点也不能想，并且周考、月考、学期考、毕业考、会考弄得大家忙个不了，再也没有一点空闲去传达文化唤起大众。说得不客气些，这就是汉奸教育、奴化教育、亡国教育。另一方面，大众一天做十二小时工，甚至于有的要做十六小时的工。他们是没有空闲接受文化。时间是文化战的最大关键。我们必须争取时间来推进大众文化。时间解放是大众文化解放的焦点。

（八）新文化创造的解放

新文化之创造是社会进步之特征，同时，也是帮助社会更进一步的一种推动力。新兴的文化多少总是于大众有益的文化。所以新文化的创造是受着前进者之欢呼，同时是遭着落伍者之妒忌。前进的书籍、杂志、戏剧、电影，种种是在热烈的欢迎里遇着最惨酷的虐待。明明是一套最好的电影，他会给你东剪一条，西剪一条，剪得使你失去了原来的生命。好比人家生了一个小孩，假如管户口册的人要批评你这孩子那里生得对，那里生得不对，你一定是要觉得他做得太过分了；又假如他不但是随嘴乱说，并且手里还拿了一把剪子，看到孩子耳朵长得太长，便毫不客气的剪掉一点，看到孩子鼻子长得太高，又毫不客气的剪掉一点，你该觉得这是个什么人啊！你能忍心的坐在旁边让他剪吗？这样的刽子手是等在文化界的门口，一看见新的作品出来就给他几剪。从这把剪子的虎口里把新文化解放出来，是整个文化界不可推诿的责任。

（九）怎样取得文化解放

中国从前有一样东西叫做裹脚布，把姑娘的脚紧紧的裹，裹得肉烂骨头断，裹成一双三寸金莲，好嫁一个好人家。我想和这裹脚布相配的还有一样东西，叫做裹头布，把中国的小孩、青年、大众的头脑壳，紧紧的裹，裹得呆头呆脑，裹成一个三寸金头，好做一个文化奴隶。这裹头布便是加在大众头上的一切文化的压迫。不愿做文化奴隶的人联合起来，争取大众文化之解放！前进的知识分子在推进大众文化上固然能起重要的作用，但是大众文化运动决不能由少数知识分子代办。大众文化是大众的文化，是大众为自己推动的文化，是大众为自己谋幸福除痛苦而推动的文化。大众文化的解放是要大众运用集体的力量来争取的。它决不是小众可以送来的礼物。并且民族解放、大众解放、文化解放是一个分不开的运动。必得要联起来看，联起来想，联起来干，才会看得清楚，想得透彻，干得成功。

八、大众歌曲与大众唱歌团[9]

什么是大众歌曲？

大众的歌曲是大众的心灵的呼声。它是用深刻的节奏喊出大众最迫切之内心的要求。少数天才之创作必定是符合了这个条件，才为大众所欢迎而成为大众的音乐和大众的诗歌。大众的歌曲是要唱出大众的心中事，从大众的心里唱出来再唱进大众的心里去。它来，是从大众的心里来；它去，是到大众的心里去。

那少数的音乐和文学天才怎么会知道大众的心事呢？他们如果老是坐在沙发椅上享现成福，那是永久不会知道的。可是，他们也无须学孙悟空要钻进人家肚皮里才知道人家肚皮里的事。他们只须站在大众的战线上来做斗士，便能感觉大众的艰难，了解大众的需要，说大众要说的话语，唱大众要唱的歌曲。一个脱离了大众生活的天才决写不出大众的歌曲来。因此，大众的歌曲可以说是大众运用天才写起来的，简单可以说，是大众共同创造起来的。

民众歌咏团之伟大

刘良模先生所创的民众歌咏团是大众音乐以最正确的形式表现出来的。这种歌咏团现在在中国各大都会里都有了组织。最初在上海我曾经听过一次二三百人的合唱,他们是预备到高桥去唱给乡下人听。近来看《永生》又知道他们一团七百人,于六月七日在上海西门公共体育场合唱给五千人听。会场中曾有警察来干涉,但是听啊:"中国人连中国歌都不能唱了吗?"这个五千人的吼声是使警察不好再说话。最近六月二十日夜里,香港民众歌咏团团员四百人,在青年会体育场上对三千民众合唱,把民族自救的声浪打到每一个听众的心里去。我这次也是听众之一,亲自感觉到这个运动的前途的伟大。

为什么在这个时候产生?

民众歌咏团为什么在这个时候出现?从前为什么没有这样活动?我可以说像民众歌咏团这种组织,不是偶然可以产生的。比如一种花,它是原来有生命,但是气候未到,它是开不出花来;气候已到,它便自然而然的开出美丽的花了。音乐是大众心灵的呼声。大众欢喜唱歌,那是无可怀疑的。每一个大众的心灵里都潜伏着音乐的种子。但是在那伟大的音乐气候未到以前,他们只能唱几套小调儿过过瘾,表现不出很大的力量。这好比是一种子在地下吸收一些潮湿时所发出的低微的声音。现在是伟大的时代的前夜,大众是预备开口了。春天到了,你能叫桃花不开吗?夏天到了,你能叫荷花不开吗?秋天到了,你能叫菊花不开吗?冬天到了,你能叫梅花不开吗?大众的时代到了,你能叫大众的口不开吗?

因为日本帝国主义不断的侵略,中国是遇了空前的大灾难。中国大众不肯亡国做奴隶。中国大众要追求自由,追求平等,追求生存。中国大众要为自由而战,为平等而战,为生存而战。

世界上最伟大的音乐是战斗的音乐,最伟大的文学是战斗的诗歌。中国是在发动一个空前的民族解放的伟大战斗,在这个时候,是自然而然的会跑出最伟大的战斗的音乐与战斗的诗歌。

战斗的音乐与战斗的诗歌之外,次有力而也含有普遍性的是恋爱的音乐与恋爱的诗歌。恋爱的音乐与恋爱的诗歌在古时与野蛮社会里也是大众的集体活动。在择配结婚的时候,一群一群的青年男女奏着恋爱的乐,唱着恋爱的歌,跳着恋爱的舞。但是在开化的国度里,这种集体的欢会是失掉了,恋爱变作个人的事,恋乐恋歌都变成靡靡之音而为大众集体生活所丢弃。但是仔细考察起来,恋爱是性之战斗也是斗的一种。恋歌恋乐未尝不可以和战歌战乐相通。假使把革命与恋爱打成一片,使恋爱受着革命的领导,那么武装的恋歌恋乐也可以成为伟大的作品而为大众所欣赏。

其次就是工歌。工歌也是战歌的一种。它是与自然界和剥削者战斗之呼声。武装的工歌当然是有它的伟大,也当然是大众欢喜吃的家常便饭。

受着时代的伟大的感动,音乐的天才自然会创作大众高兴唱高兴听的音乐,文学的天才自然会写出大众高兴听高兴唱的歌词。从前有人写一首歌要找人做个谱很难,有人作一个谱要找人填一首词也很难,勉强配合起来,好比旧式结婚,总难中意。有时,弄出绝大的笑话,开学歌配上出丧的音乐。其实,它们不但是不相配,而且是音乐不成音乐,歌词不成歌词。现在却不同了。一首前进的歌,要一位前进的音乐家做个谱,他的谱是恰到好处。一个前进的谱要一位文学家填一首词,他一填就填到天衣无缝。而且唱起来,大众都兴奋。这是什么缘故呢?因为制谱者、做歌者、唱者、听者都是遇着同一的大灾难,发生同一的大觉悟,参加同一的大战斗,是必然的唱出同一的大和声。

我所说的音乐天才和文学天才并不是超人的天才。有音乐的天才而实际上不是一个与大众站在一条战线上和大灾难拚命的斗士,他写不出感动大众的乐谱。有文学的天才而实际上不是与大众站在一条战线上和大灾难拚命的斗士,也写不出感动大众的歌词。现在能写大众的歌词的人是比较的多,能写大众的乐谱的人还很少。聂耳先生之死是中国大众音乐的一个最大的损失,几乎是等于音乐之国里失掉一个东北,东北可以收回,聂耳不能复活,这是一件令人伤心的事啊。中国有音乐天才的人数本来也有一些,多数到现在还是站在大众战线之外,享受个人的自由幸福。这些朋友到现在还写不出一件为大众欢迎的作品,这不是很可惜吗?但是我相信,只要他们一加入大众的队伍和民族的大灾难开始拚命,就不啻是聂耳先生一个又一个的复活了。

然而聂耳先生给我们的音乐遗产已经是很可宝贵了。我们的劳苦大众自己创造的山歌也不错。还有好些前进的文学家所写给大众的词也值得感谢:这些人都是把他自己的生命放在大众的战斗里,才把他们的天才发挥出来,写成大众的音乐,大众的诗歌,使大众有东西唱,兴高采烈的唱了又要唱。

大众唱歌之前途

民众歌咏团已往的成绩是值得赞美,以后的前途是更加伟大。现在就我所想到的提出几点意见,供这运动的同志做参考,同时,希望大家指教:

(一)改个名字 名字要符合大众语。歌咏的咏字不很通俗。我提议把它改为大众唱歌团。

(二)越多越好 从前韩信将兵多多益善,大众唱歌团的团员和大众是越多越好。少则要做到一千人唱,一万人学;多也不妨一万人唱,十万人学。旧世界只有小巧之美。那大量之美是一个新的观念。我希望大众唱歌能给这"大量之美"或"集体之美"一个深刻而具体的印象。

(三)大众开口 大众到会场上来不是听,乃是学;不是学,乃是学唱。我们只有唱众,没有听众;起首虽是听众,当场变做唱众。这样才能更充分的发挥大众的力量。一群哑巴的大众有甚么精神呢?

(四）选歌标准　　大众唱歌团所选的歌是要有标准。一要意识前进；二要歌谱有精神；三要歌词不违背大众语。香港民众歌咏团所选的歌曲里就有一两首用文言唱的，大众唱着调子而不懂得里面的意思，效用是未免要减少些。

（五）到源头上去找　　有些不懂事的人把人家的歌曲乱改或是不小心的抄错印错，所以选歌要在源头上去找材料。比如锄头歌的第四段是"革命的成功靠锄头，锄头锄头要奋斗"。香港的选本是根据一个改错的本子成了"肩着了锄头要奋斗"。这歌的原意是以锄头代表农人，它是招呼农人要奋斗，并不是叫农人拿着锄头去奋斗。这个选本又把最重要的一首丢掉。这首歌末尾还有一段："光棍的锄头不中用，联合机器来革命。"锄头歌之所以赶得上时代的精神，最要紧的还是后头这一段。这如何可以把它丢掉呢？再么，香港唱的调子是改得与原来的不一样。词不可乱改，谱是多年民众精神的结晶，更不可以乱改。百代公司出了一张小先生唱的锄头舞歌唱片，是根据原来的山歌的调子收音的，可以做参考。我的主要的意思只是希望大家要谨慎的去找材料，不要轻易的改人家的作品。如果要改，也得先和作者商量，倘若真正青出于蓝而胜于蓝，那是谁也愿意接受的。

（六）追求歌调的意义　　在小组练习的时候，每首歌的意思都要讨论清楚。这种讨论会自然的联系到时事的讨论，并引起人家去看前进杂志报章之兴趣。

（七）引起识字的趣味　　因为欢喜唱歌就对于歌里的文字发生趣味。我们如果抓住这种机会运用传递先生或小先生的法子教人识字读书，再使认字读书与民族解放联系起来，也是很有益处的。

（八）继续不断的办　　照民众歌咏团的办法，每一工厂，每一店铺，每一家庭，每一学校或每一集团，只要有十人以上就可派人去教。这是一个顶好的办法。这种组织应当成为永久的自求长进的组织。因为新的歌曲是川流不息的出来，我们怎么可以中途而废呢？我们要继续的唱，唱到中国独立、平等、自由了才许它告一段落。

（九）军歌要换　我们二百万军队是需要前进的歌曲。不幸得很，他们还是唱着没有多大意思而很难听的老军歌。一个个的军队都应该成为一个大众唱歌团。至少要采用大众唱歌之集体合唱方法，去唱民族解放之战歌。

（十）大众唱歌团下乡　乡下人是欢喜唱歌。暑假、寒假、星期假，大众唱歌团团员应当下乡训练农民大众唱歌并组织乡村大众唱歌团。乡下的教师如有会音乐的，应当即刻着手提倡乡村大众唱歌团，随时来它一个联村大合唱。

（十一）告音乐天才　有音乐天才的朋友不要把自己的天才在靡靡之音上浪费掉。你们要站在民族的联合战线上来，替大众写乐谱。

（十二）告文学天才　有文学天才的朋友再不要为文学而写文学，也应该加入大众的队伍里来为大众写歌词。

（十三）别抄袭　不要梦想把欧、美现成的歌谱拿来填词。我们现在所需要的是半殖民地反抗日本帝国主义的调子，这个调子在欧、美的音谱里是没有的。它是要我们大众队伍里的天才在中国的土壤气候里扶养出来。

（十四）防止麻醉　唱歌是最能启发人的心灵也是最厉害的迷魂汤。从前的宗教家和现在的法西斯都用唱歌来麻醉人。那个德国的福井范格勒便是用音乐代替纳粹党去麻醉大众的所谓音乐家。美国大众上月听说他要到纽约来做乐队总指挥，大家都起来抵制，不听他所指挥的音乐，乐队里的队员也表示不愿接受他的指挥。一个麻醉人的音乐家是这样受大众的鄙弃，我们看了这件事，是格外明白大众音乐所应该走的路。在我们提倡用大众歌曲来唤起大众的时候，说不定有人也想用假的大众歌曲来叫大众再睡睡，睡到亡国再起来。我们要一致留心这种麻醉的策略，先给它打一支预防针。大众的时代快来到。小众的靡靡之音应该走开,麻醉大众的歌曲是格外应该走开。但空言无济于事。只要真正的大众歌曲,继续不断的创造起来,便如白日中天,什么微生物都要消灭了,让我们努力创造吧!

九、大众的文字[10]

中国已经到了生死关头,我们必须教育大众组织起来解决困难。但是这教育大众的工作,一开始就遇着一个绝大的难关。这个难关,就是方块汉字。方块汉字难认难写难学。每一个人必得化费几年工夫,几十几百块钱才学得一点皮毛。一个每天做十二三点钟苦工的大众是没有这些空闲时间,也花不起这许多钱来玩这套把戏。手头字简字是方块汉字的化身,不是根本的解决。注音字母是为方块汉字注音的工具,不过是方块汉字的附属品。国语罗马字崇奉北平话为国语,名为提倡国语统一,实际上是来它一个北平话独裁。在有闲有钱的人看来,学了一口北平话再用罗马字母读读写写,是不费什么事。但是叫一个上海的、福州的或广州的苦人同时学北平话又学罗马字,那几乎是和学外国语一样的难。国语罗马字又注重声调的符号,把初学的人弄得头昏脑黑。简单的说,中国大众所需要的新文字是拼音的新文字,是没有四声符号麻烦的新文字,是解脱一个地方方言的独裁的新文字,这种新文字,现在是已经出现了。当初是在海参威的华侨制造了拉丁化新文字,实验结果很好。他们的经验学理的结晶便是北方话新文字方案。但是我们不要误会,海参威的华侨也是中国人。所以这个方案虽是在外国产生,但还是中国人的作品,是和别的中国留学生、华侨的作品一样的不容歧视。现在上海话新文字方案也已经由上海的专家造成发表出来,征求大家批评。厦门和客话方案已经编成正在这儿审查。广州、福州、徽州各处方案也正在编制。这些工作是由中国新文字研究会主持进行。

根据上海话新文字方案实验结果，平常人每天费一小时只须半个月工夫，即可写新文字的信，看新文字的报，读新文字的书。聪明些的人两个星期就行；笨一点的人，只须一个月，成绩也不错了。每人所花的，只要三分钱。义务教育培养一个小孩每年平均要花八块九毛钱。民众教育培养一个成人，要花一块八毛钱。上海一带运用小先生教汉字，每人也要花三毛钱；三万万人的普及最粗浅的初步汉字教育，至少就得九千万元。去年教育部筹款办义务教育，努尽了力只筹得三百多万，相差是太大了。倘若推行新文字，每人三分钱，连黄包车夫也出得起。所以就时间、金钱两方面来看，新文字是普及大众教育的最经济的文字工具。

有人怕各地方言新文字起来之后会阻碍中国统一。我们详细的把它考察一下，知道这是一种过虑。第一，中国各地方言之不同，不像我们平常所想的那样厉害。因为国内各地方言是汉话与各处土话互相同化克服的结果。它们的不同是有规律的。我们只须把它们彼此不同的规律指出来，大部分是很容易相通的。第二，汉字在名义上是中国统一的文字，但是认得汉字的只是少数人，而多数人是没有文字的。多数人没有文字，除了谈话之外，便不能彼此相通，也不能与认识汉字的小众相通。如果各区的方言新文字传给了各该区的大众，那么区以内的大众便可以彼此相通；该区的知识分子精通几区新文字甚至于几国文字的总能找出好几位来，搭一个桥，使各区的大众彼此相通，并与全国的知识分子相通，与现代世界文化相通。各区的小事只用本区的新文字记载，至于关系国家的大事都可以由知识分子翻译广播出去。所谓知识分子并不限定是高等华人。大众得了新文字的培养，也必然的会在自己的队伍里产生出知识分子，并且运用各区新文字对照的读物，也可以把自己造成沟通各区文化的铁桥。这样一来，新文字不但不至于阻碍中国的统一，而且有力量促进文化的沟通，帮助中国的统一。第三，我们所需要的统一不是抽象的统一，不是幻想的统一，不是制造的统一，而是从实际生活酝酿出来的统一。我们所要的是各区不同生活的血脉流通，而不是勉强各区过同一的生活，说同一的话语，写同一的文字。同一文字的范围是跟着同一生活需要而扩大，决不可以心急。提倡国语的先生们往往幻想出一个公共的需要来推进北平话。他们说："到了需要的公共场合就自然非学国语不可。"我们知道这个公共场合是幻想起来的，在上海大众的公共场合是要用上海话才来得有效。同样的，福州大众的公共场合要用福州话，广州大众的公共场合要用广州话，否则，你就得请人翻译，或者是听众听不懂，等于没有说。可见这"公共场合"四个字只适用于少数的知识分子，只适用于有钱有闲学它几年北平话的小众。要想把小众的公共场合的需要当作大众的公共场合的需要，勉强的要把它们赶快统一起来，并且把这种统一看成天经地义，这只是提倡者的偏爱的幻想。拥护汉字统一的先生们对于这同样的幻想更是强烈得很。这种幻想，自然用不着新文字来阻碍它，就会叫他们失望。第四，现在中国是遇着空前的国难，只有大家一齐起来抵抗，才有生路。中国文化界现阶段最重要的工作是普及民族自救的教育，我们要动员一切工具来进行这个工作。但是在选择工具的时候，我们是必得指出新文字的特大效力。文字好比是交通媒介，汉字好比是独轮车，国语罗马字好比是火轮船，新文字好比是飞机。坐上新文字的飞机来传播民族自救的教育的时候，就可以知道新文字是不但不阻碍中国统一，而且确有力量帮助唤起大众挽救我们的垂危的祖国。

照以上观点看来，我们觉得这种新文字是值得向全国介绍了，我们深望大家一齐来研究它，推行它，使它成为推进大众文化和民族解放运动的重要工具。以下是我们所要建议的具体办法：

（一）每一个方言的新文字方案成立后，我们首先要根据这方案编辑最廉价的课本、指导书。

（二）课本编成后即着手运用各级学校：民众学校、识字学校、夜学校、补习学校、讲习会培养新文字教师。凡学会新文字的人都有教人的义务。

（三）为着要使学过新文字的人继续学习起见，我们要出：高级课本、报纸、杂志、小说、诗歌、各科小丛书、新文字连环画、新文字字典、北方话与其他方言对照读物。

（四）根据新文字方案，创制新文字速写并创制新文字打字机。

（五）对于用汉字编印的书报，我们主张：

1. 文字大众化。
2. 横排。
3. 采用新文字报头。
4. 新文字汉字对照的读物另辟一栏。

（六）除了现在已经发表的北方话和上海话新文字方案之外，我们要继续进行其他各区及少数民族方言的调查，以着手其他各区及少数民族方案之建立。

十、怎样写大众文[11]

我们要知道怎样写大众文，先要知道白话文的毛病在那儿。

白话文，

教人聋。

读起来，

听不懂。

谁听不懂？大众听不懂。它写的不是大众的事，所以听不懂。它写的句语不合大众说话的口气，所以听不懂。因为听不懂，也就看不懂。白话文，不但大众听不懂，就是读书人也很难听得懂。

我们知道了白话文失败的原因，就可以明白大众文应该怎样的写法。大众文应该写大众需要知道的事。大众文应当照大众说话的口气写。

我们的眼睛看惯了古文、白话文，容易引我们走错路。比较起来，还是耳朵靠得住。我们的耳朵是和大众接近些。所以写大众文的一个好方法，是请我们的耳朵出来指导我们。凡是耳朵听得懂，高兴听的，才把它写下来。

　　　　根据大众语，
　　　　来写大众文。
　　　　文章和说话，
　　　　不能随便分。
　　　　一面动笔写，
　　　　一面用嘴哼。
　　　　好听不好听，
　　　　耳朵做先生。

　　这位先生，人人随身带着，很方便。只要我们肯得虚心问他，他总是愿意指教我们的。大家还要记着，他是一个钱学费也不要。

　　从前，有一个人家床上生臭虫，懒得捉，越弄越多，正愁着没得办法，看见报上广告说到一家药材铺有臭虫药出卖，他欢喜极了，连忙去买。花了三个铜板，得了一个白纸包，回家打开一看，没有药，只有一小块纸，上面写着一个字："捉！"

　　有些人看见商务印书馆的《出版周刊》说我编的《老少通千字课》是根据大众语写的，就来问我大众文是怎样写法，我也学那药材铺的榜样送他一个纸包，里面写的是："请你的耳朵教你。"

　　我们的耳朵虽是顶方便的先生，但不是顶靠得住的先生。因为我们听得懂的文章，大众有时听不懂。所以顶靠得住的先生是大众的耳朵。工人、农人、车夫、老妈子、小孩子的耳朵都靠得住。你做好一篇文章，读给他们听听，如果他们听不懂，你要努力的修改，改到他们听懂了，才能写成大众文。小众听得懂而大众听不懂的文章，决不能冒充大众文。好的大众文还要大众高兴听。如果小众高兴听而大众不高兴听，决不能算为好的大众文。

文章好不好，
　　要问老妈子。
　　老妈高兴听，
　　可以卖稿子。
　　老妈听不懂，
　　就算是废纸。
　　废纸那个要？
　　送给书呆子。

我们要想写大众文，把大众文写得好，必定要请大众的耳朵做我们的先生。上面的两首诗是一位工人学生张妹给我改的。在《耳朵先生》的一篇里，中间一段，原来的稿子写的是：

　　语文要合一，
　　不能随便分。
　　笔儿没有动，
　　先用嘴儿哼。

我自己的耳朵是给他及格了，但是大众的耳朵听不懂。我得到张妹的帮助才改成：

　　文章和说话，
　　不能随便分；
　　一面动笔写，
　　一面用嘴哼。

《老妈子》一首的末尾两句，原来写的是：

　　废纸有谁要？
　　只有书呆子。

也是因为张妹的耳朵的帮助，我才改成：

　　废纸那个要？
　　送给书呆子。

看了上面所举的两个例子，我们对于大众的耳朵纠正我们的地方,是十分重要的。

十一、大众画报[12]

识字运动展开了,普及教育的呼声是得到全国的响应了,读完《千字课》的成人、儿童是一天比一天多了。"我们再读什么?""我们有什么报可以看?"这是大众时常问的两个问题。第一个问题是比较容易答复,因为几家大书局里都出了高级民众用读本及民众用丛书,尽可选择介绍。但是第二个问题就把我们难倒了,有什么报可以给粗识字义的大众看?大报写的是文言,又无标点符号,依大众看来,真是漆黑一团,除了知识分子及中等以上的商人,谁也不懂。小报、周刊、半月刊多数是用白话文写,也有标点符号,但因西化语法太多,大众也不能看得十分明白。画报是有资格受大众欢迎的,但是有些画报,编排复杂,说明难寻,有时也是文绉绉的,使得大众只是看画而不知道画中的意义,并且价钱太贵,一般大众决不能把两天的饭钱省下来买一份画报看。大众要看报,而中国现在是没有一个报能给大众看得懂。因此,我想向作家及出版界提出一个建议:

"编辑出版一种真正的大众画报。"

这种大众画报性质采取日报、三日报、周报、半月报、月报,都有需要,但应当符合下列五种条件:

(一)灌输现代知识,培养前进思想;
(二)用大众语写,要趣味胜过正经;
(三)用连环图画写,要图画多于文字;
(四)编排清楚;
(五)价值便宜。

如果能合上面所说的五种条件,这种画报必可成为普及教育的一种最重要的工具。大众得了它,必是如同大旱得了大雨一样的快乐。我是天天望着这样有意义的画报出现啊！

十二、大众的流通图书馆[13]

　　流通图书馆的意义只要看一看它的名字就能明白一个大概。从藏书到看书，从看书到借书出去看，这过程是代表了图书馆发展之三阶段，也就代表了普及教育发展之三步骤。让人借书出去看是流通图书馆的特性。但是借给谁看，怎样借法是成了问题。这些问题如果不弄明白，则流通图书馆不免要做成知识分子及有暇阶级的高等听差，负不起普及教育之使命。

　　（一）借给谁看？对于这个问题，我毫不迟疑的说："借给大众看。"识字的借深一点的给他们看。不识字的借图画书给他们看。图画书不够用，就赶紧的要求作者和书店赶紧的编。流通图书馆的对象是大众，它必须为劳苦大众充分的服务，才算是一个真正的流通图书馆。

　　（二）怎样借法？现在穷人借书最大的困难有两点：一是没有钱，二是空闲少。我们必须根据这两点来修改借书手续。平常流通图书馆要保证金，少则五毛，多则一元二元。只是这个条件，已经把穷光蛋赶到门外去了。我提议只要介绍人，不要保证金。有些图书馆还要借书人亲自来借。这在有闲的少爷小姐看来，并没有多大困难，但一天忙到晚的大众就觉得为难，这当然要允许别人代借。干这件事最觉得便利的那是无过于小先生了。小先生代替学生借书是一件应当鼓励的事。

　　现在各省市提倡识字运动，成千成万的大众继续不断的加入到读书的队伍里来。"那里找书看"是成了一个迫切的问题。若不赶紧提倡流通图书馆，这些人将因没有继续读书的机会而把从前读过的书都荒疏了。我心目中的流通图书馆是小规模的。它在拯救文化饥荒的地位看来是一个小饭馆。这种文化小饭馆要普遍的设起来：

一镇一个，一村一个，一街一个，一弄堂一个！当然，一县、一市、一乡设一较大规模之流通图书馆，更能收指导沟通之效。但我所怕的是有了高级的流通图书馆，就忘了低级的流通图书馆。最合理的办法是敷设流通图书馆。但与其等待大规模的敷设，不如从小做起。花一二十块钱办一个弄堂或乡村流通图书馆是轻而易举。这是每一位热心提高大众文化水准的人都能做得到的一件事。这样的小小流通图书馆，大众自己就能约几个人凑几块钱办它一个。如果有这样的流通图书馆产生，那是更有意义了。

《行知教育论文选集》（1947年9月大众书店三版）

注释

〔1〕此题在《大众教育》创刊号（1936年5月10日）发表时为《大众教育与民族解放运动》。文字内容也略有不同。

〔2〕此题在《生活教育》第2卷第22期（1936年1月16日）发表时为《上海文化界救国会国难教育方案》。此方案于1936年1月6日获上海文化界救国会通过。

〔3〕阿比西尼亚 国名。埃塞俄比亚的旧称，在非洲东部。

〔4〕此题在《生活教育》第3卷第1期（1936年3月1日）发表时为《国难教育方案之特质》。

〔5〕此题在《生活教育》第3卷第7期（1936年6月1日）发表时为《新大学》。

〔6〕此题在《生活教育》第3卷第3期（1936年4月1日）发表时为《儿童节对全国教师谈话》，文字内容略有不同。

〔7〕此题在《生活日报·星期增刊》第1卷第5期（1936年7月5日）发表时为《树下谈话记——怎样才可以做一个前进的青年》。

〔8〕此部分曾以同一标题在《生活日报·星期增刊》第1卷第2期（1936年6月14日）上发表过。

〔9〕此题在《生活日报·星期增刊》第1卷第4期（1936年6月28日）上发表时为《从大众歌曲讲到民众歌咏团》。其内容只包括本篇的前半部分。

〔10〕此题在《生活教育》第 3 卷第 5 期（1936 年 5 月 1 日）发表时为《我们对于推行新文字的意见》。文末还附有蔡元培等 485 人的签名。

〔11〕这部分曾在《生活教育》第 2 卷第 18 期刊出，当时分成为两篇：《怎样写大众文》和《再谈怎样写作大众文》。

〔12〕这部分在《生活教育》第 2 卷第 19 期（1935 年 12 月 1 日）上发表时，题为《大众画报——一个需要，一个建议》。

〔13〕这部分在《生活教育》第 2 卷第 19 期（1935 年 12 月 1 日）上发表时，题为《流通图书馆与普及教育》。

生活教育目前的任务

这几天在桂林的同志们，得有机会，聚在一块，检讨生活教育之理论与实践，各人都有一些收获。我从前为一位朋友题过三句话：检讨过去，把握现在，创造将来。我们为什么要检讨，把握？一切都为创造。我们要常常检讨，紧紧把握，天天创造，积小创造而为大创造。

生活教育之定义在晓庄开校前九年，我已提出，包含三部分：一是生活之教育；二是以生活影响生活之教育；三是为着应济生活需要而办之教育。用英文译出来，比较简单：Life education means an education of life by life and for life. 关于第一部分和第三部分，洞若[1]同志说得很清楚，对于第二部分我想补充几句。"以生活影响生活"是怎样讲呢？我们要拿好的生活来改造坏的生活，拿前进的生活来引导落后的生活，针对着现在说，我们要拿抗战的生活来克服妥协的生活。

在抗战建国这一伟大时代中，生活教育者有什么任务，有什么贡献，我想简单的说一说。

我们有四种任务：一、力求长进，把自己的集团变成抗战建国的真力量；二、影响整个教育界共同求进，帮助整个教育界都变成抗战建国的真力量；三、参加在普及抗战建国的生活教育的大运动里面帮助全民族都变成抗战建国的真力量；四、参加在普及反侵略的生活教育的大运动里面帮助全人类都变成反侵略的真力量。

我们的理论，在战时，更显出它的优点。现在说它的可能的贡献：

一、我们认识教育只是民族大众人类解放之工具。当日本帝国主义危害我们生存的关头,生活教育者每上一课自必要问:这一课对于抗战能有多少帮助?为教育而办教育的人是不容易发出这样的疑问。

二、我们认识生活之变化才是教育之变化,便自然而然的要求真正的抗战教育,必须通过抗战生活。抗战演讲、宣传,若不通过抗战生活,我们不会承认它是真正的抗战教育。

三、我们认识社会即学校,便不会专在后方流连。我们立刻会联想到前方,联想到敌人的后方。即使在后方办学校也必然的要想,如何把教育的力量输送到前方和沦陷区域里面去。

四、我们认识人民集中的地方便是教育应到的地方,便毫不迟疑的注意到伤兵医院、难民收容所、壮丁训练处、防空壕与山洞里的教育而想去解决它。

五、我们认识集团的生活的力量大于个人的生活的力量,即认识集团的教育力量大于个人的教育力量,便毫不迟疑的帮助我们的学生团结起来,让他们自己管自己,从前的工学团和战时的集体主义的自我教育都是要贯彻这个意思。

六、我们认识"生活影响生活"以及人人都能即知即传,故不但顾到成人、青年,而且顾到老年人与小孩子,整个民族不分男女老少都必然的要他们在炮火中发出力量来。义勇军之母赵洪文国[2]老太太及台儿庄的小孩唱歌感化小汉奸为小战士,[3]都是印证生活教育理论颠扑不灭的铁证。

七、我们认识教学做合一及在劳力上劳心为最有效之生活法亦即最有效之教育法,便自然以行动为中心而不致陷落在虚空里面。如果抗战建国是要真正的干出来,那么生活教育的理论便要求为干而看,为干而谈,为干而玩,为干而想。

八、我们认识到处可以生活即到处可以办教育。当平时学校被炸,先生散了,学生散了,学校也跟着散了。生活教育者的学校是炸不散的,如果可以炸散,除非是先生学生一起炸死。只要有几个存在,不久归起队又是一个学校了。孩子剧团、新安旅行团便是炸不散的学校。平常的学校只要采取生活教育这一点点办法,那千千万万倒闭的学校都可以复活了。这几次的集会使我们大家对于生活教育理论有了更亲切的了解,更热烈的信仰。这了解与信仰是会发生不可思议的力量。我相信生活教育必定能够发出伟大的力量帮助打倒日本帝国主义,帮助创造一个自由平等的新中国,并且帮助创造一个和平互助的新世界。

《战时教育》第3卷第10期(1939年1月10日)

注释

〔1〕洞若 即王洞若。陶行知办晓庄师范时的学生。后任《战时教育》杂志编辑、育才学校研究部主任等职,写有阐释生活教育理论的著述多篇。

〔2〕赵洪文国 本名洪文国,随夫赵姓。为著名义勇军领袖赵侗之母。陶行知曾以《敬送赵老太太》诗相赠,赞扬她为军队募集衣物、药品,宣传抗日救国,誉称"游击队之母"。

〔3〕台儿庄是抗战初期的著名战场。在激烈的战斗中,进步小孩子们所唱的爱国歌曲,感化了那些受蒙蔽而充当过小汉奸的儿童,使他们不再为日军收集传送情报,转变成为小战士。

评加强教育党化

　　党义教育或党化教育[1]这一名词,已经久被人们所淡忘了!最近以来,在报章杂志和一部分教育界人士的言语之间,又有人主张恢复党义教育,或在课程内加上三民主义一课。

　　这种建议,原是未可厚非的。因为三民主义是抗战建国的政治基础,要抗战必胜,建国必成,不但有需于全国人民对三民主义的深切了解,尤需于全国人士能起来实行三民主义。不过,过去十余年来,党义教育之所以失败,是很值得我们猛省的。国民党第三届中央执行委员会第一五七次常务委员会所通过的《三民主义教育实施原则》,是凡初等、中等、高等、师范、社会、蒙藏、华侨等教育如何实施三民主义教育,均详列大纲;而于课程、训育、设备等,也均有详细的厘定,不可谓不周。政府复编纂党义教科书,检定党义教师等等。可是推行十余年之结果,尽人皆知,无庸讳言,是完全失败了。其原因,不外高廷梓先生在《中央周刊》上《论过去党义教育的检讨与今后党德的实行》一文中所说:"十年来本党主义尚未能普及到全体国民的缘故,实在是党德之未充分的表现与实行。"这是很确实的,党在民众中间的行动与表现,就是一种教育。如果党员不"以身作则",不以"人民之利害为利害",不以"人民之视听为视听",徒贪个人之私利,其所宣扬的党义教育,必适得其反。

　　还有一个原因,就是《中央日报》社论上所指出的"许多误解党化教育的人,以为教育权、教育机关尽握在党员的手中,就算达到党化教育的目的了!"其结果,所谓党化教育,变成争权夺利!

我们现在要将三民主义教育普及全国人民,必须痛改前非。而于实行之时,尤其注意三事:

一、推行三民主义教育,不只是设三民主义一课,必须也把一切教育都以促进民族独立、民权普遍、民生乐利为旨归,而把三民主义的革命精神,渗透到整个教育领域去。

二、三民主义教育的实施,不在死读三民主义,而在实践。是凡抗战建国的具体工作,如兵役宣传,慰劳伤兵,推行战时民教和动员民众,组织民众等工作,都是一种最好的教育。

三、推行三民主义教育,尤须努力团结全国各党各派。在国家民族危在旦夕之秋,决不能再容我们有强制式的统治与形式的统一,造成貌合神离、分崩离析的险恶现象!否则,不特在教育的意义上,其结果适得其反,而且会加深国家民族的危机。

《战时教育》第4卷第2期(1939年3月10日)

注释

〔1〕党化教育 1927年国民党政府为巩固其统治所提出的教育方针,据此将"修身"课改为"党义"课,故也称为党义教育。由于遭到各方面的反对,不久就以三民主义教育代替了党化教育,以"公民"课代替了"党义"课。

全面抗战与全面教育*(节选)

(上略)

所谓全面教育，就是"教育战"。我们的抗战是全面抗战，我们的教育也跟着全面抗战的开展而成为全面教育。但假使只为教育而教育，也即是为教书而教书，为读书而读书，这是不正当的，我们可以不必讲它。抗战与教育有什么关系呢？教育应该配合抗战，教育在现在就是战时教育。

有一位校长说："我没有学过战时教育，所以不会办战时教育。"但他又不肯下台让晓得的人来办。于是我便写了一首小诗，发挥我的感慨："遍地发瘟，妈妈病倒在床。叫他倒口开水，他说功课忙。叫他请医生，他说功课忙。叫他买一服药，他说功课忙。等到妈妈死了，他写讣文忙，写祭文忙，称孤哀子忙。"

这班为教育而教育的人们，在平时是这样，在战时也要来这样，那真是不可思议的！我们不能坐视中华民族的妈妈病死，必定要起来服侍她。全面教育可分做几点讲。

第一，从空间来说：不能只办后方的教育，要把教育扩大到敌人的后方，扩大到全中国、全世界去。

第二，从教育的对象说：不只着重青年教育，而且要顾到老年人和小孩子的教育。老太太不是没有用的，你看赵老太太，现在她

---

* 本篇系陶行知在香港中华业余学校的演讲记录。记录者为李伯丝、叶翼如、汤儒乡、陈烈。全文近万字，分为"全面抗战"和"全面教育"两大部分。本书选收了"全面教育"部分。

是游击队的母亲。我曾写了一首诗送她说:"日本出妖怪,中国出老太。老太捉妖怪,妖怪都吓坏。"谅大家必有看过的吧!青年固然有用,小孩子也很有用。我在第五战区时,曾听李宗仁将军告诉我台儿庄一个故事:当台儿庄形势紧张的时候,有一群小孩子组织歌咏队,在村上唱歌,等到听众多了,他们乘机来演讲,宣传救中国必先除汉奸的意义。不料听众中恰有一个姓黄的小孩子,他是给敌人利用来打探我们军情的小汉奸。小汉奸听了这些话,马上觉悟悔过,自动起来向大家招认,承认他是个小汉奸,并且发誓从此不再做小汉奸而要做个小战士。大家就要求他用做汉奸的手段去做"反汉奸"的工作,去打探敌人的消息。结局他是如命而行,探出敌人的火药库而带我们的军队去炸毁。小孩唱歌演说的力量,可以把个小汉奸变成一个小战士,这些都是老太太和小孩子所表现的力量和功绩。所以我们的教育不能以老太婆老而不顾及,小孩子小而看不起他,须知当此全面抗战的时候,青年壮丁固然有用,老太和小孩也有他的用处啊!

第三,要顾到随战事的进展而产生的特殊生活。譬如因抗战而有了伤兵,我们就要有伤兵的教育;因抗战而有了难民,我们就要有难民的教育。我们对伤兵要用教育的方法来启发伤兵,使他们在后方可以鼓励民气,在前方可以鼓励士气。对难民亦是这样,在难民的收容所中组织工学团,增加难民的生产力量,坚定他们的抗战意识,把逃难的一群变为冲锋的一群。

第四,全面教育还要跟着老百姓跑。百姓跑到东,我们教到东;百姓跑到西,我们教到西;百姓跑到树林,我们教到树林;百姓跑到山洞,我们教到山洞。所谓跟着教,并不是跟着逃走,跟他们做什么?教他们!教育是要跟着老太太、老太公走,跟着青年走,跟着小孩子走。所谓教育不是只教他们识几个字,或印印讲义就算了,帮助人就是教育,全面教育扩大到无论什么地方,是跟着老百姓的教育。那么知识分子就应该开展他们的教育到那儿去。所谓跟"老百姓去"并不是"逃走"!而是跟着他们,走进他们的生活中去教育他，使他改逃跑为冲锋，走回来抗战。只是逃跑，那是"逃走教育"，不是全面教育。

在后方的云南、贵州办教育是要紧的；到山东、河北办教育亦是要紧的，但也不一定在敌人炮火下办教育。若到山东、河北去只是为教育而教育，这又有什么用处呢？

教育不要呆板，要灵活的运用。只要使他们发生一种力量到达前线去，增加抗战的力量，要很快的发生效力，真真发生效力。

第五，教育的行为是服务，而服务的行为也就是教育。譬如在逃难的时候，帮助老太婆不使跌倒，帮助小孩子不使踏伤，这都是教育，以身作则的实践教育。

第六，要顾到高深的研究，也要顾到目前需要的实用技术。譬如有人说一个医生，非五年七年不能养成，但现在前线上兵士最普遍的疾病是疟疾与痢疾和因血管破伤流血过多以至于毙命！这种医疟、痢、扎血管止血的医生，那就不需要五年七年了。如果认真学习，几个月便可毕业，到前线去服务救人。我们可用轮流服务、轮流研究的法子来调剂。若硬说一律需要五年七年而后有医生可应世，那是我们所不敢附和的，所以在后方办教育我们并不反对，所谓全面教育并不是一定要硬撑在炮火之下来办教育；在云南、贵州，甚至任何地方办教育都可以。不过教的工作在后方，而教育的力量却要达到前方，达到敌人的后方。教育的目的不是为教育而教育，乃是为抗战而教育。因此，所授的课程和方法，必须变更，以求切于抗战建国之用。

以上六点，就是我对于全面教育的一些意见。此外，还有一点要请大家格外注意的，就是：全面教育是要真干而不可假干，要穷干而不可浪费的干，要合干而不可分裂的干，是要快干而不可慢慢的干，是大规模干而不可小干的教育。

（下略）

《生活教育十二周年纪念刊》（1939年3月15日）

告生活教育社同志书
——为生活教育运动十二周年纪念而作

我所敬爱的同志们：

三月十五日[1]是一个值得纪念的日子。每年到了这个日子，大家都有许多意见想交换。我回国以来，忙于建立新事业，只有少数同志曾经通信，而且也因为时间关系，没有畅快的写。在这半年当中也曾走过不少的地方，但是会见的同志究竟不多。现在想乘这十二周纪念的日子，把心里想说的话，尽量的说出来，希望大家指教；并希望大家也将别后的一切尽量告诉我，使我对于各人的工作有更深切的了解。让我们就在这种了解中建立我们共同的信念，以发挥我们的力量。

我们在这大时代中遇着了，而且是继续不断的共同奋斗，这是多么幸福啊！有些人却不是这样看法。去年八月中归船到印度，一位留学的女太太对我说："这次我们回到中国，是和出国的时候大不同了。学校没有了，工厂没有了，家庭没有了，亲戚朋友都流离失所了，先生也不免有些伤感吧？"我说："在国内我们可能看见的也许比你所说的要惨十倍一百倍，但是我毫无伤感。它的确是一个不大同的中国了。有拳头了，站起来了。不错，它是在大量的流血，但是如同一位母亲生孩子一样，流血的结果是新生命之产生。我们在中国所看到的血，不再是自相残杀的血，而是和日本帝国主义拚命的血。在这伟大的血的洪流里，将要浮出来一个伟大的自由平等的中华民国。"记得"五三"惨案纪念日在晓庄寅会里我曾说过："晓庄所办教育如果不能帮助中国把日本帝国主义打出去，便算是失败。"我们自始就认定大时代之来到,而且这大时代是要靠中国人和一切反侵略的战友的血汗创造出来的。

从上海、江苏、浙江、安徽、湖北、湖南、广东、广西、福建、四川、陕西、山西、河南、河北、贵州、甘肃、香港、安南、新加坡及欧美同志的来信,知道大家都在自己的岗位上把各人的力量贡献给中华民族。在后方,在前方,在海外,在敌人的后方,大家都是很努力很切实的尽你们的责任。我们的人数不多,但几乎是总动员了。大家毫不吝啬的贡献各人的汗、血或脑汁。我不能否认也有很少数的同志由认识不够而徘徊、落伍。但是大多数是在大时代的创造中,百折不回的发挥各人的小小的力量。有一封信,尤其使我不能忘记。它以"迎接困难"四个字作对我回国之勉励。我以为这四个字是不应该独自欣赏而应该送给全体同志做座右铭。拿破仑说他的字典里没有"难"字,连侵略俄国也不难,所以一败涂地。汪精卫说他的字典里没有"易"字,怕抗日不易,所以动摇妥协。这都是矫枉过正之谈。其实,字典里有难字也有易字。我们对于困难,不可轻视,也不可害怕,这"迎接困难"四字恰恰把我们应该有的态度表现了出来。谁也不能否认,中国是在过难关。困难既是不断的来,那末,来一个,解决一个,来两个,解决一双。我们个个人都有了这"迎难"的精神,便更能负起我们的任务而发挥我们的贡献。

就我实地所观察,中国是走上了胜利之路。三民主义是成了全国共同信仰之主义,即成了领导中华民族解放之最高原则。抗战建国纲领也是正确的国策。衡山会议议决方针,民众重于士兵,政治重于军事,后方重于前方及游击战重于阵地战,都是帮助抗战建国纲领实行之有效途径。蒋委员长对于《近卫声明》[2]的驳斥,一方面是指出抗战国策之坚决,一方面是粉碎敌人之阴谋。在第三届参政会闭幕词里面,蒋议长特别阐明民主政治之要义,尤足以保证抗战必胜、建国必成之信念。这是在政治方面所表现的进步。军事方面，游击战、运动战、阵地战综合之全面抗战已经展开，最可宝贵的是我所遇见的将领士兵，人人都抱有抗战到底的决心。经济方面，各种重要工业在内地是渐渐的惨淡复兴起来。轻工业合作社也以〔已〕逐渐展开，最可喜的是有不少新工程师之出现，没有水泥钢骨也能建立起工厂。法币的基础是仍然稳定，敌人使尽千方百计还是撼不动。人民方面所表示出来的，如赵洪文国之三代打游击，曾大娘之送子从军，台儿庄儿童唱歌团之化小汉奸为小战士，华侨之长期输捐，小贩发动之义卖，足见人心未死，中国必兴。这些事实与现象都证明中国是在胜利的大道上阔步迈进。

同时，日本国内反战分子渐多，政府为要镇压反战势力之兴起而益趋向法西斯化。在前线，日军是士无斗志，厌战心理浓厚。所造傀儡时遭中国志士毁灭，伪军多反正。占领之据点被我游击截断，联络不易。敌国际市场受抵制日货的威胁，日渐缩小。现金为抵补军需入超，将要枯竭。我只能大略说说，证明日本帝国主义是愈战愈弱，必有支持不住之一天。国际方面亦逐渐发生于中国有利之发展。英美间本有难以调和之矛盾，但近来亦有商约之订立，俾经济矛盾得以减少，使其对远东政策可以由平行行动而渐趋于合作。美洲是门罗主义[3]之家乡，近年来是被德意日撒下纳粹法西斯的种子造成侵略的细胞。美国感到极度不安，最近召集泛美会议目的在取得美洲各国谅解，互助以共同抵御侵略。倘美国减少内顾之忧，则对于远东问题自能采取更有效之行动。苏联本其和平政策，对中国抵抗侵略，自始至终是十分同情，所以他对于国际联盟个别援助中国之决议是忠实执行。起初各国亲日派大放谣言说中国接受苏联帮助是趋向赤化。殊不知苏联与中国皆为国联会会员国，依照国联决议授受，是其本分。现在英美对于中国亦有同样的帮忙，则谣言不攻自破，苏联以后援助中国亦可以减少顾虑了。现在德意日的侵略阵线拉拢得更紧，将来的趋势，英美法苏和中国的反侵略阵线是有结成的可能。即使结不成功，他们的平行行动也是于中国有益。

我们只须看一看上面所说的便知道教育者责任之重大了。一、怎样才能使全国人民都了解三民主义，信仰三民主义，实行三民主义？二、怎样才能使全国人民知道抗战建国纲领，拥护抗战建国纲领，实行抗战建国纲领？三、怎样才能唤起全国民众，使他们发出比士兵更大的力量？四、怎样才能使个个老百姓都知道蒋委员长驳斥《近卫声明》之要点？五、怎样才能使全国老百姓都很快的得到民主政治的训练而成为民主政治的柱石？六、怎样才能使全国的老太太都得到赵老太、曾大娘的精神？七、怎样才能使全国的小孩都有台儿庄儿童的认识？八、怎样才能使敌人占领区域之老百姓都有民族意识并使伪政权不得成立？九、怎样才能使敌人前线士兵及国内民众反战势力增高，以镇压消灭其侵略之气焰？十、怎样才能使全世界反侵略运动发生效力，以制裁侵略国之行动而粉碎他们扰乱和平的阴谋？这些可以说都是教育问题。由此可见教育者责任之重大。我们在这重重叠叠的重大责任逼迫而来的时候，举行我们的十二周纪念，是非常有意义，不容我们有丝毫的懈怠。

在这个值得纪念的日子，我的脑袋里浮出来一个最鲜明的印象是：一群青年丢掉了文凭的眷恋，从学府里跑到乡下去，和农人共生活。光阴过得很快。这已经是十二年前的"罗曼斯"[4]了。这一群青年所带去的，不是文化的赈济品，而是一颗虚心要探寻真正适合中国向前进取的教育。

当这些青年和农人接触之后，双方都有了惊奇的发现，青年们在学府里受教已久，手无缚鸡之力，只拿得动一支笔儿写几行字，他们下乡不多时，便发现自己也有手，可以做工，可以种田，可以实验，可以使枪杆。农人呢，在"民可使由之，不可使知之"的空气中生活了几千百年，久已被裹头布裹得不能思想。他们和青年知识分子接触之下，禁不住要喊出来："我们也有头脑啊！"青年发现了自己有双手，才是能坐而言，也能起而行。农人发现自己有头脑，才能由了解而信仰三民主义并发挥出力量，以争取中国之自由平等。这种双手与头脑的重新发现是极重要的收获，应当在纪念的时候特别指出。

我们在这十二年当中干了些什么事？三件事，还没有做完。一是反洋化教育，二是反传统教育，三是在半殖民地半封建的国家建立争取自由平等之教育理论与方法。

（一）反洋化教育的用意并不是反对外来的知识。我们对于外洋输入的真知识是竭诚的欢迎。但是办学校一定要盖洋楼、说洋话、用洋书才算是真正的学校，那可不敢赞同。有些洋化教育家没有抽水的洋马桶是几乎拉不出屎。尤其是没有工业的生产而他们要工业的享受和花费。中国是个穷国，那能禁得起这样的浪费。在这一方面浪费，在另一方面的教育便没有钱办了，结果是成了少数人的教育。

（二）反传统教育也不是反对固有的优点。我们对于中国固有之美德是竭诚的拥护。但是"满朝朱紫贵，尽是读书人"的升官教育，以及"为教书而教书，为读书而读书"的超然教育，我们都是反对的。至于一般老百姓"出钱给人读死书，自己一个大字也不识"的现象尤其不能缄默。

（三）建立争取自由平等的教育原理方法。我们之所以反对洋化教育和传统教育，是要开辟出一条大路，让这半殖民地争取自由平等的教育可以出来。三民主义是我们的工作的最高指导。从一个半殖民地半封建的国家变成一个自由、平等的民有、民治、民享的国家，是要军事、政治、经济、教育几方面配合得好才能达到目的。教育方面必定要具备几种条件才能负起这样伟大的使命。（1）教育必须是战斗的。教育不是玩具，不是装饰品，不是升官发财的媒介。教育是一种武器，是民族、人类解放的武器。（2）教育必须是生活的。一切教育必须通过生活才有效。抗战建国的生活才算是抗战建国的教育。（3）教育必须是科学的。这种教育是没有地方能抄袭得来的。我们必须运用科学的方法，根据客观情形继续不断的把它研究出来，而且，这种教育的内容也必须包含并着重自然科学与社会科学，否则不能前进。（4）教育必须是大众的。把一个半殖民地半封建的国家变成一个独立国，绝不是少数人所能办得成功。我们必须教育大众一同起来负担这个伟大的使命。但是希望老百姓都得到这教育必须有三个条件：一要省钱，使无钱的老百姓可以受到教育；二是省时间，使没有空闲的老百姓也能求学；三要通俗，使没有受过教育的老百姓也能了解而感到兴趣。这样一来，若不运用"即知即传"的原则，便不能达到老百姓都受教育的目的。而且老百姓所受的教育是要集体的施行，集体才是力量；个别的教，还是一盘散沙，不能发挥出充分的力量。（5）教育必须是计划的。我们要有一个动的计划，使人力、财力都有一个缓急轻重的总分配。从半殖民地半封建到自由平等之境，要有一个继续展开的教育计划，逐步的引导我们前进。

在这十二年当中，应客观环境的需要，我们是发动了四个教育运动：即乡村教育、普及教育、国难教育、战时教育。这四个运动只是一个运动的四个阶段。这一个运动便是生活教育运动，也可以说是从半殖民地半封建渡到自由平等的国家的教育运动。

现在要问：我们今后应该做什么？怎样做？

（一）**继续已往的工作**　伟大的抗日战争已经把洋化教育、传统教育弄得站不住脚。新的教师在茅草棚和山洞里没有黑板粉笔也能办教育。这是多么可喜的现象啊！但是教死书、死教书、教书死的教书匠，和读死书、死读书、读书死的蛀书虫还是很多，守知奴也没有完全变化过来。文化买办还在恋栈。学校内外的洋八股、老八股、文八股、武八股、宣传八股还没有肃清。文化瘪块是长在都市，乡下是害了文化贫血症。缺课的要拚命的补，补课之后就得吃补药。穷苦的天才是被埋没。到现在还有人反对战时需要的战时教育。他们是藏在百年大计、基本学术的盾牌之下，时常发出违背民族生存之歪曲言论。我们要争取抗战的胜利,建国的成功是必须把这些毛病改正过来。我们对于这些病症是不应该消极的批评而是要积极的帮助改正。

（二）**负起当前的任务**　　我们当前的任务是展开全面教育以配合全面抗战而争取全面的最后胜利。我们要把教育展开到前方,展开到边疆,展开到敌后方,展开到华侨的所在地,展开到全世界凡是有敌人斗争的地方去。别人不愿意去而应该去的地方,我们都得分道扬镳的去。我们要把三民主义送去,把抗战建国纲领送去,把蒋委员长告全国国民书及驳斥《近卫声明》的训词送去,把蒋委员长对全国教育会议的训词送去,送到每一个人的心里,还要在每一个人的生活里行动上表现出来,去粉碎敌人挑拨离间的阴谋,破坏敌人所造的伪政权,揭开敌人灭亡我们民族的野心,消灭敌人可能得到的一切外援。增高敌人压迫下的民众反战的情绪,化除集团间因夙怨、政见、误会所引起之磨擦,启发整个民族对于抗战建国之了解,加强整个民族对于抗战建国之团结,坚定整个民族对于抗战必胜、建国必成的信念。我们不应该把别人的力量小看了,连老太太、孩子们都是同阵的战士。我们也不应该把自己的力量小看了,当一个小学教员不仅是三四十个学生的导师,倘使培养学生即知即传,就很容易的影响三四百人。他的地位的重要是好比一个作战的连长或营长。当一个小学校长,不仅是一两百学生的导师而是一两百户、一两千人的导师。他的地位的重要是好比一个作战的团长。当一个县教育局长,不仅是几百个学校、万把学生的导师,而是一个几十万民众的导师。他的地位是好比一个集团军总司令,甚至是一个战区的司令长官。但是倘使你小看了自己的岗位,小看了别人的力量,小看了生活教育的即知即传、工学团等等原理,你便成了一只孤鸦,一个光棍,由渺小而悲观、徘徊、妥协,敌人一来是不堪设想。有许多人是把大事小做了。最重要的是我们要认清我们任务之重大。此外随身要带的还有两样东西：一是针线,二是灯笼。一件衣服破过了,是可以越破越撕,越撕越破,到后来是可以撕成粉碎。唯一的办法是遇着破绽便立刻用针线把它缝好。当这民族的生死关头,是不容有丝毫的裂痕,一遇破裂就把我们的针线拿出来。灯笼是照着人认清路线向前走,不只是照着自己而且是照着同行的人向前走,走入自由平等之境。

（三）**加强我们的力量** 为着要继续已往的工作和负起当前的任务,我们必须增加自己的力量,否则是不能胜任的。第一,学术便是力量。我们要提高学术的研究。晓庄研究所之建立,便是希望对于抗战建国的重要而被忽略的问题加以研究,以求解决而帮助增加抗战建国之力量。此外,我希望我们每一个同志都要抓着一个问题,继续不断、百折不回的去研究它,不得到解决不止;同时,对于中国、对于敌国、对于世界也要努力取得正确的认识。我们所教的小孩的集团也要时时刻刻的求进。第二,组织便是力量。生活教育社已经成立,这是一个喜讯。季平[5]同志说得好,生活教育社是一个教育界的大家庭。它是教育思想者的团体,又是教育运动者之团体,又是教育工作者之团体,又是培养教师的团体,又是一般人学习生活和知能的团体,又是一个共同生活体。他又说:它是应该大众化的,大家共同生活;它应该是工厂化的,大家分工合作;它应该是学校化的,大家互教共学。我对这些话都同意,只是培养教师的团体要改为教师进修的团体,并且互教共学之下要加即知即传。传统学校化是不够的,我们必须即知即传才能跳出自己的小篱笆。其实,整个生活教育社应该是一个大的工学团,办教育是我们的工,研究问题是我们的学,共同过有组织的生活是我们的团。我们既要根据三民主义教导民众小孩,那末,我们自己的组织就必须民主化。不但总社要民主化的组织,而且分社、共学服务团的组织都得民主化。第三,行动便是力量。我们要在抗战建国的行动上发挥我们的力量而且增加我们的力量。蒋委员长说得好:"战时生活就是现代生活。现在时代,无论个人或社会若不实行战时生活,就不能存在,就要被人淘汰灭亡。"这是多么正确的真理啊!依我们的说法:战时生活便是战时教育,我们要以行动的战时生活来增加我们的力量。

增加我们的力量是为着要在三民主义最高原则及蒋委员长领导之下帮助争取最后之胜利。让我们大家把整个生命献出来,帮助打倒日本帝国主义并创造我们的独立平等幸福的中华民国。

二八、三、十五

《战时教育》第4卷第3期(1939年3月25日)

注释

〔1〕三月十五日是晓庄师范(晓庄学校)的创校纪念日,故把它作为生活教育运动诞生的纪念日。

〔2〕《近卫声明》 日本近卫文麿(1891—1945)政府于1938年1月16日所发表的声明,主要内容是逼迫蒋介石投降。同年11、12月,近卫政府又发表了同样内容的声明,也称《近卫声明》。

〔3〕门罗主义 美国总统门罗(James Monroe, 1758—1831)于1823年所提出的对外政策,主要内容是:宣布欧洲任何强国都不得干涉南北美洲事务,否则就是对美国不友好的表现,提出了"美洲是美洲人的美洲"的口号。

〔4〕罗曼斯 英文Romance的音译。意为冒险故事、爱情故事、传奇故事。

〔5〕季平 即刘季平。原名刘焕宗。曾化名力花、满力涛等。晓庄师范早期学生,中共地下党组织负责人。抗战爆发后在武汉文教界领导抗战工作,任抗战教育研究会常务理事。与戴伯韬等编辑《战时教育》杂志。后赴苏中抗日根据地工作。解放后任上海市副市长、山东和安徽等省省委书记、教育部副部长、文化部顾问、中国陶行知研究会会长等。

育才学校教育纲要草案

一、育才学校之性质及其内容

（1）育才学校根据中华民国教育宗旨及抗战建国需要，用生活教育之原理与方法，培养难童中之优秀儿童，使成为抗战建国之人才。

（2）育才学校办的是建国教育，但同时是抗战教育。有人离开抗战教育而提出建国教育，挂建国教育之名，行平时教育之实。我们的看法不同，今天的建国教育必须是抗战教育，而今天真正把握中国抗战全面需要的抗战教育，必然是建国教育。育才学校从某些人的眼光看来，是"建国教育"（因为他们以为它只是培养未来的人才）；但我们认为这并不保证它就是建国教育。保证它是建国教育的是在于它同时就是抗战教育。今天育才学校的儿童必须过战时生活，必须为抗战服务；必须在抗战洪炉中锻炼，否则我们便没有理由希望他们成为未来的建国人才。育才学校的教育，不是挂名的建国教育，而是抗战与建国的统一的教育，抗战建国教育。

（3）育才学校办的是人才教育，分音乐、戏剧、绘画、文学、社会、自然等组。但和传统的人才教育办法，有所不同。传统的人才教育，一般地是先准备普通的基本教育，然后受专门的高等教育。我们的办法是不作这样严格的时间上的划分，我们选拔具有特殊才能的儿童，在开始时便同时注意其一般基础教育与特殊基础教育。前者所以使儿童获得一般知能及优良的生活习惯与态度；后者所以给予具特殊才能之儿童以特殊营养，使其特殊才能得以发展而不致枯萎，并培养其获得专门知能之基础。表面上看来，这是一般基础教育与专科基础教育之过早的划分，但根据我们的办法，这是及早防止一般基础学习及专科基础学习之裂痕。我们要及早培养儿童对于世界和人生一元的看法。倘若幼年的达尔文对于生物浓厚的爱好是发展伟大的进化论者达尔文的条件之一，那末今天提早发展儿童之个别优异倾向，实在有其理由，倘若中国近年来文化工作之脱离广泛社会实际生活，和技术专家之缺少正确的认识可以作为殷鉴，那末，今天便在一般基础教育与特殊教育中予以统一，防止那样的分裂倾向，实在有其必要。

（4）育才学校办的是知情意合一的教育。中国数十年的新教育是知识贩卖的教育，有心人曾慨然提倡感情教育，知情意并重的教育。这种主张，基本上是不错的，但遗憾的是没认清知识教育与感情教育并不对立，同时知情意三者并非从割裂的训练中可以获取。书本教育也许可以使儿童迅速获得许多知识，神经质的教师也许可以使儿童迅速地获得丰富的感情，专制的训练也许可以使一个人获得独断的意志，但我们何所取于这样的知识，何所取于这样的感情，何所取于这样的意志？知情意的教育是整个的，统一的。知的教育不是灌输儿童死的知识，而是同时引起儿童的社会兴趣与行动的意志。感情教育不是培养儿童脆弱的感情，而是调节并启发儿童应有的感情，主要的是追求真理的感情；在感情之调节与启发中使儿童了解其意义与方法，便同时是知的教育；养成追求真理的感情并能努力与奉行，便同时是意志教育。意志教育不是发扬个人盲目的意志，而是培养合于社会及历史发展的意志。合理的意志之培养和正确的知识教育不能分开，坚强的意志之获得和一定情况下的情绪激发与冷淡无从割裂。现在我们要求在统一的教育中培养儿童的知情意，启发其自觉，使其人格获得完备的发展。

（5）育才学校办的是智仁勇合一的教育。智仁勇三者是中国重要的精神遗产，过去它被认为"天下之达德"；今天依然不失为个人完满发展之重要的指标。尤其是目前抗战建国时期，我们需要智仁勇兼修的个人。不智而仁是懦夫之仁；不智而勇是匹夫之勇；不仁而智是狡黠之智；不仁而勇是小器之勇；不勇而智是清谈之智；不勇而仁是口头之仁。中国童子军以智仁勇为其训练之目标，是非常有意义的。育才学校不仅是以智仁勇为其局部训练之目标，而是通过全部生活与课程以达到智仁勇之鹄的。我们要求每一个学生个性上滋润着智慧的心，了解社会与大众的热诚，服务社会与大众自我牺牲的精神。

（6）育才学校是一个具有试验性质的学校。第一，抗战以来，中国破天荒产生了儿童公育的事业，而育才学校是其中特殊的一种。我们希望将具有特殊才能的儿童之公育，予以充分的试验。第二，育才学校以生活教育原理与方法作为一种指导方针，我很希望将这一指导方针予以充分试验，我们深信这种试验会给予生活教育理论一些新的发展。

（7）育才学校全盘教育基础建筑在集体生活上。这里不是一个旧的教育场所，而是一个新的生活场所。这里的问题，不仅在于给儿童以什么样的教育，同时更在于如何使儿童接受那样的教育；这里的问题，不仅在于我们应有一个教育理想与计划，而在于如何通过集体生活达到那样一个理想与计划。所谓集体生活是全盘教育的基础，有三个意义：

第一，集体生活是儿童之自我向社会化道路发展的重要推动力；为儿童心理正常发展所必需。一个不能获得这种正常发展的儿童，可能终其身只是一个悲剧。第二，集体生活可以逐渐培养一个人的集体精神。这是克服个人主义、英雄主义及悲观懦性思想的有效药剂。中华民族正处于历史上空前未有的抗战建国关头，这种集体精神应溶化在每个人的血液里。第三，集体生活是用众人的力量集体地创造合理的生活、进步的生活和丰富的生活；以这种丰富、进步而又合理的生活之血液来滋养儿童，以集体生活之不断的自新创造的过程来教育儿童。具体言之，集体生活之作用是在使儿童团结起来做追求真理的小学生,团结起来做即知即传的小先生,团结起来做手脑并用的小工人,团结起来做反抗侵略的小战士。

(8)育才学校的集体生活必须保持合理、进步与丰富,而欲保持它的合理、进步与丰富,则有两个重要的条件:(一)与社会发展的联系,与整个世界的沟通。(二)在集体之下,发展民主,着重个性。

(9)育才学校的集体生活包含着如下几种生活:(一)劳动生活;(二)健康生活;(三)政治生活;(四)文化生活。在传统教育中有所谓劳动教育而忽略劳动生活,有所谓健康教育而忽略健康生活,有所谓政治教育而忽略政治生活,在各种各样的课堂中,讲授文化生活而忽略真正的文化生活。育才学校的生活与教育是统一的,它认定劳动生活即是劳动教育,用劳动生活来教育,给劳动生活以教育;它认定健康生活即是健康教育,用健康生活来教育,给健康生活以教育;它认定政治生活即是政治教育,用政治生活来教育,给政治生活以教育;它认定文化生活即是文化教育,用文化生活来教育,给文化生活以教育。

(10)育才学校的集体生活虽然在性质上分为劳动生活、健康生活、政治生活和文化生活,但在生活之集体性这一点上,决定了我们的劳动生活、健康生活、文化生活往往同时就是政治生活。质言之,劳动生活、健康生活、文化生活之解释、动员、组织的过程都是政治生活,也都是政治教育。因此育才学校的集体生活,在其总的意义上说来便是一种政治生活。也就是说育才学校的政治教育笼罩着整个集体生活。

(11)育才学校的生活是有计划的,此种有计划的集体生活之集体性决定了全部的集体生活,同时就是政治生活。同样地,育才学校的集体之教育性决定了全部的集体生活,同时就是文化生活。质言之,劳动生活、健康生活、政治生活在集体讨论与检查中所有语言文字表达能力之锻炼以及思考推理之应用等等,便同时是文化生活。劳动生活、健康生活、政治生活对于学生精神和品格上之陶冶及锻炼，便同时是文化教育。因此，育才学校的集体生活在其总的意义说来，同时又是文化教育。

（12）育才学校之集体生活在其总的意义上说来，一方面是政治教育，另一方面又是文化教育。此二者与集体生活是互为影响的。集体生活愈丰富，则政治教育愈充实，政治教育愈充实，则集体生活之政治认识的水准愈提高。同样地，集体生活愈丰富，则文化教育愈充实，文化教育愈充实，则集体生活之文化水准愈提高。

（13）育才学校之政治教育、文化教育在集体生活有其总的意义，要求我们确定这两方面的指导方针：（一）今天吾人正处在历史上空前未有的民族解放战争中，纵贯在整个抗战中之最根本问题是全国精诚团结，服从三民主义之领导，这是全国人民的共同要求，毫无疑义地育才学校之政治教育应以精诚团结、服从抗战、实行三民主义为最高原则。（二）人类历史上的文化遗产浩如瀚海，欲浩如瀚海之文化遗产全部为儿童所接受，匪特不可能，抑且与教育原理不相合。因此，育才学校今日而言文化教育，就其内容而言，必须确定以下诸点：（一）约缩地反应〔映〕人类历史上重要而有代表性的文化遗产。（二）着眼哲学科学（社会与自然）与艺术之历史的发展及其在社会实践的意义。（三）着重人类进化史及中国历史的认识。

（14）最后，育才学校一般基础教育之是否可以获得成功，特种基础教育是否可以获得较多的学习时间，都要看儿童们是否能迅速地获得文化之工具来决定，这是一个教育上基本建设的问题。一个儿童不能够用适当语言文字清楚地表现他的思想，我们可以说，这个儿童所受的是不完备的教育。所谓文化的工具的教育，包含着这样几项：（一）语言，（二）文字，（三）图画，（四）数学，（五）逻辑。广义地说来，这五项东西同是表达思想的工具。只有这种工具获得了才可以求高深的学问，才可以治繁复的事。传统教育也是非常看重这种工具的,但它有两个根本缺点:第一,偏狭,将读、写、算看做最重要的工具;第二,错误,一味在读、写、算本身上来学习读、写、算。今天我们提出文化的工具教育,并且强调其重要,绝不是将它置于一般基础教育之上,终日来学习语言、文字、数学、逻辑。倘若这样的话,这正是犯了三 R(The three R's)教育[1]的错误。我们认为工具教育,应该从丰富的集体生活中来吸取培养它自己的血液,用语言、文字、图画来表达集体生活,用集体生活中统计的事项来作为计算的材料,用集体生活中之事实、论争发展儿童客观的逻辑,代替儿童之虚幻的逻辑。

然而,在另一方面也有一种错误的倾向:那就是设计教学法者,根本忽视工具教育之特性。他们将语文和算术的学习不断联结于各个不甚关联的单元活动上,充满了牵强附会和人工造作。依照我们的办法,一方面是用这些工具来表达集体生活事项,一方面又将语文中之优秀作品以及计数活动之练习给组成一种文化生活,从事学习,儿童获得这种文化的生产工具以后,他便能自动地吸收广泛的知识。

二、育才学校生活、学习与工作制度

(1)育才学校的生活、学习、工作基本上是打成一片的,其中一般活动皆属于一骨干组织的集团生活之组织下。这一个组织统一了生活与学习的组织,统一了集体生活与日常社会服务组织。这一组织系统概略如下:(一)设育才学校儿童生活团;(二)音乐、戏剧、文学、社会、绘画、自然、工艺、农艺等组各编为一中队,中队下设若干分队;(三)各组同一般教育水准之儿童编为一学级,使共受普通教育;(四)各组之各不同分队的儿童按年龄大小与工作经验之配合,混合组成若干社会服务队,专司附近村落社会服务(详细情形,可参考育才学校公约草案)。

(2)学习活动中之一般学习包含一般生活组织中。

(3)工作与服务之一般的组织亦包含在一般生活组织中,但育才学校为了在抗战洪炉中锻炼儿童,同时为了抗战工作之需要,得相机随时组织战时工作队;倘若在一般生活组织中,有较为固定的生活、工作与学习已经使儿童获得较为刻板的习惯,那末战时工作队便是有意打破这种刻板的习惯,予儿童以一种应有的训练。

(4) 以上各项组织尽了纵横交错之作用,使全校儿童能彼此相接触,但在这各组织中,分队是平日生活、工作、学习的基本组织。

(5) 育才学校主张教训合一,同时育才学校坚决地反对体罚。体罚是权威制度的残余,在时代的意义上说它已成为死去的东西;它非但不足以使儿童改善行为,相反地,它是将儿童挤下黑暗的深渊。育才教师最大的责任便是引起儿童对于纪律自觉地需要,自觉地遵守;引起儿童对于学习自觉地需要,自动地追求。

(6) 育才学校集体生活之组织的原则是民主集中制。民主集中制的运用,一方面可以健全当前的集体生活,另一方面是要培养儿童参与未来民主政治之基础。

(7) 育才学校着重分队晚会,凡集体生活中之问题、时事及当天指导员所教的东西务需予以充分的讨论,这除了增加儿童对于学科了解而外,同时更增进了儿童语言表达的能力。

(8) 育才学校着重自我批评。自我批评是发展民主的有效手段,自我批评是促进自觉性启发的利器。

(9) 育才学校着重总结能力之培养。总结需要包含学习中各种问题,自我批评及讨论中不相同的意见等,这一方面是扩大了儿童的能力,一方面是练习了逻辑。

(10) 育才学校要养成儿童之自我教育精神;除跟教师学外,还跟伙伴学,跟民众学,走向图书馆去学,走向社会与自然界去学。他可以热烈地参加集团生活,但同时又可以冷静地思考问题。

(11) 育才学校之总的教育过程为:(一) 以儿童为行动的主体,在教师之知的领导下,所进行的行与知之不断联锁的过程;

（二）以儿童为行动的主体，同时以儿童自身之知为领导，所发展之行与知不断联锁的过程；（三）育才教育目的之一便是从第一种过程慢慢地发展至第二种过程。

（12）育才学校之一般"教学做"的过程，有三种形式：（一）以工作或问题为中心的教学做过程；（二）以事物之历史发展为中心的教学做过程；（三）各学科各系统的学习与研究的教学做过程。这三种过程，育才学校参合互用。

（13）育才学校教师与学生基本上是在集体生活上共学，不但是学生受先生的教育，先生也在受学生的教育。这里我们要反对两种不正确的倾向：一种是将教与学的界限完全泯除，否定了教师领导作用的错误倾向；另一种是只管教，不问学生兴趣，不注意学生所提出的问题之错误倾向。前一种倾向必然是无计划随着生活打滚，后一种倾向必然是盲目地灌输学生给弄成填鸭。

优良的教育工作者一方面是他根据客观情形订出教育计划，但另一方面是知道如何通过生活与实践实现这个计划，并且在某种情形下他知道修改他的计划，同时发展他的计划。

二八、六、

《战时教育》第 6 卷第 1 期（1940 年 8 月 1 日）

注释

〔1〕三 R 教育　三 R，英文 Read、Recite 和 Review 的缩写形式，意为阅读、背诵和温习。三 R 教育，即为通过阅读、背诵和温习这种死板的教学形式来进行的教育。

育才学校创办旨趣*

我们在普及教育运动实践中，常常发现老百姓中有许多穷苦孩子有特殊才能，因为没有得到培养的机会而枯萎了。这是一件非常可惜的事情。这个民族的损失，人类的憾事，时时在我的心中，提醒我中国有这样一个缺陷要补足。

抗战后，从国外归来，路过长沙汉口时，看到难童中也有一些有特殊才能的小孩，尤其在汉口临时保育院所发现的使人更高兴。那时我正和音乐家任光[1]先生去参观，难童中有一位害癫痫的小朋友，但他是一位有音乐才能的孩子，不但指挥唱歌有他与众不同的能力，而他也很聪敏，任光先生给他的指示，他便随即学会。

又有一次，我在重庆临时保育院参观，院长告诉我一件令人愤愤不平的事。他说近来有不少的阔人及教授们来挑选难童去做干儿子，麻子不要，癫痫不要，缺唇的不要，不管有无才能，唯有面孔漂亮，身材秀美，才能中选。而且当着孩子的面说，使他们蒙上难堪的侮辱，以至在他们生命中，烙上一个不可磨灭的印象。

以上三个印象，在我的脑子里各各独立存在了很久。有一天，忽然这三个意思凝合起来了：几年来普及教育中的遗憾，须求得补偿，选干儿子的做法，应变为培养国家民族人才幼苗的办法，不管他有什么缺憾，只要有特殊才能，我们都应该加以特殊之培养，于是我便发生创办育才学校的动机。当时就做了一个计划，由张仲

---

* 本篇系陶行知于1939年7月20日在重庆育才学校开学典礼上的演讲记录。记录者为陆维特。

仁[2]先生领导创立董事会，并得到赈委会许俊人[3]先生之同意而实现，这是去年一月间的事。

创办育才的主要意思在于培养人才之幼苗，使得有特殊才能者的幼苗不致枯萎，而且能够发展，就必须给与适当的阳光、空气、水分和养料，并扫除害虫。我们爱护和培养他们正如园丁一样，日夜辛勤的工作着，希望他们一天天的生长繁荣。我们拿爱迪生的幼年来说吧，他小时在学校求学，因为喜欢动手动脚，常常将毒药带到学校里来玩，先生不理解他，觉得厌恶，便以"坏蛋"之罪名，把仅学了三个月的爱迪生赶出了学校。然而他的母亲却不以为然，她说她家的蛋没有坏，她便和她的儿子约好，历史地理由她教他，化学药品由自己保管，将各种瓶子做记号，并且放在地窖里。他欣然的接受了母亲的意见，于是这里那里的找东西，高高兴兴的玩起来。结果就由化学以至电学，成为世界有名的大发明家。虽然那三个月的学校教育是他一生仅有的形式教育，但是由于他母亲的深切的理解他，终能有此造就。像爱迪生母亲那样了解儿童的精神，是值得我们学习的。假如他的附近有化学家、电学家特殊的帮助，设备方面又有使用之便利，则可减少他许多困难。我们这里便想学做爱迪生的母亲，而又想给小朋友这些特殊的便利。

我们这里的教师们，要有爱迪生母亲那样了解儿童及帮助儿童从事特殊的修养，但在这民族解放战争中，单为帮助个人是不够也是不对的，必须要在集体生活中来学习，要为整个民族利益来造就人才。因此，我们要引导学生们团起来做追求真理的小学生；团起来做自觉觉人的小先生；团起来做手脑双挥的小工人；团起来做反抗侵略的小战士。

真的集体生活必须有共同目的，共同认识，共同参加，而这共同目的，共同认识和共同参加，不可由单个的团体孤立的建树起来。否则又会变成孤立的生活，孤立的教育，而不能充分发挥集体的精神。孟子说："先立乎其大者，则其小者不能夺也。"我们中国现在最大的事是什么？团结整个的中华民族，以打倒日本帝国主义而创造一个自由平等幸福的中华民国。我们的小集体要成了这个大集体的单位才不孤立，才有效力，才有意义。与这个大集体配合起来，然后我们的共同立法，共同遵守，共同实行，才不致成为乌托邦的幻想。

我们的学生要过这样的集体生活，在集体生活中，按照他的特殊才能，给与某种特殊教育，如音乐、戏剧、文学、绘画、社会、自然等。以上均各设组以进行教育，但是小朋友确有聪明，而一时不能发现他的特长，或是各方面都有才能的，我们将来要设普通组以教育之。又若进了某一组，中途发现他并不适合那一组，而对另一组更适合，便可以转组。总之，我们要从活生生的可变动的法则来理解这一切。

但是，育才学校有三个不是，须得在此说明：

一、不是培养小专家。有人以为我们要揠苗助长，不顾他的年龄和接受力及其发展的规律，硬要把他养成小专家或小老头子。这种看法是片面的，因为那样的办法也是我们极反对的。我们只是要使他在幼年时期得到营养，让他健全而有效地向前发展。因此，在特殊功课以外，还须给与普通功课，使他获得一般知能，懂得一般做人的道理，同时培养他的特殊才能，根据他的兴趣能力引导他将来能成为专才。

二、不是培养他做人上人。有人误会以为我们要在这里造就一些人出来升官发财，跨在他人之上，这是不对的。我们的孩子们都从老百姓中来，他们还是要回到老百姓中去，以他们所学得的东西贡献给老百姓，为老百姓造福利；他们都是受着国家民族的教养，要以他们学得的东西贡献给整个国家民族，为整个国家民族谋幸福；他们是在世界中呼吸，要以他们学得的东西帮助改造世界，为整个人类谋利益。

三、我们不是丢掉普及教育而来干这特殊的教育。其实我们不但没有丢掉普及教育而且正在帮助发展它。现在中国处在伟大的抗战建国中，必须用教育来动员全国民众觉悟起来，在三民主义抗战建国纲领之下，担当这重大的工作，所以普及教育，实为今天所亟需。是继续不断的要协助政府研究普及教育之最有效之方法，以提高整个民族的意识及文化水准。育才学校之创立，只是生活教育运动中的一件新发展的工作，它是丰富了普及教育原定的计划，决不是专为这特殊教育而产生特殊教育，也不是丢掉普及教育而来做特殊教育。

《战时教育》第 6 卷第 1 期（1940 年 8 月 1 日）

注释

〔1〕任光（1909—1941）　中国现代作曲家。浙江嵊县人。曾为陶行知所作的多首诗歌谱曲。1940 年参加新四军，次年在皖南事变中牺牲。

〔2〕张仲仁　字一麟，江苏吴县人，教育家，育才学校（难童学校）董事长，曾参与发起成立和平期成会。

〔3〕许俊人　名世英，时任国民党政府赈济委员会主任。

讨论生活教育的提纲[*]

（1）定义　　of Life，by Life，for Life[1]

（2）基础　　生活：哲学的基础的基础

甲、历史的生活——发展的生活——从农业文明到工业文明的生活——从半殖民地半封建到自由平等的生活

乙、联系的生活——政治、经济、文化互相关连的生活——乡村、都市沟通的生活

丙、生活决定教育，不是教育决定生活

丁、生活的变化即教育的变化

戊、生活的矛盾即教育的矛盾

己、生活的量的增加，到某种程度可以突然起质的变化；即教育的量的变化，到某种程度可以突然起质的变化

庚、社会物质环境通过生活才有决定的意思

（3）发展史

中国传统教育 ⎫
　　　　　　 ⎬ 不适
美国教育　　 ⎭

肃清成见：甲、想象力与现实肉搏

　　　　　乙、概念

　　　　　丙、二者活用

---

* 本篇选自《行知备忘》笔记本。提纲的写作时间为1939年7月30日之前，笔记本中记有：为7月30日上午10时"温泉讨论生活教育"之用。今题为编者所拟。

教育法：①教学合一　　教中有学
　　　　　　②教学做合一（在做上统一）
　　　　　　③在劳力上劳心
　　　　　　④生活即教育（历史的，联系）
　　　　　　⑤社会即学校（历史的，联系）
　　　　　　⑥工学团——集体主义的自我教育
　　　　　　⑦即知即传　　学中有教，充分的发展这矛盾
　　运动：　①乡村教育
　　　　　　②普及教育
　　　　　　③国难教育
　　　　　　④战时教育
　　　　　　⑤全面教育

（4）生活教育与政治

甲、任务的决定者

病害决定医生的任务

①帝国主义——日本帝国主义

②半封建的条件

③自由平等之要求

乙、政治贯彻在生活之中，笼罩在生活上

丙、政教学做合一（目的与〈方〉法）

教学做用合一（同上）

（5）任务　　根据我们的技术

①反侵略

②推进民主

③巩固团结

④抗战建国合一

⑤战时生活即战时教育

⑥六艺：礼══组织

乐──乐
射、御──武艺
书、数──文

⑦中国教育政策

甲、补充 { 政 / 军 / 文 } 不够，要造新的人才。

乙、义务教育　　态度技术内容要改进

丙、民主的教育法有待促进

丁、师道尊严之建立

戊、自我教育（集体主义）之正确

已、加强政治教育，集体教育，实践教育　　正确

(6) 生教与普教

①知识为公

②以知与人己愈知

③量的增加起质的变化

(7) 生产教育

①生产者教育

②工学团

(8) 教学做合一

理论与实践统一

学校与社会统一

先生与学生统一

生活与教育统一

不是标语统一便算统一

利害冲突的要经过斗争才得统一

(9) 生教社

甲、总〈社〉与分社之联系

乙、分社设立

丙、社员教育之检讨

　　（一）民主的检讨

　　（二）经济

　　（三）求学当治事

(10) 研究所

(11) 育才学校

(12) 战时教育

(13) 各地工作报告

①新旅　　②英山　　③香港　　④大别山
⑤孩剧　　⑥新加坡　⑦海防　　⑧菲律宾
⑨云和　　⑩广东　　⑪桂林　　⑫重庆
⑬延安[2]

(14) 慰劳死难同志家属

原件存南京晓庄师范

注释

〔1〕意为：生活的教育，依据生活而教育，为了生活而教育。
〔2〕"新旅"为新安旅行团的简称，"孩剧"为孩子剧团的简称，其余均为地名。

我的民众教育观

民众教育是什么？民众教育是民众的教育，民众自己办的教育，为民众的最高利益而办的教育。换句话说：民众教育是给民众以教育，由民众来教育，为民众而教育。给民众以教育是用教育来动员民众。无论是征兵、征工、募捐、募寒衣，及一切需要民众做的事，强迫不如说服，命令不如志愿，被动不如自动。说服是教育的方法，志愿是教育的成果。自动是教育所启发的力量。所以教育是动员民众最可靠、最有效的武器。由民众来教育是用民众来动员教育。中国对教育是动员了四五十年，到如今中国教育还没有普遍的动起来。这是什么缘故呢？先生少，学生多。小众的力量不够大，推不动大众的教育。但是民众接受了智识即刻传递给别人，那就容易推动了。前进的民众来教育落后的民众，一起起来动员教育，那末教育就不能不普遍的动起来了。为民众而教育是为民众最高的利益而教育。民众最高的利益是什么呢？中国民众最高的利益，不消说得，是打倒日本帝国主义，建立一个自由平等幸福的中华民国，并和全世界反侵略之战友共同来创造一个合理公道互助的世界。所以由民众来动员教育，用教育来动员民众，以争取这最高之利益和最后之胜利，才可算是真正的民众教育。

民众教育之发展大概有三个阶段：第一个阶段是要民众。第二个阶段是要教育民众。第三个阶段是民众要教育。要民众是民众教育之基本条件。否则民众且不要，何况乎民众教育。可是单凭我们的主观或是小众的利益而办的民众教育，民众不一定接受，一直等到我们发现民众所以不接受这样"教育"的缘故，并且改变我们的方针、内容、方法，使所办民众教育适合民众的口味，然后民众才要教育。也要等候它办到民众未得它之先是如饥如渴的想念，既得它之后是向前向上的奋发，那时候民众教育才算是办得有几分谱子了。

中国已往的民众教育是害了三种病。一是偏枯病。它或是由于有意的放弃，或是由于无意的忽略，以致大部分的民众是不知、不能、不可、不敢跑进民众教育的圈里来。例如老年人、女人、工人、农人、流浪儿，绝大多数是被摈于民众教育之外。我没有篇幅给我一一举例，只谈一谈老年人吧，假使全国的老太太都能有机会受一点像岫岩县的赵老太太、修仁县的曾大娘、歇马乡的刘太太的教育，那末对于她们的从军的儿子是有多么大的鼓励啊！假使有一点真的教育配献给她们，那末，经过她们的广播，又是有何等扩大的影响啊！然而一般民众教育者则忽视老人之重要，而口口声声的说，我们要赶快培养青年民众，老人家快要进棺材了，有什么用呢？因此，民众教育对于老年人则害了偏枯症，同样，它对于妇女、农人、工人、流浪儿都害了偏枯的症候。二是守株待兔病。民众教育者是坐在民众教育馆里等待民众来：来一个，教一个；来两个，教一双；很少自动的到老百姓的队伍里去找学生。那愿意把教育送上门去的更是凤毛麟角了。民众教育还有一个特有的病，那就是尾巴病。民众教育在已往是成了教育之尾巴，排列是尾巴，经费是尾巴尖。社会既以尾巴看待民众教育，民众教育亦不知不觉的以尾巴自居。反过来说，民众教育抬头，也可见民众之抬头。

前几天，蒋委员长巡视湘北遇见民众教育馆，必去观看，可见民众教育之被最高当局重视。

民众教育是一件大事，不可小看，更不可小做。大县一二百万人，小县也一二十万人。一位民众教育馆长假使用民众来动员教育并用教育来动员民众，他和他的同志便能影响而唤起少则一二十万多则一二百万民众，个个知道为中华民国奋斗，愿意为中华民国奋斗，能够为中华民国奋斗，则中华民国自然会活到万万年了。大家要想民众教育抬头，要想中华民国抬头，是必得认清民众教育是一件大事，且要当做一件大事来实践。

　　民众教育舘的舘字，引起了我的注意。舘字从官从舍；官舍是官住的地方，好像是一个衙门。民众教育舘有变成一个衙门的危险，但要想把民众教育当作一件大事做，切不可以在衙门里做老爷。官舍还有一个意思，就是看管房子。办民众教育倘使变成只看管民教馆的房子，那也嫌不够。我有意把舘字换个馆字。民众教育馆好一比是一个民众餐馆，前者管民众的文化粮食，后者管民众的身体粮食。民众餐馆要想生意好，必须价廉物美招待周到不需久候，民众教育馆要想做得开，在几方面都要跟民众餐馆学学才好。但是馆字也有毛病，官食可作老爷吃饭讲。倘使办民众教育的老爷只顾着自己的饭碗，而不把精神粮食输送给老百姓，那便是大事小做了。

《战时教育》第5卷第4期（1939年12月25日）

我们的校徽

育才开学之后,将近两个月,大家觉得还缺少一个东西。一天有几位同志正式提出来要一个校徽。图画组主任要求我把主要的意思告诉他使他可以设计。我当时觉得很难,似乎比开创学校还要难些。何以呢?我们需要一个符号,可以代表学习,又可以代表工作,又不脱离现在的任务而可以代表战斗。我们学校的基础是集体生活,也必定要在这符号里表现出来。而且我们又不可关起门来干我们的集体生活。我们的集体生活,是必须与全世界以及整个人类的发展联系起来。我们如果用各种符号堆砌起来表现这许多重要的意义,那也不算很难的工作;但是这样的一个杂货铺的校徽,连自己也不容易看明白;别人见了它更要头昏了。我当时觉得校徽之难就难在简单而符合创校的意义。

一连好多天我是不能交卷。九月三十日,我从金刚碚坐船到白沙沱,在船上有点空闲,可以仔细的对这问题想想。忽然在我的脑海中浮出一个圆圈。这圆圈是求学的符号,因为求学要虚心而且要有相当的空闲。它又是工作的符号,因为工作要不断的努力才能成功。它也是战斗的符号,因为抗战要精诚团结才能得到最后的胜利。

但是这一圆圈虽然把学校生活本身的内容包括无遗,但是如何可以表现它与世界及历史发展之关系呢?我想了一下,觉得必定要三个圆圈连锁起来,才能充分发挥这一切的意义:第一个圆圈代表全校一体,第二个圆圈代表世界一体,第三个圆圈代表古今来一体。

我继续的想下去，愈想愈觉得这三圆圈校徽的意义之丰富。它们所表现出来的意义有：（一）智、仁、勇；（二）真、善、美；（三）工学团；（四）教学做合一；（五）自然、劳动、社会；（六）头脑、双手、机器；（七）迎接困难、分析困难、解决困难；（八）认识社会、适应社会、改造社会；（九）检讨过去、把握现实、创造未来；（十）肯定、否定、否定之否定。……我一时也数不完全。

三个环决定了之后，颜色又成了问题。当初是想采用黑色，因为它表现出钢铁一样的坚强。但是有机体的联系，需要有生命的颜色才能表现出真正的意义。我们的三个环是三个连锁的红血轮代表着有生命的学校、有生命的世界、有生命的历史都联成一体。

《战时教育》第5卷第4期（1939年12月25日）

谈生活教育

——致一位朋友的信

××吾友：

接读十二月十二日手书，知道我们在重庆相左，不能见面谈一谈，那是很可惜的一件事。承你对于生活教育和生活教育者提出一些意见，我们很感谢。你所勉励我们的话，多半是对的，我们是朝着你所指示的路而不断的努力。但是你批评生活教育是有一些不正确。这不能怪你，因为如你所说，你不能把全部生活教育研究之后再提出意见。为着要答复你的好意，我想把我认为不正确的地方提出来和你谈谈。

第一，你说："生活教育者好像不懂得'真正生活教育的实现，只有在没有人剥削人的制度里存在'。"你仔细想过之后，便知道这样的看法，是机械的看法而不是发展的看法，是静态的看法而不是动态的看法，是等待的看法而不是追求的看法。你心里的理想的社会，不是从天上落下来的，而是人类依着历史发展的趋势努力创造出来的。真正的生活教育，自古以来一直存在到今天，即发展到今天，而且还要一直存在下去，发展下去而达到最高的生活即最高的教育。为着最高的目的而忘了发展的过程和为了发展的过程而忘了最高的目的，都是错误。

第二，你说："生活教育者企图不经过突变而欲达到质变。"我们没有这样的企图。除非你所遇到的是没有常识的"生活教育者"。水热到摄氏一百度，突变而为水蒸气。我们不能幻想着水蒸气而忽视了砍柴、挑水、烧锅的工作。

第三，你说：生活教育者之努力……即使能完成任务，那也只限于一部分被……提拔的"天才者"，群众是没有份的。这"天才者"大概是指我们所选之具有特殊才能之儿童吧？他们是从难童中选来，不能说他们与民众无关。我们当然不应该为"天才"而办"天才"教育，但是，为着增加抗战建国的力量而培养特殊才能的幼苗，使他们不致枯萎夭折，也是值得做的工作。我们当然不应该教他们做人上人。但是，为着社会进步，让他们依据各人的才能志愿，学做一群人中人，而且把他们的贡献发挥出来以为民众服务，也是值得干的工作。若只注重"天才"教育而忽略一般教育，那是不可以；但是，生活教育者自始就发动普及教育运动，到近来，才感觉到具有特殊才能之儿童之被忽视而开始唤起社会之注意。我们所希望的是："从民众那里来"的"回到民众那里去"。

第四，你说："生活教育者没有把革命与教育联系起来。"这要看你心中的革命是一件什么事？你心中的联系是如何联系法？在我们看来，现在的民族解放斗争是革命的行动！我们以一个民众学术团体[1]，对于团结抗战建国，是用了全副精神参加，不敢有丝毫之懈怠。至于你所说，一个教育者同时应该是一个革命者，我很同意。但我希望补充一句：一个真正革命者，必然是一个真正生活教育者。即使他不承认他是一个生活教育者，按着生活教育的理论说来，他也是一个道地的生活教育者。

第五，你说你的很多朋友，大都不知道生活教育是什么？并且说生活教育的受人忽视的主要原因是，因为缺少革命的联系。生活教育之被一部分人忽视，那的确是事实，但完全归咎于缺少革命的联系，从上面说明看来，也不见得完全对。我想除我们自己力量有限外，生活教育之被人忽视，还有下述之原因：一、过生活而忽视教育的人，必然忽视生活教育。二、受教育或施教育而忽视生活的人，亦必然忽视生活教育。三、忽视民众生活而又忽视民众教育的人，固然不要生活教育而高谈革命理论，而无革命实践的象牙塔里的"革命家"，也无由知道生活教育之宝贵。

末了，你希望我们能够出版一部生活教育大纲。我们正在着手编这样一部集体创作，现在为你参考起见，我想把生活教育的理论提出几个要点和你谈谈。

从定义上说，生活教育是给生活以教育，用生活来教育，为生活向前向上的需要而教育。从生活与教育的关系上说，是生活决定教育。从效力上说，教育要通过生活才能发出力量而成为真正的教育。"教学做合一"，是生活法亦即教育法。为要避免去瞎做、瞎学、瞎教，所以提出"在劳力上劳心"，以期理论与实践之统一。"社会即学校"这一原则，要把教育从鸟笼里解放出来。"即知即传"这一原则，要把学问从私人的荷包里解放出来。"行是知之始，知是行之成"，是教人从源头上去追求真理。工学团[2]或集体主义之自我教育，是在团体生活里争取自觉之进步。"教育是民族解放、大众解放、人类解放之武器。"这种教育观，是把教育从游戏场、陈列室解放出来，输送到战场上去。时间不许我细说，总之，生活教育理论，是半殖民地半封建的中国争取自由平等的教育理论。我希望你把研究之门大开起来。如果有机会，我想和你谈谈。千万不要因为一时之倒霉，少数人之不忠实，就误断一个运动的命运。

行知
二八、十二、

《战时教育》第 5 卷第 5 期（1940 年 1 月 10 日）

注释

〔1〕即陶行知创办的生活教育社。

〔2〕工学团 为陶行知主张的普及教育组织形式。陶行知认为，要普及

生活教育就必须实施"工以养生,学以明生,团以保生"才能达到。工是做工,学是科学,团是集团,这三种生活是不可缺少的。1932年,他在上海创办有山海、晨更等工学团。在他看来,工厂、店铺、机关、合作社、军队、家庭和学校等,都可办成工学团。

游击区教育

游击区教育之目的在用"教育"的手段,增加游击的力量,以粉碎敌人"以华制华","以战养战"之阴谋。[1]这"教育"的手段要跟着"游击"而千变万化。我们决不可以把正常的教育方式,刻板的搬到游击区去。"教育"要办成"非教育"才能在游击区发挥出真正的力量。

所谓"非教育"并不是"非教育",而是在教育呆子的眼光看来,教育不像教育,所以认为"非教育",实实在在是千真万真的"真教育"。惟独好像"非教育"而的确是"真教育",方能存在于游击区而所向无敌。

我不要说得神秘了。这种好像"非教育"而的确是"真教育",要怎样的干呢?

第一,游击教育要把教育变成生活,把生活变成教育,把生活与教育变成战斗,把战斗变成生活与教育。我们要把教育展开到生活所包含之领域,把生活提高到教育所瞄准的水平。

第二,我们不能用笼统的眼光来看游击区,即不能用笼统的方法来办游击教育。以地域论,敌伪据点、敌我交界地、游击队大本营、游击后方的生活情形不尽同,即教育之运用不能尽同。我们对于这不同的地域的教育进攻,一方面要有统盘的政策,而另一方面是必定要有特殊的战略与特殊的战术,以适合不同地域的需要而克服各个的困难。

让我们举几个例子来谈谈吧:教育在游击后方的主要作用,一方面是唤起老百姓输送力量帮助游击队,而另一方面是把力量向整个大后方输送，增加生产，增加建设，增加全面抗战的力量。游击大本营或游击根据地的教育的主要作用则在促进老百姓与游击队的了解联系，使他们打成一片，成为一体。使敌伪据点连不起来，而受到致命的突击。敌我交界地的教育作用，主要的是使"两面人"变成"一心人"，永远向着我，使他们的人数不可能加多而渐渐减少，使他们的地盘不可能扩大而渐渐缩小，终于完全成为进攻敌伪据点之根据与力量。敌伪据点里的教育作用，主要的在发生对敌不合作与对我通消息的作用，始而达到地失人在，终于成为收复失地时里应外合之力量。

依教育的方式而说，在这些不同的地域里也要灵活的运用。在游击后方的教育，宜以战时学校教育和民众集体教育并重。游击根据地的学校便不能像游击后方那样固定，而有些是要跟着游击队跑，而成为游击学校。民众的集体行动的教育，是要普遍的活跃起来，从这里一直通过敌我交界地而进入敌伪据点，是要把先生的长袍脱下，变成不像先生的样子，才能入虎穴探虎子。

游击后方与游击根据地的教育还不难办，难办的是怎样把教育的力量贯彻到敌我交界地和敌伪据点去。这是需要特殊的研究、特殊的训练、特殊的指导、特殊的组织、特殊的技术，才能有很好的效果。

这些都要靠着精深的探讨去发现正确的路线。而且这种探讨的工作是要在游击区里去体验出来。闭门造车怕是不合实际。我在这里所能提出的只是一点个人的意见。我以为要把教育的力量进攻到敌我交界地和敌伪据点去，干教育的人便是十足的老百姓——穿老百姓的衣服，说老百姓的话语，干老百姓的工作，把民族意识和抗战理论贯彻到老百姓的生活里去。有时文字通不过去，就得用私塾里背书的法子把文件背熟，由脑袋子带进去。宋江智取无为军，是运用一位飞针走线的裁缝。吴用智取生辰纲，是借重一位安乐村的闲汉。对，《水浒传》是一本游击师范的教科书，每一个游击先生都要看得透熟。

但是时代不同,抄袭《水浒》也不行,《水浒》暗示我们许多灵活的游击教育法,但要囫囵吞枣的把它呆板的运用,那是会失败的。一位游击教育者之有效训练似乎要包含这样的内容:(一)三民主义;(二)抗战建国纲领,蒋委员长言论,近代政治组织原理,游击战术,游击武功纪,生活教育理论;再末,《水浒》是必须看。这样,始而学习梁山泊,终于超脱梁山泊,而梁山泊之灵活的教育原则,乃能以新的姿势出现而帮助争取最后胜利之来到。

《战时教育》第5卷第6期(1940年1月25日)

注释

〔1〕以华制华,指日本帝国主义培养训练汉奸来统制、制服华人的政策;以战养战,指日本帝国主义残暴掠夺占领区的物质来供给战争需要的政策。

我们不是企图取消学校教育*

——致潘畏三的信

畏三吾弟：

接来信，知道您十年来工作情形，甚慰。

《师范学校与艺友制》一文，已读。某些地方想提出来与你商讨一下。艺友制[1]是对于传统的徒弟制的一种改造，它是新教育方式之一。在学做合一的情况下，艺友是跟着师傅在做上学的徒弟或学生；在教学做合一的情况下，艺友是徒弟同时又是师傅，是学生同时又是先生。前一种情况可以尽一部分普通教育的作用，后一种情况可以尽一部分师范教育之作用，从这一点看，您想把现有师范教育停掉，而代之以艺友制，便很值得商量了。过去我们之所以提出艺友制，不是用来代替普通学校，而是用来补职业教育或人才教育之不足。不是用来代替师范教育，而是用来补师范教育之不足。现在师范学校虽有缺点，我们的任务是改造不是取消。说得更正确点的话，我们应该就学校这种特殊机构予过去的师范教育以改造。过去我们办晓庄试验乡村师范便是这个意思。今天国家已经规定私人不能办师范学校，因而我们不可能来办正式师范教育。这一点不辨明，有些人又可以用作藉口来说我们是在企图取消学校教育了（这是带着一种挑拨性的话），而这绝非我们的本意。

上面所提出的是关于艺友制的基本问题，倘若在这个基本问题上您能同意我的意见的话，我希望还是在您所办的那个简易师范

---

* 题目系编者所拟。据编者考定，本篇作于1940年。

内，多多采用艺友制的办法。当有成效可目睹时，再呈请省教育当局推行。不知这种意见您以为如何？特此，并祝体健！

陶行知
八、十、

原件存南京晓庄师范学校陶行知先生纪念馆

注释

〔1〕艺友制　二十年代中期陶行知首倡的一种新型教育方式，它由传统的艺徒制脱胎而来，又与之有本质区别。陶行知指出："何谓艺友制？艺者艺术之谓，亦可作手艺解。友为朋友。凡以朋友之道教人艺术或手艺者，谓之艺友制教育。艺友制之根本方法为教学做合一。"（《艺友制的教育》）

新 武 训

　　武训之所以成为普及教育之义人，是因为他抱着兴义学[1]之宗旨，用整个生命来贯彻它：有钱的不肯出钱办学，他便向他下跪，跪到答应出钱办学才起来；有学问的不肯认真教人，他便向他下跪，跪到答应认真教人才起来；青年小朋友不肯用功求学，他也向他下跪，跪到答应用功求学才起来。他自己则挑水做夜工作自食其力，丝毫不动用讨来的钱。所以他名为乞丐，实在不是乞丐。现在学生仍旧有不用功的，先生仍旧有不认真的，富人小康之家仍旧有不肯出钱兴学的。让我们大家跟武训先生学吧！学他自食其力，学他贯彻宗旨，学他注意后辈之长进，学他看重先生之负责任，学他苦口婆心劝人有力出力、有钱出钱共兴义学。今日大敌当前，如果武训复生，他所要兴办的不可能是旧日之义学，而一定是抗战建国之义学。倘使刻印板去学武训，那又是武训之罪人了。我们所要学的是武训的真精神，配合新时代之需要，普及新义学，以增加抗战建国之力量，这便是我们的责任。怎样叫做新时代的需要呢？中国不能等待数十年出一位武训。我们大家要合起来做集体的武训，孳生千千万万的新武训，来扶助贫苦的小朋友，取得求学机会。我更希望有财富的、有学问的、有青春的都做起新武训来督促自己慷慨出钱，督促自己认真教人，督促自己努力求学，毋须别人来苦劝。这样教育不但容易普及，而真正自由平等幸福的新中国也可以创造成功了。

《战时教育》第 6 卷第 4、5 合期（1941 年 6 月 1 日）

注释

〔1〕义学　又称义塾,中国旧时由私人集资或用地方公益金创办的免费学校。

育才二周岁前夜*

育才是中国抗战中所产生的一所试验学校,应该是要在磨难里成长为一个英勇的文化作战集团。它的怀胎是在武汉快要失守之前,而诞生则在南岳会议以后,正当国内肃清巨奸之污血,国际唤起正义的声援,我们的整个民族是树立了必胜的信念,而在历史过程中酝酿着一个蓬蓬勃勃的大转机。这时抗战文化是开放着千紫万红的鲜花。那空前的难童公育运动,也奠定了一个相当规模的初基。育才学校便是这难童公育运动之进一步的合乎客观需要的发展。这一切回想起来令人不胜黄金时代之感。

但是向前看啊!不可近视懈怠而被目前的磨难俘虏而去。前面有着更大的黄金时代。

说到目前的磨难可算是严重。但是也给了我们空前的机会来创造。敌人的扩大封锁与加紧进攻,要更大的团结力量去克服。世界战争,自从德军开始进攻苏联,把我们的友邦都卷入旋涡了。这也可使我们格外警觉,靠着更大的团结力量来自力更生,同时也可使我们与友邦发生更亲切之合作,并由于我们的努力使英美与苏联的关系加强,四国配合作战,以铲除人类之公敌而创造幸福之世界。目前的文化界无可讳言的是因烦闷而离开了一批工作者。文化之园里还存在着"无奈朝来寒雨晚来风"之慨。从张文白[1]部长第二次招待文化界的演说词里,我们知道他似乎有惜春之意。这春暮的

---

* 本篇 1941 年 6 月写于凤凰山,原载 1941 年《战时教育》第 6 卷第 6、7、8 合期。

气象,大家多少有些同感,但是夏天之莲,秋天之菊,冬天之梅,四季常青之松柏,只要园丁负责,不给茅草乱长,那样不可以及时欣欣向荣呢?而且春,无论如何也会回到人间,向前看啊!前面有着更大的黄金时代待创造。

育才是在这样的气氛里生长着。它是抱着这样的态度过日子。它快两岁了,长成了一个什么样儿呢?

跟武训学,最近几个月我们是过着别有滋味的日子,每日与米赛跑,老是跑在米的后面。到了四月,草街子[2]米价涨到每老斗五十三元,比开办的时候涨了二十五倍。这时所有的存款都垫到伙食上去了。向本地朋友借来的四十石谷也吃完了,向银行借来的三万元也化光了。怎么办?从前武训先生以一位"乞丐"而创办了三所学校,我们连一所学校也不能维持,岂不愧死?于是我们在四月六日下了决心要跟武训学,我们要做一个"集体的新武训"。我们相信只要我们所办的是民族与人类所需要的教育,总有一天得到"政府"社会之了解帮助,从磨难中生长起来。首先是育才学生们之响应。他们来信说:"我们愿做新武训的学生,不愿做旧武训的学生。"他们的意思是说:我们自动求学,用不着武训向他们下跪才用功。同样,教师们也给了认真教课的保证。有了认真教课的教师与自动求学的学生,新武训是比较容易做了——只需讨饭兴学,对付经济问题。这经济问题固然严重得很——到我写这篇文章的时候,二百张嘴天天所吃的已是每老斗一百一十元的米了。超出开办时五十倍——但是本着立校颠扑不灭的教育理论,抱着武训先生牺牲自我之精神,并信赖着中华民族重视教育、爱护真理之无可限量之热诚,我们知道就是比现在更困苦,也必定不是饥饿所能把我们拆散的。中华民族需要我们,世界人类需要我们。磨难只能给我们以锻炼,使我们更强壮的长起来。

初入人才教育之路,育才在过去两年中只是做了一点探路的工作。育才在两周岁之前夜,对于初步人才教育,探到了什么路?怎样在这路上试探？有限得很，只可约略的谈谈：

甲、集体生活　　集体生活不仅仅是大家聚在一块过日常生活。我们要想丰富集体生活在教育上之意义，必须使它包含三种要素：（一）为集体自治；（二）为集体探讨；（三）为集体创造。

（一）集体自治的主要目的，是要使大家在集体自治上来学习集体自治。集体自治在育才是采用民主集中制。我们在民主与集中之间摇摆了一些时候，我们主观上是要实行民主集中，使全校的公意得以充分的发表，并使此发表之公意有效而迅速的实现起来。但是实际上，我们初期似乎过于民主，发生过平均、平行等毛病；后来，要想纠正这些毛病，权力过于集中，整齐严肃是其好处，被动呆板是其弱点。现在仍回到立校之原意，要贯彻民主集中制之真精神，一方面培养自动的力量，一方面培养自觉的纪律，一方面树立宣导这力量及发挥这纪律有效而有条理的机构，使他们向着有目的生活奔赴，如百川之朝海。如果有一方面做得不够或有所偏，多少便会失去民主集中之效用。

（二）集体探讨之目的，在以集体之努力，追求真理。探讨之路有五，即行动、观察、看书、谈论、思考，称之为五路探讨，也可称之为五步探讨。这与《中庸》所说之博学、审问、慎思、明辨、笃行相仿佛，不过次序有些变动，博学相当于观察与看书。审问似乎属于思考又属于谈论。慎思明辨纯属于思考。笃行相当于行动。人类与个人最初都由行动而获得真知，故以行动始，以思考终，再以有思考之行动始，以更高一级融会贯通之思考终，再由此而跃入真理之高峰。说到应用，凡是不必按班级学习之功课都可采用集体探讨之方式，如社会科学、自然科学、艺术之一大部分，只需文化锁匙略会运用，即可开始从事于集体探讨。例如集体探讨中国抗战或某一战役，教师可于一星期前公布探讨纲目，提示参考图书，并指点探讨之路。地图及数字须预为择要公布。首先我们要在参加抗战行动上来了解抗战。我们在慰问抗属、制寒衣、义卖、宣传兵役等行动上来理解它的性质及发展。敌机凌空、轰炸惨酷、汉奸挑拨、奸商囤积居奇、军民同赴国难以及种种战利品随时随地广为观察。有关中国抗战及该战区之地图、书籍、报章杂志须广为搜集,按程度分别陈列以备阅览。然后依规定日期,由教师或请专家主讲,由学生参加讨论,当时扼要记录,事后用心整理,并加以批评检讨,以期达到融会贯通之境界。等到融会贯通以后之抗战行动,是跃入更深的必胜信念,并能发出更大的参加力量。这整个过程,我们称之为集体探讨。牛顿养猫,猫养小猫,他在大猫洞旁边开一小洞使小猫可以自由出入。但小猫只是跟随大猫走大洞,小洞等于虚设。集体探讨只是开了一个文化大洞,小孩自然跟着大孩一同进出罢了。

(三) 集体创造的目的,在运用有思考的行动来产生新价值。我们虽不能无中生有,但是变更物质的地位,配合组织,使价值起质的变化而便利于我们的运用。这也构成普通功课之一部分,使学生在集体创造上学习创造。我们以前开辟操场、劳动路及普式庚林[3]并改造课室已经有了些经验。这次从六月二十到七月二十定为集体创造月,开始作有计划之进行,分举如下:

(子) 创造健康之堡垒;

(丑) 创造艺术之环境;

(寅) 创造生产之园地;

(卯) 创造学问之气候。

(子) 创造健康之堡垒:我们的集体生活首重健康。创造健康之堡垒,目的在与疾病作战。善战者不战而退敌人之师,故一分预防胜于十个医生。健康之堡垒有三道防线:第一道防线,是制造扑灭病菌、绝除病菌及携带病菌者之工具,如苍蝇拍、捕鼠器、纱罩、蚊帐、烧水锅炉、消毒器械,并采用其他科学方法与侵犯之病菌及病菌携带体作战。第二道防线,为实施环境卫生,如水井、厕所、厨房、饭厅、阴沟死水、仓库、家畜栏、垃圾堆,都要经常的施以适当的处理，使病菌无法孳生蔓延。第三道防线，是赤裸裸的靠着身体的力量与病菌肉搏。这道防线所包含的是营养、运动、防疫针、生理卫生之认识。至于治疗乃是三道防线都被攻破，肉搏又告失败，只好抬入后方医院救治。故治疗不是作战之防线，乃是医伤之处所。最好是努力于三道防线上健康堡垒之创造，使治疗所等于虚设。我们是要朝这方向进行，很希望在集体创造月里立下一个基础，以后继续使它逐渐完成。但是既与病菌作战，无论如何周到，难免没有受伤官兵，故治疗所工作也不敢疏忽，而是要使它有效的执行它的任务。

（丑）创造艺术之环境：我们要教整个的环境表示出艺术的精神，使形式与内容一致起来。这不是要把古庙制成一座新屋，老太婆敷粉擦胭脂涂嘴唇是怪难看的。但是阵有阵容，校有校容，有其内必形诸外，我们首要重艺术化的校容。甲午之前，中国海军也算是世界第四位，一度开到日本大示威。一位有见识的日本官在岸上看了一看说：这可取而代之。人问其故。他说："大炮为一舰之主，我看见他们在大炮上晒裤子，所以知道它的末路快到了。"这种眼光多么锐利啊！他是从舰容——大炮上的裤子——看清逊清海军军纪了。我们所要的校容不是浪费的盛装，而是内心的艺术感所求的朴素的表现。我们的校容要井然有条，秩然有序，凛然有不可侵犯之威仪。什么东西应该摆在什么地方或只许摆在那个地方，应该怎样摆也只有那样摆，而不许它不得其所。无论什么东西，已经成群，就得排队：草鞋排队、斗笠排队、扫帚排队、畚箕排队、锄头排队、文具排队、手巾排队、脸盆排队、桌排队、椅排队、凳排队、床排队、被排队、书排队——一切排起队伍来！物也排队，人也排队；静要排队，动要排队；排队而进，排队而出。排队之前，排队之时，排队之后，通身以朴素之艺术精神贯彻之，便成了抗战建国中应有之校容。捣乱这校容的有少爷、小姐、名士派、浪漫派、个人主义、自由主义之遗孽，我们是努力的感化而克服着。

（寅）创造生产之园地：我们要渡过经济难关，是要开源节流，标本兼治。治标的办法，是在节约捐款。根本之计，则在从事有效之生产，以十年树木之手段，贯彻百年树人之大计。现在正进行着"寸土运动"[4]，使大家知道"一寸黄土一寸金"之义，而后用集体的力量使地尽其力。进行这工作时候，有数件事颇令人兴奋。晚饭钟已经敲了，我们见一位小同学身边放着十根辣椒苗，左近实在没有空地了，只空下一个小水凹。他把水疏通流到别处去，拾了几块石头连泥做了个小堤，再拿好土把凹地填平，将辣椒苗栽完了才洗手回校吃晚饭。这时，又看见一位同学远远的还在工作，待我走去和他谈谈，他说："我今天要挖好五百个凹，使山芋秧种完了才放手。"他的技术虽然还有许多地方不能令人满意，但是我们有一些小农人精神，是足以完成我们小范围中的寸土运动的任务。在我们当中，也有一些人懒得动手，或把生产当作玩艺儿干。我希望在创造劳动的洪炉里，他们渐渐的会克服自己的弱点，把自己造成手脑双挥的小工人。

（卯）创造学问之气候：气候是生物生长之必要条件。我们要学问长进，必须创造追求真理所必需的气候。平常所谓气候是空气与热之变化所至，学问之气候也可说是追求真理之热忱与其所需之一定文化养料及其丰富之配合所构成。追求真理之热忱其限度固为先天所赋予，而各人是否得尽其限，则有赖于集体或彼此之鼓励。但所赖以追求真理之文化养料之配合则有待于创造。具体的说，我们除了培养求知之热忱以及大自然、大社会之博观约取外，必须有自然科学馆、社会科学馆、艺术馆、图书馆之建立。对于文化养料搜集得愈丰富，配合得愈适宜，则其有助于学问之长进亦愈大。这些，在我们这样的学校，除了集体创造外，便无法实现。从五月二十七日起，我们是分工合作的来采办这些文化食粮。首先是图书馆之彻底改造，简直是等于创造一个新的图书馆，竟以集体的力量而完成了奠基的任务。图书馆之改造证明了集体力量之雄厚，并为一切集体创造树立了一个可以达到的水准,而且于无意中起了模范作用。我们有两个肚,需要两种食粮、两个厨房、两个大司务。自从米价涨上天,精神食粮偏枯,大家好像变成一个大肚小头的动物,其实精神肚子吃不饱,饭桶肚子又何尝吃得饱?为了免掉这种偏枯,我们除了吃"点心"外还要吃"点脑"——还要吃"文化点心"。我们下决心规定"点心"[5]费或文化点心费,不得小于米价二十分之一,免得头脑长得太小,太不像样。

乙、文化钥匙 活的人才教育,不是灌输知识,而是将开发文化宝库的钥匙,尽我们知道的交给学生。文化钥匙主要的四把:即国文、数学、外国文、科学方法。国文、数学、外国文三样,在初期按程度分班级上课最经济。数学对于艺术部门之学生,只须达到足够处理日常生活程度以后,即可任其自由选择。知识之前哨丰富之学术多在外国,人才幼苗一经发现即须学外国文。至少一门,与国文同时并进,愈早愈好,风、雨、寒、暑不使间断,若中途发现其不堪深造,则外国文即须停止,以免浪费时间。科学方法不必全部采用班级上课,一部分要使其在行动上获得方为有效。这科学方法似宜包含治学、治事各方面。从前有一个故事提到有一位道人用手一指,点石为金,一位徒弟在旁呆看,道人说:"你把金子搬去可以致富。"徒弟摇摇头。道人问他为何不要金子,徒弟说:"我看中你那个指头。"世上有多少人被金子迷惑而忘了点金的指头,文化钥匙虽可分班度人,但要在开锁上指点。如当作死读书,上起锈来,又失掉钥匙的效用了。

丙、特殊的学习 这是育才立校之一特点,我们设了音乐、戏剧、文学、社会、自然、绘画六组,依据智慧测验、特殊测验,选拔难童加入最适合其才能兴趣之一组学习,以期因材施教,务使各得其所。我们的目的,在使人才幼苗得到及时之培养而免于延误枯萎。特殊才干之幼苗,一经发现,即从小教起,不但是合于世界学问之幼年史实,即我们这短短两年的试验,也证明了路线之正确。将来，倘能照预定计划加设工艺组和农艺组，更为容易见效而适合需要。一位来校视察的朋友，看见这办法合理而主张普遍推行。这是需要慎重考虑的。我想每省先设一所以资试验，却是有益而无害。将来随办学人才之增加，则每一行政督察专员区设立一所，亦属可行。

丁、自动力之培养　　生活、工作、学习倘使都能自动，则教育之收效定能事半功倍。所以我们特别注意自动力之培养，使它贯彻于全部的生活工作学习之中。自动是自觉的行动，而不是自发的行动。自发的行动是自然而然的原始行动，可以不学而能。自觉的行动，需要适当的培养而后可以实现。故自动不与培养对立，相反的自动有待于正确的培养。怎样才算是正确的培养呢？在自动上培养自动，才是正确的培养。若目的为了自动，而却用了被动的方法，那只能产生被动而不能产生自动。有人好像是无须培养便能自动，那是因他会自觉的锻炼了自己，培养了自己，其实他是运用了更高的培养，即自我的培养。我们的音乐指导委员会[6]，委员都在重庆，每月有一位下乡指导数日。当他不在乡下的时候，学生竟能自动的完成每一个月的学习进程，这是很令人高兴的一件事。最近改造图书馆，一开始便着手培养十几位幼年管理员，在改造图书馆上培养他们管理图书馆。现在整个图书馆都由他们主持了，而且有了优越的成绩。二周年纪念要发出将近三百封信，我们把握住这个机会，培养了二十几位幼年的秘书。写得不及格的摔进字纸篓里，顶多摔进去三次便及格了。这写及格不就等于一门书法考试及格了吗？所不同的是三百封信出去了，等于一位书记五十天的成绩。而且书法考试及格，写信未必适用；但是写信已经合用，书法必定及格。现在要完成幼年会计、幼年护士之培养，并开始幼年生产干事、幼年烹饪干事之培养。我们的根本方针，是要在自动上培养自动力。每人学治一事，不使重复而均劳逸。寻常治学之人与治事之人常常相轻，现在治学之人学治一事，则治事亦治学了。再因一般治事之人,为治事而治事,不免流于事务主义,倘从小即养成其为治学而治事之态度,则两受其益了。

两个问题之再考虑

(一)普修课与特修课之关系　　育才初办的时候,假定普修课与特修课之时间各占二分之一。普修课依部章所定内容进程实施。特修课则因无前例,则根据各组学术性质而定其课程。后来,因研究结果而改订时间,使普修课约占三分之二,特修课占三分之一,并给各组以伸缩机会,再依各组进程需要逐年酌量增加特修课之时间。我们时常遇到的问题是:你们的学生几年毕业?我们回答问题不像普通学校那样简单。特修课我们是希望学生一直学上去,到学成了才告一段落;普修课则大约和别的学校同年限毕业。接着就是第二个问题:你们费了三分之一的时间在特修课上面,又如何能同别的学校同年限毕业?因为有四个条件能使它成为可能:(一)我们这里几乎是个全年学校或四季学校。当寒假生活和暑假生活,名字虽是不同,但多少还得天天上些课。比较起来,我们全年上课是可能多十几个星期。(二)特修课之一部分,在学力上是可移转到普修课上面去。(三)如果集体探讨及集体创造,特别是学问气候之创造,有效的实现起来,学生潜修其中,自然而然的是随时随地的吸收很多相当于普修课之内容。(四)为着要预防及纠正特修课教育之狭隘性格,我们多方引导学生在各组之立场与观点,尽量对于普修课各部门找出他们与本组学术之关联。担任普修课之导师,随时尽可能扼要指出他的功课与特修课之联系,同时,担任特修课之导师乃至比较深造的学生,提出各该组当前学习之精华,使之深入浅出,公诸全校,以丰富全校之普修课内容。这样,普修课与特修课之鸿沟打通,乃能达到一般的特殊与特殊的一般之境界。

（二）集体检讨可能之流弊　　集体生活必须有自我检讨而后能克服自身之弱点，发扬本身之优点。这种检讨晚会之原意，是教工作做得好些，学问求得正确些，生活过得丰富而合理些，进一步是要时常提醒我们所过的生活，所求的学问，所做的工作是否合乎抗战建国之需要及如何使我们的生活、学习、工作更能配合抗战建国之大计。它要提醒我们是否为了近处而忘记远处，为着小我而忘了大我。这样，晚会才能开得有教育意义，才能教人有参加之乐而无参加之苦。但是检讨晚会有一个危险，就是一不小心，它往往会变成集体裁判，为着一点小事而浪费多数人之时间，久而久之，会在同学之间结下难解之私仇，被检讨人是弱者吞声屈服，强者怀恨报复，既伤团体和气，亦无益于个人，甚至乐园变成苦海，实误用集体检讨有以致之。古语说："杀鸡焉用牛刀。"何况拿牛刀杀虱？若是老用来杀鸡杀虱，则到了杀牛的时候，怕要杀不动了。集体检讨是一个团体最锋利的公器，不可小用，小用则钝。纠正之方在民主立法；有司执法，网开一面，庶有自新之路；十目所视，不容秽垢藏匿之所；而根本之图，是先立乎其大者，则其小者不能夺。改弦更张，为时不久，进一步可以达到同志、同学均在友谊上合一起来之境界，是其有助于全校之精诚团结，可以预卜了。

　　迎接维系努！婆罗门教[7]有三个大神：一是创造之神，名叫百乐妈；一是破坏之神，名叫洗伐；一是保存之神，名叫维系努（Vishnu）。我们生活教育运动，包含育才学校，仔细检讨，便发觉我们缺少保存之神。让我们欢迎维系努加入我们的集团吧。我们不为保存而保存，是为着更高的创造而保存。正如印度故事所说，让更真、更善、更美的创造，从维系努手中之莲花里生出来吧。

《育才学校》（1951年4月教育书店版）

注释

　　〔1〕张文白　即张治中（1890—1969），字文白。安徽巢县人。时任国民

党军事委员会政治部部长兼三民主义青年团书记长。

〔2〕草街子　地名，是四川省合川县的一个小集镇，育才学校所在地古圣寺距此五里。

〔3〕普式庚林　普式庚林通译普希金（Александр Сергеевич Пушкин，1799—1837），俄国著名诗人，被誉为俄国现实主义文学的奠基人。普式庚林是育才学校所在地凤凰山山坡上的一片松林，育才文学组的师生常在这里举行诗歌朗诵活动，因而命名。

〔4〕寸土运动　皖南事变后，育才学校的经济陷入困境。为了解决吃饭问题，陶行知在育才学校开展了寸土运动，号召全体师生利用每一寸空地开荒生产，种植粮食作物和蔬菜。

〔5〕在1950年11月出版的大众教育丛书《伪知识阶级》一书中，该处为"点脑"。

〔6〕音乐指导委员会　全称重庆育才学校音乐指导委员会。由于育才学校当时的师资奇缺，故由陶行知出面敦聘在重庆的知名音乐家组成音乐指导委员会，专门对育才学校音乐组进行轮流指导。

〔7〕婆罗门教　印度古代宗教。相传约在公元前7世纪形成，以崇拜婆罗贺摩（梵天）而得名。以《吠陀》为最古的经典。婆罗门为梵文Brāhmana，意译"净行"或"承习"。我国自东汉以后，称古印度为婆罗门。

在生活教育社十五周年纪念会上的讲话*

本社能存在十五年,完全是由于社会人士赞助的力量。虽然本社同人是尽了自己的本份,然今后更要格外努力以不辜负社会人士的赞助。

生活教育的特点:①外行干的[1]——免除过去那种酸溜溜的作风;②穷解决——中国是穷国家、穷社会,但是要以穷办法办内容丰富的教育;③丘八作风——实行丘八教育[2],教育丘八学生,丘八教育的意义就是把教育当作武器以求民族解放和人类解放;④工人的手段;⑤科学的头脑。

生活教育除本身是武器外,并是一种粗茶淡饭,使人吃了能生长一种力量,要为民族解放、人类解放事业而战斗。目前我国是处在一个非常严重时刻,要渡过这个难关,就要动员一切力量。生活教育社应为供献出自己的一切力量而努力。

生活教育是有而一向未曾公开的朋友,一个是贫弱,一个是患难。十五年来的生活教育社同人是遭受了一切困苦与阻难,但是为了生活教育事业的推行,能为生活教育事业而牺牲。

《新华日报》(1942年3月16日)

---

* 本篇系陶行知于1942年3月15日在生活教育社十五周年纪念会上的讲话记录。摘自《活的教育的模范——生活教育社昨纪念十五周年》一文。今题为编者所拟。

注释

〔1〕系指在生活教育社的十三个创办人中,只有陶行知一人是专门学过教育的。

〔2〕丘八　兵字的一分为二,旧社会往往用于对当兵者的蔑称。陶行知在此所说的"丘八教育",一方面包含有对别人瞧不起的兵士进行教育,更主要的意思是要从事别人所瞧不起的教育,是要像兵士那样处处是战场处处办教育。

每天四问[*]

今天是本校三周纪念，我有一些意见提出来和大家谈谈，作为先生、同学和工友们的参考。

本校从去年的二周纪念到今年的三周纪念，能在这样艰难困苦中支持了一年，几乎是一个奇迹。这一个奇迹，不是一个人的力量所能够做得出来的，而是全体先生、同学、工友共同坚持，共同进步，共同创造，以及社会关心我们人士的尽力赞助所得来的。

本校在这一年中，好像是我们先生、同学、工友二百人坐在一只船上，放在嘉陵江中漂流，大的漏洞危险虽然没有，但是小的漏洞是出了一些，这些小漏洞也可以变成大漏洞，使我们的船沉没下去的！然而我们的船没有因为这些小漏洞沉没，竟因为我们这些同船的人，一见有小漏洞，即想尽方法用力去堵塞，有时用手去堵，有时用脚去堵，甚至有时用头、用全身的力量去堵，终于把这只船上这些小漏洞堵塞住，而平稳地渡过这一年，达到了目的地。这是一个奇迹，一个共同努力、共同创造的奇迹。

"一切为纪念"，刚才主席说的这一个口号，当然提出的意义是有他的作用的，大家用力对着这一个目的来创造，是很好的。但是我对于这一个口号有点骇怕，骇怕费钱太多，骇怕费力太多，以致精疲力尽，恐怕得不偿失。所以我主张明年四周纪念，要改变方针。我们的成绩，要从明天起，即开始筹备，日积月累，"水到渠

---

[*] 本篇系陶行知于1942年7月20日在育才学校三周年纪念晚会上的演讲记录。记录者为方与严。

成"的成绩。不要再在短期内来多费钱和多费力量,只要到了明年七月一日,开始把平日的成绩装潢一下,便有很丰富的成绩,再不像今年和去年这样忙了。大家也可以很从容很清闲而有余裕的过着四周年纪念。

现在我提出四个问题,叫做"每天四问":

第一问:我的身体有没有进步?

第二问:我的学问有没有进步?

第三问:我的工作有没有进步?

第四问:我的道德有没有进步?

第一问:"我的身体有没有进步?"

首先,我们每天应该要问的,是"自己的身体有没有进步?有,进步了多少?"为什么要这样问?因为"健康第一"。没有了身体,一切都完了!不禁使我想到了去年二周纪念前九日邹秉权同学之死!与今年三周纪念前九日魏国光同学之死!二人之死的日子是恰恰一周年,不过时间上相差八九个钟点罢了。因这两位同学的死,使我联想到,我们必须继续建立"健康堡垒"。要建立健康堡垒,必须注意几点:

(一)"科学的观察与诊断"。……科学是教我们仔细观察与分析,譬如邹秉权、魏国光两同学之死,尤其是魏国光同学这一次的死,不能不说是我们先生、同学的科学的观察力不够。魏国光同学患的是"蛔虫"症候,他在学校寝室内吐过蛔虫,有同房的同学见到没有报告,先生也没有仔细查看,到了医院又在痰盂中吐过蛔虫,又没有留心注意到,这就是科学重证据的"敏感",而成为一种不科学的"钝感"了!医生又复大意,则在这种"钝感"之下据之而误断为"盲肠炎"。虽然他腹痛的部位是盲肠炎的部位,但既称为"炎",就必得发"热";今既无热,就可以断定不是盲肠炎了。何以需要开刀割治!其实魏国光同学的病症是蛔虫积结在肠胃内作怪,不能下达,而向上冲吐了出来!如果,把这吐过蛔虫的证据提出来,医生一定不致遽断为盲肠炎,而开刀,而发炎,而致命!因为魏国光同学之死,我们必须提高"科学的警觉性"。以后遇病,必要拿出科学上铁一般的证据来,才不致有错误的诊断而损害了身体。否则,都有追踪邹秉权、魏国光两同学之死的危险!所以提高科学的警觉性,是保卫生命的起码条件。最重要还是要用科学的卫生方法,好好的调节自己的身体,不使生病!科学能教我们好好的生活、生存!我们今后应该多提高科学的知能,向着科学努力,努力建立科学的健康堡垒,以保证我们大家的健康和生命。

(二)"饮食的调节与改进"。……我这次去重庆,因事到南岸,会到杨耿光[1](杰)先生,杨先生是我们这一年来,经济助力最多最出力的一位热心赞助者。顺便谈到儿童和青年的营养问题,杨先生提到德国对于儿童和青年的营养问题,是无微不至的。德国有一位大学教授,对于自己儿子的营养,说过这样一段话:"我为什么有这样好的身体,可以担任这样繁重的事情?就是我的父母把我从小起的营养就调节配备得好,所以身体建筑得像钢骨水泥做的一样。身体建筑最好的材料是牛肉,所以我决定每天要给我的儿子吃半斤牛肉,一直到二十五岁,就能够把他的身体建筑成为钢骨水泥做成的一样,可以和我一样担任繁重的大事了。"纳粹德国政府,对于全国儿童及青年身体健康的营养,是无微不至。我们今天关于营养的问题提到德国,并不是要像纳粹德国一样,把儿童和青年的身体培养得坚实强健,然后逼送他们到前线上去当侵略者的炮灰!但是这种注重新生一代的儿童和青年营养问题的办法,是值得注意的。就是苏联,是社会主义的国家,对于儿童和青年的营养问题,也是无微不至的,所以它在一切建设上,在抵抗侵略上,到处都表现着活跃的民族青春的活力。其他许多国家政令中亦多注意到儿童和青年的营养问题。我们在今天提出营养问题来,就是为着现在和将来人人能够出任艰巨。悬此为的,以备改进我们的膳食,为国家民族而珍重着每一个人的身体的健康。

（三）"预防疲劳的休息"。……"饱食终日，无所用心"固然不对，但是过分的用功、过分的紧张劳苦工作，也于一个人身体的健康有妨害。妨害着脑力的贫弱，妨害着体力的匮乏，甚至于大病，不但耽误了学习和工作，而且减损及于全生命的期限！所以我在去年早已提出"预防疲劳的休息"问题，今天重新提出，希望大家时时提示警觉，预防疲劳，不致使身体过分疲劳。天天能在兴致勃勃中工作学习，健康必然在愉快中进步了。至于已经有人过分疲劳了，要快快作"恢复疲劳的休息"。适当的休息，是健身的主要秘诀之一，万不可忽略。忽略健康的人，就是等于在与自己的生命开玩笑。

（四）"用卫生教育代替医生"。……卫生的首要在预防疾病。卫生教育就在于教人预防疾病，减少疾病。卫生教育做得好，虽不能说可以做到百分之百不生病的效果，但至少是可以减少百分之九十的病痛。其余在预防意料之外而发生的只有百分之十的病痛，可是已经是占着很少成分，足以见出卫生教育效力之大了。以现在学校的经济状况说来，是难以支出两三千块钱来请一个医生。我们的学校是穷学校，中国的村庄是穷村庄。我们学校是二百人，若以五口之家计算，是等于一个四十户人家的村庄。若以这个比例来计算，全中国约有一百万个村庄，每村需要请一个医生，便需要有一百万个医生。现在中国的人力和经济力都不允许这样做，不能够这样做，所以我们学校也就决定不这样做，决定不请医生。我们要以决心推进卫生教育的效力来代替医生，以保证健康的胜利。以卫生教育代替医生，在两月前，我已有信来学校，提出十几条具体事实来，希望照行。现在想来，还是不够，需要补充。待补充之后，提交校务会议商决进行。但是今天在此先提出来告诉大家，希望大家多多准备意见、贡献意见。在建立"科学的健康堡垒"上多尽一份力量，便是在卫生教育施行上多一份力量，卫生教育胜利上多一份保证。大家都成为建立"科学的健康堡垒"的主要的成员之一、健将之一，共同来保证"健康第一"的胜利。

第二问:"我的学问有没有进步?"

其次,我们每天应该问的,是"自己的学问有没有进步?有,进步了多少?"为什么要这样问?因为"学问是一切前进的活力的源泉"。学问怎样能够进步?重要在有方法的研究。现在我想到有五个字,可以帮助我们学问易于进步。哪五个字呢?

第一个,是"一"字。一是"专一"的一。荀子说:"好一则博。"这句话是很有精义的。因为有了一个专一的问题做中心,从事研究,便可旁搜广引,自然而然的广博起来了。我看世界名人学者对于治学的解释,尚少如此精约的。治学必须"专一"的"一",这是天经地义的了。"专一"在英文为 Concentration,我们对于一件事物能够专心一意的研究下去,必然能够有一旦豁然贯通之时。所以我希望有能力研究的先生和同学,必须择定一个题目从事研究,即使是一个很小的问题,也可以研究出很深刻很渊博的大道理来。于人于己都可得到切实的益处,而且可能有大的贡献。

第二个,是"集"字。集是"搜集"的集。集照篆字的写法,是这样"𪚺",好像许多钩钩一样。我们研究学问有了中心题目,便要多多搜集材料,像"集"的篆写一样,用许多钩钩到处去钩,上下古今,左右中外的钩,前前后后,四面八方的钩,钩集在一起来,好细细研究。集字在英文为 Collection,我们有了丰富的材料,便可以源源本本的彻头彻尾的来研究它一个明明白白,才能够真正理解这个问题的症结所在,才能够"迎刃而解",才能够收得"水到渠成"的效力。所以我希望大家对于每一个问题,都必须多多搜集材料,以便精深的精益求精的研究。在研究上发生力量,在研究上加强创造力量,集体创造,共同创造,在创造上建立起我们事业的新生命,树立起我们事业的新生机,稳定我们事业的新基础。

第三个,是"钻"字。钻是钻进去的钻,就是深入的意思。钻是要费很大的力量,才能够钻得进去,深入到里面去,看得清清楚楚,取得了最宝贵的宝贝。做学问虽不能像钻东西么钻,但是能够用最好的方法，也可以很快钻进去。我在×国，参观一个金矿，他们开采的机器，是运用大气的压力来发生动力的。我见到他们开采的速度，是比现代所称的"电化"的电力，还不知要增加若干倍咧。我们做学问也是一样，如果我们能够在学术气氛中的大气压力下，发生动力去钻，一定能够深入到里面去，探获学问的根源奥妙与诀窍，而必有很好的收获。"钻"字在英文为 Penetration。所以我希望大家对于一个问题拿定了，便要尽力向里面钻，钻出一大套道理来，使我们学术气氛有着飞跃的进步。

第四个，是"剖"字。剖是"解剖"的剖，就是"分析"的意思。有些材料钻进去还不够，必须解剖出来看它的真伪，是有用的还是有毒素的，以便取舍，消化运用。"剖"字在英文为 Analysis。所以我希望大家对于每一个问题搜集得来的材料，除了钻进、深入之外，必须更加着意做一番解剖的工夫，分析入微，如同在解剖刀下，在显微镜下，看得明明白白，分析得清清楚楚，真的有用的没有毒素的就拿来运用；如果是假的有毒素的就舍去抛掉不用。如此，鉴别材料，慎选材料，自然因应适宜了。

第五个，是"韧"字。韧是坚韧，即是鲁迅先生所主张的"韧性战斗"的韧。做学问是一种长期的战斗工作，所以必须有韧性战斗的精神，才能够在长期战斗中，战胜许许多多困难，化除种种障碍，开辟出一条新的道路，走入新的境界。"韧"字在英文中尚难找得一个适当的字来翻译，勉强可以译为 Toughness。所以我希望大家在做学问上，要用韧性战斗的精神，历久不衰的、始终不懈的坚持下去，终可达到"柳暗花明又一村"的境界。

我想我们每一个人，能把"一""集""钻""剖""韧"五个字做到了，在做学问上一定有豁然贯通之日，于己于人于社会都有贡献。

第三问："我的工作有没有进步？"

再次，我们每天要问："自己担任的工作有没有进步？有，进步了多少？"为什么要这样问？因为工作的好坏影响我们的生活、学习都是很大的。我对于工作也提出几点意见，以供大家参考。

第一点最要紧的，是要"站岗位"。各人所负的责任不同，各人有各人的岗位，各人应该站在各人自己的岗位上，守牢自己的岗位，在本岗位上努力，把本岗位的职务做得好，这是尽责任的第一步。我最近在想，人人应该有"站岗位"的教育。站牢在自己的工作岗位上，教育自己知责任，明责任，负责任——教育着自己进步。

第二点最要紧的，是要"敏捷正确"。人常说，做事要"敏捷"，这是对的。但我觉得做事只是做到敏捷还不够，敏捷是敏捷了，因敏捷而做错了怎么办？所以敏捷之下必须加上"正确"二字，工作敏捷而正确才有效力。一件工作在别人做起来需要四小时，你只要二小时或三小时就做好了，而且做得很正确，这才算是工作的效力。工作怎样能够做得敏捷正确呢？这就要靠熟练与精细。粗心大意是最易弄错弄坏事情的。做事要像做算术的演算草一样，要演得快演得正确。

第三点最要紧的，是要"做好为止"。有些人做事，有起头无煞尾，做东丢西，做西丢东，忙过不了，不是一事无成，就是半途而废。我们做事要按照计划，依限完成，就必须毅力坚持，一直到做好为止。

第四问："我的道德有没有进步？"

最后，我们每天要问的，是"自己的道德有没有进步？有，进步了多少？"为什么要这样问？因为道德是做人的根本。根本一坏，纵然使你有一些学问和本领，也无甚用处。并且没有道德的人，学问和本领愈大，就能为非作恶愈大，所以我在不久以前，就提出"人格防"来，要我们大家"建筑人格长城"。建筑人格长城的基础，就是道德。现在分"公德"和"私德"两方面来说。

先说"公德"。一个集体能不能稳固，是否可以兴盛起来？就要看每一个集体的组成分子，能不能顾到公德、卫护公德来衡量它。如果一个集体的组成分子，人人以公德为前提，注意着每一个行动，则这一个集体，必然是日益稳固、日益兴盛起来。否则，多数人只顾个人私利，不顾集体利益，则这个集体的基础必然动摇，并且一定是要衰败下去！要不然，就只有把这些不顾公德的分子清除出这个集体，这个集体才有转向新生机的希望。所以我们在每一个行动上，都要问一问是否妨碍了公德？是否有助于公德？妨碍公德的，没有做的即打定决心不做，已经开始做的，立刻停止不做。若是有助于公德的，大家齐心全力来助他成功。

再说"私德"。私德不讲究的人，每每就是成为妨害公德的人，所以一个人私德更是要紧，私德更是公德的根本。私德最重要的是"廉洁"，一切坏心术坏行为，都由不廉洁而起。所以我在讲"建筑人格长城"的时候，提到了杨震的"四知"，甘地的漏夜还金，华盛顿的勇敢承认错误，和冯焕章先生所讲的平老静"还金镯"的故事，这些，都是我们大家私德上的好榜样。我们每一个人都可以效法这些榜样，把自己的私德建立起来，建筑起"人格长城"来。由私德的健全，而扩大公德的效用，来为集体谋利益，则我们的学校必然的到了四周年，是有一种高贵的品德成绩表现出来。

我今天所讲的"每天四问"，提供大家作为进德修业的参考。如果灵活运用的行到做到，明年今日四周纪念的时候，必然可以见出每一个人身体健康上有着大的进步，学问进修上有着大的进步，工作效能上有着大的进步，道德品格上有着大的进步，显出"水到渠成"的进步，而有着大大的进步。

《育才学校》(1951年4月教育书店版)

注释

〔1〕杨耿光（1888—1949）　名杰，字耿光，云南大理人。早年留学日本，参加同盟会。辛亥革命后，参加讨袁"护国运动"。曾任国民党中央陆军大学校长、国民党军总司令部参谋长等职。解放战争时期，因投身于反内战、反独裁的爱国民主运动，于1949年9月19日在香港遭国民党特务杀害。

育才十字诀[*]

一次在报上看见一首木偶十字诀,把一个木头菩萨描写得维妙维肖,可算是民众或通俗文艺的杰作。记得第一个字写的是"一窍不通",的确是精彩得很。当时我就想给育才学校之创学旨趣,披上一件"民族形式"之外套,几经修改,完成了这育才十字诀:

一个大脑。　　二只壮手。　　三圈连环。　　四把锁匙。
五路探讨。　　六组学习。　　七(集)体创造。
八位顾问。　　九九难关。　　十(誓)必克服。

因为这个十字诀稍微有点新的内容,又因为措辞不够通俗,还需要简单的解释才可以显出里面的精彩。

一个大脑　　人类的头脑在动物中并不算最大,但他的脑髓与脊髓之比例是超过一切动物。这是思想之物质基础。孙中山先生说:"大凡人类对于一件事,研究当中的道理,最先发生思想,思想贯通以后便起信仰,有了信仰就生出力量。"思想贯通是信仰与力量之泉源;研究又是思想贯通之泉源;都是要顺应这大脑之天然条理进行,才能奏效。

二只壮手　　人类自脊梁骨硬了起来,前脚便被解放而成为一双可以自由活动的手。手执行头脑的命令,打猎、捉鱼、务农、做工、战斗而健壮起来,同时是改造着发展着那对他发号施令的头脑,我们要重生原始健壮的双手来向前创造。

三圈连环　　这是我们的校徽,圈有三种德性:一是虚心,代

---

[*] 本篇系陶行知1942年12月4日在育才学校的演讲词。

表学习；二是不断，代表工作；三是精诚团结，代表最后胜利。第一个圈表示全校一体；第二个圈表示全国一体；第三个圈表示宇宙一体。而且学校、国家、宇宙是互相联系，息息相关，决不可能把它们彼此孤立起来意识。

四把锁匙 文化锁匙要使学生得到最重要的四把：一是国文；二是一个〔门〕外国语；三是数学；四是科学方法——治学治事之科学方法。与其把学生当作天津鸭儿填入一些零碎知识，不如给他们几把锁匙，使他们可以自动的去开发文化的金库和宇宙之宝藏。

五路探讨 探讨真理，我们提出五条路：（一）体验；（二）看书；（三）求师；（四）访友；（五）思考。这与《中庸》上所讲的博学、审问、慎思、明辨、笃行可以比起来看。体验相当于笃行；看书、求师、访友相当于博学；思考相当于审问、慎思、明辨。我们的治学次序是依据"行是知之始"及自动的原则排列，可以说是把传统的道理颠倒过来。

六组学习 育才除普遍功课依照通常进行外，用四分之一的时间让学生各依性之所近学习一门特修课。特修课分为下列六组：（一）文学组；（二）音乐组；（三）戏剧组；（四）绘画组；（五）自然组；（六）社会组。

七（集）体创造 我们希望以集体力量纠正个人主义，以创造的工作来纠正空话与幻想。在共同努力创造学校上来学习，共同努力创造新中国、新世界。

八位顾问 吉辅灵有一首小诗题为《六个裁缝》，即（一）什么事，（二）什么人，（三）什么缘故，（四）什么方法，（五）什么时间，（六）什么地方。我们为着要改造一般书生的笼统的静止的头脑，加了两位，（七）什么数目，（八）什么动向。这八贤是我们治学治事不用报酬的常年顾问。

九九难关 人生是患难与欢乐所织成。追求真理的人以与患难搏斗为乐,唐僧向西天取经,遭遇八十一难,不知者以为他是自寻苦吃,其实他是抱着一个宏愿要完成,看破生死,乐而忘苦。总之,人生与患难有不解之缘。患难给有志者以战斗之情绪与战胜之智慧。

十(誓)必克服 有了战斗之情绪与战胜之智慧,还必须有战斗到底之意志,才能克服大难,以至于成。一个人到了富贵不能淫,贫贱不能移,威武不能屈的境界,是永远不会被患难压倒,那时他成亦成,败亦成,而不是世俗所谓之成败了。

《育才学校》(1951年4月教育书店版)

创 造 宣 言

创造主未完成之工作，让我们接过来，继续创造。

宗教家创造出神来供自己崇拜。最高的造出上帝，其次造出英雄之神，再其次造出财神、土地公、土地婆来供自己崇拜，省事者把别人创造的现成之神来崇拜。

恋爱无上主义者造出爱人来崇拜。笨人借恋爱之名把爱人造成丑恶无耻的荡妇来糟踏，糟踏爱人者不是奉行恋爱无上主义，而是奉行万恶无底主义的魔鬼，因为他把爱人造成魔鬼婆。

美术家如罗丹[1]，是一面造石像，一面崇拜自己的创造。

教育者不是造神，不是造石像，不是造爱人。他们所要创造的是真善美的活人。真善美的活人是我们的神，是我们的石像，是我们的爱人。教师的成功是创造出值得自己崇拜的人。先生之最大的快乐，是创造出值得自己崇拜的学生。说得正确些，先生创造学生，学生也创造先生，学生先生合作而创造出值得彼此崇拜之活人。倘若创造出丑恶的活人，不但是所塑之像失败，亦是合作塑像者之失败。倘若活人之塑像是由于集体的创造，而不是个人的创造，那末这成功失败也是属于集体而不是仅仅属于个人。在一个集体当中，每一个活人之塑像，是这个人来一刀，那个人来一刀，有时是万刀齐发。倘使刀法不合于交响曲之节奏，那便处处是伤痕，而难以成为真善美之活塑像。在刀法之交响中，投入一丝一毫的杂声，都是中伤整个的和谐。

教育者也要创造值得自己崇拜之创造理论和创造技术。活人的塑像和大理石的塑像有一点不同，刀法如果用得不对，可以万像同毁；刀法如果用得对，则一笔下去，万龙点睛。

有人说：环境太平凡了，不能创造。平凡无过于一张白纸，八大山人[2]挥毫画他几笔，便成为一幅名贵的杰作。平凡也无过于一块石头，到了飞帝亚斯[3]、米开朗基[4]的手里，可以成为不朽的塑像。

有人说：生活太单调了，不能创造。单调无过于坐监牢，但是就在监牢中，产生了《易经》之卦辞，产生了《正气歌》[5]，产生了苏联的国歌[6]，产生了《尼赫鲁自传》。单调又无过于沙漠了，而雷塞布（Lesseps）[7]竟能在沙漠中造成苏彝士运河[8]，把地中海与红海贯通起来。单调又无过于开肉包铺子，而竟在这里面，产生了平凡而伟大的平老静[9]。

可见平凡单调，只是懒惰者之遁辞。既已不平凡不单调了，又毋需乎创造。我们是要在平凡上造出不平凡；在单调上造出不单调。

有人说：年纪太小，不能创造。见着幼年研究生之名而哈哈大笑。但是当你把莫扎尔特[10]、爱迪生及冲破父亲数学层层封锁之帕斯加尔（Pascal）[11]的幼年研究生活翻给他看，他又只好哑口无言了。

有人说：我是太无能了，不能创造。但是鲁钝的曾参[12]传了孔子的道统。不识字的慧能[13]，传了黄梅[14]的教义。慧能说："下下人有上上智。"我们岂可以自暴自弃呀！可见无能也是借口。蚕吃桑叶，尚能吐丝，难道我们天天吃白米饭，除造粪之外，便一无贡献吗？

有人说：山穷水尽，走投无路，陷入绝境，等死而已，不能创造。但是遭遇八十一难之玄奘，毕竟取得佛经；粮水断绝，众叛亲离之哥仑布，毕竟发现了美洲；冻饿病三重压迫下之莫扎尔特，毕竟写出了《安魂曲》。绝望是懦夫的幻想。歌德说：没有勇气一切都完。是的，生路是要勇气探出来，走出来，造出来的。这只是一半真理。当英雄无用武之地,他除了大无畏之斧,还得有智慧之剑、金刚之信念与意志,才能开出一条生路。古语说,穷则变,变则通。要有智慧才知道怎样变得通,要有大无畏之精神及金刚之信念与意志才变得过来。

所以,处处是创造之地,天天是创造之时,人人是创造之人,让我们至少走两步退一步,向着创造之路迈进吧。

像屋檐水一样,一点一滴,滴穿阶沿石。点滴的创造固不如整体的创造,但不要轻视点滴的创造而不为,呆望着大创造从天而降。

东山的樵夫把东山的茅草割光了,每上泰山割茅草,泰山给他的第一个印象是:茅草没有东山多,泰山上的"经石峪"、"无字碑";"六贤祠"、"玉皇顶";大自然雕刻的奇峰、怪石、瀑布;豢养的飞禽、走兽、小虫和几千年来农人为后代种植的大树,于他无用,都等于没有看见。至于那种登泰山而小天下之境界,也因急于割茅草而看不出来。他每次上山拉一堆屎,下山撒一泡尿,挑一担茅草回家。尿与屎是他对泰山的贡献,茅草是他从泰山上得到的收获。茅草是平凡之草,而泰山所可给他的又只有这平凡之草,而且没有东山多,所以他断定泰山是一座平凡之山,而且从割草的观点看,比东山还平凡,便说了一声:"泰山没有东山好。"茅草中有一棵好像是先知先觉的树苗,听他说:"泰山没有东山好",想到自己老是站在寸土之中,终年被茅草包围着,陡然觉得平凡、单调、烦闷、动摇,幻想换换环境。一根树苗如此想,二根树苗如此想,三根树苗如此想,久而久之成趋向,便接二连三的,一天一天的,听到树苗对樵夫说:"老人家,你愿意带我到东山去玩一玩么?"樵夫总是随手一拔,把它们一根一根的和茅草捆在一起,挑到东山给他的老太婆烧锅去了。我们只能在樵夫的茅草房的烟囱里偶尔看见冒出几缕黑烟,谁能分得出那一缕是树苗的,那一缕是茅草的化身?

割草的也可以一变而成为种树的老农,如果他肯迎接创造之神住在他的心里。我承认就是东山樵夫也有些微的创造作用——为泰山剃头理发,只是我们希望不要把我们的鼻子或眉毛剃掉。

创造之神!你回来呀!你所栽培的树苗是有了幻想,樵夫拿着雪亮的镰刀天天来,甚至常常来到树苗的美梦里。你不能放弃你的责任。只要你肯回来,我们愿意把一切——我们的汗,我们的血,我们的心,我们的生命——都献给你。当你看见满山的树苗在你监护之下,得到我们的汗、血、心、生命的灌溉,一根一根的都长成参天的大树,你不高兴吗?创造之神!你回来呀!只有你回来,才能保证参天大树之长成。

罗丹说:"恶是枯干。"汗干了,血干了,热情干了,僵了,死了,死人才无意于创造。只要有一滴汗,一滴血,一滴热情,便是创造之神所爱住的行宫,就能开创造之花,结创造之果,繁殖创造之森林。

三十二、十、十三、
写于凤凰山

《育才学校手册》(1944年1月时代印刷出版社版)

注释

〔1〕罗丹(Auguste Rodin,1840—1917) 法国雕塑家。他深受米开朗琪罗的影响,确立了现实主义的创作方法。他的创作对欧洲近代雕塑的发展有很大影响。

〔2〕八大山人 即朱耷(约1626—约1705),别号八大山人。江西南昌人。清初画家、书法家。

〔3〕飞帝亚斯 通译菲狄亚斯(Phidias),雅典人,古希腊雕刻家,擅长神像雕刻。

〔4〕米开朗基 通译米开朗琪罗(Michelangelo Buonarroti,1475—1564),意大利文艺复兴时期的著名雕塑家、画家、建筑师和诗人。他的艺术创作是在人文主义思想支配下,以现实主义方法和浪漫主义幻想,表现当时市民阶层的爱国主义和为自由而斗争的精神风貌。

〔5〕《正气歌》 系南宋抗元英雄文天祥被俘后在狱中所作的爱国诗歌，表现了他宁死不降的崇高气节，为世人所传颂。

〔6〕这里系指《国际歌》。苏联在1917—1944年间，以《国际歌》作为国歌。

〔7〕雷塞布（Lesseps，1805—1894） 法国企业家，苏伊士运河修建的承包商。他于1858—1869年，主持开凿苏伊士运河工程。

〔8〕苏彝士运河 通译苏伊士运河，今属埃及，著名的国际通航运河。

〔9〕平老静 铺面名。老板为河北保定人，开肉包铺，买卖公平，颇有声誉。陶行知曾写诗赞扬他。

〔10〕莫扎尔特 通译莫扎特（Wolfgang Amadeus Mozart, 1756—1791），奥地利著名作曲家，维也纳古典乐派代表人物之一。

〔11〕帕斯加尔 通译帕斯卡（Pascal，1623—1662），法国数学家、物理学家、哲学家和散文学家。

〔12〕曾参（前505—前436） 孔子弟子，鲁国南武城（今山东费县）人，为封建统治者尊为"宗圣"，配享孔庙。

〔13〕慧能（638—713） 唐代高僧，禅宗的第六祖，禅宗的南宗开创者。本姓卢，生在南海新兴（今属广东）。据说他是一个目不识丁的樵夫，决心学佛后，很有成就，继承了五祖的衣钵。

〔14〕黄梅 指佛教禅宗五世祖弘忍。他出家在湖北黄梅县东山禅院，号称黄梅。

育才三方针

(一) 迷　根据孩子们不断的迷在某种特殊活动的天性，透过特殊的环境、设备和方法，我们培养并引导他们成长，踏进未知之门。

(二) 悟　根据孩子们一般的智力，透过启发性的普通教育，我们培养和指导他们对特殊活动取得更深的了解，对人生各方面的关系和宇宙人类的历史的发展取得更广的认识。

(三) 爱　根据孩子们愿意帮助别人的倾向，透过集体生活，我们培养和引导他们对民族人类发生更高的自觉的爱。

　　　　　　　　　　　　　　　　　　　　　　　　向着创造生活前进

《育才学校手册》（1944年1月时代印刷出版社版）

育才二十三常能

初级十六常能

（一）**会当书记** 包括写小楷，管卷宗，写社交信，做会议记录等。（在国语课和社交活动时及集体活动中学习。）

（二）**会说国语** 包括会话、讲解、演说等。（在国语课、演说会、讨论会、早会、晚会、一切集会与人接谈时，随时留心细听，学习善国语的先生同学的发音、语调。如需要时，可请善国语者进行集体指导或个别指导。）

（三）**会参加开会** 包括发言、提议、选举，做主席等。（在公民课或社会课及一切集会中学习。）

（四）**会应对进退** 包括招待宾客——谈话、引导参观、招待茶饭，——送信接洽事情等。（在平时须留心学校情形，熟悉学校行政组织大概，当会宾客时，才能应对合度，彬彬有礼。在任招待前有准备，在别人应对进退时可以观摩，在自己实践时，必须在慎重其事中学习。）

（五）**会做小先生** 包括帮助工友、同学以及学校附近农友等。（在文化为公、知识为公、即知即传的号召下，自动的以一技一艺之长去帮助人长进中学习。）

（六）**会管帐目** 包括个人帐目、集体帐目，会记帐，会报帐，会管现金出纳等。（抱着有帐即记、公私分明的原则，在记载个人日用帐目及集体帐目中学习。）

（七）**会管图书** 包括编目、晒书、修补、陈列、借书等。（在每个人自己桌屉中的图书，必须日常整理，不得散乱。在各小组的图书架上、在图书库里观摩和工作中学习。）

（八）**会查字典** 包括中文字典和外文字典等。（在小学四年级以上，在国语课、外语课，课前准备工作中学习。）

（九）**会烧饭菜** 包括小锅饭、小锅面、小锅菜十味以上。并会做泡菜、咸菜、糖果、果子酱、腊肉等。（在聚餐、野餐、助厨时学习。）

（十）**会洗补衣服** 包括洗衣补衣等。（在十二岁以上，必须学会洗补衣服、晒晾、折浆，规定每星期洗衣一次，衣服破了即须缝补，会者教不会者；不会者必须跟会者学。）

（十一）**会种园** 包括种菜、种花、种树等。（规定小学生每人至少种菜半分；中学生至少种一分。在生产活动中学习。）

（十二）**会布置** 包括装饰、陈列、粉刷、洒扫等。（在美术课、手工课、参加布置生活室、会客室、课室、寝室、会场中学习。）

（十三）**会修理** 包括简单木工、竹工、泥水工、油漆工工具等。（在修理中学习。）

（十四）**会游泳** 包括仰游、俯游等。（在夏令必须参加游泳学习，在平时可定期去温泉学习。）

（十五）**会急救** 包括医治小毛病、救溺、救触电、救中煤毒等。（请卫生室及校外医工指导，在分配卫生工作及旅行、急救中学习。）

（十六）**会唱歌** 包括独唱、合唱等。（在唱歌课、参加合唱团中练习。）

高级七常能

（一）**会开汽车**　　检查目力及手腕灵敏，懂得汽车构造。（请专家指教。）

（二）**会打字**　（学毕高中英文，请专家指教。）

（三）**会速记**　（文字通顺，并请专家指教。）

（四）**会接电**　（学毕电学，并请专家指教。）

（五）**会担任翻译**　（在实习外国语课，极力争取会话练习，外宾至时及与外宾做朋友中学习、交谈中学习。）

（六）**会临时讲演**　（在平时各种演说会、欢迎会、送别会及指定代表出席参加各社团纪念会中学习。）

（七）**会领导工作**　（在指定集体工作中负责领导，在集团选举出负责领导工作中学习，以完成上级或集团付托之使命。）

《育才学校手册》（1944年1月时代印刷出版社版）

创造的儿童教育[*]

创造的儿童教育，不是说教育可以创造儿童。儿童的创造力是千千万万祖先至少经过五十万年与环境适应斗争，所获得而传下来之才能之精华，发挥或阻碍，加强或削弱，培养或摧残这创造力的是环境。教育是要在儿童自身的基础上，过滤并运用环境的影响，以培养、加强、发挥这创造力，使他长得更有力量，以贡献于民族与人类。教育不能创造什么，但他能启发解放儿童创造力以从事于创造之工作。

我们晓得特别是中国小孩，是在苦海中成长。我们应该把儿童苦海创造成一个儿童乐园。这个乐园不是由成人创造出来交给小孩子，也不是要小孩子自己单身匹马去创造，我们造一个乐园交给小孩子，也许不久就会变为苦海，单由小孩子自己去创造，也许就创造出一个苦海，所以应该成人加入小孩子的队伍里去，陪着小孩子一起创造。

一、把我们摆在儿童队伍里，成为小孩子当中的一员　我们加入到儿童队伍里去成为一员，不是敷衍的，不是假冒的，而是要真诚的，在情感方面和小孩子站在一条战线上。我曾经写过一首小诗，描写过我们在小孩队中应有和不应有的态度。

儿童园内无老翁，
老翁个个变儿童，
变儿童，

---

[*] 本篇原载 1944 年 12 月 16 日重庆《大公报》。

莫学孙悟空！
他在狮驼洞，
也曾变过小钻风，
小钻风，
脸儿模样般般像，
拖着一条尾巴两股红。

我们要加入儿童队伍里，第一步要做到不失其赤子之心，做成小孩子队伍里的一分子。

二、认识小孩子有力量　　我们加入儿童生活中，便发现小孩子有力量，不但有力量，而且有创造力。我们要钻进小孩子队伍里，才能有这个新认识与新发现。

从前当晓庄学校停办的时候，晓庄的教师和师范生不能回晓庄小学任职，私塾先生又被小孩拒绝，农人不好勉强聘请，不得已，小孩自己组织起来，推举同学做校长、当教员，自己教，自己学，自己办，并自称为自动学校，这是中国破天荒的小创造。我听见了这个消息以后，就写了一首诗去恭贺他们：

有个学校真奇怪：
大孩自动教小孩。
七十二行皆先生，
先生不在学如在。

写好之后，交给几位大学生，请他们指教，他们说尽善尽美，于是用快信寄去。

第三天，他们回一封信，向我道谢之外，说这首诗有一个字要改：大孩教小孩，难道小孩不能教大孩吗？大孩能够自动，难道小孩不能自动吗？而且大孩教小孩有什么奇怪呀？这一串炸弹把个大字炸得粉碎，我马上把他改为"小孩自动教小孩"，这样一来，是更好了。黄泥腿的农村小孩改留学生的诗，又是破天荒的证明，证明小孩有创造力。

又有一次，我到南通州去推广"小先生"，写了一篇一分钟演讲词，内中有一段："读了书，不教人，甚么人？不是人。"我讲过后有一个小孩子马上来说，陶先生，你的演讲最好把"不是人"改为"木头人"，"木头人"比"不是人"更好了。因为"不是人"三个字不具体，桌子不是人，椅子也不是人，而"木头人"是给了我们一个具体的印象。这也证明小孩子有创造力。我们要真正承认小孩子有创造力，才可以不被成见所蒙蔽。小孩子多少都有其创造的能力。

三、解放儿童的创造力 我们发现了儿童有创造力，认识了儿童有创造力，就须进一步把儿童的创造力解放出来。

（一）解放小孩子的头脑。儿童的创造力被固有的迷信、成见、曲解、幻想层层裹头布包缠了起来。我们要发展儿童的创造力，先要把儿童的头脑从迷信、成见、曲解、幻想中解放出来。迷信要不得，成见要不得，曲解要不得，幻想更要不得，幻想是反对现实的。这种种要不得的包头布，要把他一块一块撕下来，如同中国女子勇敢的撕下了裹脚布一样。

自从有了裹脚布，从前中国妇女是被人今天裹，明天裹，今年裹，明年裹，骨髓裹断，肉裹烂，裹成一双三寸金莲。

自从有了裹头布，中国的儿童、青年、成人也是被人今天裹，明天裹，今年裹，明年裹，似乎非把个个人都裹成一个三寸金头不可。如果中华民族不想以三寸金头出现于国际舞台，唱三花脸，就要把裹头布一齐解开，使中华民族的创造力可以突围而出。三民主义开宗明义就说：大凡人类对于一件事，研究其中的道理，首先发生思想，思想贯通，以后才生信仰，有了信仰，才生力量。思想贯通，便等于头脑解放。唯独从头脑里解放出来的创造力，才能打退日本鬼，建立新中国。

（二）解放小孩子的双手。人类自从腰骨竖起，前脚变成一双可以自由活动的手，进步便一天千里，超越一切动物。自从这个划时代的解放以后，人类乃能创造工具、武器、文字，并用以从事于更高之创造。假使人类把双手束缚起来，就不能执行头脑的命令。我们要在头脑指挥之下用手使用机器制造，使用武器打仗，使用仪器从事发明。中国对于小孩子一直是不许动手，动手要打手心，往往因此摧残了儿童的创造力。一个朋友的太太，因为小孩子把她的一个新买来的金表拆坏了，在大怒之下，把小孩子结结实实打了一顿。后来她到我家里来说："今天我做了一件极痛快的事，我的小孩子把金表拆坏了，我给了他一顿打。"我对她说，恐怕中国的爱迪生被你枪毙掉了。我和她仔细一谈，她方恍然大悟，她的小孩子这种行动原是有出息的可能，就向我们请教补救的办法。我说："你可以把孩子和金表一块送到钟表铺，请钟表师傅修理，他要多少钱，你就给多少钱，但附带的条件是要你的小孩子在旁边看他如何修理。这样修表铺成了课堂，修表匠成了先生，令郎成了速成学生，修理费成了学费，你的孩子好奇心就可得到满足，或者他还可以学会修理咧。"小孩子的双手是要这样解放出来。中国在这方面最为落后，直到现在才开始讨论解放双手。在爱迪生时代，美国学校的先生也是非常的顽固，因为爱迪生喜欢玩化学药品，不到三个月就把他开除! 幸而他有一位贤明的母亲，了解他，把家里的地下室让给他做实验。爱迪生得到了母亲的了解，才一步步的把自己造成发明之王。那时美国小学的先生不免也阻碍学生的创造力的发展。我们希望保育员或先生跟爱迪生的母亲学，让小孩子有动手的机会。

（三）解放小孩子的嘴。小孩子有问题要准许他们问。从问题的解答里，可以增进他们的知识。孔子入太庙，每事问。我从前写过一首诗，是发挥这个道理："发明千千万，起点是一问。禽兽不如人，过在不会问。智者问得巧，愚者问得笨。人力胜天工，只在每事问。"但中国一般是习惯不许多说话，小孩子得到言论自由，特别是问的自由，才能充分发挥他的创造力。

（四）解放小孩子的空间。从前的学校完全是一只鸟笼，改良的学校是放大的鸟笼。要把小孩子从鸟笼中解放出来，放大的鸟笼比鸟笼大些，有一棵树，有假山，有猴子陪着玩，但仍然是个放大的模范鸟笼，不是鸟的家乡，不是鸟的世界。鸟的世界是森林，是海阔天空。现在鸟笼式的学校，培养小孩用的是干咸菜的教科书。我们小孩子的精神营养非常贫乏，这还不如填鸭，填鸭用的还是滋养料让鸭儿长得肥胖的。我们要解放小孩子的空间，让他们去接触大自然中的花草、树木、青山、绿水、日月、星辰以及大社会中之士、农、工、商、三教九流，自由的对宇宙发问，与万物为友，并且向中外古今三百六十行学习。创造需要广博的基础。解放了空间，才能搜集丰富的资料，扩大认识的眼界，以发挥其内在之创造力。

（五）解放儿童的时间。现在一般学校把儿童的时间排得太紧。一个茶杯要有空位方可盛水。现在中学校有月考、学期考、毕业考、会考、升学考，一连考几个学校，有的只好在鬼门关去看榜。连小学的儿童都要受着双重夹攻。日间由先生督课，晚上由家长督课，为的都是准备赶考，拚命赶考，还有多少时间去接受大自然和大社会的宝贵知识呢？赶考和赶路一样。赶路的人把路旁风景赶掉了，把一路应该做的有意义的事赶掉了。除非请医生，救人，路是不宜赶的。考试没有这样的重要，更不宜赶。赶考首先赶走了脸上的血色，赶走了健康，赶走了对父母之关怀，赶走了对民族人类的责任，甚至于连抗战之本身责任都赶走了。最要不得的，还是赶考把时间赶跑了。我个人反对过分的考试制度的存在。一般学校把儿童全部时间占据，使儿童失去学习人生的机会，养成无意创造的倾向，到成人时，即使有时间，也不知道怎样下手去发挥他的创造力了。创造的儿童教育，首先要为儿童争取时间之解放。

四、培养创造力　　把小孩子的头脑、双手、嘴、空间、时间都解放出来，我们就要对小孩子的创造力予以适当之培养。

（一）需要充分的营养。小孩的体力与心理都需要适当的营养。有了适当的营养，才能发生高度的创造力，否则创造力就会被削弱，甚而至于夭折。

（二）需要建立下层的良好习惯，以解放上层的性能，俾能从事于高级的思虑追求。否则必定要困于日用破碎，而不能向上飞跃。

（三）需要因材施教。松树和牡丹花所需要的肥料不同，你用松树的肥料培养牡丹，牡丹会瘦死，反之，你用牡丹的肥料培养松树，松树受不了，会被烧死。培养儿童的创造力要同园丁一样，首先要认识他们，发现他们的特点，而予以适宜之肥料、水分、太阳光，并须除害虫，这样，他们才能欣欣向荣，否则不能免于枯萎。

最后，我要提醒大家注意创造力最能发挥的条件是民主。当然在不民主的环境下，创造力也有表现，那仅是限于少数，而且不能充分发挥其天才。但如果要大量开发创造力，大量开发人矿中之创造力，只有民主才能办到，只有民主的目的，民主的方法才能完成这样的大事。美国杜威先生（不是候选总统之杜威，而是哲学家、教育家之杜威）最近给我信说："现在世界是联系得这样密切，如果民主的目的与方法不能在全世界每一个角落里都普遍的树立起来，我怕它们在美国也难持久繁荣。"民主应用在教育上有三个最要点：

（一）教育机会均等，即是教育为公，文化为公。我们要求贫富的机会均等，男女的机会均等，老幼的机会均等，各民族各阶层的机会均等。

（二）宽容和了解。教育者要像爱迪生母亲那样宽容爱迪生，在爱迪生被开除回家的时候，把地下室让给他去做实验。我们要像利波老板宽容法拉第，法拉第在利波的铺子里作徒弟，订书订得最慢，但是利波了解他是一面订书一面读书，终于让法拉第在电学上造成辉煌的功绩。

（三）在民主生活中学民主。专制生活中可以培养奴才和奴隶，但不能培养人民做主人。民主生活并非乱杂得没有纪律。民主要有自觉的纪律，人民只可以在民主的自觉纪律中学习做主人翁。在民主动员号召之下，每一个人之创造力都得到机会出头，而且每一个人的创造力都能充分解放出来。只有民主才能解放最大多数人的创造力，并且使最大多数人之创造力发挥到最高峰。

《战时教育》第9卷第1期（1945年4月1日）

敲碎儿童的地狱，
创造儿童的乐园

儿童是应该快乐的，而现在中国的儿童是非常痛苦。固然有许多人才是从痛苦中长大起来，但是成人的责任是应该把社会改造得好一点，使未成熟的儿童少吃点苦，多享点福。我们应该负起责任来，敲碎儿童的地狱，建立儿童的乐园。不够，我们应该引导儿童把地狱敲碎，让他们自己创造出乐园来。

要怎么样除苦造福

第一，我们应该承认儿童的人权。儿童的人权从怀胎的时候开始。打胎虽有法律禁止，但是社会上还是流行着。为着恐怕私生子为人轻视，便从源头上取消了他的生存权。也有因为贫穷而不能教养而出此残忍手段，使已得生命之胎儿不能见天日。我们只须读一读孔子、耶稣的故事，便知道剥削儿童生存权是何等的罪恶。每逢饥荒便听得见"易子而食"，这虽然说是被迫无法才出此下策，但也是把小孩的生命当作次一等所致。我们要解除儿童痛苦增进儿童福利，首先要尊重儿童的人权。

第二，我们应该了解儿童的能力需要。儿童有许多痛苦是由于父兄师长之不了解。不了解则有力无处用，有苦无处说。我们要知道儿童的能力需要，必须走进小孩的队伍里去体验而后才能为小孩除苦造福。我们必须重生为小孩，不失其赤子之心，才能为儿童谋福利。

第三，承认了儿童的人权并了解了儿童的能力需要，才有可能谈儿童福利，否则难免隔靴搔痒，劳而无功。我们在尊重儿童人权及了解儿童能力和需要两条原则下，来提出几件具体的建议。

提出十点具体建议

（一）**解除儿童的恐怖**　中国的儿童在心理上是处在一个恐怖的世界里。老婆婆、老妈子一到夜晚没有事便讲鬼说怪，小孩们连在梦里都要骇醒。我们应该使小孩与这些鬼怪故事隔绝，以保持精神之安宁。

（二）**打破重男轻女之风尚**　这重男轻女的风尚连在文化界还是难免。男的受过分栽培，女的受偏枯的待遇；表面虽然似乎是一乐一苦，但在长大的过程中两者都难免受伤。

（三）**提倡儿童卫生**　儿童卫生是民族健康之基础，这基础必须用水泥钢骨打得稳固。但是平常做父母的多不注意。儿童卫生有一百件具体的事要做，我只举一件，把食物嚼碎给小孩吃，是害了许多儿童，使家庭的肺病一代代的传下去。革除这一坏习惯，是使许多儿童得到终身的幸福，至于营养要充足，环境要卫生，那是不消说了。

（四）**拯救文化饥荒**　成千成万的孩子对于学校是不得其门而入，那些已经进学校的是在吃干腌菜的课文。我们一方面要求教育之普及，一方面还要改造学校教育，使教育与生活密切的联系起来，使每一个人都能享受文化的精华。并且要革除体罚，改良赶考，注重启发，使小孩接受教育的时候，有求学之乐趣，而无不必要之恐怖与烦恼。

（五）**培养人才幼苗**　人才的幼苗当从小培养，如果家庭里、学校里、铺子里的孩子，在小的时候，已被发现有特殊的才干，那末，立刻就应该给他以适当之肥料、水分、阳光，使他欣欣向荣。

十二岁的爱迪生因为醉心于科学把戏,三个月便被冬烘先生开除了,那对于爱迪生的小心灵是多么大的打击!爱迪生的母亲却了解他,给他在地下室做实验,那对于爱迪生又是多么大的幸福啊!

（六）**提倡儿童娱乐**　　现在流行的戏剧电影,有好些是给了儿童不好的影响。许多父母因为影响不好便因噎废食,绝对不许子女看书看电影。假使我们有好的儿童剧、儿童电影,可以寓教于娱乐,那儿童又是多么的高兴啊！

（七）**开展托儿所运动**　　女工、农妇及职业妇女要顾到工作便顾不得小孩,顾到小孩便顾不到工作!其实她们是必得双方兼顾,不顾工作便没有饭吃,小孩是自己的亲血肉,那能不顾。于是他们为着两样都舍不下的工作和小孩,是一面牺牲了自己,又一面使小孩吃了许多苦。唯一的办法是多设工厂托儿所、农村托儿所和一般的托儿所。

（八）**建立儿童工学团**　　流浪儿、低能儿、聋盲儿、社会问题儿童等特殊儿童,一概用工学团方式培养,不冠以流浪儿教养院或低能儿训练所一类违反心理之名称。每种使小孩就其性之所近,依"工以养生,学以明生,团以保生"之原则,把他们培养成自助长进有用之人。

（九）**培养合理之教师父母**　　儿童痛苦之完全消灭及儿童福利之完全实现,是有待于天下为公。在这过渡时代与儿童幸福痛苦息息相关的,是父母与教师（包括艺徒之师傅）。我们要培养新父母和新教师,以培养更有福的后一代。旧父母和旧教师,凭主观以责儿童之服从；新父母和新教师,客观的根据他们的需要、能力以宣导他们的欲望而启发他们的自觉的活动。新父母与新教师,要跟儿童学,教儿童启示自己如何把儿童教得更合理。这种对儿童有了解有办法的新父母、新教师不是从天上落下来,我们需要新的普通学校、新的师范学校和新的父母学校来培养后一代之新教师与新父母,这是过渡时代之儿童福利之泉源。

(十) **抢救战区儿童** 抢救难童,在武汉失守前后达到了最高峰。许多英勇青年投身抢救工作及保育事业,当我回国之初,到处所见的,几乎尽是救苦救难的观音大士。以后,随着团结之松懈,民主之退隐,战区难童就好像没有人管了。自湘桂战起〔1〕,全国儿童福利工作人员开代表大会于陪都,提出紧急动议,组织急救战区儿童联合委员会,加紧抢救工作,这是值得庆幸的好消息。当千千万万难童伸出手来等待援助的时候,在陪都是举行着中国儿童福利协会之成立大会。我希望以后协会的任务是抢救抢教双管齐下,才对得起后一代之期望与整个民族之付托。我曾经听过两种被救的难童的经验谈:一种是官僚化的抢救,领队者刚愎自用,剥削难童,先难童之乐而乐,后难童之忧而忧,弄成乌合之众,害得许多小孩死于饿,死于冻,死于病,死于非命!一种是民主式的抢救,领队者虚心听取民意,与难童共休戚,共甘苦,有组织,有计划,有纪律,分工合作,一路学习玩耍奋斗而来,使得大家有远征之乐,没有逃难之苦。为难童服务的人们,是应当革除官僚的习气而采取民主的精神。

两种心理有害儿童

我们对于儿童有两种极端的心理,都于儿童有害。一是忽视;二是期望太切。忽视则任其像茅草样自生自灭,期望太切不免揠苗助长,反而促其夭折。所以合理的教导是解除儿童痛苦增进儿童幸福之正确路线。我们必须沿这路线进行,才能使儿童脱离苦海进入乐园。

《时事新报》(1944年12月16日)

注释

〔1〕湘桂战起。指豫湘桂战争的第二个战役。1944年,日军为扭转败局,

急于打通从中国东北直到越南的交通线,发动了进攻国民党战场豫湘桂地区的战争,称为豫湘桂战争。4月18日,日军进攻河南,至5月底占领河南,为第一个战役,即河南战役。5月27日,日军继而对湘北发动进攻,至11月24日占领南宁,为第二个战役,即湘桂战役。豫湘桂战争是抗战以来国民党战场的第二次大溃败。

创造的社会教育论纲[*]

1. 社会教育以社会为大学。
2. 社会大学以全社会人为先生、同学、学生。
3. 社会大学之道在明大德,在亲民众,在止于大众之幸福。
4. 社会大学有群众,并为群众所有。
5. 一般民众教育,没有民众,也不为民众所有。一般平民教育,没有平民,也不为平民所有。
6. 创造的社会教育,是社会所有,社会所办,社会所需的教育。
7. 下下人有上上智。
8. 每一个人都有或多或少之创造力。
9. 最初发现"北京人"的是工人,最初发现山下"黑石头"的是工人。
10. 社会教育要开发人矿、开发人之创造力。
11. 创造的社会教育的特点:
(甲)承认民众有力量,且有创造力。
(乙)解放民众的创造力。
(丙)怎样解放?

---

* 本篇选自《行知备忘》笔记本。写作时间为1945年1月27日。整理抄录者为陆静山。今题为编者所拟。

（子）解放他们的头脑；⎫
（丑）解放他们的口；　　⎬ 民
（寅）解放他们的眼睛；　⎪ 主
（卯）解放他们的空间；　⎭
（辰）解放他们的时间。

（丁）跟民众学。和民众站在一条战线。改造民众，改造自己，改造世界。

（戊）穷办法：

　　（子）招牌当课本；
　　（丑）树枝当笔；
　　（寅）脉搏当马表；
　　（卯）日光当做灯；
　　（辰）此地风光，民众形式，服务至乐。

（己）舘—馆：文化餐馆。

（庚）幸福：

福—和平，安全，乐业，自由，兼相爱，学习机会平等。

禄—吃得饱，穿得暖。

寿—健康，长寿。

喜—娶媳妇，生儿子，生孙子。

（辛）社会教育改革：

封锁→四通八达。

衙门（馆）→大事。

单思病→交流，彼此教育。

干醃菜→精华。

优越→平等。

腰斩→全体。

杀脑壳→全体。

短命→活到老，学到老。

尾巴→领头。

新民→亲民。

官办→民办。

（壬）下凡—亲民：

教育下凡；
艺术下凡；
科学下凡； ⎫文化下凡。
哲学下凡；

下凡四部曲：

同时 ⎧（1）加入老百姓的队伍；
（2）跟老百姓学，改造自己；
（3）产生老百姓需要之教育，改造老百姓；
（4）引导老百姓自己办教育，共同创造。

下凡—不是下乡，也要进城住。

（癸）创造的民主，民主的创造。

（天）解放头脑：

内面解放：死生有命；富贵在天；迷信；成见；幻想；优越—自卑。

外面解放：麻醉—养料；假—真；裹头布—还原。

（地）教材：

枯燥→有味；琐碎→大体；

单调→多样；贫乏→丰富。

（玄）方法：

主观→启发；填鸭→自动；

一粒一粒→整口；教授→自学。

释名：

（甲）创造＝改造，翻造。

（乙）社会＝课堂。

(丙)教育＝大清帝国＝中华民国＝社会教育。

(丁)化＝同化。本着老百姓的需要：

各教所知；各学所好；

各尽所能；与老百姓共同创造。

(戊)创造的社会教育：

创造：改造、翻造。

社会：乡村，世界。

教育：政府，教人，治人。

以人教人，教成好学的人。

以人化人，化成好学的人。

学做什么人？中华民国的主人，

小主人！

原件存南京晓庄师范

实施民主教育的提纲*

今天只是提出一些问题作为日后讨论的提纲，希望大家予以修正补充和指教。

一、旧民主与新民主

旧民主，是少数资产阶级作主，为少数人服务。新民主，是人民大众作主，为人民大众服务。

二、创造的民主与庸俗的民主

庸俗的民主是形式主义、平均主义，只是在形式上做到如投票等等。创造的民主是动员全体的创造力，使每个人的创造力得到均等的机会、充分的发挥，并且发挥到最高峰，所以创造的民主必然与我以前所讲的民主的创造有关联。民主的创造，是要使多数人的创造力能够发挥。在专制时代，少数人也能创造，但多数人的创造的天才被埋没，或因穷困忙碌而不能发挥，即使发挥也会受千磨万折，受到极大的阻碍。民主的创造为大多数人的创造，承认每一个人都得到创造的机会，这是与专制的创造不同的地方。

三、民主运用到教育方面来

民主运用到教育方面，有双重意义：第一，民主的教育是民有、民治、民享的教育。"民有"的意义，是教育属于老百姓自己

---

* 本篇系陶行知的讲演记录稿，由徽林、元直记录整理。在《战时教育》上发表时，在第一个标题《旧民主与新民主》下面，只有"遵检"二字，而无正文。本篇该处文字以方与严在1949年所编《陶行知教育论文选辑》中同一文章补入。

的。"民治"的意义，是教育由老百姓自己办的。例如从前山海工学团时代，宜兴有一个西桥工学团，是老百姓自己办的，农民自己的孩子把附近几个村子的教育办起来，校董是老百姓，校长也是老百姓。又如晓庄学校封闭后，晓庄学生不能回晓庄办教育，而老百姓又不要私塾，所以小孩子自己办了一个佘儿岗自动小学。又如陕北方面提倡的民办教育，也都是这意思。"民享"的意义，是教育为老百姓的需要而办的，并非如统治者为了使老百姓能看布告，便于管理，就使老百姓认识几个字。由此可见，有了民有、民治、民享的政治，才有民有、民治、民享的教育。

第二，民主的教育必须办到各尽所能，各学所需，各教所知。各尽所能，就是使老百姓的能力都能发挥。各学所需，因为经济条件没有具备，所以办不到。但各教所知是可以做到的。在民主政治下，特别是中国有许多人民没有受教育，要需要多少教员才能把各地教育办起来？如一人能教四十人，二百万教师才能教八千万小孩。这些教师是师范所不能训练出来的，所以还必须每人各教所知。各尽所能，各学所需，各教所知三点都办到了，民有、民治、民享的教育也就成功了。

四、教育的对象或教育的目的

"文化为公"、"教育为公"是教育的目的，但又不妨因材施教。国民教育与人才教育略有不同。国民教育是人人应当免费受教育；但如有特殊才能的，也应加以特殊的教育，使其才能能充分发挥，这就是人才教育。但人才教育并不是教他们升官发财，而是要他们将学得的东西贡献给大众，所以这也是"文化为公"。

男女也应有平等受教育的机会。目前有些地方，例如南充男女界限分得很严，男女学生不能互相说话，这种地方，女子教育一定不发达。

无论贫富，也应该有均等受教育的机会。前次社会组在草街乡调查失学儿童，占学龄的儿童百分之七十四。能来中心小学读书的儿童,大多是小地主的孩子,佃农恐怕很少。民主教育要使穷人也有受教育的机会。

无论老少,也应该受教育。生活教育很早就提出活到老,学到老。最近听说西北也是如此。生活教育运动中最老的学生为八十三岁之王老太太。她说:"我也快进棺材了,还读什么书?"但经她的孙儿、曾孙的鼓舞,她的热情也烧炽起来了。因为她的缘故,她的媳妇也得读书了。

还有资格的问题:现在是有资格就能上进,没有资格就该赶出大门外。但民主教育是只问能力,不问资格的。本来资格是有能力的证明,既有直接的证明,又何须资格。只要证明是有能力的就可上进。

民族教育现在也成了一个问题。过去把少数民族取名为边民,不承认他们为民族。我们对于侗族、苗族等小民族的教育,强迫他们学汉文,还要用汉人教师去教他们。但民主教育是让他们学习他们自己的文字,没有文字的,就帮助他们制造文字,让他们自己办学校训练各民族的人才来教育他们自己的人民。过去蒙古人受教育时,是雇人来上课的。这种教育又有什么用?

还有一点,无论什么阶级,都要有受教育的机会。受教育的机会被剥夺最多的是农工及子弟。农工阶级忙碌一天,还陷入吃不饱饿不死的状态,当然再谈不到受教育。民主教育是要力求农工劳苦阶级有机会受教育。

总结起来,"教育为公"就是机会均等:入学时求学的机会均等,长进的机会均等,离校时复学的机会均等,失学时补习机会均等,而且老百姓有办学管教育的机会。

五、民主教育的方法

民主的教育方法,要使学生自动,而且要启发学生使能自觉,要客观,要科学,不限于一种,要多种多样,因材施教,要生活与教育联系起来。并且在中国要会用穷办法,没钱买教科书,用尽种种办法来找代用品，招牌可以作课本，树枝可以作笔，桌面可以当纸张。八路军行军时，带着一套文化工具，即是一支木笔，行军停下来时，就在地面上画字认字。新民主主义既是农工领导，就必须用穷办法使老百姓受教育。单是草街子如每人买一支铅笔，就要化去四十万元，因此只有不用铅笔另想穷办法，想出穷办法，才能做到教育为公。

另外还有一个办法，学生不能来上课的可以去上课，"来者不拒，不能来者送上门去"，看牛的送到牛背上去，这样"教育为公"才有办法。最后，我们必须重提要着重创造。让学生自动的时候，不是让他们乱动，而是要他们走上创造之路，手脑并用，劳力上劳心。这需要六大解放：（一）解放眼睛——不要带上封建的有色眼镜，使眼睛能看事实；（二）解放双手；（三）解放头脑——使头脑从迷信成见命定、法西斯细菌中解放出来；（四）解放嘴——儿童应当有言论自由，有话直接和先生说，并且高兴心甘情愿和先生说。首先让先生知道儿童们一切的痛苦；（五）解放空间——不要把学生关在笼中，在民主教育中的学校应当大得多，要把大自然大社会作他们的世界。空间放大了，才能各学所需；扩大了空间，才能各教所知；扩大了空间，才能各尽所能；（六）解放时间——不是以此标榜，然而并未完全做到。师生工友都应当有一点空闲的时间，可以从容消化所学，从容思考所学，并且干较有意义的工作。

六、民主的教师

民主的教师，必须要有：（一）虚心；（二）宽容；（三）与学生共甘苦；（四）跟民众学习；（五）跟小孩子学习——这听来是很奇怪的，其实先生必须跟小孩子共甘苦，并不是说完全跟小孩子学，而是说只有跟小孩子学，才能完成做民主教师的资格，否则即是专制教师。现在民主国家的领袖，都是跟老百姓学，否则即成专制魔王；（六）消极方面：肃清形式、先生架子、师生的严格界限。

七、民主教育的教材

民主教育的教材应从丰富中求精华，教科书以外求课外的东西，并且要从学校以外到大自然、大社会中求得活的教材。

八、民主教育的课程

（一）内容。现在人民所以大部分在贫穷中过生活，因为贫富不均，所以了解社会是很重要的。另外科学不发达，不能造富，所以应该有科学的生产，科学的劳动。抗战如不能胜利，整个中国就完了！因此教育要拿出一切力量来争取胜利，要启发民众，用一切力量来为抗战为反攻而努力。

（二）课程组织。组织应敷成多轨，即普及与提高并重，使老百姓都能受教育，并且有特殊才干也能发挥。

（三）课程要有系统，但也要有弹性，要在课程上争取时间的解放。

九、民主教育的学制

民主教育的学制，包含三原则：单轨出发。学制在世界上各国分成几种，如德国的学制是双轨制，穷苦的人民受国民教育，再受职业教育。有钱的人，则由中学而直升大学。民主教育开始是单轨，不分贫富以单轨出发，以后依才能分成多轨，各人所走路线虽不同，但都将力量贡献给抗战，贡献给国家，这叫多轨同归。并且还要换轨便利，让他们在才干改变时有调换轨道的便利。

旧时的学校，学生忙于赶考。赶考是缩小学生时间的一原因，并且使学生没有时间思考。民主教育也是要考的，但不要赶考，而是考成。也不鼓励个人的等第，只注意集团的成绩。而成绩也不以分数定高下。

民主也不是绝对的自由。民主有民主的纪律，与专制纪律不同。专制纪律是盲从。民主纪律是自觉的集体的，不但要人服从纪律，还要人懂得为什么。

此外应当广泛的设立托儿所，农村的、工厂的、公务员的，可以将妇女从家庭中解放出来。在大学，要做到下列几点：（一）入学考试不应过分着重文凭，应增加同等学力的录取比例；（二）研究学术自由，读书自由，讨论自由；（三）增设补习大学及夜大学。这应该跟日本学，在日本夜大学很多。我们要帮助工厂里的技术工人，合作农场中的技术农人，得到受大学教育的机会。至于留学政策，凡是在中国可以学到的应在中国学，请外国教授来中国教。如设备不可能在中国设置的学科，才能派大学毕业有研究能力的研究生出外留学。

十、民主教育的行政

（一）鼓励人民办学校，当然人民自己所办的，并不能像美国私立学校那样宣传某种宗教的偏见，而是为民主服务。

（二）鼓励学生自己管自己的事。

（三）肃清官僚气的查案，以及摆资格的作风。视察员及督学有三个作用：（1）鼓励老百姓办学；（2）考察学校是否合乎民主道理；（3）不是去查案，而是积极指导学校如何办得好。老百姓的学校，大概粗糙简陋，所以视学员到时，不是带来恐怖，而是带来春风。

民主的校长，也有四种任务：（1）培养在职的教师，教师是从各处来的，校长应负有责任使教师进步；（2）通过教员使学生进步并且有丰富的进步；（3）在学校中提拔为老百姓服务的人，如小先生之类；（4）应当将校门打开，运用社会的力量，使学校进步，动员学校的力量，帮助社会进步。他应当有社会即学校的观点，整个社会是学校，学校不过是一课堂，这样才能尽校长的责任。并且对于大的社会，才能有民主的贡献。而学校本身就可以成为民主的温床，培养出人才的幼苗。

十一、民主的民众教育

有人民的地方，就是民主教育到的地方。家庭、店铺、茶馆、轮船码头，都是课堂。甚至防空洞中，也可以进行教育。博物馆、电影馆、图书馆，都是进行有系统的教育地方。应当请专家讲演，深入浅出。没有专家的地方，也应有好的办法，使老百姓无师自通。

十二、民主教育的文字

要老百姓认二千个字，好比要他们画二千幅画。有人说汉字太难，应当打倒；有人主张，不用拉丁化，而用注音字母。我主张汉字、新文字、注音字母三管齐下。（一）认得汉字的人，照估计有八千万人，假使最低估计有五百万人可能教汉字，这是一股很大的力量，我们不但不用推倒他，而要运用他。（二）运用新文字教老百姓，我们在上海试过，教起来非常方便。一个月就可以使老百姓看懂信件，学过英文的人，三个钟头就可以学会。（三）醉心注音字母也好，就用注音字母来帮助老百姓。我希望文字也像政党似的来一个民主联合，汉字好比是板车木车，注音字母好比是汽车，新文字好比是飞机。各种文字的提倡人联合起来，做到多样的统一。

《战时教育》第 9 卷第 2 期（1945 年 5 月）

全民教育*

（为四万万中国人民提倡民主教育的初步计划）

一 计划名称 为四万万五千万中国人民提倡民主教育的初步计划。

二 主持单位 生活教育社及育才学校。

三 指导原则

1. 民主第一。过民主生活以学民主。需要根据民主思想从根本上重建学校及学制，使民有、民治、民享的教育在中国蓬勃发展。民主不仅是治疗中国疾病的盘尼西林，而且也是输血，使中国人民有新的活力去创造一个较好的社会。

2. 全民教育。不论宗教信仰、种族、财富及所属阶级有何不同，男孩与女孩机会均等，男子与女子机会均等，成人与儿童机会均等。

3. 全面教育。心、脑、手并用。学政治、学经济、学文化相结合。健康、科学、劳动、艺术及民主将构成和谐的生活。

4. 终生教育。培养求知欲。学习为生活，生活为学习。只要活着就要学习。一旦养成学习习惯，个人就能终生进步不断。

5. 婴孩期就必须奠定民主教育的基础。或许，目前处理这问题最好、最经济的办法是通过教父母兄弟姐妹，尤其是通过教母亲、姐妹及女仆来教婴儿。

6. 认识到中国还是个农业国，必定很穷。我们必须以最低廉的

---

* 本篇系英文论著。由陈宏薇译，李定坤校。

价格,给民众提供有益的文化粮食。利用写字课,让12,000,000名普通小学生在写字课上抄大众读本。一个月以后,就有12,000,000本书供民众使用了。上课最好安排在白天,以节省灯油。筷子蘸水就可以在桌上练习写字。课本没有准备好,马路上的招牌也可以用来作教材。教育费用高昂就意味着没有教育或是只为极少数人的教育。

7. 社会即学校。动员社会上现有的一切可能动员的力量、学校及个人尽力为民众服务。庙宇、茶馆、监狱、兵营、商店、工厂、残废士兵医院、普通学校不上课时空出的教室,都应给识字小组及训练中心使用。八千万受过一段时间再教育的识字成人可作为教师,帮助家人及邻居进步。

8. 培养责任感、荣誉感及发自内心的与他人分享知识的迫切愿望。懂得真理的人有传递真理的责任和特权。学会一个字的人就够资格教那个字,也有责任教那个字。有了与他人分享知识的欲望,才会认为这样做是一种乐趣。

9. 根据与同胞分享真理的原则,我们开展了小先生运动,把它作为免费教育的先锋。大约23年前,第一位小先生进入我们的意识。从那以来,小先生已逐渐具备一些优点,这些优点对在像中国这样的国家普及教育,是必不可少的。

　　a. 小先生制是解决女子教育难之最有效的办法。

　　b. 从师儿童的成人,必然获得新生,变得像儿童一样,并且,还受到青年精神的感染。

　　c. 小先生手中的知识,不再是买卖的商品,而是免费赠送给全民的礼物。

　　d. 通过教学,小先生对所学课目了解得更清楚、更透彻,还从他们的教育对象身上学到很多重要东西。

　　e. 招生的性质改变了。来者不拒,不能来者能通过免费送教育上门的办法受到教育。

f. 学校本身也起了变化，扩大了许多倍。社会变成学校；所谓的"学校"变成一间教室，更确切地说，变成发电室，通过小先生输送光、热和力；小先生就像通电的电线一样，把学校与社会的千家万户联结起来。这样，所有的社会成员便都能享受发电室发出的光、热和力了。然后，转过来小先生又从各家各户的小发电机上带来一切，增加中心发电室的功率，使之能将更多的光、热和力送给民众。

g. 乡村学校中孤独的教师也变了。他不再孤零零地教书、生活、做饭，孤零零地奋斗了。他一下子就成了 50 个或 100 个小同志的队长。这些小同志也不再是些小书呆子，而是活跃的小先生、小工人、小战士，而首要的是，他们是中国民主的小建设者。

10. 分享真理的原则不仅产生了小先生，而且产生了传递教师。我所见到的最能干的民众教师，来自广大人民群众，来自农民、工人、工匠及商店学徒。他们一学了那么几课书，就开始不拘形式地帮助别人。换句话说，他们就成了传递教师。在这一阶段，他们最热情，其中能干的人可以成为民众最好的传递教师。

11. 重点放在农民及收复地区民众的教育上。

12. 鼓励民众边学习、边工作。决不要为一张学校毕业文凭而扔掉饭碗。

13. 无论何时何地，只要有必要，有可能，就使用罗马化文字或拉丁化文字。

14. 最充分地利用广播、电影、飞机、铁路、轮船，把"民主教育"的思想、人员及物质输送到我国最边远的角落，以便使我国最落后的地方也能尽早实现民主。

15. 鼓励人民的创造精神，资助地方试验。

16. 从群众中发现和挑选天才，把他们推荐到育才学校或其他合适的学校受特殊的、高级的训练。

17. 本计划仅限于研究、试验、训练、出版、示范、提倡及推动等活动，并向政府及其他机构提出建议，供他们参考并在全国范围内采用。

18. 与其他国家交流教育民主化进行的情况和经验。

四 实现的可能性

十二年前由于贯彻了上述原则，上海工学团半年之内，不花政府一分钱，在 25 个村庄普及了免费教育。生活教育社领导的这场运动，在九个月内，就在 23 省铺开，并继续在发展，直到思想控制介入为止。从那时起，随着民主的倒退，该运动的声势也减弱了。当然，17 个解放区除外。在 17 个解放区，小先生制蓬勃发展，方兴未艾。小先生队伍正在扩大，为在那儿居住的 1 亿民众服务。最近，随着民主潮流的再现，一所学校，仅育才一所学校，就为附近 4,500 名成人和儿童提供了受教育的机会。如果 113 所大学、2,278 所中学、218,758 所小学及 79,550 个属教育部管的社会教育组织，贯彻同样的原则，以同样的比例，做同样的事情，那它们合起来，就可以使 350,000,000 人继续学习和进步。当然，学校分布不平衡会使人数打个大折扣。但在民主的鼓舞下，有政府的支持，有现成的读本和材料，有自愿提倡教育、竞相办教育等活动在全国的蓬勃开展，几乎不容置疑，300,699 个用小先生和传递教师武装起来的学校，一年以后可以影响 100,000,000 人；再加上受过再教育的 8,000 万有文化的成人的帮助，四年就可以完成全部任务了；即使把所有意外的障碍都估计在内，至多也只要十年他们可以完全成功。一旦养成学习的习惯及与他人分享教育的习惯，他们就会自己向前进，就会保证不断地朝着民主的方向进步。

五 发动运动第一年的预算（1945 年 10 月 1 日至 1946 年 9 月 30 日）

1. 研究所　　　　　　　　　　　　　　　　　　140,000 元

根据民主的精神，研究下述问题、存在的困难及解决的方法

a. 农民教育

b. 工人教育
c. 店主及学徒的教育
d. 残废士兵的教育
e. 女子教育
f. 适应蒙古生活的教育
g. 适应西藏生活的教育
h. 适应苗族生活的教育
i. 适应东土耳其斯坦生活[1]的教育
j. 异常儿童教育
k. 囚犯教育
l. 健康教育
m. 科学教育
n. 手工、农艺、工艺等教育
o. 戏剧作为民众教育的手段
p. 音乐作为民众教育的手段
q. 绘画作为民众教育的手段
r. 进一步研究小先生制
s. 现存教育制度的重建及军队教育
t. 有知识的人及领导人的再教育

研究教授40人	每人1,000元	共	40,000元
研究助手80人	每人500元	共	40,000元
交通费			10,000元
图书馆			20,000元
房　屋			10,000元
设　备			10,000元
信件与电报			2,000元
杂　费			2,000元
总　计			140,000元

2. 行政费用

所长秘书处	60,000 元
秘书　20 人　　每人 500 元　　　共	10,000 元
各所所长 30 人　　每人 1,000 元　　共	30,000 元
交通费	5,000 元
房　　屋	1,000 元
设　　备	12,000 元
信件与电报	1,000 元
杂　　费	1,000 元
总　　计	60,000 元

3. 收复地区及普通地区之十个战略中心

的教育骨干及示范人员训练学校	600,000 元
教授 100 人　　每人 1,000 元　　共	100,000 元

教育骨干及示范人员 25,000 人接受
1—3 个月训练

a. 部分交通费资助	150,000 元
b. 部分伙食资助	150,000 元
c. 10 幢房屋	10,000 元
d. 学校设备 10 套；广播，电影、戏剧、音乐及医疗全套器材 100 套	150,000 元
e. 25,000 人的印刷材料	30,000 元
f. 杂费	10,000 元
总　　计	600,000 元

4. 100 个示范中心：收复地区及普遍地区

共 100 个	100,000 元
主管人 100 名　每人 500 元　共	50,000 元
助　手 100 人　每人 400 元　共	40,000 元

　印刷所为 1,000,000 人免费提供

阅读材料

  训练中心免费补充的示范全部用品

 杂费   10,000元

  总计   100,000元

5. 资助5000个地方组织

  想对人民实施民主教育的地方学校或组织，可以申请书籍、出版物、技术训练及示范，只要地方部门同意根据申请单位的经济情况承担部分费用（从$\frac{1}{10}$到$\frac{1}{2}$）。

  若所要书籍和出版物多于5,000,000套而又不超过9,000,000套，印刷所将免收超出预算的费用。

  训练中心将给技术训练和示范提供部分粮食及交通补助，及所需之附加费用。

  6. 要有一个编辑委员会及一个印刷所，它们能够不断供应10,000,000人的文化粮食，以后人数增多了，也要能供应得上。第一年，我们希望出4册大众读本，印数10,000,000册。人民图书馆的第一层书架上有100本一套的书，每10人的识字小组要一套，我们就需要1,000,000套，总共100,000,000本书；其次，才是供10所训练学校、100个示范中心的25,000人使用的专题研究文章、期刊及各种材料；供1,000,000个小先生用的指导书籍；最后才是供1,000,000个识字小组使用的周刊，每组一份。

               1,100,000元

 行政费用   20,000元

 编辑20人　每人700元   共 14,000元

 印刷工人12人，每人700元   共 14,000元

 印刷机及全套设备   46,000元

 墨水   6,000元

 纸   1,000,000元

总计	1,100,000元
总计数	2,000,000元

六　财政运动

我们计划从国内的朋友中募集相当于1,000,000元的资金,从对中国的进步感兴趣的盟友中募集相当于1,000,000元的资金。"中国运动"9月18日就开始了。我们希望引起100,000位中国朋友的兴趣,这些朋友的募捐能与盟友的捐赠相称。

七　预期的结果

如果条件有利,募集到2,000,000元,我们便能在第一年,对600万到1,000万人进行民主文化的基本教育,把他们都变成"钓鱼人",这些人将把人民这一群大鱼都引上民主之钩。这样做,将大大推动和刺激第二年及其后每一年的运动。十年内,既有个人学习的欲望,又爱好集体分享知识的四万万五千万中国人,将成为中国和世界民主不可摧毁的栋梁,不可战胜的保卫者。这并不是奢望,而是完全可以实现的。

生活教育自刊 Education For All（1945年9月18日）

注释

〔1〕东土耳其斯坦　即中国新疆,通称"天山南路"。

民主教育

民主教育是教人做主人，做自己的主人，做国家的主人，做世界的主人。把林肯总统的话引伸到教育方面来说：民主教育是民有、民治、民享之教育。说得通俗些：民主教育是人民的教育，人民办的教育，为人民自己的幸福而办的教育。现在把这样教育的内容和方法，扼要的提出几点，供给从事举办民主教育的朋友参考。

（一）教育为公以达到天下为公。全民教育以实现全民政治。积极方面，我们要求教育机会均等。对人说，无论男、女、老、少、贫、富、阶级、信仰；以地方说，无论远近城乡都应有同等机会享受教育之权利。消极方面，我们反对党化教育，反对党有党办党享的教育，因为党化教育是把国家的公器变做一党一派的工具。

（二）教人民肃清法西斯细菌，以实现真正的民主。

（三）启发觉悟性。教人民进行自觉的学习，遵守自觉的纪律，从事自觉的工作与奋斗。

（四）培养创造力，以实现创造的民主和民主的创造。解放眼睛，敲碎有色眼镜，教大家看事实。解放头脑，撕掉精神的裹头布，使大家想得通。解放双手，剪去指甲，摔掉无形的手套，使大家可以执行头脑的命令，动手向前开辟。解放嘴，使大家可以享受言论自由，摆龙门阵，谈天、谈心、谈出真理来。解放空间，把人民与小孩从文化鸟笼里解放出来，飞进大自然大社会去寻觅丰富的食粮。解放时间，把人民与小孩从劳碌中解放出来，使大家有点空闲，想想问题，谈谈国事，看看书。干点于老百姓有益的事，还要有空玩玩，才算是有点做人的味道。有了这六大解放，创造力才可以尽量发挥出来。

（五）各尽所能，各学所需，各教所知，使大家各得其所。

（六）在民主的生活中学习民主。在争取民主的生活中学习争取民主。在创造民主的新中国的生活中学习创造民主的新中国。

（七）尽量采用简笔汉字、拉丁字母，双管齐下，以减少识字困难，使人民特别是边民易于接受教育。

（八）充分运用无线电及其他近代交通工具，以缩短距离，使边远地方之人民小孩，可以加速的享受教育。

（九）民主教育应该是整个生活的教育。他应该要工以养生，学以明生，团以保生。他应该是健康、科学、艺术、劳动与民主织成之和谐的生活，即和谐的教育。

（十）承认中国是从农业文明开始渡到工业文明，经济是极端贫穷。我们必须发现穷办法，看重穷办法，运用穷办法，以办成丰富的教育。开始的时候，唯独这样办才能使绝大多数之劳苦大众及其小孩得以享受教育；否则只有少数少爷小姐享受教育，不能算是真正的民主教育。

《民主教育》第1期（1945年11月1日）

民主教育之普及

民主教育一方面是教人争取民主,一方面是教人发展民主。在反民主的时代或是民主不够的时代,民主教育的任务是教人争取民主;到了政治走上民主之路,民主教育的任务是配合整个国家之创造计划,教人依着民主的原则,发挥各人及集体的创造力,以为全民造幸福。

无论是争取民主或是发展民主,都要靠广大人民的群策群力才会成功。这广大人民在数量上是愈广大愈有力量,在认识上是认识得愈深刻愈有力量。因此民主教育需要普及。我们所要普及的是救命的民主教育,要全国老百姓无论男女、老少、贫富都能很快的得到救命的民主教育。

但是中国现在还是一个农业国,大家靠着一双手和锄头、斧头生产,所以生活是穷苦得很。尤其是经过一百年的帝国主义侵略,三十多年的内战和八年的抗战弄得万分穷苦。我们要在穷社会里找出穷办法来,教一切穷人都得到教育,得到丰富的教育,得到民主的教育,才算是达到了我们普及教育的目的。

大概是六年前,我在成渝公路上的来凤驿住了一晚。吃晚饭的时候,有一群苦孩子来到面前讨饭,我们就把吃不完的饭菜统统给了他们。他们高兴地吃完之后,还是站在门口玩耍闲谈。我乘这个机会,点着他们好学的火焰。我问:"你们如果愿意读书,我很愿意帮你们的忙。""愿意,我们没有书。"我指着对门一块招牌"中华餐馆"说:"这就是书。"又指着另一块招牌"民国饭店"说:"那也是书。"我便引导他们开始读书:

"中华餐馆，民国饭店；

中华民国，中华国民；

中国，国民；

（我是）中华国民，（我爱）中华民国。"

读完，我看见一个标语："有力出力，有钱出钱。"于是又开始引导他们读第二课。

"有力出力，有钱出钱。"

"有力出力（又）出钱，有钱（不）出钱（又）（不）出力。"

读完了，我问："要不要学写字?"一个小孩子说："没有笔。"我拿出我的右手的第二个指头说："这就是笔。"又一个小孩子说："没有纸。"我拿出左手的手掌说："这就是纸。"于是我就教大家学写字。对着招牌和标语学写，写了四五次，我又叫他们围在一张八仙桌的周围，看我在桌上写字，然后让他们自己在桌上学写。每人都用指头，沾点清水在桌上写，读的字都会写了。后来，我想把这工作继续下去，就教他们组织起来，推举了一个聪明而能干的小孩做队长，带领着别的小孩每天在街上学习，并公请我住的旅馆老板做先生，这组织与推举也可算是一点民主教育。这办法算是顶穷的办法了。但是来凤驿的十几位苦孩子便因此而受了民主教育的洗礼，并因此而立下继续求学的原始组织。只要知识分子念头一转，肯帮助人好学，不须花费一个钱，便可以帮助老百姓识字，受到民主的教育。如果全国八千万识字的人都肯这样做，都肯即知即传，而且跟他们学的人也即知即传，那四万万五千万人的普及民主教育不是有了办法吗？因此动员这八千万识字的人来进行普及民主教育是一件顶大的事，也是一件可能做到的事。教人，好学，都是传染的，等到大家都传染了教人、好学的习惯，便教人、好学成了瘾，整个中华民族便成了一个教人、好学的民族，万万年的进步是得到了保证。古人云：学然后知不足。一个人感到不足，他便要向高处追，向深处追，是不会有止境了。因此民主教育不但可能做到全面普及,并且可能做到立体的普及。

《民主教育》第 2 期（1945 年 12 月 1 日）

社会大学运动

社会大学有两种：一是有形的社会大学；二是无形的社会大学。社会大学运动是要把有形的社会大学普及出去，并且要给无形的社会大学一个正式的承认，使每一个人都承认这无形的社会大学之存在，随时随地随事进行学习。

无形的社会大学，是只有社会而没有"大学"之名。它是以青天为顶，大地为底，二十八宿为围墙，人类都是同学，依"会的教人，不会的跟人学"之原则说来，人类都是先生，而且都是学生。新世界之创造，是我们的主要的功课。无形的社会大学，虽无社会大学之名，实实在在它是一个最伟大的大学，最自由的大学，最合乎穷人需要的大学。我们穷人一无所有，有则只有这样一个社会大学。这无形的社会大学既然是我们的，我们就应该承认它，认识它，把它当作我们自己的宝贝，运用它来教育我们自己，使自己和同伴近邻养成好学的习惯，活到老，学到老，进步到老。把这个意思打进每一个人的心里，是社会大学运动的第一个任务。

当黄齐生先生参加中华职业教育社的一个会议的时候，他在名单上是列为第一名。有些青年干部不服气质问主席说，黄先生是那个大学毕业的？江问渔先生回答："黄先生是社会大学毕业生。"大家才没有话说。江先生所说的社会大学，便是我所指的无形的社会大学。黄齐生先生既因这无形的社会大学而有所成就，让我们大家都紧紧的把握着这个大学来进行学问，追求真理，以为老百姓服务。

有形的社会大学是夜大学、早晨大学、函授大学、新闻大学、旅行大学、电播大学。

重庆开办的社会大学,是夜大学,纯粹由职业青年自动创办的。有些地方的职业青年,早晨要到九点钟才上工。早晨可以进行二三小时的学习,便可以开办早晨大学,以应这种青年之需要。

可能进夜大学、早晨大学的青年,依我估计中国足足有四百万人。每年高中毕业生有十一万人,能考取正式大学者只有一万多人,那末每年就是九万多人不得其门而入。人生从十六岁到四十岁,至少应该努力学习。这样算来便有二百十六万人,除去死亡害病十六万,应有二百万高中毕业生,要求社会大学予以进修的机会。

此外还有大学一年级、二年级、三年级删下来,而不得不找工作养活自己的青年。还有受过大学四年级教育的人,而觉得时代已经变动需要再学习。还有大群的自学青年,倘使得到社会大学的便利,进步可能更为迅速。只要能听讲而又能记笔记,便有入学资格。这样估计起来,至少再加二百万人,因此,我估计中国全国有四百万职业青年需要社会大学帮助他们进修。我们应该在全国展开社会大学运动,在各大都市建立夜大学、早晨大学,来应济这广大的需要。正统大学能附设夜大学、早晨大学固然可以,但是单独设立尤有必要。它可以由职业青年、进步学者或热心社会人士分头或合力发起组织。一切要简而易行,不要让自己的幻想、野心把办法弄得太困难,而阻碍了发展与普及。普及与发展夜大学、早晨大学,是社会大学运动的第二个任务。

至于函授大学、电播大学,是要集中的办。旅行大学,包括海陆空三方面。新闻大学,是以好报为中心,辅以好杂志,并助以经常的座谈会。把这几种事业有效的办起来,是社会大学运动的第三个任务。

社会大学,无论有形的无形的,要有一个共同的大学之道。孔子的大学之道是,在明明德,在新民,在止于至善。现在时代不同了，我们提议修改几个字，成为：

"大学之道：在明民德，在亲民，在止于人民之幸福。"

社会大学之道，首先要明白人民的大德。人民的大德有四：（一）是觉悟。人民要觉悟中华民国是一个大公司，个个国民都是老板：男的是男老板，女的是女老板，大的是大老板，小孩是小老板。（二）是联合。做老板要有力量，力量从联合而来。不联合没有力量，凶恶的伙计是不会理睬我们的！所以要联合，四万万五千万人要联合起来做老板才行。（三）是解放。有了力量便需进行解放。我们要联合起来在进行解放的斗争中增长我们的力量。我们要学习争取六大解放：（1）头脑解放；（2）双手解放；（3）眼睛解放；（4）嘴解放；（5）空间解放；（6）时间解放。（四）是创造。解放出来的力量要好好的用，用在创造上，创造新自己，创造新中国，创造新世界。

社会大学之道，要亲近老百姓。我们认为亲民的道理，比新民的道理来得切。我们要钻进老百姓的队伍里去和老百姓亲近，变成老百姓的亲人，并且要做到老百姓承认我们的确是他们的亲人。

社会大学之道，是要为人民造幸福。一切的学问，都要努力向着人民的幸福瞄准。所谓人民的幸福，用老百姓自己的话说便是福禄寿喜。照着人民所愿望的福禄寿喜四大幸福进行，我们的学习才于人民有益，才配称为社会大学。也只有社会大学与人民幸福打成一片，而后社会大学运动才为人人应该参加的富有意义的大运动。

三五、一、

《行知教育论文选辑》（1947年3月上海生活书店版）

领导者再教育

平常人对于教育有一种不够正确的了解，以为只有成人教育小孩，上司教育下属，老板教育徒弟，知识分子教育文盲。其实，反过来的教育的行动影响作用不但是可能而且是普遍习见的现象，不过很少的人承认它罢了；至于承认它而又能运用它来互相教育，使学问交流起来，以丰富彼此之经验，纠正彼此之看法，推动彼此之进步，那是更少了。但是一个民主的国家实在是要看重这种互相教育之现象并扩大学问交流的效果，加速度的走向共同创造之大道。

中国人受了二千年之专制政治之压迫，几乎每个人一当了权便会仗权凌人。好像受了婆婆压迫的媳妇，一旦自己做了婆婆便会更加压迫她的媳妇。在中国几乎每一个有权的人是一个独裁。有大权的是大独裁。有小权的是小独裁。自主席以至于保甲长都免不了有独裁的作风，就是我这个区区的校长也不是例外，常常不知不觉的独断独行，违反了民主的精神。一经别人提醒，才豁然大悟，在一个民主国家里面，做一个独裁校长是千不该，万不该的事情。但江山易改，本性难移，过不了多少时候，病又复发了。那只有再接再厉的多方想法以克服这与民主精神不相容的作风。

民主的时代已经来到。民主是一种新的生活方式。我们对于民主的生活还不习惯。但春天已来，我们必须脱去棉衣，穿上春装。我们必需在民主的新生活中学习民主。不但老百姓要学习民主，大大小小的领袖们都得学习民主。领袖们是已经毕过业了，还要学习吗？不错，还要学习，只有进了棺材才不要学习。他们虽然有些学问，但是他们从来没有学过民主，所以还要学习，还要学习民主。

他们虽然受过教育，但是没有受过民主教育，所以还要再受教育，再受民主教育，把受过不合民主的教育从生活中肃清掉。

这种再教育应该怎样进行呢？

第一，自己觉得需要再教育。自己觉得既往的习惯不足以应付民主的要求。自己承认在民主的社会里做领袖和在专制的社会里做领袖是有了根本之不同，那末在本人的生活上也必须起根本的变化才能适应客观之变化。从前白健生先生有一次和我闲谈"以不变应万变"的道理。我提议在不字下面加一横，意思是"以丕变应万变"，丕变即是大变，我们要在生活上起大的变化才能应付民主政治所起的大变化。民主政治所起的变化是很大的。例如承认个人之尊严，便不能随便侵犯别人的基本自由；采用协商批评之方法便须放弃"我即是"，"朕即真理"；要使人了解你，同时又要使你了解人，便须放弃"民可使由之，不可使知之"，又必须虚心下问，集思广益；实行共同创造，便须放弃少数人包办之倾向。我们若深刻的感觉到旧习惯不足以应付这种大变化，而又不愿被淘汰，那就一定觉得有再受教育之必要了。

第二，多方学习。自己既已感觉到有再受教育之必要，那就好办了。地位无论大小，只要对于民主的生活感觉到如饥似渴之需要，那不啻是走了一半的路程了。学习方法虽多，总靠自己虚心。随时随地愿听逆耳之言，和颜悦色地欢迎干部和别人的批评，有事先商量而后行都很重要。民主先贤的传记著作如林肯，哲斐孙[1]，汤佩恩的，都能给我们有力的指示。国外民主国之游历，国内民主政治比较进步的地方的参观都能帮助我们进步。但是最重要的是在"做"上学，在实行民主上，在发挥民主作风上，学习民主。

第三，我们最伟大的老师。我们最伟大的老师是老百姓。我们最要紧的是跟老百姓学习。我们要叫老百姓教导我们如何为他们服务。我们要钻进老百姓的队伍里去和老百姓共患难，彻底知道老百姓所要除的是什么痛苦，所要造的是什么幸福。

我前些日子写的一首小诗，可供领导人自我再教育之参考：

　　民之所好好之。

　　民之所恶恶之。

　　为人民领导者，

　　拜人民为老师。

领导者再教育之三部曲是：第一部跟老百姓学习；第二部教老百姓进步；第三部引导老百姓共同创造。也只有肯跟老百姓学习的人，才能做老百姓的真正领导者。

《民主》第 24 期（1946 年 2 月 22 日）

注释

〔1〕哲斐孙　通译杰弗逊（Thomas Jefferson，1743—1826），美国总统（1801—1809），独立战争时期为资产阶级民主派主要代表之一。

小学教师与民主运动

我这次到上海，在一个小宴会上，听了几句令人深思的话。我的朋友说：抗战八年来，五位教师之中，有一位逃难去了，一位做生意去了，一位变节了，一位死了，只剩了一位仍旧还在这里做教师，我们是多么寂寞啊！我说剩下的这一位，头上是裹着裹头布，嘴上是上了封条，肚子是饿凶了，被迫得只有干腌菜喂后一代。我们接着谈论胜利后的他们：逃难的难得回乡；做生意的倒胜利霉；变节的无法带〔戴〕罪立功；死者不可复生；站在岗位上的，头上的裹头布仍旧裹着，嘴上的封条仍旧封得很紧，肚子饿得更凶了，除了干腌菜，还没有别的精神粮食给学生吃。这谈话指示我们，如果我们要为民主奋斗，我们得加强自己，改变自己，武装自己，而且要为教育招兵，为民主募马。

首先我们自己需要再教育，再受民主教育。中华民国虽然成立了三十五年，我们只上了很少的民主功课。细算起来，民国初立的几个月，推翻袁世凯的几个月，五四运动后的一两年，推翻复辟后的几个月，五卅惨案以及北伐前后的一二年，一二·九到抗战开始后一年，算是断断续续的上了几课，但是一曝一寒，胜不过二千年传下来的专制毒，和这十余年来的有系统的、反民主的、变相的法西斯蒂训政。特别是我们做教师的人，需要再教育来肃清一切不民主，甚至反民主的习惯与态度，并且积极的树立真正的民主作风。校长对于我们，我们对于学生，多少都存在着一些要不得的独裁作风。中国现在，自主席以至于校长、教师，有意无意的，难免是一个独裁，因为大家都是在专制的气氛中长大，为独裁作风所熏陶，没有学习过民主作风。我们所要学习的民主作风，至少应该包含这些：

（一）民为贵，人民第一，一切为人民。

（二）天下为公，文化为公，不存心包办或征为私有。

（三）虚心学习，集思广益，以建立自己的主张。

（四）自己要说话，也让别人说话，最好是大家商量。自己要做事，也让别人做事，最好是大家合作。自己要吃饭，也让别人吃饭，最好是大家有饭吃。自己要安全，也让别人安全，最好是大家平安。自己要长进，也让别人长进，最好是大家共同长进。

（五）民主未得到之前，联合起来以争取民主为己任；人民基本自由得到之后，依据民主原则共同创造，创造新自己，创造新家庭、新学校、新中国、新世界。

这是一种全新的生活方式，我们必须天天在实际的生活中学习，学习再学习，才能习惯成自然，造成民主的作风。

个人学习不如集体学习，偶尔学习不如经常学习。为着进行经常的集体学习，最好是联合起来组织社会大学、星期研究会以实施共同之进修。这些新的学习组织，在重庆已经施行有效，应该在各地举办起来，以应好学的教师与好学的青年的需要。孔子说："学而不厌，诲人不倦。"我看出这两句话有因果的关系。惟其学而不厌才能诲人不倦；如果天天卖旧货，索然无味，要想教师生活不感觉到疲倦是很困难了。所以我们做教师的人，必须天天学习，天天进行再教育，才能有教学之乐而无教学之苦。自己在民主作风上精进不已，才能以身作则，宏收教化流行之效。我们在民主作风之外，要学习的东西很多，应该按着自己的兴趣、才能和工作岗位的需要继续不断的学习，活到老，学到老。但是最重要的不能忘了社会科学。每一位现代的教师，必须把基本的政治问题、经济问题、世界大势、社会的历史的发展和正确思想方法弄清楚，最好是要参加教师进修的组织，如社会大学、星期研究会，凭着集体的力量督促自己长进。在没有社会大学或星期研究会的地方,小学教师们应该主动发起创办。这是如同吃饭一样的急不容缓,不可等待。

我们进行自我再教育,不能没有先生,我们要三顾茅庐请出第一流的教授来帮助我们进行各项学习。第一流的教授具有两种要素:一、有真知灼见;二、肯说真话,敢驳假话,不说诳话。我们必须拿着这两个尺度来衡量我们的先生。合于此者是吾师,立志求之,终身敬之。

在各位大师之中,我要介绍两位最伟大的老师。

一位就是老百姓。我们要跟老百姓学习,学习人民的语言,人民的情感,人民的美德。努力发现老百姓的问题、困苦和他们心中所希望达到的目的,并认识他们就是中华民国真正的主人,要他们告诉我们怎样为他们服务才算满意。我愿把我写的一首小诗献给每一位小学教师,共同勉励:

民之所好好之。

民之所恶恶之。

教人民进步者,

拜人民为老师。

还有一位最伟大的先生要介绍,那就是小孩子——我们所教的小学生。我们要跟小孩子学习,不愿向小孩学习的人,不配做小孩的先生。一个人不懂小孩的心理、小孩的问题、小孩的困难、小孩的愿望、小孩的脾气,如何能救小孩?如何能知道小孩的力量?而让他们发挥出小小的创造力?

唯独肯拜人民与小孩为老师的人,才能把自己造成民主的教师,也只有肯拜人民与小孩为老师的,那民主作风才自然而然的获得了。

其次,就是运用民主作风教学生,并与同事共同过民主生活,以造成民主的学校。教育方法要采用自动的方法,启发的方法,手脑并用的方法,教学做合一的方法,并且要使学生注重全面教育以克服片面教育;注重养成终身好学之习惯以克服短命教育。在现状下,尤须进行六大解放,把学习的基本自由还给学生:一、解放他的头脑,使他能想;二、解放他的双手,使他能干;三、解放他的眼睛,使他能看;四、解放他的嘴,使他能谈;五、解放他的空间,使他能到大自然大社会里去取得更丰富的学问;六、解放他的时间,不把他的功课表填满,不逼迫他赶考,不和家长联合起来在功课上夹攻,要给他一些空闲时间消化所学,并且学一点他自己渴望要学的学问,干一点他自己高兴干的事情。还要把工友当做平等的人和他们平等合作。只有校长、教师、学生、工友团结起来共同努力,才能造成一个民主的学校。

再其次,要教学生为民主的小先生。我们不把小孩单单当作学生教。最重要的教育是"给的教育",教小孩拿出小小的力量来为社会服务。人生以服务为目的,不是毕业后才服务。在校时,就要在服务上学习服务。学生最好的服务是做小先生,拿学得的知识教给人。中华民国是一个公司;四万万五千万人联合起来做老板。男人是男老板,女人是女老板,大人是大老板,小孩是小老板,大家都是中华民国的老板,大家都是中华民国的主人。拿这种浅显而重要的意思由学生一面学,一面教给不能进学校的老百姓,他们变成了民主的小先生。一位先生教四十位学生,照老法子,他只是四十个学生的先生。如今把这四十个学生变成小先生,每位小先生平均帮助五个人,便能帮助二百人,连原来的四十人,便是一位二百四十人的先生,力量与贡献大得多了。这样,学校变成了发电机,学生变成了四十根电线,通到每一个家庭里去,使四十家,乃至二百四十家都发出民主的光辉来,这不能算是小学教师的重要任务吗?

再其次,要教民众自己成为民主的干部。小学教师应该是民主的酵母,使凡与他接触的人都发起酵来,发起民主的酵来。农人、工人、商人、军人、官吏、学生家属,只要一接触便或多或少,起一点变化,顶少要对民主运动减少一点阻碍,顶好是一经提醒便成了民主的斗士,乃至成为民主的干部,大家起来创造一个名符其实的中华民国。去年中秋,当我亲眼在四川看见一位老农拿出那插在腰背后的旱烟管来,指挥他的七位学生,一连合唱了八个歌曲,我好像是看见了新中国的前途。这样可贵的,从人民中产生出来的民主干部,将来是要几十万几百万的产生出来。发现他们,培养他们,是小学教师不可放弃的天职。

最后,争取民主以保障生存权利与教学自由。小学教师值得几文钱?是我这次到上海来看见从前乃英先生写的一首感动人的歌曲:

> 小学教师值几钱?五元钱一天,教一天,算一天。请假一天扣工钱。不管你喊哑喉咙,不管你绞尽脑汁,不管你坐弯腰,不管你饿凶肚皮,预支不可以。小学教师值几钱?要求提高待遇,还没有这种福气。

这首歌的末一句,我提议修改为"争民主奋斗到底"。提高待遇,只有民主才有保障。现在的尊师运动,必须包含争取民主,才能将一时救急的办法,变成经常安定的办法。如不争取民主,使真正的民主政治、民主经济、民主文化全盘兑现,我们必定是一辈子陷在"吃不饱来饿不死"的地狱里。所以为着提高生活待遇,我们必须参加在整个国家民主斗争里面去,实现天下为公,有我们自己的一份在内。

教师的职务是"千教万教,教人求真",学生的职务是"千学万学,学做真人"。这教人求真和学做真人的教学自由,也只有真正的民主实现了才有可能。在不民主的政治下,说真话做真事的人是会打破饭碗,关进集中营,甚至于失掉生命。因此这教学自由,也是要在整个的人民基本自由中全盘解决。让我们和人民站在一条战线上,争取真正民主的实现,共同创造一个独立、自由、平等、进步、幸福的新中国。

卅五、四、

《行知教育论文选辑》(1947年3月上海生活书店版)

教师自动进修

——与小学教师谈话之三

近来上海小学教师有一个极重要的运动,这运动是自动求学、自动进修、自动追求进步。

有些人一做了教师,便专门教人而忘记自己也是一个永久不会毕业的学生,因此很容易停止长进,甚而至于未老先衰。只有好学才是终身进步之保险,也就是长青不老之保证。

孔子说:"学而不厌,诲人不倦。"有些人做了几年教师便有倦意,原因固然很多,但主要的还是因为不好学,天天开留声机,唱艺片子所以难免觉得疲倦起来。唯独学而不厌的人,才可以诲人不倦。要想做教师的人把岗位站得长久,必须使他们有机会一面教一面学;教到老,学到老。当然,一位进步的教师,一定是越教越要学,越学越快乐。

但在不民主的社会里,教育官不但不鼓励教师进修而且见着教师看书、看报,问学座谈还要怀疑他别有作用。所以教师们要想得到充分的进修自由,研究自由,必得和老百姓站在一条战线争取民主的实现。在民主没有实现以前,教育官不会顾到我们真正需要的进修。那么,我们自己组织起来,依地域学科进行学习,是再好没有的一件事。我想教师的进修应该包括下列几种要素:

(一)社会科学如政治问题、经济问题以及世界史本国史必须弄清楚;

(二)教育本身的理论与技术必须精益求精;

(三)每星期有两晚或三晚的系统讲习可分区分科举行;

（四）星期日早晨的讲演大会务必连续不断的举行；

（五）程度较高者宜从事专题研究，每人在一个专题上连续不断探讨，到本题解决或有系统详细之报告……才告一段落；

（六）寒暑假运用旅行修学；

（七）联合组织一教师流通图书馆，以便利大家参考。

好学是传染的。如果教师们以集体力量鼓励彼此进修，影响所及，决不会让上海专美，将见全国闻风兴起，各地教师自动组织起来，学习再学习。其结果不但是能造成好学之教师，好学之学生，而且一人传十，十人染百，将会造成一个好学之民族，那么中华民国亿万年之进步，亦于此得到有力的保证了。

《时事新报·教师生活》第16期（1946年6月6日）

谈扫除文盲

——与小学教师谈话之四

据 6 月 11 日《世界晨报》说上海教育当局预备在今年暑假运用高中以上学生和在职教师,实施强迫教育,开办 2000 班,每班收 50 人,扫除 10 万个文盲。

用寻常的眼光看来,在两个月之内,扫除 10 万个文盲,不能不算是一件有价值的事。的确,如果中国在这短短的两个月之中,真能增加 10 万个识字的人,总是可喜的消息。

但是仔细考虑之后,这里面包含了一些疑问。

(一)学习好比吃饭,肚子饿了要吃饭,何用强迫?学习要强迫,可见强迫者和受强迫者之需要有些不同。而且所要学习的东西是不合学习者的口味才要强迫。因此,我觉得扫除文盲要做到不必强迫就要做到适合老百姓的口味。我们应该研究怎样改良我们的教材教法,使它们适合老百姓的需要。让我们跟厨子学习,使凡吃过我们烧的菜的人,越吃越要吃。人家不要吃我们烧的菜,而要拉人来吃,拉而不来,还要罚他,这样的厨子是难免有问题。

(二)吃饭是每天三餐,最少也要每天两餐稀饭,除非是有大灾荒,就是树皮草根也要每天两三顿。如果说,一个人每年 12 个月中只有暑假两个月有饭吃,其余 10 个月都没有饭吃,我不知道那人如何活得下去,现在只预备暑假两个月给老百姓学习,我也不知道他如何活得下去?如果所学不是人生所需,那一天也不必学。如果所学是人生所需,那是要一年学到头,一世学到老,决不是两个月的短命学习所能满足。

（三）上海人口号称450万人。除了50万很小的小孩，有400万人要学习，不识字的固要学习，识字的也要再学习。一年10万人要40年才得普及。这是令人不能忍耐的漫漫长夜啊！因此我希望主管教育的朋友要想想法子，使文化瞎子快一点得到眼药，可以睁开眼睛看看真实的世界。现在虎列拉来了，当然要打预防针，可是听说，每天只来得及注射1万人，几乎要一年半才能完成。我希望扫除文盲和预防虎疫要同样的有一个更正确更迅速的计划与预算。

我说这些话不是反对扫除文盲，不是反对暑假扫除10万文盲，而是觉得不够，觉得上海要有更好的、更迅速的、更有效的、更适合国情的方法来推行普及教育，使上海不但可以扫除文盲，并且可以令整个上海的人得到学习的嗜好，保持终身的长进。这些方法希望大家研究出来，我也愿意就我所知道的下次再和大家商谈并请教益。

《时事新报·教师生活》第17期（1946年6月13日）

教育生活漫忆*

我开始感觉民主教育的必要而予以实践以来，已经有了十九年。回想起来，这是一段压迫和艰难的历史。现在，中国因团结和苦斗粉碎了日本法西斯侵略者的野心。在某种意义上，中国真正的民主教育，可以说是最近才渐入轨道。

在日本，大部分的日本人差不多都识字，可是以前的日本却有重要的东西缺乏着——就是民主的成分。缺少了民主的成分，就是日本不幸的根源啊。总之，中日两国真正的民主教育的发展是有待于今日的。当新的民主教育开始时——日本不仅识字者多，由于此次战败的法西斯势力也已打倒，所以有利于日本的地方不少。可是中国呢？民主教育和识字运动仍需要并行兼施。中国民主教育前途的难关较日本多呢。

日本，它已经有相当的基础，所以只要确定一个新的方针就可以，要紧的是确定了之后不要动摇。

晓庄学校时代

我对于"普及教育"和"民主教育"问题，开始注意是在民国七、八年的时候，民国十六年才有了一个组织。

当初我们展开的是"乡村教育"运动，民国十六年在南京和平

---

* 本篇系陶行知于1946年约6月与日本记者小野三郎的谈话记录。小野三郎笔名赤律益造，时任上海日文《改造日报》记者。

门外,创设了晓庄学校,目的是号召全国造成一百万个乡村教师,使他们从事普及乡村教育的工作。

民国八年,我作关于《生活教育》的演讲,并确定意为:(一)生活的教育;(二)为生活而教育;(三)为生活的提高、进步而教育。十六年对于"生活教育"更进一步地定义成为:(一)人民的教育;(二)人民教育人民;(三)人民为自己生活的提高、进步所希求的教育三项。因为中国人口的四分之三都住在农村,经营农业,所以普及"人民的教育"的运动也就和乡村教育运动没有什么不同。

由于民国十六年以来的教育运动的经验,我们发现了若干道理。

第一,我们觉悟到过去的教师仅停滞在狭义的教育范围内是不够的,因为教师也有体力——有手也有脚,具有足够的劳动能力;同时农民也不应该只是默默地劳动,应该有思想的必要。总之,我们觉悟到了思想和生活的具体的关联性。

我们发现了手和脑若能打成一片,农民和工人始能成为革命的农民和革命的工人。而教育者获得了头脑和手脚的同盟,始能成为一个有创造能力的学者。

第二,我们觉悟到教学的本质是学习,而"学习"也就是实践,学而后能教人。这一点,就是说教学做合一。

所谓"做"是包涵广泛意味的生活实践的意思。而学习或是教学,不是片段而是一个整体,要教学必须先有手和脑的结合与思想和生活的合一,换句话说不单是要"劳力"同时也要"劳心"。

在这样意义的教育运动的实践中,感到学校教育的狭隘性是当然的。因此遂发现了第三个道理,就是为要真正地教育,必须做到"社会即学校"这一点。整个乡村是我们的学校,扩大之,整个中国是我们的学校,更扩大之,整个世界乃至于宇宙都是我们的学校。

这样说来，单靠一个学校推动教育工作是不可能的。在整个教育过程中的学校，好像是整个房子当中的客厅。对教育——即教学范围的观念，这么一扩大，学校自然也很广大了，教师也多，功课也繁，至于学生的范围也就更多了。因而教育的效果也就更实在了。

总而言之，我们创办晓庄学校的目的，当初在于知识分子和农民之间的接触和结合，可是后来这两者的关系发生了很大的变化。根据我们的道路可以这样说：由（一）生活即是教育发展到（二）教学做合一；然后更发展到（三）社会即学校。

革新教育运动和民主运动有什么关系呢？农民和工人在这过程当中渐渐地认教育家为最可亲的友人，在这一点上有非常重要的意义的。

我们在晓庄学校里所施行的教育，因种种的关系终难以推广和实现，学校也就不得已而停办了。不过这却更坚定了我们的"社会即学校"的信念，更为了"打入整个社会"而继续努力了。

工学团的创始和小先生运动

"一·二八"战事爆发，我除了积极地参加对于日本帝国主义的反侵略斗争外，深深地感到普及教育的使命更加重要。因之，更发现了另一个新的原因，这是我特别地要告诉你的。

中国原是个穷国，所以教育也要采用"穷办法"。我是顾到这点才展开小先生运动的。可是这小先生运动不是忽然地想起来的。乃是在民国十一年提倡"平民教育"的时候，我有五十七岁的母亲，她有一个愿望，要学《平民千字课》。我和我的妹妹每天忙于推广我们的运动，连给母亲教千字课的时间也没有，结果我就教才六岁的孩子小桃教他的祖母读千字课。因为小桃在那个时候已经读熟了千字课第一册。这大胆的尝试居然成功了，祖母和她的孙子，或戏玩或读书，兴趣愈来愈好，一个月后竟读完了第一册。当我的母亲读书的第十六天，我到张家口旅行，用千字课中的文字给他写一封信，母亲接到了，竟很容易地念完了。回想当时，觉到那件事的本质里面包含着重大的意义。

"一·二八"战争以后，小先生运动却成了全国性的运动而发展下去了。

我们在上海郊外的大场镇，提出了"工以养生，学以明生，团以保生"的口号，经营着山海工学团。可是我们绝没有偏重于劳作技术的传播，却以受教育的人投入民间，把整个社会当做学校，以提高整个社会的教养水准为目标，而传播者就是小先生。在大场镇附近有二十五个村庄，一直到沦陷为止，那些小先生们都为了普及教育的工作而在奋斗。当时，在上海特别市区、俞塘、高桥、旧公共租界、旧法租界以及山海工学团里，已有了一万多的小先生在活动。

工学团具体的教育方法，是由每一个教师担任指导四十个学生，教育他们怎样在校外教穷人和穷孩子们认识文字。这就是把学校当作发电机，学生当作电线，两者打成一片点亮电灯（即大众教育）的运动。换句话说就是把社会和学校完全有机地予以统一的。

由小先生在"即知即传"的口号下传播给农民、劳工、妇女们，他们马上就当"传递先生"再传给别人去。

在以前是以教育发动民众，后来则由农民、工人、妇女自动地发动教育。

工学团打入城市　　发展到社会大学

"九一八"，日本法西斯再接再厉地伸出它的魔手的时候起，一向在农村里工作的我们，才发展到大都市。我们的工学团也就在上海的北新泾、杨树浦、静安寺、曹家渡、浦东等地开辟了工作的据点，组织了不同的工学团，有儿童工学团，也有报贩的工学团，也有妇女的工学团等等各色各样的，它们都是半工半学，学了以后再传给别人的。

我们的最后目的是：

    培养求学的嗜好，造成好学的民族。

    培养教人的嗜好，造成诲人不倦的民族。

我们的学校（社会即是学校）并无年龄上的限制，是永远学而不倦，好学以至于死为目标的最高学府，是社会大学，是人民的大学。

  《陶行知先生纪念集》（1946年底生活教育社自刊）

最后一封信*（节选）

——致育才学校全体师生

诸位同志：

　　七月十三日的信刚才收到，至为感谢。下关事件发生后，也接到你们慰问的信，大家，尤其是我，从这些信里，得到了无上的鼓励，使我知道我努力的方向没有错，也不是孤军奋斗。（略）从重庆来的报告都使我兴奋。由于各位同志、同学、工友的集体合作，育才是比我在渝时办得精神好，我在此向大家致敬。

　　公朴去了，昨今两天有两方面的朋友向我报告不好的消息。如果消息确实，我会很快地结束我的生命。深信我的生命的结束，不会是育才和生活教育社之结束。我提议为民主死了一个就要加紧感召一万个人来顶补，这死了一百个就是一百万人，死了一千个就是一千万个人。我们现在第一要事是感召一万位民主战士来补偿李公朴先生之不可补偿之损失。只有这样才是真正的追悼。平时要以"仁者不忧，智者不惑，勇者不惧，达者不恋"的精神培养学生和我们自己。有事则以"富贵不能淫，贫贱不能移，威武不能屈，美人不能动"相勉励。前几天，女青年会在沪江大学约我演讲《新中国之新教育》，我提出五项修养：一为博爱而学习，二为独立而学习，三为民主而学习，四为和平而学习，五为科学创造而学习。这些也希望大家共勉并指教。

---

　　* 题目系《育才学校》编者所拟。原编者在收选时作了删节。此信写后第九天，陶行知即在上海病逝。

我这封信是写给全体的。(略)敬颂

康健!

陶行知

卅五、七、十六

《育才学校》(1951年4月教育书店版)

附录：

教 育 诗

自勉并勉同志

人生天地间，
各自有秉赋：
为一大事来；
做一大事去。
多少白发翁，
蹉跎悔歧路。
寄语少年人，
莫将少年误。

十三年三月二十五日写于徐州旅馆
《知行诗歌集》（1935年上海儿童书局版）

村 魂 歌

男学生，
女学生，
结了婚，
做先生。
那儿做先生？

东村或西村。
同去改旧村,
同去造新村。
旧村魂,
新村魂,
一对夫妻一个魂。

此歌已由赵元任先生制谱。

《申报·平民周刊》(1924年8月9日)

每事问

发明千千万,
起点是一问。
禽兽不如人,
过在不会问。
智者问的巧,
愚者问的笨。
人力胜天工,
只在每事问。

十三年

《知行诗歌集》(1933年上海儿童书局版)

问到底

天地是个闷葫芦,
闷葫芦里有妙理。
您不问它您怕它,
它一被问它怕您。

您若愿意问问看,
一问直须问到底!

十三年

《知行诗歌集》(1933年上海儿童书局版)

锄头舞歌*

调寄本地栽秧山歌

一

手把个锄头锄野草呀!
锄去野草好长苗呀!
绮呀海,雅荷海。
锄去野草好长苗呀!
雅荷海,绮呀海。

二

五千年古国要出头呀!
锄头底下有自由呀!
绮呀海,雅荷海。
锄头底下有自由呀!
雅荷海,绮呀海。

三

天生了孙公[1]做救星呀!

---

* 本歌词作于1927年创办晓庄试验乡村师范之时,曾配以南京市郊农村栽秧山歌的调子,让晓庄师范师生演唱,后流行于国内。

唤醒锄头来革命呀!

绮呀海,雅荷海。

唤醒锄头来革命呀!

雅荷海,绮呀海。

四

革命的成功靠锄头呀!

锄头锄头要奋斗呀!

绮呀海,雅荷海。

锄头锄头要奋斗呀!

雅荷海,绮呀海。

(绮呀海,雅荷海,系帮腔声调。)

十六年十一月九日

《知行诗歌集》(1933年上海儿童书局版)

注释

〔1〕孙公 指孙中山。

乡下先生小影

一

生长三家村,

来去五里店。

知己遍天下,

终身不相见。

二

"城里不要他,

跑到乡下来。"
他们这样说,
便算我无才。

三

雪花飞满天,
身上犹无棉。
一日吃两顿,
有油没有盐。

四

有油没有盐,
饿肚看水仙。
试问甜中苦,
何如苦中甜?

五

进城曾索薪,
轮流候茶园。
薪水领不着,
大家凑茶钱。

六

爸爸常叹气,
妈妈也埋怨。
已经三十岁,
还没有家眷。

七

"香姑"[1]教人恋,
礼教教人骗。
徘徊岔路口,
心灵已开战。

八

礼教教人骗,
时代教人变。
变好或变坏,
各自有志愿。

九

揭开革命旗,
飘扬崂山[2]侧。
风云啸起处,
书呆失魂魄。

十

书呆不要吓!
往事不足责。
合将大人心,
渲染儿童色。

十一

天赋两个宝,
双手与大脑。

宁做农与工，
联合辟荒岛。

十二

荒岛自成趣，
努力胜天工。
原未造门墙，
所以路路通。

十八年冬
《知行诗歌集》（1933年上海儿童书局版）

注释

〔1〕"香姑"　"乡姑"的谐音。

〔2〕劳山　原名老山。陶行知谐其音称之为劳山，寓有"劳力上劳心"之意在内。1927年3月，陶行知创建晓庄试验乡村师范（后称晓庄学校）于该山山麓，目的是推行他的"改造全国乡村教育"的主张。

告书呆子

"没有指导？
没有工做？"
探获新大陆的哥仑布，
可曾说过？

"没有指导？
没有工做？"
飘流荒岛的鲁滨孙，
可曾说过？

"没有指导?
没有工做?"
晓庄的学园里,
要种几多活萝卜?

"没有指导?
没有工做?"
开天辟地的机会,
可能让它错过!

十九年一月八日

《知行诗歌集》(1933年上海儿童书局版)

改作黄金时代歌[*]

拔茅草,
搬石块,
自己的学校自己开。
互相教导,
互相信赖,
读书不做读书呆。
分析过去,
抓住现在,
创造将来。

《行知诗歌集》(1981年北京三联书店版)

---

[*] 此诗约写于1930年。

春天不是读书天

一

春天不是读书天：
关在堂前，
闷短寿缘！

二

春天不是读书天：
掀开门帘，
投奔自然。

三

春天不是读书天：
鸟语树尖，
花笑西园。

四

春天不是读书天：
宁梦蝴蝶，
与花同眠。

五

春天不是读书天：
放个纸鸢，
飞上半天。

六

春天不是读书天：
舞雩风前，
恍若神仙。

七

春天不是读书天：
攀上山巅，
如登九天。[1]

八

春天不是读书天：
放牛塘边，
赤脚种田。

九

春天不是读书天：
工罢游园，
苦中有甜。

十

春天不是读书天：
之乎者焉，
忒讨人嫌！

十一

春天不是读书天：

书里流连,

非呆即癫。

注：前些日子看见报上登载《中学生》的要目预告，内有一个题目是《春天不是读书天》，新颖无比，与我的主张不谋而合。今早在床上吟得几首小诗，借以打破死书本教育之迷执。

二十年春

《知行诗歌集》(1933 年上海儿童书局版)

注释

〔1〕九天　即九方之天，指天的中央和八方；又指天上高不可测。《孙子·形篇》："善攻者动于九天之上。"

敬赠师范生

一

今日诗兴发,

挥毫寄相思。

如蒙耐烦看,

愿得尽其辞。

二

诸君何所事？

候补当教员。

开创新世纪,

大任在两肩！

三

有些假学生,

非我所愿闻。
原欲进中学，
却想省几文。

四

等到毕了业，
一心想升学；
大学考不取，
勉强教小学。

五

小学当教师，
原是穷差使。
一旦有高就，
那管小孩子！

六

社会办学校，
各有其隐衷；
你若不明白，
钻进牛角筒。

七

看那专制国，
民愚乃可治。
要你塞其聪，
个个成奴隶。

八

个个成奴隶，
你是奴教头，
奴隶要出头，
留心你的头。

九

民国老百姓，
共是主人翁；
若当奴隶教，
便算你不忠。

十

攘攘十字街，
茫茫三叉口；
熊掌与鱼不可兼[1]，
你取那样拿在手？

二十年春

《知行诗歌集》（1933年上海儿童书局版）

注释

〔1〕熊掌与鱼不可兼　语见《孟子·告子》："鱼，我所欲也；熊掌，亦我所欲也。二者不可得兼，舍鱼而取熊掌者也。"

诗的学校

一

宇宙为学校，

自然是吾师。
众生皆同学，
书呆不在兹。

二

化日耀青天，
有人田里哼。
明月出东岭，
是吾看花灯。

三

劳力上劳心，
教学做"人工"。①
探深而钩玄，
要将真理穷。

四

用书如用刀，
不快自须磨。
呆磨不切菜，
何以见婆婆？

---

① 作者原注：日本有一派人站在保皇党的地位上作工人之后盾。他们根据一君万民之陈说，要铲除那立在君民中间之资产阶级。他们依着天皇的称法，称工人为"天民"，劳动为"天工"。初看这"天工"二字似乎很有精神，故我的初稿，写作"教学做天工"。既而想到大平等之世界中，万工平等，无所谓"天工"，无所谓"地工"，我们所要教学做的只是"人工"，但求他不流于"奴工""畜工"便是合理了，何必妄自尊大！

五

老牛会耕田,
忘却头上角。
屠户何日到?
用角预商榷。

六

生来不自由,
生来要自由。
谁是真革命?
首推小朋友。

七

天池育蛟龙,
森林教狮虎;
得所不伤人,
此意谁与语?

八

地狱不在地,
天堂不在天。
创造大平等,

无地亦无天!①

九

不是桃花源,
不是神仙府;
只做人中人,
无问他我汝。

十

谁说非学校?
就算非学校。
依样画葫芦,
未免太无聊!

十一

捧来一颗心,
愿共心儿好。
偶然一到此,
流连不知老!

二十年春

《知行诗歌集》(1933年上海儿童书局版)

---

① 作者原注:初稿作"非地亦非天",颇有飘然欲仙之意,对于原在人心之天堂地狱,任其自生自灭。但这至多不过是一时之现象,而大平等之根本要素便是天堂与地狱及一切连类而来的诸多观念形式之完全消灭。所以与其说"非地亦非天",不如说"无地亦无天"。"非地亦非天"是造端;"无地亦无天"是可望不可即之终极。"非地亦非天"含着有余不尽之诗意;"无地亦无天"是把要说的话一起都说完了。这两句何去何从,却大费踌躇咧。这大概是我个人内在之矛盾在文字上反映出来的影子吧?我的情感欢喜在"非地亦非天"的人间里流连,而我的思想一跳便跳到"无地亦无天"的世界里去,这中间也不知道相隔差几千百年咧。

糊涂的先生

一

你这糊涂的先生！
你的学堂成了害人坑！
你的墨水笔下有冤魂！
　　你说瓦特庸。
　　你说牛顿笨。
　　你说像个鸡蛋坏了的爱迪生。
若信你的话，
那儿来火轮？
那儿来电灯？
那儿来的微积分？

二

你这糊涂的先生！
你的教鞭下有瓦特，
你的冷眼里有牛顿，
你的讥笑中有爱迪生。
你别忙着把他们赶跑。
你可要等到：
坐火轮，
点电灯，
学微积分，
才认他们是你当年的小学生？

二十年春

《行知诗歌集》（1933年上海儿童书局版）

死

教死书,
死教书,
教书死。
读死书,
死读书,
读书死。

做死工,
死做工,
做工死。
享死福,
死享福,
享福死。

《行知诗歌集》(1948年光华书店版)

活

用活书,
活用书,
用书活。

二十年十一月

《行知诗歌选》(1948年光华书店版)

手脑相长歌*

人生两个宝,
双手与大脑。
用脑不用手,
快要被打倒。
用手不用脑,
饭也吃不饱。
手脑都会用,
才算是开天辟地的大好佬。

二十年冬
《知行诗歌集》（1933年上海儿童书局版）

拉车的教员

分明是教员,
爱做拉车夫;
拉来一车洋八股,
谁愿受骗谁呜呼。

二十一年夏
《知行诗歌集》（1933年上海儿童书局版）

---

* 此诗由赵元任谱曲。陶行知创办育才学校后，又请贺绿汀重谱，作为育才学校的校歌。

两位先生的对话

设计教学法先生：
"教学做合一，
做学教合一。
玩来玩去，
只是老把戏，
还不是设计，
大同而小异。"

教学做合一先生：
"大同而小异？
西施少了一个鼻！
教学而不做，
正合士大夫的老脾气。
早上设一计，
晚上设一计，
心里设一计，
笔下设一计，
衔支香烟喷口气，
又是一个计！
比出汗儿写意。"

二十一年夏

《知行诗歌集》（1933年上海儿童书局版）

自动学校小影

有个学校真奇怪；
小孩自动教小孩。
七十二行皆先生；
先生不在学如在。

晓庄师范被封以后，教师不能去办学，连晓庄小学也停了。私塾馆，孩子们不愿意上。他们自己办了一个农村小学，这个小学里的校长教师工人都是小孩子自己担任，他们互教互学，所以称为儿童自动学校。这是我为他们写的一幅小照。

二十一年十月
《知行诗歌集》（1933年上海儿童书局版）

留　级

今年留一留，
明年留一留，
留到那年才罢休？
父母也羞，
同学也羞，
小小眼泪像雨流。
花儿也愁，
草儿也愁，
生长如今不自由！
不自由！不自由！
把它从字典里挖出来，
摔到天尽头！

摔到天尽头!
从今小孩儿,
一级也不留。

　　花草听见小朋友留级,也要滴几滴同情之泪,何况做先生的,当然不是嘴里喊几句小朋友就算了事。你如果是小朋友的真朋友,就得用斩钉截铁的手段,把这个妖怪赶到没有人烟的荒岛上去。

二十一年冬
《知行诗歌集》(1933年上海儿童书局版)

小先生歌

一

我是小学生,
变做小先生[1]。
粉碎那私有知识,
要把时代儿划分。

二

我是小先生,
教书不害耕,
你没有工夫来学,
我教你在牛背上哼。

三

我是小先生,
看见鸟笼头昏。
爱把小鸟放出,

飞向森林投奔。

四

我是小先生,
这样指导学生:
"学会了赶快去教人,
教了又来做学生。"

五

我是小先生,
烈焰好比火山喷。
生来不怕碰钉子,
碰了一根化一根。

六

我是小先生,
爱与病魔斗争。
肃清苍蝇与疟蚊,
好叫人间不发瘟。

七

我是小先生,
填平害人坑。
把帝国主义推倒,
活捉妖怪一口吞。

八

我是小先生,

要与众人谋生。
上天无路造条路,
入地无门开扇门。

二十三年三月十六日
《行知诗歌集》(1947年大孚出版公司版)

注释

〔1〕小先生　陶行知首倡的一种普及教育的方法。其宗旨是"即知即传人"、"不做守知奴"、"以教人者教己"。"小先生制"经过陶行知和他的学生们的运用,在普及教育、提高民众文化水平方面取得了成绩,对国外,尤其是印度等一些国家,也曾产生过影响。

教 师 歌
——献给儿童教育社〔1〕同人

一

来!来!来!
来到小孩子的队伍里,
发现你的小孩。
你不能教导小孩,
除非是发现了你的小孩。

二

来!来!来!
来到小孩子的队伍里,
了解你的小孩。
你不能教导小孩,

除非是了解了你的小孩。

三

来！来！来！
来到小孩子的队伍里，
解放你的小孩。
你不能教导小孩，
除非是解放了你的小孩。

四

来！来！来！
来到小孩子的队伍里，
信仰你的小孩。
你不能教导小孩，
除非是信仰了你的小孩。

五

来！来！来！
来到小孩子的队伍里，
变成一个小孩。
你不能教导小孩，
除非是变成了一个小孩。

二十三年五月十六日

《行知诗歌集》（1947年大孚出版公司版）

注释

〔1〕儿童教育社　即中华儿童教育社。20世纪20年代成立的一个专门从事儿童教育研究的教育团体。创办者是著名幼儿教育家陈鹤琴（新中国成立

佘儿岗儿童自动小学[1]
三周纪念

紫金山[2]为笔,

青天为纸,

乌云为墨,

动手来写字:

"立大志,

求大智,

做大事。"

二十四年九月四日
《行知诗歌集》(1947年大孚出版公司版)

注释

〔1〕佘儿岗儿童自动小学　即南京佘儿岗儿童自动小学。

〔2〕紫金山　又称钟山。在江苏省南京市区东。多紫红色砂页岩,故名。

新安旅行团团歌*（节选）

(上略)

同学们别忘了,

我们的口号:

---

*　此诗原为歌词,由田汉、陶行知分别写成。先是田汉在1936年为"新安旅行团"写了团歌,作曲家张曙为之谱曲;陶行知作为"国民外交使节"访美时,曾向华侨工人教唱这首歌曲,并于1937年又特为"新旅"团歌写了第二首词,由美寄赠给"新旅"。此处仅选录陶行知所写歌词的一部分。

生活即教育,
社会即学校,
拚命的团结拚命的探讨,
一边儿用手一边儿用脑。
别笑我们年纪小,
我们要把世界来改造,
来改造!

同学们别忘了,
我们的口号:
生活即教育,
社会即学校,
弱小民族不得了,
劳苦大众吃不饱。
看吧!
到处是敌人的枷镣锁梏,
兄弟们,别睡觉,
把一切人类敌人都打倒,
都打倒!

同学们别忘了,
我们的口号:
生活即教育,
社会即学校,
不怕他飞机,
不怕他枪炮,
为人类奔跑,
使人类和好,

我们是人类的小宝宝,
小宝宝!

《行知歌曲集》(1983年人民音乐出版社版)

八位顾问

我有八位好朋友,
肯把万事指导我。
你若想问真名姓,
名字不同都姓何:
何事,何故,何人,何如,
何时,何地,何去,
好像弟弟与哥哥。
还有一个西洋派,
姓名颠倒叫几何。
若向八贤常请教,
虽是笨人不会错。

三十一年

《行知诗歌集》(1947年大孚出版公司版)

创造年献诗[*]

荀教[1]:"择一而壹焉"[2],
莫跟鼫鼠学五技[3]。
大题不可以小做,
小题大做做到底。

---

[*] 此诗约写于1943年。

凿井愈深口愈大，
博学由来在好一。
笼统先生要不得，
歧路之上快别离。
尽信书本不如无[4]，
文化小偷在抄袭。
行以求知知更行，
不知直认为不知。
遍览已知求未知，
以知与人己愈知。
以为武断靠不住，
存在从来决意识。
解剖内体寻条理，
追踪外缘找联系。
贯通证据悬断语，
屡试屡验验还试。
矛盾相生复相克，
数量满盈能变质。
相推而进正反合，
顺沿发展觅定律。
文化钥匙九十九，
开发天人大神秘。
愿将真理化大利，
润泽众生真仁义。
日日月月积成千，
努力创造新天地。

——原件存陶晓光处

注释

〔1〕荀教　荀子的教诲。

〔2〕"择一而壹焉"语出《荀子·解蔽》："故曰：心枝则无知，倾则不精，贰则疑惑。以赞稽之，万物可兼知也。身尽其故则美，类不可两也，故知者择一而壹焉。"

〔3〕鼫鼠学五技　语出《荀子·劝学》："螣蛇无足而飞，鼫鼠五技而穷。"螣蛇，龙类，无足而遨游云雾之中。五技：能飞而不能上屋，能爬树而不能至树梢，能泅水而不能渡溪谷，能挖穴而不能掩蔽自己，能走而不能超过人。意思是说，鼫鼠虽泛泛地掌握了五种技能，却不如螣蛇专精于一种技能。

〔4〕尽信书本不如无，语出《孟子·尽心下》："尽信书，则不如无书。"

育才学校校歌

凤凰山〔1〕上：
我们是凤凰的儿女。
我们是凤凰山的小主人。
凤凰山是我们的家，
　我们的学校，
　我们的乐园，
　我们的世界。
我们是凤凰山的开垦者，
要创造出新的凤凰山，新的家，
　新的学校，新的乐园，新的世界。
我们要虚心，虚心，虚心，
　承认我们一无所知，一无所能；
我们要学习，学习，学习，
　学习到人所不知，人所不能；
我们要贡献，贡献，贡献，

　　　　实现文化为公，天下为公。
修炼智慧之眼。
磨出金刚之喙。
展开大无畏之翼。
涵养一心向真之赤心。
观！
静观大千世界。[2]
啄！
啄开未知之门。
飞！
飞入神秘之宇宙。
找！
找出真理之夜明珠。
衔回人间，
装饰在每一个人的额前，
照着人类在狂风暴雨的黑夜里，
稳步迈进，
稳步迈进，
走到天明，
迎接东升的太阳：
得到光，
得到热，
得到力，
创造幸福的新中国，新世界。
真即善，
真即美，
真善美合一。
让我们歌颂真善美的祖国，

真善美的世界,

真善美的人生,

真善美的创造。

三十二年十一月二十八日

《行知诗歌集》(1947年大孚出版公司版)

注释

〔1〕凤凰山　在四川省合川县境内。

〔2〕大千世界　"三千大千世界"的简称。原是古印度传说的一个广大范围的世界的名称。即以传说中的须弥山为中心,以铁围山为外部,同一日月所照的四天下为一小世界,合一千个小世界为小千世界,合一千个小千世界为中千世界,合一千个中千世界为大千世界,一称三千大千世界或三千世界。

社会大学颂

青天是我们的圆顶,

大地是我们的地板,

太阳月亮是我们的读书灯,

二十八宿是我们的围墙。

人民创造大社会,

社会变成大学堂。

大学之道,在明"民"德,

　　在亲民,在止于人民之幸福,

是我们创学之新主张。

什么是民德?

要目有四项:

觉悟,联合,解放,

还有创造——要捣碎痛苦的地狱,

创造人间的天堂。
教人民做主人，
不让公仆造反。
为老百姓造福，
不靠高调唱得响。
农场，工场，会场，商场，广场，战场，
　　娱乐场，都是我们数不尽的课堂。
我们要各尽所能，各学所需，
　　各教所知，各得其所。
我们要自由，自勉，自强。
我们要民有，民治，民享。
自己来发起，
自己来筹款，
自己选校董，
自己举校长。
请真理做老师，
学生有三百六十行。
只要虚心学，
而且不间断；
乡人不出村，
能知万里远。
个个考博士，
行行出状元。
农人可以中状元，
工人可以中状元，
失学的青年可以中状元，
荣誉军人可以中状元。
先办夜大学，

夜间求学无人管。
职业青年千千万，
格物致知久已旷，
万仞宫墙飞不进，
教育制度缺一环。
要想深造丢饭碗，
丢掉饭碗家人靠谁养！
只有白天做工夜求学，
肚皮头脑都饱满。
次办函授大学，
文化交流信来往。
再办新闻大学，
运用报纸助座谈。
再办电播大学，
广播教育范围广。
太太和老妈，
在家里也能听讲。
电影教育更深刻：
谷子变成秧，
秧又变谷子，
可以见生长。
原料出矿山，
走进机器房。
几个弯一转，
飞机出工厂。
最后办旅行大学，
走遍东南西北和中央，
还要渡海飘洋。

跟老百姓学习,
陪着老百姓向上长。
我们要有演讲调查队,
还要歌舞话剧团:
献演嘟格办,
朱大嫂送鸡蛋,
王大娘补缸
还带去民族舞,
来自新疆蒙古和西藏。
还要带电影,
到处要放映:
鸡蛋怎样变成小鸡?
大羊怎样变成小羊?
五谷怎样生长?
棉花怎样改良?
汽车怎样制造?
钢铁怎样出产?
还要放映《生活》,《一曲难忘》,
　　《在敌人后方》。
我们要走遍天涯海角,
让老老少少男男女女都来看,
都来谈,
都来玩,
都来想,
都来干。
把中国造成一个好模样,
叫整个民族安居乐业,
万寿无疆。

这就是我们的社会大学堂。
只怕先生少,
不怕学生旺。
来一个收一个,
来两个收一双,
来一千收一千,
来一万收一万。
全中国四万万五千万,
全世界二十万万二千万,
如果愿意这样,
都欢迎加入这个大学堂。
国民党,
共产党,
中国民主同盟,
各派各党,
无派无党,
大家一起来,
创办这个社会大学堂,
人民大学堂,
民主世界大学堂!

三十五年一月二日

《行知诗歌集》(1947年大孚出版公司版)

饯 行 歌

送别党化教育[1]

你驾临之前,
说是道尊师严。

学问有自由,
谈心又谈天。
走路不必向后看,
幸福无边。

你光临之后,
遍地明争暗斗。
特务当先生,
同学成冤仇。
统制思想如裹脚,
三寸"金头"。

你告别之前,
真是不堪设想。
先生误人子弟,
学生不敬师长。
训政越训越糊涂,
教育破产。

你走了之后,
教育还给人民。
嘴上撤除封条,
下掉有色眼镜,
裹头布撕得粉碎,
气象清新。

三十五年四月四日
《行知诗歌集》(1947年大孚出版公司版)

注释

〔1〕党化教育　指国民党政府推行的法西斯教育。

自我再教育

我们需要再教育，
民主作风贵无比；
快拜人民为老师，
教育小孩教自己。

三十五年四月二十五日
原载教师生活社编《教师生活》第10期

陶行知主要著译系年

（篇目前有▲者，均已收入本选集）

1913年 （二十二岁）

2月　在《金陵光》第4卷第1期发表《〈金陵光〉出版之宣言》，并开始发表《一夫多妻之恶结果》，至4月第4卷第3期载完。

3月　在《金陵光》第4卷第2期发表译作《中华民国之将来》。

4月　在《金陵光》第4卷第3期发表《因循篇》、《导引新生之倡议》。

5月　在《金陵光》第4卷第4期发表▲《为考试事敬告全国学子》。

10月　从《金陵光》第4卷第5期开始发表译作《美国大统领罗斯福传》，至次年4月第5卷第2期载完。

11月　在《金陵光》第4卷第6期开始发表《伪君子篇》，至12月第4卷第7期载完。

12月　在《金陵光》第4卷第7期发表《杀机之天然淘汰》。

1914年 （二十三岁）

1月　在《金陵光》第4卷第8期发表《民国三年之希望》、《呜呼某校》。

3月　在《金陵光》第6卷第1期发表《医德》。

10月　在《金陵光》第6卷第5期开始发表大学毕业论文

▲《共和精义》，至 11 月第 6 卷第 6 期载完。

1916 年 （二十五岁）

2 月 16 日　▲致函哥伦比亚大学师范学院院长罗素（我的生活经历和今后打算）。

1918 年 （二十七岁）

4 月　在《金陵光》第 9 卷第 4 期发表▲《试验主义之教育方法》。

5 月　应邀为安徽省立第一师范学校和省立第一女子师范学校师生演讲▲《师范生应有之观念》，记录稿载 1986 年《行知研究》第 2 期。

6 月　在《金陵光》第 4 卷第 5 期发表在南京高师教育研究会成立会上的演讲词▲《教育研究法》。

9 月 17 日　在南京高师演讲《智育大纲》，记录稿载同月 20 日《南京高等师范日刊》。

10 月 5 日　在《南京高等师范日刊》发表在南京高师教育研究会上的演讲词。

11 月 3 日　在《职业与教育》第 1 卷第 3 期发表▲《生利主义之职业教育》。

1919 年 （二十八岁）

2 月 14 日　在《时报·教育周刊·世界教育新思潮》第 1 号发表▲《教学合一》。

2 月　在《新教育》第 1 卷第 1 期发表▲《试验主义与新教育》。

3 月 10 日　在《时报·教育周刊·世界教育新思潮》第 3 号发表《美国活动教授之一段》。

3月12日　致函胡适（闻杜威到日本讲学），收入1979年中华书局版《胡适往来书信选》。

3月24日　在《时报·教育周刊·世界教育新思潮》第5号发表《道路与教育》。

3月31日　在《时报·教育周刊·世界教育新思潮》第6号发表《介绍杜威先生的教育学说》。致函胡适（杜威将来华讲学），收入1979年中华书局版《胡适往来书信选》。

3月　在《新教育》第1卷第2期发表▲《普露士教育之基本改革》。

4月14日　在《时报·教育周刊·世界教育新思潮》第8号发表▲《试验教育的实施》。

4月21日　在《时报·教育周刊·世界教育新思潮》第9号发表▲《第一流的教育家》。

7月22日　在浙江第一师范学校毕业生讲习会上演讲▲《新教育》，记录稿载9月《教育潮》第1卷第4期。

9月20日　与贵州实业教育团谈对教员和师范生的希望，记录稿载同月22日《时报·教育周刊·世界教育新思潮》第31号。

10月　在《新教育》第2卷第2期发表▲《学生自治问题之研究》。

12月17日　在南京高师校务会议上提出▲《规定女子旁听办法案》和《添设速记打字讲习科案》等，收入1984年湖南教育出版社版《陶行知全集》第1卷。

1920年　（二十九岁）

4月21日　在南京高师第十一次校务会议上报告《招收新生问题》，收入1984年湖南教育出版社版《陶行知全集》第1卷。

6月2日　在南京高师第十四次校务会议上提出《南京高等师范学校招收特别生办法》，收入1984年湖南教育出版社版《陶行知全集》第1卷。

11月25日　在南京高师教育研究会上谈《教育厅长之产出问题》，记录稿载次年3月《教育汇刊》第2卷第1集。

1921年　（三十岁）

2月28日　致函胡适（借材异地亦无不可），收入1979年中华书局版《胡适往来书信选》。

3月　在《教育汇刊》第2卷第1集发表▲《地方教育行政为一种专门事业》。

5月1日　在《时事新报·学灯》发表译作《未来之中国》。

8月　写▲《义务教育入手办法之商榷大纲》。

9月7日　在江苏省教育会口译孟禄演讲《共和与教育》，记录稿载次年4月《新教育》第4卷第4期。

10月17日　在南京教育界讨论会上口译孟禄演讲和答客问，记录稿载次年3月《教育汇刊》第3集。

10月21日　在苏州教育界同人宴会上口译孟禄演讲和答客问，记录稿载次年4月《新教育》第4卷第4期。

10月22日　在《时事新报·学灯》发表▲《师范教育之新趋势》。在江苏省立第一师范学校口译孟禄演讲《旧教育与新教育的差异》，记录稿载次年4月《新教育》第4卷第4期。

10月31日　在广州全国教育联合会上口译孟禄演讲《"德谟克拉西"的教育》，记录稿载1923年8月《中国教育一瞥录》。

11月23日　在浙江省教育会口译孟禄演讲《学理与应用》，记录稿载次年4月《新教育》第4卷第4期。

12月8日　在江苏省教育厅召开的《学制系统草案》讨论会上发言，记录稿收入1984年湖南教育出版社版《陶行知全集》第1卷。

12月21日　在有孟禄参加的中国教育问题讨论会上发表《关

于师范教育的意见》，记录稿载次年 4 月《新教育》第 4 卷第 4 期。

12 月 23 日　在孟禄与中国教育界同人饯别会上谈个人感想，记录稿载次年 4 月《新教育》第 4 卷第 4 期。

1922 年　（三十一岁）

1 月 18 日、19 日　在《时事新报・学灯》发表▲《活的教育》。

1 月 19 日　致函《学灯》记者，并刊载于同月 23 日《时事新报・学灯》。

1 月　在《新教育》第 4 卷第 2 期发表▲《我们对于新学制草案应持之态度》、▲《评学制草案标准》和《中国建设新学制的历史》。

1 月　演讲▲《新学制与师范教育》，记录稿载 3 月《新教育》第 4 卷第 3 期。

2 月 15 日　起草《筹划全国教育费委员会简单》，后在 5 月《新教育》第 4 卷第 5 期发表。

3 月　在《新教育》第 4 卷第 3 期发表《对于参与国际教育运动的意见》和▲《女子教育在学制上占领地位之十五周纪念》。

7 月 7 日　在《民国日报・觉悟》发表演讲词▲《教育者的机会与责任》。

7 月　在中华教育改进社第一届年会上报告本社社务，报告载同年 10 月《新教育》第 5 卷第 3 期。

8 月 20 日　为中华教育改进社第一届年会报告号作序，载同年 10 月《新教育》第 5 卷第 3 期。

9 月　在《教育汇刊》第 4 集发表演讲词《办公原则》。

10 月 10 日　在《新南京》发表《南京教育谈》。

11 月 5 日　在《新南京》发表《市乡教育分治与南京教育》。

1923 年 （三十二岁）

1月15日　在《民国日报》发表演讲词▲《教育与科学方法》。

1月　与北京《导报》记者谈女子高等教育问题，记录稿载《新教育》第6卷第1期。

1月　在《新教育》第6卷第1期发表▲《为反对中学男女同学的进言》。

3月　在《中华教育界》第12卷第8期发表《为万国教育会议事敬告全国教育界同人》。

6月　在《教育汇刊》第5集发表演讲词《教育部学制会议经过情形》。

上半年　与朱其慧、晏阳初联名致函胡适（关于编辑国民基础教育教科书的目标），收入1979年中华书局版《胡适往来书信选》。

7月　在商务印书馆《简报16·第2卷》发表英文论著 Statistical Summaries of Chinese Education（《中国教育之统计》）。

8月22日　演讲《〈平民千字课〉编辑主旨》，记录稿载同年10月《新教育》第7卷第2—3期。

9月20日　▲致函程仲沂（学问之要素），收入1929年亚东图书馆版《知行书信》。

10月3日　致函朱其慧（建议聘晏阳初为总干事），收入1929年亚东图书馆版《知行书信》。

10月8日　致函陶宏、陶晓光（连环教学法之发现），致函胡适之夫人（能使全家识字的连环教学法）均收入1926年亚东图书馆版《知行书信》。

10月10日　致函程仲沂（作十万新民，寿六旬王母），收入1929年亚东图书馆版《知行书信》。

10月22日　在《申报·教育与人生》第2期发表《〈平民千字课〉编辑大意》。

10月30日　致函金鸣岐（平民教育下乡），收入1929年亚东图书馆版《知行书信》。

10月31日　致函胡自华（女子平民教育），收入1929年亚东图书馆版《知行书信》。

11月12日　▲致函陶文溁（创造一个四通八达的社会），收入1929年亚东图书馆版《知行书信》。

11月　由商务印书馆出版《平民千字课》（1—4）。

12月3日　在《申报·教育与人生》第8期发表《平民读书处之试验》。

12月10日　在《晨报》第8期发表《平民读书处组织大纲》。

12月23日　在《中华教育改进社第二周年纪念会会刊》发表《社会改造之出发点》。

12月　在《平民教育》第71期发表演讲词《长江流域平民教育运动之性质组织及方法》，在《教育汇刊》第6集发表《平民教育运动与国运》。

1924年　（三十三岁）

1月3日　致函朱经农（请看《三字经》之流行），收入1929年亚东图书馆版《知行书信》。

1月5日　▲致函吴立邦（预备钢头碰铁钉），收入1929年亚东图书馆版《知行书信》。

1月16日　致函温佩珊（我们送的寿礼），收入1929年亚东图书馆版《知行书信》。

1月20日　致函汪镜人（希望于县知事的），致函朱其慧（深入蒙古教育之梦），均收入1929年亚东图书馆版《知行书信》。

2月8日　致函卢绍刘（希望您做一位三千万人的教育厅长），收入1929年亚东图书馆版《知行书信》。

3月17日　在《申报·教育与人生》第22期发表▲《五族共

和与教育者之责任》。

3月25日　作诗▲《自勉并勉同志》，收入1935年上海儿童书局版《知行诗歌别集》。

3月　在《教育月刊》发表《全国平民教育之现状》和《徽州推行平民教育办法》。

4月21日　在《申报·教育与人生》第27期发表▲《论平民读书处之得失》。

7月　在中华教育改进社第三届年会上谈对▲《请求力谋收回教育权案》的修改意见，记录稿载《中华教育界》第14卷第1期。

7月　作《半周岁的燕子矶国民学校——一个用钱最少的活学校》，发表于8月4日《申报·教育与人生》第24期。

8月9日　在《申报·平民周刊》发表诗歌▲《村魂歌》。

8月11日　致函清华学校（协商合办科学教员暑期研究会），收入1985年版《陶行知全集》第5卷。

8月14日　▲致函姚文采（师生共生活），收入1929年亚东图书馆版《知行书信》。

10月　在《中华教育界》第14卷第4期发表▲《平民教育概论》。

12月8日　在《申报·教育与人生》第60期发表▲《南京安徽公学创学旨趣》。

本年　▲为程湘帆所作《小学课程概论》写序，收入1989年四川教育出版社版《陶行知佚文集》。

本年　作英文论著《中国》，收入1925年纽约麦克米兰公司版《哥伦比亚大学师范学院国际教育研究所教育年鉴》。

本年，作诗▲《每事问》、▲《问到底》，收入1933年上海儿童书局版。

1925 年 （三十四岁）

2月7日 在《申报·平民周刊》发表《民国的政府》。

2月21日 在《申报·平民周刊》发表《主动的民意》。

5月 为陈鹤琴所作《语体文应用字汇》写序，收入1928年商务印书馆版《语体文应用字汇》。▲为中华教育改进社编《柏克赫司特女士与道尔顿制》写序，收入1989年四川教育出版社版《陶行知佚文集》。

6月 由商务印书馆出版英文论著 Education in China 1924（《民国十三年中国教育状况》）。

8月 在中华教育改进社第四届年会上演讲，介绍柏克赫司特女士，记录稿载同年9月《新教育》第11卷第2期。

8月 在中华教育改进社第四届年会上演讲▲《中国教育政策之商榷》，演讲词载同年9月《新教育》第11卷第2期。

8月 在中华教育改进社第四届年会上提出▲《请组织国家教育政策委员会案》、《请发起并筹备中华女子教育促进会案》等，载同年9月《新教育》第11卷第2期。

9月 在《新教育》第11卷第2期发表《〈新教育评论〉创刊缘起》。

11月14日 致函吕镜楼（小学理科），收入1929年亚东图书馆版《知行书信》。

12月1日 在《民国日报》发表演讲词▲《学生的精神》。

12月4日 在《新教育评论》第1卷第1期发表《本刊之使命》。

12月11日 在《新教育评论》第1卷第2期发表书评《陈著之〈家庭教育〉——愿与天下父母共读之》和《女师大与女大问题之讨论》。

12月18日 在《新教育评论》第1卷第3期发表《驳特定学区议》。

12月25日 在《新教育评论》第1卷第4期发表《内蒙革命与教育》。

本年底 在南开中学演讲《学做一个人》，演讲词载次年2月28日《生活周刊》第1卷第19期。

1926年 （三十五岁）

1月1日 在《新教育评论》第1卷第5期发表《四年前的这一周》。

1月8日 在《新教育评论》第1卷第6期发表▲《师范教育下乡运动》。

1月 致函杨继宗（教会学校与私立学校），载《新教育评论》第1卷第9期。

2月5日 在《新教育评论》第1卷第10期发表▲《整个的校长》。

2月19日 致函徐正之（如何引导学生努力求学），载《新教育评论》第1卷第12期。

3月27日 致函丁文江、胡适等（反对英国政府关于庚款处置办法），收入1979年中华书局版《胡适往来书信选》。

4月16日 在《新教育评论》第1卷第20期发表《尊重公有财产》。

4月 致函邵振青（女子大学与女子师范大学联合并存），收入1929年亚东图书馆版《知行书信》。

9月16日 致函陈陶遗（幼稚园应有之改革及进行方法），载同年10月《新教育评论》第2卷第19期。

9月17日 致函陈陶遗（农村急需设立幼稚园），载同年10月《新教育评论》第2卷第19期。

9月20日 作▲《我之学校观》，发表于同年11月5日《微音》第27—28合刊。

10月22日 在《新教育评论》第2卷第21期发表《天将明之师范学校——江宁县师范学校半日生活记》。

10月29日 在《新教育评论》第2卷第22期发表▲《创设乡村幼稚园宣言书》。

11月5日 在《新教育评论》第2卷第23期发表▲《南京中等学校训育研究会》。

11月7日 致函宋鼎（惟有学校负社会，没有社会负学校），收入1929年亚东图书馆版《知行书信》。

11月12日 在《新教育评论》第2卷第24期发表《幼稚园之新大陆——工厂与农村》。

11月21日 在中华教育改进社特约乡村教师研究会上演讲▲《我们的信条》，演讲词载同年12月10日《新教育评论》第3卷第2期。

11月24日 为《燕子矶小学》写▲序，收入1928年10月《燕子矶小学》。

11月26日 在《新教育评论》第2卷第26期发表《无锡小学之新生命——开原乡立第一小学一日生活记》。

12月3日 在《新教育评论》第3卷第1期发表▲《中国师范教育建设论》、▲《中华教育改进社改造全国乡村教育宣言书》。

12月14日 ▲致函凌冰（山穷水尽），收入1929年亚东图书馆版《知行书信》。

12月17日 在《新教育评论》第3卷第3期发表《中华教育改进社设立试验乡村师范学校第一院简章草案》。

12月19日 作《本校生长程序》，载《十年来之南京安徽中学》。

12月28日 作▲《试验乡村师范学校答客问》，载次年1月《乡教丛讯》，并收入1928年亚东图书馆版《中国教育改造》。

12月 作▲《中国乡村教育之根本改造》。收入1928年亚东图书馆版《中国教育改造》。

1927 年 （三十六岁）

  1月3日 在青年会演讲《中国乡村教育之根本改造》，记录稿载于同年4月《中华教育界》第16卷第10期。

  2月3日 致函石民佣、费锡胤等（师范教育之彻底改革），收入1929年亚东图书馆版《知行书信》。

  2月9日 致函潘一尘（试就小学办师范），收入1929年亚东图书馆版《知行书信》。

  2月11日 致函曹聚仁（加入乡村教育运动），载同月16日《乡教丛讯》第1卷第4期。

  2月21日 ▲致函王琳（为中国教育寻觅曙光），载3月1日《乡教丛讯》第1卷第5期。

  3月15日 在试验乡村师范学校开学典礼上谈该校特点，记录稿载杨效春所著《晓庄一岁》。

  4月2日 致函晓庄师范全校同志（晓庄学校之使命），收入1929年亚东图书馆版《知行书信》。

  5月6日 在《新教育评论》第3卷第23期发表《北齐庙会期内之农民教育运动》。

  5月15日 致函晓庄师范全校同学（实际生活是我们的指南针），收入1929年亚东图书馆版《知行书信》。

  7月19日 在晓庄师范寅会上演讲《农夫的身手》，记录稿载8月1日《乡教丛讯》第1卷第15期。

  8月14日 为南京市教育局长和各校校长谈▲《晓庄试验乡村师范学校创校概况》，记录稿载9月1日《乡教丛讯》第1卷第17期。

  8月15日 在《乡教丛讯》第1卷第16期发表▲《如何教农民出头》。

9月1日　在《乡教丛讯》第1卷第17期发表《平等与自由》。

9月27日　在《教育季刊》第3卷第3期发表▲《中国乡村教育运动之一斑——中国代表致送坎拿大世界教育会议报告之一》。

9月　致函胡适（拜金主义），收入1929年亚东图书馆版《知行书信》。

10月26日　演讲《政治家与政客》，演讲词载同年11月《乡教丛讯》第1卷第21期。

11月2日　演讲▲《教学做合一》，演讲词收入1928年亚东图书馆版《中国教育改造》。

11月3日　演讲▲《在劳力上劳心》，演讲词收入1928年亚东图书馆版《中国教育改造》。

11月5日　演讲▲《以教人者教己》，演讲词收入1928年亚东图书馆版《中国教育改造》。

11月7日　演讲《本校产生时的催生娘娘》，记录稿收入1934年上海儿童书局版《晓庄之一页》。

11月9日　作诗▲《锄头舞歌》，收入1933年上海儿童书局版《知行诗歌集》。

1928年　（三十七岁）

1月9日　写▲《艺友制师范教育答客问——关于南京六校招收艺友之解释》，发表于1月9日、11日《民国日报》。

3月15日　演讲《晓庄试验乡村师范的第一年》，演讲词载5月《教育研究》第4期。

约3月　作诗《风雨中开学》，收入1935年上海儿童书局版《知行诗歌别集》。

4月4日　为自编教育论文集《中国教育改造》写▲《自序》，该书由上海亚东图书馆于1928年4月出版。

4月　发表《从野人生活出发》、▲《生活工具主义之教育》、《答操震球之问》、▲《如何使幼稚教育普及》和▲《"伪知识"阶级》等，收入1928年亚东图书馆版《中国教育改造》。

5月中下旬　在第一次全国教育会议上提出《乡村小学、师范学校标准案》、《调查全国幼稚教育案》、《各省、各县、各市实验小学设立幼稚园案》、▲《推广乡村幼稚园案》、《各省开办试验幼稚师范案》、▲《设立教育研究所案》、《审查编辑幼稚园课程及教材案》、▲《小学目标案》、▲《减少校工以实现劳动教育案》、▲《改革乡村教育案》、《请大学院呈请国民政府，划出地方数处献与人类，俾抱有改造社会理想之学者，得以运用科学方法，实现极乐世界，俟试有结果，再行从事推广，以收大同之效案》等，收入同年8月上海商务印书馆版《全国教育会议报告》。

6月　作诗《功友》，收入1981年三联书店版《行知诗歌集》。

8月1日　致函中国科学社（重视生物学），收入1981年安徽人民出版社版《行知书信选》。

8月15日　▲致函大学生（介绍一件大事），收入1929年亚东图书馆版《知行书信》。

8月18日　致函冯玉祥（武八股），收入1929年亚东图书馆版《知行书信》。

10月10日　演讲▲《今后中华民族的使命》，记录稿载11月30日《乡教丛讯》第2卷第22期。

本年底　▲致函朱端琰（谈教学做合一），载1929年3月《教育汇刊》第1期。

1929年（三十八岁）

1月　由上海亚东图书馆出版《知行书信》。

2月　在《地方教育》第1期发表▲《地方教育与乡村改造》。

3月15日　在《乡教丛讯》第3卷第3期发表▲《这一年》、

《对于乡村教育及本校赞助人之总致谢》。

春　与前往江苏淮安创办新安小学的李友梅等人谈话，记录稿收入1933年上海儿童书局版《古庙活菩萨》。

4月28日　为程本海著《在晓庄》写序，收入1930年1月中华书局版《在晓庄》。

4月30日　在《乡教丛讯》第3卷第6期发表演讲词《定于一》。

5月15日　在《乡教丛讯》第3卷第7期发表《哥伦布探得新大陆》。

7月30日　在《乡教丛讯》第3卷第12期发表▲《行是知之始》。

10月28日　在晓庄学校幼稚教育研究会上演讲《今日之幼稚园》，记录稿载次年4月12日《乡村教师》第11期。

11月10—11日　在湘湖师范教学做讨论会上答客问，记录稿收入1951年上海教育书店版《教学做合一讨论集》。

11月15日　在《乡教丛讯》第3卷第19期发表《和平门的村民大会——解决吃水问题的教学做》、《教学做合一测验》和《〈谈心集〉序》。

12月20日　作诗《小庄晓》，收入1933年上海儿童书局版《知行诗歌集》。

12月22日　作诗▲《乡下先生小影》，收入1933年上海儿童书局版《知行诗歌集》。

1930年　（三十九岁）

1月8日　作诗▲《告书呆子》，收入1933年上海儿童书局版《知行诗歌集》。

2月1日　在《乡村教师》第1期发表《本刊宣言》、《生活即教育》、《社会即学校》和《晓庄学校民国十九年的计划大纲》。

3月15日　在《乡村教师》第7期发表▲《晓庄三岁敬告同志书》。

3月29日　在《乡村教师》第9期发表演讲词▲《生活即教育》和《为组织试验乡推行村治呈民政厅文》。

春　写《实施义务教育初步计划提要》，收入1930年上海江东书局版《第二次全国教育会议始末记》。

4月9日　写▲《护校宣言》，载5月17日《京报》。

7月　发表辞条▲《教育改进》、《生活历》、《艺友制的教育》。

11月7日　作诗《一双手》，收入1933年上海儿童书局版《知行诗歌集》。

12月15日　作诗《贺胡适先生四十岁》，收入1935年上海儿童书局版《知行诗歌别集》。

本年　作诗▲《改作黄金时代歌》，收入1981年三联书店版《行知诗歌集》。

1931年　（四十岁）

春　作诗▲《春天不是读书天》、《儿童工歌》、▲《敬赠师范生》、▲《诗的学校》和▲《糊涂的先生》等，收入1933年上海儿童书局版《知行诗歌集》。

4月7日　作诗《学生或学死》，收入1935年上海儿童书局版《知行诗歌别集》。

4月15日　在《师范生》第1期发表《师范生的第一变——变个孙悟空》。

4月18日　作诗《小孩不小歌》，收入1933年上海儿童书局版《知行诗歌集》。

5月1日　在《儿童生活》第1期发表《一只鸽子》。后改题为《白鸽》，由上海儿童书局作为《创作故事丛书》之一出版。

5月15日　在《师范生》第2期发表《师范生的第二变——

变个小孩子》。

6月6日 作诗《教师节》（一）（二），收入1933年上海儿童书局版《知行诗歌集》。

7月1日 在《儿童生活》第3期发表《乌鸦歌》，后改题为《乌鸦》，由上海儿童书局作为《创作故事丛书》之一出版。

7月 在《中华教育界》第19卷第3期发表▲《中华民族之出路与中国教育之出路》。

8月 在《中华教育界》第19卷第4期发表▲《教学做合一下之教科书》。

9月4日 在《申报·自由谈》发表《胡适捉鬼》。

9月21日 写《科学的生活》，10月10日在《生活》第6卷第42期发表。

9月25日 在《申报·自由说》发表《假好人》。

秋 作诗《三伐》，收入1933年上海儿童书局版《知行诗歌集》。

秋 致函问真、探真（科学的孩子），载同年11月8日《申报·自由谈》。

10月1日 在《申报·自由说》发表《战时的功课》。

10月10日 在《申报·自由谈》发表《背起四个十字架》。

10月18日 在《申报·自由谈》发表《我的小怀抱》。

10月20日 在《申报·自由谈》发表《陶知行的颜色》。

10月30日 在《申报·自由谈》发表《工业文明》。

10月 由上海儿童书局出版《儿童的度量衡》（上）（下）、《空气的科学把戏》（一）（二）和《肥皂的把戏》，前列五书均属《儿童科学丛书》。

11月4日 在《申报·自由谈》发表《笼统哥之统一》。

11月11日 在《申报·自由谈》发表▲《思想的母亲》。

11月12日 在《申报·自由谈》发表《莫轻看徒弟》。

11月26日　在《申报·自由谈》发表《新旧时代之学生》。

11月　作诗▲《死》、▲《活》，收入1948年光华书店版《行知诗歌选》。

12月11—12日　在《申报·自由谈》发表《一个教师与家长的答复——出头处要自由》。

冬　作诗《儿子教学做之四个阶段》，收入1935年上海儿童书局版《知行诗歌别集》。作诗▲《手脑相长歌》，收入1933年上海儿童书局版《知行诗歌集》。

本年　致函一位青年小学教师（如何可以不做一个时代落伍者），收入1981年安徽人民出版社版《行知书信集》。

1932年　（四十一岁）

1月1日　在《申报·自由谈》发表《新年三问三答》。

1月8日　在《申报·自由谈》发表《颠倒的逻辑》。

1月9—10日　在《申报·自由谈》发表《从烧煤炉谈到教育》。

1月11日　在《申报·自由谈》发表《主人教育》。

1月16日　在《申报·自由谈》发表《创造中之中华民族》。

1月21—22日　在《申报·自由谈》发表《是非》。

1月23—24日　在《申报·自由谈》发表《儿子教学做之一课》。

3月22日　▲致函庄泽宣（关于科学教育），载《教育研究》（中大）第35期。

3月　发表《怎样做一个科学的孩子》，收入上海儿童书局出版《儿童科学指导》（一）；发表《怎样选书》，收入《儿童科学指导》（二）。

4月17日　致函教师、家长和小朋友（《儿童科学丛书》的用法），收入1981年安徽人民出版社版《行知书信集》。

4月25日　致函伍朝枢（贺先生抱开辟的精神出治琼崖），载1986年《行知研究》第3期。

4月　由《申报》馆出版杂文集《斋夫自由谈》。

5月13日　在杭州师范学校演讲《儿童科学教育》，记录稿载6月20日杭州师范学校刊印的《师范教育学术讲座演讲集（第一辑）》。

5月21日　在《申报》开始发表教育小说《古庙敲钟录》，8月15日载完。次年3月又由上海儿童书局成书出版。

5月30日　致函台和中（以大自然为生物园），收入1981年安徽人民出版社版《行知书信集》。

6月20日　在《消息》月刊发表《仍在不辍研究中的"活的教育"》。

6月24日　致函徐笃仁（全民族五大训练），载6月26日《时事新报》。

夏　写▲《乡村工学团试验初步计划说明书》，收入1934年11月上海儿童书局版《山海工学团》。

夏　作诗《活的教育》、▲《拉车的教员》、《拉车》、《士之小影》、▲《两位先生的对话》和《招生》等，收入1933年上海儿童书局版《知行诗歌集》。

8月30日　在上海沪江大学演讲▲《国难与教育》，收入1933年上海儿童书局版《晓庄批判》。

9月20日　在《消息》月刊发表《从教育上谋国难的出路》。

9月　发表为李楚材所著《破晓》所写的《序》，收入同年上海儿童书局版《破晓》。

10月　由上海儿童书局出版《教学做合一讨论集》。作诗▲《自动学校小影》，收入1933年上海儿童书局版《知行诗歌集》。

11月28日　在《教育周刊》第137期发表在暨南大学教育学系的演讲词▲《目前中国教育的两条路线——教劳心者劳力，教劳力者劳心》。

12月 与孙铭勋谈《幼稚园要重视科学的训练》,记录稿收入1934年上海儿童书局版《晓庄幼稚教育》。

冬 作诗《留级》,收入1933年上海儿童书局版《知行诗歌集》。

1933年 (四十二岁)。

1月16日 在《新社会》第4卷第2号发表演讲词▲《手脑相长》。

3月15日 作诗《新锄头舞歌》,收入1933年上海儿童书局版《知行诗歌集》。

3月 在《教育建设》第5辑发表在上海大夏大学的演讲词▲《创造的教育》。

4月2日 作诗《儿童节歌》,收入1933年上海儿童书局版《知行诗歌集》。

约4月 作诗《瞄准乡村向前冲》,收入1985年湖南教育出版社版《陶行知全集》第4卷。

7月 由上海儿童书局出版《知行诗歌集》。

9月16日 与山海少年工学团谈《为农人服务的方针和做学问的方法》,收入次年11月上海儿童书局版《山海工学团》。

10月26日 与新安儿童旅行团谈《参观和演讲的方法》,记录稿收入1935年上海儿童书局版《我们的旅行记》。

10月 由上海儿童书局出版《幼稚教育论文集》。

11月 在《女青年月刊》上发表在基督教女青年会的演讲词《农工教育对于社会改造的重要》。

12月15日 致函承国英(乡村教育要不会办教育的人办),载次年4月16日《生活教育》第1卷第5期。

本年 由儿童科学通讯学校自刊函授教材《儿童天文学活页指

导》(一)(二)(三)和《算学的把戏》。

1934年 （四十三岁）

1月4日　致函潘一尘（小孩子有不可思议的力量），收入同年12月上海儿童书局版《一个南方的普及教育运动》。

1月20日　致函生活教育社全体同志（各人对于劳苦大众干了什么事），载4月1日《生活教育》第1卷第4期。

2月16日　在《生活教育》第1卷第1期发表▲《生活教育》、▲《普及什么教育》和《小先生》。

3月1日　在《生活教育》第1卷第2期发表《从穷人教育想到穷国教育》、《从救水想到小孩的力量》、《怎样培养普及教育的人才》和《创立山海工学团的呈文》等。

3月16日　在《生活教育》第1卷第3期发表《从守财奴想到守知奴》。作诗▲《小先生歌》，收入1947年大孚出版公司版《行知诗歌集》。

4月1日　在《生活教育》第1卷第4期发表《怎样指导小先生》。

4月4日　在山海工学团庆祝儿童节大会上演讲《普及教育与学武训》，收入1934年上海儿童书局版《山海工学团》。

4月16日　在《生活教育》第1卷第5期发表《从今年的儿童节到明年的儿童节》。

4月　由商务印书馆出版《儿童节歌曲集》（陶行知词，赵元任曲）。

5月1日　在《生活教育》第1卷第6期发表《从学军到工学军》。

5月6日　与山海工学团全体工师及艺友谈《怎样达到工以养生》，记录稿载7月16日《生活教育》第1卷第11期。

5月16日　在《生活教育》第1卷第7期发表《暑期普及教

育运动》。作诗▲《教师歌——献给儿童教育社同人》，收入1947年大孚出版公司版《行知诗歌集》。

6月1日　在《生活教育》第1卷第8期发表《杀人的会考与创造的考成》。

6月16日　在《生活教育》第1卷第9期发表《文言白话又一战》。

7月1日　在《生活教育》第1卷第10期发表《大众语文运动之路》。

7月16日　在《生活教育》第1卷第11期发表《行知行》。

8月1日　在《生活教育》第1卷第12期发表《小先生解》、《四十万人民是参考书吗》和《评〈分部教科书〉》。

8月20日　致函汪达之（你们走的是创造之路），收入1935年上海儿童书局版《生活的书》。

9月1日　在《生活教育》第1卷第14期发表《女子教育总解决》。

10月　在《新生》第1卷第36期发表▲《教育的新生》。发表《大众的力量伟大》和▲《普及教育运动小史》等，收入同年上海儿童书局版《普及教育》。

11月10日　在《读书生活》第1卷第1期发表《读书与用书》。

11月15日　在山海工学团星期总集会讨论会上谈▲《传统教育与生活教育有什么区别》，载12月1日《生活教育》第1卷第20期。

11月16日　在《生活教育》第1卷第19期发表《怎样指导小朋友明白时事》。

11月23日　为新安儿童旅行团编著《我们的旅行记》写序，收入次年4月上海儿童书局版《我们的旅行记》。

12月1日　在《生活教育》第1卷第20期发表在宝山县民众教育馆主办的民众教育服务人员训练班开学典礼上演讲词▲《小先

生与民众教育》。

12月16日　在《生活教育》第1卷第21期发表《答复子钵先生之批评》。

12月24日　在安徽大学演讲《普及教育》，演讲词载《安大周刊》第176期。

本年　作诗《兴学的乞丐》，收入本年12月山东临清私立武训小学编印的《武训诞辰九七周年纪念册》。

1935年　（四十四岁）

1月1日　在《生活教育》第1卷第22期发表《不费钱的课本》和《拉夫教育》。

1月16日　在《生活教育》第1卷第23期发表《谈文字符号》和《谈调查学龄儿童》等。

2月1日　在《生活教育》第1卷第24期发表《胡适的普及教育理论》、《从孔德成的教育说到孔子的故乡与祖国》和《一来一去》等。

2月12—26日　在上海《晨报·普及教育周刊》连载演讲词《普及教育》。

3月1日　在《生活教育》第2卷第1期发表《乡村小学比赛表》、▲《中国普及教育方案商讨》和《私塾改造会组织大纲草案》等。

同日　在《生活教育》第2卷第1期开始发表▲《攻破普及教育之难关》，4月1日载完。

3月4日　致函山海儿童社会（新的旅行法），载5月1日《生活教育》第2卷第5期。

3月8日　在汉口市立第三小学演讲《怎样做小先生》，收入1935年4月汉口市立第三小学编《汉口市三小小先生》（第一集）。

4月1日　作诗《凤阳花鼓改作》，收入1947年大孚出版公司版《行知诗歌集》。

4月16日　在《生活教育》第2卷第4期发表《五千万匹马力的普及教育机器》。

4月　由上海商务印书馆出版普及教育识字课本《老少通千字课》(1—4册)。

约4月　作诗《儿童节献歌》(之一)(之二),收入1947年大孚出版公司版《行知诗歌集》(之三)(之四),收入1936年上海儿童书局版《知行诗歌之集》。作诗《儿童节献词》,收入1936年上海儿童书局版《知行诗歌三集》。

5月1日　在《生活教育》第2卷第5期发表▲《文化细胞》。

5月16日　在《生活教育》第2卷第6期▲《文化网》和《强迫教育新义》。

6月1日　在《生活教育》第2卷第7期发表《对于上海市普及初步教育之意见》、《儿戏与儿教》。

6月16日　在《生活教育》第2卷第8期发表《通不通》。

7月1日　在《生活教育》第2卷第9期发表《从跑狗场谈到教育》。

7月16日　在《生活教育》第2卷第10期发表《读〈实施义务教育暂行办法大纲〉有感》。

7月25日　在《读书生活》第2卷第6期发表《大众读书谈》。

8月1日　在《生活教育》第2卷第11期发表《普及教育之组织与方法》和《再论普及教育之组织与方法》。

8月16日　在《生活教育》第2卷第12期发表《新文字创造之商榷》。

9月4日　作▲《佘儿岗儿童自动小学三周纪念》,收入1947年大孚出版公司版《行知诗歌集》。

约10月　作诗《新文字歌》(一)(二),收入1936年上海儿童书局版《知行诗歌三集》。

11月1日　在《生活教育》第2卷第17期发表《新诗路线》等。

11月11日　在《晨报·普教周刊》发表《普及教育与店员》。

11月16日　在《生活教育》第2卷第18期发表《怎样写大众文》、《再谈怎样写大众文》。

11月19日　在《晨报·普教周刊》发表《家庭妇女与普及教育》。

11月　由上海生活书店出版专著《怎样做小先生》。

12月1日　在《生活教育》第2卷第19期发表《大众画报——一个需要，一个建议》和《流通图书馆与普及教育》等。

12月23日　在《大众生活》第1卷第2期发表《四个先生——教人写大众文，不取学费》。

12月　由上海儿童书局出版《知行诗歌别集》。

本年　由上海儿童书局出版论文集《普及教育续编》。

1936年　（四十五岁）

1月1日　在《生活教育》第2卷第21期发表《连环的矛盾》和《十二月运动与五四运动》。

1月16日　在《生活教育》第2卷第22期发表《白话文与大众文》和《上海文化界救国会国难教育方案》。

2月1日　在《生活教育》第2卷第23期发表《战斗》。

2月10日　致函冯玉祥（对士兵实施国难教育），收入1981年安徽人民出版社版《行知书信集》。

2月16日　在《生活教育》第2卷第24期发表《民族解放大学校》。

3月1日　在《生活教育》第3卷第1期发表《国难教育方案之特质》。

3月16日　在《生活教育》第3卷第2期发表▲《生活教育

之特质》。

3月25日　作诗《儿童节献歌》，收入1947年大孚出版公司版《行知诗歌集》。

4月1日　在《生活教育》第3卷第3期发表《儿童节对全国教师谈话》。

4月4日　在《永生周刊》第1卷第5期发表《谈谈儿童节》。

4月16日　在《生活教育》第3卷第4期发表《教育逃走》和《新文字和国语罗马字——答复黎锦熙先生》。

4月30日　在广州中山大学大礼堂演讲《怎样才能粉碎日本的大陆政策》，演讲词载5月1日《中山大学日报》。

5月1日　在广州中山大学大礼堂演讲《大众教育问题》，演讲词载5月8日《民国日报·教育周刊》。在《生活教育》第3卷第5期发表《我们对于执行新文字的意见》等。在上海英文版半月刊《中国之声》第1卷第4期发表英文论著 China's New Language（《中国的新文字》）。

5月10日　在《大众教育》创刊号发表《大众教育与民族解放运动》和▲《我们的态度》。

5月16日　在《生活教育》第3卷第6期发表《叶诚一先生的教育主张》等。对南宁市中学生演讲《中国的出路》，演讲词载5月29日、30日《民国日报》。

5月19日　致函芝冈（新文字为推进大众文化之最有效的工具），载5月22日南宁《民国日报》。

5月22日　在南宁《民国日报》发表《我和女工们讲的话》。

5月30日　在《救亡情报》发表《国难教育问题——答香港〈工商日报〉记者问》。

6月1日　在《生活教育》第3卷第7期发表《新大学》。

6月14日　在《生活日报》星期增刊第1卷第2期发表《文化解放》。

6月16日　在《生活教育》第3卷第8期发表《民族解放与大众解放》等。

6月21日　在《生活日报》星期增刊第1卷第3期发表《民众运动》。

6月22日　在《生活日报》发表《抵抗论》。

6月28日　在《生活日报》星期增刊第1卷第4期发表《从大众歌曲讲到民众歌咏团》。

6月　由上海儿童书局出版论文集《普及教育之编》，发表▲《普及教育之歧路》、《民族解放中小先生之使命》、《答复庶谦先生》、《普及民族自救的教育》、《沪郊各县初步普及教育办法草案》和《普及什么教育——普及教育的四种精神》等。

7月1日　在《生活教育》第3卷第9期发表《争取时间》和《和民族解放运动配合的中等教育——和一位大规模的省立中学校长的谈话》。

7月5日　在《生活日报》星期增刊第1卷第5期发表《树下谈话记——怎样才可以做一个前进的青年》。

7月11日　在《生活日报》发表与该报记者的谈话记录《南京若与红军携手，救亡实力大有可观》。

7月16日　在星洲青年励志社演讲《新中国与新教育》，演讲词载8月16日《生活教育》第3卷第12期。在《生活教育》第3卷第10期发表《苏联宪法草案中之公民权》。

7月27日　在《民国日报》发表《第二次"新文字讨论会"演辞》。

7月　作诗《团结御侮文件》，收入1947年大孚出版公司版《行知诗歌集》。

8月1日　在《生活教育》第3卷第11期发表《我对联合战线的认识》。

8月　由上海大众文化社出版论文集▲《中国大众教育问题》。

9月12日　在巴黎华侨各界欢迎会上演讲《联合奋起,抗日救亡》,记录稿载同月巴黎《救国时报》。

9月21日　作诗《赞〈救国时报〉》,载10月8日《救国时报》第60期。

10月5日　作诗《跟青年学》,收入1947年大孚出版公司版《行知诗歌集》。

10月30日　作诗《马克思墓》,收入1947年大孚出版公司版《行知诗歌集》。

10月　发表《儿童的世界》,收入同月上海生活书店版《今日之儿童》。作诗《中国人》,收入1981年三联书店版《行知诗歌集》。

11月22日　在全欧华侨抗日救国大会上演讲《〈团结御侮的几个基本条件与最低要求〉之再度说明》,载11月29日《救亡情报》。

本年　由上海儿童书局出版《知行诗歌三集》。

1937年　(四十六岁)

4月14日　在加拿大温哥华演讲《中国的抗战是不自由就受奴役的斗争》,英文记录稿载同月加拿大报纸 Sun。

6月　在《消息》月刊第10卷第6期发表《对于中国学生运动之认识与希望——祝全国学联成立周年纪念并述我个人》。

12月24日　作诗《战场即学校——写第八路军对日军之宣传教育》,收入1947年大孚出版公司版《行知诗歌集》。

1938年　(四十七岁)

1月4日　致函吴树琴(十二个字的理论),收入1981年安徽人民出版社版《行知书信集》。

1月5日　致函戴伯韬、刘季平(把战场变作学堂),载同年1

月《战时教育》第 1 卷第 12 期。

5月9日 作诗《笔伐平时教育》，收入 1947 年大孚出版公司版《行知诗歌集》。

5月12日 作诗《〈先锋〉八周年》（一），收入 1947 年大孚出版公司版《行知诗歌集》。

夏 作诗《衣联歌初稿》，收入 1947 年大孚出版公司版《行知诗歌集》。

7月27日 用英文致函甘地（Gandhi）、泰戈尔（Tagore）等，收入 1985 年湖南教育出版社版《陶行知全集》第 5 卷。

9月1日 在香港各界欢迎会上演讲《国际形势与中国抗战》，载 9 月 7 日香港《救亡日报》。

9月9日 完成英文论著 The People's Education Movement in China（《中国的大众教育运动》）。该文系应甘地约请而作。最初分几次载 10 月 29 日、11 月 5 日和 11 月 9 日印度 HARIJAN（《民族旗帜》）。1945 年 8 月，由生活教育社自刊成单行本。

10月15日 作诗《鲁迅先生逝世两周年纪念》，收入 1947 年大孚出版公司版《行知诗歌集》。

10月24日 作诗《〈鲁迅全集〉出版祝》，收入 1947 年大孚出版公司版《行知诗歌集》。

10月28日 在国民参政会一届二次会议上提出《推进普及教育以增加抗战力量而树立建国基础案》，收入 1985 年湖南教育出版社版《陶行知全集》第 3 卷。

11月5日 在《新华日报》发表与该报记者谈话记录▲《谈战时民众教育》。在重庆保育院演讲《小朋友是民族未来的巨子》，演讲词载 11 月 6 日、7 日重庆《新华日报》。

12月25日 在《战时教育》第 3 卷第 9 期发表《一个建议——桂林山洞教育》。

12月 在香港应东江华侨回乡服务团训练班的邀请演讲《回

乡去怎样工作》，记录稿载次年1月13日《东江》创刊号。

本年　作英文论著 China（《中国》），收入《1938年哥伦比亚大学国际师范学院教育年鉴》。

1939年　（四十八岁）

1月2日　作诗《生活教育小影》、《战时民众教育》，收入1947年大孚出版公司版《行知诗歌集》。

1月10日　在《战时教育》第3卷第10期发表▲《生活教育目前的任务》。

1月14日　在香港《立报》发表《说书》。

1月25日　在《战时教育》第3卷第11期发表《推行生活教育之又一方式》。

2月10日　在《战时教育》第3卷第12期发表《桂林战时民众教育工作人员须知》。

3月10日　在《战时教育》第4卷第2期发表▲《评加强教育党化》。

3月14日　致函宋美龄（育才学校创办旨意），收入1985年湖南教育出版社版《陶行知全集》第5卷。

3月15日　在《生活教育十二周年纪念刊》发表在香港中华业余学校的演讲词▲《全面抗战与全面教育》。写▲《告生活教育社同志书——为生活教育运动十二周年纪念而作》，载同月25日《战时教育》第4卷第3期。

3月24日　作诗《儿童节歌》（一）（二）（三），收入1947年大孚出版公司版《行知诗歌集》。

4月10日　在《战时教育》第4卷第4期发表，《评〈第三届全国教育会议宣言〉》。

5月30日　致函邓哲熙（生活教育的目的），收入1981年安徽人民出版社版《行知书信集》。

6月　写▲《育才学校教育纲要草案》，收入1943年6月延安新教育会编《行知教育论文选集》。

7月20日　演讲▲《育才学校创办旨趣》，载次年8月1日《战时教育》第6卷第1期。

7月　写▲《讨论生活教育的提纲》，原件存晓庄师范。

9月9日　致函陶晓光、陶城（青年至少要学好一种外国语），收入1981年安徽人民出版社版《行知书信集》。

9月10日　在《新华日报》发表《精诚团结是民族存亡的关头》。

11月16日　写《宪政运动与国民教育》，载同年12月10日《战时教育》第5卷第3期。

11月25日　在《战时教育》第5卷第2期发表《填鸭教育》。

11月27日　致吴羽白函（学问与革命是一件事），载同年12月25日《战时教育》第5卷第4期。

12月25日　在《战时教育》第5卷第4期发表▲《我的民众教育观》。

12月　写▲《我们的校徽》，载12月25日《战时教育》第5卷第4期，收入1951年新北京出版社《育才学校》。写▲致一位朋友函（谈生活教育），载次年1月10日《战时教育》第5卷第5期。

1940年　（四十九岁）

1月10日　在《战时教育》第5卷第5期发表《谈未来的东亚新秩序》。

1月11日　在《新华日报》发表《〈新华日报〉二周纪念》一诗。

1月25日　在《战时教育》第5卷第6期发表▲《游击区教育》。

2月10日　在《战时教育》第5卷第7期发表在重庆保育院院长会议上的演讲词《儿童保育问题》。

3月10日　在《战时教育》第5卷第9期发表《小学教师之烦恼》。

3月25日　在《战时教育》第5卷第10期发表《生活教育运动十三周年纪念告同志》。

4月9日　与《新华日报》记者谈话《抗战必须坚持团结停止摩擦》，记录稿载次日重庆《新华日报》。

4月25日　在《战时教育》第5卷第12期发表《结婚歌——调寄村魂歌》一诗。

7月7日　致函业勤（儿童教育的任务），收入1985年湖南教育出版社版《陶行知全集》第5卷。

8月10日　▲致函潘畏三（我们不是企图取消学校教育），收入1981年安徽人民出版社版《行知书信集》。

10月29日　致函皎然（教育要起推动作用），收入1985年湖南教育出版社版《陶行知全集》第5卷。

12月10日　在《战时教育》第6卷第2期发表《谈海外回国青年之教育》。

1941年　（五十岁）

1月10日　在《战时教育》第6卷第3期发表《清水沙盘——献给全国的小朋友》。

1月25日　致函陶晓光（追求真理做真人），收入1985年湖南教育出版社版《陶行知全集》第5卷。

6月1日　在《战时教育》第6卷第4、5合期发表▲《新武训》。

6月底　写▲《育才二周岁前夜》，载《战时教育》第6卷第6、7、8合期。

7月23日　致函陶晓光（在集体创造上学习创造），收入1981年安徽人民出版社版《行知书信集》。

9月26日　作诗《荷叶舞歌》，收入1947年大孚出版公司版

《行知诗歌集》。

10月 在国民参政会二届二次会上提出《设立中央儿童学园以倡导幼年社会教育案》和《化除青年烦闷发挥青年精神以保全民族元气而增加抗战建国力量案》等。

1942年 （五十一岁）

1月11日 作诗《〈新华日报〉四周纪念》，收入1981年三联书店版《行知诗歌集》。

1月19日 作诗《把自由还给我们》，收入1947年大孚出版公司版《行知诗歌集》。

3月15日 在生活教育社十五周年纪念会上演讲，▲记录稿载次日重庆《新华日报》。

春 作诗《自嘲》，收入1985年湖南教育出版社版《陶行知合集》第4卷。

7月7日 致函赵冕（培养人才幼苗的六字诀和十字诀），收入1981年安徽人民出版社版《行知书信集》。

7月20日 在育才学校三周年纪念晚会上演讲▲《每天四问》，收入1951年4月教育书店版《育才学校》。作《育才三周年祭同志文》，收入1947年大孚出版公司版《行知诗歌集》。

8月18日 写《写在〈植物小世界〉创刊号之后》，收入1951年4月教育书店版《育才学校》。

10月16日 在重庆育才学校晚间音乐会上演讲《把"创造之神"迎接回来了》，记录稿收入1951年12月教育书店版《教育创造风》。

11月7日 在《新华日报》发表《向史大林格勒战士致敬》和《苏联革命二十五周年纪念献词》二诗。

11月28日 作诗《长青不老歌》，收入1981年三联书店版《行知诗歌集》。

12月4日　演讲▲《育才十字诀》，收入1951年4月教育书店版《育才学校》。

　　12月24日　作诗《育才戏剧组共勉》，收入1947年大孚出版公司版《行知诗歌集》。

1943年　（五十二岁）

　　1月11日　作诗《贺〈新华〉五周年》，收入1947年大孚出版公司版《行知诗歌集》。

　　2月11日　致函陶宏（人生最大的目的还是博爱），收入1981年安徽人民出版社版《行知书信集》。

　　9月25日　作诗《百候中学复校十周年纪念》，收入1947年大孚出版公司版《行知诗歌集》。

　　秋　写《学习外国文》，收入1985年湖南教育出版社版《陶行知全集》第3卷。

　　10月13日　写▲《创造宣言》，收入1944年1月重庆时代印刷出版社《育才学校手册》。

　　11月28日　作诗▲《育才学校校歌》，收入1947年大孚出版公司版《行知诗歌集》。

　　12月　致函育才之友（关于育才学校的创办），收入1985年湖南教育出版社版《陶行知全集》第5卷。

　　本年　作诗▲《创造年献诗》，收入1985年湖南教育出版社版《陶行知全集》第4卷。写《怎样培养十六常能》，收入1985年湖南教育出版社版《陶行知全集》第3卷。

1944年　（五十三岁）

　　1月　发表▲《育才三方针》、《育才十二要》、《育才卫生教育二十九事》、《育才学校之礼节与公约》、《育才学校创造年计划大纲》、《育才学校创造奖金办法》、▲《育才二十三常能》和《育才学校节略》等，收入同月时代印刷出版社版《育才学校手册》。

6月25日 在《新华日报》发表关于民主与教育的若干看法。

6月 写《从五周年看五十周年》，收入1951年4月教育书店版《育才学校》。

7月 写《〈武训先生画传〉再版跋》，收入1985年湖南教育出版社版《陶行知全集》第3卷。

约8月 作诗《追思韬奋先生》、《邹韬奋先生挽歌》（一），收入1947年大孚出版公司版《行知诗歌集》。

9月18日 《邹韬奋先生挽歌》（二），收入1947年大孚出版公司版《行知诗歌集》。

9月25日 作诗《武训先生画赞》，收入1947年大孚出版公司版《行知诗歌集》。

10月8日 作诗《民主到那里去》（一）（二）（三），收入1947年大孚出版公司版《行知诗歌集》。

10月10日 作诗《歌唱现代》、《民主》、《政治的盘尼西林》、《言论自由》和《民主第一》等，收入1947年大孚出版公司版《行知诗歌集》。

10月13日 致函育才全体同志（召开校务会议），收入1950年11月新北京出版社版《陶行知四周年祭》。

12月5日 在育才学校武训诞辰纪念会上谈《武训精神》，记录稿载次日《新华日报》。

12月16日 在重庆《大公报》发表▲《创造的儿童教育》。在《时事新报》发表▲《敲碎儿童的地狱，创造儿童的乐园》。

12月25日 作诗《迎接民主年》，收入1947年大孚出版公司版《行知诗歌集》。

1945年 （五十四岁）

1月 写▲《创造的社会教育论纲》，原件存晓庄师范。

4月4日　在重庆《新华日报》发表《民主的儿童节》。

4月9日　在《新华日报》发表与该报记者的谈话，希望郭沫若筹办民主研究院。

4月22日　写《假如我重新做一个小孩》，收入1985年湖南教育出版社版《陶行知全集》第4卷。

5月　在《战时教育》第9卷第2期发表▲《实施民主教育的提纲》。

9月18日　由生活教育社刊行 Education for All（▲《全民教育》），Yu Tsai School for Talented Refugee Children（《育才学校英文手册》），The People's Education Movement in China（《中国大众教育运动》）。发表《育才学校的创办》，收入《育才学校英文手册》。

10月6日　在《民主星期刊》第2期发表译作《学习怎样运用自由》。作诗《四万万五千万人的大公司，四万万五千万人做老板》，收入1947年大孚出版公司版《行知诗歌集》。

10月8日　作诗《胜利带来了一切》，收入1947年大孚出版公司版《行知诗歌集》。

10月10日　由生活教育社刊行论文集《普及现代生活教育之路及其方案》。

10月27日　完成诗作《民之所好三首》，收入1947年大孚出版公司版《行知诗歌集》。

10月　作诗《立刻停止内战》，收入1947年大孚出版公司版《行知诗歌集》。

11月1日　在《民主教育》创刊号发表《民主》和▲《民主教育》。

11月6日　致函杜威（论中美两国关系），收入1981年安徽人民出版社版《行知书信集》。

12月1日　在《民主教育》第2期发表▲《民主教育之普

及》。在《民主》第 10 期发表《把武训先生解放出来——为武训先生诞辰一百零七周年纪念而写》。作诗《莫吞原子弹》,收入 1947 年大孚出版公司版《行知诗歌集》。

12 月 7 日　作诗《昆明因反内战被杀于再先生及荀极中、潘琰、李鲁连同学千古》,收入 1947 年大孚出版公司版《行知诗歌集》。

12 月 20 日　作诗《赠勉功先生》,收入 1985 年湖南教育出版社版《陶行知全集》第 4 卷。

12 月 22 日　作诗《政治协商会议之路》,收入 1947 年大孚出版公司版《行知诗歌集》。

12 月 23 日　在《自由导报》发表《抗战时代之乡下先生》。

约 12 月　作诗《中国救国会祭昆明反内战被害师生哀词》、《民主进行曲》,收入 1947 年大孚出版公司版《行知诗歌集》。

1946 年　（五十五岁）

1 月 1 日　作诗《新年的希望》,收入 1947 年大孚出版公司版《行知诗歌集》。

1 月 2 日　作诗▲《社会大学颂》,收入 1947 年大孚出版公司版《行知诗歌集》。

1 月 5 日　作诗《向民主小姐求爱》,收入 1947 年大孚出版公司版《行知诗歌集》。

1 月 11 日　作诗《贺〈新华日报〉八周岁》,收入 1985 年湖南教育出版社版《陶行知全集》第 4 卷。作诗《敬赠政治协商会议代表》和《新闻大学——贺〈新华日报〉八周岁》,收入 1947 年大孚出版公司版《行知诗歌集》。

1 月 28 日　在《新华日报》发表《"一二八"十四周年纪念》一诗。

1 月　在《民主教育》第 3 期发表《大众的艺术》。写▲《社会大学运动》,收入 1947 年 3 月上海生活书店版《陶行知教育论文选辑》。

2 月 2 日　作诗《大闹沧白堂有感》,收入 1947 年大孚出版公司版《行知诗歌集》。

3 月 22 日　在《民主》第 24 期发表▲《领导者再教育》。

3 月 15 日　在《民主》第 27 期发表与该杂志记者的谈话《谈社会大学》。

4 月 1 日　在《民主教育》第 6 期发表《值得我们学习的一件事》。

4 月 4 日　作诗《儿童节儿歌》、《儿童节大人歌》和▲《钱行歌——送别党化教育》,收入 1947 年大孚出版公司版《行知诗歌集》。

4 月 25 日　在《教师生活》第 10 期发表▲《自我再教育》一诗。

4 月　写▲《小学教师与民主运动》,收入 1947 年上海生活书店版《行知教育论文选辑》。

5 月 16 日　在《教师生活》第 13 期发表《跟人民和小孩学习》。

5 月 23 日　在《教师生活》第 14 期发表对教师们所作的系列讲话第一讲《第一件大事》。

5 月 30 日　在《教师生活》第 15 期发表系列讲话第二讲《谈接收主权》。

6 月 6 日　在《教师生活》第 16 期发表系列讲话第三讲▲《教师自动进修》。

6 月 13 日　在《教师生活》第 17 期发表系列讲话第四讲▲《谈扫除文盲》。

6 月 14 日　与柳湜谈教育问题,收入 1984 年 10 月湖南教育出版社版《纪念陶行知》。

6 月 19 日　作诗《春风文艺社题词》,收入 1947 年大孚出版公司版《行知诗歌集》。

6月　在《民主》第 39 期发表《怎样可以得到和平》。作诗《诗人节祝词》，收入 1947 年大孚出版公司版《行知诗歌集》。

约六月　与上海日文《改造日报》记者小野三郎谈自己的教育生涯，▲记录稿收入 1946 年《陶行知先生纪念集》。

7 月 7 日　作诗《赠女工夜校毕业典礼》，载同年《妇女》杂志。

7 月 16 日　致函育才同学会上海分会全体同学（为民主斗争前仆后继），收入 1985 年湖南教育出版社版《陶行知全集》第 5 卷。▲致函育才学校全体师生（最后一封信），收入 1951 年 4 月教育书店版《育才学校》。

7 月 18 日　作诗《追思李公朴先生》，收入 1947 年大孚出版公司版《行知诗歌集》。

7 月 21 日　作《祭邹韬奋先生文》，收入 1947 年大孚出版公司版《行知诗歌集》。

8 月 2 日　在上海《文汇报》发表《"走向殖民地"》。

陶行知笔名录

〔说明：陶行知原名陶文濬。他一生中的绝大部分作品，均以"陶知行"（1913—1934）和"陶行知"（1934—1946）署名或落款。〕

陶知行 首见于1913年2月发表的《〈金陵光〉出版之宣言》（《金陵光》4卷1期，该刊中文报的创刊号）。此期的"知行"属笔名。因在正式场合仍用本名"文濬"。1917年留美归国后，才几乎在所有场合以"知行"为名。

Tao Wen Tsing 英文笔名，系陶文濬的音译。首见于1913年2月发表的英文习作 *Look in Vain*（《徒托空望》，载《金陵光·英文报》第4卷第1期）。其后在译著中偶有使用。

Tao Chih Hsin 英文笔名，是陶知行的音译。首见于1913年4月发表的英文习作 *Three Famous Chinese Stories*（《中国著名故事三则》，载《金陵光·英文报》第4卷第3期）。其后在译著中偶有使用。

陶文濬 原名。用来发表作品，仅见于1914年10月发表的《共和精义》（毕业论文，载《金陵光》第6卷第5—6期）。在早期的书信，尤其是家信中，均以此署名。

Tao Teh-Shin（W. T. Tao） 英文笔名。如据英文音译成中文，似应为"陶德馨"或"陶德新"。然而从未见过他用过此类中文笔名。括号内的"W. T. Tao"显为陶文濬的英文拼写的简缩名。首见于1923年发表的英文专著 *Statistical Summaries of Chinese Education*（《中国之教育统计》，上海商务印书馆编印，1923年万国教育会议资料《简报16·第一卷》）。次见于1925年6月发表的英文专著 Education in China 1924（《民国十三年中国教育状况》，上海商务印书馆版）。

知行 首见于 1924 年 7 月 19 日发表的《大水是谁的罪过》（《申报·平民周刊》）。其后，在该刊发表的短文中屡有使用；在书信中使用得更早、更多。但在发表重要文论时，绝少这样使用。

陶 仅见于 1924 年 7 月 26 日发表的诗歌《问一问》（后改名《问到底》，载《申报·平民周刊》）。这种以姓代名的署名，仅见到这一次。

行 首见于 1924 年 7 月 26 日发表的《何不提倡裁兵筑路》（《申报·平民周刊》）。其后，在该刊发表短文时屡有使用。

知 首见于 1924 年 8 月 2 日发表的诗歌《每事问》（《申报·平民周刊》）。其后，在该刊发表诗文时也屡有使用。

时雨 首见于 1931 年 4 月 1 日发表的《攀智识塔》和《一只鸽子》（《儿童生活》第 1 期）。其后，在该刊和《师范生》杂志上发表作品时，也曾多次使用。此名和此期使用的笔名（如：梧影、何日平、不除庭草斋夫、斋夫）均兼有化名性质。因为当时国民党当局对陶行知的通缉令尚未取消。1932 年 2 月 22 日通缉令取消后，他才又开始用"陶行知"署名发表作品。

梧影 首见于 1931 年 7 月 1 日《乌鸦歌》（《儿童生活》第 3 期）。其后，在该刊发表作品时屡有使用。

何日平 首见于 1931 年 7 月发表的《中华民族之出路与中国教育之出路》（《中华教育界》19 卷 3 期）。本年发表的多篇重要教育论文，均用此署名。在书信中用此落款，始于 1930 年 4 月遭国民党政府通缉之后。

不除庭草斋夫 首见于 1931 年 9 月 2 日发表的杂文《不除庭草斋夫》（《申报·自由谈》）。后在该刊辟有"不除庭草斋夫谈荟"专栏。在书信中使用此名稍早。

斋夫 首见于 1931 年 10 月 10 日发表的《科学的生活》（《生

活周刊》6卷42期)。1932年4月30日,杂文专集《斋夫自由谈》出版。

行知行　首见于1934年7月16日"行知行闲谈"专栏(《生活教育》1卷11期)。首辟此栏时,在《行知行》一文中,宣布将"陶知行"一名改为"陶行知";此后所发表的文论,绝大多数均以"陶行知"署名。

陶㘔、**㘔**　"㘔"是陶行知自创的新字,并以该字为名。"㘔"字由"行知"二书拆散重组而成,意谓"行"和"知"不可分。首见于1935年4月16日《生活教育》封面题词的落款(2卷4期)。在此前后的书信或题签中常有使用。

Tao Shinz　汉语拼音笔名。仅见于1935年11月1日发表的中文和汉语拼音对照的诗歌《大减价的喊声》(《生活教育》2卷17期)。

Tao Xing-Zh　汉语拼音笔名。首见于1935年12月1日发表的中文和汉语拼音对照的诗歌《亭子间工学团》(《生活教育》2卷19期)。次见于1936年5月1日发表的英文论著 China's New Language (《中国的新文字》,载上海英文版半月刊《中国之声》1卷4期)。

水、**梧**、**李铭**、**铭**　均见于1937—1938年陶行知从海外致吴树琴(后为陶的续弦夫人)的私信中。显系化名性质。

W. T.　英文缩写名。可参见前述(W. T. Tao),显为英文"文濬"的简缩。首见于1937年9月12日致吴树琴的英文信,其后在致吴树琴的英文私信中用过多次。

Heng-Chih Tao　英文笔名。显系"陶行知"的音译。首见于1938年10月发表的英文论著 The People's Education Movement (《中国的大众教育运动》,载印度英文刊物《民族旗帜》)。其后出版的多种英文专辑均用此署名。

H. C. Tao　英文笔名。是前名的缩写式。首见于1938年发表的英文论著 China（《中国》，载美国哥伦比亚大学国际师范学院《教育年鉴》）。在此前后的英文书信的落款中，大多以此署名。

迎难馆主　别号。仅见于1939年1月10日所作诗歌《曹亮夫人等借余港寓明月楼开会》(1947年大孚版《行知诗歌集》)。

行知衙　首见于1939年4月10日开辟的"行知衙谈"专栏（《战时教育》第4卷第4期）。

中国文库·哲学社会科学类

(已出书目)

【第一辑】

马克思主义哲学纲要　　韩树英主编 …………… 人民出版社
中国哲学史新编(上中下册)　　冯友兰著 ………… 人民出版社
中国哲学史大纲(卷上)　　胡适著 ………………… 东方出版社
科学与哲学　　张东荪著 …………………………… 商务印书馆
知识论(上下册)　　金岳霖著 ……………………… 商务印书馆
法相唯识学(上下册)　　太虚著 …………………… 商务印书馆
大众哲学　　艾思奇著 ……………………………… 人民出版社
中国伦理学史　　蔡元培著 ………………………… 商务印书馆
中国近三百年学术史　　梁启超著 ………………… 东方出版社
西方美学史(上下册)　　朱光潜著 ………………… 人民文学出版社
通货新论　　马寅初著 ……………………………… 商务印书馆
资本主义的起源　　厉以宁著 ……………………… 商务印书馆
改革:我们正在过大关
　　吴敬琏著 ………………………… 生活·读书·新知三联书店
发展的道理　　樊纲著 …………… 生活·读书·新知三联书店
价值体系的历史选择　　李从军著 ………………… 人民出版社
汉语史稿　　王力著 ………………………………… 中华书局
音韵丛稿　　何九盈著 ……………………………… 商务印书馆
中国修辞学史　　周振甫著 ………………………… 商务印书馆
中国翻译简史(五四以前部分)
　　马祖毅著 ………………………… 中国对外翻译出版公司

【第二辑】

马克思主义哲学史(修订本)(共九卷)
　　黄楠森等主编 …………………………………… 北京出版社
文化与人生　　贺麟著 ……………………………… 商务印书馆
中国佛教哲学要义(上下卷)　　方立天著 ……… 中国人民大学出版社
中国哲学史方法论发凡　　张岱年著 ……………… 中华书局
基督教哲学年　　赵敦华著 ………………………… 人民出版社

海德格尔哲学概论　　陈嘉映著　……　生活·读书·新知三联书店
现象学及其效应——胡塞尔老生代德国哲学
　　　　倪梁康著　……………………　生活·读书·新知三联书店
东西文化及其哲学　　梁漱溟著　……………………　商务印书馆
形式逻辑　　金岳霖主编　…………………………　人民出版社
论逻辑经验主义　　洪谦著　………………………　商务印书馆
德国古典美学　　蒋孔阳著　………………………　商务印书馆
美学概论　　王朝闻主编　…………………………　人民出版社
两汉经学今古文平议　　钱穆著　…………………　商务印书馆
汉代学术史略　　顾颉刚著　………………………　东方出版社
中国资本主义发展史（全五册）
　　　　许涤新　吴承明主编　………………………　人民出版社
中国官僚政治研究　　王亚南著　………　中国社会科学出版社
江村经济——中国农民的生活　　费孝通著　………　商务印书馆
微观经济学纵横谈　　梁小民著　……　生活·读书·新知三联书店
用辩证的眼光看市场经济
　　　　董辅著　………………………　生活·读书·新知三联书店
刑法学原理（共三卷）　　高铭暄等主编　……　中国人民大学出版社
物权法研究　　王利明著　…………………　中国人民大学出版社
汉语语法史　　王力著　……………………………　商务印书馆
语法修辞讲话　　吕叔湘　朱德熙著　………　辽宁教育出版社
汉语现象论丛　　启功著　……………………………　中华书局
启功讲学录　　启功著　………………　北京师范大学出版社
中国学术思想史随笔　　曹聚仁著　……　生活·读书·新知三联书店
外国教育史（修订本）（上下册）
　　　　王天一等编著　…………………　北京师范大学出版社
当代翻译理论　　刘宓庆著　………………　中国对外翻译出版公司
财政学与中国财政——理论与现实（上下册）
　　　　马寅初著　………………………………　商务印书馆
英语史　　李赋宁著　…………………………………　商务印书馆

【第三辑】
毛泽东哲学著作五篇　　毛泽东著　………………　人民出版社
胡适选集　　胡适著　………………………　吉林人民出版社
论道　　金岳霖著　…………………………　中国人民大学出版社
中国政治史　　周谷城著　……………………………　中华书局
中国近百年政治史（1840～1926）　　李剑农著　……　复旦大学出版社

2

中国文化史(上中下册)　柳诒徵著……………东方出版中心
生育制度　费孝通著………………………………商务印书馆
中国文化与中国的兵　雷海宗著…………………商务印书馆
中国法律与中国社会　瞿同祖著……………………中华书局
20 世纪西方哲学东渐史(1-4)
　　　汤一介主编……………………首都师范大学出版社
老庄新论　陈鼓应著………………………………商务印书馆
通俗哲学　韩树英主编………………………中国青年出版社
晚清政治思想史论　王尔敏著………………广西师范大学出版社
中国传统政治哲学　周桂钿主编………………河北人民出版社
哲学通论　孙正聿著………………………………复旦大学出版社
简帛古书与学术源流　李零著………生活·读书·新知三联书店
中国反贪史(上下卷)　王春瑜主编……………四川人民出版社
中国现代化历程(三卷)　虞和平主编……………江苏人民出版社
竞争法论　徐士英著………………………………世界图书出版公司
金翼　林耀华著…………………………生活·读书·新知三联书店
马氏文通　马建忠著………………………………商务印书馆
乾嘉学派研究　陈祖武　朱彤窗著……………河北人民出版社
科学翻译学　黄忠廉　李亚舒著………中国对外翻译出版公司
禅宗思想渊源　吴言生著……………………………中华书局
丝绸之路宗教研究　李进新著………………新疆人民出版社

【第四辑】
中国伦理思想研究　张岱年著……………………江苏教育出版社
中国古代哲学的逻辑发展　冯契著………………东方出版中心
魏晋玄学论稿(增订版)
　　　汤用彤著………………………生活·读书·新知三联书店
易学哲学史　朱伯崑著……………………………昆仑出版社
儒家辩证法研究　庞朴著……………………………中华书局
唯物辩证法大纲　李达主编………………………人民出版社
郭象与魏晋哲学(增订本)　汤一介著…………北京大学出版社
逻辑经验主义的认识论　当代西方科学哲学
　　　江天骥著………………………………武汉大学出版社
中国古代思想史论　中国近代思想史论　中国现代思想史论
　　　李泽厚著………………………生活·读书·新知三联书店
思·史·诗——现象学和存在哲学研究
　　　叶秀山著………………………………………人民出版社

3

| 中国思想史 葛兆光著 ················· 复旦大学出版社
| 有无之境 陈来著 ················· 生活·读书·新知三联书店
| 中国社会主义经济问题研究 薛暮桥著 ········· 人民出版社
| 社会主义经济论稿 孙冶方著 ······ 中国大百科全书出版社
| 中国经济体制改革的模式研究
| 刘国光著 ·············· 中国社会科学出版社
| 农业与工业化 张培刚著 ········· 华中科技大学出版社
| 财政信贷综合平衡导论 黄达著 ········ 中国人民大学出版社
| 非均衡的中国经济 厉以宁著 ······ 中国大百科全书出版社
| 论竞争性市场体制
| 吴敬琏 刘吉瑞著 ········ 中国大百科全书出版社
| 中国奇迹：回顾与展望 林毅夫主编 ······ 北京大学出版社
| 版权法（修订本） 郑成思著 ········ 中国人民大学出版社
| 国际法 周鲠生著 ················· 武汉大学出版社
| 国际私法新论 韩德培主编 ············ 武汉大学出版社
| 刑法哲学 陈兴良著 ··············· 中国政法大学出版社
| 法理学（第二版） 沈宗灵 张文显主编 ······· 高等教育出版社
| 民法解释学 梁慧星著 ···················· 法律出版社
| 民俗学概论 钟敬文主编 ············· 上海文艺出版社
| 中国心理学史 高觉敷主编 ············ 人民教育出版社
| 心理学简札 潘菽著 ················· 人民教育出版社
| 冷眼向洋 资中筠等著 ········· 生活·读书·新知三联书店